Pierre Broué
Trotzki

Der Autor

Pierre Broué, geb. 1926, ist emeritierter Professor des Instituts für politische Studien der Universität Grenoble. Gleichzeitig ist er Herausgeber der französischen Ausgabe der Trotzki-Werke und Vorsitzender des Leo Trotzki-Forschungsinstituts. Neben Büchern über die bolschewistische Partei, über die Moskauer Prozesse, über die Ermordung Trotzkis und über den Trotzki-Sohn Sedow veröffentlichte er vor allem *La Révolution et la guerre d'Espagne* (1961), (zus. mit Emile Témine; dt. Revolution und Krieg in Spanien, Suhrkamp), *La Révolution allemande* (1971), (Die deutsche Revolution) und *La Révolution espagnole* (1972), (Die spanische Revolution). Seine beiden neuesten Bücher sind: *Rakovsky* ou la révolution dans tous les pays (Rakowski oder die Revolution in allen Ländern, 1996) und *Histoire de l'Internationale Communiste* (Geschichte der Kommunistischen Internationale, 1997).

Pierre Broué

Trotzki

Eine politische Biographie

Band II

Der Kampf gegen Stalinismus und Faschismus

ISP · Köln

Die vorliegende Arbeit erschien zuerst unter dem Titel *Trotsky* im Dezember 1988 in einem Band bei Fayard in Paris. Der erste Band wurde von Nicole M. Kaufmann, Egon Meusel, Michael Pösl, Alexander Schertz und Ulla Varchmin aus dem Französischen übersetzt, der zweite von Nicole M. Kaufmann und Michael Pösl.

Für die deutsche Ausgabe wurde der Text durchgesehen und korrigiert und ein Nachwort des Autors hinzugefügt.

Suche und Übersetzung der Zitate: Paul B. Kleiser und Rudi Segall.

Der Verlag dankt dem *Verein zur Förderung emanzipatorischer Literatur e. V.*, Frankfurt/M., für die finanzielle Unterstützung bei der Herausgabe dieses Werkes.

Bd. I : Vom ukrainischen Bauernsohn zum Verbannten Stalins
ISBN 3-929 008-31-9
Bd. II: Der Kampf gegen Stalinismus und Faschismus
ISBN 3-929 008-32-7
Gesamtwerk (Bde. I und II):
ISBN 3-929 008-33-5

Bibliografische Information der Deutschen Bibliothek

Die Deutsche Bibliothek verzeichnet diese Publikation in der Deutschen Nationalbibliografie; detaillierte bibliografische Daten sind im Internet über <http://dnb.ddb.de> abrufbar.

ISP

Neuer ISP Verlag GmbH, Dasselstraße 75-77, D-50674 Köln
Der Neue ISP Verlag ist Mitglied der assoziation Linker Verlage (aLiVe).

Deutsche Erstausgabe

Lektorat: Paul B. Kleiser, Rudi Segall
Texterfassung: Andrea Luxenhofer, München
Satz: Neuer ISP Verlag GmbH
Umschlaggestaltung: Druckcooperative, Karlsruhe
Druck und Weiterverarbeitung: Gutenberg-Druckerei, Weimar

Inhalt

Band II
Der Kampf gegen Stalinismus und Faschismus

Teil IV: Opposition im Exil

Teil V: Die Vierte Internationale

Anhang

Für Jean van Heijenoort (1912-1986), genannt Van, der die sieben schwärzesten Jahre an der Seite Trotzkis stand und der in der Nähe von Coyoacán von Mörderhand starb.

Teil IV
Opposition im Exil

Kapitel 37

Asyl in der Türkei

Nachdem Trotzki, wie bereits erwähnt, gezwungen wurde, gegen seinen Willen in Konstantinopel an Land zu gehen, händigte er den türkischen Polizisten, die zur Kontrolle der Passagiere an Bord gekommen waren, einen Brief aus, der an den türkischen Staatspräsidenten Kemal Pascha gerichtet ist, zu dem er früher offizielle Beziehungen unterhalten hatte:[1]

> »Sehr geehrter Herr, am Tor von Konstantinopel habe ich die Ehre, Sie davon in Kenntnis zu setzen, daß ich keinesfalls aus eigener Wahl an die türkische Grenze gekommen bin und daß ich diese Grenze nur der Gewalt gehorchend überschreite.«[2]

Es handelte sich hierbei wohlgemerkt um mehr als nur einen Protest aus Prinzip. Denn Trotzki glaubte, daß die Wahl, ihn nach der Ausweisung in die Türkei zu schicken, ein Bestandteil von Stalins Plan wäre, ihn zu isolieren und ihm jegliche Macht zu nehmen. Er war davon überzeugt, daß die sowjetischen Diplomaten seine Aufnahme ausgehandelt hatten und daß Kemal Pascha sich zu diesem Spiel hergegeben hat. Dessen Zustimmung schwächte die Position des Verbannten und verringerte seine Chancen erheblich, ein Visum für ein Land zu erhalten, das ihm bessere Arbeits- und Lebensbedingungen bieten könnte.

Denn die Türkei war ein armes und rückständiges Land. Die Arbeiterbewegung steckte noch in den Kinderschuhen und stand unter hartem Beschuß. Das politische und literarische Leben bot Trotzki praktisch keine Anregungen. Außerdem kannte er niemanden in diesem Land, und natürlich beherrschte er weder die türkische Sprache, noch verstand er sie. Diese Tatsachen wären bereits Grund genug für einen Protest.

Doch es gab noch weitere. Trotzki und seine Freunde – aus der UdSSR und anderswo – hegten Befürchtungen hinsichtlich der Sicherheitsbedingungen in Konstantinopel, wo sich Tausende von »weißen« russischen Flüchtlingen aufhielten. Es handelte sich um die letzten Vertreter aus den Bürgerkriegstruppen. Oft gehörten diese Leute konterrevolutionären Organisationen an oder standen zumindest unter deren Einfluß. Sie machten aus ihrem Haß auf Bolschewiken kein Geheimnis: Für sie stellte die Ankunft Trotzkis, den sie zweifellos mehr haßten als irgendeinen anderen lebenden sowjetischen Machthaber – denn er war ihr Feind im Bürgerkrieg, wo er sie besiegt hatte – einen wirklichen Glücksfall dar. Noch schlimmer war vielleicht die Tatsache, daß dieses Milieu äußerst geeignet ist, um Agents provocateurs und gedungene Mörder anzuheuern, die von den Geheimdiensten Stalins rekrutiert wurden. Denn sie könnten unter dem Deckmantel der »weißen« Terroristen ohne Rücksicht auf Bestrafung zuschlagen.

Es kommt natürlich sehr selten vor, daß die Terroristen ihre Unternehmungen publik machen, besonders dann, wenn sie fehlgeschlagen sind. Dennoch verfügen wir über genügend Informationen, um mit Sicherheit sagen zu können, daß solche Operationen gegen Trotzki geplant waren, wenn wir auch die Gründe nicht genau kennen, die letztendlich zu ihrem Scheitern geführt haben.

Offizieller Anführer einer Aktion, die am meisten Staub aufwirbelte, war der General Anton Turkul, Führer einer »weißen« Terrororganisation, dessen tödlichen Pläne gegen Trotzki und Litwinow[3] vom Organ der KPD *Die Rote Fahne* an die Öffentlichkeit gebracht wurden. Trotzki durchschaute natürlich genau Stalins Spiel und erkannte die Alibifunktion dieser »Warnung«. Er verdächtigte Stalin, Drahtzieher des Turkul-Unternehmens zu sein, und startete im Rahmen seiner bescheidenen Möglichkeiten eine Kampagne, um diese Erkenntnis innerhalb der kommunistischen Parteien auf der ganzen Welt bekanntzumachen. Er dürfte niemals erfahren haben, daß er recht hatte und Turkul bereits, wie Alexander Orlow[4] es schließlich aufdeckte, seit Jahren von dem GPU-Agenten Katznelson manipuliert wurde.

Noch weniger Informationen liegen uns über ein angebliches zweites Komplott der »Weißen« gegen ihn vor. Anläßlich des Prozesses gegen die Plewitskaja, die verdächtigt wurde, als GPU-Agentin in die Entführung von General Miller verwickelt gewesen zu sein, ist in einem Bericht der französischen Geheimdienste und einer Zusammenfassung von Kommissar Roches, der zu jener Zeit der beste Mann der französischen Polizei war, von einem zweiten Projekt die Rede, das jedoch anscheinend falsch datiert wurde. Der Attentäter W. A. Larjonow, einer der bekanntesten unter den »weißen« Terroristen, soll angeblich im letzten Augenblick von seinen Auftraggebern aus der Angelegenheit zurückgezogen worden sein, was dann zum Scheitern der Aktion geführt hätte. Hinter beiden Aktionen, so stellte sich jedoch heraus, stand vermutlich die Person von General Skoblin, ein ehemaliger Mitarbeiter von Wrangel und ein Agent Stalins, der engen Kontakt zu dessen Handlangern und Mördern in Paris hielt.[5]

Nachdem das klargestellt ist, muß man auch anerkennen, daß all diese Projekte – oder noch weitere, von deren Existenz wir nichts wissen – nicht in die Tat umgesetzt wurden, ja, daß es nicht einmal den Versuch eines Angriffs oder ein mißlungenes Attentat gab. Trotzki hatte großes Glück. Ja. G. Bljumkin, Fachmann auf diesem Gebiet, rechnete im Jahre 1929 mit etwa zwanzig bewaffneten Leibwachen, um einen sicheren und wirkungsvollen Schutz der Emigranten zu gewährleisten.[6] Es gab jedoch niemals mehr als vier oder fünf

Wachen, oft sogar noch weniger, an den verschiedenen Aufenthaltsorten Trotzkis in der Türkei.

Die türkische Regierung bekundete allerdings ein ehrliches Interesse an ihrem Gast und stellte ihm, wenn auch in sehr bescheidener Weise, zu seiner persönlichen Sicherheit eine gewisse Anzahl von Polizisten zur Verfügung. Sie kam ihm sogar so weit entgegen, einen Unteroffizier mit dem Kommando über die kleine Abordnung zu betrauen, der einige Worte Französisch und Russisch konnte.

Jean van Heijenoort, der über sieben Jahre hinweg ein enger Mitarbeiter Trotzkis war, vertritt die Auffassung, daß Kemal Pascha dem ehemaligen Führer der Roten Armee gegenüber immer große Dankbarkeit empfunden habe, da dieser ihn während des Krieges gegen Griechenland mit Waffen und Material versorgte. Einem Augenzeugenbericht von Gérard Rosenthal zufolge, ebenfalls ein enger Vertrauter Trotzkis, entsandte Kemal Pascha Anfang 1930 seinen Adjutanten zu Trotzki und versuchte sich mit ihm zu treffen.[7]

Die türkische Regierung ließ Trotzki übrigens sehr schnell wissen, daß sie der Ausstellung seines Visums nur deshalb zugestimmt hätte, weil die sowjetische Regierung es für ihn aus gesundheitlichen Gründen beantragt hatte, und daß diese Genehmigung nicht etwa Gegenstand von Verhandlungen gewesen sei. Sie sicherte ihm ihre volle Unterstützung zu und ihre Entschlossenheit, ihm die bestmöglichen Lebensbedingungen für einen Aufenthalt – der von ihrer Seite aus zeitlich unbeschränkt sein sollte – zu ermöglichen. Anläßlich seiner Reise nach Kopenhagen 1932 demonstrierte sie im übrigen ihr Entgegenkommen durch die problemlose Aushändigung der notwendigen Aus- und Wiedereinreisepapiere für Trotzki, Natalja Iwanowna und deren Mitarbeiter.

Trotzki jedoch fand sich im Laufe seines viereinhalb Jahre andauernden Aufenthaltes in der Türkei nie mit dieser Situation ab. War er tatsächlich, wie Deutscher schreibt, »überzeugt davon, daß Kemal mit Stalin unter einer Decke steckte ?«[8] Der Inhalt der Dokumente, die wir kennen, läßt diese Annahme nicht zu, doch man muß andererseits sehen, daß Kemal wahrscheinlich niemals wegen eines Emigranten ein Zerwürfnis mit der Regierung der UdSSR riskiert hätte.[9] Darüber hinaus waren die Arbeitsbedingungen in der Türkei wirklich zu unsicher. Aus diesem Grunde kämpfte Trotzki mit großer Ausdauer für den Erhalt eines Einreisevisums in ein Land, wo er weniger isoliert das Leben eines Verbannten leben müßte und letztendlich mehr Einfluß hätte.

***

Bevor Trotzki Rußland verließ, hatte er die leise Hoffnung gehegt, daß Deutschland ihm Asyl gewähren würde – 1926 war ihm die Einreise genehmigt worden – , doch seine Gesprächspartner der GPU hatten ihm versichert, der sozialdemokratische Kanzler Hermann Müller hätte auf die diesbezüglichen Gesuche der sowjetischen Regierung negativ geantwortet, was Trotzki jedoch nicht glaubte.* Er hatte sich eine neue Chance erhofft, als er am Tag nach seiner Ankunft erfuhr, daß wenige Tage zuvor, am 6. Februar 1929, der sozialdemokratische Reichstagspräsident Paul Löbe während einer Feierstunde aus Anlaß des zehnten Jahrestages der Gründung der Nationalversammlung erklärt hatte, Deutschland gewähre ihm unter Umständen »freies Asyl«.

Die notwendigen Schritte, die daraufhin von Rechtsanwalt Kurt Rosenfeld, ein ehemaliger Führer der USPD und seines Zeichens linker Sozialdemokrat, der ihm seine Hilfe spontan angeboten hatte, eingeleitet wurden, machten bald die großen Widerstände innerhalb des Regierungsapparates deutlich. Die Informationen, die Rosenfeld schickte, lassen in der Tat den Schluß zu, daß Trotzki, wenn er wirklich auf ein deutsches Visum hoffte, große Einschränkungen in seiner Handlungs- und Bewegungsfreiheit in Kauf nehmen müßte, da man davon ausging, daß sein Gesuch mit der Möglichkeit medizinischer Behandlung verbunden werden sollte und daß aus diesem Grund das Visum zeitlich begrenzt sein würde.[10]

Trotzki hat die sarkastischen Bemerkungen der westlichen Presse ertragen, als er im demokratischen Deutschland um Asyl bat. Doch jetzt schien es ihm, als wende sich diese Ironie gerade gegen diejenigen, die zuvor davon Gebrauch gemacht hatten. Nachdem ihm Rosenfeld erneute Fragen der Behörden hinsichtlich seines Gesundheitszustandes übermittelt hatte, telegrafierte er am 31. März 1929 seinem Anwalt, um ihn zu fragen, ob der Vorschlag Löbes »das Recht auf ein Asyl oder das Recht auf den Friedhof«[11] in Aussicht stelle. Am 12. April 1929 endlich erhielt er die Antwort. Sie war negativ. Anschließend telegrafierte er an den Reichstagspräsidenten, er »bedaure«, daß »mir die Möglichkeit versagt worden ist, die Vorzüge des demokratischen Asylrechts praktisch zu studieren«.[12] Er faßte die ganze Angelegenheit in einem Aufsatz zusammen, dessen Titel lautet »Eine demokratische Lektion, die ich nicht erhalten habe«.[13]

In Wirklichkeit war er der Überzeugung, daß Stalin von der deutschen Regierung die Ablehnung gefordert und dann auch erhalten hat, angeregt durch den äußerst diskreten Vorstoß des englischen Ministers Sir Austen Chamberlain, der häufig davon gesprochen hatte, ihn »an die Wand zu stellen«. Trotz-

* In einer Anmerkung aus *Die Geburt des Stalinismus,* S. 168 bemerkt Michal Reiman, leider ohne Quellenangabe, daß die sowjetische Regierung in der Tat in dieser Frage bei der deutschen Regierung durch Vermittlung von Botschafter von Dirksen anfragte, der dieses Problem mit Litwinow erörtert hatte. Der Botschafter stand dem Anliegen aufgeschlossen gegenüber, doch die deutsche Regierung lehnte ab.

ki spielte auf ironische Weise auf das gegenseitige Einvernehmen zwischen dem »Sozialisten« H. Müller und dem »Kommunisten« Stalin an:

> »Wir haben endlich ... die erste erfolgreiche Anwendung der Politik der Einheitsfront auf breiter internationaler Arena.«[14]

Die Abfolge der Ereignisse machte deutlich, daß er in keinster Weise übertrieben hatte und möglicherweise der Wahrheit sehr nahe kam, als er sich im Hinblick auf das Bündnis zwischen den westlichen Regierungen Europas und Stalin an die ersten Zeilen des *Manifestes der Kommunistischen Partei* von Marx und Engels über die Heilige Allianz gegen das Schreckgespenst Kommunismus, das Mitte des XIX. Jahrhunderts in Europa umging, erinnerte.

In dieser Allianz kann man schon zu jener Zeit die nicht zu unterschätzende Rolle der sogenannten Informationsmedien hervorheben. Die deutsche Presse äußert sich klar und deutlich zum Thema Asylgesuch. Das Wirtschaftsblatt *Berliner Börsenzeitung* schrieb: »Überflüssig, einem der einflußreichsten Propagandisten des Bolschewismus unsere Gastfreundschaft anzubieten«; die *Hamburger Nachrichten* sprachen von Stalins peinlichem Fehler, »Trotzki und seine Clique nicht ins Jenseits zu befördern«, und Hitlers *Völkischer Beobachter* paßte mit seinen Darbietungen und Drohungen genau ins Bild, wenn er gegen »diesen sowjetischen und jüdischen Henker, diesen Mörder und Verbrecher«[15] hetzte.

Die zweite Runde von Trotzkis Kampf für ein »demokratisches Asylrecht« spielte sich in Großbritannien ab. Im Februar 1929 gab die konservative und unerbittlich antikommunistisch eingestellte Regierung Großbritanniens bekannt, daß sie nicht gedenke, Trotzki ein Visum auszustellen – was er im übrigen auch niemals in Betracht gezogen hatte. Doch wenige Monate später gewann die Arbeiterpartei die Wahlen. Zu den Ministern der Regierung von Ramsay MacDonald gehörte auch Sydney Webb, der Trotzki im Februar 1929 besucht und mit ihm über einen Visumsantrag gesprochen hatte und auch über die Wahrscheinlichkeit, daß sich die Liberalen, die sich zugunsten einer neuen Mehrheit mit der Arbeiterpartei zusammengeschlossen hatten, dagegen aussprechen würden.

Trotzki startete also eine neue Kampagne: Briefe an Beatrice Webb, in denen er sich darauf beruft, daß sie während ihres Treffens in der Türkei sozusagen persönliche Verpflichtungen übernommen habe.[16] Außerdem Telegramme: An Schatzkanzler Philip Snowden, den er daran erinnert, daß er ihm während seiner eigenen Amtszeit die Genehmigung für einen Besuch im sowjetischen Rußland gab.[17] An Bauminister George Lansbury, den er an seinen Besuch in Kislowodsk erinnerte.[18] Eine Einladung, Vorträge an der Sommerakademie der ILP – Independent Labour Party – zu halten, gab Trotzki ebenfalls die Gelegenheit, über deren Sekretär John Paton[19] in Kontakt mit der Partei zu treten. Die Vortragsreihe würde die kleine Kampagne, die Paton zu Trotzkis Gunsten in Großbritannien ins Leben rufen wollte, finanzieren. In einem Interview mit dem *Daily Express* bemühte Trotzki sich, die politischen Probleme in maßvollem Ton darzulegen:

> »Die Partei, die zum zweitenmal die Macht in Großbritannien übernimmt, meint, man könne mit dem Mittel der Demokratie die von dem Privateigentum geschaffenen Schwierigkeiten überwinden. Ich möchte wissen, wie das geschehen soll. Ich glaube nicht, daß die Demokratie ... damit beginnen kann, das Asylrecht dem Gegner zu verweigern, der nicht die Absicht hat, sich einzumischen oder in die britischen Angelegenheiten einzugreifen: ich will nichts weiter als beobachten und lernen.«[20]

Um die ganze Angelegenheit zu beschleunigen und in die richtigen Bahnen zu lenken, fuhr Magdeleine Marx, die Lebensgefährtin von Maurice Paz, nach London. Der Historiker Colin Holmes hat den Brief gefunden und veröffentlicht, den sie am 25. Juni 1929 an MacDonald gerichtet hat. Sie versicherte, Trotzki verpflichte sich, sich nicht ins politische Leben Großbritanniens einzumischen und weder an irgendeiner öffentlichen Sitzung teilzunehmen noch dort zu aufzutreten. Außerdem akzeptiere er an jedem Aufenthaltsort, den die Regierung ihm zuweise, *inkognito* und unter polizeilicher Aufsicht zu leben, vorausgesetzt, es gäbe in greifbarer Nähe Ärzte für seine medizinische Versorgung.[21] Hat sich Magdeleine Marx mit Webb getroffen? Webbs Brief an Staatssekretär J. R. Clynes im Home Office spiegelt kein großes Engagement in Sachen Trotzki wider.[22]

In den darauffolgenden Wochen schreibt Trotzki an die Presse, in erster Linie an den der Labourpartei nahestehenden *Daily Herald*, um seine Auffassung darzulegen, was er als negative Beeinflussung der öffentlichen Meinung durch die *Times* bezeichnete, die auf Anraten, so versichert er, des Intelligent Service versuchte, ihn als subversiven Agenten der sowjetischen Regierung darzustellen, zu der er angeblich heimlichen Kontakt halte.[23]

Schließlich lehnte die Regierung MacDonald das Visum ab. Die Frage wurde auf parlamentarische Anfragen der Labourabgeordneten Wedgewood und Ellen Wilkinson, der Liberalen Percy Harris und Hore-Belisha und des Abgeordneten A. Fenner Brockway von der Independent Labour Party hin noch zweimal im Unterhaus zur Diskussion gestellt. Die Antwort von Staatssekretär J. R. Clynes an letzteren läßt deutlich die Annahme zu, daß eine Verbindung zwischen Ablehnung und laufenden Verhandlungen zur Wiederaufnahme diplomatischer Beziehungen mit der UdSSR existierte.

Isaac Deutscher erwähnt in diesem Zusammenhang, ohne Namen zu nennen, »den britischen Korrespondent(en), der ihn [Trotzki] über diese Entwicklungen auf dem laufenden hielt«.[24] Es handelte sich, wie bereits Colin Holmes[25] vermutet hatte, um einen jungen Filmbegeisterten aus guter Familie, der sehr viel später zu einem der bekanntesten Wegbereiter des Stalinismus in Großbritannien wurde. Sein Name war Ivor Montagu. Er nahm erst nach der Ablehnung des Visums mit Trotzki Verbindung auf und informierte ihn zunächst über die Umstände der Zurückweisung. Genaueres brachte er erst nach dem 26. Juli 1929[26] zur Sprache, nachdem die Entscheidung endgültig getroffen ist. Im Jahre 1930 schrieb er Trotzki, er werde sich – wenn ein Erfolg auch recht unwahrscheinlich sei – um die Wiederaufnahme des Verfahrens bemühen.

Auch in diesem Fall spuckte die schreibende Zunft Gift und Galle. Die *Times* prangerte Trotzki als Organisator der Vorfälle an, die am 1. Mai 1929 zu Auseinandersetzungen zwischen kommunistischen Demonstranten und Einheiten der Berliner Polizei geführt hatten. Die *Morning Post* ließ sich detailliert über die »Geheimverhandlungen« zwischen Stalin und Trotzki aus. Der *Daily Express* hielt ihn für einen »Raben«, d. h. für die »Vogelart«, die die Engländer nicht zähmen können. Die von Winston Churchill, der Trotzki die Oktoberrevolution nicht verzeihen konnte, geäußerten Bemerkungen verdienen einen Standort in einer Anthologie gleich neben den Tiraden Hitlers.[27]

Während der kommenden Monate und Jahre blieben Trotzki auch alle weiteren Türen verschlossen. Die Niederlande, Österreich und Norwegen lehnten unter dem Vorwand der Kosten für seine Sicherheit, insbesondere die Dauerüberwachung durch die Polizei, einen Aufenthalt ab. Sogar Luxemburg wies ihn zurück. Trotzki hatte zeitweilig die große Hoffnung, ein »Visum für eine Kur« in die Tschechoslowakei zu erhalten: Alois Neurath, sein alter Genosse in der Internationale und der tschechischen KP, hatte Schritte in diese Richtung unternommen, und Innenminister Dr. Ludvik Czech[28] korrespondierte zu diesem Thema mit Trotzki, der ernsthaft und ausführlich die Reisemodalitäten prüfte und sogar eine Flugreise in Erwägung zog. Doch dieses Unternehmen scheiterte ebenfalls. Frankreich verschanzte sich hinter der Ausweisungsverfügung von 1916. Spanien gab keine Antwort. Italien kam aufgrund seines faschistischen Regimes gar nicht erst in Betracht.

Im Gegensatz zu Isaac Deutschers[29] Behauptung, die auf einem zweideutigen Satz in dem Buch *Mein Leben* basiert, beantragte Trotzki am 26. Juni 1929 auch ein Visum für die Vereinigten Staaten. Wie die Entscheidung ausgefallen ist, können wir uns ohne weiteres ausmalen.

Auf den letzten Seiten von *Mein Leben*, wo Trotzki die Lehre aus seinen Niederlagen zieht, kreiert er die berühmte Redewendung: »*Europa und Amerika ohne Visum.* Diese zwei Kontinente aber beherrschen die ganze übrige Welt. Also bedeutet das – *der Planet ohne Visum.*«[30]

Da er ein Mensch war, der niemals aufgab, ließ er von seinen Genossen einen Plan mit dem Decknamen »Marguerite-Projekt« ausarbeiten, der eine Flucht übers Meer nach Frankreich oder Belgien vorsah und die Regierung des jeweiligen Landes bei Ankunft des Ausgewiesenen vor vollendete Tatsachen stellen sollte. Da sich die technische Durchführung recht schwierig gestaltete, zog sich die Angelegenheit wegen unüberwindbarer Hindernisse in die Länge und wurde schließlich aufgegeben. Wie wir wissen, konnte Trotzki sein türkisches Asyl erst endgültig verlassen, nachdem ihm in Folge des Wahlsiegs der linken Koalition im Jahre 1932 ein Visum für Frankreich genehmigt wurde.

Zu Beginn seines Aufenthaltes in der Türkei hatte Trotzki das Gefühl, wie ein Gefangener zu leben: er wohnte im sowjetischen Konsulat, wo er trotz korrekten Verhaltens der Angestellten, eingeschlossen die Leute von der GPU, um seine Papiere und Dokumente fürchten mußte, die er mitgebracht hatte. Außerdem ertrug er die ständige Überwachung nur sehr schlecht. Am 5. März 1929 verließ er mit seinem Gefolge das Konsulat und ließ sich im Hotel Tokatlijan an der Hauptstraße Pera nieder, zog dann wenige Tage später in eine möblierte Wohnung im Schichliviertel, in der Izzet Pacha Straße Nr. 29 … Ende April ließen sich die Emigranten auf der Nordseite der Insel Prinkipo (Insel der Prinzen) in der Villa Izzet Pacha nieder, wo sie bis zum Zeitpunkt des Großbrandes lebten, der wahrscheinlich durch Zufall in der Nacht vom 28. Februar zum 1. März 1931 ausgelöst wurde und ernsthafte Schäden verursachte. Für wenige Tage fanden sie Unterkunft im Hotel Savoy und bezogen Ende März eine Villa in Moda, einem Viertel der kleinen Stadt Kadiköy an der asiatischen Küste, in der Schifa Straße Nr. 22. Im Januar 1932 kehrten sie nach Prinkipo zurück; sie wurde auch »die große Insel« (auf türkisch »Büyük Ada«) genannt, wo sie sich in einer Villa an der Nordküste einquartierten, die nur eine Viertelstunde von der Anlegestelle entfernt lag. Dort, wo sie über eine kleine Gasse namens Hamladschi Sokagi und einen eigenen Privatanlegeplatz Zugang zum Meer hatten, sollten sie bis zum Ende ihres Aufenthaltes wohnen.[31] Der Aufenthalt auf Prinkipo war mit Arbeit ausgefüllt: Ausarbeitung wichtiger Veröffentlichungen, politische Theorien oder Abhandlungen zur Geschichte, aktuelle Broschüren, Aufsätze verschiedenen Umfangs und ausgiebiger Schriftverkehr. Im Gegensatz zur weit verbreiteten Meinung schrieb Trotzki nicht in mehreren Sprachen, mit Ausnahme seiner Briefe in deutscher, französischer und – seltener – in englischer Sprache. Er faßte all seine Werke, Bücher, Broschüren und Aufsätze in russischer Sprache ab, die anschließend übersetzt werden mußten, ein Vorgang, dem er sehr viel Aufmerksamkeit schenkte. Wir haben mehrere Aufzeichnungen seiner Mitarbeiter über die praktischen Umstände ihrer gemeinsamen Arbeit. Seine russische Sekretärin Sara Weber schildert:

> »Neben dem Büro von L.D. gab es einen kleinen Arbeitsraum. Einen Tag nach meiner Ankunft haben wir dort begonnen; beim Diktieren setzte sich L. D. niemals hin, er diktierte beim *Aufundabgehen*, wobei er mir zuweilen fast den Rücken zukehrte. So fing es an … Ein Wort, dann ein weiteres ist mir entgangen, und ich bat L. D., es zu wiederholen, womit ich seinen Gedankenfluß unterbrach; bei meiner dritten Bitte verließ er, sichtlich verär-

gert, sehr schnell das Zimmer. Kein Wort wurde geäußert: ich blieb an meiner Maschine sitzen und verstand nicht recht, was vorgefallen war. Unsere ersten Arbeitsstunden waren offensichtlich kein Erfolg ... Einige Augenblicke später ist L. D. zurückgekommen: er hat mich gebeten, ihn nichts wiederholen zu lassen, sondern einfach die Worte wegzulassen, die ich nicht verstanden hatte. Danach hat es keine Schwierigkeiten mehr gegeben.«[32]

Erst sehr viel später wurde der jungen Frau die Art und Weise bewußt, »wie einzigartig und wirklich bemerkenswert«, so schreibt sie, Trotzki diktierte. Ohne Unterbrechung reiht sich Satz an Satz, ohne daß er auf irgendwelche Aufzeichnungen zurückgreifen mußte, auch wenn die Arbeit zwischendurch, beispielsweise wegen einer Mahlzeit, unterbrochen wurde, so kehrte er danach sofort wieder zu der Stelle im Text zurück, an der er aufgehört hatte. Sie bemerkt außerdem:

»Wenn ich ihn aufmerksam während seines Diktierens beobachtete, konnte ich seinen Denkprozeß fast körperlich empfinden, so intensiv war sein Denken. Seine Gedanken verwandelten sich in Worte, Sätze, Absätze, als wenn er von einer inneren Aufzeichnung ablas.«[33]

Sara Weber weist darüber hinaus auf die einzigartige Weise hin, wie die maschinengeschriebenen Seiten nach dem Diktat von Trotzki bearbeitet wurden – zum Erstaunen der Forscher, die im noch nicht endgültig redigierten Textmaterial der Archive sehr lange maschinengeschriebene Papierrollen entdecken. Sie schreibt:

»L. D. bekam das maschinengeschriebene Material und klebte bald darauf die Seiten zu einem einzigen langen Band zusammen, das er, mit einem blauen und einem roten Stift in der Hand, durchlas. Erstaunlicherweise machte er wenig Korrekturen, hier und dort einen Satz oder ein Wort. Wichtige Änderungen gab es dagegen bei der Reihenfolge der Absätze. L.D. schnitt ganze Passagen ab und klebte sie anderswo hin. Mit dem langen ausgerollten Band vor sich, zuweilen über den Schreibtisch und dem Stuhl neben ihm, schnitt und klebte er – und das bereitete ihm eine ganz besondere Befriedigung.»[34]

Die Aufzeichnungen von Jean van Heijenoort – Van für Trotzki und seine Freunde – bringen einige andere Aspekte ins Spiel: Trotzki beherrschte die Fremdsprachen nicht so gut wie die russische Sprache. Er saß an seinem Schreibtisch und diktierte seine Briefe auf Deutsch oder Französisch, später auch auf Englisch. Deutsch beherrschte er besser als Französisch, wo er einige Schwierigkeiten mit der Syntax hatte. Die Anwendung des Konjunktivs bereitete ihm ebenfalls Probleme und insbesondere die Konjunktionen verwechselte er oft. Sein Akzent war nicht schlecht, aber mit dem typisch russischen Hang, »ü«-Laute wie »i«-Laute auszusprechen: so erinnert sich Gérard Rosenthal der freundschaftlichen Drohung Trotzkis, ihn zu »fissiller«.[35]

Die Arbeit begann um etwa 8 Uhr morgens und endete um 13 Uhr zum Mittagessen, das nicht länger als eine halbe Stunde dauerte. Trotzki hielt anschließend seine Siesta, was bedeutete, daß er Bücher las, die nichts mit Politik zu tun hatten, z. B. russische oder französische Romane. Er döste etwa zwanzig Minuten: Es gab die Anweisung, ihn nicht zu wecken, auch nicht wegen eines Telegramms. Um 16 Uhr war die Siesta beendet und das Leben im Haus ging zunächst mit dem Nachmittagstee weiter. Trotzki kehrte wieder an seinen Schreibtisch zurück, wo er bis etwa 19 Uhr blieb. Nach dem Abendessen, das immer sehr kurz war, saß er bis etwa 21 Uhr oder 21.30 Uhr in seinem Arbeitszimmer. Dann zog er sich in sein Zimmer zurück und versuchte Schlaf zu finden, was ihm nicht immer gelang.

Die Mahlzeiten hatten nichts Besonderes an sich und wurden schnell eingenommen. Zum Frühstück gab es Ziegenkäse und Tee: war er zu heiß, so schüttete ihn Trotzki auf den Unterteller und nahm ihn schlürfend zu sich, was Van beim ersten Mal offenbar sehr schockiert hat. Sara Weber hatte sofort bemerkt, daß er die Brotschnitten von Natalja Iwanowna, die neben ihm saß, schnell mit Butter bestrich und »ihr gegenüber eine stille Aufmerksamkeit an den Tag legte«, ein Zeichen für »die sanfte und zärtliche Beziehung, die sie unterhielten«.[36]

Zum Mittagessen wurde Wasser getrunken, und Van erinnert sich während all der Jahre auf Prinkipo nur an eine einzige Flasche Wein aus den Dardanellen aus Anlaß eines zweifachen Geburtstages: des Geburtstags des Hausherrn und der Oktoberrevolution.[37] Es wurde selbstverständlich sehr viel Fisch gegessen, den, wie wir noch sehen werden, man selbst fing. Fleisch wurde in Form von Klößchen verzehrt, mit Tomaten und in gefüllten Paprika – kein Fleisch vom Metzger. Van vermag sich nicht zu erinnern, daß Trotzki im Laufe der drei Jahre, in denen er an allen gemeinsamen Mahlzeiten teilnahm, auch nur eine einzige Bemerkung über das Essen gemacht hätte, sei es kritisch oder lobend. Er war weder ein großer Esser noch ein Feinschmecker und schenkte dem Essen wenig Beachtung. In Wirklichkeit litt er seit seiner Zeit im Gefängnis, aber vielleicht auch aufgrund seines anhaltenden hektischen Lebens, unter Magenproblemen und brauchte deshalb immer eine besondere Zubereitung der Speisen.[38]

Am Tag vor seiner Abfahrt verfaßte Trotzki für sein *Tagebuch* einige Seiten, die uns begreiflich machen, wie er selbst seinen Aufenthalt sah:

> »Hier auf dieser Insel der Stille und Vergessenheit drang das Echo der großen Welt verspätet und gedämpft an unser Ohr. (...) Prinkipo ist ein Ort, an dem man gut schreiben kann, vor allem im Herbst und Winter, wenn die Insel sich leert und die Strandläufer im Park auftauchen. Es gibt nicht nur kein Theater, sondern auch kein Kino. Autos sind verboten ... Wir haben kein Telefon im Haus. Das Iah der Esel beruhigt die Nerven. Nicht für einen Augenblick kann man vergessen, daß Prinkipo eine Insel ist: Sehe ich aus dem Fenster, dann blicke ich auf das Meer, und wo immer

> man auf der Insel ist, ist es unmöglich, es nicht zu sehen. Zehn Meter von der Strandmauer fangen wir Fische, fünfzehn Meter von ihr Hummer. Das Meer kann wochenlang so glatt wie ein See sein.«[39]

Dennoch überrascht es nicht, wenn Trotzki seinen Kontakt zur Außenwelt durch die tägliche Post als »wichtigsten Augenblick des Tages« bezeichnet. Und er erhielt Post in Hülle und Fülle, bekundet Van. Da waren Zeitungen aus Westeuropa – darunter französische und deutsche –, die mit drei oder vier Tagen Verspätung eintrafen. Trotzki machte mit blauem oder roten Stift Anmerkungen, kennzeichnete die Artikel, die später in die Akte für Presseausschnitte wanderten. Die zahlreichen Briefe, die ihn erreichten, kamen von Freunden und Genossen, aber auch von Unbekannten; Briefe mit politischem Inhalt oder vollkommen eigenartige Briefe von Leuten, die sich augenscheinlich um das Seelenheil Trotzkis Sorgen machten. Es kamen auch viele Pakete an, die meistens Zeitungen, Broschüren und Bücher enthalten. Seine Sekretäre durchsuchten sie zunächst aus Sicherheitsgründen, um ein Sprengstoffattentat zu verhindern. Briefe hingegen erhielt Trotzki ungeöffnet. Auch diese las er mit Farbstiften in der Hand und unterstrich oder kommentierte den Text mit kleinen Randbemerkungen.

Sara Weber betont, daß Trotzki niemals ausging und über mehrere Tage hinweg das Haus nicht verließ. Und tatsächlich war schon ein einfacher Spaziergang auf der Insel aus Sicherheitsgründen ausgeschlossen. Wenn er zum Essen herunterkam, wurden in dem großen, vollkommen verglasten Speisezimmer, wo er selbst aus großer Ferne leicht zu erkennen war, die Metallrolläden heruntergelassen.

Die einzige Entspannung, die Trotzki sich gönnte, wie er das bereits in den letzten Jahren in Rußland getan hatte, waren die Stunden, in denen er zur Jagd oder zum Fischen ging. Die Jagd nahm einen wesentlich geringeren Stellenwert ein als in Rußland, da es in dieser trockenen Gegend nur wenig Wild gab: fast ausschließlich Wachteln und von Zeit zu Zeit auch einmal ein Kaninchen. Trotzki und seine Begleiter überquerten die Meerenge, legten an der asiatischen Küste an und marschierten mit dem Hund über »Brachland, das von Sträuchern überzogen ist, eine Art Dickicht«, so schreibt Van.[40] In Wirklichkeit handelte es sich weniger um eine Jagdpartie als vielmehr um einen kleinen Spaziergang und eine Gelegenheit, Jägerlatein zu erzählen: wie man einen Bär mit einem Messerstich erlegt, wenn er sich zum Angriff aufrichtet, wie die Bauern in Sibirien Wölfe jagen, wie Lenin bei der Jagd seinen Schabernack mit Sinowjew trieb, der diesen Zeitvertreib nicht ausstehen konnte.

Auf Prinkipo war die einzige körperliche Aktivität Trotzkis, die ihn entspannte, das Fischen. Am kleinen Anlegeplatz vor dem Haus lagen zwei Boote, von denen eines mit einem Motor ausgerüstet war. Der Mann, der Trotzki das Angeln beigebracht hatte, war selbst Fischer auf der Insel und stammte auch aus einer Fischerfamilie namens Kharalambos; »er ist Analphabet, doch besitzt er die künstlerische Gabe, im wundervollen Buch des Meeres von Marmara zu lesen.« Van schreibt, Kharalambos habe Trotzki in die Geheimnisse des Fischens mit dem Netz eingeweiht, um Seebarben und »Palamuts«, eine Art Makrele, zu fangen:

> »Mit dem Netz fischen ist eine große Kunst. Man muß den Augenblick und den Ort für jede Fischart kennen. Man muß das Netz in einem Halbkreis, manchmal in einem Kreis und sogar spiralenförmig auszulegen wissen, je nach der Gestaltung des Grundes oder nach einem Dutzend anderer Bedingungen. Man muß das Netz geräuschlos ins Wasser gleiten lassen, indem man es vom fahrenden Schiff her rasch abrollen läßt. Danach, und das ist das letzte, was es zu tun gibt, muß man den Fisch ins Netz locken. Das geschieht heute so wie vor zweitausend und mehr Jahren durch Steine, die man vom Boot aus wirft. Mit dieser Sperre werden die Fische zuerst in den Kreis und dann in das Netz selbst getrieben. Je nach der Jahreszeit und dem Zustand des Meeres braucht man dazu eine Menge unterschiedlicher Steine. Von Zeit zu Zeit muß man den Vorrat an Steinen am Ufer ergänzen. Im Schiff jedoch gibt es immer zwei an langen Schnüren befindliche Steine. Man muß verstehen, wie man sie mit Kraft ins Wasser wirft und sie ebenso schnell zurückzieht.«[41]

Im Grunde genommen konnte man rund um Trotzkis Wohnsitz und die Insel auf die verschiedensten Arten fischen, mit der Reuse oder mit der Angel, und gelegentlich holte man bis zu zehn Hummer auf einmal herauf. Van erinnert sich ebenfalls an die Haie, wie sie sich, von der Beute angelockt, nachts in der Angelleine verfingen und mit Pistolenschüssen getötet werden mußten. Man ging zwar nicht täglich zum Fischen, doch sehr häufig, denn diese körperliche Anstrengung war Ausgleich für die intellektuelle und moralische Anspannung unerläßlich, zu der Trotzki während seines Exils verdammt war. Wenn man Fischen ging, mußten diejenigen, die an diesem Unternehmen teilnahmen, sehr früh aufstehen, d. h. gegen drei oder vier Uhr morgens; gegen acht Uhr ging man heim zurück zum Frühstück.

Jeder Zeuge dieser Zeit erinnert sich an eine bestimmte Szene, die ihn besonders beeindruckt hat. Beispielsweise schildert Sara Weber, wie während eines Gewitters die aufgewühlte See das Fischerboot auf das offene Meer hinauszutreiben drohte. Trotzki war sich der Gefahr sofort bewußt und rannte zur Anlegestelle hinunter. Sie schildert:

> »Blitze durchzuckten den Himmel. Regen und Wind peitschten heftig und ließen das schäumende Wasser um das Boot wirbeln. L. D. zog schnell die Schuhe aus, stürzte sich in die Brandung und bemühte sich, das Boot festzuhalten: er versuchte, es an einem Baum festzumachen. Die vom Wind gerüttelten Bäume beugten sich und schwankten hin und her. L. D., durchnäßt vom heftigen Regen und dem Schaum der hohen Wogen, kämpfte weiter … und das Boot wurde immer höher aus der Brandung heraus gezogen und mit Hilfe der jungen Genossen schließlich festgemacht. In dem Kampf L. D.s gegen die entfesselten Elemente lag etwas Großartiges.«[42]

Van erinnert sich an einen Wutausbruch von Trotzki, weil Van beim Ölwechsel des Motors zuviel Lärm machte, und an einen Sturm, bei dem sie beide beinahe ums Leben gekommen wären. Ihre Rettung war nur der Geschicklichkeit und Erfahrung Kharalambos' zu verdanken.

Als enger Mitarbeiter Trotzkis während all dieser Jahre machte Van während seines Aufenthaltes auf Prinkipo sehr treffende Beobachtungen über Trotzkis Verhältnis zu Gegenständen:

> »Trotzki hatte zu Gegenständen ein eingeschränktes und genau umschriebenes Verhältnis. Die Art und Weise, wie er mit den Gegenständen umging, hatte – wie soll man es nennen? – eine gewisse Starre, einen gewissen Mangel an Ungezwungenheit und Improvisation. Um ihn herum befand sich eine bestimmte Zahl von Gegenständen, mit denen er vertraut war: der Füllfederhalter, der Außenbordmotor, die Angelgeräte, das Jagdgewehr. Diese Gegenstände behandelte er stets nach bestimmten, schwer zu ändernden Regeln. Die Gewöhnung an einen neuen Gegenstand war immer ein relativ schwieriges Unternehmen.«[43]

***

An Besuchern fehlte es Trotzki in seinem türkischen Exil nicht. Sie kamen aus allen Teilen der Welt. Der deutsche Verleger Harry Schumann kam als Vertreter des Verlagshauses Reissner in Dresden, um einen Vertrag auszuhandeln, der zum Politikum wurde und zu endlosen Prozessen führte. Der Amerikaner Boni war mehr Hoffnungsträger, als daß er Trotzki Autorenrechte verschaffte. Auch kamen Schriftsteller und Persönlichkeiten aus der Welt der Literatur und Politik zu Besuch: Georges Simenon und Emil Ludwig, Sydney und Beatrice Webb, Marjorie Wells, Cynthia Mosley, Mitglied der »linken« Labour Partei und Tochter von Lord Curzon. Sie war mit Sir Oswald verheiratet, dem künftigen Faschistenführer. Außerdem Max Eastman, Journalist und Übersetzer, der wie ein alter Freund empfangen wurde und seine Nase in alle Verlagsangelegenheiten steckte, von denen er glaubte, Trotzki sei schlecht beraten. Eastman schickte ihm sogar den surrealistischen Fotografen Man Ray, um Probeaufnahmen für einen Film über Trotzki zu machen. Der junge Journalist Herbert Solow reiste an, um über Politik zu diskutieren, und begann eine Entwicklung, die ihn den amerikanischen Trotzkisten näherbrachte. Er brachte Ingenieur John Becker mit, der in der UdSSR arbeitete. Alexander Kaun, Professor für Geschichte in Berkeley, kam mit seiner Frau angereist, um Trotzki zur Geschichte der russischen Revolution zu befragen. Die beiden Männer verstanden sich auf Anhieb.

Man könnte bedauern, daß einige Begegnungen nicht stattgefunden haben. So weigert sich Trotzki beispielsweise im Juli 1929, Paul Levi zu empfangen, den Freund von Rosa Luxemburg und Ex-Führer der KPD, der am Tag nach der »Märzaktion« ausgeschlossen wurde, die er dann im Jahre 1921 öffentlich als »Putsch« bezeichnete.[44] Paul Levi war Mitglied der sozialdemokratischen Partei, und es war ein Polizeipräfekt derselben Partei, der am 1. Mai 1929 auf kommunistische Arbeiter hatte schießen lassen, die trotz seines Verbots an der Demonstration teilnahmen, was zahlreiche Menschenleben gekostet hatte. Trotzki glaubte, daß ein Treffen mit Levi bei den Führern der KPD und der Komintern hysterische Reaktionen hervorrufen könnte und daß es im Augenblick nicht günstig wäre, solche Reaktionen zu provozieren. In einem Brief an seinen Sohn und politischen Vertrauten L. Sedow drückte Trotzki selbst später sein Bedauern darüber aus.

Ein genaueres Studium der Korrespondenz Trotzkis mit einigen Intellektuellen, Schriftstellern und Hochschulprofessoren, die ihn um seine Meinung hinsichtlich ihrer eigenen Arbeiten oder zu der einen oder anderen Frage baten, wäre vonnöten. Wenn wir allein die Korrespondenz mit Deutschland betrachten, und zwar nicht die unmittelbar politische, so finden wir mehrere sehr interessante Fälle. Der große Historiker Gustav Mayer, bekannt durch seine Arbeiten zur deutschen Arbeiterbewegung und seine Biographien über Schweitzer, Engels und Lassalle, nahm im Hinblick auf seine Beurteilung von Engels mit Trotzki Verbindung auf. Die Kunsthistorikerin Luise Märten wandte sich mit ihrem äußerst sachkundig geschriebenen Werk über künstlerische Formen an ihn. Der kommunistische Journalist Fritz Gross forderte ihn auf, sein Buch über die letzten Stunden des Lebens und die Legenden über den Tod zu beurteilen. Zur gleichen Zeit berichtete ihm ein kommunistischer Sympathisant – kein Mitglied der Linken Opposition –, der in einer Meldestelle für Arbeitslose arbeitete, von der raschen Zunahme der Arbeitslosigkeit und der Geisteshaltung der Arbeitslosen, so wie sie sich ihm während der Arbeit in dieser Institution darstellte.[45]

Der Forscher, der sich heutzutage in die Korrespondenz von Harvard vertieft, ist manchmal überwältigt von der intellektuellen Vielfalt und Qualität der Briefe, die von Unbekannten an den im türkischen Exil lebenden Trotzki gerichtet wurden, zumal Trotzki selbst nie ganz zu begreifen schien, warum er eine so starke Anziehungskraft auf sie ausübte. Es würde sich jedenfalls genügend Stoff bieten, um ein interessantes Kapitel über die intellektuelle Geschichte Europas zu schreiben.

Vor Ort sind die Verbindungen der Trotzkis zur Außenwelt auf ein Minimum reduziert. Am Nachmittag spazierte man zur Anlegestelle, kaufte sich eine französische und eine deutsche Zeitung aus Istanbul, die die Agenturmeldungen veröffentlichten. Ganz zu Beginn des ersten Aufenthaltes auf Prinkipo wollte man versuchen, wie es scheint, aus Sicherheitsgründen, ohne Hausangestellte auszukommen. Doch diese Erfahrung war eine Katastrophe. Man mußte eine griechische Köchin einstellen, die im Haus wohnte, und eine Putzfrau, ebenfalls Griechin, die jeden Morgen kam. Trotzkis russische Sekretärin in den Jahren 1929-1933, Maria Ilinichna Pewzner, wurde an Ort und Stelle eingestellt und bezog ein Gehalt. Ihres Arbeitseifers und ihrer Treue wegen war sie wie eine gute Freundin für Trotzki. Mehr Außenkontakte gab es nicht. Van schreibt:

> »Wir hatten bei den Türken weder Freunde noch Bekannte. Unsere einzigen Kontakte, in Stambul, waren mit dem Hausbesitzer, einem Armenier, zu dem wir jeden Monat hingingen, um die Miete zu zahlen, und mit einigen Händlern, von denen wir die Papierwaren und die Angelgeräte bezogen. Während meines Aufenthalts in der Türkei ging Trotzki ein- oder zweimal nach Stambul zum Zahnarzt. Dafür mieteten wir ein großes Motorboot, das uns direkt von der Landestelle des Hauses nach Stambul brachte.«[46]

Zumindest ein Freund aus Trotzkis Zeit in der UdSSR hat ihn auf Prinkipo besucht: Max Eastman war am 6. Juli 1932 in Begleitung seiner Gefährtin Eliena Krylenko in Istanbul angekommen, um Trotzki zu treffen, der ihn wie einen alten Freund empfing. Sie verbrachten etwa zwei Wochen auf der Insel, bewohnten ein Haus in der Nähe und nahmen die Mahlzeiten und den Tee bei den Trotzkis ein. Unter diesen Umständen, d. h. wenn Gäste zu Besuch da waren, liefen die Tischgespräche nicht in der üblichen, etwas trübseligen Stimmung ab, wie sie Van im folgenden beschreibt:

> »In der Isolierung von Prinkipo, mit dieser Personengruppe, die sich monatelang nicht änderte, stürzte er sich nicht immer in die Unkosten einer Unterhaltung. Ich erinnere mich an Mahlzeiten, während schwieriger Zeiten, wo er nicht ein Wort äußerte. Für gewöhnlich gab es Bemerkungen über die Arbeit, eine in einem Brief oder in der Zeitung erhaltene Nachricht, politische Bemerkungen, die wir einige Tage später in einem Artikel wiederfanden und die er an uns ausprobiert hatte. Manchmal gab es auch Erinnerungen (...) aus jeder Epoche seines Lebens bis auf eine, den Bürgerkrieg.«[47]

Mit Max Eastman gab Trotzki sich Mühe. Sie diskutierten über Dialektik, über den Sezessionskrieg und sie überlegten, gemeinsam ein Drama darüber zu schreiben. Sie unterhielten sich über Ausgrabungen in den Ruinen von Sidon. Doch der Besucher aus Amerika war äußerst kritisch, und in seinen Anmerkungen wird seine Enttäuschung deutlich:

> »Er lebte nicht luxuriös; es gibt im Hause wirklich kein Möbel; das ist eine Kaserne, und die Ernährung ist äußerst bescheiden. Er behält nur die Gewohnheiten eines Kriegsministers bei, nachdem er zum Führer einer proletarischen Partei geworden war. Sein Sekretär (...) hat mir mit einer an Verzweiflung grenzenden Besorgnis anvertraut, der immer noch wie ein Kommissar lebende Trotzki ignoriere völlig das Problem der Finanzierung seiner neuen Partei und seiner eigenen riesenhaften Arbeiten. Das war kein neuer Zug an ihm. Selbst in seiner Zeit der größten Not, in Paris oder in der Bronx, war er außerstande, das, was er verdiente, zusammenzuhalten. Auch wenn er noch so wenig besaß, konnte dies wenige während eines kurzen Spaziergangs in der Straße verschwinden ... In seiner augenblickli-

chen Situation war dies wirklich eine Kalamität. (...) Sicherlich wird Geld von einem idealistischen Revolutionär verachtet – nach Lenin sollte das Geld in der sozialistischen Gesellschaft zum Bau von Bedürfnisanstalten verwandt werden –, solange man jedoch auf dem Wege dahin ist, verdient es ein wenig Beachtung.«[48]

Die folgenden Zeilen zeigen, daß der amerikanische Schriftsteller den Trotzkis und ihrem Lebensstil einen anderen Vorwurf macht, der in seinen Augen sicherlich wesentlich schwerwiegenderer ist und das unkultivierte Leben im Hause Trotzki scharf verurteilt:

»Der Mangel an Behaglichkeit und Schönheit im Hause Trotzkis, das Fehlen selbst des geringsten Versuchs, die Kunst des Lebens zu kultivieren und dem Ausdruck zu geben, scheint mir traurig und bedauerlich. Ein Mann und eine Frau müssen fast bar jedes ästhetischen Verständnis sein, um in dieser Baracke leben zu können, die für ein paar Dollars in ein reizendes Heim umgewandelt werden könnte. (...) Der Garten um die Villa herum wurde der Verwilderung preisgegeben. (...) Um Geld zu sparen, erklärt Natalja Iwanowna. Aus reiner Indifferenz gegenüber der Schönheit, würde ich sagen. Trotzki spricht in seinen Büchern viel über Kunst und erhebt Anspruch auf einen kultivierten Geschmack, aber er hat für Kunst kein größeres Interesse als für diesen Garten.«[49]

Wir wollen diesem strengen Urteil ein erklärendes Wort von Isaac Deutscher anfügen:

»Kein Zweifel, der Platz hatte nichts von Behaglichkeit an sich, die man in den Wohnungen der amerikanischen Mittelklasse antrifft. Selbst unter normalen Umständen wäre es Trotzki oder Natalja kaum eingefallen, sich ein ‚reizendes Heim' einzurichten, mit Bildern ‚für ein paar Dollars'; und ihre Umstände waren auf Prinkipo niemals normal. Sie saßen dort die ganze Zeit über wie in einem Wartesaal auf dem Hafendamm und hielten nach dem Schiff Ausschau, das sie fortbringen würde. (...) Arbeit und Geld mußten für einen verzweifelten Kampf gespart werden, für den Büjük Ada vorübergehend das Hauptquartier war. Seine saubere und nüchterne Einfachheit war seinem Zweck angepaßt.«[50]

Hochgesteckte Ziele schließen Eigenschaften wie Menschlichkeit, Einfühlsamkeit und große Furcht vor dem Unbekannten nicht aus. Das wird in den letzten Zeilen seines Tagebuchs, das Trotzki am Tag seiner Abreise der Zeit auf Prinkipo gewidmet hat, deutlich:

»An diesem Morgen ist der Fischfang schlecht gewesen. Die Saison ist zuende, die Fische haben die tiefen Wässer erreicht. Ende August werden sie zurückkommen, aber dann wird Kharalambos ohne mich fischen. Im Augenblick nagelt er die Bücherkisten im Erdgeschoß zu, ohne ganz von ihrem Nutzen überzeugt zu sein. Durch das offene Fenster kann man den kleinen Dampfer sehen, der die Istambuler Beamten zu ihren Sommerhäusern bringt. Die leeren Regale starren einen aus der Bibliothek an. Nur in der Ecke oben, über dem Fenstersturz, geht das alte Leben normal weiter:

die Schwalben haben dort ihr Nest gebaut, und genau über den britischen ‚blauen Büchern' sind die jungen Vögel ausgeschlüpft, die sich ganz und gar nicht für ein französisches Visum interessieren.

Das Kapitel ‚Prinkipo' nimmt ein Ende – zum Besseren oder zum Schlechteren.«[51]

Die Geschichte sollte zeigen, daß sich das Kapitel zum Schlechteren wendete.

Kapitel 38

Alte und neue Freunde und Genossen

Nachdem Trotzki von seiner Ausweisung aus der UdSSR erfahren hatte, suchte er sofort um die Genehmigung für N. I. Sermux und I. M. Posnanski nach, die zu diesem Zeitpunkt deportiert waren, ihn ins Exil begleiten zu dürfen.[1] Nach einigen fadenscheinigen Ausflüchten ließen ihn die Zuständigen der GPU wissen, daß sie die Genehmigung erhalten würden.[2] Dies erklärt so viel besser seinen heftigen Protest bei Ankunft in der Türkei, als er seine Freunde weder zu Gesicht bekam und auch keine Lebenszeichen von ihnen erhielt. In Konstantinopel kommt es dann zu neuerlichen Protesten Trotzkis; und wieder erhielt er leere Versprechungen, denen er keinen Glauben mehr schenken konnte.

Er sollte nie wieder etwas von den beiden hören. Wir wissen noch nicht, unter welchen Bedingungen N. I. Sermux im Gefängnis oder im Lager zu Tode kam. Er wird in der Korrespondenz der dreißiger Jahre nicht mehr erwähnt. Über I. M. Posnanski, der einer der Organisatoren des Hungerstreiks der bolschewistisch-leninistischen Häftlinge von Workuta in den Jahren 1936-1937 gewesen war, wissen wir hingegen, daß er einer der ersten war, die im April 1938 in der Nähe des Lagers exekutiert wurden.[3]

Trotzki mußte sich also von nun an seinen Freunden und Genossen im Ausland zuwenden, den alten und neuen, ob Russen oder Westeuropäer. Denn er brauchte dringend ihre Hilfe, da die Lebensbedingungen im Exil, unter denen Natalja, Ljowa und er selbst zu leiden hatten, immer unerträglicher wurden.

***

In diesem Zusammenhang mußte Trotzki gleich zu Anfang eine schwere Enttäuschung hinnehmen, die noch dazu zweifellos aus einer Laune heraus zustande kam. E. B. Solnzew, eines der begabtesten und vielversprechendsten jungen Talente innerhalb der Linken Opposition, der in Deutschland, Österreich und schließlich auch in den Vereinigten Staaten im Exil war, wo er für die Amtorg – die sowjetische Handelsgesellschaft – arbeitete, hatte im Laufe der vergangenen Jahre außergewöhnliche Arbeit für die Leitung der kommunistischen Parteien geleistet, angefangen bei der Partei in Deutschland bis hin zur Partei in den Vereinigten Staaten. Sein öffentliches Auftreten und die Kontakte, die er zur Presse aufgebaut hatte[4], führten dazu, daß seine Rolle der sowjetischen Führung bekannt war.

Man kann sich kaum erklären, warum er unter diesen Umständen nicht auf Trotzkis beschwörende Warnrufe hörte – im entscheidenden Augenblick war die Verbindung zwischen ihnen abgebrochen –, sondern beschlossen hatte, dem Befehl zur Rückkehr in die UdSSR Folge zu leisten, da er doch damit rechnen mußte, daß dies für ihn Schlimmeres zu bedeuten hatte als Verbannung, Einzelhaft und mehrere Jahre der Isolation. Obwohl es nicht Trotzkis Stil war, zu klagen, kam er bei mehreren Gelegenheiten auf dieses unverständliche Verhalten zurück, das ihn daran hinderte, die von seinem jungen Genossen geleistete Aufbauarbeit im Exil fortzuführen.

Als die Emigranten auf Prinkipo ankamen, wurde ein Großteil der Oppositionellen, die im Laufe der vorangegangenen Wochen und Monate in Europa herumgereist waren, um die ersten Kader einer internationalen Opposition aufzubauen, wieder zurückberufen und kehrte, so wie Solnzew, in die UdSSR zurück. Einige bleiben aber im Ausland, zweifellos weil man sie noch nicht ausfindig gemacht hatte oder aus besonderen Gründen. Die Handelsdelegation in London bot beispielsweise einigen Gefolgsleuten Trotzkis Schutz, darunter auch einem Mann, der seine Briefe mit Tenzow unterschrieb – sein wirklicher Name ist uns unbekannt –, der bis 1932 ein sehr nützlicher Berichterstatter blieb. Ein anderer ist der Sohn des Altbolschewiken Zjurupa.[5] In Paris ist Charin, Funktionär der Handelsdelegation und Mitglied der linken Opposition, eine Art offizieller Vertreter im Ausland. Mit dem »Genossen Joseph« steht Trotzki seit seiner Ankunft in der Türkei in ständigem Kontakt.[6] In Berlin gibt es mehrere Sympathisanten in der Handelsdelegation. Pierre Naville erinnert sich, dort Bessonow getroffen zu haben. Eine wichtige Rolle spielt Nina Worowskaja, eine Aktivistin der Jugendbewegung und der russischen Opposition. Sie ist die Tochter des Altbolschewiken W. W. Worowski, der von den »Weißen« in Lausanne umgebracht worden war; außerdem war sie die Freundin von L. Sedow und hatte die Genehmigung erhalten, in Berlin ihre Tuberkulose behandeln zu lassen.

Diese Verbindungen waren jedoch nur von kurzer Dauer. Im August kapitulierte Charin, und Nina wurde nach einer lebensgefährlichen Operation in die UdSSR zurückbeordert: sie stirbt nach qualvollem Ringen mit dem Tode.[7] Wahrscheinlich gab es im Ausland noch Aktivisten in den Handelsdelegationen oder im diplomatischen Dienst, die mit der Opposition sympathisierten. Aber sie konnten nicht mehr als Stützpunkte dienen.

***

Daß sich Trotzki zuerst an seine alten Freunde aus der Vorkriegszeit wandte, ist ganz natürlich. Es waren nicht mehr viele an der Zahl, doch sie blieben ihm treu. Es handelte sich um das Ehepaar Rosmer in Paris, Raissa Adler in Wien, Anna Konstantinowna Kljatschko und ihre Familie in Wien und Paris, und die Pfemferts in Berlin.

Anna Konstantinowna war zweifellos eine der engsten Freundinnen der Trotzkis, die der Familie emotional sehr nahestand. Sie war übrigens am wenigsten an Trotzkis politischen Aktivitäten beteiligt. Natalja ließ Trotzki im Jahre 1933 für einige Tage allein, um sie bei ihrem Bruder, dem Arzt Salomon Lwoff * in La Varenne-Saint-Hilaire zu besuchen. Von ihr erhofften sie Wärme und Geborgenheit, Trost und Vertrauen und eine familiäre Atmosphäre. Sie wurde auch zur moralischen Stütze.

Mit dem Ehepaar Rosmer verhält es sich anders. Sie lebten in dem Pariser Vorort Les Lilas. Die Ausweisung Trotzkis aus Frankreich im Jahre 1916 hatte sie getrennt. Doch Rosmer war 1920 in die UdSSR gereist und war Mitglied im Exekutivkomitee und im kleinen Büro der Komintern. Er reiste mit Trotzki im Zug und traf ihn dann bei Sitzungen der Exekutive oder auf anderen Weltkongressen wieder. Der Ausschluß Rosmers aus der KP im Jahre 1924 trennte sie über Jahre hinweg aufs neue. Trotzki hatte sich öffentlich von Rosmer distanzieren müssen, als dieser mit Monatte die »syndikalistisch-kommunistische« Zeitschrift *Die proletarische Revolution* gründete. Rosmer hatte ihm sein Verhalten nie übelgenommen. Sobald er dazu imstande war, wollte er nach Prinkipo fahren, um mit Trotzki die Situation der Internationale, ihrer Sektionen und ihrer Perspektiven hinsichtlich des Aufbaus einer Opposition zu diskutieren. Trotz seiner gesundheitlichen Anfälligkeit, die ihn zwang, zwischendurch lange Ruhepausen einzulegen, war Rosmer ein zäher Kämpfer mit hohen moralischen Ansprüchen, dem man Respekt zollte. Seine Lebensgefährtin Marguerite Thévenet wurde zu seiner unersetzlichen »zweiten Hälfte«. Sie war eine aktive Frau und in der Lage, aus dem Nichts heraus alles zu organisieren: »das Ehepaar Rosmer« sei ein Genosse mit zwei Köpfen; ihn wollte Trotzki zu seinem Vertrauensmann an der Spitze der internationalen linken Opposition machen.[8] Nachdem sie ihn zum ersten Mal im Mai 1930 auf Prinkipo besucht hatten, kamen die Rosmers noch mehrere Male vorbei.

Wir wissen nicht, wann und unter welchen Umständen sich die Trotzkis mit dem deutsch-russischen Ehepaar Pfemfert angefreundet haben. Ihre engen und festen freundschaftlichen Beziehungen rührten noch aus der Vorkriegszeit her. Ihre Freundschaft hatte insbesondere dem Bruch zwischen Lenins und Trotzkis Kommunistischer Internationale und den »Linksradikalen« der KAPD standgehalten, bei denen Franz Pfemfert, Schriftsteller des Expressionismus und Leiter von *Die Aktion,* einer der führenden Köpfe war. Er riskierte Streitereien mit eigenen politischen Freunden, als er in seiner Zeitschrift Texte des Emigranten veröffentlichte, die noch dazu von der offiziell aus Rußland stammenden Übersetzerin Alexandra Ramm ins Deutsche

* Dessen Sohn André Lwoff sollte im Jahre 1965 den Nobelpreis für Physiologie und Medizin entgegennehmen.

übersetzt wurden. Der Briefwechsel mit Pfempfert war außerordentlich intensiv. Er enthielt eine Fülle von Informationen, Vorschlägen und Fragen aus dem Hause der Pfemferts in Berlin, und ihr Kontakt ließ erst während der Irrungen und Wirrungen nach, die beide von einem Land zum nächsten trieben. Erst der Tod sollte sie in Mexiko wiedervereinen.

Außer Anna Konstantinowna gab es noch eine andere Freundin in Wien. Es war Raissa Epstein, die Frau des Psychoanalytikers Alfred Adler, die während ihres Vorkriegsaufenthaltes in Wien eine der engsten Freundinnen der Trotzkis war. Als begeisterte Anhängerin der russischen Revolution wurde sie Mitglied der kommunistischen Partei Österreichs, die sie jedoch 1929 ausschloß. Auch sie übersetzte Texte, die von Trotzki aus der Türkei geschickt wurden, beriet, informierte und rekrutierte für ihn neue junge Mitarbeiter.

Denn all diese Männer und Frauen, Freunde, die Trotzki und Natalja so persönlich zugetan waren, waren auch Genossen im weitesten Sinne des Wortes und wurden zwangsläufig Bindeglieder zwischen den Emigranten und jungen Genossen, die mit frischem Unternehmungsgeist dazustießen und durch ihre Mobilität auch schnell ihren neuen Platz in der Bewegung fanden.

Unter diesen neuen Männern sind viele, die die Trotzkis auf Prinkipo besuchen, um ihnen ihre Hilfe anzubieten oder mit »dem Alten« zu diskutieren.

***

Einer der ersten aktiven Anhänger, der L. D. aus eigenem Antrieb im Exil aufsuchte und ihm seine Dienste anbot, war zweifellos der junge Tscheche Wolfgang V. Salus, der durch seinen Besuch zum Katalysator einsatzbereiter Leute aus Prag und aus dem Sudetenland wurde. Sohn des Arztes Hugo Salus, der auch zu den größten Dichtern seines Landes zählte, war der junge Wolfgang zunächst Schüler einer Militärakademie – Trotzki nannte ihn immer »Krieger« – und hatte bereits als junger Mann mit seiner Familie gebrochen. Mit vierzehn Jahren schloß er sich 1924 der Kommunistischen Jugend an; und im Alter von achtzehn Jahren schickte man ihn als Delegierten zu einer internationalen Konferenz der Kommunistischen Jugendorganisationen.

Wie es scheint, nahm er bei dieser Gelegenheit die ersten Kontakte zur Linken russischen Opposition auf und traf zum ersten Mal mit Trotzki zusammen – leider verfügen wir über keine gesicherten Erkenntnisse zu diesem Thema. Als Trotzki aus der UdSSR ausgewiesen wurde, lebte Salus in Wien und wurde höchstwahrscheinlich von Raissa Adler detailliert über Trotzkis Lage informiert. Er beschloß sodann, sich den Emigranten zur Verfügung zu stellen. Nur der Tatsache, daß die beiden Männer sich zuvor bereits einmal begegnet sein müssen, war es zuzuschreiben, daß der junge Tscheche problemlos und ohne Empfehlungsschreiben empfangen wurde.

Seine Reise und sein Aufenthalt setzten im übrigen eine neue Entwicklung in Gang: immer mehr junge kommunistische Aktivisten machten sich auf den Weg in die Türkei. Salus war im Sommer noch dort, als drei seiner Genossen, der Metaller Ferdinand Jerábek, der Buchdrucker Frantisek Kohout und der junge Intellektuelle Jiri Kopp Trotzki einen Besuch abstatteten, wobei Kopp etwas länger blieb und bei der Sekretariatsarbeit mithalf.[9]

Im Mai 1930 kam ein junger Mann auf Prinkipo an, den Raissa Adler wärmstens empfohlen hatte und der ein enger Freund von ihr war. Jakob Franks Tätigkeit als Sekretär für Russisch und Deutsch wurde sehr geschätzt. Er war Jude und stammte aus Litauen, hatte bis 1927 in Wien bei der sowjetischen Handelsdelegation gearbeitet und war den beiden jungen Oppositionellen N. I. Ufimzew und Alexandra Semaschko persönlich sehr verbunden, die später deportiert wurden. Er war Mitglied der österreichischen KP, doch hatte er sich dort nicht besonders engagiert. Er sollte sechs Monate auf Prinkipo verbringen, bevor er sich wieder ... dem Stalinismus zuwandte.

Etwa zum gleichen Zeitpunkt tauchte zu Beginn der 30er Jahre der wichtigste Mitarbeiter und Vertrauensmann Trotzkis in der Türkei auf – der Tschechoslowake Jan Frankel. 1906 geboren, stammte er aus einer nicht sehr vermögenden, aber vornehmen jüdischen Familie in Österreich; sein Großvater war Großrabbiner von Wien gewesen. Seine Begabung für Sprachen war besonders ausgeprägt. Bereits von frühester Kindheit an litt er an Tuberkulose und verbrachte längere Zeit im italienischen Sanatorium in Meran, wo er zusammen mit seinem jungen Kameraden Jiri Kopp, der an Asthma litt, von einem leidenschaftlichen Anhänger der Revolution, dem Gründer der slowakischen KP Hynek Lenorovic, vom Kommunismus überzeugt wurde. Lenorovic hatte häufig fiebrige Anfälle und litt an schwerer Tuberkulose. An langen Abenden, wenn sie keinen Schlaf finden konnten, hatten sie sich zu endlosen Gesprächen bei Franz Kafka eingefunden.[10]

Im April 1930 kam Jan Frankel als offizieller Vertreter der tschechoslowakischen Opposition nach Paris und brach nach Ende der Diskussionen direkt nach Prinkipo auf, ohne Zweifel auf Empfehlung und Anregung von Marguerite Rosmer, die sofort erkannte, wie wertvoll seine Mitarbeit sein konnte. Nachdem er zur wichtigsten Person für den internationalen Aufbau der Opposition an der Seite Trotzkis geworden war, sollte Jan Frankel bis Anfang Januar 1933 auf diesem Posten bleiben, den er erst sehr viel später zunächst in Norwegen und dann in Mexiko erneut einnahm.

Marguerite hatte Trotzki ebenfalls – allerdings jeweils nur für kurze Zeit – junge französische Genossen für sein Sekretariat und als Leibwache geschickt. Zuerst kam der Sekretär des Syndikats der Hutmacher, Lucien Marzet, der aus der CGTU ausgeschlossen worden war; er war oppositioneller

Kommunist, außerdem ein Syndikalist, der Monatte und Rosmer nahestand und Mitglied des Kerns *Proletarische Revolution* war. Von März bis Oktober 1929 blieb er auf Prinkipo und wurde von einem anderen Aktivisten namens Robert Ranc ersetzt, der sich bis Dezember dort aufhielt und als Korrektor in der Druckerei beschäftigt war. Beide wandten sich im übrigen nach ihrer Rückkehr vom Kommunismus ab und wieder dem revolutionären Syndikalismus zu, wählten also Monatte statt Rosmer. Auch Louis Bercher gehörte derselben Bewegung an. Er war Arzt auf einem Schiff der Messageries maritimes und Pionier der KP in Algerien und bediente sich des Namens J. Péra in der KP. Er hat Trotzki im Exil mehrmals besucht. In der Zwischenzeit hatte sich Trotzki auf Prinkipo mit weiteren Aktivisten aus Frankreich getroffen, die gekommen waren, um mit ihm zu reden und ihm zu helfen.

Am 12. März 1929 kam der erste: es war der Anwalt Maurice Paz, Oppositionsführer in der KPF im Jahre 1923 und seit zwei Jahren treibende Kraft der regelmäßig erscheinenden Zeitschrift *Contre le Courant* (Gegen den Strom). Sie hatte der russischen Opposition fast zwei Jahre lang als Briefkasten gedient. Paz blieb nur vier Tage und die Beziehung zwischen beiden Männern verschlechterte sich zusehends. Trotzki sah in Paz einen »Philister«, dessen Mandanten an oberster Stelle seiner Prioritätenliste standen. Dann erst kam die Politik. Und Paz weigerte sich, die notwendigen Schritte zur Vereinigung mit den anderen oppositionellen Gruppen zu unternehmen, nur um in seiner eigenen kleinen Gruppe seine Position als Führer zu wahren.

Gleich im Anschluß an Paz kamen in Stambul vier blutjunge Aktivisten an: die Gebrüder Raymond und Henri Molinier, Raymonds Frau Jeanne Martin des Pallières und ein junger Mann russischer Abstammung namens David Barozine, der unter dem Pseudonym Pierre Gourget bekannt war und mit dem Paß eines Genossen reiste.

So trat Raymond Molinier Ende März 1929 in Trotzkis Leben: er war eine der wichtigsten Persönlichkeiten während der Zeit des dritten Exils. Im Jahre 1924 für drei Jahre aus der KPF ausgeschlossen und seit 1926 in der Opposition, wurde er 1927 wegen Bankrotts verurteilt. Er hatte die Reise aus eigenem Antrieb und auf eigene Kosten angetreten, trotz der Vorbehalte von Marguerite Rosmer. Er stellte Trotzki sein Organisationstalent und seine Fähigkeiten als Geschäftsmann zur Verfügung. Kein Zweifel, Trotzki war sehr schnell angetan von dem jungen fünfundzwanzigjährigen Aktivisten, über den er an Paz schrieb, er sei »einer der hilfreichsten, praktischsten und tatkräftigsten jungen Männer, die man sich vorstellen kann«.[11]

Ohne ein Wort Türkisch zu sprechen hatte Molinier für ihn die Villa Izzet Pascha aufgetrieben, mit dem Eigentümer alle Fragen hinsichtlich der Miete durchgesprochen, den Umzug organisiert, Finanzierungspläne aufgestellt, um von Paris aus die Anwesenheit mehrerer Mitarbeiter auf Prinkipo zu gewährleisten. Er hatte beschlossen, seine Frau für eine gewisse Zeit dazulassen, damit sie sich um das französische Sekretariat kümmern und Natalja bei der Haushaltsarbeit helfen konnte. Nach Moliniers Rückkehr nach Paris im Mai 1929 sagte Trotzki laut Van über ihn, »er sei das perfekte Bild des kommunistischen Revolutionärs der Zukunft«.[12] Er schätzte auch Raymonds älteren Bruder Henri sehr, der von Beruf Ingenieur und Fachmann in finanziellen Fragen war.

Wenige Monate später, im August, traf eine Gruppe von drei jungen französischen Aktivisten gleichen Alters auf Prinkipo ein, die jedoch in ihrer Persönlichkeit sehr unterschiedlich waren. Es handelte sich um Pierre Naville und seine Lebensgefährtin Denise und um Gérard Rosenthal. Naville und Rosenthal waren junge, brillante Intellektuelle aus dem gehobenen Bürgertum, die eine nicht unwesentliche Rolle in der surrealistischen Bewegung gespielt hatten. Sie waren bereits mit einer oppositionellen Überzeugung zur KP gekommen. Bei ihrem Besuch in der UdSSR aus Anlaß des zehnten Jahrestages der Oktoberrevolution hatten sie die wichtigsten Führer der linken russischen Opposition, kurz bevor sie ins Exil gehen mußten, darunter natürlich Trotzki, kennengelernt. Sie hatten an der Beerdigung von Joffe teilgenommen. Gérard Rosenthal war Anwalt und ein brillanter Redner.[13]

Trotzki wurde sich sehr schnell der Schwierigkeit bewußt, die verschiedenen französischen Aktivistengruppen zur Zusammenarbeit zu motivieren. Nach dem Bruch mit Paz gelang es ihm nicht, wie es seiner Wunschvorstellung entsprach, die anderen Teilnehmer um Rosmer zu vereinen. Größtes Hindernis war das Mißtrauen Raymond Molinier gegenüber, das von Rosmer und der Naville-Gruppe geschürt wurde. Auf Prinkipo hatten sich Ljowa und Frankel offen auf Moliniers Seite gestellt und setzten alles daran, Naville Trotzki gegenüber zu kompromittieren, indem sie ihm Texte aus dessen surrealistischer Phase zu lesen gaben. Dennoch gehörten Raymond Molinier, Henri Molinier, Pierre Naville und Gérard Rosenthal während Trotzkis Aufenthalt auf Prinkipo und auch nachdem sich die Rosmers Ende 1930 zurückgezogen hatten, zu den ständigen Besuchern, verrichteten ihre Arbeit, nahmen auch an Angelausflügen teil und an den endlosen Fraktionsverhandlungen. Nur Jeanne blieb bis etwa Anfang 1931.

Magdeleine Marx, die Frau von Paz war Journalistin, Übersetzerin und eine begabte Schriftstellerin. Sie nahm als erste die literarischen »Angelegenheiten« Trotzkis in die Hand: Übertragung von Rechten, Aufsetzen von Verträgen und Suche nach Verlegern. Ihre Tätigkeit wurde anschließend von Marguerite Rosmer in Paris weitergeführt und später ab 1930 von Raymond Molinier.

Trotzkis politisch aktiver Mitarbeiterstab wurde 1932 zum Teil erneuert. Drei neue Sekretäre kamen nach Prinkipo, um sich dort niederzulassen. Zwei von ihnen sollten eine dauerhafte Rolle in Trotzkis Leben spielen, ähnlich der von Jan Frankel.

Der Franzose Pierre Frank war von Beruf Chemieingenieur und hatte bereits sehr früh angefangen, sich voll und ganz der politischen Arbeit in der Gruppe um Raymond Molinier zu widmen. Er war zunächst als Besucher gekommen, um sich zu informieren und fortzubilden, da er Mitglied in der Führung der französischen und internationalen Opposition war. Letztlich blieb er fast ein Jahr, weil er gleichermaßen als Sekretär für Französisch und als Leibwächter von Nutzen war. Dieser kleine Mann, der linkisch, scheu und verschlossen in seinem Auftreten war, hatte in den Augen Trotzkis nicht die Verdienste und das Ansehen seines Genossen und Führers Raymond Molinier. Dennoch sollte er eine bedeutsame Rolle in der französischen Sektion und bei den Kämpfen um den Aufbau der IV. Internationale spielen.

Otto Schüssler sollte Trotzki bis zum Ende begleiten. Er war bei seiner Ankunft auf Prinkipo siebenundzwanzig Jahre alt. Bis zu diesem Zeitpunkt arbeitete er als Packer in einer auf Kunstbücher spezialisierten Buchhandlung und Druckerei in Leipzig. Als ehemaliges Mitglied der »linksradikalen« KAPD war er durch Vermittlung der sächsischen Gruppe »Bolschewistische Einheit« zur Opposition der deutschen Linken gekommen, die eine Zeit lang die oppositionellen Gruppen in Leipzig in sich vereinigte. Der etwas verschlossen wirkende Autodidakt hatte sich rasch als Sekretär allererster Güte entpuppt, und Trotzki hatte ihm recht schnell politisch und redaktionell verantwortungsvolle Aufgaben übertragen. Zu Anfang seines Aufenthaltes bereitete sein sächsischer Akzent seinem Gastgeber größtes Vergnügen.

Jean van Heijenoort war zweifellos die schöpferischste Persönlichkeit unter all den politischen Aktivisten. Der hochaufgeschossene junge Mann von zwanzig Jahren, blond und athletisch gebaut, hatte höhere Mathematik am Saint-Louis Gymnasium gelernt und sich selbst Russisch beigebracht, weil er glaubte, es könnte ihm eines Tages von Nutzen sein. Er war in Paris bei den jungen Anhängern der linken Opposition politisch aktiv gewesen. Raymond Molinier hatte die Idee gehabt, ihn zu Trotzki zu schicken, und hatte diesem einen entsprechenden Vorschlag unterbreitet. Als Van Ende Oktober 1932 nach Prinkipo kam, hatte man ihm beinahe sofort die Tätigkeit als Übersetzer vom Russischen ins Französische anvertraut, ohne seine Arbeit zu überprüfen. Sehr schnell wurde er nicht nur ein enger Vertrauter in politischen Fragen, sondern zum unersetzlichen Mitarbeiter auf allen Ebenen und allen Gebieten; er war Frankel ebenbürtig: er sollte sieben Jahre lang bleiben, in deren Verlauf er den größten Teil an der Seite Trotzkis verbrachte.

Im Jahre 1933 kamen zwei neue Sekretäre an. Sara Jacobs, genannt Sara Weber, war in Polen geboren und Tochter von Emigranten. Sie reiste mit zwanzig Jahren in die Vereinigten Staaten, war politisch in der amerikanischen Opposition aktiv und sprach fließend Russisch: 1933 bot sie ihre Dienste an und wurde eingestellt. Sie arbeitete als au-pair Mädchen gegen Kost und Logis, so daß man es sich erlauben konnte, auf die Dienste von M. I.

Pewzner zu verzichten, die man ganz regulär entlohnen mußte. Sara Jakobs arbeitete nur wenige Wochen auf Prinkipo, von wo sie zusammen mit der Familie Trotzki kurz nach ihrer Ankunft wieder abreiste, doch ihr Aufenthalt wurde zum Ausgangspunkt für eine langandauernde, beinahe familiäre Lebensgemeinschaft.

Rudolf Klement kam ebenfalls im Mai 1933 nach Prinkipo. Lew Sedow hatte ihn auf Vorschlag des Hamburger Funktionärs Georg Jungclas gesandt. Der Philosophiestudent, der bereits fünf Sprachen in Wort und Schrift beherrschte, hatte sich nun mit der russischen Sprache beschäftigt, um Trotzki als Übersetzer ins Deutsche dienlich zu sein. Der sensible, unscheinbare und scheue junge Mann, den einige für homosexuell hielten, entpuppte sich rasch als kompetenter Übersetzer der wichtigsten Schriften, die Trotzkis in dieser äußerst kreativen Zeit verfaßte. Er reiste im Juli 1933 mit der Mehrzahl der Gruppenmitglieder wieder ab.

***

Ludwig Lore, ein Freund aus den Vereinigten Staaten aus dem Jahre 1917, spielte für Trotzki nicht dieselbe Rolle wie Rosmer, Pfemfert oder Raissa Adler. Der Grund dafür war auf besondere Umstände zurückzuführen. E. B. Solnzew hatte 1928 Verbindung zu ihm aufgenommen und konnte dank seiner Unterstützung die politischen Überzeugungen der Opposition in der *New Yorker Volkszeitung* verbreiten, die Ludwig Lore leitete. Lore hatte bei der englischen Ausgabe der russischen Oppositionszeitschrift *Plate-forme* in den Vereinigten Staaten mit Solnzew und Eastman zusammengearbeitet und schrieb einen Beitrag mit dem Titel *The Real Situation in Russia*.

Doch als sich Trotzki in der Türkei niederließ und die Weltkarte genauer betrachtete, hatte sich die politische Lage in den Vereinigten Staaten grundlegend geändert. Aus der Linken Opposition, die nach dem VI. Kongreß der Kommunistischen Internationale von J. P. Cannon angeführt wurde, konstituierte sich die Communist League of America (CLA). Lore gehörte dieser Organisation nicht an: lange Zeit war er ein Gegner von Cannon in der KP. Aufgrund der Tatsache, daß Trotzki jetzt Cannons Gruppe unterstützte, lebte die Freundschaft zwischen den beiden Männern von 1917 nicht wieder auf. Dennoch fehlte es nicht an amerikanischen Besuchern auf Prinkipo. Max Shachtman war im März 1930 der erste. Der junge Mann wurde in Warschau geboren und war erst siebenundzwanzig Jahre alt. Doch bereits vor seinem ersten Geburtstag kam er in die Vereinigten Staaten und hatte sich im Alter von siebzehn Jahren bei den Kommunisten engagiert. Er wurde einer ihrer Führer und mit zwanzig Jahren nationaler Sekretär der Kommunistischen Jugend, in der er verantwortlich für die Aufgaben des Antimilitarismus arbeitete. Nachdem er 1927 zur Partei übergewechselt und zur International Labour

Defence gekommen war, tat er sich mit Cannon zusammen, folgte ihm Ende 1928 in die Opposition und 1929 in die Communist League of America. Er war ein sehr talentierter und ambitionierter Journalist, voller Anekdoten und Ideen, der glänzend Geschichten erzählen konnte und außerdem ein großer Freund von Wortspielen war. Er irritierte Trotzki ein wenig, doch schätzte dieser ihn sehr. Auch er sollte Prinkipo im Jahre 1933 noch ein zweites Mal aufsuchen.

Zweiter wichtiger Besucher aus Amerika war Albert Glotzer, einer der Führer der Kommunistischen Jugend von Chicago, der sich ebenfalls 1928 der linken Opposition anschloß. Er verbrachte Ende 1931 fünf Wochen in Kadiköy. Dabei entstand eine neue Beziehung zu Trotzki, die bis zum Aufenthalt in Mexiko andauern sollte.

Im Jahre 1932 kommen aus den Vereinigten Staaten zwei neue junge Besucher, der zweiunddreißig Jahre alte Wirtschaftswissenschaftler Max Gould, genannt B. J. Field mit seiner Frau Esther. Trotzki war von B. J.s Kenntnissen und Fähigkeiten begeistert und ließ ihn an seinen Aufgaben teilhaben, plante sogar eine gemeinsame Arbeit und bat ihn um Presseartikel für die einzelnen Sektionen der Opposition. Dennoch traten Schwierigkeiten auf, da B. J. aus der CLA ausgeschlossen worden war. Ihre Führer waren von Trotzkis Protektion und Unterstützung B. J.s nicht gerade begeistert.

Am 22. Februar 1933, es war der Tag vor Hitlers Sieg in Deutschland, kam der letzte amerikanische Besucher an, der bis dahin vollkommen unbekannt war. Arne Swabeck war dreiundvierzig Jahre alt und von Beruf Maler. Er hatte in Dänemark, Deutschland und Rumänien gearbeitet und war dort auch politisch aktiv, bevor er 1916 in die Vereinigten Staaten ausgewandert war und sich dort niedergelassen hatte. Dort kämpfte er in der Gewerkschaftsorganisation IWW (Industrial Workers of the World) und war in der sozialistischen Partei aktiv. Außerdem leitete er die Zeitung der sozialdemokratischen Föderation Skandinaviens, bevor er 1920 Kommunist wurde. Er war nicht nur ein Führer der KP, sondern auch während der 20er Jahre Führer der AFL in Chicago und der Labour Partei in Illinois. Er leitete darüber hinaus die amerikanische Sektion der CLA während der Abwesenheit Cannons, die dieser sich selbst ausbedungen hatte. Er hatte den Versuch unternommen, auf legalem Weg einen Radioempfänger in die Türkei einzuführen, der das isolierte Dasein der Emigranten etwas auflockern sollte, doch die Grenzpolizei wollte nichts davon wissen.

***

Die genaue Anzahl der Besucher auf Prinkipo läßt sich nicht so einfach feststellen. Für viele unter ihnen bediente man sich strengster Vorsichtsmaßnahmen, um sämtliche Spuren eines Kontaktes zu verwischen. Wie sich herausstellte, waren sie sehr wirkungsvoll.

Trotzki hatte Ende 1929 in aller Öffentlichkeit zugegeben, einen Besuch von Ja. G. Bljumkin erhalten zu haben, der zu dieser Zeit noch immer Agent des Nachrichtendienstes der Roten Armee war. Nach Bljumkins Aussage hat er Sedow in den Straßen Istanbuls getroffen. Angeblich war er gerade aus dem Fernen Osten gekommen und befand sich auf der Heimreise in die UdSSR. Er habe Sedow dann überredet, mit ihm »nach Hause« zu gehen, um »den Alten« wiederzusehen. In Wirklichkeit bringt ein von Bljumkin am 3. April 1929 verfaßter Bericht ans Licht – der von Lew Sedow offiziell anerkannt wurde und den wir in Stanford in seinen Akten entdeckt haben –, daß es sich bei Bljumkins Beziehung zu Trotzki nicht um ein flüchtiges Treffen gehandelt hat, sondern diese Kontakte in Absprache mit der UdSSR organisiert waren, in der der Geheimagent ganz offensichtlich eine zentrale Rolle spielte. Genau diese Verbindung war es, die Stalin dazu veranlaßte, Bljumkin erschießen zu lassen – ein Fall, den wir in einem späteren Kapitel noch behandeln werden.

Der zweite sowjetische Besucher stammte aus der Ukraine. Isaac Deutscher hat ihn überraschenderweise als »Amerikaner« bezeichnet![14] Es handelt sich um Pawel Okun, genannt Mill oder Jack Obin: er war aus der Ukraine nach Palästina gegangen, hatte dort eine Zeitlang gekämpft, bevor er wieder nach Europa zurückkehrte. Zunächst nach Belgien, dann nach Frankreich, wo er in Paris die treibende Kraft der »jüdischen Gruppe« war. Er verbündete sich mit Raymond Molinier und wurde ins Verwaltungssekretariat der internationalen linken Opposition berufen, weil er Russisch sprach und so als Mittelsmann zu Trotzki eingesetzt werden konnte, und zwar unabhängig von Trotzkis Situation und der seines Sekretariats. Er war jedoch eher unbeständig und verlor sich anscheinend bisweilen in seinen Intrigen, was Trotzki nie besonders geschätzt hat.

Außerdem war mindestens noch ein weiterer Sowjetbürger nach Prinkipo angereist, um Trotzki dort heimlich zu treffen. Dieser Mann war ein Wegbegleiter von Raymond Molinier, der sich 1985 erinnerte, daß der Besucher unter dem Pseudonym Vetter lebte und perfekt Französisch sprach. Die Unterlagen des Hoover-Institutes, wo sich eine Akte unter diesem Namen befindet, und der Briefwechsel von Victor Serge lassen vermuten, daß es sich um Jakow Kotscherets, genannt Vetter oder »der Franzose«, handelt. Er war einer der wichtigsten geheimen Berichterstatter von Sedow und soll nach Angaben von Serge unter dem Pseudonym Jean Renaud Louis Aragon ins Russische übersetzt haben.

Außer diesen Besuchen von Aktivisten sollte man noch einen weiteren Mann erwähnen, der über einige Monate hinweg in ständigem Briefwechsel mit Trotzki stand. Es handelte sich um einen ehemaligen Kämpfer in der bolschewistischen Partei, der zu Lenins Zeiten ausgeschlossen wurde – Lenin richtete aus diesem Anlaß sogar einen persönlichen Brief an ihn –, weil er die freie Zulassung aller Parteien gefordert hatte. G. I. Mjasnikow war von der UdSSR über die Türkei nach Persien geflüchtet und hatte Trotzki um Hilfe und Unterstützung gebeten. Gérard Rosenthal erinnert sich, ihm am 13. Juni 1929 die Tür geöffnet zu haben und »einem mageren Mann gegenübergestanden zu sein, mit dunklen Ringen unter den Augen, in abgetragenen Kleidern, der in einem bemitleidenswerten Zustand gewesen sei«.[15] Trotzki unterstützte Mjasnikow in materieller Hinsicht, um ihm eine Ausreise aus der Türkei nach Westeuropa zu ermöglichen, und tat sein Bestes, um ihn davon zu überzeugen – leider ohne Erfolg –, daß man sich in der Politik nicht nur von Gefühlen und Ressentiments leiten lassen sollte.

Wir haben in den Archiven nicht den geringsten Hinweis darauf gefunden, daß der Chinese Liu Renjing Trotzki auf Prinkipo besucht hat; sein Eintreffen ist nur im Briefwechsel unter seinem Pseudonym »Charles« angekündigt. Liu Renjing war einer der acht Delegierten des Gründungskongresses der chinesischen KP, dessen Vertreter er auf dem III. und IV. Kongreß der Kommunistischen Internationale war. Mehrere Jahre hatte er in Moskau gelebt und war dort auch Mitglied der linken Opposition – unter dem Decknamen »Lensky« – ebenso wie etwa zehn andere Studenten aus China, die während dieser Zeit in Moskau ein Praktikum absolvierten oder an der Universität studierten. 1929 verließ er das Land wieder und fuhr über Paris, wo er kurz mit Rosmer und seinen Freunden Kontakt aufgenommen hatte, nach Prinkipo, um dann anschließend in seine Heimat zurückzukehren. Dort sollte er unter dem Pseudonym Nel Sih, das Trotzki ihm verliehen hatte, eine bedeutsame Rolle im Verlauf der Krise der Linken Opposition spielen.[16]

Untersucht man die Besucherliste etwas genauer, so fällt die, im Vergleich zu der großen Zahl von Berichterstattern dieses Landes, geringe Anzahl deutscher Besucher auf. Der erste Grund dafür war, daß Trotzki in den ersten Monaten seines Türkeiaufenthaltes eine vorrangige Beziehung zum Leninbund von Hugo Urbahns unterhielt, den er sozusagen als einzige organisierte oppositionelle Kraft außerhalb der UdSSR ansah. Doch er wartete vergeblich und nicht ohne Verbitterung und Groll auf Besucher, Informanten und Mitarbeiter aus Deutschland. Während der letzten Monate seines Aufenthalts bestand er selbst darauf, daß deutsche Aktivisten auf ihre Reise zu ihm verzichten sollten. Er insistierte insbesondere Lew Sedow gegenüber, daß Werner Scholem, ehemaliger Führer der KP und der deutschen Linken, nicht das politische Risiko eingehen sollte, sich gerade dann in der Türkei aufzuhalten, wenn es in den Straßen Deutschlands um das Schicksal des Proletariats und des Kommunismus gehen könnte. Offenbar aus ähnlichen Gründen setzten die beiden Führer der SAP und engen Verbündeten Lew Sedows, Boris Goldenberg und Fritz Sternberg, ihren Plan erst nach 1933 um, dem berühmten Mann im Exil einen Besuch abzustatten.

Hingegen erhielt Trotzki im April 1931 für einige Tage Besuch von Heinz Schürer, einem jungen Studenten der Geschichte, der gerade eine Dissertation über die Revolution in Deutschland im Jahre 1923 vorbereitete. Trotzki fand ihn in intellektueller Hinsicht sehr interessant und war vom Nutzen seiner Arbeit überzeugt. Er verteidigte ihn folglich später, als Schürers Ausschluß wegen Individualismus auf der Tagesordnung der deutschen Sektion stand, und wies darauf hin, daß die Führer darauf achten sollten, daß die Parteianhänger das tun konnten, was sie interessierte.

Ein anderer Besuch von Aktivisten, die der deutschen Sektion nahestanden, war weitaus wichtiger als Schürers Anwesenheit. Er fand im Sommer 1931 statt. Es handelte sich um die Gebrüder Sobolevicius, zwei Litauer, von denen einer in Deutschland und der andere in Frankreich lebte.

Ruvin Sobolevicius war mit seinen zweiunddreißig Jahren der ältere von beiden. Er hatte Kowno, wo sein Vater Industrieller in der Leder- und Häutebranche war, verlassen, um sich in Leipzig niederzulassen, wo dieser ebenfalls eine Fabrik besaß, die von dem ältesten Sohn Beras geleitet wurde. Dort hatte er dann Landwirtschaft studiert und war zu einem längeren Aufenthalt in die UdSSR gereist. Bei seiner Rückkehr war er gleichzeitig Mitglied der KPD und der »Bolschewistischen Einheit« geworden, deren Führer er innerhalb kürzester Zeit wurde. Seitdem war er unter den Namen Schmidt, Sobolew und schließlich Roman Well zum Hauptführer der Opposition zunächst in Sachsen, dann 1931 in ganz Deutschland geworden. Schließlich hatte er sich in Berlin niedergelassen, wo er mit dem Studium der Medizin begonnen hatte. Seinem Besuch ging ein langer und ausführlicher Briefwechsel mit Trotzki voraus.

Sein jüngerer Bruder Abraham Sobolevicius studierte in Deutschland und hatte sich zum gleichen Zeitpunkt wie er selbst in der UdSSR aufgehalten und war dann nach einem Streit zwischen den Brüdern, so behauptete er zumindest, nach Paris gezogen, wo er in der »jüdischen Gruppe« der Kommunistischen Partei aktiv mitarbeitete. Kurz nach Gründung der *La Vérité* sollte sich die Mehrzahl ihrer Mitglieder der linken Opposition anschließen.

Die beiden Männer standen zu dieser Zeit im Mittelpunkt erneut auftretender Konflikte zwischen der deutschen und der internationalen Opposition. Trotz eines ausführlichen Briefwechsels und des Austauschs, den Trotzki mit Lew Sedow und anderen deutschen Genossen über die beiden führte, wollte er sie unbedingt persönlich kennenlernen. Wichtigstes Ergebnis ihres Aufenthaltes war, daß Trotzki mit der politischen Lage in Deutschland vertraut gemacht wurde, das vom Aufstieg des Nationalsozialismus und von einer Politik der Spaltung innerhalb der Arbeiterbewegung der KPD angesichts dieser tödlichen Gefahr geprägt war.

Ein weiterer Besucher verdient aus einem besonderen Grund Erwähnung. Es handelt sich um den ehemaligen Führer der Kommunistischen Partei

Frankreichs, Albert Treint. »Der Kapitän«, wie man ihn damals nannte, war die treibende Kraft der sozialistischen Linken im Komitee der III. Internationale und im Anschluß daran der starke Mann des Flügels der Internationale innerhalb der KP. Als Mitarbeiter von Sinowjew hatte er in der Kommunistischen Partei die sogenannte »Bolschewisierung« mit außerst brutalen Mitteln durchgesetzt und schloß reihenweise sämtliche Aktivisten, die Rosmer, Monatte und Souvarine nahestanden, aus, ebenso wie diejenigen, die einfache Zweifel hegten.

Im September 1931 kam Treint nach Prinkipo. Trotzki diskutierte mit ihm systematisch über die Vergangenheit, die Streitigkeiten, die aktuelle Lage und die Perspektiven. Die Debatten wurden abwechselnd mündlich oder auf der Grundlage zuvor abgefaßter Texte geführt. Die Angelegenheit ging nicht sehr schnell voran, doch schließlich gab Treint nach und beschloß, mit seiner kleinen Gruppe wieder nach Frankreich zu Trotzkis Freunden zurückzukehren. Freunde allerdings nur noch für kurze Zeit.

***

Am Ende dieses kurzen Überblicks stellt sich eine Frage: haben all diese Männer, die wir kennengelernt haben, ihre Reise in die Türkei ohne Hintergedanken gemacht, einfach nur, um dem Emigranten zu helfen und ihren Beitrag zu seinem politischen Kampf zu leisten? War es für Stalin nicht verlockend, bei diesem Kommen und Gehen einen Spion in die Umgebung von Trotzki einzuschleusen oder vielleicht sogar einen seiner Agenten als Mörder oder Komplize? Seine Freunde waren sich der Gefahr und ihrer eigenen Verantwortung in bezug auf die Wahl ihrer Mitarbeiter deutlich bewußt. Deshalb bestand Franz Pfemfert 1930 darauf, die Kandidatur von Walentin Pawlowitsch Olberg, Sohn eines russischen Emigranten, als Sekretär auf Prinkipo abzulehnen. Er stufte ihn als mittelmäßig ein und schätzte seine Verbissenheit nicht, kurzgesagt: Seiner Meinung nach hätte er durchaus ein Agent Stalins sein können.

Diese Frage verdient besondere Beachtung. Fünf der bereits erwähnten Männer, nämlich Charin, Jakob Frank, P. Okun und die Gebrüder Sobolevicius wurden in der Tat dringend verdächtigt bzw. angeklagt, Mitglieder des sowjetischen Geheimdienstes gewesen und in die Reihen der Opposition eingeschleust worden zu sein, um diese zu desorganisieren und zu zerstören.

Wenn man davon ausgeht, daß alle bereits als ausgebildete Agenten eingeschleust worden sind, so müßte man daraus schließen, wie Victor Serge zu sagen pflegte, daß Trotzki sich beim Aufbau der linken Opposition auf Spezialagenten der GPU gestützt hätte, die mit der Aufgabe betraut waren, diese zu zerstören.

Mit Bestimmtheit kann man diese Frage nur in einigen wenigen Fällen beantworten. Die Gebrüder Sobolevicius, genannt Roman Well und Adolf Senin, waren ganz sicher Agenten Stalins. Schon im Jahre 1936 war Trotzki auf der Grundlage von beweiskräftigem Material, das er seit 1929 gesammelt hatte, zu dem Schluß gekommen, daß ihre Zugehörigkeit zum Geheimdienst und ihre wohlüberlegte Rolle als »agents provocateurs« so gut wie sicher war. Gleich nach dem Krieg sollte die Aufdeckung eines Spionageringes, der im Dienst der Sowjetunion stand, zwei Männer ins Rampenlicht der Öffentlichkeit in den Vereinigten Staaten rücken: der eine war der angesehene Psychiater Robert Soblen, der sich als Roman Well entpuppte, der andere war Jack Soble, der niemand anderes als Senin war.

Da sich die Wölfe nicht untereinander fressen und »Agenten« über andere »Agenten« Stillschweigen wahren, ist es für den Historiker ausgesprochen schwierig, an Unterlagen über die ehemaligen Aktivitäten dieser Agenten heranzukommen. Und die amerikanische Justiz scheint kein besonderes Interesse an der Wahrheitsfindung über die Aktivitäten dieser beiden Männer als Geheimagenten Stalins in Trotzkis Umgebung zu bekunden. Dennoch sind die beiden Brüder vermutlich noch vor 1927 in der Sowjetunion rekrutiert und ausgebildet worden. Die Geschichte des Streits bei ihrer Rückkehr hatte nur dazu gedient, ihre Trennung verständlich zu machen und war notwendig, da sie in zwei verschiedenen Ländern eingesetzt werden sollten. Darauf bedacht, Konflikte zu verschärfen, die Atmosphäre in persönlichen Beziehungen zu vergiften, die Abspaltung voranzutreiben und mit größtem Vergnügen ihre jeweiligen Gegner zu verleumden, hatten die beiden Männer schließlich 1933 mehrere Versuche unternommen, der deutschen Opposition ihre Selbstauflösung aufzuzwingen sowie ihre Kapitulation vor der KPD zu dem Zeitpunkt, als die KPD kampflos vor den siegreichen Nazis kapitulierte.

Nach 1936 kamen noch weitere Punkte zu der schon recht umfangreichen Akte hinzu: die Vorschläge zur Einarbeitung von Sedows Freund Dr. Ackerknecht in Spanien, Roman Wells Beteiligung an Sedows Überwachung im Jahre 1937 und der Versuch Senins, auf dem Schiff nach Mexiko mit Jan Frankel Kontakt aufzunehmen. Darunter auch die von Victor Serge überbrachten Informationen aus der UdSSR über Gerüchte unter den Deportierten hinsichtlich Senins Rolle als Denunziant, um die wichtigsten zu nennen.

Im August 1936, als Trotzki damit rechnete, anläßlich des ersten Prozesses in Moskau die »GPU-Spitzel« auf der Anklagebank zu sehen, erinnerte er an »diese Elemente, die sich im Ausland mit der linken Opposition angelegt oder es zumindest versucht haben«. Er schreibt, »diese Leute wären entweder schon direkte Agenten der GPU gewesen oder junge Streber, die hofften, in der linken Opposition Karriere zu machen, um dann ebendiese Linke Opposition zu verraten, um selbst Karriere zu machen«.[17] Und wieder tauchten dieselben Namen auf: die Gebrüder Well sowie Mill und Gräf (Frank). In dem Schriftstück, das er 1929 Bljumkin für seine Freunde in der UdSSR anvertraut hatte, bezeichnet er Charin als »Agent provocateur«.[18]

Der Wahrheit ist man bisher kaum nähergekommen. Ich selbst habe einen Aufsatz über Salomon Charin – den »Genossen Joseph« aus der Handelsdelegation in Paris verfaßt –, der auf einer sorgfältigen Studie beruht, die nach der Öffnung der Archive in Harvard zugänglich wurde. Ich bin darin zu dem Schluß gekommen, daß es sich genaugenommen trotz des einstigen Mißtrauens von Boris Souvarine im Hinblick »auf diesen von Charin beeinflußten Block, der mir nichts Gutes verhieß«[19], nicht um einen in die Opposition eingeschleusten Agenten handelte, sondern ganz einfach um einen politischen Aktivisten, der sich, Radek zufolge, entschlossen hatte, ein »Kapitulant« zu werden und den der starke Druck des GPU-Apparates in Paris zum Denunzianten machte, obwohl er selbst mehrmals den guten Vorsatz hatte, sich zu widersetzen.[20]

Der Fall Mill ist nie vollständig aufgeklärt worden. Der Mann hatte unbestreitbar eine Vorliebe für Intrigen, und seine unkoordinierten Machenschaften, in die er sich zwischen den verschiedenen Gruppierungen und Fraktionen verstrickte, lassen natürlich im nachhinein die Annahme zu, daß es sich um die Aktionen eines Provokateurs handelte, der Verwirrung zu stiften versuchte und die Konflikte verschärfte. Es ist gleichfalls ganz sicher, daß er Mitte 1932, nachdem er praktisch abgeschoben worden war, mit der sowjetischen Botschaft über seine Rückkehr in die UdSSR und über eine Art »Amnestie« für seine oppositionelle Vergangenheit verhandelte. Als Gegenleistung bot er einen Teil von Trotzkis Archivmaterial und Unterlagen aus dessen Sekretariat an, das in seinem Besitz war.

Doch dies beweist nur, daß Mill nach Abschluß von mehreren Jahren Tätigkeit in der Führungselite der Linken internationalen Opposition und nachdem seine Hoffnungen, sich dort eine entscheidende Position zu erobern, scheiterten, den Entschluß gefaßt hatte, die Seite zu wechseln. Nichts rechtfertigt die Annahme, daß er ein in die Opposition eingeschleuster Agent war. Das Ende seiner Überlegungen zum Fall Mill beschließt Jean van Heijenoort mit der Frage: »Was war er – Kapitulant oder Agent ?«[21]

Bleibt noch Jakob Frank, zu dessen Fall Hans Schafranek in seiner kürzlich erschienenen Dissertation[22] eine Korrektur vorgenommen hat, ohne jedoch zu einer eindeutigen Schlußfolgerung zu gelangen. Für die These »eingeschleuster Agent« sprechen natürlich seine Verbindungen zu Well, die gegenseitigen Empfehlungen, die dazu führen sollten, ihnen beiden innerhalb der Organisation mehr Einfluß zu verschaffen sowie seine Rückkehr zur Kommunistischen Partei Österreichs im Jahre 1931. Hans Schafranek fügt diesen Erkenntnissen letztendlich keine neuen hinzu. Selbst nach Öffnung der Archive von Harvard kann man nur den 1978 von Jean van Heijenoort gezogenen Schlußfolgerungen zustimmen:

»War es einer dieser Kapitulanten, an denen es damals nicht mangelte? Schon möglich, das war zumindest die Meinung Trotzkis. Vielleicht aber ist er von Anfang an ein von der GPU ausgebildeter und eingesetzter Agent gewesen.«[23]

Man könnte sicherlich den Faktor hervorheben und dramatisieren, daß GPU-Agenten und diejenigen, die sich nur auf kurze Sicht anschließen sollten, bei bestimmten Anlässen, sei es auf Fraktionssitzungen oder sogar auf Tagungen des Obersten Gremiums der internationalen Opposition, die Mehrheit bildeten. Doch das wäre sicherlich ein wahrer Anachronismus. Die jungen Menschen, die sich zu Beginn der 30er Jahre für die aktive politische Arbeit der Opposition engagierten, gehörten dem Umfeld der Kommunistischen Parteien an, wo die Grenze zu den Spezialdiensten nicht eindeutig war. Auf alle Fälle handelte noch niemand unter dem Druck jener schrecklichen »Schwarzen Listen«, die im Laufe der 30er Jahre aufgestellt wurde.

***

Die Besucher von Prinkipo waren das Ebenbild des kommunistischen Kosmos, in den sie sich einfügten und in dem sie, selbst wenn sie ausgeschlossen waren, dafür kämpften, neuen Schwung in die Parteien und die Internationale zu bringen. Ob Pioniere und junge Menschen, ob Theoretiker oder Aktivisten, in ihnen allen spiegelten sich die Widersprüche des Kampfes wider, in den westlich-kapitalistischen Gesellschaftsformen kommunistische Massenparteien zu gründen.

Sie sahen in Trotzki nicht nur den Sieger der Oktoberrevolution, den einstigen Gründer der Roten Armee und der Internationale, sondern auch den Führer der Weltrevolution von morgen; denjenigen, der die wieder erneuerte Internationale in die letzte Schlacht für das Schicksal der Menschheit führen würde. Er sah in ihnen die ersten Soldaten seiner großen Armee der Zukunft und die Keimzelle seines Führungsstabs. Er tat alles, was in seiner Macht stand, um die Fackel an sie weiterzugeben, d. h. ihnen seine Erfahrungen in der russischen Opposition zu übermitteln, als deren Wortführer er sich betrachtete: man mußte wie in Zimmerwald die Kontinuität wiederherstellen. Das war sein Ziel.

Er verfolgte es mit umso größerer Leidenschaft und Verbissenheit, als die Linke Opposition in der UdSSR zur gleichen Zeit fürchterliche Schläge einstecken mußte.

Kapitel 39

Die Krise der russischen Opposition

Das Jahr 1929 war von der großen Krise der russischen Linksopposition gekennzeichnet: Eigentlich muß man von einen Zerbrechen sprechen, denn in ein paar Monaten wurde sie eines Teils ihrer Lebenskräfte – der erdrückenden Mehrheit ihrer »Altbolschewiken« und auch eines guten Teils der jungen Generation – beraubt.[1]

Es handelte sich selbstverständlich zum Teil um eine verzögerte Folge der Ausweisung Trotzkis, dessen ungeheure Autorität im vorhergehenden Jahr der Hauptfaktor für die Aufrechterhaltung der Einheit im Laufe der Debatte der ersten sechs Monate von 1928 gewesen ist. Trotzki konnte nunmehr nicht mehr direkt, noch rechtzeitig eingreifen. Trotz der Organisationswunder der Untergrundfraktion waren seine großen politischen Texte nur Flaschenpost. Und er scheint von nun an so weit entfernt zu sein.

Selbst in der UdSSR hatte niemand eine ihm vergleichbare Autorität. Es stimmt nicht, wie das manchmal behauptet worden ist, daß Rakowski ihn wirklich hat ersetzen können. In den Augenblicken, wo die Opposition einmütig auftrat, war er tatsächlich als Sprecher akzeptiert worden. Aber faktisch verfügte er nicht über die nötige moralische Autorität für die Krisenzeiten, und man zögerte nicht, ihn in einer Art heftig zu kritisieren, wie man Trotzki von rechts wie von links nicht kritisiert hat. Und dann hatte die selektive Unterdrückung ein wachsames Auge darauf, diejenigen unschädlich zu machen, die sie für geeignet hielt, die Opposition der Unbeugsamen zu stärken. Mancher begann nach dem Beispiel eines Sosnowski einen langen Lebensabschnitt in den Gefängnissen für politische Häftlinge, die man »Isolatoren« nennt, doch deren Zellen immer mehr übervölkert waren.

Ansonsten wurde rasch klar, daß der Aufschub, von dem die Linksopposition in der Krise, die sie in der Folge des Plenums vom Juli 1928 erschüttert hatte, profitiert hat, 1929 mit der Offensive Stalins gegen die »Rechte« (Bucharin – Rykow – Tomski) in der Partei – und gegen die Kulaken im Land – zu Ende ging. Alle vor Juli 1928 zum Ausdruck gekommenen Zerwürfnisse tauchten mit noch mehr Schärfe als in der Debatte des vorhergehenden Jahres wieder auf.

Zu diesen Grundfaktoren muß man wohl auch die langen Haftstrafen hinzurechnen, die vielen derer, die sie erleiden mußten, als unverhältnismäßig schien. Diese aktiven Menschen, die nun in die Ohnmacht und zu einem ungewissen, oft beschäftigungslosen und immer elenden Leben gezwungen waren und die von ihrer Berufstätigkeit, ihrer Familie, ihren Projekten abgeschnitten wurden, fanden sich fortan in Umstände versetzt, wo sie das Gefühl hatten, daß eine wichtige Schlacht in ihrer Abwesenheit geschlagen wurde und daß sie für lange Jahr aus einer Geschichte, die fortan ohne sie abläuft, wirklich ausgestoßen sind. Unter solchen Umständen waren sie zutiefst davon überzeugt, daß ihre unbeugsame Haltung sie faktisch zur Ohnmacht verurteilt hatte und weiterhin verurteilte. So verfiel ein bedeutender Teil der Zwangsverschleppten in richtige Panik, die von gezielt ausgestreuten Gerüchten sorgfältig unterstützt wurde, sobald die ersten bekannten Köpfe der Opposition nicht sofort den Weg der eigentlichen Kapitulation, sondern der einfachen Verhandlung beschritten.

***

Noch im Dezember 1928 konnte Stalin in der Öffentlichkeit die Tätigkeit und den Einfluß der Rechten in der Partei bagatellisieren und abstreiten, daß sie als Fraktion existierte. Er versicherte gleichzeitig, daß sie die Entscheidungen des Zentralkomitees pflichtgetreu ausführte.

Die Schlacht tobte von Februar 1929 an, als sich Bucharin der Ausweisung Trotzkis widersetzte. Der Konflikt wurde erst im Mai an die Öffentlichkeit gebracht. Im Januar 1929 erfolgte zunächst die Veröffentlichung des Protokolls der Unterredung zwischen Bucharin und Kamenjew als Flugblatt durch die Bolschewiki-Leninisten von Moskaus.[2] Die beiden Männer erkannten vor der Kontrollkommission die Echtheit des Textes und der Äußerungen, die ihnen zugeschrieben wurden, an. Doch Bucharin schritt kraftvoll zum Gegenangriff: Während er jede Fraktionstätigkeit leugnete, klagte er die ständige Vergewaltigung der Demokratie durch die Parteiführung öffentlich an, beschrieb die unlängst verabschiedete Wirtschaftspolitik als eine »militärisch-feudale Ausbeutung der Bauernschaft« und die Kulakensteuer als einen von der Bauernschaft erhobenen »Tribut«. Er hielt seine Meinung in dem ad hoc zusammengestellten Ausschuß, der eine Bilanz seiner »Irrtümer« erarbeiten sollte, aufrecht.[3]

Am 9. Februar 1929 legten Bucharin, Rykow und Tomski dem Politbüro ein Programm zur »Liberalisierung« der NEP, zur Verringerung des Tempos der Industrialisierung und zur Bewahrung des freien Marktes vor. Sie drohten, ihre Ämter niederzulegen.[4] Die *Prawda* wetterte weiterhin gegen die »Rechtsabweichung«, ohne aber noch Namen zu nennen.

Im April wurden die Masken abgeworfen. Im Zentralkomitee griff Stalin Bucharin direkt an und klagte ihn an, gegenüber der Kulakengefahr eine »theoretische Verblendung« an den Tag zu legen, eine »bürgerlich-liberale« Politik des Fraktionismus zu befürworten und die »kollektive Führung« zu sabotieren.[5] Einige Tage später korrigierte die XVI. Konferenz die Ziele des Fünfjahresplanes nach oben und beschleunigte das vorgesehene Industrialisierungstempo massiv. Von Kalinin vorgelegte Thesen brachten jetzt eine neue Orientierung in Richtung einer Kollektivierung der Landwirtschaft mit einer beträchtlichen Beschleunigung der Schaffung von Sowchosen (Staatsfarmen) und von Kolchosen (Kooperativen). In Moskau begann sogleich die Säuberung der Partei, und die Angriffe gegen die »Rechten« mehrten sich.[6]

Erst in der *Prawda* vom 21. August 1929 wurde Bucharin schließlich durch die Veröffentlichung des Beschlusses der Exekutive der kommunistischen Internationale vom 3. Juli 1929, die ihn auch seines Amtes als Vorsitzenden enthob, öffentlich und namentlich als Verkörperung und Anstifter der »Rechtsabweisung« bezeichnet. Nach mehreren Monaten Dauerbeschuß und Verurteilung auf dem Presseweg ohne Möglichkeit, die Beschuldigungen zu widerlegen, gingen die drei Führer der Rechten schließlich darauf ein, öffentlich Selbstkritik zu üben, und kapitulierten in einer in der *Prawda* vom 26. November 1929 erschienenen Erklärung bedingungslos.

Inzwischen ist seit dem Monat April die Politik Stalins beträchtlich flexibler geworden, und die Offensive der Staatsmacht hat auf dem doppelten Boden des Kampfes gegen die Kulaken und der beschleunigten Industrialisierung angezogen, für den der berühmte »Zum Teufel mit der NEP!« betitelte Artikel Stalins am 27. Dezember 1929 in der *Prawda* – wie man weiß – mehr eine Bestätigung als ein Signal war.

Nicht in der abstrakten Welt der allgemeinen Ideen und der politischen Thesen hat sich in der UdSSR die so eingeleitete Wende vollzogen, die Deutscher einmal »Die dritte Revolution von Oben« genannt hat. Über diesen Punkt waren sich alle Protagonisten der Krise in ihrer Analyse einig: Die Sowjetunion befand sich am Rande des Ausbruchs eines Bürgerkriegs, die Revolution war in Gefahr.

Rakowski kennzeichnete die Lage im Jahre 1928 durch »die von einem Bruchteil der Bourgeoisie geführte offene Offensive gegen die proletarische Macht«, »die auf der Arbeiterklasse lastende Bedrohung durch eine Hungersnot«, »die sehr fortgeschrittene Auflösung des Staatsapparates, der Gewerkschaften und der Partei«, »die Intensivierung des Antisemitismus, der religiösen Propaganda und überhaupt des ideologischen Einflusses der Bourgeoisie«.[7] Preobraschenski verglich die Situation der UdSSR im Jahre 1929 mit der, die das Land während des Winters 1920-1921 kennengelernt hatte, die spektakulär in dem Aufstand von Kronstadt gegipfelt hatte. Karl Radek seinerseits malte für die Genossen der Opposition ein wirklich apokalyptisches Bild der Lage, so wie er sie sah:

> »Das Land durchläuft ein neues 1917. (...) Kein Brot in Moskau. Die Unzufriedenheit der Massen wächst und kann zu einer Erhebung gegen die Sowjetmacht degenerieren. Wir stehen am Vorabend von Bauernaufständen.«[8]

Den Bauernaufstand mit einer »reaktionären Offensive« gleichstellend, verglich er das Zentralkomitee mit dem Konvent am Vorabend des 9. Thermidor:

> »Rechte und Zentristen bereiten sich darauf vor, sich gegenseitig zu verhaften, der Block der Rechten und des Zentrums ist auseinandergebrochen, und ein erbitterter Kampf gegen die Rechten spielt sich ab: Ihre sechzehn Stimmen können sich verdoppeln, verdreifachen (...).«[9]

Die ehemaligen »Versöhnler« in der Opposition zeigten den unbestreitbar dramatischen Charakter der Lage der »Diktatur des Proletariats« auf, die sie als im Land und selbst in der Partei bedrängt beschrieben, und begruben die Streitaxt neuerlich.

Ischtschenko war der Erste. Er war seit langem von der Notwendigkeit zu kapitulieren überzeugt und richtete im April 1929 an die XVI. Parteikonferenz eine »Erklärung der 38«, eine Art Unterwerfung unter die »leninistische Partei«, in der er die Prognosen der linken Opposition für entkräftet erklärt.[10] Gleichzeitig bemühte er sich, die Mißhelligkeiten in ihrer Mitte zu vertiefen. Er analysierte sie als eine Gruppe von Hartgesottenen, unter denen sich Netschajew, Geworkian und Wjasnikowzew an wichtiger Stelle befänden.

Radek trat nun seinerseits auf den Plan, und dadurch wurde die Sache ernster. In den Thesen von Omsk, die er zusammen mit den bis dahin unnachgiebigen Smilga und Beloborodow unterzeichnet hatte, griff er »die Mitarbeit Trotzkis bei der bürgerlichen Presse« heftig an. Der Ernst der Lage erforderte seiner Meinung nach die Rückkehr der Opposition in die Partei und ihre Unterstützung für die Politiker des Zentrums gegen die Rechte.

Die bedenklichste Offensive kam von Preobraschenski. Im April 1929 entschloß er sich, seinen Rundbrief »an alle Genossen der Opposition« zu versenden, der dazu beitrug, die bis dahin ein wenig zersplitterten Bemühungen der Parteigänger »der Liquidierung« der Opposition zu vereinen. Dieser Text ist von sehr großer Bedeutung. Wohl zum letzten Mal drückte sich ein Altbolschewik, dessen geistige Unabhängigkeit nie in Frage gestellt wurde, mit völliger Offenheit, ohne List und Umschweife aus und stellte vor allen seinen Genossen mit eigener Feder grundsätzliche Fragen, um festzulegen, welche Linie die Opposition in diesem Augenblick, den er für entscheidend erachtete, sich zu eigen machen sollte.

Nachdem er an die beiden früher für die Entwicklung des Regimes ins Auge gefaßten Varianten erinnert hatte, sowie daran, daß die Opposition 1927 auf das Schlimmste gesetzt hatte, behauptete er noch kategorischer als 1928, daß die Führung – die er nicht als »zentristisch« einstufte – sich auf einen politischen Weg begeben habe, den man im großen und ganzen als positiv ansehen müsse. Er zählte dafür verschiedene Gesichtspunkte auf: Die

Führung habe seiner Meinung nach gegen die Kulaken einen wirklich wirkungsvollen Kampf aufgenommen. Sie habe das Industrialisierungstempo verstärkt, offiziell das Bestehen einer wirklichen »Rechten« inmitten der bolschewistischen Partei eingestanden und begonnen, sie konkret zu bekämpfen. Er fügte sogar hinzu, daß die Partei – wie es die Rede Stalins auf der Vollversammlung vom November 1928 zeige – in einem gewissen Maß, »obschon ohne es zu sagen und auf versteckte Weise«, die Theorie vom Sozialismus in einem Lande widerrufen habe.

Preobraschenski machte keinen Hehl daraus, daß die Linie der Führung nicht frei von Fehlern wäre: In dieser ganzen Zeitspanne habe sie sich stur geweigert, die Arbeiterklasse als solche zu mobilisieren und die armen Bauern zu organisieren. Sie habe gleichfalls die durch die Rechte dargestellte Gefahr beständig unterschätzt und ihr vor allem Zugeständnisse gemacht, die den Kampf gegen sie schwerer machten.

Insgesamt fand er – natürlich –, daß die positiven Aspekte überwögen. In seinen Augen sei es die Wahrheit, daß die Führung dabei sei, den wirtschaftlichen Teil des Programms der Opposition in die Praxis umzusetzen, und das sei in seinen Augen kein geringer Sieg.

Nun aber hätte sich die Opposition selbst in eine Sackgasse manövriert, indem sie die Realität der »Linkswende«, das heißt, die Verwirklichung der positiven Variante leugnet und so tut, als ob es die eigenen, die Erweiterung der NEP betreffenden Prophezeiungen wären, die verwirklicht worden waren. Er bestritt nicht, daß die Methoden Stalins ganz und gar nicht diejenigen sind, die die Opposition befürwortet hatte, und unterstrich auch, daß ihre Umsetzung von oben und durch den bürokratischen Zwang zu den rechtmäßigen Forderungen proletarischer Demokratie im Gegensatz stünden: Das sei für ihn aber kein ausreichender Grund, um sich in dem Augenblick, wo die entscheidende Schlacht beginne, nicht auf der richtigen Seite einzureihen.

Davon überzeugt, daß die Richtigkeit der neuen ökonomischen Politik – die Politik der sozialistischen Akkumulation und des Kampfes gegen den Agrarkapitalismus – vor allen anderen Erwägungen Vorrang habe, mutmaßte er gleichzeitig, daß sie langfristig zur politischen Erneuerung führen würde, die sich durch eine Art natürlich Entwicklung von selbst durchsetzen könnte.

An seine Genossen, die er für in ihrem Rachegefühl verkrampft hielt, gewandt, versicherte er, daß ihr vergangener Kampf reichlich gerechtfertigt gewesen sei; jetzt aber müßten sie begreifen, daß es »die aktuelle Pflicht der Opposition ist, sich der Partei anzunähern, und dann in sie zurückzukehren«.

Indem er Stalin – weil er Trotzki mit Hilfe des Klassenfeindes – und Trotzki – weil er Stalin in der Presse des Klassenfeindes angegriffen hat – gewissermaßen auf einer Stufe eine Abfuhr erteilt, schloß er seinen Text in bittersüßem Ton mit einem Ausblick, der zugleich zeigt, daß er nur wenige Illusionen hegte und daß diese trotzdem bedenklich waren:

> »Wer von uns in den Reihen der Partei seit zehn, zwanzig oder mehr Jahren gekämpft hat, wird bei seiner Rückkehr ganz andere Empfindungen als die haben, die dort mit ihnen zusammen seit ihrem ursprünglichen Beitritt waren. Sie kehren ohne die frühere Begeisterung zurück, als Menschen mit gebrochenem Herzen. Sie haben nicht einmal mehr das feste Vertrauen, daß das Zentralkomitee zustimmen wird, sie wieder zu integrieren, ganz unabhängig davon, welche Bedingungen sie stellen werden. (...) Selbst wenn wir wieder integriert sind, werden wir die Verantwortung für Dinge übernehmen müssen, vor denen wir gewarnt haben, und uns zu Methoden bereit erklären, die wir nicht billigen können. (...) Wenn man uns so, wie wir sind, wieder integriert, dann werden wir die Mitgliedschaft der Partei erhalten, wie man ein schweres Kreuz auf sich nimmt.«[11]

Was Preobraschenski suchte, war die Aushandlung von Bedingungen, von denen er wohl erträumte, daß sie ihm ermöglichen könnten, wenn nicht erhobenen Hauptes, so doch wenigstens ohne unerträgliche Schande wieder in die Partei zurückzukehren. Anfangs hat er wohl daran geglaubt. Man erlaubte ihm schon von Ende April 1929 an, nach Moskau zurückzukehren, wo er sofort Unterredungen mit Jaroslawski und Ordschonikidse hatte, die Stalin anscheinend aus der Nähe verfolgte. Keine Aufzeichnung ermöglicht es uns, ihnen im einzelnen zu folgen; genausowenig können wir dies für die einzelnen Stufen, die unzweifelhaft die aufeinanderfolgenden Rückzieher Preobraschenskis markieren. Wir vermuten nur, daß ein bedeutender Punkt erreicht war, als Karl Radek und Smilga im Juli 1929 ihrerseits das Recht erhielten, sich nach Moskau zu begeben und an den Unterredungen teilzunehmen.

Während dieser langen Reise bei einem Halt auf dem Bahnhof von Ischim hat Radek den Verbannten des Ortes, die gekommen waren, um ihn zu befragen, die weiter oben geschilderten Ausführungen über die Lage im Land vorgetragen. Aber die Aufweichung seiner Positionen im Verhältnis zu den eigenen Thesen vom März 1929, den »Thesen von Omsk« und sein Überwechseln zu den Anfangspositionen von Preobraschenski wurde deutlich. Radek entsprach wohl den Forderungen Stalins, wenn er seinen Genossen zum Beispiel antwortete:

> »Die Situation verpflichtet uns, um jeden Preis in die Partei zurückzukehren! Unser Entschluß kommt von der Einschätzung der allgemeinen Lage der Partei und der Spaltung der Opposition, mit dem Ziel, wieder in die Partei aufgenommen zu werden.«[12]

Über seine Haltung zu Trotzki befragt, antwortete Radek, daß er jegliche Beziehung mit ihm abgebrochen habe und ihn als »politischen Feind« betrachte. Er versicherte sogar – eine Anspielung auf die Veröffentlichung von Artikeln Trotzkis in gewissen britischen Zeitungen –, daß er »mit dem Kollaborateur von Rothermere« nichts gemein habe. Er verlangte nicht mehr die Abschaffung des Artikels 58, kraft dessen er verschleppt worden war, und beteuerte: »Wir haben uns selbst ins Gefängnis und in die Verbannung geschickt.«[13] Radek griff die Opposition heftig an, die er, wie sie sich selbst öffentlich genannt hatte, »Bund der Bolschewiki Leninisten« nannte und in der er nun »eine zweite Partei – die Partei der Konterrevolutionäre« – sieht:

> »Die Jugend, die sich jetzt der Opposition angeschlossen hat, hat nichts mit der Partei und dem Bolschewismus zu tun. Das ist eine antibolschewistische Jugend. Man muß diese Leute mit allen Mitteln bekämpfen. Ein Drittel der Mitglieder der Opposition wird mit uns gehen, und die Übriggebliebenen haben nichts mit dem Bolschewismus zu tun.«[14]

Radek wischte mit einem Satz die Einwände derer weg, die sich wunderten, daß er die Plattform von 1927 aufgeben wollte:

> »Unsere Plattform hat die Probe glänzend bestanden, und von einem Kampfdokument ist sie die Plattform der Partei geworden. Was habt ihr an den Thesen von Kalinin auszusetzen? Was am Fünfjahresplan?«[15]

Schon vom Mai 1929 an machte sich Trotzki keine Illusionen mehr. Er sprach in seinem Briefwechsel schon von »Feiglingen und Kollaborateuren der dritten Welle«, die man in Moskau als weniger als nichts behandeln werde; er schrieb dies zu dem Zeitpunkt, als Preobraschenski dort angekommen war. Als Trotzki die lange Geschichte des Bolschewismus unter dem Blickwinkel seiner »Selbstreinigung« ins Gedächtnis rief, trug er ein wenig dick auf:

> »Uns schrecken diese Abgänge der Genossen, sogar der mit den ganz ‚ehrfurchtsvoll' genannten Namen, nicht im geringsten. Mit den Erfahrungen ihrer Schwankungen werden wir die Jungen Standhaftigkeit lehren.«[16]

Am 26. Mai 1929 widmete Trotzki der Historie der Beziehungen zwischen Radek und der Opposition einen Artikel. Trotzki erinnerte an »das Vierteljahrhundert revolutionärer marxistischer Arbeit«, die Radek hinter sich hat, daß er »durch die Deutlichkeit und die Kraft seines Stils (...), durch seine Fähigkeit, mit verblüffender Schnelligkeit auf neue Erscheinungen und Tendenzen zu reagieren, einer der besten marxistischen Journalisten der Welt (...) ist«. Im Grunde schenkte Trotzki Radek noch in einem großen Maße Vertrauen.

> »Radek ist nicht nur nicht in der Lage, zur Sozialdemokratie überzugehen, sondern kann sich auch schwerlich mit den Stalin-Leuten vereinen. Jedenfalls ist er nicht in der Lage, mit ihnen auszukommen. Denn hierfür ist er zu sehr Marxist und, vor allem, zu sehr Internationalist.«[17]

Am 14. Juni 1929 fragte Trotzki in einer Vorahnung dessen, was er bereits die »Kapitulation der Alten« nannte, an:

»Radek und noch ein paar andere meinen, daß für ihre Kapitulation jetzt der günstigste Moment gekommen ist. Warum eigentlich? Weil doch Stalin mit Rykow, Tomski und Bucharin abgerechnet hat. Aber hat denn unsere Aufgabe in der Abrechnung des einen Teils der herrschenden Gruppe mit der anderen bestanden? Hat sich denn die prinzipielle Einstellung zu den Hauptfragen der Politik geändert, hat sich die Zusammensetzung der Kader geändert, hat sich das Regime geändert?«[18]

***

Am 13. Juni 1929 erschien schließlich in der *Prawda* die am zehnten Juni von Preobraschenski, Radek und Smilga unterzeichnete Erklärung, welche sehr schnell mehr als vierhundert Unterschriften tragen sollte.

Mangels Zeugnissen wissen wir nicht, wie Trotzki, als er sie entdeckte, reagiert hat. Er war auf den Abfall seiner alten Waffengefährten gefaßt und wußte, daß es nicht möglich sein würde, sie auf dem Abhang, auf den sie sich begeben hatten, anzuhalten. Er hatte in seinem politischen Leben andere Abspaltungen und andere Brüche kennengelernt, und Politik und Gefühle vermengte er seit langem nicht mehr.

Aber der Text der Drei war nicht nur ein einfacher Bruch mit ihm von Männern, deren Wege sich von nun an trennten. Gegenüber Stalin war es eine totale, erniedrigende, ja sogar kriecherische Kapitulation. Gegenüber Trotzki bestand sie aus Verleumdung, Verrat und sogar ordinärer Verteufelung. Im Hinblick auf sie selbst war es Verleugnung, der moralische Selbstmord von Männern, die ihre eigene Vergangenheit als ehrenwerte Kämpfer mit Füßen traten.

Als die Drei sich mit der allgemeinen Linie der Partei einverstanden erklärten, zählten sie auf, was sie als deren wesentlichen Punkte betrachteten: die Industrialisierungspolitik, den Kampf gegen die Kulaken, die Politik zur Errichtung von Sowchosen und Kolchosen, die »Schritte in Richtung der unabhängigen Organisation der armen Bauern«, »den Kampf gegen den Bürokratismus im Staatsapparat und der Partei« (sic), den Kampf gegen die Rechte, gegen kapitalistische und kleinbürgerliche Elemente im Lande und gegen die Sozialdemokratie im weltweiten Rahmen.

Einige Zeilen erinnern an das, was wohl die Kapitelüberschriften der ursprünglichen Forderungen der Drei am Anfang der Verhandlungen gewesen waren. Die Mobilisierung der werktätigen Massen und die Verbesserung ihrer materiellen Lage bleiben bloße Wünsche.

Die drei ehemaligen Führer der Opposition erklärten ihren Bruch mit der Opposition, die sie im übrigen mit einer Bereitwilligkeit zur Perfidie, die nur vorsätzlich sein konnte , als »die Strömung, die sich auf der Grundlage der politischen Linie von L. D. Trotzki« um ein vorgebliches »Zentrum der Bolschewiki-Leninisten der Sowjetunion« geschart habe, definierten, schon von ihrem ersten Satz an in aller Deutlichkeit. Sie verurteilten das, was sie die politischen Grundpositionen von Trotzki nannten, angefangen bei der »permanenten Revolution« bis hin zu den Ämterbesetzungen in geheimer Wahl; und sie behaupteten, er und seine Freunde hätten sich »von der Partei entfernt«; dies sei der Grund für »das Erscheinen Trotzkis in der bürgerlichen Presse« ebenso wie für die Schaffung des Zentrums der Bolschewiki-Leninisten der Sowjetunion, »ein Schritt zur Gründung einer neuen Partei«.

Hinsichtlich der vergangenen Politik der Linken Opposition schreiben die Drei:

> »Unsere wichtigste Schlußfolgerung aus der Politik des Zentralkomitees: In einem bestimmten Stadium würde es unweigerlich dahin tendieren, von der Diktatur des Proletariats und dem leninistischen Weg zur thermidorianischen Entartung der Macht und seiner Politik und zum kampflosen Aufgeben der Eroberungen der Oktoberrevolution überzugehen. Die wichtigste Beschuldigung, die wir gegen die Parteiteilung vorbrachten: Selbst wenn es gegen ihren Willen geschah, trüge sie zu dieser Tendenz bei, weil sie weder die Entartungselemente in der Partei noch die rechten Elemente bekämpfte und weil sie im Zeitpunkt der schwersten Wirtschaftskrise einen Ausweg durch eine rechte Politik anstrebte, durch Konzessionen an die Kulaken, die Ablehnung des Außenhandelsmonopols und die Kapitulation vor dem Weltkapitalismus.
>
> Diese Position war falsch, ebenso wie es die Schaffung einer fraktionellen Organisation und ihrer Aktivität mit einer in der Geschichte der Partei beispiellosen Heftigkeit gewesen ist (illegale Druckereien, die Demonstration vom 7. November usw.).
>
> Indem wir die seit dem Übergang von der Periode des Wiederaufbaus zu der der Neuorganisation aufgetretenen Meinungsverschiedenheiten übertrieben haben, hat uns die Logik des Fraktionskampfes bei der Frage des Industrialisierungstempos, des Kampfes gegen die Kulaken dahin geführt, die Tatsache zu übersehen – wie es die Erfahrung gezeigt hat –, daß die Politik des Zentralkomitees leninistisch war und geblieben ist. Deshalb hat der XV. Kongreß recht damit getan, unsere Plattform abzulehnen.
>
> Von diesen hier aufgezeigten Erwägungen aus ziehen wir unsere Unterschriften unter die fraktionellen Dokumente zurück und erklären uns mit der Generallinie der Partei völlig solidarisch: Wir bitten um die Wiederaufnahme in ihre Reihen.«[19]

So beschuldigten sich diese Opfer der Polizeigewalt selber als Gewalttäter. Diese Männer, die bis zum letzten Moment ihren Genossen versichert hatten, daß das »Programm der Opposition« großartig bestätigt worden war, leiteten jetzt von seiner Bestätigung die Entscheidung ab, ihre Unterschrift zurückzuziehen ... Es folgen ihnen 344 Verschleppte allein im Monat Juli und bis November alles in allem 609.

Die Reaktion Trotzkis – der vom 27. Juli 1929 datierte Artikel »Ein erbärmliches Schriftstück« – war eine Zurückweisung, Punkt für Punkt, der Angriffe eines Textes, in dem er »ein einzigartiges Dokument politischen und sittlichen Verfalls« sah. Von dieser ganz offensichtlich auf die Kommunisten außerhalb der UdSSR abzielenden Widerlegung werden wir nur die Ausführungen festhalten, die er zum Thema »Zentrum der Bolschewiki-Leninisten« machte. Dieses bestünde, so schreibt er, schon seit langem, und die Drei seien seine Mitglieder gewesen; neu sei nicht sein Bestehen, sondern die jetzt für nötig erachtete öffentliche Bekanntmachung.

Unterschätzte Trotzki nicht die Wirkung, die die Erklärung in den Kolonien der Verschleppten hervorzurufen drohte? Man kann es vermuten, wenn man aus seiner Feder liest:

> »Was die Opposition angeht, so wußte und weiß jedes ihrer Mitglieder, daß Preobraschenski, Radek und Smilga schon lange tote Seelen sind. Bereits vor dem VI. Kongreß der Komintern machte die Troika ihre besondere Arbeit in der Opposition und förderte damit deren innere Reinigung, d. h., Befreiung von unbeständigen und zufälligen Elementen,«[20]

Nun aber gab es in der Erklärung der Drei nichts, was auch nur entfernt Ähnlichkeit mit der wirklichen Lage in der UdSSR hatte. Es liegt uns ein einziges Zeugnis über die nicht eingesperrten Bolschewiki-Leninisten vor, das von Lew Kopelew, Mitglied der bolschewistisch-leninistischen Organisation von Charkow. »Der Genosse Alexander aus Moskau« legte in einer in einem Wald abgehaltenen Vollversammlung einen Bericht über »die Aufgaben der leninistischen Opposition« vor, der eine einfache Umsetzung des Textes der Drei war. Er baute auf den beiden Behauptungen auf, das Zentralkomitee habe die von der Opposition befürwortete Industrialisierungspolitik übernommen und man müsse in die Partei zurückkehren und in ihr arbeiten.[21] Wenigstens hier haben die Kapitulanten direkt als Liquidatoren fungiert, aber wir können die Bemerkung weder verallgemeinern noch sie zu einer Ausnahme erklären.

In den Kolonien war der Prozeß anscheinend vielschichtiger. Die schlecht informierten Verbannten wurden außerdem von wohlüberlegt zusammengedichteten und raffiniert gestreuten Gerüchten eingelullt. Das Gefühl, daß das Land am Vorabend eines Bürgerkrieges stehe, daß die Revolution in Gefahr sei, setzte sich in einer allgemein gewordenen Sehnsucht nach nationaler Einheit um. Um »dienen« zu können, waren sehr viele alte oder junge Aktivisten bereit, verbale und formale Zugeständnisse, die sie für halb so wild erachteten, zu machen. Stalin hatte gegenüber den Verschleppten seiner Version der Verhandlungen geschickt Glauben verschafft: Unter den Verschleppten war es geläufig, von »der Dreierkommission« zu sprechen, von der sie glaubten, sie habe in ihrem Namen verhandelt. Die Hoffnung auf eine Rückkehr dämmerte wieder. Man fing wieder an zu glauben, ein Leben wie früher, mit Familie, Beruf, kämpferischer Tätigkeit, würde nach dem erlebten Alptraum doch wieder möglich.

Wir besitzen über diese Geistesverfassung ein unfreiwilliges – vielleicht gefälschtes und auf alle Fälle unvollständiges – Zeugnis von einem von der GPU abgefangenen und teilweise veröffentlichten Brief von Solnzew an Rakowski. Solnzew spricht darin von »Katastrophe«, von »Panik und Verwirrung«, von »allgemein gewordenem Mißtrauen«, von persönlichen Versuchen, sich zu retten. Er schreibt sodann:

> »Es handelt sich nicht um die, welche weggegangen sind. Im Gegenteil um jene, die geblieben sind. Wenn Iwan Nikolajewitsch (Smirnow) oder jemand anderes eine annehmbarere Erklärung als die der Drei verfaßt hätte, dann würde er drei Viertel der Opposition hinter sich haben. Man könnte kaum einen Zweifel daran haben, daß Iwan Nikolajewitsch eine Erklärung verfassen wird, deren Hauptpunkt das Aufgeben jeder fraktionellen Arbeit sein wird.«[22]

Er legte also nahe, die Initiative eines »Rückzuges« zu ergreifen – ein Verzicht auf die Fraktionsarbeit, der es erlauben würde, die panisch erschrockenen Oppositionellen einige Zeit zurückzuhalten, »ein Schachzug« nach Art desjenigen, der am 16. Oktober 1926 unternommen worden war. Er betonte, daß Trotzki »offensichtlich nur sehr unzureichend über die Lage unterrichtet ist«, und beschwor daher Rakowski, diese Initiative zu ergreifen.[23]

Ob er den Brief von Solnzew erhalten hat oder nicht – Rakowski tat genau diesen Schritt. In den vom 3. August 1929 datierten Thesen erklärte er sein Interesse an einem Text, den er als Erklärung anzunehmen vorschlägt. Seiner Meinung nach müsse man zeigen, daß der Ausschluß der Oppositionellen ein dem Proletariat zugefügter Schlag ist und daß die Ereignisse die Kritiken der Führung und die Richtigkeit des Programms der Opposition bestätigt haben. Man mußte nachweisen, daß die Rückkehr der Opposition in die Partei unabdingbar sei, und dafür die Bedingungen aufzeigen, deren erste die Einstellung der Verfolgung der Oppositionellen wäre. Rakowski versicherte:

> »Wenn wir in die Partei wieder hineingehen, müssen wir erklären, daß wir bereit sind, auf fraktionelle Kampfmethoden zu verzichten, aber gleichfalls die Rechte, die das Parteistatut für jedes Mitglied vorsieht, geltend machen werden.«[24]

Am 22. August 1929 wurde schließlich der Öffentlichkeit – den Behörden und Exilierten – die von Rakowski, W. W. Kossior und von dem Georgier M. Nikolajew Okudschawa[25] unterzeichnete Erklärung an das Zentralkomitee und an die Zentrale Kontrollkommission unterbreitet.

Sie nahm eine Standortbestimmung zur Lage seit dem XV. Kongreß vor, der von der Offensive einer Fraktion der Bauernschaft, der Bildung der Rechtsströmung in der Partei und den Entscheidungen der XVI. Konferenz gekennzeichnet wäre. Sie betonte so die inneren Schwierigkeiten und das Bestehen einer immer ungünstigeren internationalen Lage und daß eine Phase »grausamer Klassenkämpfe« die Partei des Proletariats erwarte.

Sie unterstrich ihre Solidarität mit dem Kampf für die Verwirklichung des Fünfjahresplanes und gegen die Gefahr von rechts und betonte die Notwendigkeit, in den Kampf für diese Ziele immer größere Massen hineinzuziehen: Dazu mußte man deren materielle Verhältnisse ständig verbessern und auf bürokratische Rationalisierungsverfahren in der Produktion verzichten, die die Partei der Arbeiterklasse entfremdeten. Der Kampf gegen die Kulaken, führte sie näher aus, könne nur mit der Unterstützung von zu schaffenden und zu fördernden lokalen Vereinigungen armer Bauern geführt werden.

Der Text des Opposition unterstrich sehr klar die Gefahr der Bürokratie und die Notwendigkeit eines »auf dem Vertrauen der Massen (...) ruhenden, auf die Wählbarkeit, Absetzbarkeit und die Achtung der revolutionären Legalität gegründeten Apparates«, sowie die Notwendigkeit, die Führer unter »die strenge Kontrolle und die freie Kritik der ganzen Partei zu stellen«. Sie erinnerte schließlich daran – das war die einzige zurückhaltende Anspielung auf den Sozialismus in einem Lande –, daß die Grundlage der internationalen proletarischen Solidarität in der Tatsache besteht, daß eine »vollendete Organisation sozialistischer Produktion nur im internationalen Maßstab möglich ist«.

Im letzten Teil räumte die Erklärung ein, daß die Verschärfung des Klassenkampfes und die Herausbildung der Rechten die Schranken zwischen »der Partei« und der Opposition teilweise niedergerissen habe – Hindernisse, unter denen die Ausweisung Trotzkis nicht das geringste sei, »der größte politische Irrtum der Parteiführung« – und daß die weiterbestehenden Mißhelligkeiten nicht rechtfertigten, daß die Oppositionellen außerhalb der Partei stünden. Das Bestehen von Fraktionen würde für schädlich erachtet, schließt die Erklärung:

> »Wir erklären, daß wir völlig bereit sind, auf fraktionelle Kampfmethoden zu verzichten und uns völlig dem Statut und der Disziplin der Partei zu unterwerfen, die jedem ihrer Mitglieder das Recht, seine kommunistischen Auffassungen zu verteidigen, garantieren.«[26]

Binnen einiger Wochen vereinigte der Text 500 Unterschriften, allen voran die von Muralow und Sosnowski und die der georgischen Altbolschewiken Mdiwani und Kawtaradse – alle vier im Namen der Gefangenen des Isolators von Tscheljabinsk, sodann die der Veteranen Kasparowa und Grünstein, Rafail, Paulina Winogradskaja – die Frau von Preobraschenski – M. M. Joffe – und auch der Männer der jungen Generation, E. B. Solnzew, B. S. Liwschitz, Nikolajew W. Netschajew, Palatnikow, Perewersew, Mekler, Rosengaus ...

48 Stunden später und offensichtlich ohne von dem Text seines Freundes Rakowski Kenntnis zu haben, schrieb Trotzki an einen Korrespondenten in

der UdSSR und sprach zu ihm von I. N. Smirnow, der die Erklärung vom 22. August 1929 offensichtlich nicht unterschrieben hatte:

> »Sie erwähnen die Schwankungen von I. N., Sie schreiben, er verbreite seinen Aufrufentwurf an das Zentralkomitee, der eine ganze Reihe von höchst erstrebenswerten Wünschen und Hoffnungen enthält, die – wie Sie sagen – ‚sich bald für ihn bezahlt machen werden'. Wir kennen I. N. sehr gut, seine hervorragenden Seiten wie seine schwachen Punkte. Wir waren schon mehr als einmal nahe daran, ihn unterwegs bei den Wendungen zu verlieren. Aber alles ist gut abgelaufen. Sind wir im Begriff, ihn diesmal zu verlieren? Ich weiß es nicht; aber selbst, wenn wir ihn früher oder später verlieren, werden wir ihn wiedergewinnen. Und wir werden eine Reihe anderer wiedergewinnen. Natürlich unter der Bedingung, daß wir uns nicht mit ihren Schwankungen vermählen.«[27]

Am 22. September 1929 erhielt Trotzki in Istanbul schließlich den Text der Erklärung vom 22. August 1929. Er antwortete am 25. mit einem offenen Brief an die leninistisch-bolschewistischen Unterzeichner. Ohne »irgendeine Verantwortung für all ihre Formulierungen zu tragen«, erklärte er, daß er sie unterschreiben könne.

Er erinnerte daran, daß die Opposition immer »bestrebt war, der Masse der Parteimitglieder die Möglichkeit zu geben, die tiefen Meinungsverschiedenheiten zu überprüfen und zu überwinden«, er rief die »pazifistischen« Erklärungen der Vergangenheit in Erinnerung, die vom 16. Oktober 1926, die vom Juli 1927, die der Dreiundachtzig zum Zeitpunkt des XV. Parteikongresses und jene, die an den VI. Kongreß der Kommunistischen Internationale gerichtet war. Für ihn ist »die Tatsache einer Wende nach links der offiziellen Führung« offenkundig. Trotzki versicherte:

> »Ein Marxist dürfte sich nur dann nicht weigern, Eure Erklärung zu unterzeichnen, wenn er zu der Schlußfolgerung gelangt ist, daß der Thermidor eine vollendete Tatsache, die Partei ein Leichnam ist und daß der Weg zur Diktatur des Proletariats über eine neue Revolution führt.«

Trotzki unterstrich gleichwohl, daß die Führung, selbst nachdem sie »eine gute Zahl unserer *taktischen* Folgerungen aufgenommen hat, die *strategischen* Grundsätze, aus denen gestern die Taktik Zentrum-Rechts hervorgegangen ist, beibehält«. Er betonte auch, wie sehr die – von der Erklärung kaum angesprochene – Linie der kommunistischen Internationale »von der leninistischen Linie entfernt« bleibt. Trotzki schloß:

> »In Eurer Erklärung sagt Ihr nur, die Interessen der Revolution erforderten, daß die Opposition die Möglichkeit haben müßte, ihre Pflicht mit normalen Methoden in den Reihen der Partei zu tun. Diesem Ziel schließe ich mich völlig an.«[28]

In dem Brief, den er dem Erklärungstext beilegte, als er ihn an die verschiedenen oppositionellen Gruppen versandte, hob Trotzki hervor, daß man zu diesem Text wohl sehr viele kritische Anmerkungen machen könnte und daß er davon eine gewisse Anzahl in konstruktiver und zustimmender Form in seinem offenen Brief formuliert habe. Der wesentliche Gedanke sei, daß »die Opposition ihren Platz in der Partei beansprucht, um die Sache der internationalen Revolution auf eine Weise, die mit ihren eigenen Ansichten übereinstimmt, verteidigen zu können«. Das Ziel der Erklärung ist »die Sympathie und die Unterstützung der erdrückenden Mehrheit der Reihen der Partei und der Arbeiterklasse zu gewinnen«.[29] Dabei muß man helfen.

Ungefähr zum gleichen Zeitpunkt kam Trotzki auf die Kapitulation der Drei zurück, um seine erste schnelle Reaktion zu korrigieren und die Analyse in den Vordergrund treten zu lassen. Sie ist, schreibt er, »ein größeres politisches Ereignis«, das beweist, »wie sehr sich eine große und heldenhafte Generation von Revolutionären vollkommen aufgezehrt hat«:

> »Trotz der grotesken Form der Kapitulation gibt es in ihr zweifellos tragische Elemente: Drei alte wertvolle Revolutionäre haben ihren Namen aus der Liste der Lebenden gestrichen.«[30]

Diese Tragödie trägt vorderhand den Namen I. N. Smirnow. Dieser war in die Verhandlungen eingetreten mit der Hoffnung, seine Bedenken zur Theorie des »Sozialismus in einem Land« vorzutragen und zu einer annehmbareren Erklärung als die drei gelangen zu können. Über fünf aufeinanderfolgende Umarbeitungen und einen beginnenden Bruch bei der letzten wurde er dazu gebracht, der Opposition abzuschwören, als er ihren Fraktionskampf in der Vergangenheit verurteilte und die Unterschrift unter die Plattform widerrief. Er riß Männer mit sich, die auch Führer den Linken Opposition gewesen waren, seinen Nachfolger im Sekretariat der Opposition, S. W. Mratschkowski, aber auch A. B. Beloborodow und W. Jablonskaja, W. A. Ter-Waganjan, L. S. Boguslawski, N. J. Ufimzew und mehrere hundert andere – in den folgenden Wochen sollten es vierhundert werden.[31] Als Trotzki das erfuhr, kommentierte er das Ereignis traurig, aber ohne Groll:

> »Die Epoche der Kriege und der Revolutionen ist eine harte Epoche. Sie führt unerbittlich zur Erschöpfung der Menschen – die einen physisch, die anderen moralisch. I. N. Smirnow gehört zu den letzteren. Niemand hat ihn jemals für einen Theoretiker gehalten. Er ist niemals ein unabhängiger Politiker gewesen. Aber er ist ein ernsthafter Revolutionär, von einer hohen moralischen Oppositionsfähigkeit. Trotzdem hat er sich ergeben. (...) Smirnow ist zweifellos ein Ehrenmann. Leider ist er in eine unehrenhafte Lage geraten.«[32]

***

Die Bilanz fiel in Wahrheit katastrophal aus. Von den altbolschewistischen Gründern der Linksopposition blieben nur noch einige Gefangene übrig: Der alte Elzin, Sosnowski, Muralow. Rakowski war auf brutale Weise von

Saratow verlegt worden und nach Barnaul unter abscheulichen Verhältnissen verbannt worden. Fast die Gesamtheit der jungen Aktivisten, auf deren Namen wir gestoßen sind, von Dingelstedt bis V. B. Elzin, von Posnanski bis Solnzew, von Sermux bis Jakowin, fand sich in den Isolationsgefängnissen wieder. Der einzige positive Gesichtspunkt war, daß die von Stalin der Opposition gegebene Antwort von einer solchen Grausamkeit war, daß sie diejenigen, die ihm den Ölzweig hingestreckt hatten, in Verruf brachte und ihr mehr als einen Aktivisten, dessen Augen so geöffnet wurden, wieder zuführen sollte.

Aufgrund des Versiegens des Stromes von Informationen und einer Unterdrückung, die immer schlimmer wurde, da ja die Hauptsprecher der Opposition mundtot gemacht worden waren, wurde Trotzki nur nach und nach des Ausmaßes der Verwüstungen dieser Krise gewahr, die wohl beinahe tödlich geworden wäre.

Er hatte indessen niemals an dem Willen und der Fähigkeit Stalins und seiner Handlanger zur Unterdrückung gezweifelt. Die Hinrichtungskommandos traten in Aktion. Ihr erstes Opfer war Bljumkin, der laut Trotzki von Radek[33], laut Orlow von einer Lisa Zarubina genannten GPU-Frau verraten[34], schuldig gesprochen und zum Tode verurteilt worden war; er wurde nach einem Aufschub von vierzehn Tagen, um ihm zu erlauben, seine Memoiren zu schreiben, standrechtlich erschossen.[35]

Kaum waren M. S. Blumenfeld, ein ehemaliger Führer des kommunistischen Jugendverbandes, später des »Zentrums« von Moskau, und A. S. Josselewitsch, ein ehemaliger bedeutender Mitarbeiter der Tscheka, zu schweren Strafen verurteilt[36], als ein Offizier der GPU, Rabinowitsch, und ein parteiloser Journalist mit dem Namen Schilow für schuldig befunden wurden, über die Angelegenheit Bljumkin Auskünfte gegeben zu haben, ihrerseits füsiliert wurden. So scheint es Stalin gelungen zu sein, den kleinen Kern der Getreuen Trotzkis in der GPU zu enthaupten, nachdem er erfolgreich den ehemaligen Chef der Tscheka von Moskau, K. I. Dukis, ein geheimes Mitglied der Opposition, im Gefängnis gebrochen hatte; aus ihm machte er eine Führungskraft des Gulag ...[37]

***

Als ideologische Strömung war die bolschewistisch-leninistische Fraktion unbestreitbar lebenskräftig und sollte im Laufe der folgenden Jahre beweisen, daß ihre Mitglieder in der Verbannung, in der Verschleppung oder im Gefängnis noch in gemeinsamer Reflexion in gleichem Schritt und Tritt marschieren können. Doch in der Eigenschaft als Organisation war sie praktisch zerstört, zumindest auf ein immer ungewisseres Funktionieren beschränkt. So zwingen die Ausweisung aus der UdSSR und die politischen Entwicklungen, die ihr im Lande folgen, Trotzki immer mehr, die Achse seiner Arbeit zu verlagern.

Von nun an stand nicht mehr die Sowjetunion im Zentrum seiner Hauptsorgen: Die Beziehungen mit »dem Land« sollten bald fast ausschließlich in die Zuständigkeit von Sedow fallen. Trotzki selbst widmete sich dem Aufbau einer internationalen Linksopposition außerhalb der UdSSR.

Er mußte einmal mehr, in seiner Ausdrucksweise, »den Faden der Kontinuität neu knüpfen«.

Kapitel 40

Die Anfänge der internationalen Opposition

Selbstverständlich haben Trotzki und seine Fraktionsgenossen nicht die Krise der russischen Linken Opposition von 1929 abgewartet, um sich um die Bildung einer Opposition auf internationaler Ebene zu kümmern. Schon lange vor seiner Ausweisung aus der UdSSR waren ohnedies Bemühungen entfaltet worden, um sie mittels einer internationalen Konferenz zu verwirklichen.[1]

Der erste Versuch in diesem Sinne hatte im Dezember 1927 in Berlin unter dem Vorsitz des Sinowjew-Anhängers Safarow, der damals in Ankara im Dienst war, stattgefunden. Er hatte die Delegierten der deutschen Linken, die Oppositionen verschiedener europäischer Länder und an die zwanzig Sowjetrussen, in »diplomatischer Verbannung« im Ausland, zusammengebracht. Die Kapitulation der Sinowjew-Anhänger in Moskau hatte diese erste Unternehmung zur Bildung einer internationalen Organisation der Opposition unterbrochen.[2]

Die zweite Konferenz wurde trotz der von Solnzew gegen Urbahns formulierten Vorbehalte am 17. Februar 1929 in Aachen auf Anregung der im *Leninbund* organisierten deutschen Linken abgehalten; es fanden sich französische, belgische und niederländische Delegierte ein. Sie hat nur zu der Entscheidung geführt, eine »Trotzki-Hilfe« zu gründen, die dazu bestimmt war, den Opfern der stalinistischen Unterdrückung in der Sowjetunion Hilfe zu leisten.[3]

Das waren noch recht beschränkte Versuche. In seinem letzten Bericht an Trotzki, datiert von 8. November 1928, behauptete E. B. Solnzew, daß man dem »Beginn der Bildung eines linken Flügels« beiwohne, wobei er gliechzeitig hervorhob, daß der Prozeß »lang, schwierig und sogar schmerzlich« sein werde und daß man mit der Ziehung und der Absteckung sehr strenger Organisationsgrenzen beginnen müsse.[4]

***

Zu dem Zeitpunkt, als Trotzki die Sowjetunion verließ, wiesen die oppositionellen Kräfte in der Welt sehr verschiedene Arten von Organisationen auf.

Die bedeutendste war damals unbestreitbar die der »Linkskommunisten« Deutschlands, der im April 1928 als eine offene Fraktion der KPD gegründete Leninbund. Selbst nach dem Weggang von Ruth Fischer, Maslow und anderen blieb diese Fraktion eine Organisation, die geprägt ist sowohl von ihrer »sinowjewistischen« Vergangenheit als auch von einer deutlichen Tendenz, die zu gewissen Zeitpunkten für eben diese Strömung ebenfalls charakteristisch war, zur Bildung wenn nicht einer »zweiten kommunistischen Partei«, so wenigstens einer Konkurrenzorganisation zur KPD. Denn der Leninbund stellte in den Wahlen vom Mai 1928 eigene Kandidaten gegen die KPD auf.[5] Die spärlichen deutschen Elemente, die als dem Kern der russischen Opposition von 1923 nahestehend betrachtet werden konnten, waren Aktivisten, die in der Pfalz und im Berliner Stadtteil Wedding eine Opposition mit starkem Arbeiteranteil anführten.[6] Einer von ihnen, Sascha Müller, Sohn einer russischen Mutter, hat Trotzkis »Kritik des Programmentwurfs« übersetzt, und sie haben nicht nur Solnzew, sondern auch Rakowski bei ihrer Durchreise durch Deutschland getroffen.[7]

Die Lage in Frankreich war unendlich viel komplizierter, denn dort waren die linken Oppositionsgruppen zahlreicher, jedoch war es keiner gelungen, vorherrschend zu sein. Pierre Monatte und Alfred Rosmer, die im Verlauf der Bolschewisierung im Herbst 1924 ausgeschlossen wurden, hatten um die Zeitschrift *La Révolution prolétarienne* – entfernter Nachfolger von *La Vie ouvrière* – eine Plejade von tüchtigen Arbeiteraktivisten geschart, die allerdings auf den Aufruf Trotzkis verschieden reagieren sollten. Nach der Kapitulation der sinowjewistischen Opposition der *L' Unité léniniste* mit Suzanne Girault vor der KPF beanspruchte die von Albert Treint und Henri Barré geführte Minderheit mit *Redressement communiste* für sich allein die Legitimität wegen ihrer vormaligen Verbindung mit der vereinigten russischen Opposition und ihren Kontakten mit Perewersew. Die von Maurice Paz geleitete Gruppe, die die Zeitschrift *Contre le courant* herausgab, beanspruchte ihrerseits, die ältere Oppositionsgruppe zu sein und sprach dem »Bolschewisierer« Treint seine Oppositionellenrolle ab. Der von Boris Souvarine, der im Frühjahr 1923 ausgeschlossen wurde, geführte »Cercle Marx et Lenin« hatte die Einigung der Opposition mit Sinowjew bekämpft und hielt sich auf Distanz zu den anderen französischen Gruppen wie zu dem Vertreter der russischen Opposition, Charin. Zu all diesen Gruppen sollten wir schließlich die jungen Intellektuellen hinzurechnen, die *La Lutte de classe* (vormals *Clarté*) herausgaben und denen es gelungen war, Trotzki 1927 in Moskau zu treffen.[8]

Die belgische Opposition – dieser Fall verdient es, herausgehoben zu werden – war die einzige, die zum Zeitpunkt ihrer Entstehung die Mehrheit in der Führung einer kommunistischen Partei, die mit ihren tausend Mitgliedern allerdings ganz klein war, innehatte. Bei der Spaltung folgten ein Drittel der Mitglieder und die Hälfte des Zentralkomitees dem Gründer der Partei, War van Overstraeten, in die Opposition.[9] Die holländische revolutionär-sozialistische Partei, die von Sneevliet geführt wurde – den Trotzki nicht sofort identifizieren konnte, da er in der Internationale unter dem Namen Maring mit ihm bekannt geworden war – , betrachtete sich nicht als eine Opposition, sondern als den Kern einer neuen Partei.[10] Der ehemalige Sekretär der KP

Luxemburgs, Edy Reiland, hatte die spanisch-sprachigen Gruppen der Kommunistischen Parteien Belgiens und Luxemburgs für die Sache gewonnen, die von einem Arbeiter aus Bilbao, der mehrere Jahre in Moskau gelebt hatte, Francisco Garcia Lavid, genannt Henri Lacroix, angeleitet wurden, der sich schmeichelte, schon in Moskau in den Reihen des russischen Opposition gestritten zu haben.[11]

Die österreichische Opposition war die älteste. Sie war 1927 als öffentliche Fraktion der Partei entstanden und gab die *Arbeiterstimme* heraus: Ihr Führer war einer der Pioniere der kommunistischen Bewegung und der Revolution der Soldatenräte, Josef Frey.[12] Gleich der Partei, aus der sie hervorgegangen war, wurde sie von der Krankheit der Fraktionsbildung arg mitgenommen und im Augenblick, als Trotzki aus der UdSSR verbannt wurde, tobte der Streit mit einer Gruppe von Ausgeschlossenen, die unter Leitung von Kurt Landau *Der Neue Mahnruf* herausgaben.[13]

Die Lage in der Tschechoslowakei war beinahe genau umgekehrt wie in Frankreich. Dort arbeiteten die kommunistischen Aktivisten verschiedener Herkunft in einer breiten Opposition zusammen, wo sich sogar rechte Elemente um die Zeitung *Rudy Prapor* zur Zusammenarbeit bereitfanden. Zwei Persönlichkeiten beherrschten die Bewegung, der Slowake Hynek Lenorovic, ein Volksredner, und das ehemalige Mitglied des Sekretariats der Komintern, der Sudetendeutsche Alois Neurath, der früher Sinowjew-Anhänger war und sich nun auf Brandler zubewegte.[14]

Man muß zu dieser Übersicht die Anhänger des von Mussolini inhaftierten Amadeo Bordiga, die in Frankreich 1927 in den italienisch-sprachigen Gruppen der KP die Mehrheit bildeten, die Gruppen der linken Fraktion der KP Italiens in der Emigration, hinzufügen.[15]

Die chinesischen Studenten, die 1927 der Unterdrückung in der Sowjetunion entgingen und nach China zurückkehren konnten, sowie die bulgarischen Freunde der in die UdSSR geflüchteten Aktivisten, die zur Opposition übergewechselt und inhaftiert worden waren, waren ebensosehr mögliche Kristallisationspunkte einer internationalen Opposition.[16]

Man kann die Gruppen verschiedener geschichtlicher Ursprünge hinzufügen, die hier und dort – in Griechenland, Ungarn, Spanien – auftauchten und sich auf allgemeine Art auf die Linke Opposition beriefen.

Unter diesem Gesichtspunkt ist die Lage in den Vereinigten Staaten besonders ungewöhnlich. Dort war es einem ersten von Solnzew zusammengestellten Kern mit Hilfe von Max Eastman gelungen, das Programm der Opposition zu veröffentlichen.[17] Diese Gruppe schloß sich dann mit einem zweiten, von Cannon und Spector nach dem VI. Weltkongreß neugruppierten und von Max Shachtman und Martin Abern erweiterten Kern zusammen. Zusammen haben sie bei einem Teil der Werktätigen der KP USA Einfluß erlangt und einige Dutzend Aktivisten gewonnen, die im US-amerikanischen Kommunismus schon Legenden waren. Am 18. November 1928 begann die Veröffentlichung ihrer Zeitung *The Militant*.[18]

***

Trotzki machte sich wahrscheinlich keine Illusion über die Beschaffenheit einer Bewegung, die zwar den Vorzug hatte, zu bestehen und kämpferisch zu sein, aber die gleichzeitig sehr zusammengewürfelt war und sehr viele kommunistische Hasardeure, Abenteurer oder Wirrköpfe verlockte, sich auf die Opposition zu berufen. Das ist der Grund, weshalb er sich, wie es Solnzew gewünscht hatte, auf den Weg der »prinzipiellen Grenzziehung« begab. Es ging zunächst darum, die Kriterien zu bestimmen, die es erlauben sollten, Gruppen und Strömungen zu charakterisieren und zu überprüfen.

Aus pragmatischen Gründen entfernte Trotzki die Frage des Parteiregimes aus den Kriterien, weil er glaubte, sie habe keinerlei Wert an sich. Er schlug vor, die Positionen jeder einzelnen Gruppe zu dem englisch-russischen Gewerkschaftskomitee, der Politik der kommunistischen Internationale in China und der Wirtschaftspolitik der UdSSR in Verbindung mit der Stalinschen Theorie vom Sozialismus in einem einzigen Land als Kriterien festzuhalten.[19]

Danach ging es darum, die oppositionellen Gruppen auf einer internationalen programmatischen Grundlage, die eine Brücke zu einem künftigen Programm der wieder aufgerichteten kommunistischen Internationale darstellen sollte, in alle Schlachten des Proletariats zu schicken. Das Werkzeug dazu sollte ein internationales Presseorgan sein, das insbesondere »die internationale Prüfung der Meinungsverschiedenheiten zwischen den verschiedenen nationalen Gruppen ermöglichen wird«, während es gleichzeitig den revolutionären Führungskräften jedes Landes gestatten sollte, sich auf der Grundlage ihrer eigenen Erfahrung zusammenzufinden und zu lernen, sich ganz allein auf den Beinen zu halten.

Das so begonnene Experiment erwies sich gleichzeitig als lehrreich und enttäuschend. Die Mehrheit der Gruppen zeigte sich kaum zu einer wirklichen politischen Diskussion bereit und zog es vor, Polemiken über die Ausschlüsse in Vergangenheit oder Gegenwart auszutauschen. Trotzki begriff also, daß er energisch durchgreifen, die Initiative ergreifen und eine erneute Umgruppierung bewirken mußte: Er entdeckte wohl zu diesem Zeitpunkt, daß, abgesehen von den Vereinigten Staaten, auf der Grundlage der bestehenden Gruppierungen nichts Dauerhaftes aufgebaut werden konnte.

Am 10. Juni 1929 machte Trotzki sich die gleichzeitige Anwesenheit von Rosmer, Salus, Jakob Frank und Liu Renjing auf Prinkipo zunutze und verkündete plötzlich die Schaffung eines internationalen Fonds der »Opposition«, sodann die Schaffung eines provisorischen internationalen Ausschusses der Linken Opposition, welcher die oppositionellen Kommunisten auf der

Grundlage des von der russischen Linksopposition vorbereiteten Programms zusammenbringen sollte. Er nahm die Methoden und Konzeptionen der ersten vier Kongresse der kommunistischen Internationale als programmatische Richtlinien wieder auf und setzte sich zum Ziel, eine internationale Zeitschrift in mehreren Sprachen herauszugeben.[20] Sogleich übermittelte er diese Vorschläge an den Leninbund und die österreichische Opposition.[21]

Genau zu diesem Zeitpunkt brach die Affäre um die chinesische Osteisenbahn aus, die, ohne daß es jemand vorausgesehen hätte, alsbald zum Hauptfaktor der »Differenzierung« werden sollte. Im Juli 1929 bemächtigte sich die Regierung Tschiang Kai-scheks mit Gewalt der chinesischen Osteisenbahn, die der sowjetische Staat vom Zarismus geerbt hatte und die das chinesische Hoheitsgebiet durchquerte. Er ließ außerdem 174 sowjetische Staatsbürger festsetzen. Ohne zu zögern versicherte Trotzki, der nicht an einen Krieg glaubte, daß die Opposition im Kriegsfalle die Oktoberrevolution verteidigen würde.[22]

Es scheint, daß Trotzki wirklich geglaubt hat, daß diese Position ohne Schwierigkeit die Zustimmung der Mehrheit der oppositionellen Organisationen finden würde. Nun aber erhielt er nur die Unterstützung von Landau, der Gruppe, die mit Rosmer und Molinier *La Vérité* herausgab, von den Amerikanern und von der »Föderation von Charleroi« der belgischen Opposition. Die *Fahne des Kommunismus* veröffentlichte, ohne das als Position der Organisation auszugeben, einen Artikel, der die Rechte Chinas zu verteidigen suchte.[23] *Gegen den Strom* sprach von einem »halbkolonialen Krieg der Stalinschen Bürokratie«,[24] die belgische Opposition von »Sozialimperialismus«[25] und Robert Louzon sprach sich in der *Révolution prolétarienne* gleichfalls zugunsten der Ansprüche der chinesischen Regierung auf die Eisenbahn aus.[26]

Die auf diese Weise mit aller Macht gestellte Frage war nicht nur die nach dem gesellschaftlichen Wesen der Sowjetunion und dem Schicksal der Errungenschaften der Oktoberrevolution, sondern auch die nach der Tauglichkeit der Instrumente, die die kommunistischen Parteien und die Internationale gewesen waren, für die Arbeiterkämpfe. Denjenigen, die behaupteten, daß der »Arbeiterstaat« UdSSR nicht das Recht habe, die vom Imperialismus gemachten Eroberungen zu behalten, oder denjenigen, die meinten, daß sie selbst ein »neuer Imperialismus« geworden sei, antwortete Trotzki, daß der Arbeiterstaat im Hinblick auf die Weltrevolution zu bestimmen sei.

Wie vor ihnen die Russen müßten nun die Kommunisten aus anderen Ländern auf die Frage antworten: Muß man den Kampf für die »Erneuerung« fortsetzen, oder muß man eine neue Partei aufbauen? Für die Linksopposition war diese Frage geklärt: Nur diejenigen, für die laut der damaligen Ausdrucksweise der »Thermidor noch nicht vollendet ist«, könnten auf der Seite Trotzkis bleiben; die anderen müßten ihren eigenen Weg finden.

Rosmer begegnete bei seiner Rückkehr von Prinkipo nach kurzen Aufenthalten in Wien und Berlin ungeheuren Schwierigkeiten bei der Einigung der verschiedenen Gruppen. Frey war ein sehr fähiger, doch ein verbrauchter, verbitterter, von Empfindlichkeiten verzehrter Mann. Urbahns interessierte sich wirklich nur für den Leninbund und die Lage in Deutschland: »Der Nationaloppositionismus« zerfraß die Opposition in Mitteleuropa.[27] Rosmer fand niemanden, dem er die Veröffentlichung der deutschen Ausgabe der Zeitschrift *Opposition* guten Gewissens anvertrauen konnte.[28] Trotzki seinerseits bat Landau, dessen Artikel er gewürdigt hatte, sich in Berlin niederzulassen, um die deutsche Lage zu klären und die für die politische Intervention nötige Truppe aufzubauen.[29]

Nach einigen Wochen war man nach der Formel von Damien Durand »von der Klärung zur Differenzierung« übergegangen.[30] Mit der Führung des Leninbundes schien der Bruch nicht mehr zu kitten zu sein, da sie die Erneuerung der KPD und der Kommunistischen Internationale für unmöglich hielt. Über seinen Briefwechsel drängte Trotzki mehrere Aktivisten der Führung des Leninbundes, so den werktätigen Aktivisten der Berliner Linken, Anton Grylewicz, die Intellektuellen Joko und Richard Neumann, einen Österreicher, dazu, sich als »Minderheit des Leninbundes« zu konstituieren, um die Rückkehr zu demokratischen Methoden und zur politischen Diskussion einzufordern, die von nun an die einzigen Mittel seien, die Spaltung zu vermeiden.[31]

In Frankreich war die Differenzierung gleichfalls sehr schnell vor sich gegangen. Souvarine hatte sich abseits gehalten und riet Trotzki, es ihm gleichzutun.[32] Weder er noch Treint wollten etwas voneinander wissen, und beide wollten nicht die mindeste Zusammenarbeit mit Charin ins Auge fassen, der im Juli im Gefolge von Radek kapitulierte, wobei er den Leuten der GPU als Antrittsgeschenk aus der Botschaft die Manuskripte der ersten Nummer des *Bjulleten Opposizii*, dem in der Sowjetunion zur Verteilung bestimmten Presseorgan der Opposition, mitbrachte. Paz erlaubte nicht, daß *Contre le courant* und er zur »Achse« der Neugruppierung würden, zu der Trotzki aufrief.[33]

Die Wahl Trotzkis war getroffen. Er sollte sich alsbald auf Rosmer stützen – dessen politischer Bruch mit Monatte schon vollendete Tatsache war – und auf den dynamischen Raymond Molinier, der noch Oppositioneller in der KPF war, und auf die Aktivisten, die die vergangenen Kämpfe um sie geschart hatten. Es tat not, eine neue Wochenzeitschrift herauszubringen und die anderen, die gesunden Elemente aller Gruppen dort zusammenzuziehen, indem man von der Bewegung durch ihr Vorwärtsschreiten Zeugnis ablegte. Die Nullnummer von *La Vérité* sollte am 11. August 1929 herauskommen, und die echte Nummer 1 am 13. September 1929. In der Zwischenzeit war es Trotzki im Laufe der Unterredungen auf Prinkipo mit Pierre und Denise Naville ebenso wie mit Gérard Rosenthal gelungen, die Herausgeber der Zeitschrift *La Lutte des classes* davon zu überzeugen, sich dem Unternehmen Rosmers anzuschließen, während sie gleichzeitig ihre eigene Zeitschrift als theoretisches Organ beibehielten.[34]

Es waren diese drei durch ihren Ursprung, ihre Vergangenheit und die Männer, die sie bildeten, sehr verschiedenen Gruppen – schematisch gesprochen, die von Rosmer, die von Molinier und die von Naville –, die alsbald (als noch lange nicht geeinte) Basis dienen sollten, auf der sich die französische Sektion aufbauen und ihre Wochenzeitschrift entwickeln wird. So sollte der Weg für die anderen Länder markiert werden. Obwohl Trotzki für diesen Zeitpunkt die anderen Gruppen unter die Rubrik »Verluste« verbuchte, bestand er darauf, daß trotz der Vorbehalte seiner französischen Genossen die Türe für Treint weit geöffnet blieb; denn dieser sprach immer davon, Trotzki habe ihn beiseitegeschoben und Rosmer einen unverdienten Kredit eingeräumt, den Trotzki ihm verweigert habe.

Die in derselben Zeit mit den Belgiern maßvoll und nach einer Sonderreise von Rosmer geführte Diskussion erlaubte es, die Meinungsverschiedenheiten mit ihrer Mehrheit auf Ausmaße zu verkleinern, die ein Zusammenleben möglich machten. Van Overstraeten ging gegenüber den Positionen von Urbahns und von Louzon auf Distanz.

Die ersten Ergebnisse waren sieben Monate nach der Ankunft im Exil letztendlich nicht zu vernachlässigen. Es gelang zwar nicht die Verschmelzung der Gesamtheit der Gruppen, die sich auf die Linke Opposition beriefen, doch Trotzki war davon nicht überrascht und hatte sich wohl auf noch mehr Verluste gefaßt gemacht. Die Zeitschrift *Opposition* war zwar nicht veröffentlicht worden, doch war die Rolle von *La Vérité* unter der Führung von Rosmer unbestreitbar die eines internationalen Organs für die programmatische Klärung und Neugruppierung der linksoppositionellen Kommunisten.

***

Auf dem im Sommer 1928 noch offiziell unter der Schirmherrschaft Bucharins – doch in Wirklichkeit unter der Leitung Molotows und der Männer Stalins in den Gängen – abgehaltene VI. Kongreß der Kommunistischen Internationale sollte die Formel von der »dritten Periode« aufgebracht werden, die von den Führern als die der »Eroberung der Straße« und die des »direkten Ringens um die Macht« charakterisiert wurde. Sie tauchte schon im Monat August aus der Feder Trotzkis in seinem Briefwechsel auf. In den letzten Monaten des Jahres 1929 schrieb er eine Broschüre *Die ‚dritte Periode' der Irrtümer der Kommunistischen Internationale*, die allein, anscheinend aufgrund der fehlenden Mitarbeit seiner deutschen Korrespondenten, auf Informationen und Statistiken über die gesellschaftliche Bewegung in Frankreich beruht.

Nach einer harten Kritik am Schematismus und den mechanischen Schlußfolgerungen der Führer der Kommunistischen Internationale und dessen, was er die systematische Zerstörung der theoretischen Tradition durch einen bürokratischen und bornierten Apparat nannte, zeigte Trotzki, wie die Führer der Kommunistischen Internationale mechanisch eine Parallelität zwischen Ausbeutung und Radikalisierung aufstellten und dazu kamen, jede Periode wirtschaftlichen Aufschwungs als eine Art »Konterrevolution« zu betrachten. Im Zusammenhang mit dem lärmenden offiziellen Gejohle über »die Radikalisierung der Massen« hob er »das phänomenale Mißverhältnis zwischen dem Siegesschrei der Führung und dem wirklichen Echo der Massen« deutlich hervor. Hinzu käme der Niedergang der kommunistischen Jugendverbände, normalerweise ein zuverlässiges Barometer der Radikalisierung. Die Analyse der Politik der KPF und der CGTU brachte ihn dazu, von »Abenteurertum« zu sprechen. Gerade in den Schriften der Führer der Internationale fand er die gefährlichsten Schlagwörter, etwa das von der »Faschisierung der Sozialdemokratie«, aus dem dann der »Sozialfaschismus« wurde. Er unterstrich gleichfalls, daß auf die ultralinke Wende, die die »dritte Periode« ausgelöst hatte, eine neue, diesmal opportunistische Wende, folgen würde.

Seine Schlußfolgerung am Ende seiner Broschüre, die ganz auf dieses Ziel ausgerichtet ist, lag im Versuch der Erziehung der Führungskräfte der Opposition, die er von der Notwendigkeit zu überzeugen suchte, dem in der UdSSR begonnenen Kampf einen internationalen Charakter zu geben, um der Kommunistischen Internationale ihren kommunistischen und revolutionären Charakter zu erhalten.

Die schnelle Verschlechterung der Beziehungen mit dem Leninbund rechtfertigte dieses Hauptanliegen voll und ganz. Vom Oktober 1929 an begann die Führung des Leninbundes in *Die Fahne des Kommunismus* verschiedene Texte zu veröffentlichen, die von den russischen »Kapitulanten« und im besonderen vom Radek, Smilga und Preobraschenski stammten. Vom Oktober an konzentrierte darüber hinaus Urbahns sein Feuer gegen die Erklärung Rakowskis, die er als eine Kapitulation darstellte insofern, als sie die Wiedereingliederung der Oppositionellen in die Partei forderte.

Die Minderheit des Leninbundes manifestierte sich erstmalig an dieser Frage. In *Die Fahne des Kommunismus* machten Grylewicz und Joko auf das Vorhandensein eines wichtigen Übersetzungsfehlers, der den Sinn der Erklärung Rakowskis verfälschte, aufmerksam. Sie verwahrten sich gleichfalls gegen die in den Kommentaren von Urbahns vorgenommene Gleichsetzung zwischen der Erklärung der Vereinigten Opposition vom 18. Oktober 1926 und der Linken Opposition vom 22. August 1929.[35]

Die Antwort von Urbahns bestand darin, in *Die Fahne des Kommunismus* einen aus der UdSSR stammenden Brief zu veröffentlichen, der einige Kritiken gegen die Erklärung äußerte. Urbahns suchte die ihm passenden Teile heraus und verhehlte dabei, daß er vom *Bjulleten Opposizii* den vollständigen Text in Händen hatte, den er seinen Lesern nicht zu lesen geben wollte.[36] Das war ein erster Schritt auf dem Weg zur Spaltung. Ende Oktober ging Urbahns bis zur letzten Konsequenz eines Kampfes, den er mit allen Mitteln führte; er beantragte und erreichte den Ausschluß von Joko und Grylewicz aus der Führung des Leninbundes und gab zu verstehen, daß er eine Verständigung mit den sowjetischen Dezisten über die Linie einer »zweiten Partei« vorbereitete.[37]

Der internationale Linksopposition hatte also wegen der russischen Opposition und der Erklärung von Rakowski vom August 1929 ihre erste Feuerprobe zu bestehen. Die zweite Probe sollte die Schlacht um die Wahrheit über den Mord an Blumkin sein, aus dem Trotzki »die Sacco- und Vanzetti-Affäre der linken Opposition« machen wollte. In den Vereinigten Staaten wurde sie hartnäckig und kontinuierlich geführt, in Frankreich und Belgien weniger stark und in Deutschland sehr oberflächlich, weil hier die Führung des Leninbundes erst Ende Januar 1930 entschied und wo sich die Kampagne auf einige Artikel in *Die Fahne des Kommunismus* und die Verbreitung von 5.000 Flugblättern beschränkte.

Trotzki unternahm persönlich einen letzten Versuch, indem er am Vorabend der Reichskonferenz des Leninbundes 1930 einen offenen Brief an seine Mitglieder richtete, in dem er sich bemühte, sie zu überzeugen, den Isolationszustand ihrer Organisation zu beenden, der aus der Verknüpfung zwischen ihrem ausschließlich »nationalen« Hauptanliegen und einer internationalen Bündnispolitik mit allen möglichen linksorientierten Gruppierungen entstanden sei. Trotzki legte deutlich die Alternativen klar:

> »Wir stellen eine Tendenz mit bestimmten Ideen dar, und wir bauen uns auf der Grundlage klarer Prinzipien und Traditionen auf. Wenn unter diesen Bedingungen die Mitglieder der internationalen Opposition keinen Platz im Leninbund finden können, denn erklärt der Leninbund damit, daß er keinen Platz in den Reihen der internationalen Opposition einnehmen will.«[38]

Doch Trotzki gelang es nicht, die Verantwortlichen zu überzeugen, denn die Fortschritte der Minderheit erschreckten sie wohl. Am 23. Februar 1930 schloß jedenfalls die Reichskonferenz des Leninbundes die Minderheit aus. Dem Leipziger Führer der Minderheit, dem Agenten Roman Well, mangelte es nicht an Argumenten, um zu behaupten, daß »es nur eine einzige Sache gibt, die zu lernen die Gruppe Urbahns keine große Mühe gehabt hat, nämlich die Anwendung der Methoden Sinowjews«. Roman Well geht sogar soweit zu sagen: »In dieser Hinsicht scheinen die Schüler ihren Lehrmeister sogar übertroffen zu haben«.

Im Laufe des Jahres 1929 und in den ersten Monate von 1930 wuchs die internationale Linksopposition kontinuierlich und konnte ihre Stützpunkte und Kontakte erweitern.

In Frankreich gewannen die Aktivisten der Gruppe von *La Vérité* die »jüdische Gruppe der KP«, die ihnen durch einige erfahrene werktätige Aktivisten wie Walfisz, Rosijanski und Pikas, aber auch durch Mill und Senin Verstärkung einbrachte; der erste hatte vielleicht und der zweite sicherlich Verbindungen mit der GPU.

Der aus eigenem Antrieb auf Trotzki zugekommene Kern des ungarischsprachigen Bundes in den Vereinigten Staaten schloß sich auf Vermittlung Solnzews der amerikanischen Opposition an; die von Szilvassy geführte ungarische Gruppe von Paris schloß sich *La Vérité* an. Die Tätigkeit der Gruppe Lenorovic in Preßburg ermöglichte die Entstehung einer ungarischen Organisation, die bald mit einer Oppositionsgruppe von etwa hundert jungen Arbeitern in Budapest Kontakt aufnahm.

Unter den Aktivisten der gerade zerbröckelnden spanischen KP hatte der frühere Generalsekretär der Jugendorganisation, Luis Garcia Palacios, von Nin beeinflußt, den Mut gehabt, als einziger im Saal das Eingreifen Trotzkis auf der Vollversammlung der Internationale 1927 zu beklatschen, als sie ihn aus ihren Reihen ausschloß. Er nahm in der UdSSR mit Garcia Lavid (Lacroix) Kontakt auf. Nach ihrer Rückkehr ins Land begannen sie, zusammen zwei der von der spanischen Partei ins Abseits geschobenen Pioniere, Esteban Bilbao und Juan Andrade, in Briefen zu bearbeiten. Im Dezember 1929 war es Julian Gorkin, ständiger Vertreter der Partei in der Kommunistischen Internationale, der in Paris mit *La Vérité* Kontakt aufnahm. Anfang 1930 bezeichnete die Rückkehr von Lacroix nach Spanien die Geburt der Linksopposition in diesem Land.

In Italien kamen die Dinge mit der Linksfraktion kaum voran, weil deren Führer vor allem darauf bedacht schienen, keinerlei politische Verpflichtung einzugehen, solange Bordiga nicht das Gefängnis verlassen und seine Redefreiheit wiedererlangt hatte. Doch schüttelte eine ernste Krise die Partei. Im Zentralkomitee vom März 1930 trafen harte Maßregelungen diejenigen, die man »die drei« nannte: Pietro Tresso (Blasco), ehemaliger Führer der Untergrundpartei im Lande, Alfonso Leonetti (Feroci), Mitarbeiter von Gramsci an *L'Ordine nuovo,* und den Gewerkschaftsführer Paolo Ravazzoli (Santini), die sich gegen die katastrophalen Folgen der Politik der »dritten Periode« aufgelehnt hatten. Bezeichnenderweise nahmen die drei italienischen Führer einige Tage später mit Rosmer Kontakt auf und begannen eine anonyme Mitarbeit an *La Vérité* und einen politischen Briefwechsel mit Trotzki.[39]

Ende Dezember 1929 nahm in Paris eine von den Studenten Ta Thu Thau und Huynh van Phuong geleitete Gruppe von Führern der vietnamesischen nationalistischen Partei PAI (Parti Annamite de l'Indépendance – Annamitische Unabhängigkeitspartei), die die Tätigkeit der allgemeinen Vereinigung der indochinesischen Studenten in Paris inspirierte, mit *La Vérité* Kontakt auf und begann, an ihr mitzuarbeiten.[40]

In Großbritannien warb eine winzige Gruppe, die zugleich mit *La Vérité* und mit *The Militant* in Kontakt stand, Aktivisten an, aus Ceylon gebürtige Studenten, deren Rolle Jahre später wichtig werden sollte: Leslie S. S. Simon Goonewardene und Colvin R. de Silva.[41]

Der im Mai 1929 unter der Bezeichnung Communist League of America gegründeten Opposition in den Vereinigten Staaten war es gelungen, schon vom Dezember 1929 an aus *The Militant* eine Wochenzeitschrift zu machen, deren Erscheinen Trotzki freudig begrüßte. Die Opposition schien sich im übrigen auf dem amerikanischen Kontinent wie ein Ölfleck auszubreiten:[42] In Kuba über die Moskauer Kontakte Nins mit dem schwarzen Gewerkschaftler Sandalio Junco; in Brasilien, wo Anfang 1930, auf Anregung von Mario Pedrosa hin die kommunistische *Gruppe Lenin* entsteht; in Mexiko, wo ein amerikanischer Aktivist, Russel Blackwell (Rosalio Negrete) einen ukrainischen Aktivisten, den ständigen Vertreter der Internationale der Jugend, Abraham Golod, gewonnen hatte, der unter dem Namen Alberto Gonzalez alsbald jahrelang über die Entwicklung der Oppositionen in Lateinamerika wachen wird, wo der kubanische Kommunist Julio Antonio Mella seine ersten Waffen als Oppositioneller geschmiedet hatte. In Argentinien schließlich, wo es gebürtige russische und ukrainische Aktivisten waren, Guinney und Manulis, die 1929 ein erstes »Komitee der kommunistischen Opposition« gründeten.[43]

Mit der großen Mehrheit dieser Kontakte stand Trotzki nur wenig in Beziehung: Von Zeit zu Zeit ein Brief mit Empfangsbestätigung ihrer Schreiben. Doch er betätigte sich auch weiterhin bei einer gewissen Anzahl seiner Korrespondenten als Berater. Beim Auseinanderbrechen der tschechoslowakischen Gruppe um »Rudy Prapor« (Rote Fahne) stand er hinter Salus, dem Gründer von *Jískra*, dem Organ der Linksopposition, das die Zeitung der oppositionellen Gruppen von Brünn, Pilsen und Preßburg zu werden suchte.[44]

Der persönliche Briefwechsel mit Sneevliet führte nicht zu einer Annäherung zwischen den beiden Organisationen, ebensowenig in den Kontakt, den Trotzki mit der Gruppe des indonesischen Oppositionellen Alfonso, der auf dem VI. Weltkongreß 1928 das Wort ergriffen hatte, zu finden wünschte.[45]

Trotzki hielt hingegen persönlich den in Bulgarien mit den alten Genossen Rakowski, Manow und Todorow aufgenommenen Kontakt aufrecht: Er wußte damals noch nicht, daß der unerschrockene Dimitar Gatschew unlängst im Gefängnis eine Gruppe der Linksopposition gegründet hatte, die sich alle Tage gegen die Anschläge und Gewalttätigkeiten der stalinistischen Häftlinge verteidigen mußte.[46]

Wir haben die Linke Opposition in China für den Schluß aufgehoben, weil es angebracht ist, sie an besonderer Stelle zu plazieren. Im Jahre 1929 hatten die zu Dutzenden aus Moskau zurückgekommenen Studenten in China begonnen, rivalisierende oppositionelle Gruppen zu gründen, *Unser Wort*, *Oktober* von Liu Renjing und *Militant*. Diese Gruppen griffen sich während dieser ganzen Zeit in unaufhörlichen Polemiken an, während sie gleichzeitig gegen eine vierte Organisation, *Proletariat* von Chen Duxiu und Peng Shuzhi, dem ehemaligen Generalsekretär und dem ehemaligen Sekretär der Organisation der chinesischen KP während der Revolutionsjahre, Front machten.[47]

Der formale Beitritt dieser Letzteren und mit ihnen mehrerer Dutzend erprobter, auf die Weisung der stalinistischen Führung hin ausgeschlossener Führungskräfte der chinesischen Kommunistischen Partei sollte sich erst im Laufe des Jahres 1930 vollziehen. Aber 1929 hatte die Lektüre der »Kritik des Programmentwurfs« und von »China nach dem VI. Kongreß« Chen und Peng von der Richtigkeit der von Trotzki verteidigten Positionen überzeugt. Am 10. Dezember 1929 unterzeichnete Chen seinen »Offenen Brief an die Mitglieder der chinesischen KP«, der Trotzki als Grundlage diente, die grundsätzliche Übereinstimmung festzustellen.[48]

Die Untergrundbedingungen, aber auch die grausame Repression der Regierung Tschiang Kai-scheks legten der Entwicklung der chinesischen Opposition offensichtlich bedeutende Hindernisse in den Weg. Aber der Beitritt von Chen Duxiu war ein beachtenswertes Ereignis, das Trotzki vollauf zu schätzen wußte. Chen Duxiu war ein bedeutender »klassischer« Intellektueller, der zunächst Nationalist und dann Marxist wurde. Chen war zugleich der Vater der modernen chinesischen Sprache und der Mann, der mittels der Zeitschrift *Die neue Jugend* am meisten zum Erwachen des Nationalbewußtseins und der Bewegung vom 4. Mai 1919 beigetragen hatte. Schließlich war er der Gründer einer sehr schnell durch die Anweisungen der Kommunistischen Internationale ihrer Unabhängigkeit beraubten kommunistischen Partei. Allein die ungeheure Fälschung der chinesischen Geschichte – die der Entstellung der russischen Geschichte gleicht und nun auch dabei ist, vollständig aufgedeckt zu werden – erklärt, daß er zum Zeitpunkt der Abfassung dieses Buches noch nicht weltweit als das anerkannt ist, was er war: einer der Männer, die zu Beginn unseres Jahrhunderts durch ihre intellektuelle Kraft und die Tiefe ihrer Gedankenwelt eine beherrschende Stellung einnahmen. Sein Beitritt zur Linken Opposition war ein sehr großer Sieg.[49]

***

Es zeigte sich sehr schnell, daß Trotzki richtig lag, als er seine Genossen drängte, die Formierung der internationalen Opposition (was auch immer ihre Grenzen waren) in organisierter Form zu beschleunigen: Ihre Organisierung begann in der Tat, erste Früchte zu tragen.

In Deutschland lag dies sehr klar auf der Hand, wo der Ausschluß der Minderheit die Vereinigung der Linksoppositionellen in einer einzigen Organisation auf die Tagesordnung gesetzt hatte. Zu ihr gehörten die Minderheit des Leninbundes und die Opposition vom Wedding, die Kurt Landau in der Zwischenzeit angeworben hatte, der zu ihrem wirklichen Führer und Vordenker geworden war. Damien Durand hat die nicht enden wollenden Vereinigungsverhandlungen, die von Austritten gefolgten Kompromisse, die hinterhältigen Streiche, die Zwischenfälle, Streitigkeiten, Verbalinjurien und sogar Provokationen, die sie den ganzen Weg begleiteten, im einzelnen beschrieben.[50]

Die entscheidende Rolle für den Erfolg des Unternehmens wurde aber von einem der Führer der amerikanischen Opposition, Max Shachtman, gespielt, der erst einige Wochen vorher nach Europa gekommen war und der sich davor in Prinkipo aufgehalten hatte, wo er entscheidenden Anteil an der Bildung eines »internationalen Sekretariats« der Linksopposition hatte. Die Gründung des internationalen Sekretariats wurde durch eine von ihm selbst, von Rosmer und von L. Sedow unter dem Decknamen Markin unterzeichnete Verlautbarung angekündigt. Trotzki hatte Shachtman von der Notwendigkeit überzeugt, diese deutsche Vereinigung als Vorspiel zur formellen Entstehung der Organisation der internationalen Opposition auf der Konferenz, die im April in Paris folgen sollte, zu verwirklichen.[51]

Schon von Prinkipo aus hatte sich Shachtman in einem langen Brief an die Deutschen bemüht, sie zu überzeugen, wobei er das ganze Gewicht der amerikanischen Sektion und ihrer »alten Garde« in die Waagschale warf. Er übte auch starken Druck aus im Namen der Auswirkungen der deutschen Vereinigung auf die internationalen Fragen.[52] Shachtman und Pierre Naville, der aus Paris kam, reisten zusammen in Berlin an und vereinten ihre Kräfte, um die Widerstände, ja sogar die Sabotage mancher Genossen zu überwinden.[53]

Ihr noch sehr zerbrechlicher Erfolg war deshalb nicht minder bedeutend. Die neue »Deutsche Vereinigte Linksopposition« (VLO) war gewiß weniger zahlreich, aber vielversprechender als der Leninbund. Sie zählte etwas über 200 Aktivisten, darunter viele in den proletarischen Zentren gut verwurzelte, aber von der KPD relativ abgeschnittene Arbeiter und Führungskräfte. Die erste Nummer ihres Organs, *Der Kommunist*, erschien Mitte April 1930. Einige Tage vorher hatte eine Polemik zwischen Urbahns und Sedow in den Kolumnen von *Volkswille* enthüllt, daß der Leninbund die Gesamtheit der für die Opfer der Unterdrückung über die Trotzki-Hilfe gesammelten Gelder für seine eigene Tätigkeit ausgegeben hatte.[54]

Am 6. April 1930 waren auf der von Rosmer in Paris eröffneten internationalen Konferenz nicht alle Organisationen vertreten. Unter dem Vorsitz von Rosmer und Naville, mit Gérard Rosenthal und dem von der Gruppe von Treint gekommenen J. Tchernobelsky als Sekretären, konnten unter anderen die Belgier – Hennaut für die Mehrheit, Léon Lesoil für Charleroi – der Deutsche Seipold, Abgeordneter im preußischen Landtag, der Spanier Gorkin, der Ungar Szilvassy, die Tschechen Frankel, Okun und Pikas, sowie Vertreter der »jüdischen Gruppe«, außerdem zwei »bordigistische« Beobachter, begrüßt werden.[55]

Mehrere Gruppen konnten nicht rechtzeitig verständigt werden. Andere hatten sich entschuldigt, während sie sich gleichzeitig mit dem Ziel einverstanden erklärten: Dies waren die verschiedenen österreichischen Gruppen, eine zweite tschechoslowakische Gruppe und eine griechische Gruppe, die der »Archive des Marxismus«.[56]

Damien Durand hat in seiner Dissertation sehr gut die Zwiespältigkeit, die auf dieser Versammlung, »Konferenz, Vorkonferenz oder internationalen Versammlung«[57] lastete und die klare Zurücknahme der Positionen Rosmers im Verhältnis zu den Zielen Trotzkis betont. Die Debatten ließen den Wunsch der Italiener und des Belgiers Hennaut sichtbar werden, die Ergebnisse der Differenzierung wieder in Frage zu stellen und mit der Gruppe von Paz und dem Leninbund wieder neue Bande zu knüpfen.[58]

Tatsächlich wurde sehr schnell sichtbar, daß die internationale Linke Opposition nur auf zwei nationalen Gruppen ruhte, den Franzosen und den Amerikanern, und daß es nicht möglich war, die letzteren in eine internationale Führung einzugliedern. Die Belgier, die sich immerhin in einer sehr guten Situation befanden, wie Rosmer betonte, drückten sich mit Argumenten, die an die von Urbahns erinnerten. Zuguterletzt wurde ein internationales Sekretariat aus drei Mitgliedern gebildet: Rosmer, Sedow und Landau.[59]

Als Trotzki eine Bilanz der Aprilkonferenz zog, zeigte er sich in der Öffentlichkeit, im *Bjulleten Opposizii*, optimistisch und sprach von einem »Schritt vorwärts«; er bewertete das, was er als »eine bedeutende Vorbereitungsarbeit« betrachtet, als positiv.[60]

In Wirklichkeit war er mit dem Ablauf der Konferenz sehr unzufrieden, die er in seiner beißenden Ironie die »stumme Konferenz« nennen sollte. In einem am 16. April 1930 an Shachtman gerichteten Brief unterstrich er die in seinen Augen bestürzende Tatsache, daß die Konferenz nicht fähig gewesen war, irgendein Manifest, nicht einmal eine Erklärung der Grundsätze zu verabschieden, welche er für die spätere Entwicklung der Arbeit für unabdingbar hielt.[61] Man kann seine Reaktion verstehen. Die von Rosmer und Shachtman vorgebrachten Erklärungen enthüllten ein gutes Maß an Verständnislosigkeit für seinen Standpunkt und an Unvorbereitetsein auf das, was er von ihnen erwartete.

Dennoch kann man Damien Durand beipflichten, daß das bloße Abhalten der internationalen Konferenz, die Entscheidung, sich ein *internationales Bulletin* und ein Sekretariat zuzulegen, einen wichtigen Schritt zur Schaffung einer internationalen Führung darstellte, die sich an Trotzkis Stelle setzte und nicht seine Person zum Mittelpunkt hatte. D. Durand schreibt:

> »Die Aprilkonferenz war noch nicht der Abschluß dieses Prozesses, stellte aber den ersten Abschnitt dar. Sie schien eine unabhängige Führung der Linken Opposition anzukündigen, was Trotzki ermöglichte, sich mehr einer schriftstellerischen Arbeit und einer politischen Ausarbeitung zu widmen, denen er eine sehr große Bedeutung beimaß.«[62]

***

Derselbe Autor, der einzige, der im Laufe der letzten Jahre Ansätze einer Reflexion zu diesem Problem beigetragen hat, glaubt, daß Trotzki schon von seiner Ankunft in der Türkei an eine sehr klare Wahl getroffen und eine Methode befürwortet hatte:

> »Trotzki will sich seiner schriftstellerischen Arbeit widmen, seinem Nachdenken über den Lauf der Ereignisse in der Sowjetrepublik (...) und damit der linken Oppositionsbewegung helfen, von der er unabhängig sein möchte und in der er keine Verantwortung übernehmen will.«[63]

Und D. Durand unterstreicht den »ungeheuren Widerspruch«, an dem sich Trotzki stieß: Die Oppositionellen waren einmütig hinsichtlich der »Kriterien«, die er ihnen vorgeschlagen hatte, doch über seine konkreten Vorschläge zur internationalen Arbeit blieben sie stumm.

Durand hat sicher recht, wenn er meint, daß man hier an die Frage rührt, die sich damals für Trotzki aufwarf: Nachdem die russische Opposition tapfer die Fackel hochgehalten hatte, mußte sie sich von einer internationalen Opposition, die kein eigenes Leben, keine Führungskräfte und einen noch verschwommenen Inhalt hatte, ablösen lassen. War das möglich? Mußte Trotzki, wie er es im Laufe der Grenzziehung, dann der Differenzierung getan hat, weiterhin und persönlich und allein die Schlacht der Ideen führen? Solches glaubte er nicht.

Doch ist die Antwort auf diese Frage nicht einfach. Zunächst war die russische Linke Opposition nicht tot. Sechs Tage nach der Pariser Konferenz hatte sie sich am Vorabend des XV. Kongresses der KPdSU über eine von Rakowski verfaßte und von W. W. Kossior, N. I. Muralow, W. D. Kasparowa, dann O. K. Aussem und K. J. Grünstein[64] unterzeichnete Erklärung von neuem zu Wort gemeldet. Es fehlte der Linken Opposition nicht an Kampfesmut, sie bezog sich auf ihre Verurteilung des »Sozialismus in einem einzigen Lande« und kritisierte die »Raubgier, die Verantwortungslosigkeit«, die Gewaltherrschaft des Apparates und nahm den »beklagenswerten und Aufsehen erregenden Zusammenbruch« der Politik der uneingeschränkten ländlichen Kollektivierung aufs Korn. Sie fuhr mit zugleich alten und sehr neuen Tönen fort:

> »Wenn in einem Lande, in dem sich eine gewaltige Revolution ereignet hat, die mittleren und armen Bauern sagen: ‚Die Macht will es so', ‚man kann nicht gegen die Macht angehen' (*Prawda*), dann zeigt das eine noch unendlich gefährlichere Geistesverfassung der Massen als es der Diebstahl und die Gewalt der Funktionäre bedeuten. Die Thermidors und die Brumaires halten durch die Tore der politischen Indifferenz der Massen ihren Einzug. Wir haben immer auf die revolutionäre Initiative der Massen und nicht auf den Apparat gesetzt. Auch glauben wir nicht mehr an die sogenannte aufgeklärte Bürokratie wie unsere Vorgänger, die revolutionäre Bourgeoisie am Ende des 18. Jahrhunderts, die an die sogenannte ‚aufgeklärte Monarchie' glaubte.«[65]

Der Text behandelte die Frage der gesellschaftlichen Beschaffenheit der Staatsmacht in der UdSSR, die die Bewegung im Laufe der folgenden Jahre so tief spalten sollte, und versuchte, der Problematik vom »Thermidor« zu entgehen. Rakowski fuhr fort:

> »Der Sekretär, der Vorsitzende des Lokalsowjets, der Beauftragte für das Einsammeln des Getreides, der Leiter der Staatskooperative, die Mitglieder der Sowchosen, die Unternehmensleiter, aus der Partei oder parteilos, die Spezialisten, die Vorarbeiter, die auf dem Weg des geringsten Widerstandes in der Fabrik vorankommen und in unserer Industrie in der Fabrik ein System von Druck und Despotie errichten – das ist die wirkliche Macht in der Periode der proletarischen Diktatur, die wir durchleben! Diese Etappe kann als die Herrschaft und der Kampf der gemeinsamen Interessen der verschiedenen Kategorien der Bürokratie charakterisiert werden.
>
> Von einem *proletarischen Staat mit bürokratischen Deformationen* – wie Lenin die politische Form unseres Staates definierte – sind wir im Begriff, in *einen bürokratischen Staat, in dem kommunistisch-proletarische Elemente überlebt haben*, überzugehen.
>
> Vor aller Augen hat sich eine große regierende Klasse mit ihren eigenen inneren Unterscheidungen herausgebildet – und bildet sich weiterhin heraus –, die sich durch vorsichtige, direkte oder indirekte Ergänzung vermehrt. (...) Was diese sonderbare Klasse eint, ist eine ebenfalls sonderbare Form von Privateigentum, der Besitz nämlich der Staatsmacht.«[66]

Dieser Text von außergewöhnlicher Qualität endet mit einem Programm-Manifest, in dem sich bezeichnenderweise keine Anspielung auf das Programm und die Tätigkeit der Kommunistischen Internationale findet. Gab es da schon eine Arbeitsteilung zwischen den beiden historischen Fraktionen der Opposition, die allein die Persönlichkeit Trotzkis verband? Es ist zu früh, um sich über diesen Punkt auszulassen.

Vorerst hatten die Kämpfer in der einen wie in der anderen Welt auf jeden Fall nicht das Gefühl eines Einschnitts. In einem am 11. Juni 1930 auf Französisch an Lew Sedow gerichteten Brief schrieb V. B. Elzin, einer der hervorragendsten Männer der jungen Generation der leninistischen Bolschewiken, als er den Empfang der Postkarte, die ihm die Abhaltung der Konferenz vom 6. April angekündigt hatte, bestätigte:

> »Obwohl wir (sic) von der Außenwelt abgeschlossen sind und nur über die offizielle Presse verfügen, ahnen wir trotzdem, dank des Lärms, der in der Presse in den letzten Zeitungen (im *Bolschewik* vom April) herrschte, daß sich einige große Ereignisse im Ausland ereignet haben, Ereignisse, die Stalin und seine Apparatschiks in Zorn versetzten. Deine Karte zeigt uns den wahren Grund ihrer Befürchtungen. Den Erfolg, den ihr durch den Bund der internationalen Linken hattet – für uns ist er ein großes Fest. Diese Nachricht gibt uns Kraft und Zuversicht.«[67]

Man kann die Zuversicht verstehen, die Trotzki – obwohl er sich der Größe der Aufgabe voll und ganz bewußt war – aus einer solchen Bekundung zog.

Ein Jahr zuvor hatte Boris Souvarine in einem langen Brief von fünfzig Seiten[68] die Gründe dargelegt, die ihn veranlaßten, Trotzki nicht auf der Linie des Aufbaus einer internationalen Opposition zu folgen. Nach einer harten, in vielerlei Hinsicht penetranten Kritik an dem, was er das »schematische Denken« Trotzkis über die »Linke« und die »Rechte« und seine Unsicherheiten über das »Zentrum« und den bloßen Begriff »Zentrismus« nannte[69], nahm er sich der von Trotzki vorgebrachten Differenzierungskriterien an: Tatsächlich befand sich Souvarine in der Frage der UdSSR wie in der Politik der Kommunistischen Internationale mit der Kritik in Übereinstimmung, die von denjenigen vorgebracht wurde, die Trotzki als die »Rechte« charakterisierte. Überzeugt von der Erschöpfung der Chancen der Revolution im Westen für lange Zeit nach ihrem anfänglichen Scheitern und dem Aderlaß des großen Krieges, zog Souvarine den Schluß, daß die »seltenen, nicht entmutigten und durch die Prüfung gereiften« revolutionären Marxisten »nur eine Rolle von Übermittlern« anstreben könnten. Souvarine versicherte:

> »Es wäre schon viel, die Kontinuität unseres Denkens, unserer Traditionen, unserer Kultur zu wahren, und wenn wir Ältere die Fackel an die Jungen weitergeben würden.«[70]

Souvarine ging so weit, Trotzki zu schreiben:

> »Die Kunst des Abwartens ist ebenso notwendig wie die Fähigkeit zum Kampf: Es ist durchaus möglich zu schweigen, ohne die Befähigung zum Handeln einzubüßen, genau wie man sich die Illusion einer Aktion machen kann, indem man sich durch Worte erschöpft.«[71]

Nach Souvarine ging es folglich erst darum, zu erkennen, daß es »für die Gesamtheit der internationalen Bewegung« nichts Wichtigeres gäbe »als die wirtschaftlichen Erfolge des Sowjetstaates«. Die Opposition müsse im Dienste dieses Staatskapitalismus arbeiten und nicht »die fühlbaren Nöte des Sowjetstaates« dem unterordnen, was Souvarine die »zweifelhaften Erfordernisse irgendeiner Episode mit revolutionärem Anschein anderswo« nannte.[72]

Ob man der Form seiner Antwort zustimmen mag oder nicht – »man bemerkt einen Menschen im Meer und geht zur Tagesordnung über« – , so kann man doch verstehen, daß diese Erwägungen auf Trotzki keinerlei Eindruck machen konnten und daß er sie unbedingt als einen Handlungsverzicht, das heißt als Fahnenflucht betrachten mußte.

Für Trotzki ging der Kampf weiter; und ihn zu unterbrechen, hieß zu kapitulieren. Boris Souvarine, der die internationale Linksopposition mit »einer von einem Löwen geführten Armee von Eseln« verglich und ihr »eine von Eseln geführte Armee von Löwen« vorgezogen hätte[73], hatte offensichtlich keinerlei Chance, Trotzki zu überzeugen, ungeachtet der Stichhaltigkeit mancher seiner Kritiken. Denn sie liefen letztlich alle auf die Notwendigkeit, die Tätigkeit auszusetzen, zu warten und notfalls zu schweigen, hinaus.

Kapitel 41

Die schriftstellerische Arbeit

Bei seiner Ankunft in Konstantinopel 1929 hatten die sowjetischen Konsularbehörden Trotzki als »Tantiemen« 1.500 Dollar überwiesen, was eher eine lächerlich geringe Summe war.[1]

Wir wissen, daß es Trotzki schon früher geglückt war, viele Jahre lang in der Verbannung zu leben und dort sein Brot auf ordentliche und ehrbare Weise als Journalist zu verdienen. Das war am Tage nach diesem Geschichtsabschnitt nicht mehr möglich. Der ehemalige Führer der Russischen Revolution, der ehemalige Oberbefehlshaber der Roten Armee und Führer einer weltweiten politischen Bewegung konnte weder einfach wieder Chronist noch Reporter werden. Jedoch verurteilten ihn die Bedingungen seiner Verbannung und seiner Aufnahme in der Türkei dazu, sein Brot nur durch Heimarbeit verdienen zu können.

Die einzige Möglichkeit war, den Beruf auszuüben, von dem er im Grunde immer geglaubt hatte, daß er der seine wäre, wenn er nicht Berufsrevolutionär geworden wäre, den des »Schriftstellers« nämlich, der von nun an in seinen offiziellen Papieren stehen wird. Die Verlagshäuser, vor allem amerikanische und deutsche, witterten ein gutes Geschäft und beeilten sich, ihm Verträge anzubieten: Der bereits im Monat März 1929 nach Konstantinopel gereiste Deutsche Harry Schumann besuchte ihn nicht weniger als achtmal. Sehr schnell entdeckte Trotzki, daß er wirklich die Möglichkeit hatte, sein Brot mit der Feder zu verdienen, indem er für seine Artikel in der großen Presse bedeutende Honorare und Vorschüsse auf Autorenrechte für Bücher von Verlagen bekam, die noch nicht eine einzige Seite erhalten hatten. Edmund Wilson meinte zu diesem Thema, Trotzki wäre in erster Linie ein »Meister der Worte«[2], nicht ein Politiker. Und Trotzkis letzte Verbannung – zumindest der erste Abschnitt – sollte für ihn eine glänzende Gelegenheit sein, seine Meisterschaft des Wortes zu zeigen.

Trotzki hatte schon sein Werk über *1905* hinter sich gebracht, eine nach dem Leben geschriebene Geschichte im Rahmen einer gedankensprühenden Analyse der ungleichen Entwicklung:

> »Auf diesem gewaltigen Raum (Rußland) sind alle Epochen der menschlichen Kultur vertreten, beginnend mit der primitiven Wildheit der nördlichen Urwälder, in denen sich der Mensch von rohen Fischen nährt und einen Holzklotz anbetet, bis zu den modernsten sozialen Verhältnissen der kapitalistischen Großstadt, in der der sozialistische Arbeiter sich als aktiven Teilnehmer der Weltpolitik betrachtet und die Vorgänge auf dem Bal-

> kan oder die Debatten im Deutschen Reichstag gespannt verfolgt. Die konzentrierte Industrie auf der Grundlage der rückständigsten Landwirtschaft Europas. Der kolossalste Staatsmechanismus der Welt, der sich sämtlicher Errungenschaften des technischen Fortschritts bedient, um den historischen Fortschritt in dem eigenen Lande hintanzuhalten (...).«[3]

Gleichzeitig verwarf Trotzki jedoch die – von ihm als »pseudo-materialistische Geometrie« abgetane – Methode von Plechanow und begann, sich auf die Suche nach einem originellen Vorgehen zu begeben, das die spezifischen Eigenschaften jeder Lage berücksichtigte.

In der Türkei war es die Presse, die Trotzki das erste Mal zum Schreiben trieb. Die Agentur Wabirdaw von William Bird hatte ihm auf Vermittlung seiner Pariser Freunde seine ersten Artikel über seine Ausweisung aus der UdSSR abgekauft, und sie schlug ihm autobiographische Artikel vor. Die von Trotzki direkt oder indirekt geführten Verhandlungen mit gewieften Leuten wurden gewiß nicht mit großem Geschäftssinn verfolgt, und es scheint, daß Trotzki mehr verlangen hätte können als das, was man ihm anbot, und daß er zumindest die ersten Male relativ geringe Summen mit verzücktem Erstaunen annahm.

Trotzkis erstes Exilwerk war *Mein Leben*. Er verwendete diesen Titel, den er nicht mochte, nie und sprach immer von seiner »Autobiographie«. Die Idee war nicht neu. Schon in der Zeit von Alma-Ata hatten ihn Rakowski – der seinerseits eine solche Arbeit unternommen hatte – und Preobraschenski dazu gedrängt, seine persönlichen Erinnerungen, deren politisches und historisches Interesse offensichtlich war, niederzulegen. Wir haben von Trotzkis Vorbereitungen gesprochen, als er Alexandra Lwowna schrieb, um sie um Beistand betreffs bestimmter Einzelheiten ihres Lebens von Nikolajew zu bitten.[4] Und die ersten autobiographischen Folgen für die Presse überzeugten ihn vollends, daß diese Arbeit möglich, interessant und einträglich würde. Der aufmerksame Leser der Anmerkungen des vorliegenden Werkes wird schon herausgefunden haben, daß Trotzki in *Mein Leben* manchmal ohne oder mit nur geringen Änderungen Artikel und Kommentare in der Presse, besonders aus der Zeit des Krieges, ebenso wie die 1922 geschriebene Darstellung von *Krieg und Revolution* und wichtige Abschnitte seines Werkes *Über Lenin* aus demselben Jahr eingearbeitet hat.

Die autobiographische Gattung genießt in der Geschichte kein besonderes Ansehen. Die Autobiographie Trotzkis zählt jedoch zu den besten Schöpfungen der Gattung. Wir haben uns bis jetzt in unserer Arbeit in sehr großem Umfang auf die Tatsachen gestützt, die Trotzki darin niedergelegt hat und die er unserer Meinung nach gewissenhaft und ehrlich erzählt.

Das Vorwort von *Mein Leben* siedelt dieses Werk in der kämpferischen Literatur an:

»Auf diesen Seiten setze ich den Kampf fort, dem mein ganzes Leben gewidmet ist. Schildernd charakterisiere und werte ich; erzählend verteidige ich mich und greife noch häufiger an. Ich glaube, daß dies die einzig richtige Methode ist, eine Biographie in einem gewissen höheren Sinne objektiv zu gestalten, das heißt, ihr einen der Person und der Epoche adäquaten Ausdruck zu geben.«[5]

Trotzki zog im gleichen Text über die vorgebliche »Objektivität« her, mit der sich damals so viele Historiker, Akademiker oder Nichtakademiker schmückten oder noch schmücken und die er schonungslos als »abgestandene Heuchelei« abtat. Da er ja gezwungen sei, über sich selbst zu sprechen, weil das das Thema erfordere, fände er es ebensosehr dumm wie lächerlich, seine Sympathien oder Antipathien, seine Vorlieben und Abneigungen zu verhehlen. Dieses Buch, schreibt Trotzki, »ist ein polemisches Buch. Es spiegelt die Dynamik jenes sozialen Lebens wider, das ganz auf Gegensätze aufgebaut ist«. Und er zählt die verschiedenen Formen dessen, was er »soziale Polemik« nennt, auf, »von der alltäglichen, üblichen, normalen, trotz ihrer Intensität fast unmerklichen – bis zur ungeheuerlichsten, explodierenden, vulkanischen Polemik der Kriege und der Revolutionen«:

»So ist unsere Zeit. Mit ihr sind wir aufgewachsen. In ihr atmen und leben wir. Wie können wir unpolemisch sein, wenn wir unserer Zeit treu bleiben wollen?«[6]

Während Trotzki die »Objektivität« entschlossen zurückweist, räumt er gleichzeitig dem, was er »die Gewissenhaftigkeit bei der Darstellung von Tatsachen« unter Beachtung der Verhältnisse im Gesamten und auch im Detail nennt, große Bedeutung ein.

Da es sich um eine Geschichte handelt, von der er einer der Hauptakteure ist, macht Trotzki deutlich, daß er im allgemeinen seinem Gedächtnis vertraut, wobei dieses in topographischer und musikalischer Hinsicht sehr schwach, in visueller Hinsicht nicht besonders und in Hinsicht auf Ideen weit überdurchschnittlich ausfalle. Im übrigen unterläßt Trotzki es sonderbarerweise, die – durch zahlreiche chronologische Irrtümer in seinen Arbeiten belegte – Schwäche seines Gedächtnisses in bezug auf genaue Datenangaben zu vermerken. War er sich dessen bewußt? Wir möchten hinzufügen, daß der Leser Glück hat. Mitten im Abfassen von *Mein Leben* schrieb Trotzki seiner alten Freundin Anna Konstantinowa am 1. Juni 1929:

»Ich habe mich ständig in diese Biographie gestürzt, und ich weiß nicht, wie ich herauskommen soll. Im Grunde hätte ich sie schon seit langem beenden können, mich hat jedoch daran meine verdammte Pedanterie gehindert: Ich sammle weiter Informationen, ich überprüfe die Daten, ich streiche hier und dort, füge etwas hinzu. Mehr als einmal war ich versucht, das Ganze ins Feuer zu werfen und zu ernsthafteren Arbeiten überzugehen.

Aber wie verhext – es ist Sommer und kein Feuer im Kamin. Und außerdem gibt es hier keine Kamine.«[7]

Man kann sich also über das freuen, was Trotzki seine »verfluchte Pedanterie« nannte, dieses Berufsethos, das uns mit *Mein Leben* ein autobiographisches Meisterwerk eingetragen hat.[8]

Der israelische Hochschullehrer Baruch Knei-Paz, den man kaum des Wohlwollens gegenüber Trotzki verdächtigen kann, vertritt in etwa dieselbe Meinung. Knei-Paz schreibt insbesondere, daß einige der besten Kapitel dieses Buches die sind, die die Art und Weise behandeln, in der sich ihr Autor in der Geschichte engagiert hat; dann die Darstellung, wie sich im Laufe der Zeit die Kurve der revolutionären Bewegung mit der seines persönlichen Lebens vermischt und vereinigt. Das Leben der am Anfang des Jahrhunderts nach Sibirien Deportierten, die Flucht in einem von Rentieren gezogenen Schlitten, die Welt der Emigranten im Westen, die historische Spaltung zwischen Bolschewiken und Menschewiken von innen und aus den beiden sich feindlichen Welten gesehen, das sind unvergeßliche und vor allem unersetzliche Seiten für den, der die Epoche und die Ereignisse verstehen möchte.

Einige Skizzen vom Oktober, die Geschichte seiner Reden und die Beschreibung der Atmosphäre des modernen Welttheaters sind Seiten einer möglichen Anthologie der Revolution. Das Kapitel über Swijaschsk in einem Dunst aus Pulver und Tod, von der Schönheit Larissa Reissners erhellt, ist ein großartiges episches Gedicht.

Der große französische Schriftsteller Mauriac hat dieses Werk mit Bewunderung für sich entdeckt:

»Bei Trotzki gibt es eine offensichtliche Verführung. Zunächst wundert sich der bürgerliche Leser immer, daß ein Revolutionär gemeinsame Züge mit einem gemeinen Sterblichen aufweist. Von den ersten Seiten an wurde ich gefesselt, wie mich nur Tolstoi und Gorki gefesselt haben. Wäre Trotzki nicht Aktiver in einer marxistischen Revolution geworden, hätte er seinen Platz unter den Meistern der Literatur gefunden.«[9]

Und man kann sagen, daß Mauriac Trotzki über *Mein Leben* erfaßt hat, über einige bemerkenswerte Seiten über diesen Helden, der nie das Gefühl für den Menschen, der er ist, verliert.

Die »Autobiographie«, wie Trotzki immer schreiben sollte, wenn er von diesem Buch sprach, war ein Werk aus dem Jahre 1929. *Die Geschichte der Russischen Revolution* wurde in den Jahren 1930 bis 1933 erarbeitet; lange Monate wurden den Übersetzungen gewidmet. Über dieses Meisterwerk hat Edmund Wilson geschrieben:

»Nachdem wir die Geschichte Trotzkis gelesen haben, erscheinen uns die Sprache, die Abmachungen, die Kombinationen, die Ansprüche der parlamentarischen Politik, falls wir über sie irgendwelche Illusionen haben, niemals mehr noch die gleichen wie zuvor. Sie verlieren ihre Folgerichtigkeit und ihre Farbe, sie verdampfen vor unseren Augen. Das alte Spiel der Konkurrenz um Amt und Würde, das alte Spiel der parlamentarischen Debatte, sie erscheinen nichtssagend, überholt; was real ist, ist eine neue Wissenschaft der sozialen Rekonstruktion und Organisation, die sich einem Genauigkeitsgrad annähern, von dem unsere altliergebrachten Programme sich niemals haben träumen lassen, und die imstande ist, ein integrierender Bestandteil der kulturellen Ausstattung des Volkes zu werden, in einer von dem, was man bisher gekannt hat, völlig verschiedenen Art und Weise, selbst bei den politisch am besten erzogenen ‚demokratischen' Nationen.«[10]

Das Werk ist solide dokumentiert, weil es sich auf die von Serjoscha 1931 aus der UdSSR mitgebrachten oder geschickten Werke, Zeitschriften und Arbeiten stützt und vor allem wegen des von Berlin aus mit der Hilfe von Männern wie Thomas oder Nikolajewski von Lew Sedow gleich nach seiner Niederlassung in der deutschen Hauptstadt organisierten Pendelverkehrs von Büchern und Dokumenten.

Die Geschichte der Russischen Revolution ist ein in seiner Art einzigartiges Werk. Nicht nur, weil es eine von einem ihrer Hauptakteure verfaßte Geschichte einer Revolution ist, sondern durch ihre Breite, die Weite ihres Horizonts in der Zeit und im Raum, die Stärke ihrer Analysen und die Farbe ihrer Beschreibungen. Der Autor drückt darin zugleich mit seiner Weltanschauung seine Auffassung von dem, was eine Revolution ist, aus. Und man würde vergeblich nach einen Vergleich suchen.

Das Vorwort erstreckt sich auf die Zielsetzung und die Arbeitsmethoden. Als echtes Manifest der kämpferischen Geschichtsschreibung erinnert es daran, daß der Historiker in der Pflicht steht, das zu erzählen, was sich zugetragen hat, und anzugeben, wie es sich zugetragen hat, und daß er zugleich die Aufgabe hat, jenes »geheime Gesetz« zu entdecken, das die Verkettung der Ereignisse mit dem verknüpft, was er ihr »eigenes rationales Gesetz« nennt.

Was eine Revolution vornehmlich vom normalen Gang der Dinge unterscheidet, ist, daß sie, schreibt Trotzki, »ein direktes Eingreifen der Massen in die historischen Ereignisse« darstellt. In den sogenannten gewöhnlichen Zeiten ist es der Staat, der die Nation beherrscht, und die Politik ist das Werk von Berufspolitikern:

»Die Geschichte der Revolution ist für uns vor allem die Geschichte des gewaltsamen Einbruchs der Massen in das Gebiet der Bestimmung über ihre eigene Geschichte.«[11]

Das Studium der Revolution und ihrer Geschichte kann sich also nicht auf die Veränderungen der wirtschaftlichen Grundlagen und des gesellschaftlichen Überbaus beschränken. Trotzki schreibt diese Zeilen, die seine Methode charakterisieren:

»Die Dynamik der revolutionären Ereignisse wird *unmittelbar* von den schnellen, gespannten und stürmischen Veränderungen der Psychologie der vor der Revolution herausgebildeten Klassen bestimmt. (...) Der grundlegende politische Prozeß der Revolution besteht eben in der Erfassung der sich aus der sozialen Krise ergebenden Aufgaben durch die Klasse und der aktiven Orientierung der Masse nach der Methode sukzessiver Annäherungen. Die einzelnen Etappen des revolutionären Prozesses, gefestigt durch die Ablösung der einen Partei durch andere, immer extremere, drücken das anwachsende Drängen der Massen nach links aus, bis der Schwung der Bewegung auf objektive Hindernisse prallt. Dann beginnt die Reaktion: Enttäuschung einzelner Schichten der revolutionären Klasse, Wachsen der Gleichgültigkeit und damit Festigung der Positionen der konterrevolutionären Kräfte.«[12]

Bei einer historischen Arbeit über eine Revolution ist daher die Analyse von dem entscheidend, was Trotzki »das Studium der politischen Prozesse in den Massen« nennt, das allein erlaubt, die Rolle der Parteien und ihrer Führer zu verstehen. Die Schwierigkeiten für eine solche Studie sind gewaltig: Die unterdrückten Klassen machen die Geschichte in Revolutionszeiten, aber sie machen keine Aufzeichnungen und schreiben ganz selten ihre Memoiren. Es bleibt dem Historiker die Aufgabe, eine rückblickende Bewertung vorzunehmen, worauf eine revolutionäre Partei ihre Taktik während der revolutionären Entwicklung gründete – und das wiederum muß der Historiker auf der Grundlage einer sorgfältigen Offenlegung der allgemeinen Bedingungen, die diese Entwicklung des Bewußtseins bestimmt haben, versuchen.

Ist die »Unvoreingenommenheit« des Historikers für das Nachvollziehen dieser Prozesse notwendig? Es gehört zum guten Ton, das zu behaupten. Trotzki glaubt das nicht. Er erklärt, für einen »ernsthaften und kritischen« Leser zu schreiben, der »keiner verlogenen Unvoreingenommenheit, die ihm den Kelch der Versöhnung, mit gut abgestandenem Gift reaktionären Hasses auf dem Boden, darbietet«, bedarf. Hingegen brauche der Historiker »die methodische Gewissenhaftigkeit, die für ihre offenen, unverschleierten Sympathien und Antipathien eine Stütze in ehrlicher Erforschung der Tatsachen sucht, in der Feststellung ihres wirklichen Zusammenhangs, in der Aufdeckung der Gesetzmäßigkeit ihrer Folge«. Trotzki fügt hinzu:

»Dies ist die einzig mögliche historische Objektivität und dabei eine vollkommen ausreichende, denn sie wird überprüft und bestätigt nicht durch die guten Absichten des Historikers, für die obendrein er selber einsteht, sondern durch die von ihm aufgedeckte Gesetzmäßigkeit des historischen Prozesses selbst.«[13]

Trotzki zieht mit Humor über Louis Madelin, den französischen Historiker der Revolution und des Kaiserreiches her, den er als »einen der reaktionären und darum Mode-Historiker des gegenwärtigen Frankreich« definiert. L. Madelin behauptete in der Tat, der Historiker müsse auf die Stadtmauern einer belagerten Stadt steigen und mit gerechtem, gleichem und unparteiischem Blick die Belagerer und die Belagerten betrachten. Für Trotzki jedoch beweisen die Arbeiten von Madelin bloß, daß er nur als »Zaunspäher der Reaktion« auf die Mauer steigt, die die beiden Lager trennt.[14]

Wir werden zu diesem Punkt nur eine Bemerkung hinzufügen: Man kann heute eine Lücke in der Arbeit Trotzkis bedauern, von der ihn jedoch ein so anspruchsvoller Kritiker wie der israelische Professor Knei-Paz freispricht. Es ist in der Tat schade, daß, schreibt Knei-Paz, Trotzki, um dem Leser nicht zur Last zu fallen, sich entschieden hat, nicht nur ganz darauf zu verzichten, genaue Stellenbelege anzugeben, sondern auch darauf verzichtet, die Periodika, Zeitungen und Zeitschriften, Denkschriften, Protokolle, Archivstücke – und unter ihnen, versichert er, viele Handschriften – zu zitieren und zu lokalisieren, bei denen er sich damit begnügt, auf eher vage Weise anzugeben, daß »die meisten unter ihnen aus dem Institut für die Geschichte der Revolution in Moskau und in Leningrad stammen«: Hier hat seine Ablehnung dessen, was er zu Unrecht »Pedanterie« nennt, die Forscher und Studenten der russischen Revolution nach ihm sicherlich um Spuren gebracht, die die neuen Herren der UdSSR in der Zwischenzeit sorgfältig durcheinandergebracht und verborgen haben.

Baruch Knei-Paz, der *Die Geschichte der Russischen Revolution* zumindest als großes Werk »historischer Literatur« sehr zu schätzen scheint, richtet an Trotzki den klassischen und etwas abgedroschenen Vorwurf, es an Objektivität fehlen zu lassen, aber unter einem neuen Betrachtungswinkel. Für ihn läßt es Trotzki in keiner Weise an Objektivität bei der Arbeit der Tatsachenfeststellung fehlen, sondern bei dem, was Knei-Paz Trotzkis marxistische »weltanschauliche Prämissen« nennt, von denen er behauptet, Trotzki behandle sie wie Postulate:

> »Die Schwierigkeit mit der Geschichte Trotzkis besteht darin, daß er nicht versucht, die Gültigkeit der Gesetze, Axiome und Ideen zu beweisen, sondern – von vornherein und lang und breit – ihre Gültigkeit annimmt.«[15]

Die Kritik bis auf die Ebene der Polemik treibend, geht der israelische Politologe sogar so weit zu schreiben: »In einem gewissen Sinn ist die *Geschichte*… eine Studie in Teleologie.«[16]

Diese Beschuldigung erscheint uns sehr ungerecht. Auf derselben Seite und einige Zeilen entfernt führt Knei-Paz in der Tat einen Satz der Einleitung der letzten Bände der *Geschichte*… an, der diese letzte Behauptung schallend Lügen straft. Trotzki spricht dort in der Tat gleichzeitig von der inhärenten Unvermeidbarkeit der Oktoberrevolution und von den Ursachen ihres Sieges, was jegliche teleologische Interpretation widerlegt: Die Revolution war gewiß unvermeidbar, doch ihr Sieg war in weiß Gott keinem Weissagungsbuch verzeichnet. Muß man bei einem Historiker, der auch und vornehmlich ein Revolutionär und in dieser Eigenschaft vor allem daran interessiert war, nicht die Revolution vorherzusagen, sondern ihren Sieg an dem unvermeidbaren Tag, an dem sie sich ereignen würde, zu sichern, wirklich daran erinnern?

Es ist wahr, daß Trotzki in der *Geschichte* häufig auf das anspielt, was er die »Gesetze der Geschichte« nennt, die er bald als »natürlich«, bald als »rational« einstuft und die für ihn den historischen Prozeß regieren oder, wenn man so will, denen gemäß der historische Prozeß in allgemeinen Zügen abläuft. Indem man die Art und Weise untersucht, auf die sie Trotzki in seiner *Geschichte* ausspricht, ist es möglich zu erkennen, ob es sich um Postulate handelt, wie Knei-Paz schreibt, oder, wie wir meinen würden, um Schlußfolgerungen, die Trotzki nie zu untermauern vergißt.

Nehmen wir das Beispiel des »Gesetzes der ungleichen und kombinierten Entwicklung«, dessen weitreichendes Wirken die Analyse Trotzkis über die Besonderheiten der russischen Revolution voraussetzt und über das zur gleichen Zeit sein junger Freund E. B. Solnzew in der Zwangsverschleppung in einer seitdem in den Archiven der GPU verschwundenen Handschrift eine erschöpfende Studie anfertigte. Trotzki schreibt darüber:

> »Die geschichtliche Gesetzmäßigkeit hat nichts gemein mit pedantischem Schematismus. Die *Ungleichmäßigkeit,* das allgemeinste Gesetz des historischen Prozesses, enthüllt sich am krassesten und verwickeltsten am Schicksal verspäteter Länder. Unter der Knute äußerer Notwendigkeit ist die Rückständigkeit gezwungen, Sprünge zu machen. Aus dem universellen Gesetz der Ungleichmäßigkeit ergibt sich ein anderes Gesetz, das man mangels passenderer Bezeichnung das *Gesetz der kombinierten Entwicklung* nennen kann, im Sinne der Annäherung verschiedener Wegetappen, Verquickung einzelner Stadien, des Amalgams archaischer und neuzeitiger Formen. Ohne dieses Gesetz, selbstverständlich in seinem gesamten materiellen Inhalt genommen, vermag man die Geschichte Rußlands wie überhaupt aller Länder zweiten, dritten und zehnten Kulturaufgebots nicht zu erfassen.«[17]

Sofern man vom Autor nicht verlangen möchte, seiner Arbeit ein richtiges methodologisches Handbuch vorausgehen zu lassen, scheint es angesichts dieses Textes, der auf zahlreichen Seiten mit aus der russischen Geschichte entlehnten Beispielen untermauert ist, schwierig zu behaupten, es handle sich um die Bekräftigung eines Postulats. Knei-Paz mag von der Beweisführung nicht überzeugt sein; deshalb ist es nicht weniger wahr, daß es eine solche gibt, die er nicht erfaßt zu haben scheint, vielleicht, weil sie in der *Geschichte der russischen Revolution* relativ allgemein formuliert ist.

Einige Seiten später kommt Trotzki zudem indirekt auf diese Frage zurück, als er seinem Leser zu erklären versucht, wie sich, zum ersten Mal in der Weltgeschichte, die Bauernschaft im Laufe einer Revolution hinter dem Proletariat eingereiht hat – was seiner Meinung nach das unterscheidende

Merkmal, die Eigenheit der russischen Revolution im Verhältnis zu denen, die ihr vorausgingen, darstellt. Es handelt sich um eine dieses Mal mit Hilfe von Vergleichen in Zeit und Raum vorgenommene Veranschaulichung des Gesetzes von der ungleichen und kombinierten Entwicklung.

Als Trotzki sich den großen Revolutionen der Vergangenheit zuwendet, schreibt er:

> »In England verschwand die Leibeigenschaft faktisch am Ende des vierzehnten Jahrhunderts, das heißt zwei Jahrhunderte, bevor sie in Rußland entstand, und viereinhalb Jahrhunderte, ehe sie dort abgeschafft wurde. Die Enteignung des Bodenbesitzes der Bauern erstreckt sich in England über die Reformation und zwei Revolutionen bis zum 19. Jahrhundert. Die kapitalistische Entwicklung, von außen nicht forciert, besaß somit Zeit genug, die selbständige Bauernschaft zu liquidieren, lange bevor noch das Proletariat zum politischen Leben erwacht war.[18]
>
> In Frankreich zwang ihr Kampf mit dem königlichen Absolutismus, der Aristokratie und den Kirchenfürsten die Bourgeoisie in Gestalt ihrer verschiedenen Schichten, die radikale Agrarrevolution am Ende des 18. Jahrhunderts etappenweise zu vollziehen. Die selbständige Bauernschaft wurde danach für lange Zeit die Stütze der bürgerlichen Ordnung und half im Jahre 1871 der Bourgeoisie, mit der Pariser Kommune fertig zu werden.
>
> In Deutschland erwies sich die Bourgeoisie zur revolutionären Lösung der Agrarfrage unfähig und lieferte im Jahre 1848 die Bauern ebenso an die Gutsbesitzer aus, wie Luther etwa drei Jahrhunderte zuvor sie während des Bauernkrieges an die Fürsten ausgeliefert hatte. Das deutsche Proletariat seinerseits war Mitte des 19. Jahrhunderts noch zu schwach, die Führung der Bauernschaft zu übernehmen. Die kapitalistische Entwicklung Deutschlands bekam infolgedessen eine genügende Frist, wenn auch keine so lange wie die Englands, um sich die Landwirtschaft, wie sie aus der unvollendeten bürgerlichen Revolution hervorgegangen war, zu unterwerfen.«[19]

Trotzki zeigt nun, wie die Reform der Lage der Bauernschaft in Rußland 1861 von der Monarchie durchgeführt und von Adligen und Beamten unter dem Druck der bürgerlichen Gesellschaft, wobei die Bourgeoisie jedoch machtlos war, gelenkt wurde. Trotzki ergänzt:

> »Der Charakter der Bauernbefreiung war derart, daß die forcierte kapitalistische Umgestaltung des Landes das Agrarproblem unvermeidlich in ein Problem der Revolution verwandeln mußte. Die russischen Bourgeois erträumten eine Agrarentwicklung (...) von jedem beliebigen, nur nicht dem russischen Typ. (...) Die demokratische Intelligenz stand (...) in der Entscheidungsstunde auf Seiten der liberalen Bourgeoisie und der Gutsbesitzer, nicht aber auf der des revolutionären Dorfes.«[20]

Trotzki beschließt diese Einführung in das Gesetz der ungleichen und kombinierten Entwicklung zum Zwecke einer Erklärung mit Anwendung auf Rußland und seine Revolution von 1917:

»Das Gesetz der kombinierten Entwicklung verspäteter Länder – im Sinne der eigenartigen Verquickung von Elementen der Rückständigkeit mit jüngsten Faktoren – ersteht hier vor uns in seiner vollendeten Form und gibt gleichzeitig den Schlüssel zu dem wesentlichen Rätsel der russischen Revolution. Wäre das Agrarproblem, als Erbe der Barbarei der alten russischen Geschichte, von der Bourgeoisie gelöst worden, hätte sie es zu lösen vermocht, das russische Proletariat hätte im Jahre 1917 keinesfalls an die Macht gelangen können. Um den Sowjetstaat zu verwirklichen, war die Annäherung und gegenseitige Durchdringung zweier Faktoren von ganz verschiedener historischer Natur notwendig: Des Bauernkrieges, das heißt einer Bewegung, die für die Morgenröte der bürgerlichen Entwicklung charakteristisch ist, und des proletarischen Aufstandes, das heißt einer Bewegung, die den Untergang der bürgerlichen Gesellschaft bedeutet. Darin eben besteht das Jahr 1917.«[21]

Wir werden die Argumente von Knei-Paz im Lichte eines zweiten Beispiels von »Gesetz«, das Trotzki ausgesprochen hat, untersuchen, nämlich dem Auftauchen einer *Doppelherrschaft* in jeder Revolution.

In dem im ersten Band der *Doppelherrschaft* gewidmeten Kapitel beginnt Trotzki faktisch mit einer Darlegung und einer allgemeinen Definition, wobei er aufzeigt, daß die Doppelherrschaft nur zu einer Revolutionszeit auftaucht und dann zu einem wesentlichen Grundbestandteil wird. Trotzki führt aus:

»Die politische Mechanik der Revolution besteht in dem Übergang der Macht von der einen Klasse zur anderen. (...) Die historische Vorbereitung einer Umwälzung führt in der vorrevolutionären Periode zu einer solchen Situation, wo die Klasse, die das neue Gesellschaftssystem zu verwirklichen berufen ist, ohne bereits Herr im Lande zu sein, faktisch einen bedeutenden Teil der Staatsmacht in Händen hält, während der offizielle Staatsapparat noch im Besitz der alten Gewalthaber verbleibt.«[22]

Das Bestehen zweier rivalisierenden Gewalten entspricht keinem dauerhaften Gleichgewicht: Auf jeder Entwicklungsstufe stehen der Sieg der Revolution oder der der Konterrevolution auf der Tagesordnung: »Die Spaltung der Macht kündigt nichts anderes als den Bürgerkrieg an«, der der Doppelmacht dann gleich ihren offensichtlichsten Ausdruck, die Teilung des Territoriums, verleiht.

Trotzki veranschaulicht das, was er soeben als allgemeines Gesetz verkündet hat, an der Geschichte der früheren Revolutionen, die es überhaupt erst ermöglicht haben, das herauszuschälen, was er ein Gesetz nennt.

Die englische Revolution des XVII. Jahrhunderts hatte damit begonnen – über eine Doppelherrschaft, dann einen offenen Bürgerkrieg –, die auf die privilegierten Klassen oder zumindest ihre Spitzen gestützte königliche Macht mit der vom Bürgertum und dem ihm nahestehenden kleinen Edelleuten gestützten Macht des presbyterianischen Parlaments zu konfrontieren. Nach der Niederlage und der Gefangensetzung des Königs wurde die Armee des Parlaments die neue, dem reichen Bürgertum gegenüberstehende politische Kraft und drückte sich durch ein neues Organ, das sich die Staatsgewalt aneignet, aus, das des Rates der »Unruhestifter«, der Beauftragten der Armee: »Die neue Periode der Doppelherrschaft (...) das presbyterianische Parlament (und) die Independenten-Armee«. Der Konflikt wurde mit der Säuberung des Parlaments durch General Cromwell von neuem durch die Waffen entschieden: Der Versuch der »Levellers«, gegen Cromwell eine neue, auf die ärmsten städtischen Gesellschaftsschichten gegründete Macht aufzurichten, kam nicht dazu, sich zu entfalten.[24]

Trotzki findet eine analoge Entwicklung im Verlauf der französischen Revolution wieder. Die erste Phase der Doppelherrschaft ist diejenige, die die Gesetzgebende Versammlung und den König in Opposition zueinander bringt und mit der Flucht des Königs endet. Eine neue Doppelmacht erscheint mit der auf die »Sektionen« gestützten Kommune von Paris, die zunächst gegen die Legislative und dann gegen den Konvent aufstand:

> »So erhebt sich über die Stufen der Doppelherrschaft im Laufe von vier Jahren die französische Revolution zu ihrem Höhepunkt. Mit dem 9. Thermidor beginnt sie wiederum über die Stufen der Doppelherrschaft hinabzusteigen. Und wieder geht der Bürgerkrieg dem Abstieg voran, wie er früher den Aufstieg begleitete.«[25]

Unbestreitbar richtet sich der Schriftsteller durch das Aussprechen dieser »Gesetze« nach der Vorstellung, die er sich von der Geschichte als einem Konflikt zwischen den Klassen, und von der Pflicht des Historikers, sie an den Tag zu bringen, macht. Er spürt die »Fakten« in den Beispielen auf und spricht die »Gesetze« aus, die er daraus ableitet. Bevor man behauptet, daß es sich dabei um Postulate handle, muß man die Bedeutungslosigkeit seiner Argumente auf dem Feld beweisen, wo er sie entwickelt hat, und zum Beispiel den Abschnitt widerlegen, wo er im Zusammenhang mit den »Julitagen« aufzeigt, wie sehr sich die auseinandergehenden Klasseninteressen hinter denselben, als Teil des kulturellen Erbes aus der Vergangenheit stammenden Wörtern verbergen können:

> »Hätte der Kampf am Ausgang des Mittelalters stattgefunden, beide Parteien hätten, einander tötend, die gleichen Bibelsprüche zitiert. Historiker-Formalismen wären später zu der Schlußfolgerung gekommen, der Kampf sei um die Textauslegung geführt worden: Die mittelalterlichen Handwerker und die unwissenden Bauern hatten bekanntlich die seltsame Leidenschaft, sich wegen philologischer Feinheiten in der Offenbarung Johannes töten zu lassen, wie die russischen Raskolniki sich der Ausrottung preisgaben der Frage wegen, ob die Bekreuzigung mit zwei oder mit drei Fingern auszuführen sei. In Wirklichkeit verbarg sich im Mittelalter nicht minder als heute unter den symbolischen Formeln ein Kampf von Lebensinteressen, den man aufzudecken verstehen muß. Der evangelische Vers bedeutet für die einen die Leibeigenschaft, für die anderen – Freiheit.«[26]

Baruch Knei-Paz, der sich leider nicht um seine eigenen »Vorurteile« gekümmert zu haben scheint, entscheidet sich in der interessanten Arbeit, die er dem politischen und gesellschaftlichen Denken Trotzkis gewidmet hat, Trotzki dennoch freizusprechen:

> »Trotz aller seiner theoretischen Vorurteile drängt sich Trotzkis Marxismus nicht auf. Sein Marxismus durchdringt das Buch, überschwemmt es nicht; er beherrscht die Interpretation der Ereignisse, aber er verzerrt nicht die Ereignisse selbst. Er predigt weder, noch moralisiert er, und nur selten nimmt er sich die Zeit zu einer Pause, um den Leser über die Feinheiten der Dialektik zu belehren.«[27]

Der Urheber dieses Urteils dringt hier, ohne sich darüber klar zu werden, in Wirklichkeit in einen Streit zwischen »Marxisten« ein, hinter dem der Forscher die gesellschaftlichen Kräfte wiederauffinden muß, die die Marxisten dazu führen, sich zu bekämpfen, und das, was in der Auseinnadersetzung der Marxisten auf dem Spiel steht. In dem Vorwort zum zweiten Teil der *Geschichte,* der der Oktoberrevolution gewidmet ist, antwortet Trotzki dem sowjetischen Historiker M. N. Pokrowski, dem wohl ernsthaftesten all derjenigen, die versucht haben, nachzuweisen, daß die Auffassung Trotzkis von der Geschichte und von der gesellschaftlichen Bewegung – entgegen der Meinung von B. Knei-Paz – vom philosophischen Idealismus herrühre:

> »Professor Pokrowski (...) behauptete, daß wir die objektiven Faktoren der Revolution ‚unterschätzten': Zwischen dem Februar und dem Oktober ging ein kolossaler ökonomischer Zerfall vor sich (...); während dieser Zeit erhob sich die Bauernschaft (...) gegen die Provisorische Regierung'; gerade in diesen ‚objektiven Verschiebungen' und nicht in den veränderten psychischen Prozessen sei die bewegende Kraft der Revolution zu sehen. Dank einer lobenswerten Schroffheit der Fragestellungen enthüllt Pokrowski am besten die Unzulänglichkeit der vulgär-ökonomischen Erklärung der Geschichte, die nicht selten als Marxismus ausgegeben wird.«[28]

Trotzki erwidert Pokrowski, daß »die im Verlauf einer Revolution stattfindenden radikalen Umwälzungen« »nicht durch jene episodischen Erschütterungen der Wirtschaft« hervorgerufen werden, die während der Ereignisse selbst erfolgen, sondern durch »kapitale Veränderungen, die sich in den Grundlagen der Gesellschaft während der ganzen vorangegangenen Epoche angehäuft haben«. Trotzki schreibt:

> »In Wirklichkeit genügt allein das Vorhandensein von Entbehrungen für einen Aufstand nicht – andernfalls könnten die Massen jederzeit in Aufstand treten –; es ist notwendig, daß die endgültig bloßgelegte Unzulänglichkeit des gesellschaftlichen Regimes diese Entbehrungen unerträglich gestaltet und daß neue Bedingungen und neue Ideen die Perspektive eines revolutionären Ausweges eröffnen. Im Namen des großen Zieles, dessen sie sich bewußt geworden, erweisen sich dann die gleichen Massen fähig, doppelte und dreifache Entbehrungen zu ertragen.«[29]

Was den »objektiven Faktor« des »Bauernaufstandes« betrifft, antwortet Trotzki Pokrowski:

> »Für das Proletariat war der Bauernkrieg selbstverständlich ein objektiver Umstand. (...) Doch unmittelbare Ursache des Bauernaufstandes selbst waren die Veränderungen im Bewußtsein des Dorfes. (...) Vergessen wir nicht, daß Revolutionen vollbracht werden von Menschen, wenn auch von namenlosen. Der Materialismus ignoriert nicht den fühlenden, denkenden und handelnden Menschen, sondern erklärt ihn. Worin sonst besteht die Aufgabe des Historikers?«[30]

***

Es bleibt noch, zu versuchen, hier auf die Frage zu antworten, ob es Trotzki letztendlich gelungen ist, die Geschichte der russischen Revolution so zu erhellen, wie er es wünschte.

Es ist unbestreitbar, daß es ihm besser als jedem vor ihm gelungen ist, die revolutionäre Masse geschichtlich zu schildern. Was Trotzkis Talent als Kritiker und Essayist und seine schriftstellerischen Qualitäten angeht, hat sich Deutscher in seinem Kapitel »Der Revolutionär als Historiker« keine Zurückhaltung auferlegt:

> »Die Art und Weise, in der Trotzki die Masse in Aktion schildert, hat viel mit der Methode Eisensteins beim klassisch gewordenen *Panzerkreuzer Potemkin* zu tun. Er sondert aus der Masse ein paar einzelne im Zustand der Erregung oder Apathie aus und läßt sie ihre Stimmung in einem Satz oder einer Geste ausdrücken; dann zeigt er uns wieder die Menge, eine dichte und warme Menge, die von einer Flut der Empfindungen beherrscht oder zur Handlung getrieben wird; und wir erkennen sofort, daß das die Empfindung oder Handlung ist, die in dem Satz oder der Geste des einzelnen vorangekündigt war. Er hat eine eigene Gabe, die laut denkenden Mengen zu belauschen oder uns dabei selber in Zuhörer zu verwandeln. Konzeption und Bild verlaufen bei ihm dauernd vom allgemeinen zum besonderen und wieder zurück zum allgemeinen; und nie ist der Übergang unnatürlich oder gezwungen.«[31]

Mit Meisterhand schildert Trotzki uns die Wyborger Führer als »hungrig, müde, durchgefroren«, gebeugt unter »einer ungeheuren historischen Verantwortung auf den Schultern«, um zu schließen: »Je näher den Betrieben, umso größer die Entschlossenheit«. Die Art, wie Trotzki die Veränderungen der Geisteshaltung der Massen analysiert, hat zugleich etwas Freskenhaftes und Miniaturenhaftes. So schreibt Trotzki über die berühmte Konfrontation vom Februar 1917 zwischen der Truppe und den Demonstranten auf den Straßen der Hauptstadt:

> »Erwartungsvoll und gebieterisch schaute der Arbeiter dem Soldaten in die Augen, dieser aber wandte unsicher und unruhig den Blick ab: Das bedeutete, der Soldat war seiner selbst nicht mehr gewiß. Der Arbeiter ging nun mutiger an ihn heran. Der Soldat verharrte in finsterem, doch nicht feind-

seligem, eher schuldbewußtem Schweigen, manchmal – immer häufiger – antwortete er mit scheinbarer Strenge, um zu verbergen, wie unruhig das Herz in seiner Brust schlug. So vollzog sich der Umschwung.«[32]

Diese Massen, diese Menge vergleicht Deutscher mit den Menschenmassen von Carlyle, dem britischen Historiker der Französischen Revolution, um zu schließen, daß die Menschenmassen Trotzkis »elementar«, aber menschlich sind. Deutscher fährt fort:

»Trotzki schildert seine Massenszenen mit nicht geringerer Vorstellungskraft, aber mit kristallener Klarheit. Er läßt uns spüren, daß die Menschen auf dieser Welt ihre eigene Geschichte machen und daß sie es im Einklang mit den ‚Gesetzen der Geschichte' tun, daß sie aber auch mit Bewußtsein und Willen handeln. Auf solche Menschen ist er stolz, selbst wenn sie ungebildet und roh sind; und er will, daß auch wir auf sie stolz sind: Die Revolution ist für ihn jener kurze, aber inhaltsreiche Moment, in dem die Erniedrigten und Beleidigten endlich zu Worte kommen. In seinen Augen tilgt dieser Moment Epochen der Unterdrückung. Er kehrt mit einem Heimweh zu ihm zurück, das die wiederaufgerollten Szenen lebendig und ausdrucksvoll vor uns treten läßt.«[33]

Selbstverständlich läßt Trotzki nichts außer acht, was die Parteien, insbesondere die bolschewistische Partei und ihre Aktivisten, betrifft, die die ganze Revolution hindurch fähig waren, die Sehnsüchte der Massen zu nähren und ihrem Handeln die Richtung zu weisen. Trotzki verhehlt nichts von den Mißhelligkeiten, Unschlüssigkeiten, Hin- und Herbewegen innerhalb seiner Partei, ohne jemals in Schwarz-weiß-Malerei zu verfallen. Er analysiert die Beziehungen zwischen den anderen Parteien und den Massen peinlich genau und macht über die allgemeine Frage der Beziehungen zwischen Klassen und Parteien Bemerkungen, die endgültig scheinen.

Nach sehr vielen Windungen und Umschweifen erkennt Professor Baruch Knei-Paz schließlich immerhin an, daß die *Geschichte der Russischen Revolution* nicht eine marxistische Geschichte ist, sondern (...) ein bedeutendes Werk dramatischer Kunst.[34]

Er lobt also die Qualitäten der Sprache Trotzkis, die Eleganz seines Stils, das geschmeidige Ineinanderfügen seiner Berichte, die Fülle der Bilder, der Metaphern, der ergreifenden Formulierungen, der Vergleiche und der Beschreibungen. Er hebt die Beziehung zwischen der Geschichte und der Art Trotzkis, sie zu erzählen, die so zwischen der Epoche und dem Menschen hergestellte Wechselbeziehung hervor. Wir sind uns endlich einig: Hier handelt es sich um einen sehr großer Schriftsteller, den wir beide behandeln!

***

Peter Beilharz, Autor einer Studie über »Trotzki als Historiker«[35], erkennt Trotzkis literarische Verdienste an. Beilharz analysiert *Die Geschichte der*

Russischen Revolution[36], wobei er an die Formel Lunatscharskis über Trotzki erinnert: »Literat in seiner Redekunst und Redner in der Literatur«. Obgleich Beilharz den fesselnden Charakter des Berichts, die Vorzüglichkeit der Beschreibung, die Faszination, die sie auf den Leser ausüben, anerkennt, trägt er eine Kritik vor, die den Vorzug hat, ihre ideologischen Grundlagen nicht zu verhehlen:

> »Eine aufmerksame Lektüre zeigt, daß dieselbe generative Struktur am Werk ist, die einen textlichen Rahmen hervorbringt, der es zustande bringt, daß der Leser mit dem Autor einer Meinung sein muß. Der Bereich der gewählten Metapher ist, durchaus organisch, vor allem der organische Bereich der Entwicklung, der im Denken der II. Internationale so grundlegend ist. (...) Die ‚abgegriffenen Metaphern' bemächtigen sich der *Geschichte der russischen Revolution.* Zusammengefaßt stellt ihre Verwendung eine als ‚Dialektik' bezeichnete Metaphysik dar, die das gesellschaftliche Leben und die Naturwissenschaften miteinander verschmilzt, derart, daß das eine und die anderen der Herrschaft der Gesetze unterworfen und damit Voraussagen möglich sind. Trotzki begründet damit eine prästabilisierte Teleologie, die die Niederlage der diversen Feinde und zugleich die Zwangsläufigkeit des bolschewistischen Sieges mit Hilfe der Metapher sichert.«[37]

Und nachdem Beilharz über die »späteren Schwierigkeiten« Trotzkis, den Sieg Stalins zu erklären, gespöttelt hat, schließt er nicht ohne Schadenfreude, aber vielleicht ein wenig voreilig:

> »Die Henker der Weltgeschichte werden durch schriftstellerische Mittel hingerichtet: Damit wird für den Trotzki, der keine andere Rache an Stalin oder der Geschichte üben konnte, eine poetische Gerechtigkeit erlangt. Seinem ersten Pseudonym getreu, hat die ‚Feder' niemals völlig die Grenzen seiner Macht gegenüber dem Schwert begriffen.«[38]

Damit hört die Lektion, die Beilharz zu erteilen vorgibt, nicht auf, da er ja in aller Bescheidenheit das, was er die Teleologie Trotzkis nennt, als »einen durch den Mythos und die Metapher ausgedrückten und mit einer hinterhältigen Verteidigung des Stalinismus (*sic*) kombinierten hohlen Glauben an eine sozialistische Zukunft« abtut und Trotzki anklagt, diesen hohlen Glauben an die Stelle »eines marxistischen Verständnisses der Geschichte, das für eine angemessene Diskussion der Übergangsprobleme notwendig ist«[39], zu setzen.

Es erübrigt sich, dieser Art von Urteil zu widersprechen, das der Verfolgung bestimmter Ziele gehorcht. Wir werden uns damit begnügen hervorzuheben, daß Beilharz, wenn er von der *Geschichte der Russischen Revolution* spricht, sie als »Text (*sic*) von außergewöhnlichem Einfluß und Wert« bezeichnet.[40]

Es ist wahr, daß die Qualität der Form aus der *Geschichte der Russischen Revolution* selbst in einer Übersetzung ein sehr großes Buch macht. Die Gegenüberstellung von Ludwig XVI. und Marie-Antoinette auf der einen Seite, des russischen Kaiserpaares auf der anderen Seite, ist eine Seite für eine Anthologie. Die Portraits der Akteure, prominente Politiker oder namenlose Aktivisten, sind von dem Pinselstrich eines ungeheuer talentierten Portraitmalers gezeichnet, mit Ironie für die ersteren und Wohlwollen für die letzteren. Man braucht ein gewaltiges literarisches Talent – und der Mann, den man »die Feder« nannte, hatte es –, um die »Augenblicke« der Revolution, die Konfrontation zwischen den bewaffneten Truppen und der aufgebrachten Menge im Februar, die brutale Aufforderung an den Sozialrevolutionär Tschernow durch einen Arbeiter, der, Tschernow die Faust zeigend, ihm ins Gesicht schreit: »Nimm die Macht, wenn man sie Dir gibt«, zu beschreiben.[41].

***

Die schriftstellerische Tätigkeit Trotzkis hat ihm unbestreitbar einen gewissen Ruf und zugleich Einkünfte eingebracht, die es ihm erlaubt haben, nicht nur mit seinem türkischen Hausstand, Mitarbeiter eingeschlossen, zu leben, sondern auch die ersten Aktivitäten in Richtung UdSSR zu finanzieren mit der Veröffentlichung des *Bjulleten Opposizii*, dann auf internationaler Ebene mit der Hilfe, die er den vielen nationalen und internationalen Aktivitäten seiner Anhänger gewährt. Sie hat ihm gleichfalls sehr viele Verdrießlichkeiten und zwei Aufsehen erregende Prozesse eingebracht, von denen der eine gewonnen und der andere verloren wurde.

Der deutsche Verleger Harry Schumann, Direktor des Hauses Reissner in Dresden, war einer der ersten Besucher, der bestrebt war, mit Trotzki einen Vertrag zu unterzeichnen, und er erhielt von Trotzki die Unterschrift. Einige Wochen später entdeckte Franz Pfemfert, der Freund Trotzkis in Berlin, daß derselbe Verleger die Memoiren Kerenskis veröffentlicht hatte, in denen letzterer Trotzki und vor allem Lenin heftig angreift, indem er sie als »Agenten der deutschen Hohenzollern« beschimpft und die Verleumdungen wiederaufgreift, die in den der Oktoberrevolution vorangehenden Monaten verbreitet waren.[42] Selbstverständlich wußte Trotzki nichts von der Existenz dieses Werkes in den Publikationen des Hauses Reissner und entdeckte es erst, als er ein Exemplar erhielt, das ihm Franz Pfemfert schickte.

Trotzkis Reaktion in einem Brief an Schumann war prompt: Am 8. Mai 1929 fragte Trotzki Schumann, wie es einem Verleger möglich sei, die Veröffentlichung der Bücher Trotzkis und eines Autors, der die ältesten Verleumdungen gegen Lenin und ihn wieder aufgreift, im gleichen Verlag vorzunehmen.[43] Die Frage hatte große Bedeutung: Die Stalinisten in Moskau und anderswo könnten einen solchen Fall gegen Trotzki ausnützen und ihn im Kopf der Leser mit den Urhebern der großen Verleumdung gegen die Bolschewisten in Verbindung bringen.

Schumann erschrak angesichts der Aussicht, einen Autor zu verlieren, der ihm gute Geldeingänge versprach.[44] Versprechungen kosten nichts, und er versicherte zunächst, daß die Memoiren Kerenskis aus dem Verkehr gezogen würden. Die Antwort Trotzkis am 5. Juni 1929 ließ ihm keine Ausflucht: Trotzki zog es vor, daß sein Werk überhaupt nicht publiziert würde, als in einem Verlag zu veröffentlichen, der die Verleumdungen Kerenskis gegen Lenin verlegt hat, wie das bei Reissner der Fall war.[45]

Die Antwort Schumanns ließ Trotzki keinerlei Illusion: Er sollte prozessieren müssen. Ein Dialog von Gehörlosen hatte sich entsponnen, wobei Schumann bereit war, anzuerkennen, daß Kerenski Lenin verleumdet hatte unter der Bedingung, daß Trotzki ihm sein erstes Manuskript übergibt. Auf den Rat Pfemferts hin nahm Trotzki für den Prozeß den Berliner Rechtsanwalt Gerhardt Frankfurter in Dienst.

Doch die Gerissenheit des Verlegers sollte alsbald aus der Frage des Vertrags eine politische Angelegenheit machten. In seiner Aussage vor dem Richter versicherte Schumann, daß Trotzki den Vertrag auf ein Ultimatum aus Moskau hin widerrufe, das drohe, ihm die Tantiemen des Gosizdat nicht mehr zu bezahlen und benannte als Zeugen ... einen Beamten der sowjetischen Botschaft in Berlin. Am 1. Februar 1930 erfuhr man, daß Schumann eine wichtige Editionsvereinbarung mit der sowjetischen Regierung abgeschlossen hatte. Trotzki war von nun an – und nicht ohne gewichtige Argumente – von einem Bündnis zwischen Schumann und der Regierung Stalins in der Frage der Edition absolut überzeugt.

Der Sieg im Prozeß in erster Instanz sollte es Trotzki erlauben, in Deutschland vom Fischer Verlag verlegt zu werden, obwohl Schumann die Angelegenheit in aufeinanderfolgenden Prozessen verschleppen ließ, die ein Berufungsgericht sogar dazu brachten, über die Richtigkeit der Anschuldigungen, welche zum Thema der Verbindungen zwischen Lenin und der Regierung der Hohenzollern während des Krieges in Umlauf gebracht waren, eine Untersuchung einzuleiten!

Der zweite Prozeß, für den Trotzki sich engagierte, betraf die französische Übersetzung von *Mein Leben* und war weit davon entfernt, denselben schwerwiegenden Charakter aufzuweisen. Trotzki war zunächst über die Entscheidung des Verlagshauses Rieder, das Werk in drei Bänden herauszubringen, was er als »Zerstückelung« bezeichnete, sehr unzufrieden. Trotzki entdeckte fast zum gleichen Zeitpunkt, daß sich der in seinem Beruf fähige und persönlich sympathische und unparteiische Übersetzer, Maurice Donzel, genannt Parijanine, das Recht angemaßt hatte, ohne Trotzki zu fragen, lange, nutzlose, erklärende Anmerkungen zu verfassen, die manchmal den Aussagen des Autors, die zu erhellen sie gedacht waren, auf recht dumme Weise widersprachen. Trotzki empörte sich darüber hinaus, daß der französische Verleger seine Werbung um einen aus seinem Zusammenhang gerissenen Satz des

Vorworts organisieren wollte: »Ich kann nicht leugnen, daß mein Leben nicht (eines) der gewöhnlichsten gewesen ist.«

Trotzki wurde in erster Instanz abgewiesen, als er die Beschlagnahme der Bände forderte, und legte Berufung ein. Die Angelegenheit wurde für ihn von seinem Genossen Gérard Rosenthal verfochten, der für diesen Fall die kompetente Hilfe des großen Anwalts Maurice Garcon fand. Doch in der Zwischenzeit hatte Trotzki schließlich vom Verlagshaus Rieder die Zusage erreicht, die Anmerkungen im zweiten und im dritten Band, ebenso wie in den künftigen Ausgaben, zu tilgen. Es blieb in der Berufung nur noch eine Schadensersatzforderung übrig, die Trotzki seinen französischen Genossen zugedacht hatte. Die Forderung wurde abgewiesen. Die »Niederlage« war, wie er in einem Brief an Gérard Rosenthal sagte, jedoch nicht tragisch, da er ja zumindest teilweise Genugtuung in einer Angelegenheit erhalten hatte, die lange nicht den Ernst der Auseinandersetzung mit Schumann hatte.[46]

***

Was die Zeit auf Prinkipo angeht, sind die anderen von Trotzki stammenden geschichtlichen Arbeiten auf der Stufe unvollendeter Manuskripte geblieben, wie das Werk über die sowjetischen Diplomaten. Der Konzeptentwurf enthält schon brillante Skizzen von Tschitscherin, Joffe, Krestinski und Krassin und vor allem ein sehr bewegendes Zeugnis über Christian Rakowski.[47]

Es waren also ausschließlich *Mein Leben* und *Die Geschichte der Russischen Revolution*, die Trotzki und den Seinen den Lebensunterhalt verschafften, ebenso Ljowa in Berlin und den engen Mitarbeitern, die während dieser Jahre bei ihm gewohnt haben. Nach den von Isaac Deutscher durchgeführten Berechnungen beliefen sich Trotzkis jährliche Ausgaben auf den Gegenwert von ungefähr 12.000 bis 15.000 Dollar. Die erste von Trotzki in Empfang genommene Summe für seine Artikel betrug 10.000 Dollar, von denen er 6.000 für die Bedürfnisse der internationalen Presse der Opposition abzweigte. Trotzki erhielt mehrere Vorschüsse, darunter 7.000 Dollar für die amerikanische Ausgabe von *Mein Leben.* Deutscher erwähnt eine Zahlung von 45.000 Dollar von der *Saturday Evening Post* für die Veröffentlichung der *Geschichte* in Fortsetzungen.[48] Die Kehrseite der Medaille war selbstverständlich die Anschuldigung der Zusammenarbeit mit »der bürgerlichen Presse« und »den bürgerlichen Verlegern«. Aber es gab keine anderen Wahlmöglichkeiten, und auf jeden Fall konnte Trotzki, es sei denn, er hätte vollkommen geschwiegen – was das Ziel seiner Feinde war –, nicht daran denken, seine Feinde zu mäßigen, indem er sich selbst beschränkte! Und es kam für ihn nicht in Frage, »Konzessionen« zu machen, um die Zuhörerschaft zu erweitern.

Wir möchten noch der Frage nachgehen, in welchem Maße Trotzkis historische Arbeiten die Leser gefunden haben, die er sich wünschte und welchen

Einfluß sie haben ausüben können. Die Übersetzungen – die englische von Max Eastman, die französische von Parijanine, die deutsche von Alexandra Ramm – rechneten sich gut, und es gab keine Verschwörung des Schweigens gegen die Publikationen. Vielleicht war der stalinistische Einfluß auf die kommunistischen Aktivisten indessen schon groß genug, um die überwältigende Mehrheit unter ihnen vom Kauf und von der Lektüre dieser beiden Werke abzuhalten. Aber Trotzki wurde in Deutschland vor 1933 und in Frankreich noch länger gelesen. Er sollte auf jeden Fall sehr lange gelesen werden und hatte, selbst nach dem zweiten Weltkrieg, zumindest was die *Geschichte*... angeht, einen wirklichen Erfolg.

Muß man zum Abschluß einige Enttäuschungen in bezug auf die schriftstellerische Arbeit ergänzen? Trotzki sprach in seinem Briefwechsel mit den Verlegern lang und breit von einem »Lenin und seine Epigonen«, dessen verstreute Bestandteile schließlich hier und da unter anderen Titeln veröffentlicht wurden. Trotzki stellte unter dem Titel *Die Entstellte Revolution* einige wichtige Elemente der Schlacht von 1926-1927, seinen Brief an das Institut für Parteigeschichte (Istpart), die Protokolle von bestimmten Auftritten vor der Kontrollkommision und dem Zentralkomitee und ausgewählte Briefe zusammen, die auf Französisch herauskamen. Die geringfügig anders angelegte amerikanische Entsprechung trägt den Titel *The Stalin School of Falsification* (Die Stalinsche Fälscherschule).

Im Monat März 1929 schrieb Trotzki einen langen Brief über die Veröffentlichungen, die er damals ins Auge faßte: die der Protokolle der Konferenz der bolschewistischen Partei vom März 1919, das Protokoll vom 1. November 1917 des Komitees dieser Partei in Petrograd, das der Konferenz der Militärbeauftragten auf dem VIII. Kongreß der KP 1919, die Briefe Lenins über die Fragen des Außenhandelsmonopols, des Gosplan, der Nationalitäten, Reden und Fragmente des XV. Kongresses, Artikel und Reden Stalins zwischen 1917 und 1923, die mittlerweile alle von der stalinistischen Führung zensiert worden waren.[49] Einige dieser Texte haben schließlich vereinzelt in Sammlungen oder in der Form ausgiebiger Zitate ihren Platz gefunden. Trotzkis Archive von 1918-1920 und insbesondere seine wertvolle Korrespondenz mit Lenin während des Bürgerkriegs hingegen, die Trotzki zu Lebzeiten nicht veröffentlichen lassen konnte, wurden erst lange nach seinem Tod aufgrund der Bemühungen des Amsterdamer Internationalen Instituts für Sozialgeschichte publiziert.

Der Leser wird mir gestatten, zum Schluß dieses Kapitels einen Gedanken zum Ausdruck zu bringen, der mit den Ausführungen dieses Kapitels nur indirekt eingeführt und abgedeckt ist. Bis zur Rehabilitation Trotzkis, die nur in der Veröffentlichung seiner Schriften, und insbesondere seiner historischen Werke in der UdSSR, bestehen könnte, kann dieses Kapitel nicht als abgeschlossen betrachtet werden.

Kapitel 42

Ein gewisses Gift

Das erste Jahr der Entwicklung der internationalen Linksopposition erscheint rückblickend als Jahr aller Hoffnungen und größter Möglichkeiten: Die Erfahrung und die Konsequenz Rosmers, die sich mit dem Feuer und den tausend und einen Einfällen Moliniers verbanden, das war – und Trotzki hatte es sehr wohl verstanden – ein Sprengstoff, wie ihn allein die Revolutionäre zu mischen verstehen.[1]

Trotzkis Ehrgeiz war es fürwahr nicht, die Kommunistische Internationale der zwanziger Jahre wieder erstehen zu lassen und im großen oder im kleinen die nacheinander von Stalin und seinen Anhängern ausgeschlossenen kommunistischen Pioniere wiederzugewinnen. Trotzki hatte wahrscheinlich ohnedies keine Illusion über eine Generation, die unter besonders schwierigen Umständen schon sehr viel geleistet hatte. Aber er wollte eine Internationale, die im Begriff war zerstört zu werden, wiederaufbauen und wußte, daß diese Aufgabe von den jungen Generationen nur bewerkstelligt werden konnte, wenn sie sich auf die Hilfe der besseren Teile der alten Garde – diese Pfeiler, die es gestatten würden, den Fortbestand zu sichern, Aktivisten, deren Wort und Vorbild das Erbe weitergeben würden – stützen konnten. Unter diesem Gesichtspunkt waren die Ergebnisse der ersten sechzehn Monate des Aufenthalts in der Türkei ziemlich außergewöhnlich.

Ohne die russische Opposition, die ihre großen und wunderbaren historischen Persönlichkeiten besaß, einen Rakowski, den europäischen Revolutionär und unerschrockenen Altbolschewiken, die jüngeren Genossen L. S. Sosnowski, N. J. Muralow, W. D. Kasparow und K. I. Grünstein, in ihrem Prestige erreichen zu können, verfügte auch die internationale Linksopposition über zahlreiche beeindruckende Figuren und Kämpfer der ersten Stunde.

Chen Duxiu in China war noch mehr als das. Peng Shuzhi war der Organisator der Partei gewesen und Zheng Chaolin einer ihrer wichtigsten Journalisten. Leonetti war ein enger Mitarbeiter von Gramsci gewesen und Tresso der Schüler von Gramscis Rivalen Bordiga. Mit Ausnahme von Joaquím Maurín – der ebenfalls mit dem Stalinismus gebrochen hatte – kamen alle früheren Führer der spanischen KP von einer gewissen politischen und moralischen Größe, von Andrés Nin und Juan Andrade bis García Palacios und Esteban Bilbao, zur Linken Opposition. Arne Swabeck war ein Veteran der Arbeiterbewegung in Europa und wurde dann der Fahnenträger des Kommunismus und der kämpferischen Gewerkschaftsbewegung in Chicago. Als alter »wobbly« – so wurden die berühmten Anhänger der IWW, der revolutionären Gewerkschaften in den USA genannt – war Cannon einer der echten Amerikaner gewesen, die den Aufbau der Partei in den USA begonnen hatten. Maurice Spector hatte mit zwanzig Jahren der kanadischen Partei vorgestanden, die er schon mit vierundzwanzig Jahren in Moskau vertrat.

Viele dieser Aktivisten hatten ihren Namen als ganz junge Leute in den legendären Kämpfen der Revolution und den Arbeiterkämpfen verewigt. So die Gebrüder Dunne in den Vereinigten Staaten, so der in Uniform in Wladiwostok Kommunist gewordene Belgier Léon Lesoil, der dort gegen die Intervention kämpfte. So Anton Grylewicz, ein Organisator der Streiks von 1917 in den Rüstungsfabriken von Berlin, Adjutant des Polizeipräfekten in der Revolution 1918 und einer der Verantwortlichen in Moskau für die Organisation des deutschen Aufstandes vom Oktober 1923.

Aber ebenso wie die russische Linksopposition einen Rückschlag erlitten hatte, als es ihr 1928 nicht gelungen war, eine bedeutende Fraktion der »Sinowjewisten« in der russischen Partei mit sich zu reißen, desgleichen war die internationale Linksopposition gescheitert, als es ihr nicht gelang, den Leninbund, der gewissermaßen der Zufluchtsort der deutschen Linken geworden war, in ihren Reihen zu halten. Trotzdem kann man sagen, daß Trotzki während der Jahre seiner letzten Verbannung sich intensiv um die alten Sinowjewisten, soweit sie nicht nach Art ihrer Fraktionsführer in der UdSSR kapituliert hatten, kümmerte. Während Trotzki jahrelang die Verbindung mit Männern wie Alois Neurath, Michalk und sogar Treint aufrechterhielt, verlor er auch Ruth Fischer und Maslow nie aus den Augen, und letzteren sollte er schließlich in Paris 1934 selber gewinnen. Außerdem vertraute er Sedow die Mission an, Werner Scholem zu überzeugen.[2]

Trotzki hoffte nämlich, mit Hilfe dieser Männer und dieser Frauen die Brücke zu bauen, die erlauben würde, die junge kommunistische Generation mit der revolutionären Erfahrung der alten Kämpfer und Kämpferinnen von 1917 und der Bürgerkriegsjahre zu rüsten.

Es sollte sich jedoch sehr schnell herausstellen, daß die Bilanz der Linken Opposition außerhalb der UdSSR nicht vom selben Wert war wie die der russischen Linksopposition. In der Sowjetunion hatte die junge Generation, die von 1917, aus ihrer Mitte eine Schar von Aktivisten und Kämpfern, Theoretikern und Soldaten, Revolutionäre von Kopf bis Fuß, wie es Trotzki zu sagen beliebte, hervorgebracht.

Die Jakowin, W. B. Elzin, Posnanski, Solnzew waren unstreitig in allen Punkten ihrer Senioren würdig. Dem war nicht so im Westen, wo die kommunistischen Parteien bei weitem nicht der bolschewistischen Partei vergleichbare Organisationen gewesen waren. Außerdem waren sie durch die »Bolschewisierung« zur Zeit Sinowjews fast direkt von sozialistischen und linkssozialistischen Parteien, die sie ursprünglich gewesen waren, in den Zustand von bürokratisierten Parteien übergegangen. Schon von den ersten Monaten von 1930 an sprach Max Shachtman im Zusammenhang mit der deutschen Sektion zu Trotzki von sinowjewistischer Geisteshaltung, »von niederer Politik, von Demagogie und von Intrige«. Ohne ungebührlich zu verallgemeinern, muß man zugeben, daß sich diese Formel auf viele Elemente anwenden läßt, die sich innerhalb der Kommunistischen Parteien der Welt zu dieser Zeit mit ihren stalinistischen Führungen im Bruch befinden.

***

Die ersten Anzeichen solcher Zustände tauchten, anfänglich zur Verwunderung Trotzkis, in den Reihen der deutschen Opposition auf, sogar bevor die Minderheit aus dem Leninbund ausgeschlossen wurde: Ebenso verhinderten die persönlichen Auseinandersetzungen und Fraktionskämpfe im Herbst 1929 eine Publikation der oppositionellen Wochenschrift in deutscher Sprache, die im Laufe der folgenden Wochen und Monate das Kräfteverhältnis in dieser Organisation vollkommen hätte verändern können.[3]

Damien Durand hat diesen Ausbruch von fraktionellem Fieber, dessen schon weit zurückliegender Ausgangspunkt im Sommer 1929 die Bitte Trotzkis an Landau war, sich nach Berlin zu begeben, sorgfältigst analysiert. Zu dieser Zeit hatte Trotzki keinerlei feste Verbindung in Deutschland, keinerlei anderen Kontakt als den mit dem Leninbund, und er war von der Qualität der Beiträge Landaus zur internationalen Diskussion beeindruckt. Die Abreise Landaus von Wien und seine Niederlassung in Berlin lösten mehrere Probleme mit einem Schlag. Trotzki sollte nun in Deutschland über einen Informanten und über eine Eingreifmöglichkeit verfügen, und er konnte hoffen, daß die Fraktionskämpfe zwischen Landau und Frey in Wien mit der Abreise eines der beiden Protagonisten aus Wien ein Ende haben würden.

Die Verwicklungen begannen, als Trotzki Ende September 1929 nicht nur mehr mit Landau persönlich in Verbindung stand, sondern mit Männern, die sich mittlerweile offen als Anhänger gezeigt hatten: Anton Grylewicz, Josef Cohn, genannt Joko, und der Österreicher Richard Neumann. Zwischen diesen Männern gewannen die persönlichen Gegensätze schnell die Oberhand über die politischen Probleme, und Trotzki sah sich Vorwürfen ausgesetzt, über deren Hintergründe er sich keine Vorstellung machen konnte.[4]

Neumann schrieb, das Verhalten Landaus habe etwas von einem Psychiater[5], Joko rief die Ausbildung, die er »in den verhängnisvollen Cliquenkämpfen der österreichischen Fraktionen« erhalten hatte, ins Gedächtnis und sprach von ihrem »unheilvollen« Einfluß.[6] Im Oktober 1929 drückte er sich, als er unterstrich, daß Landau »die Katastrophen« anhäufe, auf Trotzki gemünzt recht deutlich aus: »Das kommt von der Autorität, die Sie ihm verliehen haben.«[7] Nun hatte aber Jakob Frank eben gerade im Namen Trotzkis Landau vorgeschlagen, sich in Berlin niederzulassen[8], und von den von Frau

Pfemfert einbehaltenen Geldern der Autorentantiemen Trotzkis wurde Landau ja bezahlt. D. Durand unterstreicht indes, daß der Auftrag Landaus nur ein Auftrag der Information und der Kontaktaufnahme war.[9] Nun aber brachten seine Gegner vor, daß er sich als mit der Autorität der russischen Opposition ausgestatteter Mandatsträger hingestellt habe.

Ein energisches Eingreifen Trotzkis brachte die Dinge eine Zeitlang zur Ruhe. Aber alles flammte zu Ende des Jahres 1929 und Anfang von 1930, als sich Jakob Frank in Berlin aufhielt, erneut auf. Denn Frank richtete im Namen der Minderheit des Leninbundes ein Gesuch an Trotzki, Landau »zurückzubeordern« und ihn zu verpflichten, jegliche Arbeit in Deutschland aufzugeben.[10] Landau, der sich inzwischen in Berlin mit der Opposition vom Wedding zusammengetan hatte, kündigte die Beendigung seiner Arbeit in der Minderheit des Leninbundes an.[11] Roman Well verteilte bei einem der ersten öffentlichen Auftritte der Leute von Leipzig gute und schlechte Kritiken und forderte die Zufuhr von »frischem Blut« in die Leitung, von Aktivisten, die er ganz offensichtlich unter seine Fittiche nehmen wollte.[12] Einmal mehr begrenzte Trotzki den Schaden, indem er den Rücktritt Landaus akzeptierte, sich aber jeder »Rückbeorderung« widersetzte. Offenbar dachte niemand daran, die Rolle von J. Frank und von Well näher zu untersuchen ...

Unter solchen Umständen ließ die von dem Konflikt in Beschlag genommene, von diesen ebenso heftigen wie undurchsichtigen Streitereien geschwächte Minderheit des Leninbundes Urbahns, der sich anschickte, sie auszuschließen, schließlich freies Spiel.

Damien Durand hat die Vereinigungsverhandlungen zwischen der Minderheit des Leninbundes und der Opposition vom Wedding im einzelnen durchstudiert.[13] Wie es Trotzki fast umgehend aufgedeckt hatte, bekämpfte Roman Well in Wirklichkeit die Vereinigung und verwischte die Spuren dieser Politik durch allerlei Beschuldigungen gegen Landau und die Leute aus dem Wedding. Die beiden Gruppen bezichtigten sich gegenseitig der Desinformation und der Unehrlichkeit, ja sogar der Provokation, Geheimboten und geheime Schriftwechsel einzusetzen: Man befand sich am Rande des Bruchs, als die Minderheit des Leninbundes ankündigte, daß sie, vor der Fusion, ihr eigenes öffentliches Organ herausgeben wolle.

Shachtman und Naville, die wegen der Vereinigungskonferenz angereist waren, fanden eine dramatische Situation vor: Bei ihrer Ankunft stand man vor dem Bruch, denn die Leute aus dem Wedding wünschten, daß in ihrem Namen Schwalbach anstelle von Landau referiert, und Grylewicz betrachtete diesen Vorschlag als Provokation.[14]

Die Konferenz lief in einer Atmosphäre unnützer Diskussionen und manchmal sibyllinischer gegenseitiger Bezichtigungen ab.[15] Joko zieh Landau der Unehrlichkeit und rief aus, daß es »andere entehrende Dinge« gäbe, als »kleine Silberlöffel zu stehlen«.[16] Sascha Müller und Weber wurden beschuldigt, Geld aus den Veröffentlichungen Trotzkis in Deutschland unterschlagen zu haben. Shachtman schrieb an Trotzki, daß er in dieser Konferenz »einen schrecklichen Tumult, nahe am Skandal, Anschuldigungen, Gegenangriffe, Beleidigungen, Verleumdungen«[17] erlebt hätte. Naville und er mußten mit der Abreise drohen, »wenn die persönlichen Streitereien und die Gruppenkleingeistereien nicht sofort aufhören«.[18] Der Wahl ihres Delegierten für die internationale Konferenz schenkten die deutschen Führer keine Beachtung, sondern zankten sich über den Namen der neuen deutschen Opposition.

Stoisch, ohne ein Wort heftiger zu schreiben als ein anderes, ohne jemals eine persönliche Beschuldigung zu erheben und durch seine Treue zu den Prinzipien und durch den Willen, eine Organisation aufzubauen, ist es Trotzki gelungen, in diesem bösen Traum standzuhalten und die Deutschen zu zwingen, sich zu vereinigen. Doch er sollte auf diesem Gebiet nicht am Ende seiner Leiden angelangt sein.

***

Obwohl Trotzki durch die gegen seinen vorgeblichen »Vertreter« erhobenen Beschuldigungen persönlich in die deutsche Krise miteinbezogen wurde, ist es ihm mühelos gelungen, sich daraus zu befreien. Aber mit der zweiten Krise sollte dem nicht so sein: Viel schwerwiegender als die deutsche Krise, traf sie 1930 das Herz der internationalen Opposition, die französische Opposition, die Gruppe von *la Vérité*. Diese Krise endet mit dem Weggang Rosmers, mit seiner Verabschiedung aus allen Aktivitäten dieser Opposition, deren Bannerträger er in ihren ersten beiden Jahren gewesen war.[19]

Das Kollektivgedächtnis der Parteigänger Trotzkis hat die Persönlichkeit Raymond Moliniers für jene Krise verantwortlich gemacht und sie als »die Molinier-Affäre« bezeichnet, was uns historisch nicht ganz richtig erscheint.

Am Ausgangspunkt stand eine vom Oktober 1929 an unaufhörlich wachsende Spannung zwischen Trotzki und Rosmer über die Frage der Einberufung der internationalen Konferenz, wie es Gérard Roche treffend hervorgehoben hat. Am 13. Oktober 1929 schickte Trotzki Rosmer einen Entwurf für einen Aufruf in diesem Sinne, der in *La Vérité* erst am 21. Februar 1930 veröffentlicht wurde. In der Zwischenzeit kam Trotzki, der die Dringlichkeit dieser Veröffentlichung unterstrich und seine Verärgerung hinunterschluckte, mehrmals auf den Auftrag zurück. Dies beweist ein Brief, in dem Trotzki von »unannehmbarer Verzögerung« spricht und den er schließlich nicht abgeschickt hat.[20]

Tatsächlich war es diese Meinungsverschiedenheit zwischen Trotzki und Rosmer über die Bedeutung der Konferenz und der internationalen Diskussion, die sich im Ablauf der Konferenz selbst gezeigt hat. Die von Rosmer vorgeschlagene Tagesordnung sah keinen Platz für eine Diskussion der Weltlage vor, folglich auch nicht über die Aussichten der internationalen Linksopposition. Und während Shachtman aus Prinkipo einen von Trotzki verfaßten Entwurf für eine allgemeine Resolution mitgebracht hatte, um ihn der Konferenz zu unterbreiten, haben Rosmer, Naville und er schließlich beschlossen, ihn ihr nicht vorzulegen.[21]

Trotzki war von dem Ausgang der Konferenz enttäuscht und auch von der Linie Rosmers, von dem er glaubte, daß er unter einem gewissen Einfluß Navilles handelte. Genau hier kam die Persönlichkeit Raymond Moliniers ins Spiel.

Molinier war durch die Macht der Verhältnisse bei der Einführung und den ersten Nummern von *La Vérité* nicht dabeigewesen. Er war wegen Widersetzlichkeit verhaftet worden und verbüßte eine Militärhaft. Aus dieser mißlichen Lage kam er nur frei, indem er sich wegen geistiger Unzurechnungsfähigkeit entlassen ließ – eine Episode, die Trotzki nicht schätzte, obgleich er sich in der Öffentlichkeit zu diesem Thema nicht äußerte.

Gérard Roche hat die Sätze im Briefwechsel Rosmers hervorgehoben, die nach der Rückkehr Moliniers zur militanten Arbeit Trotzki das Bestehen innerer Schwierigkeiten, die sich aus Spannungen zwischen den Gruppen von Raymond Molinier und Pierre Naville ergaben, zu verdeutlichen beginnen:

> »Im September 1929 meldet Rosmer: ‚Zwischen Naville-Gérard und der Gruppe Molinier funktioniert es nicht, und sie sehen sich schief an'. Es ist klar, auf welcher Seite er, Rosmer, steht: ‚Auf seiten von Naville-Gérard ist man sehr gut, sehr aktiv, sehr ergeben, man übernimmt alle Aufgaben', aber auf seiten Moliniers ‚ist man freundlich, aber politisch nicht sehr befähigt'.«[22]

Nun aber war Trotzki mit dieser doppelten Bewertung auch nicht einverstanden. Er hielt Naville für zu intellektuell, verstand dessen surrealistische Vergangenheit schlecht, hielt ihn für der Arbeitermentalität entfremdet, warf ihm ein hochmütiges Gebaren im Umgang mit anderen Aktivisten vor und seine Organisationsvorstellungen, die ihn, sagt Trotzki, sogar in die Nähe des »Souvarinismus«[23] brächten, und prägte für all diese Schwächen den Neologismus »Navillismus«. Ljowa und Frankel, die alle beide Naville feind und mit Molinier in Verbindung waren, ermunterten Trotzki mit Bedacht in dieser Einstellung.[24]

Trotz der Kritiken und der Vorwürfe, die Trotzki in einzelnen Punkten an Molinier richtete, schätzte er ihn und seine praktische Leistung jedoch weiterhin. Trotzki fegte alle Gerüchte über ihn, über die Rosmer zu Trotzki noch im Frühjahr gesagt hatte, daß sie von den Stalinisten ausgingen, hinweg.

In Wirklichkeit hatte sich Molinier, wie es sein in Harvard aufbewahrter Briefwechsel mit Ljowa und Frankel aufzeigt, unbedingt zum Ziel gesetzt, Rosmer beiseitezuschieben. Seltsamerweise war es jedoch Rosmer, der anläßlich der Konstituierung der französischen Opposition als *Ligue Commu-*

niste und der Wahl eines Exekutivkomitees, in dem Raymond Molinier nicht vertreten war, die Feindseligkeiten eröffnete. Trotzki war umso mehr unzufrieden, als Gérard Rosenthal, der Naville nahestand, seinerseits in die Führung eintrat und die Diskussion in dem persönlichen Briefwechsel zwischen Trotzki und Rosmer in einem ganz und gar ruhigen und natürlichen Ton geführt wurde.[25]

Mit der Katastrophe, die über die indochinesische Gruppe von Paris und der Ausweisung von neunzehn Aktivisten, darunter Ta Thu Thau, aus Frankreich hereinbrach, explodierte die Sache in der Organisation. Das war das Ergebnis von Demonstrationen gegen die Unterdrückung in Indochina, von denen eine überraschend vor dem Elysée durchgeführt wurde. Die ganze Aktion der indochinesischen Aktivisten war außerhalb der Kontrolle der Führung durchgeführt worden.[26]

Alles schien von nun an nach deutschem Muster abzulaufen. Es waren die Parteigänger Moliniers, voran Pierre Frank, Mitglied des Exekutivkomitees, die die Frage vor die Generalversammlung der Region Paris brachten. Rosmer schlug zurück, indem er Molinier seiner Verantwortung als Gebietssekretär enthob: Dieser widersetzte sich und weigerte sich, sich zu unterwerfen.[27] Da wandte sich Rosmer wieder an Trotzki, und teilte ihm mit, Molinier gebrauche seinen, Trotzkis, Namen in seinem Cliquenkampf:

> »R. M. hat diese Haltung eingenommen, da er vorgibt, Eure Unterstützung zu haben. (...) Er hat schließlich ausgezeichnete Genossen mobilisieren können, die wie wir über seine politischen Fähigkeiten Bescheid wissen, ihn aber als Euren Vertrauensmann ansehen.«[28]

Rosmer machte seine Anschuldigungen gegen einen Mann, der faktisch die Oppositionsbewegungen teilweise aus der oft fraglichen Tätigkeit seiner »Inkassostelle « finanzierte.

> »Geschäftsleute können in einer kommunistischen Gruppierung nur ihren Platz finden, wenn sie genau wissen, was sie dort tun können; wenn sie danach streben, in vorderster Reihe eine politische Rolle zu spielen – vor allem dann, wenn sie ungebildet sind –, kann das nicht gut gehen.«[29]

Zu jenem Zeitpunkt erhoffte sich Rosmer wohl ein Wort Trotzkis, daß Molinier nicht sein Vertrauensmann sei, was ihn dann auf seine eigenen Kräfte beschränken würde. Doch Trotzki weigerte sich energisch, einen solchen Schritt zu tun. Er antwortete Rosmer, daß Molinier natürlich nicht sein »Vertrauensmann« sei, aber daß es ein Fehler wäre, ihn hinauszudrängen und ein noch schwererer Fehler, Naville zu schützen und zu stärken. Trotzki fügte hinzu:

> »Es handelt sich um das Regime in der Ligue und um ihre Politik. Es handelt sich um ernsthafte Meinungsverschiedenheiten, die schon viel früher als ‚die Frage von R. M.' und ohne Beziehung zu ihr begonnen hatten. (...)

Ich kann die Entfernung von M(olinier) nicht akzeptieren, ohne die Ideen aufzugeben, die ich gegen N(aville), bei einer gewissen ‚Neutralität‘ Eurerseits, verteidigt habe und verteidige.«[30]

Also war nach der deutschen die französische Sektion der Opposition an der Reihe, Schauplatz eines Kampfes zu sein, der »nicht politisch«, aber deshalb nicht weniger verbissen geführt wurde. Marguerite Rosmer schrieb Trotzki, daß er Molinier für einen Revolutionär halte, während er tatsächlich nur »ein Unruhestifter« sei; sie spricht »von den Verzerrungen und Lügen seines halbverrückten Gehirns«, von »Dummheiten und von Bluff«. Sie klagte ihn sogar an, »Genossen anzuwerben«, die »einen und anderen zu kaufen (...), um sich eine Mehrheit zu sichern«.[31] Rosmer fügte hinzu, daß Molinier ein »Analphabet« und ein »Geldmensch« von »einer nicht auszustehenden Sorte« sei.[32] Naville und Rosmer versicherten Trotzki, daß er schlecht informiert und von seiner Umgebung vergiftet worden sei, durch eine »gewissenlose und unredliche«, von Frankel und Sedow[34] übermittelte »Information«.[33]

Nervlich und körperlich am Ende mußte Rosmer schließlich einen zweimonatigen Urlaub nehmen. Trotzki beschwor ihn in einem gefühlvollen Brief, seine Einstellung der seinen abzuschauen und die Sache nicht zu tragisch zu nehmen, sondern zur Tagesordnung überzugehen; im Laufe des Sommers 1930 empfing Trotzki Naville, Molinier und den Ukrainer Mill und ließ sie »den Frieden von Prinkipo« schließen, der allerdings nicht lange halten sollte.[35] Im September 1930 kam Marguerite Rosmer auf die Beschwerde gegen Molinier zurück, den sie als »Lügner, Schwindler mit einer skrupellosen Geschäftsmentalität« bezeichnete.[36] Rosmer ließ die Arme hängen. Die Versammlung der Pariser Region der Ligue erkannte seine Entscheidungen nicht an und verlangte, daß Molinier seinen Posten wieder einnehmen sollte. Erbittert, nicht die Unterstützung Trotzkis gefunden zu haben, verließ Rosmer die Organisation; einige Monate lang arbeitete er ein wenig bei der Kommunistischen Linken mit, einer Abspaltung, die sich auf Trotzki berief. Zwischen Trotzki und ihm kehrte für Jahre Funkstille ein.

Unabhängig von der für ihn wohl sehr verwirrenden Art und Weise, wie sich Rosmer gebärdete und schließlich nicht schlug, kann man sich vorstellen, daß Rosmers Bruch für Trotzki einen ernsten Schlag darstellte, vielleicht mehr auf der persönlichen als auf der politischen Ebene. Rosmer war Trotzkis Freund. Er hatte ihn für eine Arbeit von historischer Bedeutung ausgewählt und verstand nicht, warum Rosmer sie aufgab, als er lediglich eine undurchsichtige Schlacht begonnen und verloren hatte.

Man kann indessen bezweifeln, daß Trotzki in dieser Angelegenheit den heiteren Ton der letzten Briefe, die er Rosmer gewidmet hat, beibehalten hätte können, wenn er den Briefwechsel Moliniers gekannt hätte, den wir heute kennen: den Brief an Sedow vom 9. Januar 1930[37], wo Molinier von seinem Vorhaben, »Naville auszubooten« spricht; das Fraktionstreffen im Juni 1930 mit Pierre Frank, Senin – ein in dieser Beziehung verdächtiger Agent – und Mill; die Bitte Senins, Trotzki brieflich eine Unterhaltung mit Naville zu erzählen, ohne den Anschein zu erwecken, »zu denunzieren«; die Weitergabe eines vom Gewerkschaftler Dommanget stammenden Schriftstücks – über die Vermittlung Jeannes – an Trotzki, als ob es von dem Oppositionellen Gourget stammte.[39] Wir möchten nur hinzufügen, daß nichts in diesem Briefwechsel irgendein Interesse für die internationalen Fragen erkennen läßt, die zu unterschätzen Trotzki Rosmer vorwarf.

Die erste Folge dieser Krise war »die Affäre Mill«. Raymond Molinier hatte in der Tat den Ukrainer Okun, der diesen Decknamen trug, in seinem Kielwasser mitgebracht. Okun war Mitglied der jüdischen Gruppe und im Sommer 1930 als Verwaltungssekretär der internationalen Opposition aus Prinkipo zurückgekommen. Dieser mittelmäßige Wirrkopf, der angestrebt zu haben scheint, eine bedeutende Rolle zu spielen, verhedderte sich schließlich in seinen eigenen Manövern und Widerrufen und lieferte der GPU einen Teil der Archive des Sekretariates im Tausch gegen eine Rückkehrerlaubnis in die UdSSR und gegen einen Straferlaß aus. Okun hatte damals seit langem mit Molinier gebrochen und Rosmer zu unterstützen versucht. Trotzki verurteilte ihn in einem öffentlichen Text.[40]

***

Als internationale Organisation konnte die Linke Opposition keine wirklich nationale Krise mehr erfahren. Schon von 1931 an schüttelte eine neue Krise die deutsche Opposition: Sie war – zumindest im Denken Trotzkis und teilweise in den Meinungen eines Teils ihrer Hauptakteure – eng mit der französischen Sektion verbunden. So ergab sich die Möglichkeit – die Trotzki fürchtete – eines Blocks zwischen der deutschen Fraktion von Landau und der, die er Naville und Rosmer zuordnete.

Den Ausgangspunkt bildeten Fraktionsstreitereien von zwei österreichischen Gruppen, zu denen eine dritte hinzukam: die von Jakob Frank – dessen zwiespältige Rolle man kennt – beherrschte »innere Gruppe«. Frank hatte lange Zeit versucht, aus dem Ansehen als ehemaliger Mitarbeiter Trotzkis Nutzen zu ziehen; nun kehrte er ebenfalls in die Kommunistische Partei zurück, wobei er im Januar 1931 im Wiener Organ der KP das, was er »den Bankrott des Trotzkismus« nannte, öffentlich anprangerte.[41] Inzwischen gab der Übertritt eines Aktivisten vom *Mahnruf* zur Gruppe Frey, der von denen, die er verließ, beschuldigt wurde, als »Heimwehrspitzel« tätig gewesen zu sein, das Zeichen für ein allgemeines Durcheinander.[42]

Zwei Fraktionen der deutschen Opposition griffen sich von nun an offen an; die Fraktion Landaus, der mit Rosmer oder Naville ein Bündnis suchte, und die von Well, der die Gruppe Molinier unterstützte, die von Trotzki im

Laufe der gewerkschaftlichen Diskussion in Frankreich »marxistischer« genannt worden war.

Trotzki versicherte, zwischen den beiden sich streitenden Fraktionen in Deutschland keinerlei prinzipielle Meinungsverschiedenheit zu finden. Was die beiden fast gleichen Hälften der deutschen Opposition in Gegensatz zueinander brachte, war seiner Meinung nach »ein formaler Wortstreit von fast terminologischem Charakter«. Maurice Stobnicer, ein Historiker der deutschen Linksopposition, fragt sich, ob man diese Schlacht nicht mit seiner Formel »ein Konflikt ohne Meinungsverschiedenheiten zwischen einem ein klein wenig größenwahnsinnigen werktätigen Aktivisten und einem stalinistischen Lockspitzel« zusammenfassen kann.[43]

Diese Debatte verdiente auf jeden Fall ihren Namen nicht. Man veranstaltete einen Wortkampf von äußerster Heftigkeit, eine ständige gegenseitige Denunzierung. Der Dialog jeder der beiden Parteien mit Trotzki liefert kaum Ergebnisse. Well trat den Rückzug an, sobald er merkte, daß er zu weit gegangen war und Gefahr lief, sich in den Augen Trotzkis als Agent bloßzustellen. Landau und er drückten sich schließlich vor einem wirklichen Kräftemessen.

Trotzki hatte, wie man weiß, Landau aufgebaut und ihn in das kalte Bad der deutschen Opposition getaucht. Bei der Vereinigungskonferenz und sogar in den folgenden Monaten zählte Trotzki noch auf Landau, denn der Mann hatte unleugbare Vorzüge als politischer Führer. Doch Trotzki fing an, unruhig zu werden. Er begann zu glauben, daß Landau im Grunde ein Faktor eines sehr negativen Umfeldes für die Entwicklung der Opposition sei. Dieser Mann gehörte zu einer Generation, die weder inmitten der Partei noch in der Arbeiterklasse Erfahrung im langwierigen Kampf besaß; darüber hinaus war er in einer Zeit zurückgehender Arbeiteraktivitäten, die, sagt Trotzki, Sektierertum und Vereinsgefühle nährten, zur Opposition gekommen.

Für Trotzki war allerdings der größere Fehler Landaus seine Geringschätzung dessen, was Trotzki die »prinzipiellen Fragen« nannte. Molinier und Mill werden, weil sie 1930 die vom *Mahnruf* gegen den zu Frey übergelaufenen Aktivisten lancierten Verleumdungen verurteilt haben, seine Sündenböcke sein. Darüber hinaus versuchte Landau alles, um sich denen anzunähern, die ihn in Frankreich bekämpften. Trotzki verwarnte ihn öffentlich:

> »Der Genosse Landau braucht eine neue Orientierung. Er muß sich neu orientieren, wenn nicht die ihm eigenen Fähigkeiten sich für die revolutionäre Bewegung als unheilvoll statt positiv erweisen sollen.«[44]

Der Gegner Landaus war von nun an Roman Well – der Führer der geschlossensten Gruppe der deutschen Opposition, derjenigen von Leipzig –, der sich nach und nach zum Schaden der Altgenossen der Minderheit des Leninbundes in Berlin durchgesetzt hat. Der Mann – wir wissen es heute – stand in Stalins Diensten und war mit einem Informations- und Sabotageauftrag betraut. Eine Feinanalyse seines politischen Verhaltens läßt sein Ziel erkennen, die Entwicklung der Opposition zu verhindern und in ihr Krisen heraufzubeschwören oder vielmehr dort Krisen zu verschlimmern, ohne dabei die Aufmerksamkeit Trotzkis auf seine Praktiken zu lenken und indem er gleichzeitig versuchte, sich weiterhin Trotzkis Vertrauens zu erfreuen.

Unter diesem Gesichtspunkt beging der Mann der GPU in der deutschen Opposition Anfang 1931 einen unbestreitbaren Fehler, als er schrieb, daß es nötig wäre, für den Ausschluß Kurt Landaus aus ihren Reihen zu kämpfen.[45] Trotzki reagierte sofort und schrieb an alle Sektionen, daß er weder den politisch nicht zu rechtfertigenden Ton des Briefes von Well noch das Ziel, das er sich setzte, hinnehmen könne. Well wich sofort zurück: Landau sollte ohnedies eine spalterische Arbeit für zwei machen. Der Standpunkt Trotzkis war der der Versöhnung:

> »Von meiner Seite aus bin ich überzeugt, daß man alles tun müsse – mit Ausnahme von prinzipiellen Konzessionen –, um die Möglichkeit einer gemeinsamen Arbeit beizubehalten. (...) Aus tiefstem Herzen rate ich zu folgendem: Auch wenn man auf der politischen Linie fest bleibt, sollte man doch bei allen Konflikten und Mißverständnissen mit der größten Bedachtsamkeit, Toleranz und dem Maximum an Takt vorgehen.«[46]

Der Rückzieher Wells nach dem Mißlingen seiner Initiative ließ Trotzki praktisch Landau gegenüber allein. Trotzki wollte deshalb die Debatte nicht persönlich werden lassen. In einem Brief an alle Sektionen im Februar 1931 begann er damit, an die Geschichte und den ungesunden Charakter der Atmosphäre der deutschen Partei, an deren innere Zersetzung zu erinnern, die nichts anderes bewirken könne, als sich in der gesamten Opposition widerzuspiegeln. Trotzki gab darüber Zeugnis ab:

> »Nicht nur im Leninbund, sondern auch in der Organisation der Bolschewiki-Leninisten habe ich in den letzten zwei Jahren solche Methoden beobachtet, die absolut nichts gemein haben mit dem Regime einer proletarischen revolutionären Organisation. Mehr als einmal fragte ich mich mit Staunen: Hält man etwa solche Methoden für Methoden der bolschewistischen Erziehung? Wie dulden intelligente deutsche Arbeiter Illoyalität und Eigenmächtigkeit in ihrer Organisation? Ich versuchte in Briefen, meine Erwägungen (gegenüber) einzelnen Genossen zu äußern, überzeugte mich jedoch, daß die Bemühungen, die mir für einen proletarischen Revolutionär elementar schienen, seitens mancher Leiter der Opposition keinen Widerhall fanden, bei denen sich bereits eine bestimmte konservative Psychologie herausgebildet hat (...), äußerste, manchmal krankhafte Empfindlichkeit in bezug auf alles, was ihren eigenen intimen Kreis betrifft, und recht große Gleichgültigkeit zu allem, was die übrige Welt anbelangt.«[47]

Nun aber war es in den Augen Trotzkis gerade Kurt Landau, der diesen Typ von Verantwortlichen am besten verkörperte. Und Trotzki wendete jetzt gegen Landau die Anklage, die er zuvor gegen Well öffentlich erhoben hatte. Denn von nun an bereitete Landau offen den Ausschluß Wells vor, dessen Anhänger er in Hamburg auf dem Wege einer notwendigen »Säuberung« der deutschen Sektion schon ausgeschlossen hatte.

Trotzki verteidigte Well und »die Organisation von Leipzig« gegen Landau. Trotzki bejahte das Recht dieser Organisation, sich selbst ihre Meinung zu bilden, was Landau »Föderalismus« nannte, ebenso wie ihr Recht, die Formel Trotzkis über »Elemente von Doppelherrschaft« in der UdSSR zu kritisieren, was Landau für »zentristisch«[48] hielt. Trotzki glaubte, daß Landau viel mehr von der Entwicklung seiner internationalen Fraktion als von der Organisierung der deutschen Opposition eingenommen wäre. Trotzki übernahm deshalb nicht die Verantwortung für die Politik Wells und erinnerte daran, daß er sie gebrandmarkt hatte, als sie auf die Forderung, Landau auszuschließen, das heißt, absichtlich die Spaltung zu organisieren, hinauslief. Trotzki rief folglich auf zu einem Ende aller Repressalien, Abberufungen und Ausschlüsse, zur Überprüfung der getroffenen Entscheidungen und zur demokratischen Vorbereitung einer nationalen Konferenz, all das in Zusammenarbeit mit dem internationalen Sekretariat.

Die Würfel waren jedoch gefallen. Landau begriff, daß er keinen internationalen Rückhalt hatte und daß er auf diesem Gebiet das Kräfteverhältnis nicht umkehren konnte. Er schloß seine Gegner schlicht und einfach aus. Eine falsche Zeugenaussage Senins und eines seiner Komplizen, des Sowjetrussen Lepoladski von der Handelsdelegation in Berlin, in der Opposition unter dem Namen Melew bekannt, sollte als Versuch, Trotzki weiter gegen Landau einzunehmen, dienen. Die beiden Kumpane hinterbrachten angeblich Drohungen von Landau gegen den Verbannten von Prinkipo auf der Grundlage von Schriftstücken, die sie in Besitz hatten.[49] Trotzki, der sich über die fast vollständige Unterbrechung des Briefwechsels mit der UdSSR erregte, nahm eine Zeitlang die in Berlin oder Moskau zusammengedichtete Version hin, nach der die Post von Landau und seinen Freunden einbehalten und buchstäblich gestohlen worden sei. Pierre Frank verbreitete die Verleumdung weiter und erst eine Nachforschung von Sedow erlaubte es, Landau von der Verantwortung für das freizusprechen, was in Wirklichkeit ein von Stalin organisierter Diebstahl war.[50]

Die Abspaltung Landaus, der im Mai 1931 mit *Der Kommunist* und gut der Hälfte der deutschen Opposition wegging, setzte das Problem Well auf der Tagesordnung. Dieser kam im Sommer 1931 mit Senin nach Prinkipo, und die Beziehungen schienen sich zu verbessern. Jedoch neigte er immer mehr zu stalinistischen Standpunkten und der Versöhnung in bezug auf sie. Man warf ihm seine langen ungeklärten Abwesenheiten vor. Sedow und mit ihm Trotzki gingen mit sich selbst zu Rate in dem Bewußtsein, daß ein Problem bestand; dabei wußten sie aber nicht, mit wem sie es zu tun hatten. Sedow ließ, um Trotzki gegenüber Well zu unterstützen, aus Berlin einen jungen Arzt aus Leipzig, den Doktor Erwin H. Ackerknecht, genannt Bauer[51], kommen. Die Verlegung des internationalen Sekretariats nach Berlin hatte zur Folge, daß dieses von nun an zwei Agenten der GPU, Well und Senin, in seinen Reihen zählte, die zu zweit fast alle Entscheidungen trafen. Eine lange Diskussion mit Senin in Kopenhagen verleitete Trotzki dazu zu glauben, daß der Mann ein vom Stalinismus beeinflußter gutgläubiger Aktivist wäre.

Doch diese Illusion sollte schnell zerstieben. Well warf Ende 1932 die Maske ab. In einem Informationsblatt der Führung erklärte er einen Artikel Trotzkis über die UdSSR für »grundlegend falsch«.[52] Dann beschuldigte er im internationalen Sekretariat Sedow und Bauer, Trotzki schlecht zu informieren, trat für eine Annäherung an die stalinistische Führung ein, von der er behauptete, daß sie dabei sei, ihre Linie wieder zu korrigieren, während die russische Opposition ihm zufolge nicht mehr existierte.[53] Trotzki reagierte sofort:

> »Wenn Well bei den Positionen bleibt, die er am 15. Dezember (1932) geäußert hat, darf er keine 24 Stunden mehr in unseren Reihen bleiben.«[54]

Als diese Nachricht in Berlin eintraf, hatten die beiden Agenten schon die Maske abgeworfen. Sie veröffentlichten eine falsche Nummer von *Die permanente Revolution*, die die Auflösung der Organisation der deutschen Opposition und ihr Einlenken auf die Linie der KPD verkündete:

> »Die Mehrheit der Linken Opposition (...) erklärt, daß sie endgültig auf politischer und organisatorischer Ebene mit der trotzkistischen Bewegung bricht. (...) Die Perspektiven Trotzkis in bezug auf die Sowjetunion und Deutschland haben Bankrott erlitten. Die trotzkistische Opposition in Deutschland ist tot. Im Namen der Mehrheit der Organisation verkünden wir hiermit ihre Auflösung. Als treue Soldaten der Weltarmee der proletarischen Revolution kehren wir in die einzige Organisation des Proletariats, die KPD, die Partei Lenins, Liebknechts und Luxemburgs zurück. (...) Die Geschichte aller Fraktionskämpfe innerhalb und außerhalb der Kommunistischen Internationale hat der Internationale recht gegeben. Außerhalb von ihr gibt es keinen Platz für eine Gruppe, die danach strebt, auf dem Gebiet des revolutionären Klassenkampfes zu kämpfen. Jeder Oppositionelle muß den Mut haben, dies anzuerkennen und die sich daraus ergebenden Schlußfolgerungen anzuerkennen.«[55]

Der punktuelle Mißerfolg dieser spektakulären Herausforderung – die Mehrheit der vorgeblichen »Unterzeichner« war nicht einmal informiert – darf nicht über den Erschöpfungs- und Demoralisierungszustand hinwegtäuschen, in den diese Abfolge von Krisen die deutschen oppositionellen Aktivisten zu dem Zeitpunkt, wo die Klasse in ihrer Gesamtheit der tödlichen

Gefahr der Machtergreifung der Hitlerschen Banden ausgesetzt war, gestürzt hat.
Tatsächlich haben sich die Mißerfolge auf der Ebene des Aufbaus der internationalen Organisation der Linksopposition seit 1930 gehäuft. Deutschland, der strategische Mittelpunkt des Klassenkampfes in Europa, war nicht das einzige Land gewesen, wo die Opposition nicht fähig gewesen ist, die Versprechen zu halten, die ihre Anfänge zu Recht in Aussicht gestellt hatten.

Das Drama war, daß diese Art von Krisen im allgemeinen zu einem Zeitpunkt ausbricht, wo die Opposition, um ein im Sinne der positiven Regelung der Krise im Inneren der Arbeiterbewegung wirkender Faktor zu werden, ihr Vertrauen in sich selbst und in ihre Geschlossenheit hätte bewahren müssen. Es geschah aber genau das Gegenteil.

So glaubte Trotzki, daß Spanien im April 1931 mit dem Sturz der Monarchie und der Abdankung von Alphons XIII. in eine wirklich vorrevolutionäre Phase getreten wäre, und Trotzki sprach nur noch von der »spanischen Revolution«. Er hegte große Hoffnungen, als sein alter Freund und Genosse Andrés Nin, ehemaliger Sekretär der roten Gewerkschaftsinternationale, 1930 aus der Sowjetunion ausgewiesen wurde und nach Spanien oder genauer Katalonien zurückkehrte. Aber es stellte sich dann heraus, daß Nin hinsichtlich der Linie der Opposition für den Wiederaufbau der KP viele Vorbehalte hatte, denn in Spanien handelte es sich um eine ganz und gar geisterhafte »offizielle« kommunistische Partei. Nin hatte mit seinem alten Genossen Joaquím Maurín, wie er ein Pionier der PCE, der an der Spitze der katalanisch-balearischen Föderation der Partei gestanden hatte und ausgeschlossen worden war, zusammen ein Stück Weg zurückgelegt. Nun richtete Nin sich auf das ein, was man den Weg hin zu einer »zweiten Partei« nennen kann.

Als Nin sich für den Aufbau der Opposition ins Zeug legte, hatte er einen Zusammenstoß mit Molinier, der seine Finanzhilfezusagen nicht gehalten hatte. Der Wortwechsel Nins mit Trotzki fiel sehr lebhaft aus. Die Veröffentlichung von Artikeln Landaus durch die Spanier nach seinem Bruch, die Unterstützung, die sie Mill entgegenbrachten, aus dem sie sogar ihren Kandidaten für das internationale Sekretariat gemacht haben, sollten die persönlichen Beziehungen zwischen Trotzki und Nin ernsthaft verschlechtern und die Voraussetzungen für den Ausbruch einer schweren Krise schaffen.[56] 1932 gründete Lacroix eine Opposition, die schnell in die schlimmsten fraktionellen Exzesse ausartete. Der Unglückliche sollte schließlich für Bares seine Dienste der PCE anbieten – die ablehnte.[57] Lacroix schloß sich letztlich der PSOE an, wo er den Trotzkismus öffentlich anprangerte ...

In Belgien hatte van Overstraeten die aktive Tätigkeit 1930 aufgegeben, um sich der Malerei zu widmen. Seine Genossen der früheren Mehrheit haben sich 1931 mit Hennaut abgespalten, um sich den Ultralinken anzunähern. Die Bordigisten, die über die gute Aufnahme, die man der Gruppe der

»Drei« – ihren alten Gegnern – zuteil werden ließ, erbittert waren, hielten sich fern. Österreicher und Tschechoslowaken lieferten sich undurchsichtige Fraktionsschlachten und gaben sich wütenden persönlichen Angriffen hin. Sie überbeanspruchten schließlich sogar die Geduld, zu der sich Trotzki zwang. Die Bande mit Ungarn schienen gebrochen.

Aber wenn sich die in die internationale Organisation eingetretenen Gruppen dort schnell erschöpften, so versiegte der Strom, der ihr in den Kommunistischen Parteien entstandene Oppositionsgruppen zuführte, nicht. So trat die vom polnischstämmigen Ehrlich-Stein kontaktierte, bei den jüdischen Arbeitern Warschaus entstandene, polnische Oppositionsgruppe 1932 bei. In Griechenland schloß sich 1932 die – seit 1921 von der griechischen KP getrennte – archiomarxistische Organisation der internationalen Opposition an und ordnete ihren wichtigsten Führer, Mitsos Yotopoulos, der gleich nach einem Aufenthalt auf Prinkipo unter dem Namen Vitte in das internationale Sekretariat eintrat, nach Berlin ab.

In China brachte das Jahr 1931 eine große verpaßte Gelegenheit und einen ersten Erfolg. Die verpaßte Gelegenheit war die Hinrichtung einer um He Mengxiong, dem Verantwortlichen für das Jinagsu-Gebiet, gescharten Gruppe von aus der KP ausgeschlossenen Führern im Februar: Anhaltende Gerüchte schreiben Wang Ming, einem Mann Stalins, die Verantwortung zu, das Abhalten der geheimen Zusammenkunft, nach der sie verhaftet wurden, der Guomindang verraten zu haben.[58] Der erste Erfolg war die Einigung der chinesischen Opposition Anfang Mai.[59]

Doch hier war es die Repression, die die härtesten Schläge zufügte. Drei Wochen später enthauptete ein polizeilicher Fischzug die Organisation, indem sechs von acht Führern verhaftet wurden. Chen Duxiu gelang es, in strengster Abgeschiedenheit auszuharren, doch er wurde schließlich am 15. Oktober 1932 zur gleichen Zeit wie Peng Shuzhi verhaftet.[60] Die chinesische Opposition war für Jahre zerstört und sollte nie mehr wiedererstehen, außer in der Gestalt kleiner, während kurzer Phasen tätiger Gruppen.

***

In diesem eher düsteren Bild tauchte für Trotzki ein Hoffnungsschimmer auf. Er wurde im November 1932 eingeladen, sich zum 15. Jahrestag der Russischen Revolution nach Kopenhagen zu begeben, um vor einer von den Dänischen sozialistischen Studenten zusammengerufenen Zuhörerschaft zu sprechen. Am 14. November reiste er von Prinkipo ab, durchquerte Frankreich während des 21. im Zug und kam am 23. in Kopenhagen an, wo er seinen Vortrag am 27. im Stadtstadion hielt.

Vor seiner Zuhörerschaft bemühte sich Trotzki, auf drei Fragen zu antworten[61], die sich seiner Überzeugung nach die denkenden Menschen zur Oktoberrevolution stellen sollten:

> »1. Warum und wie ist diese Revolution zustandegekommen? Konkreter: Warum hat die proletarische Revolution in einem der zurückgebliebensten Ländern Europas gesiegt?
> 2. Was hat die Oktoberrevolution geleistet?
> 3. Hat sie sich bewährt?«[62]

Trotzki sprach diejenigen, die von Ernüchterung und Enttäuschung redeten, direkt an. Ja, in der Sowjetunion »herrscht (...) ein Übergangszustand (...), belastet mit dem schweren Erbe der Vergangenheit, noch dazu unter dem feindlichen Druck der kapitalistischen Staaten«.[63] Doch war die erste von Edison zusammengebaute Lampe gut?

Denjenigen, die fragen, ob die Ergebnisse der Revolution die Zahl der Opfer rechtfertigten, antwortete Trotzki, daß diese Frage »fruchtlos und durch und durch rhetorisch« sei:

> »Mit dem gleichen Recht könnte man angesichts der Schwierigkeiten und Mühsale des menschlichen Daseins fragen: Lohnt es sich überhaupt, auf die Welt zu kommen? Heine schrieb darüber: ‚Und ein Narr wartet auf Antwort (...)‘: Die melancholischen Grübeleien haben den Menschen nicht verwehrt, zu gebären und geboren zu werden. Die Selbstmörder bilden selbst in diesen Tagen einer beispiellosen Weltkrise glücklicherweise einen unerheblichen Prozentsatz. Völker pflegen aber nie zu Selbstmord Zuflucht zu nehmen. Aus den unerträglichen Nöten suchen sie den Ausweg in der Revolution.«[64]

Trotzki ordnete die Oktoberrevolution in der Weltgeschichte ein:

> »Von der Tyrannei der alten Elemente – Erde, Wasser, Feuer und Luft – hat den Menschen die Technik befreit, um ihn sodann ihrer eigenen Tyrannei zu unterwerfen. Der Mensch hörte auf, Sklave der Natur zu sein, um zum Sklaven der Maschine zu werden und, noch schlimmer, zum Sklaven der Nachfrage und des Angebots. Die gegenwärtige Weltkrise bezeugt in besonders tragischer Weise, wie sehr der Mensch, der auf den Boden des Ozeans hinabtaucht, in die Stratosphäre emporsteigt, sich auf unsichtbaren Wellen mit den Antipoden unterhält, wie sehr dieser stolze und verwegene Gebieter der Natur Sklave der blinden Macht der eigenen Wirtschaft bleibt. Die geschichtliche Aufgabe unserer Epoche besteht darin, das entfesselte Spiel des Marktes durch einen vernünftigen Plan zu ersetzen, die Produktionskräfte zu disziplinieren, sie zu zwingen, in Harmonie zusammenzuwirken, den Bedürfnissen des Menschen gehorsam dienend.«[65]

Trotzki schloß:

> »Die Anthropologie, Biologie, Physiologie, Psychologie haben Berge von Material gesammelt, um vor den Menschen in vollem Umfange die Aufga-

ben seiner eigenen körperlichen und geistigen Vervollkommnung und weiteren Entwicklung aufzurichten. Die Psychoanalyse hob mit Sigmund Freuds genialer Hand den Deckel vom Brunnen, der poetisch die ‚Seele' des Menschen genannt wird. Und was hat sich erwiesen? Unser bewußtes Denken bildet nur ein Teilchen in der Arbeit der finsteren psychischen Kräfte. Gelehrte Taucher steigen auf den Boden des Ozeans und fotografieren dort geheimnisvolle Fische. Indem der menschliche Gedanke auf den Boden seines eigenen seelischen Brunnens hinabsteigt, muß er die geheimnisvollen Triebkräfte der Psyche beleuchten und sie der Vernunft und dem Willen unterwerfen.

Ist er einmal mit den anarchistischen Kräften der eigenen Gesellschaft fertig geworden, wird der Mensch sich selbst in Arbeit nehmen, in den Mörser, in die Retorte des Chemikers. Die Menschheit wird zum ersten Male sich selbst als Rohmaterial, bestenfalls als physisches und psychisches Halbfabrikat betrachten. Der Sozialismus wird einen Sprung aus dem Reiche der Notwendigkeit in das Reich der Freiheit auch in dem Sinne bedeuten, daß der gegenwärtige, widerspruchsvolle und unharmonische Mensch einer neuen und glücklicheren Rasse den Weg ebnen wird.«[66]

Während dieser paar Tage wurde mit Trotzkis Teilnahme eine Konferenz der wichtigsten europäischen Aktivisten der Linksopposition abgehalten, an der zahlreiche Deutsche und ihm schon bekannte Aktivisten, P. Frank, Frankel, Raymond Molinier, die Navilles, Rosenthal, teilnahmen. Trotzki machte die Bekanntschaft der Italiener Blasco (Tresso) und Leonetti, des Belgiers Léon Lesoil, des Engländers Harry Wicks …

Am 2. Dezember 1932 reiste er in der Frühe ab, durchquerte Frankreich mit Lew Sedow, der ihn bis Marseille begleitete: Dort trugen sich heftige Zwischenfälle mit der französischen Polizei zu, die ihn gewaltsam auf einen alten Seelenverkäufer, den *Campidoglio*, einschiffen wollte. Trotzki sorgte für öffentliches Aufsehen und kam schließlich davon, weil man ihm ein italienisches Transitvisum bewilligte. Den faschistischen Journalisten, die ihn bei seinem Halt in Mailand belagerten, um ihm eine Erklärung abzuringen, begegnete Trotzki, indem er dem italienischen Volk wegen der Größe seiner Vergangenheit und seiner Zukunft seine Ehrerbietung erwies.[67]

Am 12. Dezember 1932 in der Frühe kam Trotzki wieder auf Prinkipo an. Das Unternehmen hatte viel Geld gekostet. Aber er brachte aus dem Leben gegriffene Erfahrungen hinsichtlich seiner Kampfgefährten und viel Groll gegenüber den Spaniern, die sich nicht herbeibemüht hatten und daheim geblieben waren, zurück.

Doch die Tage nach Kopenhagen waren düstere Tage persönlicher und politischer Tragödien, vielleicht die düstersten im Lebens des Verbannten.

Kapitel 43

Drama und Familientragödie

Wir haben bisher die durch die Verbannung und ihre Bedingungen selbstverständlich spürbarer gewordenen Probleme im Privatleben von Trotzki kaum berührt. Die Ausweisung aus der UdSSR war zunächst ein Zerreißen der Familienbande. Als Nina tot war und ihr Gatte wenig später deportiert wurde, wurden ihre beiden Kinder von der *Babuschka* Alexandra Lwowna in Leningrad aufgenommen. Nach mehreren Krankenhausaufenthalten lebte die ältere der beiden Töchter, Sinaida, deren Ehemann, Platon Wolkow, ebenfalls verbannt worden war, in Moskau mit ihren beiden kleinen Kindern, einer kleinen aus einer ersten Verbindung geborenen Tochter und dem kleinen Wsjewjolod Platonowitsch, der Sjewa genannt wurde. Die Frau von Ljowa, die schöne Anna, lebte in Moskau mit ihrem kleinen, gleich Sjewa 1926 geborenen Sohn Ljulik. Serjoscha lebte mit den Seinen in Moskau und arbeitete auch dort. Die brieflichen Verbindungen waren nicht unterbrochen.[1]

Das erste Drama war das der Ehe von Ljowa. Anna hatte ihr Land nicht verlassen wollen: Diese junge wenig gebildete Arbeiterin interessierte sich nicht sehr für die großen Probleme, die die Familie Trotzki beschäftigten. Doch sie liebte ihren Mann und litt unter einer Trennung, die sie als Verlassensein empfand. In einer ersten Phase arrangierte sie sich, schrieb viel, schickte Photos vom Kleinen und von sich selbst. Dann verfiel sie in Schwermütigkeit und sprach davon, sich umzubringen. Schließlich beschloß sie, sich scheiden zu lassen; 1932 heiratete sie wieder und, obwohl der kleine Ljulik öfters mit seinem Onkel Serjoscha zusammenkam, ließ sie die Beziehungen einschlafen. Ljowa gab 1932 anscheinend die lang gehegte Hoffnung auf einen Besuch seines kleinen Sohnes in Europa auf. Alle Anspielungen Ljowas auf diese Lage, besonders in seinen Briefen an seine Mutter, haben einen Ton von Verzweiflung.

Direkt oder indirekt muß die Lage des jungen Paares Sedow eine Rolle in der sehr akuten Krise zwischen den in die Türkei verbannten Familienmitgliedern gespielt haben, von der wir weder die veranlassenden Gründe, geschweige denn die Entwicklungsstufen kennen, mit Ausnahme einer einzigen, deren Grundlinien man nachzeichnen kann.

Zunächst einmal ist es unbestreitbar, daß die persönlichen Beziehungen mit Trotzki nicht leicht waren und nicht leicht sein konnten: Es ist klar, daß es bei einem Mann mit so starker Persönlichkeit nicht einfach war, dessen Sohn oder Tochter zu sein. Die beiden Söhne hatten ihr Problem auf diametral entgegengesetzte Weise gelöst; Serjoscha, indem er seine Unabhängigkeit bekräftigte, Ljowa, indem er sich mit dem Vater identifizierte und indem er mit seinen Bedürfnissen völlig in den Hintergrund trat, alles dem Dienst an der gemeinsamen Sache unterordnend.

Wahrscheinlich war es dieses Opfer – die in Moskau 1928, in Alma-Ata 1929 getroffene doppelte Entscheidung, seinem Vater unter Aufgabe der Familie, des Studiums und jeglicher persönlicher Ambition zu folgen –, das zwischen den beiden Männern die Hauptrolle spielte. Zumindest auf undeutliche Weise – die Selbstbeobachtung pflegte er wenig – fühlte sich Trotzki verantwortlich für die Leiden, die sich sein Kind aufgeladen hatte, um ihm zu folgen, ihn zu begleiten und ihm zu helfen, wobei es praktisch auf sein Privatleben, also auf sich selbst verzichtete. Jede Anspielung, selbst wenn sie ohne Hintergedanken erfolgte, des jungen Vaters auf seinen kleinen Jungen, von dem er von nun an getrennt ist, erschienen seinem eigenen Vater wie ein Vorwurf und obendrein ein gerechtfertigter Vorwurf: Die Beziehungen zwischen den beiden Männer erreichten in den ersten Wochen der Verbannung einen hohen Grad an Spannung.

Trotzki schien vollkommen verstanden zu haben, daß die Stellung seines älteren Sohnes neben ihm – was auch immer seine immense Nützlichkeit gewesen sein mag – etwas sehr Negatives an sich hatte. Die Lage des jungen, seines Privatlebens beraubten Mannes war ausnehmend frustrierend. Ljowa hatte sich in den Dienst seines Vaters gestellt und war im Grunde nicht mehr als »das Söhnchen«, wie die Leute der GPU unter sich sagten. Ganz und gar dieses fast unmenschlichen Opfers bewußt, wurde Trotzki nicht müde, kundzutun, wie sehr er ihn als Mitarbeiter, als Freund, als Sohn brauchte. Nach der Abreise Ljowas nach Berlin wurde ihr Briefwechsel ein richtiges zweistimmiges Tagebuch.

Die Spannungen zwischen den beiden Männern waren jedoch groß. Eine Uneinigkeit mit Ljowa war für Trotzki willkommen, denn er wollte keinen Jasagersohn. Die Diskussionen sollten zwischen Gleichen erfolgen, doch das Aussprechen von Meinungsverschiedenheiten ließ ihn immer einen Streit befürchten. Ljowa seinerseits verfügte über ein empfindliches Selbstwertgefühl, entrüstete sich, wenn ein Satz seines Vaters, der ihn als »jungen Mann« bezeichnete, seiner Empfindung nach seine Rolle und seine Persönlichkeit ungemein herabsetzte und erboste sich über Vorwürfe, die an ihn gerichtet wurden und die ihm ungerecht erschienen.

Man muß in der Tat für das Nachzeichnen der Beziehungen zwischen Vater und Sohn einen Charakterzug berücksichtigen, auf den Jean van Heijenoort aufmerksam gemacht hat und der unter den offensichtlich sehr besonderen Bedingungen ihres Lebens stark hervortrat. Trotzki konnte liebenswürdig und charmant mit den Besuchern und Neuankömmlingen sein, aber er hörte auf, als ob er Anspannung und Selbstkontrolle wieder lockerte, sobald er sich wieder in seinem vertrauten Umfeld befand, mit denjenigen schonungsvoll umzugehen, die ihm am nächsten standen, und erwies sich als umso anspruchsvoller, ja sogar schroffer, als er sie gut und seit langem kannte.

Man muß hinzufügen, daß die Beziehungen des Paares wohl nicht immer idyllisch waren. Obschon Trotzki Natascha bis zu seiner letzten Stunde geliebt hat, ist es offensichtlich, daß Konflikte und Krisen nicht ausgeblieben sind. Ein fast drohender Brief Ljowas an seinen Vater im Jahre 1932 forderte ihn auf, »seine Mama« nicht anzurühren, und rief eine Entschlossenheit und eine anscheinend alte, mit Serjoscha getroffene und gegen den Vater gerichtete Entscheidung in Erinnerung.

Das sind alles Faktoren, die erklären, daß sich im Laufe der ersten Monate der Verbannung in der Türkei eine ernste Krise ereignet hat, die beinahe zur Explosion geführt hätte; in ihr kam es gegen Trotzki zu einem solidarischen Block seiner Frau und seines älteren Sohnes, wie es ihr Briefwechsel belegt. Jean van Heijenoort schrieb 1978 in seinen Memoiren, daß er einen von Ljowa 1937 in einem Brief an seine Mutter gemachten Hinweis auf ein Rückkehrgesuch in die UdSSR, das er (Ljowa) 1929 gestellt haben soll, nicht habe überprüfen können.[2] 1984 jedoch haben van Heijenoort und ich zusammen in den Papieren Sedows in den Archiven der Hoover-Stiftung das Duplikat des am 13. Juli 1929 beim sowjetischen Konsulat in Istanbul eingereichten Gesuchs um Bewilligung, in die Sowjetunion zurückkehren zu dürfen, gefunden.

Uns ist der Ablauf der persönlichen Krise, die Ljowa dazu führen konnte, eine solche Entscheidung zu treffen, völlig unbekannt und auch, ob Natalja Iwanowna über diese Entwicklung informiert war. Wir wissen absolut nichts von den auslösenden Momenten dieser Krise, die folgenschwer hätte sein können. Die sowjetischen Behörden haben schließlich jede Weiterentwicklung verhindert, als sie die erbetene Genehmigung versagten. Gleichwohl kann man sagen, daß die persönlichen Fragen für Trotzki beinahe in ein größeres politisches Problem gemündet wären.

Bald tauchte eine neue Spannung zwischen Vater und Sohn auf. Jeanne Martin des Pallières, die Gattin Raymond Moliniers, war nach der Abreise ihres Mannes und selbstverständlich im Einvernehmen mit ihm dageblieben, um Trotzki als Sekretärin für alles, was in französischer Sprache zu erledigen war, zu dienen und bei den Hausarbeiten zu helfen. Die junge Frau war sehr verführerisch und Ljowa entflammbar. Sie wurden ein Liebespaar. Van erzählt:

> »Jeanne sah das nur als das Abenteuer einer Nacht an und rechnete damit, in Paris wieder zu Raymond zurückzufinden. Ljowa nahm die Sache sehr viel ernster und sprach sogar davon, sich das Leben zu nehmen, wenn Jeanne nicht mit ihm leben würde. Sie blieben zusammen.«[3]

Van vermerkt auch, daß Trotzki »auf seinen Sohn wegen der Verbindung zu Jeanne sehr böse war«.[4] Darf man annehmen, daß er es unangenehm fand, daß einer seiner jungen Genossen, für den Trotzki außerdem eine aufrichtige Hochachtung empfand und der eingewilligt hatte, sich vorübergehend von seiner Frau zu trennen, um Trotzki bei seiner Arbeit Hilfestellung zu leisten, sich verlassen sah, weil sie den Sohn seines Gastgebers ihm vorzog? Das ist nicht sicher. Die Hauptsorgen Trotzkis waren näher an der Politik als an den Problemen von Paaren. Wohl ahnte er schon die giftigen Bemerkungen, die nicht ausbleiben konnten, und die Deutung, nach der Molinier ganz einfach seine Frau ins Bett Sedows geschickt hatte, um den »Alten« durch ihre Vermittlung besser manipulieren zu können. Außerdem sollte Trotzki von nun an Raymond Molinier, dessen Besuche er erhoffte, in einem Haus, wo Moliniers Frau, der er sehr verbunden blieb, nunmehr mit einem anderen lebte, nicht ohne Verlegenheit empfangen können.

Wahrscheinlich war die Affäre zwischen Jeanne und Ljowa der Auslöser für die Abreise des jungen Mannes im Februar 1931, verbunden mit dem Wunsch des Sohnes, sein Studium wieder aufzunehmen. Die Entscheidung reichte acht Monate zurück, während der es harter Mühen bedurfte, um ein Visum zu bekommen. Frankreich hatte sich geweigert, L. Sedow einreisen zu lassen, um eine Augenschwäche behandeln zu lassen. Deutschland war schließlich darauf eingegangen, ihn als Student an der Technischen Hochschule Berlin einzuschreiben. Trotzki konnte sich darüber nur freuen, seinen Sohn auf eigenen Füßen stehen zu sehen, und die Entscheidung zu dieser Abreise milderte die Spannung im Familienleben wahrscheinlich sehr. Zuguterletzt: Die Anwesenheit Sedows als Vertreter der Linken Opposition bei den Führern der Internationalen Opposition war eine ordentliche Sicherheit dafür, daß die Arbeit bestmöglich ausgeführt wurde und daß er (Trotzki) darüber regelmäßig informiert würde.

Die Briefe Sedows – insbesondere die, die er an seine Mutter richtete – zeigen, wie sehr die Trennung für ihn grausam war, und daß er in der ersten Zeit seines Aufenthaltes die Rückkehr zu seinen Eltern mehr als einmal ins Auge faßte.

***

Einige Wochen vor der Abreise Ljowas nach Berlin trafen am 8. Januar 1931 aus Moskau kommend, per Schiff über Odessa, Sinaida und ihr kleiner Sohn ein. Schon vor Monaten war diese Reise ins Auge gefaßt worden, aber das Ausreisevisum war nicht erteilt worden: Niemand glaubte mehr daran, als die positive Nachricht kam. Sinaida war schwer tuberkulosekrank, nachdem sie ihre Schwester in ihrem langen Todeskampf gepflegt hatte. Sinaida lag während langer Monate im Krankenhaus und durfte nun ins Ausland kommen, um sich behandeln zu lassen. Als Vorsichtsmaßnahme hatten die sowjetischen Behörden ihr nur erlaubt, ein einziges ihrer Kinder mitzunehmen, wohingegen ihre kleine Tochter gewissermaßen als Geisel zurückgehalten wurde; sie war der Obhut von Alexandra Lwowna anvertraut worden. Mit Sinaida kam die Tragödie ins Haus: die der Geisteskrankheit und des völligen Nichtverstehens.

Deutscher schreibt über Sinaida Lwowna Wolkowa: »Von allen seinen (Trotzkis) Kindern glich sie ihm am meisten. Sie hatte die gleichen scharf geschnittenen und dunklen Gesichtszüge, die gleichen feurigen Augen, das gleiche Lächeln, die gleiche sardonische Ironie, dieselbe Tiefe des Gefühlslebens und auch etwas von seinem unbezähmbaren Geist und seiner Beredsamkeit.«[5] Als Aktivistin des Kommunistischen Jugendverbandes in Petrograd schon von seiner Gründung 1917 an, als Chefredakteurin von deren Lokalzeitung mit sechzehn Jahren, hatte sie in den Reihen der Kommunistischen Partei gekämpft und in einer ihrer Schulen unterrichtet: Sie war wegen ihrer oppositionellen Tätigkeit zweimal verhaftet worden.

Die Anwesenheit Sinas bereitete große Freude. Die Behauptung Deutschers, »Sina kam als ein seelisches Wrack nach Prinkipo, wenngleich das in der ersten Freude der Wiedervereinigung nicht sichtbar war«[6], wird von keinem Dokument bestätigt. Die junge Frau war glücklich, endlich bei dem legendären Vater leben zu können, den sie bewunderte und umso mehr liebte, als sie seit ihrer frühesten Kindheit seiner grausam beraubt worden war. Sie wünschte sich sehnlich, ihm zu helfen und sein Kämpfe zu teilen. Sie hatte lange Diskussionen mit ihm, las Artikel und Werke, die sie nicht kannte und insbesondere die Manuskripte von *Die Geschichte der Russischen Revolution*. Nach dem, was sie ihrer Mutter schrieb, war ihr Vater aufmerksam und liebevoll.

Jedoch änderte sich die Lage binnen weniger Wochen völlig. In der Nacht vom 28. Februar auf den 1. März 1931 brach während der Nacht, um zwei Uhr morgens, ein Brand aus, der den Speicher und den ersten Stock verwüsten sollte, aber nur Drucksachen zerstört zu haben scheint.*

Van, der ein Jahr später mit seinen Gästen über die Frage diskutierte, versichert, daß der Brand von einem im Speicher eingebauten und während der Nacht irrtümlich brennen gelassenen Badeofen herrührte.[7]

Das war ein Schlag für die Familie, die gewaltsame Unterbrechung einer Zeit gefühlvollen Wiedersehens, der Kopfsprung in eine Atmosphäre der

* Deutscher, der diesen Vorfall mit einem anderen verwechselt, in dessen Verlauf der kleine Sjewa später »beim Spielen mit dem Feuer« überrascht wurde, behauptet, daß das Unglück von Sjewa, als er mit Streichhölzern spielte, verursacht worden sei; eine wahrlich wenig wahrscheinliche Beschäftigung eines fünfjährigen Kindes um drei Uhr morgens. (Deutscher, op. cit., III, S. 148)

Angst, der Unordnung, der Traurigkeit über die Zerstörung der Bücher und der Kleidung und der Notwendigkeit, eine andere Unterkunft zu suchen. Während sich der Großteil der Familie in Kadiköy niederließ, ergriff man die Gelegenheit, sich mehr um die Gesundheit von Sinaida zu kümmern, die im Krankenhaus untergebracht wurde. Die Ärzte hatten einen Pneumothorax diagnostiziert, und man sollte später in Deutschland herausfinden, daß die Chirurgen sich im Lungenflügel getäuscht hatten.[8] Sinaida litt unter dem Krankenhausaufenthalt und unter der Operation.

Als sie das Hospital wieder verließ, schien sie »eine andere Frau« geworden zu sein, wie ihr Vater sagen sollte. Sie begann offensichtliche Zeichen von Geistesstörung zu zeigen, war richtigen Gewalt- und Aggressivitätskrisen ausgesetzt, gefolgt von durch Reue, Zerknirschtheit, Scham, Demütigung gekennzeichneten Phasen von Niedergeschlagenheit.[9] Alle seit ihrer Kindheit erlittenen emotionalen Schocks kamen nun an die Oberfläche: das Gefühl, ein unerwünschtes Kind gewesen zu sein und in ihrem Kleinkindalter vom Vater verlassen worden zu sein. Sie entwickelte eine wilde Eifersucht in bezug auf Natalja Iwanowna, die sie zu anderen Zeitpunkten zärtlich zu lieben schien. Sie machte ihr den Vorwurf, ihr den Vater weggenommen zu haben und ihn zu behalten. Der Vater begriff nicht und zog sich immer mehr auf sich selbst und auf seine Arbeit zurück. Er hielt sie von den politischen Fragen fern. Sie empfand seine Weigerung, ihr zu den Codes und den Berichten aus der Sowjetunion, die bis dahin in der Zuständigkeit Ljowas fielen, Zugang zu geben, als eine Beleidigung und einen Mißtrauensbeweis. Dieser Unterschied in der Behandlung überzeugte sie davon, daß ihr Vater sie verachtete und sie wohl doch »für nichts Gutes« hielt. Sie hegte eine andere eifersüchtige Feindschaft gegen Ljowa, der das Vertrauen L. D.'s besaß.

Die Reaktion des Vaters fiel nicht gerade so aus, wie sie hätte sein müssen, um der Heilung zu dienen. Er empfand die Geisteskrankheit seiner Tochter als einen Angriff und begegnete der Krankheit in moralischen Begriffen. Da er nichts begriff, entrüstete er sich, ärgerte sich, las ihr die Leviten, forderte mehr Höflichkeit und ließ sich in Streitereien hineinziehen; er verschlimmerte, sei es durch sein Schweigen oder sein Gepolter, ungewollt die schmerzlichen Probleme der jungen Frau. Da sich der Zustand der Lunge der Kranken nicht besserte – sie spuckte Blut –, drang Trotzki darauf, sie solle Prinkipo verlassen und nach Berlin gehen, wo die Medizin besonders fortgeschritten war, um sich behandeln zu lassen. Das Argument war offensichtlich vernünftig und überzeugend. Doch für die junge Frau war das eine Art Ausstoßung, und so empfand sie es auch, und zwar auf dramatische Art und Weise: Der wiedergefundene Vater hatte sie verstoßen und verjagte sie. Sie fügte sich jedoch in ihr Schicksal und reiste nach Berlin, um sich behandeln zu lassen, wobei sie Sjewa in der Obhut von Trotzki und Natalja Iwanowna zurückließ.

Trotzki schrieb seinem Sohn, um ihn über den Gesundheitszustand seiner Schwester und ihre Bedürfnisse zu informieren. Der Briefwechsel zwischen den beiden Männern ist ein wertvolles Dokument über die Art und Weise, wie Trotzki die Geisteskrankheit seiner Tochter empfunden hat. Er schreibt, daß sie ihnen »viel Schlimmes« angetan habe und daß sie sich sehr um sie sorgten. Er berichtet, daß sie hintereinander Jan Frankel und auch Natalja Iwanowna angegriffen habe[10], und erzählt mit einer Art tragischer Arglosigkeit:

> »Lange Zeit haben wir unseren Augen und Ohren nicht getraut. Mama hat sie ganz bestimmt mit allen ihren Kräften verteidigt. Und es ist ganz offensichtlich, daß man ihre Krankheit nicht übersehen kann. Wir haben tatsächlich bereits auch den Eindruck gehabt, daß sie eine andere Person war als die, welche wir gekannt hatten (oder zu kennen geglaubt hatten). Ihren Lungen geht es sehr gut, die ganze Angelegenheit ist ihre Hysterie.«[11]

Es folgen Ratschläge. Sie dürfe in Berlin keinerlei politische Beziehungen haben. Man müsse zunächst und vorrangig ihre Lungen behandeln, sie von ihrer Tuberkulose heilen. Wenn sie in die UdSSR zurückkehren sollte, würde sie wohl in ihrer gewohnten Umgebung ihr geistiges Gleichgewicht wiederfinden. Man dürfe ihr auf keinen Fall die Einbildung lassen, daß sie außerhalb der UdSSR auf materielle und moralische Kosten von Verbannten, die nicht wissen, was ihnen am nächsten Tag blühen werde, leben könnte. Trotzki erklärte:

> »Vor einigen Wochen hat Sina eine Unterhaltung mit Mama gehabt: Sie sagte, sie wolle auf jeden Fall im Ausland bleiben und mit uns leben. Das kommt auf keinen Fall in Frage, nicht allein aufgrund ihres Zustands, sondern aus politischen Erwägungen: Wo werden Mama und ich in sechs Monaten sein?«[12]

Trotzki betonte nachdrücklich die Tatsache, daß er den sowjetischen Behörden selber geschrieben hatte, um einen auf die notwendigen medizinischen Behandlungen beschränkten Aufenthalt zu erbitten, und daß sie sich, und er mit ihr, moralisch damit verpflichtet habe. Er verdeutlichte auch, daß eine Weigerung, zurückzukehren, in der Zukunft jegliches Treffen zwischen der Familie in der UdSSR und den Mitgliedern in der Verbannung, die Reisen von Serjoscha und des kleinen Ljulik gefährden würde – wodurch Trotzki zeigte, wie sehr er die Grausamkeit Stalins unterschätzte. Trotzki glaubte, daß es nützlich sein würde, einen Nervenarzt zu konsultieren, aber für ihn war das Problem zu neun Zehnteln ein Problem der Umgebung, und nur in der UdSSR würde sie gesund werden. Trotzki erklärte, daß man ihre Utopien und ihre Phantasien, ihre Lebens- und Arbeitspläne im Ausland zerstören, ihr in politischen Begriffen zeigen müsse, daß ihre Pläne »Fahnenflucht«-Pläne seien. Trotzki fügte hinzu:

»Behandle sie mit äußerster Aufmerksamkeit und Zuneigung. Jedoch beim ersten Mal, wenn sie höhere Anforderungen zu stellen versucht, reagiere mit ruhigem, aber festem Widerstand. Wenn sie versucht, sich über Mama zu ‚beklagen', wirst Du Dich natürlich noch energischer widersetzen.«[13]

Einige Tage später reagierte Ljowa auf den Brief und schickte die ersten Nachrichten: Die deutschen Ärzte hatten den in Konstantinopel gemachten Fehler mit dem Pneumothorax entdeckt und brachten alles wieder in Ordnung. Über eine befreundete Psychoanalytikerin, Dina Männhof, versuchte man, einen Arzt für ihre Geistesstörungen zu suchen.

Ljowa gestand seinen Kummer angesichts dessen, was ihn der Brief des Vaters hatte wissen lassen, und fragte sich: »unwahrscheinliches, unmögliches, tragisches Mißverständnis«. Er hat Sina bei ihrer Ankunft – »Sinuschka« schreibt er liebevoll – voller Erwartung über ihr Leben in Berlin in seiner Nähe, doch nervös und labil erlebt. Sie beklagte sich sofort, daß ihr Vater sie vollkommen beiseite geschoben und drei ganze Wochen lang nicht einmal angesprochen habe. Sie versuchte Ljowa zu überzeugen, daß die Krise zwischen ihrem Vater und ihr von derselben Art wäre, wie die, die sich 1929 zwischen Ljowa und seiner Mutter auf der einen Seite und L. D. auf der anderen ereignet hatte.[14] Der junge Mann wurde ganz offensichtlich von der Verantwortung, die ihm zufiel, und der Angst, hohe Arztkosten für den nächsten Krankenhausaufenthalt zum Zwecke einer dreiwöchigen Beobachtungszeit zahlen zu müssen, erdrückt.

Ein weiteres Mal kam Trotzki am 21. November 1931 auf seine Anschuldigung zurück. Er rief die Zeit »vor dem Brand und ihrem ersten Krankenhausaufenthalt« in Erinnerung, wo sie sich als eine normale und sehr anziehende Frau gezeigt habe. Aber seitdem habe sie »getobt« und gegenüber Natalja Iwanowna ein Verhalten an den Tag gelegt, das er als »ungeheuerlich« bezeichnete. Nun aber wurde sie in Berlin, wo sie gerade angekommen war, in den Augen ihres Vaters wieder rückfällig. Denn sie hatte Natalja Iwanowna eben erst einen Brief zurückgeschickt, den diese an sie gerichtet hatte, und sprach durch eine kurze Karte ihre Entscheidung aus, jede persönliche Beziehung zu ihr abzubrechen zu wollen. Sie legte ihrer Stiefmutter nahe, die Nachrichten über die Gesundheit und das Leben Sjewas über Ljowa laufen zu lassen.

Ganz offensichtlich war Trotzki über das, was er eine »Ungerechtigkeit« im Benehmen seiner älteren Tochter nannte und gewiß als solche empfand, sehr entrüstet. Er erklärte Ljowa, daß Natalja Iwanowna den größten Teil ihrer Zeit darauf verwandte, sich um das Kind Sjewa zu kümmern, ohne sich ausruhen zu können, und daß sie infolgedessen nicht nach Wien fahren könne, um eine geplante Kur zu machen. Er betonte, daß Sina glaube, Natalja tue nur so ihre Pflicht, während sie, Sina, das Recht habe, ihr ausfällige und grobe Briefe zu schreiben …

Mit entschiedenen Worten wischte Trotzki die von Ljowa angeregte Lösung eines psychoanalytischen Heilverfahrens beiseite und ließ eine Beschuldigung nach der anderen gegen Sina los, anscheinend ohne zu begreifen, daß er von einer geistig Kranken sprach und sie dabei nach moralischen Kriterien beurteilte. Er bezichtigte sie beispielsweise der »moralischen Verblendung«, der »Brutalität«, des »Fehlens von Selbstachtung«, der »Ichbezogenheit« und der »hysterischen Laune«. Er beschuldigte sie dunkler Manöver zur Spaltung der Familie und des Versuchs, Natalja und ihn gegeneinander und alle beide gegen Sedow aufzubringen. Einmal mehr stieß er den Schrei aus, den die Kranke nur als eine Art Exkommunizierung empfinden konnte: »Soll sie ihre Lungen kurieren und nach Moskau zurückkehren!«[15]

Dieser wegen des fehlenden Bewußtseins schreckliche Brief kreuzte sich mit einem anderen, entsetzlich bangen von Sedow, der jetzt wußte, daß seine Schwester »nicht an der Lunge«, »sondern an den Nerven« sehr schwer erkrankt war, wie er schreibt. Er zählte die alltäglichen aufschlußreichen Symptome des Leidens auf: Sie vergißt ständig alles, sie sagt, daß ihr Vater tot sein müsse und daß man telegraphieren müsse. Sie sagt, daß es nötig sei, an Platon (Wolkow, ihren Ehemann) zu telegraphieren, um ihm zu sagen, daß die Zeitungen über sie lügen, daß es ihr gut gehe und daß sie glücklich sei. Sie wollte nach Prinkipo telegraphieren, damit man ihr sofort Sjewa schicke, der, behauptete sie, »unglücklich« sei. Sie habe stundenlang an Dina Männhof und Alexandra Ramm hingeredet. In diesem nicht enden wollenden Monolog tauchten vor allem zwei Themen auf: Ihre Erinnerungen seit ihrer Kindheit und ihr Vater.[16]

War dieser betroffen? Man kann es einen Augenblick glauben. Er gestand seine Bestürzung und fragte sogar Ljowa um Rat: Was tun? Ihr nicht schreiben, ihr einen liebevollen Brief schreiben? Trotzki versteifte sich jedoch darauf, die Diagnose selbst zu formulieren:

> »Ihre Psychose ist aus der Konzentration ihres Denkens auf ihre Lungen, ihr Blutspeien, den Tod entstanden. Das ist nicht schwer zu begreifen.«[17]

Was die Behandlung angelangt, blieb er hart: Psychoanalyse nein, Psychopathologie ja. Doch Doktor Arthur Kronfeld, der Anfang Dezember 1931 im Briefwechsel erscheint[18], glaubte nicht, daß die schwere Geisteskrankheit, an der sie litt – unendlich schwerer als Hysterie –, dank eines Erfolges bei der Behandlung der Tuberkulose, gefolgt von einer Rückkehr in die UdSSR, geheilt werden könnte.

Sina schrieb Trotzki. Dieser zog daraus sofort klinische Schlußfolgerungen. Es handle sich nur »um eine Psychose und nicht um etwas Schlimmeres«. Natürlich schloß Trotzki weder eine Periode des Nachlassens noch eine hysterische Vortäuschung aus, doch er blieb optimistisch. Er betonte erneut die Notwendigkeit, sie müsse später wieder nach Moskau zurückzukehren, und legte sogar die Argumente dar, die die Ärzte einsetzen sollten, um sie zu überzeugen: Sie müsse aus ihrer Krankheit herauskommen, aufhören, Angst zu haben, sich besser zu fühlen.

Nachdem sie eine akute Krise überwunden hatte, beschuldigte sich Sina selbst, fühlte sich »niedrig und gemein«. Sie behauptete, ihrem Vater Briefe geschrieben zu haben, die »scheußlich« waren, und glaubte, daß sie sich niemals Verzeihung erlangen würde können. Trotzki diagnostizierte weiterhin:

> »Was sie bedrückt, ist keineswegs die Frage der persönlichen Beziehungen zu mir, Mama, Dir, sondern die ihrer Rückkehr in die UdSSR, die Notwendigkeit, nicht mehr krank zu sein, das Recht zu verlieren, von den Leuten eine spezielle Aufmerksamkeit zu verlangen.«[19]

Als es darum ging, die Rückkehr um einige Monate zu verschieben, um eine weitere Behandlung in Deutschland zu machen, versicherte Trotzki, daß es Sina gelungen sei, »die Ärzte in ihre Tasche zu stecken«, und kommentierte einen Selbstmordversuch, von dem ihm Ljowa erzählt hatte, skeptisch.

Ljowa wiederum verteidigte seine große Schwester tapfer gegen das strenge Urteil seiner Eltern und schrieb seiner Mutter:

> »Sie ist dabei, einen Zustand durchzumachen, in dem sie das Bewußtsein einer völligen inneren Katastrophe hat; sie ist nur gerade mit dem Leben davongekommen, man darf nicht vergessen, daß Sina an einer schweren Geisteskrankheit litt. Ich will Papa nicht verletzen, es ist vielleicht besser, daß Du es ihm sagst, aber es ist schwer, einer ‚Roßkur' zuzustimmen, und man kann vielleicht Sina noch retten.«[20]

In den ersten Monaten des Jahres 1932 beruhigten sich die Dinge nach und nach. Ein neuer Faktor, der oft bemüht werden wird, um das tragische Ende Sinas zu erklären, war hinzugekommen und hatte vielleicht dazu beigetragen, die Spannung zu vermindern: Am 20. Februar 1932 hatte ein Beschluß der sowjetischen Regierung Trotzki und allen sich im Ausland befindlichen Mitgliedern seiner Familie die sowjetische Staatsbürgerschaft aberkannt. Von verschiedenen Seiten wurde bestätigt, daß Sina, die auf diese Weise von ihrem Mann und ihrem Töchterchen abgeschnitten wurde, davon besonders betroffen war.

Es sieht sehr wohl danach aus, daß das eine anfechtbare Auslegung ist. Die Briefe Ljowas aus dieser Zeit und das Zeugnis Jeannes, Jahre später, zeugen davon, daß Sinaida unter keinen Umständen in die UdSSR zurückkehren wollte und daß ihre Zuneigung zu ihrem Mann der Vergangenheit angehörte. Das einzige Problem war in Wirklichkeit ihre kleine Tochter, ein Problem, das sich aber durch ihre Weigerung, in die Sowjetunion zurückzukommen, allemal genauso gestellt hätte.

Auf jeden Fall war Sina in der Lage, den Briefwechsel mit ihrem Vater wieder aufzunehmen: Sie kommt darin unaufhörlich auf ihre Beziehungen, die reservierte Haltung, die er ihr gegenüber bei ihrer Abreise hatte, sein Unverständnis und seine Strenge zurück. Sie beklagte sich über Ljowa, auf den sie wild eifersüchtig ist, da er ja das Vertrauen des Vaters genießt, das ihr versagt ist. Als sie von ihrer Behandlung durch Doktor Kronfeld spricht, schreibt sie, daß sie sich »in dieser psychoanalytischen Schweinerei geleimt« fühle. Am 14. Dezember 1931 versichert sie Trotzki, daß sie ihn nur »um ein paar und wären es noch so wenige Zeilen« bitte ...

Neue schmerzliche Briefwechsel begannen, als Ljowa, wegen des Interesses der preußischen Polizei und der für die Nazis günstigen Entwicklungen beunruhigt, die – von L. D. befürwortete[21] – Abreise der jungen Frau nach Wien anregte. Sie weigerte sich entschieden und führte dafür ihre Bindung an Berlin an und das Interesse, das sie den politischen Kämpfen, der Revolution, die sie dort heranreifen sieht, entgegenbringt. Die Schwierigkeiten summierten sich: Sjewa hat nicht die notwendigen Papiere, um wieder zu seiner Mutter zu kommen. In der UdSSR hat Alexandra Lwowna ihre Arbeit verloren.

Ljowa beschreibt Sina als »einsam, außerhalb von allem, von jeder Tätigkeit abgeschnitten«.[22] Tatsächlich sahen sie sich nur sehr wenig, und Sina sah auch Jeanne nicht. Sie ging manchmal mit dem Griechen Yotopoulos aus, einem Kranken, der auch die Schwindsucht hatte. Vielleicht passierte es zu jenem Zeitpunkt, daß sie die Geliebte ihres Arztes wurde. Ljowa zog eine Bilanz der neuen Aspekte ihres krankhaften Verhaltens, die deutliche Zunahme der kleinen finanziellen Anleihen bei ihren Angehörigen und ihre haßerfüllten Worte gegen Jeanne. Er glaubte, daß ihre Absonderung die Gefahr in sich trug, »Rückfälle« herbeizuführen.[23] Es folgte ein erneuter Selbstmordversuch im November 1932: Für die Ärzte handelt es sich nicht um eine »Geste«, um Druck zu machen, sondern um einen wirklichen Versuch. Sie hatte sich eine Ader, die sie aufschneiden wollte, sehr unvollkommen zerschnitten: Der Selbstmord war mißlungen, doch es war ein Selbstmordversuch.[24]

Als Sjewa schließlich in Wien ankam, wohin er auf dem Umweg über Paris, wohin ihn Van gebracht hatte, zu Anna Konstantinowna gekommen ist, war sie gewiß glücklich. Aber es hat den Anschein, daß sie sich hinsichtlich der Aufgabe, sich um ihn zu kümmern, auf Jeanne verlassen hat. Als ihr Vater in Kopenhagen weilte, kam es nicht in Frage, ihn zu besuchen, aber sie schrieb ihm einen langen Brief, eine leidenschaftliche Verteidigung dessen, was sie »den Instinkt«, für sie »das Gedächtnis der Generation«, nannte. Sie warf ihm seine Ungeduld und seine Heftigkeit vor. Sie war in ihrer Würde tief verletzt durch die Tatsache, daß er geglaubt hätte, über ihre intimen Beziehungen verfügen und ihrem Psychiater die Briefe anvertrauen zu können, die sie an ihn gerichtet hatte und die nur ihnen beiden gehörten ...[25]

Ihre Ausweisung aus Deutschland kraft Beschluß der Regierung Schleicher traf Sina wie ein Schlag.[26] Die Welt war im Begriff, unter ihren Füßen zusammenzuschrumpfen. Was sollte sie denn in Wien machen? Sie war wieder schwanger, und das war wahrscheinlich kein geringer Faktor in der sich anbahnenden Tragödie, die mit dem Tode enden sollte.

Tatsächlich bahnt sich im Zentrum dessen, was Trotzki die »Tragödie des deutschen Proletariats« nennen sollte – der kampflose Sieg der Hitlerbanden –, nach und nach eine andere Tragödie an, die zugleich die der Sinaida Lwowna Bronstein genannten jungen Frau, ihres Vaters, einer Familie und schließlich von Tausenden und Abertausenden von »Trotzkisten« oder vermeintlichen Trotzkisten war.

Am Morgen des 5. Januar 1933 kümmerte sich Sinaida darum, daß ihr kleiner Sjewa zur Schule ging. Dann beendete sie die Briefe, die sie an ihre Familie gerichtet hatte, verstopfte die Ausgänge und drehte das Gas auf. Am gleichen Tag telegraphierte Ljowa an seine Mutter in einem rein persönlichen Telegramm, damit sie die Worte fände, um L. D. von seinem Unglück zu informieren: »Sina hat sich umgebracht. Alexandra Lwowna Platon informieren. Ich sage Ihnen nichts. Sjewa weiß nicht Tod von Sina. Er ist bei uns.«[27]

Am nächsten Tag teilte Sedow brieflich die Einzelheiten mit: Der Wohnungseigentümer hatte den Körper Sinas entdeckt; sie hatte sich mit Gas erstickt, während der Kleine im Kindergarten war. Er hatte ihre letzten Briefe gerettet, die später von der französischen Polizei beschlagnahmt und »verlegt« werden sollten. Jean van Heijenoort schreibt:

> »Am 5. Januar (1933) beging Sina in Berlin durch Gas Selbstmord. Um zwei Uhr nachmittags wurde sie tot aufgefunden. Ljowa schickte Natalja ein Telegramm, das am 6. eintraf, als wir nach dem Mittagessen vom Tisch aufstanden. Pierre Frank hatte, wenn ich mich recht erinnere, Wacht und überbrachte Natalja das Telegramm, als sie in den ersten Stock hinaufging. Trotzki und Natalja schlossen sich unmittelbar darauf in ihrem Zimmer ein, ohne uns etwas zu sagen. Wir fühlten, daß sich etwas Ernstes ereignet hatte, wir wußten nicht, was. Wir erfuhren die Nachricht durch die Nachmittagsblätter. Trotzki öffnete in den folgenden Tagen von Zeit zu Zeit die Zimmertüre, um Tee zu verlangen. Als er einige Tage danach herauskam, um die Arbeit aufzunehmen, war sein Gesicht entstellt. Zwei tiefe Falten hatten sich auf jeder Nasenseite eingegraben und rahmten den Mund ein.«[28]

Trotzkis erste Arbeit war, einen offenen Brief zu verfassen, indem er die Verantwortung für ihren Tod der Regierung Stalins, die sie ihrer Staatsbürgerschaft beraubt und der Regierung von Schleicher, die sie ausgewiesen hatte, zur Last legte. Trotzki schrieb alsdann an seinen älteren Sohn:

> »Ich schreibe Dir nicht, was Mama und ich in diesen letzten Tagen durchgemacht haben. Mama ist sehr schwach. Ich bin wohl stärker.«[29]

Daraufhin kam der niedergeschlagene Vater auf dem politischen Boden wieder zu Kräften:

»Ich habe ein wenig den Eindruck, daß Du verbirgst, daß sie Selbstmord begangen hat. Das wäre ein grober Irrtum. (...) Sina ist ein Opfer Stalin-Schleichers geworden. (...).«[30]

Die Publizität für den »offenen Brief«, sagte Trotzki, sei die beste Art, »Serjoscha, Lela, Anna und die übrigen und überhaupt unsere Genossen in der UdSSR«[31] vor Stalin zu schützen.

***

In diesen dramatischen Tagen blieb es Trotzki nicht erspart, einen weiteren, vorläufig letzten Schlag abzubekommen, einen Brief von einer der Personen, die er wohl am meisten auf der Welt achtete: Alexandra Lwowna, der Mutter von Sinaida, die die Wahrheit verlangte und ihm das sagte, was sie selber für die Wahrgeit hielt. Sie hatte 1928 schon Nina verloren, und nun kam auch die ihr verbliebene Tochter dazu: Alexandra Lwowna schrieb: »Ich kann alles verstehen, alles erklären, aber ich will Bescheid wissen«.[32] Sie gab Trotzki die Teilinformationen, über die sie durch die Briefe Sinas verfügte. Diese hatte ihr kurze Zeit zuvor eine Art Diagnose geschrieben:

»Ich bin traurig, daß ich mich nicht in die Nähe von Papa begeben kann: Du weißt, wie sehr ich ihn von Geburt an ‚verehre'. Und jetzt haben sich unsere Beziehungen verschlechtert. Von diesem Zeitpunkt an bin ich krank geworden.«[33]

Alexandra Lwowna erwähnte ihr Unvermögen, trotz ihrer Bemühungen ihrer Tochter zu helfen:

»Ich schrieb ihr (...), daß ich das aus Deinem Charakter erklärte, und aus Deiner Schwierigkeit, Erklärungen persönlicher Art zu verstehen, obwohl Du überzeugt seiest, man müsse das tun.«[34]

Dem Vater der Toten wirft Alexandra Lwowna vor, ihre Tochter nicht verstanden zu haben:

»Während ihres ganzen letzten Jahres war unsere unglückliche Tochter durch einen Konflikt mit Dir niedergedrückt. (...) Sie war eine erwachsene Person, mit der man intellektuelle Beziehungen hätte pflegen müssen. (...) Sina war in tiefster Seele ein soziales Wesen. (...) Der Gedankenaustausch mit Dir hätte vieles ausgeglichen, aber er fand nicht statt.«[35]

Alexandra Lwowna verlangte die Wahrheit über den Konflikt zwischen ihnen, beklagte den Rückgriff auf die Psychoanalyse und daß die junge Frau – wie ihre Eltern verschlossen, so erinnert sie sich – bei ihrer Heilbehandlung gewissermaßen gezwungen gewesen ist, »das zu sagen, worüber sie nicht sprechen wollte«.

Die alte Dame – sie war damals 61 Jahre alt und hatte ein aktives kämpferisches Leben hinter sich – gestand in den ersten Zeilen ganz unverhohlen, daß sie zitterte, wenn sie ihre Enkelkinder betrachtete:

> »Ich glaube nicht mehr an das Leben. Ich glaube nicht mehr, daß sie groß werden. Ich bin dauernd in der Erwartung einer neuen Katastrophe. (...)«

Dem Mann, den sie liebte, sagte Alexandra Lwowna abschließend:

> »Es fällt mir schwer, diesen Brief zu schreiben, und ebenso schwer, ihn abzuschicken. Verzeih mir diese Grausamkeit Dir gegenüber. Aber Du bist sicherlich über unsere Tochter völlig auf dem laufenden.«[36]

Die *Babuschka* – die Großmutter, wie sie ihre Freunde seit langem zärtlich nannten – sah richtig voraus. Auf sie, auf ihre Enkelkinder, sollte Stalins Rache, sein gegen Trotzki gerichteter Verfolgungswahn sich auch weiterhin stürzen: Kinder, Enkelkinder, Urenkel, »Eure Kindeskinder« hatte Pjatakow gesagt ...

Kapitel 44

Neugruppierungen gegen Stalin in der UdSSR

Paradoxerweise hatten das Auf-der-Stelle-Treten und sogar die Auflösungserscheinungen, die die internationale Opposition begleiteten, während der frühen dreißiger Jahre in der UdSSR keine Entsprechung. Nach dem Zusammenbruch, der mit einer Verschlimmerung der Unterdrückung und dem wilden Filzen des gesamten Briefverkehrs einherging, war die Kurve der Aktivitäten von 1931 an wieder im Ansteigen. Soweit dies nicht für die Organisation selbst galt, galt es wenigstens für die Strömungen in der Partei, die das gesamte oder Teile des Programms wieder aufgriffen und die sogar ein Bündnis, wenn nicht mit der russischen Opposition, so wenigstens mit Trotzki suchten.[1]

Der Zeitabschnitt, der nach der großen Krise der Opposition anbrach, war der der maßlosen Industrialisierung und der Zwangskollektivierung mit ihren fürchterlichen Begleiterscheinungen für die arbeitenden Massen. Einige haben diese Industrialisierung und Kollektivierung durch mißbräuchliche Benutzung des Wortes zu einer »Revolution« hochstilisiert, weil sie die gesellschaftliche Lage der NEP und des langsamen wirtschaftlichen Aufschwungs der zwanziger Jahre vollkommen zerstört haben.

Nach zwei Jahren des Zögerns hatte sich Stalin schließlich in dieses Unterfangen, eine wirkliche Flucht nach vorne, gestürzt, obwohl diese Politik weder wirklich gewollt noch somit auch nur ein bißchen vorbereitet war. Man mußte improvisieren, das heißt, oft schlicht und einfach den Befehl geben, die Ziele zu erreichen. Das ganze Unterfangen hat schließlich einen ungeheuren Preis an Material, an Vieh, an Erzeugnissen und vor allem an Leiden und Menschenleben gekostet. Es wird oft daran erinnert, daß 60 Prozent des Viehbestandes in diesem verrückten Unterfangen zugrundegingen. Vor allem aber, als »Kulaken« klassifiziert, – von denen es höchstens zwei Millionen gab – wurden über sieben Millionen mittlere oder arme Bauern Opfer der Gewaltmaßnahmen: Es gab mehr Tote als in einem Krieg. Auch bei der maßlosen Industrialisierung, die durch beschleunigte Inflation finanziert und gegen alle Vernunft mit Knutenhieben durchgeführt wurde, handelte es sich um dieselbe Flucht nach vorne. Eines der spektakulärsten Ergebnisse war, was man ganz ohne Ironie eine »absolute Massenverarmung« der Arbeitenden nennen kann. Landbewohner wurden um all ihr Habe gebracht, Arbeiter in Regimenter eingeteilt und völlig unterbezahlt, und umgekehrt entstand die Arbeiteraristokratie der Vorarbeiter.

Niemand – außer vielleicht Bucharin – hatte die Formen, unter denen die Industrialisierung und die Kollektivierung, die beide von der Linken Opposition jahrelang befürwortet worden waren, vor sich gehen würden, vorhergesehen. Selbst ohne genauere Belege ist es für uns nicht sehr schwierig, die Reaktion der alten Oppositionellen auszumalen. Sie hatten 1929 in dem Glauben kapituliert, daß »Stalin im Begriff wäre, das Programm der Opposition zu verwirklichen«, und mußten dann den von den halbnackt verschleppten Bauernscharen durchlebten Alptraum und zerlumpte Arbeiter entdecken, die unbrauchbare Erzeugnisse herstellten oder die mangels Energie oder Rohstoffe untätig die Arme verschränkten.

Trotzki selbst hat diese Variante der »zentristischen« Politik nicht vorausgesehen, weil er von der Alternative zur »thermidorianischen« Lösung – Rückkehr zum Kapitalismus oder aber proletarische Lösung von über die Mobilisierung der Massen durchgeführter Industrialisierung und Kollektivierung – fasziniert war. Er erkannte erst spät, unter dem Einfluß von Briefen aus der UdSSR, den genauen Inhalt der Kollektivierung der Landwirtschaft und der Industrialisierung in Eilmärschen, die durch Gewalt und unter Terror durchgeführt wurden und vorrangig auf die Stärkung der allmächtigen Bürokratie hinausliefen, dieser schmarotzenden Gesellschaftsschicht, die, gemäß der Ausdrucksweise von Karl Marx in einem ganz anderen Zusammenhang, den Staat wie ihr Privateigentum behandelt.

Christian Rakowski befand sich verständlicherweise näher an der sowjetischen Wirklichkeit. Er war nach dem Beginn dieser Kampagne wohl der einzige, der sehr schnell ihre unkontrollierbare Entwicklungsrichtung und ihre ersten nicht eingestandenen Ergebnisse erfaßt hat. In einer viel später in den Westen gelangten, doch wohl schon im Monat Juni 1930 abgefaßten Studie stellte er eine Bilanz der katastrophalen Wirtschaftslage auf, wie sie durch den noch nicht dagewesenen despotischen Willen das Leben von mehreren zehn Millionen Menschen ohne deren Zustimmung von Grund auf veränderte.[2] Mit Zahlenmaterial bewies Rakowski die unausweichlichen Folgen eines solchen Unterfangens, den Niedergang der Qualität der Industrieprodukte, beispielsweise die regelmäßige Herstellung von fehlerhaften und unbrauchbaren Gütern, die Erschöpfung der Ernten und das Verschwinden der Bemühungen in der Viehzucht. Rakowski beschrieb ohne Polemik und unendlich traurig die Desorganisation unter dem Deckmantel der Planung, den Stillstand vieler moderner Industrien mangels Rohstoffen und die Untätigkeit ganzer Gebiete, die mit einem nichtfunktionierenden Plan, der ihnen Elektrizität garantieren sollte, in die Dunkelheit getaucht wurden.

Während der kapitalistische Westen, im Gefolge des Krachs an der Wall Street 1929, von einer internationalen Krise heimgesucht wurde, die zu einer nie dagewesenen Zerstörung von Produktivkräften führte, war das von der

Sowjetunion dargebotene Schauspiel kaum dazu angetan, den Glauben an die Überlegenheit des sozialistischen Systems zu fördern und zu nähren.

Trotzki wurde darüber ausgesprochen gut informiert. Die Briefe, die beim *Bjulleten Opposizii* eingehen, von denen mangels Platz nur ein Teil veröffentlicht wurde, beschreiben mit großer Eindringlichkeit die Lebensverhältnisse des Proletariats, das Sinken der Löhne – Folge der Maßnahmen, die der Erhöhung der Produktivität dienen sollten –, das Explodieren der Preise und den Mangel an Agrarerzeugnissen. Viele von ihnen berichten von Konflikten in den Unternehmen, vom Ringen gegen die »kleinen Chefs«, das in Wirklichkeit ein Kampf gegen die Massenverelendung war. Andere beschreiben die Kollektivierung »bis zum letzten Küken« und, wie ein Korrespondent, der mit »G. N.« zeichnet, sagt, die »Entkulakisierung bis zu den Filzstiefeln, die man von den Füßen der Kinder reißt«.[3] Ein anderer schreibt, daß er sich in einem Sektor von »vollständiger Kollektivierung« befinde, was bedeute, daß »die Bauern ihr Vieh abschlachten und ihr Hab und Gut verkaufen«. Ein anderer faßte die Lage zusammen:

> »Knappheit in den Städten. Hunger in den Provinzen. Hungersnot in vielen ländlichen Gegenden. In den Hauptstädten Schlangen für alle Produkte. An allen Lebensmitteln mangelt es. (...) Arbeitslosigkeit.«[4]

Ein Brief von 1932 beschreibt die Lage bei der Eisenbahn während des Winters 1931/1932: »Typhus. In den Bahnhöfen liegende, von Läusen bedeckte Kranke ...«[5]

Ein anderer beschreibt die Versorgungslage in Moskau, wo die Schlangen für Brot gegen ein oder zwei Uhr morgens beginnen, während die Arbeiter einer Traktorenfabrik von Stalingrad nur Wasser und Brot als Nahrung haben. Noch ein anderer erklärt, daß die Kolchose sehr wenig verkaufe, daß allein die Kolchosangehörigen das Geschäft »machen«: »Die Kolchose«, schreibt er, »ist die Summe ihrer Einzelwirtschaften ...«. Manche Korrespondenten vermerken die Furcht vor der Bürokratie, die in die gesellschaftlichen Beziehungen hineinbricht, aber auch die Angst bei den Arbeitern, daß die dem bürokratischen System zugefügten Schläge nicht zu Schlägen gegen die Industrie und das sowjetische System werden. Andere sprechen von Scharen von Bauern auf den Bahnhöfen, die den Kolchosen entfliehen wollten, von Banden verlassener Kinder, die wie kurz nach dem Bürgerkrieg umherirrten.

Ein Aspekt der Krise wurde besonders deutlich: die Besorgnis im Apparat, wo viele Personen als Individuen oder in Gruppen sich daran machten, die augenblickliche Politik mit der von der Opposition befürworteten zu vergleichen, und nach einen Ausweg suchten, der sich mit deren Perspektiven deckte.

In ihrer Isolierung oder in Gefängnisse eingesperrt, hatten die Oppositionellen keine große Mühe, Lösungen anzugeben, die sich den Augen aller aufdrängten. Man mußte den Würgegriff der Zwangskollektivierung, die über die gesamte Bauernschaft hereingebrochen war, lockern, ihr Ausscheiden aus den Kolchosen erlauben und die verängstigte Masse wieder beruhigen. Man mußte die Zielvorgaben in der Industrialisierung herabsetzen, die Arbeiter an dem Plan teilhaben lassen und die Ziele in Abhängigkeit von ihrer Meinung abändern, kurzum die Arbeiterdemokratie wiederherstellen, die die Zwangskollektivierung und die übermäßige Industrialisierung noch ein wenig mehr mit Füßen getreten hatten.

Wir haben nur wenige Informationen über die Tätigkeit der Trotzkisten nach der Erklärung vom April 1930, mit Ausnahme der aus den Gefängnissen und aus den Verbannungsorten stammenden Unterlagen. In dieser Hinsicht hat das Jahr 1930 einen Posten wichtiger, oft nach langer Wanderschaft in den Westen gelangter Unterlagen gebracht: Ein Brief von Kote Zindzadse, eine Studie von Rakowski und ein von Solnzew, Jakowin und Stopalow im Gefängnis abgefaßter, *Die Krise der Revolution*[6] betitelter, gemeinsamer Text, das Ergebnis der Diskussionen, die im Isolationsgefängnis von Werchneuralsk stattgefunden hatten. Mehrere Zeugnisse, das von Ante Ciliga[7], das von Ardaschelja und Jakowin, das sich in den Trotzkiarchiven[8] von Harvard befindet, ebenso wie das Zeugnis eines nach dem Krieg nach Israel geflohenen Überlebenden[9], erlauben es uns, die Stärke des intellektuellen und politischen Lebens in den zu Universitäten umgewandelten Gefängnissen – in Tscheljabinsk wie in Werchneuralsk – ebenso wie die Fruchtbarkeit der politischen Debatte zwischen »leninistischen Bolschewiken« nachzuzeichnen, unter denen wir, neben den drei weiter oben angeführten, die vertrauten Namen Posnanski, Dingelstedt, Man Nevelson und sehr vieler anderer Aktivisten der jungen Generation wiederfinden.

Wir wissen hingegen nur sehr wenig über die Tätigkeit der Genossen »von draußen«.[10] Die Verhaftungen sind während dieser Jahre weitergegangen, wie es die Gesamtzahl der Verschleppten, die von 700 »Unbeugsamen« zur Zeit der Erklärung vom August 1929 auf ungefähr 7.000 im November 1930 angestiegen war, anzeigt. Ein Briefpartner Trotzkis – wahrscheinlich N.N. Perewersew – schrieb über diese Menschen, daß »die neuen, tausend, zweitausend oder mehr«, in der Mehrheit Arbeiter seien, die die Linke Opposition zuvor nicht gekannt hatten und aus eigenem Antrieb und aus eigener Erfahrung zu ihr gekommen seien. Der Briefpartner sprach vom Auftauchen von »Trotzkisten und Halbtrotzkisten« in den Fabriken bei jedem Schlag des Apparates.[11]

Das »Zentrum« in Moskau hat sich ganz gewiß halten können, oder genauer, Sedow hat in Moskau immer eine Station zur Nachrichtenweiterleitung gehabt, selbst nach der Verhaftung von S. M. Elzin und von Jakowin. Wir kennen Namen: W. Janutschewski, der ein Freund von Sosnowski gewesen zu sein scheint, Michail Andrejewitsch Polewoi, ein Freund Nins, der im Mai 1931 verhaftet wurde, Michail Alexandrowitsch Schabion[12], Geschichtsprofessor und gegen Ende dieses Zeitabschnitts dazugestoßen, Jakob Kotscherets[13] und Andrej Konstantinow, genannt Kostia, der durch die Deportationserinnerungen von Maria Joffe unsterblich gemacht wurde, und bei dem es sich wohl um den 1923 aus der *Prawda* entfernten Journalisten handelte.

Es scheint wohl, daß ihre Reihen von Zeit zu Zeit von »taktischen Kapitulationen«, das heißt, falschen, von der Opposition selber beschlossenen Kapitulationen verstärkt wurden. Es scheint, daß man die Kapitulation von Rafail-Farbman und von Ilija Rosengaus in jenen Jahren in diese Kategorie einordnen kann.

Auf alle Fälle gelang es Lew Sedow von 1930 bis 1932, teils dank der Veröffentlichung des *Bjuletten Opposizii*, aber vor allem dank seiner ungeheuren Bemühungen, Kontakte aufrechtzuerhalten und Informationen und Korrespondenz zu bekommen, indem er Reisende oder Angestellte der internationalen Organisationen, wie den Münzenberg-Konzern, dieses riesige Presse- und Mischunternehmen, dessen Beschäftigte zwischen Deutschland und der UdSSR hin- und herreisten, dafür einsetzte.

Doch die Resultate blieben bis noch vor kurzer Zeit verkannt: Dem kleinen, übriggebliebenen oppositionellen Kern schlossen sich ab 1931 andere aus der kommunistischen Partei hervorgegangene Strömungen an.

***

Die erste dieser neuen Oppositionsgruppen war in der Mitte der Stalinfraktion selbst entstanden. Sie wurde von zwei Männern verkörpert, die alle beide zu verschiedenen Zeitpunkten mit Stalin persönlich verbunden waren: die beiden ehemaligen Führer des kommunistischen Jugendverbandes, Jan Sten und W. W. Lominadse.

Der erste war ein marxistischer Philosoph, ein anerkannter Spezialist für Hegel. Jan Sten war der Theoretiker des kommunistischen Jugendverbandes und Urheber von dessen linksorientierten Reaktionen. Er war ein so glanzvoller und berühmter Intellektueller, daß Stalin ihn gebeten hatte, ihm »Privatstunden in Dialektik« (sic) zu geben. Diese Erfahrung hat Sten gezeichnet: Schon 1928 ließ er sich in seinem Freundeskreis dazu hinreißen zu sagen, daß Koba (Stalin) Dinge tun würde, die die Prozesse gegen Dreyfus und Beilis, den berühmten antisemitischen Prozeß zu Beginn dieses Jahrhunderts, weit in den Schatten stellen würden …[14]

W. W. Lominadse (Besso) besaß eine außergewöhnliche Persönlichkeit. Dieser Mann von ungewöhnlicher Statur und Kraft mit pechschwarzem Haar war intelligent, gebildet und energisch. Er war ein Liebhaber von Liedern, ein großer Anekdotenerzähler, ein ebenso kräftiger Arbeiter wie Lebemann und Trinker. Er absolvierte seine Ingenieurstudien, obwohl er gleichzeitig ganztägig für die Partei arbeitete. Man weiß, daß er an einem trinkfreudigen Abend auf eine Wette hin nicht zögerte, das Eis der Moskwa aufzubrechen, um in ihr zu baden, und daß er bei dem Abenteuer eine Niere einbüßte.[15] Er machte eine schwindelerregende Apparatschikkarriere: Mit 20 Jahren wurde er Parteisekretär von Tiflis und war dann einer der wichtigsten Führer des Kommunistischen Jugendverbandes, bevor er in den Apparat der Partei überwechselte. Margarete Buber erzählt, daß er für sein Verhalten beim Sturm auf Kronstadt, für den er sich als Freiwilliger gemeldet hatte, mit der Roten Fahne ausgezeichnet worden ist, daß er sich aber weigerte, die Auszeichnung zu tragen. Er war ein erbitterter Gegner der Opposition von 1923, der Neuen Opposition und schließlich der Vereinigten Opposition. Schon von Ende 1927 an hatte sich aber gezeigt, daß diese Männer aus dem Apparat eine gewisse geistige Unabhängigkeit an den Tag legten: Für sie war die Niederlage der Linken Opposition kein Anlaß, alle Probleme für geregelt zu halten. Von dieser Zeit an wurden sie zur Ordnung gerufen, weil sie das Bestehen einer »Gefahr von rechts« zu stark betonten, 1929 sind sie durch eine Reihe kritischer Artikel über die stalinistische Führung in der *Komsomolskaja Prawda* in Erscheinung getreten.

Anscheinend hatte zu diesem Zeitpunkt der systematische Kampf der Gruppe im Apparat begonnen.[16] Lominadse wurde als Parteisekretär zunächst nach Nischni-Nowgorod abgestellt, wo er sich mit Ter-Waganjan zusammentat; dann schickte man ihn im April 1930 als ersten Sekretär nach Transkaukasien. Mit Unterstützung durch ein über die ganze Sowjetunion verbreitetes Netz, dem die meisten der früheren Führer des Kommunistischen Jugendverbandes – besonders Schazkin und Tschaplin – angehörten, arbeitete Lominadse eine Resolution aus, die eine lobhudelnde Billigung der Stalinschen Linie mit scharfen Kritiken am Verhalten des Apparates verband, an dem »Verfall der Arbeiterdemokratie«, an der Zwangskollektivierung und sogar an manchen Erklärungen Stalins, die den Vormarsch des Sozialismus betrafen.[17]

Es scheint, daß das Vorhaben Lominadses von unvorsichtigen Initiativen eines seiner wichtigsten Verbündeten oder Anhänger, des Präsidenten des Rates der Volkskommissare der RSFSR, S. J. Syrzow, öffentlich gemacht worden ist. Dieser Altbolschewik hielt am 30. August 1930 vor den Volkskommissaren und den Mitgliedern des Wirtschaftsrates der RSFSR eine zweistündige Rede, in der er die Verschlechterung der Lage der Arbeiter und die Fortschritte der Bürokratie betonte und eine »neue Begrenzung der Aufbaufront«[18], mit anderen Worten zumindest eine Verlangsamung der Kollektivierung und des Tempos der Industrialisierung, befürwortete. Die Untersuchung der GPU nach diesem öffentlichen Auftritt enthüllte das Bestehen einer »spalterischen Gruppe« und ermöglichte es, einigen ihrer Mitglieder »Geständnisse« abzuringen. Syrzow, der zunächst als Ankläger auftrat, brach schließlich vor der Kontrollkommission zusammen.[19]

Die Leute der Geheimfraktion von Sten und Lominadse hatten beschlossen, nicht offen zu kämpfen. Sie übten Selbstkritik und gestanden ihre »Fehler« ein; im allgemeinen wurden sie nur versetzt. Diejenigen, die die stalinistische Presse von nun an »die doppelgesichtigen Männer« oder auch noch »die links-rechte Fraktion« nennen sollte, suchten nun jene Kontakte, die es ihnen erlauben sollten, die Front des Widerstandes gegen die Politik Stalins zu erweitern.[20]

Auf diesem Weg trafen sie andere Strömungen und Gruppen und zunächst die Sinowjewisten, die 1927 den Entschluß gefaßt hatten, den Preis für ihren Verbleib in den Reihen der Partei zu bezahlen, indem sie alle von ihnen verlangten Erklärungen abgaben. Sie hatten aber weder auf ihre eigenen Meinungen noch auf ein gewisses Maß an Fraktionstätigkeit verzichtet. Und zumindest an der Spitze hatten sie seit 1928 nicht aufgehört, unter sich immer wieder Kontakte aufrechtzuerhalten.

Die Freunde Sinowjews teilten im Grunde 1928 und 1929 die Illusionen der »Kapitulanten«, die Preobraschenski, Radek und Smilga gefolgt waren. Ganz offensichtlich setzten sie nach dem Treffen mit Bucharin vom Juli 1928 weiterhin auf Stalin und auf einen »Linkskurs« und erwarteten eine Wiedereinsetzung in verantwortungsvolle Ämter, was Stalin ihnen von Zeit zu Zeit auch vorgaukelte. Die Briefe, die Sedow erhielt, offenbarten jedoch die Enttäuschung Sinowjews und Kamenjews und ihre Neigungen, »Opposition zu spielen«, die sie von 1930 an wieder an den Tag legten. Man weiß auch, daß sich Sinowjew später in sehr kritischen Worten über die Politik in Deutschland und die Komintern geäußert hat. Er ging 1932 sogar so weit, alten Vertretern der Linken Opposition, die zu ihm gekommen waren, um sich mit ihm zu unterhalten, anzuvertrauen, daß sein größter politischer Fehler – sogar schwerwiegender als sein Widerstand gegen Lenin 1917 – sein Bruch mit Trotzki und der Linksopposition 1927 gewesen sei.[21]

Darin war sich Sinowjew wahrscheinlich mit der Gruppe einig, die ihn zum Zeitpunkt dieses Bruches verlassen hatte, und die man die Gruppe »ohne Chefs« nannte, die aber in Wirklichkeit von Safarow und Tarchanow geführt wurde. Die beiden wurden 1928 nicht ohne Mühe wieder in die Partei eingegliedert, nachdem sie ihre Absicht, ein doppeltes Spiel zu treiben, mehr oder weniger von den Dächern gepfiffen hatten.

In den Neugruppierungen, die sich ködern ließen, wurde die entscheidende Rolle von der Gruppe um Iwan Nikititsch Smirnow, jenem Altbolschewiken, »dem Gewissen der Partei« vor Swijaschsk gespielt, von dem der Leser weiß, daß er sich 1929 bemüht hatte, eine ehrenhaftere Kapitulationserklärung als die von Radek, Smilga und Preobraschenski abzufassen und keinen großen Erfolg damit gehabt hatte. Smirnows weniger entehrende Erklärung, die Kontakte, die er beibehielt, die Reden, die er führte und die Haltung, die er bewahrte, brachten ihm ein gewisses Renommee ein. Als er 1930 aus der

UdSSR ausgewiesen wurde, führte André Nin gerade Smirnow als Vertreter von »einer Gruppe von Kapitulanten, die ihren Ideen nicht entsagt haben und für die die Kapitulation nur ein taktisches Manöver war«[22], an.

Wir haben natürlich keine Kenntnisse von der Tätigkeit dieser Gruppe Smirnow bis 1931 und von der subtilen Art, auf die sie versucht zu haben scheint, die heimliche oppositionelle Haltung mit doppelsinnigen Beteuerungen der Linientreue zu verbinden. Die entscheidende Wende trat für ihn im Mai 1931 ein, als er in Berlin Lew Sedow traf. Die Begegnung zwischen den beiden Männern war ganz offensichtlich mehr als eine zufällige allgemeine Unterhaltung, wie es Sedow zum Zeitpunkt der Moskauer Prozesse legitimerweise weiszumachen versuchte. Wir müssen jedoch einräumen, daß wir keine Möglichkeit haben, zu wissen, ob dieses Treffen das Ergebnis eines reinen Zufalls war, wie Sedow es behauptete, oder ob es im Gegenteil vorbereitet wurde. Wir begnügen uns hier, die Unwahrscheinlichkeit des nach dem ersten Moskauer Prozeß gemachten Berichtes Sedows in einem Einzelpunkt zu erwähnen: Er wäre Smirnow um den Hals gefallen, als er ihn auf der Straße erkannte. Kann man bei einem von Trotzki öffentlich als »Kapitulanten« angeprangerten Menschen an ein solches Verhalten glauben?

Die Sedow über I. N. Smirnow, dann nach ihrem Treffen durch andere Sendboten und über Zuschriften zugegangenen Informationen lassen das Vorhandensein eines »Zentrums« der Gruppe Smirnow deutlich werden, das sich aus einigen seiner Freunde, Unterzeichner seiner Erklärung von 1929, S. W. Mratschkowski, Ter-Waganjan, N. J. Ufimzew und L. G. Ginzburg, aber auch aus E. A. Preobraschenski, dem Verfasser der »schändlichen« Erklärung vom Juli 1929, zusammensetzte: Ganz offensichtlich reorganisierte dieses Zentrum die früheren Oppositionellen, die begriffen hatten, daß sie durch ihre Kapitulation in eine Sackgasse geraten waren.[23]

Im September oder Oktober 1932 traf ein mit Smirnow verbundener hoher Beamter des Wirtschaftsapparates, E. S. Holzman, in Berlin ein, der anläßlich seines Auftrages in Berlin darauf eingegangen ist, Smirnows Unterhändler bei Sedow zu sein. Er brachte Neuigkeiten, die sein Gesprächspartner Sedow als sehr bedeutsam betrachtete. Sie bewiesen in der Tat die Tätigkeit und die Bedeutung der Gruppe, die Sedow in seinem Briefwechsel mit Trotzki die der »früheren trotzkistischen Kapitulanten« nannte. Über diese Genossen schrieb Sedow an das internationale Sekretariat ohne Umschweife: »I. N. Smirnow und andere, die uns einstmals verlassen haben, sind zurückgekommen.«[24]

Ohne daß er so weit gegangen wäre, meinte auch Trotzki, als er ganz offensichtlich von dieser Gruppe sprach, daß man in ihrem Zusammenhang »die Bilanz der Erfahrung der ehrenhaften, aufrichtigen und nicht karrierejägerischen Kapitulation«[25] ziehen konnte.

Zu eben dem Zeitpunkt, wo diese »Linksgruppen« früherer Stalinisten oder früherer »Kapitulanten« sich so der Kritik und den Perspektiven Trotzkis, die sie erbittert bekämpft hatten, annäherten, spielten sich im Apparat und bis ins Zentrum dessen, was man seit Jahren »die Rechte« nannte, ähnliche Erscheinungen ab.

Genau zu dem Zeitpunkt, als sich die Linke Opposition und die Gruppen, die sie verlassen hatten, wieder zusammenfanden, um den Rückzug an der Wirtschaftsfront, eine Art Rückkehr zur NEP und eine Verlangsamung der Industrialisierung zu verlangen, orientierte sich eine aus dem Zentrum der früheren Rechten hervorgegangene Strömung in Richtung auf eine gemeinsame Rückkehr zu den alten Forderungen der früheren Linken Opposition nach Partei-Demokratie.

Wahrscheinlich markierte die kampflose Kapitulation von Bucharin, Rykow und Tomski im November 1929 den Ausgangspunkt der Herauskristallisierung eines Kerns von Männern im Inneren der »Rechten«, die entschlossen waren, den Kampf gegen die Stalinsche Politik weiterzuführen. Sie kamen dabei schnell auf die Idee, daß sie das frühere Wirtschaftsprogramm der Rechten erweitern mußten, indem sie es um, dem Programm der Linken entliehene, Bestandteile erweiterten, insbesondere um deren Losungen der Arbeiterdemokratie. Außerdem wollten sie versuchen, ihrem Kampf repräsentative Persönlichkeiten der ehemaligen trotzkistischen und sinowjewistischen Linksopposition zuzuführen. Diese Gruppe, die Sedow in seinem Briefwechsel ein wenig schematisch »die Rechten« nennt und die die Historiker im allgemeinen als »Gruppe Rjutin« bezeichnen, scheint uns mit dem Etikett »Gruppe Rjutin-Slepkow« klarer gekennzeichnet.

Diese Gruppe wurde in Distanz zu den früheren Führern der historischen Rechten und gewissermaßen als Reaktion auf deren politisches Verhalten, das sie zur Kapitulation geführt hatte, geschaffen. Sie wurde von zwei Männern angeleitet, die zur Zeit der großen Zeit der Rechten – mit verschiedenen Befugnissen – ihre hervorragendsten Persönlichkeiten auf der zweiten Ebene waren.

A. N. Slepkow, der mit dem Jahrhundert geboren wurde, war noch ein ganz junger Mann, der ehemalige Lieblingsschüler Bucharins und Anführer dessen, was man Bucharins »Schule der roten Professoren« genannt hatte. Als begabter Journalist und gefürchteter Polemiker von glänzender Intelligenz, der sich in der Auseinandersetzung gegen die Linke Opposition seinen scharfen Biß zugelegt hatte, hatte Slepkow 1929 auch seinen Mut und seine Kampfbereitschaft bewiesen, als er einer der dünn gesäten Leute war, die inmitten des Apparates, im Zentrum des von Kirow geführten Bezirks in Leningrad, Widerstand zu organisieren versuchten, was ihm eine Verbannung nach Zentralasien eingebracht hatte. Es scheint, daß er schon von dieser Zeit an seinen Kampf gegen die Linke Opposition bereute und dies auch zu erkennen gegeben hat.

M. N. Rjutin war ein älterer und nicht besonders einnehmender Mann. Als ehemaliger Menschewik aus Ostasien hatte er sich nach seiner Bewährung im mutigen Untergrundkampf gegen Koltschak den Bolschewiken angeschlossen und sich im Apparat als ein Mann von Durchschlagskraft bekanntgemacht. Er organisierte in der Zeit des Kampfes gegen die Opposition die Schlägerkommandos, die es ermöglicht hatten, Anfang Oktober 1926 den Versuch des Auftretens ihrer Aktivisten in den Fabrikzellen zu verhindern. Obwohl Rjutin die gewaltsame Vorgehensweise zynisch theoretisierte und seine Verachtung für die Demokratie offen kundtat, war dieser Mann dennoch ein Mann von Herz. Er wurde als einer der ersten von Stalin anläßlich seiner Offensive gegen die »Rechten« zur Zielscheibe gemacht und war daher zur Selbstkritik genötigt. Auf dem XVI. Kongreß 1930 war er aus dem Zentralkomitee entfernt worden. Er war Journalist, als er sich wahrscheinlich 1931 für die Organisierung jener Gruppe einsetzte, der die Geschichte seinen Namen gegeben hat.

Die Gruppe selbst scheint andere frühere »Rechte«, vor allem die roten Professoren D. G. Maretski und P. G. Petrowski, aber auch einige altgediente Arbeiter der sinowjewistischen Opposition umfaßt zu haben, darunter W. N. Kajurow, und zwei sehr wenig bekannte frühere Aktivisten der Linken Opposition, deren Repräsentativität in der Sache Trotzki energisch bestritt.

Man weiß, daß die Haupttätigkeit der Gruppe Rjutin und Slepkow, wahrscheinlich durch die Beflissenheit des letzteren, in der Abfassung eines Programms, das allgemein »Rjutin-Programm« genannt wird, lag. Es weist die Eigenschaft auf, zugleich berühmt und unbekannt zu sein, da sein Text noch immer nicht zugänglich ist, seine Existenz aber von allen Quellen, den offiziellen und den oppositionellen, bestätigt wird.

Laut den wenigen Autoren – Ciliga, Victor Serge, Boris Nikolajewski –, die den Text erwähnen, wobei sich die einen vielleicht von den anderen inspirieren ließen, wie laut den von Sedow erhaltenen Informationen oder laut der *Sozialistitscheski Westnik*, die ihn »den Brief der achtzehn Bolschewiken«[26] nannte, stellte sich das Programm als ein Versuch dar, die früheren rechten und linken Oppositionsgruppen gegen Stalin zusammenzuschweißen und sie einstweilen in einem gemeinsamen Programm zusammenzuschließen.

Das Programm ging von der Notwendigkeit eines wirtschaftlichen Rückzugs aus und sprach sich sodann für die Wiederherstellung der Demokratie in der Partei bei vorausgehender Wiedereingliederung aller Ausgeschlossenen, darunter Trotzki, aus. Es analysierte gleichfalls die Rolle Stalins in einer Art gedrängter Anklageschrift, die ihn als »den von seinem Rachedurst und seinem Machthunger getriebenen bösen Geist der Revolution (...)« darstellte. Das Programm ging sogar so weit, Stalin mit dem berüchtigten Provokateur

Asew zu vergleichen, wobei es sich fragte, ob Stalins Politik nicht die Frucht dessen sei, was es »eine ungeheure bewußte Provokation« nannte.[27]

Eben der Umlauf dieses im Sommer 1932 in den hohen Kreisen der Partei weithin bekannten Schriftstückes zog eine Untersuchung der Zentralen Kontrollkommission nach sich. Am 9. Oktober 1932 beschloß die Vollversammlung des Zentralkomitees, diejenigen der Aktivisten, die von diesem Programm Kenntnis hatten und es der Partei nicht verraten hatten, hart zu bestrafen, indem sie sie aus der Partei ausschlossen: Unter ihnen befanden sich bezeichnenderweise Jan Sten, Sinowjew und Kamenjew, ebenso Uglanow.[28]

In der Tat hatte das Auftauchen der »erneuerten Rechten« von Rjutin und Slepkow eine doppelte Bedeutung. Da diese »Rechte« ja auf eigene Verantwortung die Forderung nach der Arbeiterdemokratie in der Partei wiederaufnahm, war sie das Eingeständnis, daß Trotzki in der Frage des Parteiregimes recht gehabt hatte. Ferner zeigte die günstige Art und Weise, in der das Programm in den mittleren und unteren Schichten der mit gewaltigen Schwierigkeiten ringenden Bürokratie günstig aufgenommen wurde, daß diese für Forderungen, die ihr eine gewisse Entspannung bringen konnten, empfänglich war. Trotzki war zwar jedem Bündnis mit den »Rechten« feind. Er scheint aber auf jeden Fall nicht an den Chancen gezweifelt zu haben, die sich für die »Rechten« ergaben, sich in einer sehr nahen Zukunft zum Schaden Stalins durchzusetzen und längere Zeit Oberwasser zu behalten. Daher glaubte er, daß die Linke Opposition nicht gezwungen sein würde, ein gutes Stück Weg mit ihnen zu gehen.

***

Man kann schwerlich glauben, daß sich Sedow und I. N. Smirnow 1931 in Berlin nicht vor allem über ein mögliches Bündnis – einen Block, wie die Russen sagen – zwischen den verschiedenen Oppositionsgruppen gegen Stalin unterhalten haben. Die Rückkehr I. N. Smirnows nach Rußland fiel mit dem Auftauchen der Idee eines »Blocks der Oppositionen« in der UdSSR zusammen, und es folgten ihr auch die ersten Schritte zum Zwecke ihrer Verwirklichung. Aber vielleicht war für all diese Gruppen das Wesentliche diese von nun an mit Trotzki hergestellte Verbindung, was ihrem Unterfangen Festigkeit verlieh. Man kann auf jeden Fall an der Angst Trotzkis, als er sah, wie sich sein Sohn auf diese Kontakte einließ, ermessen, daß Trotzki weder das Treffen noch die besprochenen Vorhaben für Scherze oder ein zufälliges Gespräch hielt. Ich werde mich hier nicht mit den Entdeckungen und den Forschungsmethoden aufhalten, die ich benützt habe, um die Geschichte der Kontakte zwischen diesen verschiedenen Gruppen und Strömungen nachzuzeichnen, so wie sie durch die Zeugenaussagen der Angeklagten der ersten Moskauer Prozesse hindurchschimmern, befreit man sie einmal von ihrer

»terroristischen« Verbrämung und von all jenen Details, die den Geständnissen der Unglückseligen durch die Polizei aufgezwungen waren.[29]

Der wichtigste Gesichtspunkt im Treffen zwischen Sedow und Smirnow bestand darin, daß dieser von nun an die Möglichkeit hatte, mit Trotzki direkt in Kontakt zu treten, ja sogar ihn zu Rate zu ziehen. War ein »Block der Oppositionen« ohne Trotzki möglich? Sinowjew sah, wie die Besucher herbeiströmten, von Safarow – der im Dezember 1927 mit Sinowjew gebrochen hatte – bis zu Sten und Lominadse, die mit Stalin gegen Sinowjew gewesen waren und die er ebenso wie die Leute der Arbeiteropposition von Anfang der zwanziger Jahre, Schljapnikow und Medwedew, die »Ultralinken« genannt hatte.[30] I. N. Smirnow verständigte seinerseits alle anderen Personen des oppositionellen Umfeldes, angefangen mit Sinowjew.[31] Offensichtlich hatte Smirnow die ihm Nahestehenden in Kenntnis gesetzt, wobei er mit Ter-Waganjan und Mratschkowski anfing. Smirnow war auch der erste, der Lominadse unterrichtete.

Die Verhandlungen hatten wohl im Juni 1932 begonnen, und alles war nach vorbereitenden Begegnungen sehr schnell gegangen. Ter-Waganjan wurde für mehrere Kontaktaufnahmen zum Mittelsmann. Die Sinowjewisten schickten Jewdokimow, um im Eisenbahnsondercoupé von Mratschkowski mit der Gruppe Smirnow Kontakt aufzunehmen. Die Sinowjewisten entschieden sich im Laufe einer in Illinskoje in der Datscha Sinowjews abgehaltenen »freundschaftlichen« Versammlung mit Kamenjew, Bakajew, Karew, Kuklin und Jewdokimow – der das Referat hielt.[32]

Im September 1932 begab sich Holzman nach Berlin. I. N. Smirnow und Mratschkowski beauftragen ihn, dort Sedow zu treffen und ihn über die Entwicklungen in der UdSSR zu informieren, um die Meinung Trotzkis einzuholen. Erst nachdem Sedow Holzman getroffen hatte, der ihm einen Brief Smirnows und Unterlagen überbrachte, von denen mehrere fast umgehend im *Bjulleten Opposizii* veröffentlicht worden sind, informierte Sedow Trotzki über die Bildung eines »Blocks« in der UdSSR mit den anderen Oppositionsgruppen, und zwar den »Sinowjewisten«, der Gruppe Smirnow der »früheren trotzkistischen Kapitulanten« und der Gruppe von Sten und Lominadse. Die Gruppe Safarow-Tarchanow, die, sagt Sedow, einen »zu extremen« Standpunkt habe, hatte sich dem Block noch nicht angeschlossen.[33]

Einige Wochen später bestätigte Jurij Gawen, ein hoher Beamter des Gosplan, der nach Deutschland gekommen war, um seine Tuberkulose zu kurieren, und der Mitglied der »Gruppe O« (wahrscheinlich Ossinski) war, unabhängig von Holzman die Sedow überbrachten Informationen.[34]

Nach dem, was wir aus der Antwort Trotzkis wissen, freute er sich über das Bestehen dieses – vorläufig auf einen Informationsaustausch beschränkten – Blocks.[35] Trotzki betonte nachdrücklich, daß es sich wohlgemerkt um einen bloßen Block, nicht um einen Zusammenschluß handele und daß er für sich und seine Genossen das unbeschränkte Recht auf gegenseitige Kritik zu bewahren gedachte. Eine Meinungsverschiedenheit zwischen Trotzki und seinen neuen Verbündeten trat deutlich in Erscheinung: Die letzteren faßten die Möglichkeit ins Auge, den Block auf die »Rechten«, das heißt, auf die Gruppe Rjutin-Slepkow auszudehnen. Trotzki sprach sich entschieden dagegen aus, ohne deshalb die Notwendigkeit einer unvermeidbaren Phase der Zusammenarbeit mit ihnen zu leugnen. Trotzkis erste direkte Kritik an den neuen Verbündeten bestand im an sie gerichteten Vorwurf, eine »abwartende« Politik zu betreiben, die sie den Initiativen der »Rechten« unterordne.[36]

Die Trotzki übermittelten Lageberichte schienen ihm auf jeden Fall für die Entwicklung der Opposition so günstig, daß er die Möglichkeit einer gemeinsamen politischen Erklärung, deren Tragweite beträchtlich wäre und die von den bekanntesten Persönlichkeiten des Blocks namentlich unterzeichnet würde, der dafür somit öffentlich die Verantwortung übernehmen würde, für in greifbare Nähe gerückt hielt.

Eine andere Polemik, die Trotzki vorläufig nur gegen Sedow führte, zeichnete sich ab.[37] Es handelte sich um das Schlagwort, das im Mittelpunkt der Agitation der Gruppe Rjutin-Slepkow stand, das »Verjagt Stalin!«. Trotzki hielt dieses Losungswort für gefährlich, das seiner Meinung nach der kapitalistischen Reaktion die Tür öffnen konnte und vor allem die Gefahr in sich barg, es den Führern zu erlauben, die Angst, die Trotzki selbst einflößte, auszunützen,. Trotzki bestand eindeutig auf der Notwendigkeit, der Angst vor Repressalien, die die Stalinisten an die Möglichkeit einer »Rückkehr Trotzkis« zu knüpfen versuchten, wie es ihm einer seiner Briefpartner, wahrscheinlich I. N. Smirnow, bedeutet hatte, keinen Raum zu geben.[38]

Dieser Block der Oppositionen war jedoch nur ein Rahmen, der leer bleiben sollte. Er verschwand faktisch einige Wochen nach seinem Entstehen infolge von Ereignissen, die nicht seine eigentliche Tätigkeit berührten, die die GPU anscheinend nicht dazu gebracht hat, von seinem Bestehen zu erfahren.

Das erste war die Entdeckung durch die GPU, daß das Programm der Gruppe Slepkow-Rjutin in Umlauf gebracht worden war, eine Tatsache, die mehrere seiner herausragenden Leser nicht angezeigt hatten. Stalin – von dem man sagt, daß er die Zustimmung des Politbüros für die Todesstrafe, die die GPU für Rjutin forderte, nicht erhalten konnte – ging gleichzeitig gegen die Leute der Gruppe und ihre »Komplizen« vor: Sinowjew und Kamenjew wurden aus der Partei ausgeschlossen und der eine nach Minussinsk, der andere nach Kustanai verbannt. Sten wurde nach Akmolinsk verbannt.[39]

Wenig später beschloß die sinowjewistische Gruppe, bis zur Wiedereingliederung ihrer beiden Führer in die Partei jegliche Tätigkeit auszusetzen. In Moskau ging ein Gerücht um, das auf eine Selbstkritik Sinowjews, ein Meisterwerk der doppelsinnigen Sprache, Bezug nahm, bei dem man im letzten Augenblick herausbekam, daß es in Wirklichkeit eine Kritik an Stalin war.[40]

Trotzki seinerseits kritisierte die Leichtfertigkeit der beiden Führer, die jetzt geschlagen waren, weil sie von einem Programm Kenntnis hatten, das nicht das ihre war – während sie letztlich ihre eigenen Ideen nicht verteidigt hatten.[41]

Im September 1932 hatte eine erste Verhaftung eines Mitglieds der Gruppe von I. N. Smirnow die GPU auf die Spur von Smirnow gebracht. Rechtzeitig gewarnt, hatte Smirnow Zeit, alle kompromittierenden Unterlagen zu vernichten und Trotzki zu benachrichtigen.[42] Doch Holzman ließ sich an der Grenze mit dem »Offenen Brief« Trotzkis an die Führer der UdSSR, den Trotzki nach dem Verlust der sowjetischen Staatsbürgerschaft geschrieben hatte, im doppelten Boden seines Koffers erwischen.

I. N. Smirnow wurde am 1. Januar 1933 verhaftet – zur gleichen Zeit wie Preobraschenski, Ufimzew und an die hundert Andere[43] – und wurde unter Ausschluß der Öffentlichkeit wegen »Kontakten mit dem Ausland« verurteilt. Er wurde zu zehn Jahren Gefängnis verurteilt, ohne daß der Block entdeckt worden wäre, sogar ohne daß alle Leute seiner Gruppe identifiziert worden sind. I. T. Smilga, der der Gruppe nahestand, wurde gebeten, umzuziehen und Moskau zu verlassen.[44] Im Laufe der folgenden Monate brachte Mratschkowski, der nicht verhaftet worden war, mit P. Perewersew eine politische Plattform in Umlauf, die Lew Sedow Trotzki übermittelt hat. Wir konnten den Text jedoch in Trotzkis Archiven nicht auffinden.[45]

Während seiner Reise nach Kopenhagen befand sich Trotzki immer noch in dem Kenntnisstand, in dem er war, als Sedow ihn über die Bildung des »Blocks der Oppositionen« informierte. Trotzki hatte sich soeben einer Arbeit gewidmet, die er für eine heimliche Veröffentlichung in Broschürenform in der UdSSR ausersah.[46] Zwei Teile wurden in Artikelform getrennt veröffentlicht: »Die sowjetische Wirtschaft an der Schwelle zum zweiten Fünfjahresplan«, der vom 22. Oktober 1932 datiert ist, und »Die Stalinisten ergreifen Maßnahmen«, anläßlich des erneuten Ausschlusses von Sinowjew und Kamenjew, der vom 19. Oktober 1932 datiert ist. Da die Nachricht vom Tod Sinowjews in der Presse in Umlauf gewesen war, improvisierte Trotzki eine Grabrede, die alle Beiwohnenden durch ihre Warmherzigkeit und dadurch beeindruckte, daß er darin Sinowjew mehr als Freund denn als Abtrünnigen darstellte.[47]

Erst nach und nach drängte sich ihm und Sedow die Wahrheit auf. Die Verbannung Sinowjews und Kamenjews, die Verurteilung I. N. Smirnows, der seine Strafe in Susdal verbüßte, haben dem Block der Oppositionen die Totenglocke geläutet. Die Leute der Gruppe Slepkow-Rjutin sollten das Gefängnis nicht mehr verlassen, so wenig übrigens wie I. N. Smirnow und wohl auch Jan Sten. Sinowjew und Lominadse sollten sich alsbald auf dem Kongreß von 1934, »Kongreß der Sieger« genannt, selbst demütigen, wo Preobraschenski nach Sinowjew und Kamenjew eine weitere Selbstkritik vortrug.[48]

Safarow war im Gefängnis endgültig gebrochen und ersichtlich Informant geworden. Er sollte der erste sein, der als Belastungszeuge im Prozeß gegen Sinowjew und Kamenjew im Januar 1935 öffentlich von der Entstehung und dem Zerfall des Blocks redete.[49]

Die trotzkistische Fraktion hat 1932 wohl eine wertvolle Genugtuung erhalten, als Sinowjew ihren Vertretern anvertraut hat, daß sein Bruch mit ihnen sein »größter Fehler« gewesen wäre. Aber das waren wirklich ihre letzten Stunden als organisierte Kraft. Schabion und Konstantinow wurden im Dezember 1932, ohne Zusammenhang mit ihrer Aktivität, verhaftet: Die Spur des einen fand sich in der Zwangsverschleppung in Orenburg wieder, wo er an Krebs starb, die des anderen in Workuta zusammen mit der Maria Joffes.

1933 fielen auch die Aktivisten, die wahrscheinlich bis dahin die Schlüsselmänner des Netzes Sedows gewesen waren, der GPU zum Opfer: N. N. Perewersew (Pierre) und dann Kotscherets (Vetter).

Trotzki ignorierte nicht, daß damit die letzten Chancen eines Umschwungs der Lage in der UdSSR vor dem Krieg, also auch seiner eventuellen Rückkehr, mit der Stalins Politik geschuldeten neuen Niederlage verschwunden waren: Der Sieg Hitlers in Deutschland hatte die Ausstiegsluke über den letzten der lebendig in den Stalinschen Gefängnissen eingemauerten leninistischen Bolschewiken wieder zugeschlagen. Über sie schrieb Sedow, der ihre Lage sehr gut kannte, im April 1934 an das internationale Sekretariat:

> »Man muß sich wundern, daß sich die russischen Bolschewiki noch halten, denn ‚sich in der UdSSR halten' heißt im Augenblick, nicht zu kämpfen, nicht mit einer revolutionären Perspektive zu leben, sondern sich passiv im Namen der Zukunft, im Namen der historischen Kontinuität des revolutionären Internationalismus zu opfern.«[50]

Das Netz Sedows, zusammen mit dem Nährboden der deutschen Massenorganisationen, die es ihm erlaubten zu leben, war zerstört und sollte nie wiederhergestellt werden. Vor allen Dingen gingen, nach der Aufheiterung von 1932 und der brutalen Auslöschung der letzten Hoffnungen, die versprengten Reste der Revolution in der Sowjetunion mehr denn je unter der bürokratischen Zwangsjacke zugrunde.

Und da wiederholte Sedow, daß nunmehr nicht nur das Schicksal der russischen Revolution, sondern auch das der mit dem Tode ringenden Revolutionäre in den Stalinschen Gefängnissen und Lagern ganz vom westlichen Proletariat abhinge.

Kapitel 45

Kassandra vor Hitler

Die letzten Jahre von Trotzkis Aufenthalt auf Prinkipo wurden von der Schlacht beherrscht, die von dem Verbannten eröffnet wurde, um eine Erneuerung der Politik der deutschen Kommunistischen Partei und der Kommunistischen Internationale zu bewirken angesichts der immer deutlicher werdenden tödlichen Gefahr des Nazismus und des Marsches Hitlers an die Macht[1]

Zum zweiten Mal in diesem Jahrhundert begann eine Schlacht, die für die Revolutionäre die Probe aufs Exempel darstellte. Deutschland war damals immer noch das entwickeltste kapitalistische Land Europas. Es war schon 1923 ein erstes Mal heimgesucht worden: von einer schrecklichen Inflation, die die Gesellschaft erschüttert hatte, indem sie die unterschiedslos verelendete Masse von Arbeitenden aller Kategorien einer Handvoll Kraut- und Schlotbaronen gegenüberstellte. Die 1929 ausgelöste wirtschaftliche und gesellschaftliche Krise hatte eine damals noch nicht dagewesene Welle der Arbeitslosigkeit über das Land hereinbrechen lassen: mehr als fünf Millionen offizielle Vollarbeitslose 1932, ebenso viele Kurzarbeiter, dazu zwei Millionen nicht registrierte Arbeitslose. Die Gesamtheit der jungen Leute, unabhängig von ihrer gesellschaftlichen Herkunft, war ohne Arbeit und ohne Aussicht auf Anstellung auf Jahre hinaus. Das Kleinbürgertum und der Mittelstand waren nicht weniger betroffen und entrüsteten sich über ihre Verelendung, über ihre »Verproletarisierung« und über das, was sie als die »sich aus der Niederlage und dem Frieden von Versailles« ergebende »nationale Demütigung« betrachteten. Trotzki analysierte:

> »In der Sprache der Sozialpsychologie läßt sich diese politische Strömung als epidemische Verzweiflungshysterie der Mittelschichten beschreiben. Ich denke hier an die zugrundegerichteten Kleinhändler, Handwerker und Bauern, auch an Teile des arbeitslosen Proletariats, an die Beamten und die ehemaligen Offiziere des großen Krieges, die noch ihre Auszeichnungen tragen, aber keinen Sold mehr erhalten, an die Angestellten der inzwischen geschlossenen Büros, die Buchhalter der bankrotten Banken, die beschäftigungslosen Ingenieure, die Journalisten ohne Gehalt und ohne Aussichten, an die Ärzte, deren Klienten zwar noch krank sind, aber nicht wissen, wie sie zahlen sollen.«[2]

Die Nationalsozialistische Partei war anläßlich der Krise von 1923 zum ersten Mal in Bayern im Rampenlicht des Zeitgeschehens erschienen und tauchte mit der Krise von neuem auf. Sie kam auf schwindelerregende Weise vorwärts: von 809.000 Stimmen und 13 Abgeordneten 1928 kam sie 1930 auf 6.401.000 Stimmen und 105 Abgeordnete, auf 13.417.000 Stimmen bei den Präsidentenwahlen im April 1932 und auf 12.732.000 und 280 Abgeordnete im Juli 1932. Gegen Versailles appellierte sie an die chauvinistischen und revanchelüsternen Gefühle. Sie nützte die Verzweiflung der Mittelklassen und die Frustrationen der Jugend aus, spielte geschickt auf Antikapitalismus, nährte den Antisemitismus, um sich schließlich zugleich als Apostel des »deutschen Sozialismus« und als Partei der Ordnung gegenüber dem Kommunismus zu erweisen, wobei sie über beträchtliche finanzielle und materielle Mittel und einen Kern von, in der kriegerischen Gewalt und Brutalität geschulten, ehemaligen Militärs verfügte und auch aus bedeutenden Stützen im Staatsapparat – der Armee, die ihre Waffen lagerte, der Polizei, die ihre Handlager entwischen ließ – Nutzen ziehen konnte.

Abgesehen von chauvinistischen und demagogischen Deklamationen war die vom Nationalsozialismus – man sagt auch Nazismus und in Analogie zu Italien oft auch Faschismus – befürwortete Lösung, um aus der Krise herauskommen, zuerst die, alle Errungenschaften und Institutionen der Arbeitenden wieder in Frage stellen, dann, die Wirtschaft durch eine Aufrüstungspolitik wieder in Schwung zu bringen, an deren Ende der Krieg und die Eroberung neuer Märkte stehen sollten. Zunächst lief die Politik der Nazis über die Zerstörung der parlamentarischen Ordnung, die unfähig war, die von ihr befürworteten radikalen Maßnahmen durchzusetzen, sowie über die Vernichtung der organisierten Arbeiterbewegung, der Parteien und Gewerkschaften, gleich ob sie »revolutionär« oder »reformistisch« waren.

Der Bürgerkrieg der Nazis war also ein Klassenkrieg, den sie – als Bewegung im Kampf um die Macht – durch Schikane und tägliche Überfälle auf die Lokale, die Geschäftsstellen, die Verkäufer von Arbeiterzeitungen, Erstürmungen und gewaltsame Auflösung von öffentlichen Versammlungen oder Angriffe auf Verantwortliche führten. In dieser Kampagne war ihnen alles recht, auch die Rachegefühle gewisser Teile der Arbeiterklasse gegen die Gewerkschaftsbürokratien – die »Bonzen,« wie die Arbeiter und die Kommunisten sagten – , und der hier und dort durch die Methoden der kommunistischen Führer aufgeputschte Groll.

Sozialdemokratie und Kommunisten waren von diesem Unterfangen in gleichem Maße bedroht. Sie reagierten auf gleiche Weise, nämlich durch Herunterspielen der Gefahr. Die Sozialdemokraten, die gleichermaßen die nazistische Gefahr und die Gefahr durch die, die sie in Analogie die »Kozis« – Kommunisten – nannten, verteufelten, warfen sich zu Verteidigern des demokratischen Staates auf, der sich in voller Auflösung befand, und vertrauten ihm die Aufgabe an, die antidemokratischen Tätigkeiten der »Extremisten« von rechts und von links zu untersagen, ja sogar zu bekämpfen.

Die Kommunisten ihrerseits hatten sich seit dem VI. Kongreß von 1928 und vor allem seit der X. Vollversammlung der Exekutive der Kommunistischen Internationale im Juli 1929 in die absurde Theorie des sogenannten »Sozialfaschismus« verstiegen. Genau vor dieser obersten Instanz hatte Manuilski, der Mann Stalins in der Kommunistischen Internationale, beteuert, daß die Sozialdemokratie immer mehr dabei sei, die Initiative der Repression gegen die Arbeiterklasse zu ergreifen, und »faschistisch werden wird«. Manuilski sprach sogar von der »Verwandlung der Sozialdemokratie zum Sozialfaschismus« – deren »zwangsläufigen« Charakter zu beweisen Bela Kun sich sogleich anschickte. Gleichzeitig zeigten die Spezialdienste und die Stoßgruppen der deutschen Kommunistischen Partei bei jeder Gelegenheit, daß die Kommunisten vor der Gewalt gegen diejenigen, die sie öffentlich anklagten, nicht zurückschrecken.

Die Analyse, nach der es keinerlei Unterschied zwischen der Sozialdemokratie und dem Faschismus gebe, die auf die Theorie vom »Sozialfaschismus« hinauslief, war in den Augen Trotzkis äußerst gefährlich. Sie stand in der Tat der – allgemein anerkannten und durch die Evidenz der Fakten bewiesenen – Auffassung, nach der der »Faschismus« eine größere Gefahr für die gesamte Arbeiterbewegung sei, von Grund auf entgegen. Sie bahnte auch der anderen Auffassung den Weg, nach der der Sieg des Faschismus und die Zermalmung der Sozialdemokratie, ihr Verschwinden als politische Kraft gewissermaßen die Bedingung für die Aufhebung des Haupthindernisses auf dem Weg zum Sieg des Kommunismus sein würde. Manuilski beruhigte die Aktivisten, indem er ihnen versprach, daß die Kommunisten nach Hitler an die Reihe kommen würden. Manuilski erklärte feierlich: »In zahlreichen hochentwickelten Ländern wird der Faschismus das letzte Stadium des Kapitalismus vor der gesellschaftlichen Revolution sein.«[3]

Trotzki wiederum bestand in seiner Analyse der deutschen Lage sehr auf dem, was er als das wertvollste theoretische Kapital der Kommunistischen Internationale betrachtete, das zu Zeit Lenins ausgearbeitet worden war und das seine Nachfolger nun mit Füßen traten. Trotzki ging es insbesondere um eine Politik des Kampfes für die Bildung einer Arbeitereinheitsfront gegen den drohenden Nazismus, in erster Linie zusammen mit den sozialistischen und kommunistischen Parteien. Allein eine solche Einheit gegen Hitler, so hob Trotzki hervor, konnte es den Arbeitern erlauben, diesen starken Gegner mit ihren Divisionen niederzukämpfen.

Nun aber behaupteten die Führer der deutschen kommunistischen Partei, daß auch sie Befürworter einer solchen Einheitsfront wären. Doch sie wiesen aus Prinzip jegliches Übereinkommen mit den Führern der sozialdemokratischen Partei zurück, die sie verächtlich die »Einheitsfront an höchster Stelle« nannten und die sie für opportunistisch hielten. Nach ihrer Meinung mußte die Einheitsfront an der Basis, das heißt, von Beginn an gegen die sozialistischen Führer verwirklicht werden. Trotzki höhnte scharf:

> »Im letzten mir zugekommenen Aufruf der *Roten Fahne* (vom 28. Januar 1932) wird nochmals der Nachweis versucht, daß die Schaffung der Einheitsfront nur gegen die sozialdemokratischen Führer und ohne sie zulässig sei; der Grund: ,Niemand wird ihnen Glauben schenken, der die Taten dieser ,Führer' in den letzten 18 Jahren erlebt und geprüft hat.' Und was, fragen wir, ist mit denen, die weniger als 18 Jahre und sogar weniger als 18 Monate an der Politik teilnehmen? Seit Kriegsausbruch sind einige politische Generationen nachgewachsen, die die Erfahrung der alten Generationen durchmachen müssen, wenn auch in äußerst verkürztem Maßstab. ,Es kommt gerade darauf an', belehrte Lenin die Ultralinken, ,daß wir das, was für uns erledigt ist, nicht als erledigt für die Klasse, nicht als erledigt für die Massen betrachten'.«[4]

Die Politik, die Trotzki befürwortete, war, sich an die sozialdemokratischen Arbeiter zu wenden und ihnen zu sagen:

> »Da Ihr einerseits bereit seid, gemeinsam mit uns zu kämpfen, andererseits noch immer nicht mit Euren Führern brechen wollt, schlagen wir Euch vor: ,Zwingt sie, gemeinsam mit uns für diese und jene praktischen Aufgaben mit diesen und jenen Mitteln den Kampf zu beginnen; was uns Kommunisten anlangt, wir sind bereit'.«

Trotzki fügte hinzu:

> »Was kann es Einfacheres, Klareres, Überzeugenderes geben? Gerade in diesem Sinne schrieb ich – in der bewußten Absicht, ehrliches Entsetzen oder gespielte Empörung bei Dummköpfen und Scharlatanen hervorzurufen, daß wir im Kampf mit dem Faschismus bereit seien, ein praktisches Kampfabkommen mit dem Teufel, seiner Großmutter und sogar mit Noske und Zörgiebel* abzuschließen.** «[5]

Daran erinnernd, daß in Deutschland Millionen Arbeiter für die Sozialdemokratie stimmten und die reformerische Bürokratie der Gewerkschaften hinnehmen, kam Trotzki auf die Vergangenheit der Internationale zurück, um

* Karl Friedrich Zörgiebel (1878-1961) war sozialdemokratischer Polizeipräsident von Berlin. Als am 1. Mai 19129 kommunistische Arbeiter trotz seines Verbotes demonstrierten, ließ er auf sie schießen. Es gab 33 Tote. Gustav Noske war Reichswehrminister; er hatte in der Berliner »Blutwoche« vom Januar 1919 den »Januaraufstand« mit Hilfe von Freikorps niederschlagen lassen.

** »In der französischen Zeitschrift *Cahiers du Bolchévisme*, der dümmsten und unwissendsten aller stalinistischen Publikationen, hat man sich mit Gier der Anspielung auf des Teufels Großmutter bemächtigt, ohne selbstverständlich zu ahnen, daß sie in der marxistischen Presse auf eine lange Geschichte zurückblickt. Die Stunde ist, so hoffen wir, nicht fern, da die revolutionären Arbeiter ihre unwissenden und skrupellosen Schulmeister zu besagter Großmutter in die Lehre schicken werden!«[L T.].

diejenigen zu charakterisieren, die gegen eine »Einheitsfront«-Politik kämpften. Seine Kritik war vernichtend. Trotzki schrieb:

> »Hinter dieser angeblich revolutionären Furcht vor ›Annäherung‹ verbirgt sich im Grunde politische Passivität, die jenen Zustand erhalten möchte, wo Kommunisten und Reformisten ihre streng abgegrenzten Einflußkreise haben, ihre Versammlungsbesucher, ihre Presse, und all das zusammen die Illusion eines politischen Kampfes erzeugt.
>
> Hinter dem Kampf gegen die Einheitsfront verbirgt sich eine passive, unentschlossene Tendenz, maskiert durch verbale Unversöhnlichkeit.«[6]

Trotzki erklärte:

> »Die Kommunistische Partei rechnet in diesem Kampf mit dem tatsächlichen Zustand der Klasse in der aktuellen Situation; sie wendet sich nicht nur an die Massen, sondern auch an jene Organisationen, deren Führerschaft von den Massen anerkannt ist; sie konfrontiert die reformistischen Organisationen vor den Augen der Massen mit den realen Aufgaben des Klassenkampfes. Indem sie praktisch beweist, daß nicht die Spaltertätigkeit der Kommunistischen Partei, sondern die bewußte Sabotage der sozialdemokratischen Führer den gemeinsamen Kampf untergräbt, beschleunigt die Einheitsfrontpolitik die revolutionäre Entwicklung der Klasse. Es ist vollständig klar, daß diese Gedanken in keinem Falle veralten können.«[7]

Das war nicht das erste Gefecht, das Trotzki lieferte, um das gegen den Stalinismus zu verteidigen, was er als die Errungenschaften der Kommunistischen Internationale auf ihren ersten Kongressen betrachtete: Diejenigen, die er so an den Pranger stellte, hielten jedoch seine Argumente, vom Haß ihrer Führer oder vom »Druck der Sozialdemokratie« und »des Imperialismus« verführt, für null und nichtig.

***

Für Trotzki, dessen Analyse der Epoche des Imperialismus man kennt, war gerade die deutsche Revolution gleichermaßen wie die vom Nazismus verkörperte Konterrevolution auf die Tagesordnung der Geschichte gesetzt. Die Krise dieses fortgeschrittenen kapitalistischen Landes stellte einmal mehr die schon im Ersten Weltkrieg verkündete Alternative: Sozialismus oder Barbarei auf die Tagesordnung. Gegenüber den Nazis, letzten Endes den Trägern der Krisenlösung des Großkapitals und der Verkörperung der Barbarei, hätten die Kommunisten, sofern sie die sozialdemokratischen Organisationen in gemeinsame Verteidigungs- und Einheitsfrontaktionen miteinbezogen hätten, die Möglichkeit gehabt, die anerkannten Führer der Massen zu werden und in Richtung Sozialismus vorwärtszukommen.

Die deutsche Kommunistische Partei war, abgesehen von der KP der Sowjetunion, zur damaligen Zeit zwar zahlenmäßig die bedeutendste KP, doch war sie weit davon entfernt, die gesündeste und die solideste zu sein. Eine selbstherrliche innere Führung und der Zickzackkurs ihrer Politik hatten schon dazu beigetragen, ihr die solidesten und die zu einer systematischen aktivistischen Arbeit fähigsten Arbeitergruppen abspenstig zu machen. Die Anwendung der Linie der »dritten Periode« auf Deutschland hatte diese Lage verschlimmert. Die KPD war eine Partei ganz junger Leute und Arbeitsloser, eine Partei von Randgruppen, mehr von Aufständischen als von Revolutionären, oder wie Simone Weil bemerkte, eine Art Durchlauf-Partei, die sich ständig erneuerte. Ihre Politik der Schaffung von »roten Gewerkschaften« hatte ebenfalls dazu beigetragen, sie von den Arbeitern in den Unternehmen abzuschneiden. In den Augen ihrer Mitglieder war die sozialdemokratische Partei weniger eine Partei von verirrten Klassenbrüdern als eine feindliche Partei, ein Klassengegner: Die KPD-Führer verstanden es zudem, die Agitation tunlichst auf das Blut zu lenken, das Kommunisten und Sozialdemokraten seit der Ermordung von Liebknecht und von Rosa Luxemburg im Januar 1919 bis zu der Schießerei in Berlin am 1. Mai 1929 auf Befehl des sozialdemokratischen Präfekten Zörgiebel trennte. All diese Umstände bewirkten, daß die Mitglieder der Partei kaum versuchen sollten, der Theorie des »Sozialfaschismus« zu widerstehen.

Die ganze Politik der deutschen Kommunistischen Partei, der KPD, war also, gemäß den Anweisungen aus Moskau, ganz auf eine ständige heftige Anprangerung der sozialdemokratischen Führer ausgerichtet: Diese verfügten somit, ihren Truppen gegenüber, immerfort über ein gewichtiges Alibi, um jegliche gemeinsame Aktion mit ihren »Beleidigern« zu verbieten. Gleichzeitig gab sich die Kommunistische Partei einer regelrechten Übertrumpfung der Nazis auf dem Boden ihrer Politik hin, indem sie um die gemeinsame Parole »nationale Befreiung« großes Aufheben machte oder die nazistische Parole »Volksrevolution« wieder in den eigenen Sprachgebrauch aufnahm. Als wilder Gegner der Sozialisten kam sie, ebensosehr durch ihre allgemeine Politik wie durch Hunderte von Gewalttätigkeiten gegen sozialistische oder oppositionelle Aktivisten oder Versammlungen, soweit, sich realiter oft als Verbündeter der nazistischen Partei zu gebärden.

Der erste aufsehenerregende Skandal in diesem Sinne ereignete sich anläßlich des am 9. August 1931 auf Antrag der Nazis in Preußen durchgeführten Volksentscheids, der die Absetzung der sozialdemokratischen Minderheitsregierung erreichen sollte und aus dieser Befragung das »braune Volksbegehren« machte. Die KPD – auch sie – rief dazu auf, für den Rücktritt der sozialdemokratischen Partei zu stimmen, sprach aber ihrerseits vom »roten Volksbegehren«! Anläßlich des XI. EKKI-Plenums (1931) hatte Manuilski das vorgetragen, was er eine »theoretische Rechtfertigung« dieser Politik nannte, indem er die »sozialdemokratische Lüge«, nach der der Faschismus der Hauptfeind der Arbeiterklasse sei, bestritt.

Bei den Wahlen 1932 erhielt die KPD 5.277.000 Stimmen und 100 Abgeordnete, die Hälfte dessen, was die Nazis bekommen hatten. Sie löste ihre

Kämpfergruppen auf, die in früheren Jahren den bewaffneten Nazigruppen auf der Straße entgegentraten. Das XII. EKKI-Plenum (1932) verfocht weiterhin die Notwendigkeit, die Schläge zunächst gegen die Sozialdemokratie zu richten. Im November 1932 ließen sich die Kommunisten infolge ihrer antisozialdemokratischen Politik die Leitung eines in Berlin gegen den Willen der sozialdemokratischen »Bonzen« ausgelösten Streiks der Verkehrsbetriebe von den Nazis aus der Hand nehmen. Einer ihrer Führer behauptete, die Kommunisten würden sich jeden Tag ihrem Ziel, »der Eroberung der Arbeiterklasse«, nähern.

***

Trotzki schnitt die Probleme in Deutschland von Prinkipo aus zum ersten Mal nach den Reichtagswahlen von 1930 an. Nachdem er hervorgehoben hatte, daß das Zögern des Großbürgertums »das offensichtlichste Symptom einer vorrevolutionären Lage« sei, erinnerte er daran, daß es eine der Bedingungen dafür, daß eine gesellschaftliche Krise in die proletarische Revolution einmünden könne, sei, daß Schichten des Kleinbürgertums zur Arbeiterklasse hin umkippen. Nun aber war diese Bedingung nicht erfüllt: Im Gegenteil, das gewaltige Anwachsen der Nazis bewies, daß die kleinbürgerliche Masse »von der konterrevolutionären Verzweiflung« erfaßt worden war. Dieser Erscheinung lag natürlich die direkte Erfahrung dieser unterdrückten Schichten zugrunde, aber auch die Tatsache, daß der Großteil der Arbeiter, die noch für die Sozialdemokratie stimmten, es aus gerechtfertigtem Mißtrauen in bezug auf die Kommunisten taten, was den wesentlichen Unterschied zwischen dieser Lage und der in Rußland 1917 ausdrückte:

> »Wir haben somit eine höchst widerspruchsvolle Lage. Einer ihrer Faktoren stellt die proletarische Revolution auf die Tagesordnung, die übrigen schließen dagegen die Möglichkeit eines Sieges der proletarischen Revolution für die nächste Periode, d. h., ohne vorherige tiefe Veränderung des politischen Kräfteverhältnisses, aus.«[8]

Man wird sich daher nicht darüber wundern, daß man Trotzki unter die Zahl der notwendigen Bedingungen die »Änderung der Führung der deutschen Partei«, um sie »ihrem bürokratischen Gefängnis zu entreißen«, als »Frage auf Leben und Tod«, auflisten sieht. Was die das Vorgehen allgemein anbelangt, bestand es nach Trotzkis Überzeugung in der Durchsetzung einer defensiven Politik der »Verständigung mit der Mehrheit der deutschen Arbeiterklasse und der Einheitsfront mit den sozialdemokratischen und parteilosen Arbeitern gegen die faschistische Gefahr«.

Vom Sommer 1931 an äußerte sich Trotzki von neuem eindringlich über Deutschland. Unmittelbar nach der Volksabstimmung in Preußen, als Well und Senin auf Prinkipo zu Besuch weilten, schrieb Trotzki zwei Artikel, von denen einer unter dem Titel *Gegen den Nationalkommunismus (Lehren aus der roten Volksabstimmung)* gegen die Politik der KPD gerichtet war.[9] Trotzki warf die Frage der Einheitsfront auf, während er gleichzeitig das Scheitern der Politik der KPD unterstrich, die in gewissen Arbeitersektoren zusammen mit den Nazis bei der Volksabstimmung weniger Stimmen bekamen, als sie bei den vorhergehenden Wahlen für sich ganz allein gewonnen hatte. Trotzki betonte, das sei eine harte, aber gerechte Strafe für die Politik »von Einheitsfront mit dem Faschismus« gewesen.

In einem »Der Schlüssel zur internationalen Lage befindet sich in Deutschland« betitelten Artikel kam Trotzki im September 1931 auf diese Frage zurück.[10] Nach einer knappen Übersicht über die Weltlage legte er dar, daß von der Lösung der deutschen Krise »auf viele Jahre hinaus nicht nur das Schicksal Deutschlands, sondern das Schicksal Europas, das Schicksal der ganzen Welt abhängen wird«. Für Trotzki war die Haltung der Kommunistischen Internationale durch die Schuld Moskaus, das wegen seiner eigenen inneren Schwierigkeiten abwarten und die Dinge in Deutschland schleifen lassen wollte, eine Politik »der Panik und der Kapitulation«. Trotzki folgerte:

> »Der Sieg der Faschisten, den man noch vor einem Jahr für unmöglich hielt, gilt heute schon als sicher.
>
> Irgendein Kuusinen, den hinter den Kulissen irgendein Radek inspiriert, bereitet für Stalin die geniale strategische Formel vor: Rechtzeitig zurückweichen, die revolutionären Truppen aus der Gefechtszone herausführen, dem Faschismus eine Falle stellen in Form (...) der Staatsmacht.
>
> Würde diese Theorie von der deutschen Kommunistischen Partei akzeptiert, würde sie ihren Kurs in den nächsten Monaten bestimmen, so wäre das seitens der Komintern ein Verrat von nicht geringerem historischen Ausmaß als der Verrat der Sozialdemokratie vom 4. August 1914. Die Folgen freilich wären heute noch weitaus schrecklicher.«[11]

Trotzki ging also daran, angesichts dieser riesigen Katastrophe »Alarm zu schlagen«:

> »Die Machtergreifung der deutschen ‚Nationalsozialisten' würde vor allem die Vernichtung der Elite des deutschen Proletariats nach sich ziehen, die Zerstörung seiner Organisationen, den Verlust seines Selbstvertrauens und des Glaubens an seine Zukunft. (...) Aber unmittelbar, für eine absehbare Zukunft, für die nächsten zehn bis zwanzig Jahre würde der Sieg des Faschismus in Deutschland einen Bruch in der Entwicklung der revolutionären Tradition bedeuten, den Zusammenbruch der Komintern, den Triumph des Weltimperialismus in seiner abscheulichsten und blutgierigsten Form.
>
> Der Sieg des Faschismus in Deutschland würde unvermeidlich einen Krieg gegen die UdSSR nach sich ziehen, (...) eine furchtbare Isolierung und einen Kampf auf Leben und Tod unter den schwierigsten und gefährlichsten Bedingungen.«[12]

Angesichts dieser Gefahr wandte sich Trotzki an die Proletarier der ganzen Welt und sogar an die Soldaten und Offiziere der Roten Armee:

> »Es ist die elementare revolutionäre Pflicht der deutschen Kommunistischen Partei, auszusprechen, daß der Faschismus nur durch unbarmherzigen, vernichtenden Bürgerkrieg auf Leben und Tod zur Macht kommen kann. Das müssen vor allem die Arbeiter-Kommunisten wissen. Das müssen die sozialdemokratischen Arbeiter wissen, die parteilosen, das ganze Proletariat. Das muß beizeiten die Rote Armee wissen.«[13]

Der Sieg sei möglich. Das Proletariat hat die »gesellschaftliche und kämpferische Überlegenheit«. Die Mutlosigkeit, die Niedergeschlagenheit, die Resignation seien das Ergebnis des Zauderns der Anführer und würden verschwinden, sobald die Partei »ihre Stimme fest, klar und sicher erhebt«. Und es waren die Prinzipien seines ganzen Lebens, die Trotzki aussprach, um zu überzeugen:

> »Aber der deutsche Faschismus ist ja noch nicht an der Macht. Die Macht muß erst im Kampf mit dem Proletariat erobert werden. Wird die Kommunistische Partei für diesen Kampf etwa schlechtere Kader als die Faschisten haben? Und kann man auch nur einen Augenblick annehmen, daß die deutschen Arbeiter, die machtvolle Produktions- und Transportmittel in Händen haben, die aufgrund ihrer Arbeitsbedingungen eine Armee des Eisens, der Kohle, der Eisenbahnen, der Elektrizitätswerke bilden, im Entscheidungskampf nicht ihre unermeßliche Überlegenheit über Hitlers Menschenstaub zeigen werden?«[14]

An die Adresse der Sowjetunion gerichtet, wo Trotzki zu jenem Zeitpunkt immer noch auf den Block der Oppositionen und Änderungen auf kurze Sicht baut, fuhr er fort:

> »Für jeden revolutionären Arbeiter muß zum Axiom werden: Der faschistische Versuch zur Machtergreifung in Deutschland muß die Mobilisierung der Roten Armee nach sich ziehen. Für den proletarischen Staat wird es hier im unmittelbarsten Sinn um die revolutionäre Selbstverteidigung gehen. Deutschland ist nicht bloß Deutschland. Es ist das Herz Europas. Hitler ist nicht bloß Hitler. Er kandidiert für die Rolle eines Ober-Wrangel. Aber auch die Rote Armee ist nicht nur die Rote Armee. Sie ist eine Waffe der proletarischen Weltrevolution!«[15]

In einem für das amerikanische Publikum, doch daneben auch für die sowjetischen Verantwortlichen bestimmten Artikel bewies Trotzki im Frühjahr 1932 die Unvermeidlichkeit eines deutschen Angriffs auf die Sowjetunion. Dieses Mal – und das ist, scheint es, das einzige Mal – gab Trotzki an, was er »an der Stelle« der sowjetischen Regierung tun würde:

> »An ihrer Stelle würde ich, sobald ich die telegraphische Nachricht von diesem Ereignis erhielte, eine Teilmobilmachung anordnen. Steht man einem Todfeind gegenüber und ergibt sich der Krieg mit Notwendigkeit aus der Logik der realen Situation, so wäre es unverzeihlicher Leichtsinn, die-

sem Gegner Zeit zu lassen, sich festzusetzen und zu stärken, Bündnisse einzugehen, sich die nötige Hilfe zu verschaffen, einen umfassenden militärischen Angriffsplan – nicht nur für den Westen, sondern auch für den Osten – auszuarbeiten, und so eine ungeheure Gefahr wachsen zu lassen. (...)

Es kommt nicht darauf an, wer von beiden formell die Initiative ergreift; ein Krieg zwischen dem Hitlerstaat und dem Sowjetstaat wäre unvermeidlich, und zwar in kurzer Frist. Die Folgen dieses Krieges wären unberechenbar.«[16]

***

In diesem Moment warf sich Trotzki in eine großartige Kampagne, die vielleicht den strahlendsten Abschnitt seines Publizistenlebens und auf jeden Fall den würdigsten, der Nachwelt überliefert zu werden, darstellt. Von seinem Büro auf Prinkipo aus, ausgerüstet mit den Zeitungen, die ihm aus Deutschland und aus der ganzen Welt zugehen, den Zeitungsausschnitten, die ihm seine Genossen zusenden, den Hunderten von Briefen, die er von bekannten oder unbekannten Männern und Frauen erhält, begann Trotzki einen ungleichen und faszinierenden Kampf gegen die politischen Kräfte und die Apparate, die mit all ihrer materiellen Macht seine zerbrechliche Gestalt eines einsamen Verbannten zu beherrschen schienen: Der Nationalsozialismus Hitlers und seiner Verbündeten aus den bürgerlichen Parteien, die ihm den Weg ebneten, die deutsche sozialdemokratische Partei und die sozialistischen Parteien der Welt, die eine Politik der Unterstützung eines im Zerfall begriffenen parlamentarischen Staatssystems betrieben, die deutsche Kommunistische Partei und die Kommunistische Internationale, die versuchten, ihre eigenen Spuren zu verwischen, indem sie Trotzki tagtäglich beschimpften – und hinter diesen ganzen Leuten standen die Führer der Sowjetunion und Stalin höchstpersönlich.

Trotzki führte diesen Kampf mit der Feder, in all seinen Formen: persönliche Briefe, Presseinterviews, kurze oder lange Artikel, mehr oder weniger umfangreiche Broschüren, offene Briefe an wirkliche oder fiktive Adressaten. Manche dieser Texte sind vielleicht weniger wichtig als andere, aber alle sind eine Äußerung desselben Einsatzes, derselben Schlacht, derselben Anspannung für das gleiche Ziel, nämlich möglichst viele Menschen von der weltweiten Realität der drohenden Gefahr und den Möglichkeiten, sie zu bannen, zu überzeugen.

Wen suchte Trotzki zu überzeugen? Hier war der Abstand ungeheuer groß zwischen der Tragweite seiner Schriften und der Beschränktheit, um nicht zu sagen Geringfügigkeit der politischen Kräfte in Deutschland, die ihn unterstützten, ein paar hundert Mitglieder und Sympathisanten der in ständiger Krise befindlichen vereinigten Linksopposition, die auch durch die Unterwanderung der GPU gelähmt wurde. Die Aktivisten verbreiteten seine Schriften*, waren aber unfähig, in Sachen Organisation aus dem Interesse, ja sogar aus der Sympathie, die sie in einem Maß erweckten, das ihre materiellen Möglichkeiten völlig überstieg, politisches Kapital zu schlagen.

Diese Situation verlieh wahrscheinlich dem Unterfangen dieses allein oder fast allein dastehenden Mannes den titanenhaften Charakter. Es waren die Millionen Arbeiter, die Hunderttausende von Kadern, die Trotzki mit seiner Feder zu überzeugen suchte, in der Sowjetunion und in Europa, in Deutschland und in Amerika. Er tat es, ohne jemals seinen Sinn für Humor noch seine unwiderstehliche Feder aufzugeben, so, als er auf die Beschuldigung *Der Roten Fahne*, eine »Einheitsfront« mit der sozialdemokratischen Presse, die ihn zitierte, geschlossen zu haben, antwortet:

> »Weise Strategen! Ihr sagt, wir hätten eine ‚Einheitsfront' mit Wels und Severing gebildet? Nur soweit, wie Ihr Euch in die Einheitsfront mit Hitler und seinen Schwarzhundert-Banden begeben habt. Und auch hier noch mit dem Unterschied, daß es bei Euch um eine gemeinsame politische Aktion ging, bei uns aber die Sache sich lediglich auf die zweideutige Ausnützung einiger Zitate durch den Gegner beschränkte.«[17]

Im ganzen jedoch wandte sich Trotzki am häufigsten an die kommunistischen Arbeiter: Sie bemühte er sich zu überzeugen, daß sie in einem großen Maße das Schicksal der Menschheit für lange Jahre in ihren Händen hielten, denn von einer Wende und einer Erneuerung der Politik ihrer Partei hing letzten Endes der Sieg der Revolution oder der der nazistischen Konterrevolution ab:

> »Arbeiter-Kommunisten, Ihr seid Hunderttausende, Millionen; Ihr könnt nirgendwohin wegfahren, für Euch gibt es nicht Reisepässe genug. Wenn der Faschismus an die Macht kommt, wird er wie ein furchtbarer Tank über Eure Schädel und Wirbelsäulen hinwegrollen. Rettung liegt nur in unbarmherzigem Kampf. Und Sieg kann nur das Kampfbündnis mit den sozi-

* Nach einer von Annegret Schüle, *Ziele und politische Aktivitäten der deutschen Opposition*, Köln 1987, S. 87-88, einer sehr interessanten Arbeit, die wir erst nach Abfassung dieses Kapitels erhalten haben, angeführten Aufzeichnung von Grylewicz, wurde die Ende September 1931 veröffentlichte Broschüre *Gegen den Nationalkommunismus* in 15.000 Exemplaren verbreitet, *Soll der Faschismus wirklich siegen?* (Deutschland – Der Schlüssel zur internationalen Lage) Anfang Dezember 1931 und *Wie wird der Nationalsozialismus geschlagen?* Ende desselben Monats in 31.500 Exemplaren. Binnen drei Monaten hatte *Was nun?* 15.000 Exemplare erreicht. Die Zeitzeugen räumen übereinstimmend ein, daß jede Broschüre im Umfeld der Krise mehrere, manchmal bis zu etwa zehn Leser und Leserinnen hatte.

aldemokratischen Arbeitern bringen. Eilt, Arbeiter-Kommunisten, Ihr habt nicht mehr viel Zeit!«[18]

Im Rahmen dieses Kapitels ist es offenkundig unmöglich, auch nur die wichtigsten Analysen zusammenzufassen, die Trotzki während der beiden entscheidenden Jahre 1931 und 1932 der Lage in Deutschland und den Bedingungen eines Sieges der Arbeiterbewegung gewidmet hat. Wir werden uns hier damit zufrieden geben, die Themen, über die er diese Schlacht führte, aufzuführen.

Selbstverständlich stützte sich Trotzki nach seiner gewohnten Methode auf die neuere Geschichte. Er erklärte lang und breit die Art und Weise, wie die die Kommunistische Internationale zwischen dem III. und dem IV. Kongreß dazu gekommen war, die Politik der »Arbeitereinheitsfront« zu definieren und die Kritiken und Widerstände, auf die sie gestoßen war. Er führte ausführlich sein eigenes Eingreifen vor der Exekutive der Kommunistischen Internationale 1926 an, unmittelbar nach dem Staatsstreich Pilsudskis in Polen. Vor allem kam Trotzki zahlreiche Male auf die Erfahrung der russischen Revolution zu sprechen, den Staatsstreich Kornilows und den Einsatz der Bolschewiken auf seiten der Regierung Kerenskis und ihrer menschewistischen und sozialrevolutionären Stützen, um gegen einen konterrevolutionären Staatsstreich Widerstand zu leisten. Trotzki sagte immer wieder: Die Bolschewiken haben nicht eine Hierarchie der Werte zwischen Kornilow und Kerenski aufgestellt, nicht unter ihnen denjenigen herausgesucht, der »das geringere Übel« war oder dem sie sich näher oder weniger entfernt vorkamen. Sie haben einfach, einer konkreten Analyse folgend, eine Hierarchie der Dringlichkeiten aufgestellt und beschlossen, zunächst Kornilow zu vernichten, um darauf Kerenski »die Rechnung vorzulegen« – was dann auch geschah.

Trotzki konzentrierte jedoch seine Beweisführung auf die Frage des »Sozialfaschismus« oder, anders ausgedrückt, die Beziehungen zwischen Faschismus und Sozialdemokratie, ja Faschismus und Demokratie überhaupt. Er hielt zuerst ihre Unterschiede fest. Die Sozialdemokratie, genauer die sozialdemokratische Burokratie, die die Partei und Gewerkschaften führte, war in seinen Augen der zersetzteste Teil des verfaulenden kapitalistischen Europa. Mit dem Ziel, die Herrschaft der Bourgeoisie zu stürzen, gegründet, hatte sie, zunächst in Taten, denn in Worten begonnen, auf die Revolution zu verzichten. Sie war Trotzkis Meinung nach heutzutage im Begriff, die bürgerliche Gesellschaft zu retten, indem sie sich sogar von Reformen lossagte. Doch sei sie faktisch für die herrschende Klasse ganz und gar unzulänglich und sogar hinderlich geworden, und genau da, an diesem Punkt, springe der Faschismus ein. Trotzki schreibt:

»Der Faschismus ist nicht einfach ein System von Repressionen, Gewalttaten, Polizeiterror. Der Faschismus ist ein besonderes Staatssystem, begründet auf der Ausrottung aller Elemente proletarischer Demokratie in der bürgerlichen Gesellschaft. Die Aufgabe des Faschismus besteht nicht allein in der Zerschlagung der proletarischen Avantgarde, sondern auch darin, die ganze Klasse im Zustand erzwungener Zersplitterung zu halten. Dazu ist die physische Ausrottung der revolutionärsten Arbeiterschicht ungenügend. Es heißt, alle selbständigen und freiwilligen Organisationen zu zertrümmern, alle Stützpunkte des Proletariats zu zerstören und die Ergebnisse eines dreiviertel Jahrhunderts Arbeit der Sozialdemokratie und der Gewerkschaften zu vernichten.«[19]

Nicht einen Augenblick verhehlte Trotzki die in seinen Augen unbestreitbare Verantwortung der Sozialdemokratie beim Aufstieg des Faschismus, aber fügte hinzu, daß dies keineswegs erlaube, beide einander gleichzustellen. Trotzki faßt zusammen:

»In seinem Kampf gegen die Sozialdemokratie muß sich der deutsche Kommunismus in der jetzigen Etappe auf zwei untrennbare Grundsätze stützen: a) die politische Verantwortung der Sozialdemokratie für die Macht des Faschismus; b) die absolute Unversöhnlichkeit zwischen dem Faschismus und jenen Arbeiterorganisationen, durch die sich die Sozialdemokratie hält.«[20]

Zu diesem zweiten Gesichtspunkt argumentierte Trotzki am ausführlichsten:

»Die Sozialdemokratie, die heutige Hauptvertreterin des parlamentarisch-bürgerlichen Regimes, stützt sich auf die Arbeiter. Der Faschismus auf das Kleinbürgertum. Die Sozialdemokratie kann ohne Arbeiter-Massenorganisationen keinen Einfluß ausüben. Der Faschismus seine Macht nicht anders befestigen als durch Zerschlagung der Arbeiterorganisationen. Hauptarena der Sozialdemokratie ist das Parlament. Das System des Faschismus fußt auf der Vernichtung des Parlamentarismus. Für die monopolistische Bourgeoisie stellen parlamentarisches und faschistisches System bloß verschiedene Werkzeuge ihrer Herrschaft dar: Sie nimmt zu diesem oder jenem Zuflucht in Abhängigkeit von den historischen Bedingungen. Doch für die Sozialdemokratie wie für den Faschismus ist die Wahl des einen oder des anderen Werkzeuges von selbständiger Bedeutung, mehr noch, die Frage ihres politischen Lebens oder Todes.«[21]

Trotzki höhnte über die vorgeblich »theoretischen« Definitionen Stalins zum »Sozialfaschismus«. Eine Aussage eines Führers der KPD, Werner Hirsch, über den Übergang der Demokratie zum Faschismus als einen »organischen Prozeß (...), allmählich und auf kaltem Wege«[22] nahm Trotzki zum Anlaß, um treffend auf die Bedeutung dieser Aussage hinzuweisen, daß darunter »die schrecklichste politische Kapitulation des Proletariats verstanden (wird), die man sich überhaupt vorzustellen vermag«.[23]

Nun aber betonte Trotzki, daß der Konflikt zwischen der Sozialdemokratie mit allen ihren Widersprüchen und dem im Aufstieg begriffenen Faschismus den Kommunisten die Möglichkeit biete, einzugreifen und die in der sozialdemokratischen Partei verbliebenen Arbeiter zu gewinnen, dadurch daß sie im Kampf die Erfahrung machen, was ihre Organisation und ihre Führer taugen. Nun aber würde es nur zur Schlacht kommen, wenn es möglich wäre, den Nazis eine Einheitsfront der Arbeiterorganisationen gegenüberzustellen, weil die sozialistischen Arbeiter sich nur zu rühren begännen, wenn sie Erfahrungen mit ihrer Organisation im vereinten Kampf machen könnten. Darin liege nicht die geringste Bürgschaft noch die geringste politische Unterstützung für die Sozialdemokratie. Trotzki gibt in den folgenden Zeilen die Definition der Einheitsfront, so wie sie von der Kommunistischen Internationale zur Zeit Lenins aufgefaßt worden ist:

> »Keine gemeinsame Plattform mit der Sozialdemokratie oder den Führern der deutschen Gewerkschaften, keine gemeinsamen Publikationen, Banner, Plakate! Getrennt marschieren, vereint schlagen! Sich nur darüber verständigen, wie zu schlagen, wen zu schlagen und wann zu schlagen! Darüber kann man mit dem Teufel selbst sich verständigen, mit seiner Großmutter und sogar mit Noske und (dem sozialdemokratischen Polizeipräsidenten) Grzesinsky. Unter einer Bedingung: Man darf sich nicht die eigenen Hände binden!«[24]

Diejenigen, die vor dem angeblich widersprüchlichen Charakter der Bestandteile seiner konkreten Analyse zurückschreckten, erinnerte Trotzki mit lauten Auflachen, das man unter seiner Feder zu hören glaubt, an die Beispiele, die »die revolutionäre Dialektik« seit langem in verschiedenen Bereichen gegeben hat:

> »Verbindung des Kampfes um die Macht mit dem Kampf um Reformen: Vollkommene Selbständigkeit der Partei bei Wahrung der Gewerkschaftseinheit; Kampf gegen das bürgerliche Regime unter Ausnützung seiner Einrichtungen; unversöhnliche Kritik des Parlamentarismus – von der Parlamentstribüne herab; unbarmherziger Kampf gegen den Reformismus bei praktischen Vereinbarungen mit den Reformisten in Teilkämpfen.«[25]

Als er den ganzen Komplex der im September 1932 aufgeworfenen Fragen wieder aufgreift und sich bemüht, die von der deutschen Partei gespielte Rolle zu bestimmen, schreibt Trotzki:

> »Die Lage in Deutschland ist wie eigens dazu geschaffen, es der Kommunistischen Partei zu ermöglichen, in kurzer Zeit die Mehrheit der Arbeiter zu erobern. Nur müßte die Kommunistische Partei begreifen, daß sie heute noch die Minderheit des Proletariats darstellt, und festen Schrittes den Weg der Einheitsfronttaktik betreten. Stattdessen hat sich die Kommunistische Partei eine Taktik zu eigen gemacht, die man in folgenden Worten ausdrücken könnte: Den deutschen Arbeitern weder die Möglichkeit geben, Wirtschaftskämpfe zu führen, noch dem Faschismus Widerstand leisten, noch zur Waffe des Generalstreiks greifen, noch Sowjets schaffen – ehe nicht das gesamte Proletariat von vornherein die Führerschaft der Kommu-

> nistischen Partei anerkennt. Die politische Aufgabe wird so in ein Ultimatum verwandelt.«[26]

Auf die Frage nach dem Ursprung dieser Politik antwortet Trotzki mit voller Klarheit:

> »Die Antwort gibt die Politik der Stalinschen Fraktion in der Sowjetunion. Dort hat der Apparat die politische Führung in administratives Kommandieren verwandelt. Indem sie den Arbeitern weder zu diskutieren, noch zu kritisieren, noch zu wählen gestattet, redet die Stalinsche Bürokratie mit ihnen nicht anders als in der Sprache von Ultimaten. Die Thälmannsche Politik ist ein Versuch der Übersetzung des Stalinismus in schlechtes Deutsch. Der Unterschied besteht jedoch darin, daß die Bürokratie der UdSSR für ihre Kommandopolitik über die Staatsmacht verfügt, die sie aus den Händen der Oktoberrevolution erhalten hat. Thälmann hingegen besitzt zur Bekräftigung seiner Ultimatums lediglich die formale Autorität der Sowjetunion. Das ist eine große moralische Hilfsquelle, doch genügt sie unter den gegebenen Bedingungen nur dazu, den kommunistischen Arbeitern den Mund zu verschließen, nicht dazu, die sozialdemokratischen Arbeiter zu erobern. Von der Lösung dieser letzteren Aufgabe hängt jetzt aber das Schicksal der deutschen Revolution ab.«[27]

Kann sich die deutsche Partei von der Fuchtel Stalins befreien? Trotzki behauptete, daß, wenn sie über die unabdingbare Handlungsfreiheit verfügte, sie sich schon den Lösungen zugewandt hätte, die er selbst befürwortete. Die persönliche Diktatur Stalins scheint sich zwar ihrem Niedergang zu nähern, und Hunderte von Rissen ließen vorhersehen, daß in absehbarer Zeit die Liquidierung der bürokratischen Gewaltherrschaft mit der Entfaltung des sowjetischen Systems zusammenfallen werde:

> »Aber gerade in dieser ihrer letzten Periode ist die Stalinsche Bürokratie fähig, viel Unheil anzurichten. Die Prestigefrage ist jetzt für sie zur zentralen Frage der Politik geworden. (...) Kann (...) das plebiszitäre Regime die Anerkennung der eigenen Fehler der Jahre 1931-32 zulassen? Kann es auf die Theorie des Sozialfaschismus verzichten? Kann es Stalin desavouieren, der den Kern des deutschen Problems folgendermaßen formuliert hat: Zuerst mögen die Faschisten kommen, dann wir?«[28]

Trotzkis Schlußfolgerung zu diesem Punkt war, daß das Problem des stalinistischen Herrschaftssystems und das der deutschen Revolution untrennbar verbunden seien. Der Sieg der deutschen Revolution würde den Stalinismus vernichten, doch der Stalinismus drohe, diesen Sieg zu verhindern! In der Broschüre *Der einzige Weg* bestand Trotzki auf der Tatsache, daß die Partei wieder eine echte Partei werden müsse, denn »eine richtige Politik verlangt ein gesundes Führungssystem«. Er stellte das doppelte Losungswort der Einberufung eines außerordentlichen Kongresses der Partei und der Kommunistischen Internationale vor. Diejenigen, die hochtrabend behaupteten, daß sich die Partei den Luxus einer Diskussion nicht leisten könne, erinnerte

Trotzki an die Autorität, die die bolschewistische Parteiführung 1917 in Rußland genoß, während die ganze Partei leidenschaftlich die Frage debattierte, die das Zentralkomitee in zwei Teile spaltete, nämlich die des Aufstandes – und daran, daß sich erst in dieser Diskussion die allgemeine Gewißheit über die Richtigkeit der Politik, die den Sieg ermöglichte, herausgebildet hatte. Trotzki bemühte sich, die Chancen einer Erneuerung der KPD abzuschätzen:

> »Wie wird sich die Situation in Deutschland entwickeln? Wird es dem kleinen Rad der Opposition gelingen, rechtzeitig das große Rad der Partei in Bewegung zu bringen?«[29]

Trotzki verstand und ließ die Skepsis vieler Aktivisten in diesem Punkt gelten, denn die Opposition war schwach und ihre Führungskräfte unerfahren. Trotzdem war er sich sicher, daß die »Lehren der Ereignisse stärker sind als die Stalinsche Bürokratie« und daß die Fraktion der organisierten Opposition mit ihren eigenen Führungskräften ihr Bestes tat, um der kommunistischen Vorhut zu helfen, die richtige Linie auszuarbeiten. Trotzki schloß:

> »Die revolutionäre Partei beginnt mit einer Idee, einem Programm, das sich gegen die mächtigsten Apparate der Klassengesellschaft richtet. Nicht Kader schaffen die Ideen, sondern die Idee schafft die Kader. Die Furcht vor der Macht des Apparates ist einer der hervorstechendsten Züge jenes besonderen Opportunismus, den die Stalinbürokratie hochzüchtet. Die marxistische Kritik ist stärker als jeder Apparat.«[30]

Trotzki leugnete keineswegs die Langsamkeit der Fortschritte der Opposition, die er durch außergewöhnliche Umstände erklärte, während er gleichzeitig seine Gewißheit zum Ausdruck brachte, daß sich in der Kommunistischen Partei »sehr viele unfertige, eingeschüchterte oder versteckte Oppositionelle« fänden. Da Trotzki die Möglichkeit, daß diese Fortschritte nicht ausreichend sein könnten, um die Lage in Deutschland rechtzeitig umzugestalten, ins Auge sah, schrieb er:

> »Zur Entstehung einer neuen Partei bedarf es einerseits großer historischer Ereignisse, die den alten Parteien das Rückgrat brechen, andererseits einer auf der Grundlage der geschichtlichen Erfahrung und erprobter Kader ausgearbeiteten prinzipiellen Stellung.
>
> Während wir mit aller Kraft für die Wiedergeburt der Komintern und die Kontinuität ihrer weiteren Entwicklung kämpfen, neigen wir in gar keiner Weise zu einem rein formalen Fetischismus. Das Geschick der proletarischen Weltrevolution steht für uns über dem organisatorischen Schicksal der Komintern. Sollte sich die schlimmere Variante verwirklichen, sollten, allen schweren Bemühungen zum Trotz, die heutigen offiziellen Parteien durch die stalinistische Bürokratie zum Zusammenbruch geführt werden, müßte man in gewissem Sinne wieder von vorn anfangen, dann wird die neue Internationale ihren Stammbaum von den Ideen und Kadern der Linken Kommunistischen Opposition ableiten.«[31]

Vielleicht in Vorahnung der bevorstehenden Katastrophe, gegen die sich Trotzki gut und mit aller Kraft seines Genies geschlagen hat, ging er in bezug auf den Schlag, den ihm diese fürchterliche Lage unvermeidlich zufügen würde, auf historische Distanz:

> »Und darum sind unzureichende Kriterien wie ‚Pessimismus' und ‚Optimismus' nicht auf unsere politische Arbeit anwendbar. Sie steht über den einzelnen Etappen, den Niederlagen und Siegen. Unsere Politik ist eine Politik auf weite Sicht.«[32]

Hitler wurde am 30. Januar 1933 Reichskanzler an der Spitze einer Regierung, in der die Nazis unter den Vertretern der Rechtsparteien noch in der Minderheit waren. Einige Tage später lieferte Lew Sedow Trotzki eine ziemlich schwarze Beschreibung der deutschen politischen Wirklichkeit:

> »Was wir durchleben, ähnelt einer Auslieferung der Arbeiterklasse an den Faschismus. (...) An der Spitze Unentschlossenheit, niemand weiß, was er tun soll; an der Basis kein Vertrauen in unsere eigenen Kräfte. (...) Ich glaube, daß jetzt die entscheidenden Tage und Wochen beginnen. Wenn jetzt nicht eine entschlossene Aktion der Arbeiterklasse geschieht – was bei dieser Entwicklung nur die proletarische Revolution sein kann –, ist eine schreckliche Niederlage unvermeidlich. Diese Aktion ist noch nicht ausgeschlossen, ist aber meiner Ansicht nach nicht mehr sehr wahrscheinlich.«[33]

Am 5. Februar 1933 – wir wissen nicht, ob er den Brief Sedows erhalten hatte – kommentierte Trotzki den Machtantritt Hitlers, der seiner Überzeugung nach einem doppelten Ziel entspreche, nämlich auf der Rechten der »camarilla« der Großgrundbesitzer aus der Umgebung Hindenburgs neue Chancen zu eröffnen und die Nazitruppen in den Dienst der Besitzenden zu stellen. Trotzki fuhr fort:

> »Hitlers Regierungsübernahme ist zweifellos ein furchtbarer Schlag für die Arbeiterklasse. Doch ist es noch keine entscheidende, keine endgültige Niederlage. Der Feind, der geschlagen werden konnte, als er sich erst aufwärts bewegte, hat heute eine ganze Reihe von Kommandoposten besetzt. Das ist ein großer Vorteil für ihn, doch der Kampf hat noch nicht stattgefunden. Die Einnahme günstiger Positionen allein entscheidet noch nichts – entscheidend ist die wirkliche Kraft. (...) Vom Ministerium, dem ein faschistischer Kanzler vorsteht, bis zum vollen Sieg des Faschismus bleibt folglich noch ein nicht kurzer Weg. Das bedeutet: Zur Verfügung des revolutionären Lagers bleibt noch Zeit. Wieviel? Das kann man nicht vorausberechnen. Das kann man nur in Kämpfen messen.«[34]

War eine Wende möglich? Trotzki erinnerte daran, daß der Kampf hitzig werde; je näher die Entscheidung rücke, desto mehr könne sich der Schlüssel der Lage in den Händen einer Partei und ihrer Führung befinden. Niemand könne sagen, ob die Führung der KPD fähig sei, dem Druck standzuhalten, der bestimmt auf sie ausgeübt werde. Trotzki schloß die Möglichkeit einer spontanen Massenbewegung nicht aus, womit aber die Frage der Haltung, die die kommunistische Partei ihr gegenüber einnehmen würde, nicht entschieden sei. Wie dem auch sei – man mußte, urteilte Trotzki, zu einer aktiven Verteidigung aufrufen, die der Ausgangspunkt für eine Einheitsfront in Richtung Sozialdemokratie sein könne und müsse.

Dies war Trotzkis letzter Text vor der Katastrophe. In einer Nachschrift vom 6. Februar 1933 stellte er zum Schluß das, was er für das Grundproblem hielt, in aller Deutlichkeit heraus:

> »Um die historische Bedeutung der Beschlüsse, die die Partei in den kommenden Tagen und Wochen fassen wird, in ein klareres Licht zu rücken, ist es meiner Ansicht nach notwendig, Kommunisten mit äußerster Schärfe und Unnachgiebigkeit mit den entscheidenden Fragen zu konfrontieren: Die (fortgesetzte) Weigerung der Partei, eine Einheitsfront zu bilden und örtliche Verteidigungskomitees zu errichten, Komitees, die die Sowjets von morgen werden können, wird nichts anderes sein als eine Kapitulation vor dem Faschismus, ein historisches Verbrechen, das der Liquidierung der Partei und der Kommunistischen Internationale gleichkommt. Sollte eine derartige Katastrophe eintreten, wird die Arbeiterklasse sich ihren Weg zu einer Vierten Internationale bahnen müssen; und sie wird diesen Weg über Berge von Leichen und Jahre unerträglicher Leiden und Nöte beschreiten müssen.«[35]

Man weiß, daß Hitler mit dem Reichtstagsbrand, ohne den Verlauf der Wahlen abzuwarten, die Arbeiterbewegung, die ohne Widerstand binnen weniger Stunden zusammenbrach, geschlagen hat. Die anderen Parteien sollten folgen. Heute kann der Leser von Trotzkis Analysen nur überrascht sein von dem Widerspruch zwischen seinem durchdringenden Scharfblick, was den Ablauf der Geschichte anbelangt, und seinem Irrtum, den er sich bei den Fristen zu Schulden kommen ließ, wenn er von der »letzten«, schon angebrochenen »Phase« der Herrschaft der stalinistischen Bürokratie sprach, oder wenn er erklärte, daß die »Idee die Führungskräfte schaffe«, als ob es möglich gewesen wäre, in den wenigen Wochen, die Trotzki zur Verfügung hatte, die erwähnten Führungskräfte zu finden und auszubilden. Wir werden bei Trotzki noch jahrelang diese Schwierigkeit, die Zeitabläufe richtig einzuschätzen, was sicher keine bloß persönliche Schwäche war, wiederfinden.

Es bleibt zu bemerken, daß der Versuch der »Erneuerung« der Politik der KPD letztendlich gescheitert ist und daß die »fürchterliche Katastrophe«, die Trotzki zu verhindern gesucht hatte, eingetreten ist: Mit der kampflosen Niederlage des deutschen Proletariats verlieh der Sieg der Konterrevolution in Deutschland der Gefahr der »braunen Pest«, die sich auf ganz Europa ausdehnte, konkrete Gestalt.

Die Geschichte hatte einen Satz nach rückwärts gemacht.

Kapitel 46

Der 4. August des Stalinismus

Derjenige, der heutzutage die Geschichte des letzten Lebensmonats der deutschen kommunistischen Partei zwischen dem Machtantritt Hitlers und dem Reichstagsbrand schreiben wollte, müßte ein Interesse daran haben, sich den Archiven Trotzkis zuzuwenden, wo er Briefe, Zeugenberichte und Rechenschaftsberichte finden würde, die dem Verbannten von ihm bekannten oder unbekannten Aktivisten zugeschickt wurden.[1]

Es läßt sich aus diesem Briefwechsel zuvörderst das Bild einer grundlegend demoralisierten und sogar im eigentlichen Sinne des Wortes zersetzten Partei herauslesen. Am 12. Februar 1933 schrieb Lew Sedow seinem Vater und lieferte ihm dabei schrecklich bezeichnende Informationen über die hohe Zahl der mit der Kasse durchgebrannten Schatzmeister und die wachsende Zahl von Aktivisten, die den Alarmübungen nicht mehr nachkamen.[2]

Die ersten Tage der Unterdrückung, vom 1. März 1933 an, brachten noch tragischere Züge an den Tag. Der schnelle Zusammenbruch der Parteiführung ließ die äußerste Zerbrechlichkeit des Apparates und besonders eines Teils, der am stärksten gehärtet hätte sein müssen, der für die »illegale« Arbeit, in Erscheinung treten, ebenso wie die Mittelmäßigkeit der der Führung nahestehenden Apparatschiks. Es scheint unbestreitbar, daß einige die Polizei auf die Fährte des Verstecks von Thälmann gebracht haben.

Noch schlimmer war in diesen Trauertagen die Entdeckung, daß die KPD an zahlreichen Orten von den Nachrichtendiensten der nazistischen Partei unterwandert worden war. Bis dahin als Führer der Roten Front, der Arbeitslosenkomitees und anderer Massenorganisationen bekannte, den Führungsgremien nahestehende, bei der Verfolgung der Oppositionellen unerbittliche Männer erschienen von einem Tag auf den anderen in SA-Uniformen oder in einem Polizeibüro und leiteten persönlich Hausdurchsuchungen und Verhaftungen, ja selbst Verhöre von Aktivisten, die wegen ihnen und durch ihre Bemühungen verhaftet worden waren. Derartige Entdeckungen, so kann man sich denken, beschleunigten den Zusammenbruch des Apparats und die Entmutigung und die Isolierung der Aktivisten, die versuchten, Rudimente der Organisation aufrechtzuerhalten.

Nach dem Reichstagsbrand, einem Meisterstück der Provokation, mit dessen Hilfe sich Hitler zunächst der Kommunistischen Partei zu entledigen suchte, spielte sich alles sehr rasch ab. Sie wurde am 1. März 1933 verboten und 4.000 ihrer Mitglieder, im wesentlichen Führungskräfte, wurden noch am gleichen Tag und am Tag darauf verhaftet. Vom 3. März 1933 ab lief in einem größeren Maßstab eine richtige Jagd auf Kommunisten ab, die nur wenige Gegenreaktionen auslöste. In Oranienburg jedoch empfing eine von einem Oppositionellen der KPD, Helmuth Schneeweiss organisierte Arbeiterverteidigungseinheit das SA-Kommando, das in das Arbeiterviertel einzudringen versuchte, mit Feuersalven. Am gleichen Tag wurde Thälmann, Chef der KPD, in der Wohnung, in der er sich in Berlin versteckte, verhaftet: Die *Prawda* versicherte in Moskau, daß der Faschismus die Kommunistische Partei nicht würde brechen können, da man weder »die Arbeitervorhut ausrotten« noch eine Partei zerstören könne, die »sechs Millionen Arbeiterstimmen« erhalten hat.[3]

Zuerst scheint Trotzki noch an die Möglichkeit geglaubt zu haben, der Apparat würde angesichts der tödlichen Gefahr noch aufschrecken. Trotzki erklärte am 2. März 1933 seinen Sekretären, daß man mit Mut, Vorsicht und Scharfblick immer noch etwas machen könne: Van Heijenoort erinnert sich an seinen Vergleich mit der glatten Wand eines Berges, der von weitem unerklimmbar erscheint, der aber aus der Nähe Spitzen und Unebenheiten aufweist.[4] Doch Trotzki sah schnell ein, daß alles vorbei war. Am 12. März 1933 richtete er an Sedow und das internationale Sekretariat einen Brief, der Trotzkis erste Bilanz enthielt:

> »Der deutsche Stalinismus ist im Begriff einzustürzen, weniger unter den Schlägen der Faschisten als infolge seiner eigenen inneren Zersetzung. Genau wie ein Arzt einen Kranken nicht aufgibt, solange er noch atmet, bestand unsere Pflicht in dem Versuch, ihn zu reformieren, solange noch die geringste Hoffnung blieb. Aber es wäre verbrecherisch, sich an einen Leichnam zu binden. Und die KPD ist nicht mehr als ein Leichnam.«[5]

Wenn das historische Werkzeug zerstört ist, muß man ein anderes herstellen. In Deutschland sei eine neue kommunistische Partei notwendig:

> »Ganz offensichtlich besteht unsere Wendung nicht darin, uns selbst als die neue Partei zu ‚proklamieren'. Das kommt nicht in Frage. Wir sagen jedoch: Die offizielle deutsche Partei ist politisch liquidiert, sie wird nicht zu neuem Leben erwachen können; wir wollen nicht das Erbe ihrer Verbrechen antreten. Die Vorhut der deutschen Arbeiter muß eine neue Partei errichten. Wir Bolschewiki-Leninisten schlagen ihnen unsere Zusammenarbeit vor.«[6]

Der historische Vergleich, der Trotzki dazu brachte, vom »4. August des Stalinismus« zu sprechen, stellte ein Symmetrie her zwischen dem Bankrott der deutschen Sozialdemokratie, als sie am 4. August 1914 die Kriegskredite bewilligte, und dem des Stalinismus, der außerstande war, die Arbeiterklasse zum Kampf gegen den Nazismus aufzurufen.

Trotzki äußerte sich im Gegensatz zu dem, was er im vorhergehenden Jahr zu verstehen gegeben hatte, nicht auf die gleiche Weise über die Kommunistische Internationale und ihre Sektionen. Er erkannte, daß der Zusammenbruch der KPD die Chancen, die Kommunistische Internationale zu erneuern, verminderte. Aber er wollte nicht auszuschließen, daß nach einer gewissen Zahl gesunde Reaktionen aus einigen Sektionen kommen konnten. Die Linke Opposition mußte bereit sein, ihnen zu helfen. Trotzki fügte hinzu:

> »Die Frage ist nicht in bezug auf die UdSSR geregelt worden: Dort wäre es falsch, die Losung einer zweiten Partei auszugeben. Wir rufen heute zur Schaffung einer neuen Partei in Deutschland auf, um die Kommunistische Internationale den Händen der stalinistischen Bürokratie zu entreißen. Die Frage besteht nicht darin, die IV. Internationale zu schaffen, sondern die III. zu retten.«[7]

Zwei Tage später, am 14. März 1933, schrieb Trotzki seinen ersten für die Öffentlichkeit bestimmten Artikel – Artikel zur »Diskussion«, führt er genauer aus, als er ihn abschickte – über »Die Tragödie des deutschen Proletariats«, gezeichnet mit G. Gurow, in dem er die in seinem Brief vom 12. März 1933 dargelegte Linie in weniger algebraischen Formeln entwickelte:

> »Das nach seiner Rolle in der Produktion, nach seinem sozialen Gewicht, nach der Stärke seiner Organisation mächtigste Proletariat in Europa hat Hitlers Machtergreifung und dem ersten wilden Ansturm auf die Arbeiterorganisationen keinen Widerstand geleistet. Das ist die Tatsache, von der man im weiteren bei allen strategischen Überlegungen ausgehen muß.«[8]

Trotzki beteuerte, es führe zu nichts, ein weiteres Mal die kriminelle Rolle der deutschen Sozialdemokratie anzuprangern: Genau sie habe 1919 die Gründung der Kommunistischen Internationale gerechtfertigt. Trotzki bejahte hingegen, daß die direkte und unmittelbare Schuld bei der Kommunistischen Internationale liege, wenn das deutsche Proletariat im entscheidenden Augenblick »ohnmächtig, entwaffnet, gelähmt« gewesen sei.

Ihre Verantwortung, besonders die ihrer Führung, sei für ihn schon im Fall der Niederlage der chinesischen Revolution im Jahre 1927 unbestreitbar gewesen. Doch die Wirklichkeit der Stalinschen Politik war nur aus weiter Ferne und sehr schlecht bekannt geworden. Die Stimme der russischen Opposition war erst lange nach der Niederlage zu den Sektionen und zu den Aktivisten gelangt. Dieses Mal hätten sich in Deutschland die Ereignisse vor den Augen des Weltproletariats, mit öffentlichen Stellungnahmen von Seiten der Opposition, mit Warnungen und Vorwarnungen bei jeder Entwicklungsstufe abgespielt. Trotzki nahm zum Schluß die Aussagen seines Briefes vom 12. März 1933 wieder auf:

> »Man muß es klar, präzise und offen aussprechen: Der Stalinismus in Deutschland hat seinen ‚4. August' erlebt. Die fortgeschrittenen Arbeiter dieses Landes werden von nun an nicht anders als mit brennendem Schamgefühl, mit Worten des Hasses und des Fluches von der Periode der Herrschaft der Stalinschen Bürokratie sprechen: Über die offizielle Kommunistische Partei ist das Urteil gesprochen.«

Trotzki wiederholte:

> »In welchem Umfang die tragische Erfahrung Deutschlands Anstoß sein wird zum Wiederauferstehen der übrigen Sektionen der Komintern, wird die Zukunft zeigen. In Deutschland ist das unheilvolle Lied der Stalinschen Bürokratie jedenfalls zu Ende. Das deutsche Proletariat wird sich wieder aufrichten, der Stalinismus niemals mehr.«[9]

***

Die Art und Weise, wie Trotzki, obwohl er gleichzeitig für den Aufbau einer neuen kommunistischen Partei in Deutschland eintrat, sich nicht für eine »neue Partei« in der UdSSR aussprach und die Frage nach der Internationale selbst offen ließ, mag überraschen. Sie weist jedoch klar darauf hin, wie sehr Trotzki den völlig neuen Charakter der durch die Machtergreifung der Nazis geschaffenen Lage fühlte: Er ließ sich nur mit Vorsicht auf das ganz und gar neu gestaltete und beträchtlich schwieriger gewordene internationale Umfeld ein.

Die ganze Schlacht um Deutschland hatte sich in den vorangegangenen Jahren, zumindest seit 1931, unter dem Zeichen kurzer Fristen abgespielt, und Trotzkis Schlußfolgerung war unbestreitbar erst viel später Wirklichkeit geworden, als er geglaubt hatte: Von 1931 an bis Anfang 1932 hatte er eine gewaltsame Lösung als unmittelbar bevorstehend betrachtet.

Der Sieg Hitlers eröffnete in der Tat einen ganz anderen Zeitabschnitt. Der Bankrott der KPD war ein Anzeichen für die Ernsthaftigkeit der Entartung der Kommunistischen Internationale und ihrer nationalen Sektionen. Durfte man annehmen, daß in einem anderen Land eine andere ihrer Sektionen eine Revolution zum Sieg führen könnte? Das war klarerweise wenig wahrscheinlich. Ansonsten war klar, daß, wenn die weltweite Schaffung neuer Parteien und einer neuen Internationale in einer von der Katastrophe gekennzeichneten Lage des Rückflutens der Revolution auf die Tagesordnung gesetzt würde, viel Zeit notwendig sein würde, bevor diese neuen Organisationen, wenn sie überhaupt soweit kämen, ihrerseits ein Faktor der Geschichte werden konnten. Waren diese Entwicklungen am Maßstab eines Menschenlebens meßbar? Das ist eine Frage, die sich Trotzki nicht stellte.

Wie Trotzki es vorhersah, als er 1932 auf die enge Verbindung zwischen dem Schicksal der Revolution in Deutschland und in der Sowjetunion hinwies, versetzte die deutsche Katastrophe der Arbeit der Linken Opposition in der UdSSR und den mit dem Entstehen des Blocks der Oppositionen, dessen Los letztendlich vom Reichstagsbrand besiegelt wurde, so wie das Los der Vereinigten Opposition 1927 vom Staatsstreich Tschiang Kai-scheks in Schanghai bestimmt worden war, den einen Augenblick lang zu erahnenden Möglichkeiten einen sehr harten Schlag. Durch die Verzweiflung, die er erzeugte, und durch die Furcht, die er erzeugte, war der Sieg Hitlers ein wichtiger Faktor beim Zusammenbruch der Oppositionen und auf längere Zeit hin gesehen bei der Stärkung der Macht der Bürokratie.

Laut Jean van Heijenoort – der es uns mitgeteilt hat, es aber nicht so deutlich geschrieben hat – begriff Trotzki zu diesem Zeitpunkt, daß seine Verbannung zugleich die letzte und eine endgültige war und daß er, entgegen seiner Hoffnungen im Laufe der früheren Jahre, nie in die Sowjetunion würde zurückkehren können. Den Beweis dafür sah Heijenoort in den tiefgreifenden körperlichen Veränderungen, die während der ersten Monate des Jahres 1933 in Trotzki vorgingen. Heijenoort betonte, wie sehr für Trotzki die persönliche Tragödie, die der Selbstmord Sinas bedeutete, mit der politischen Tragödie der deutschen Katastrophe verschmolz. Als liebevoller, gleichzeitig aber auch schonungsloser Beobachter hat Heijenoort gesehen, wie die Haare des »Alten« weiß werden sollten, wie er etwas weniger Sorgfalt auf seine Kleidung verwandte, und vor allem, wie die körperliche Lust an der Jagd und am Fischfang erlosch, unbestreitbare Zeichen einer schweren Verwundung, wie Heijenoort hervorgehoben hat. Er hat in den vertrauten Worten Trotzki auch das Verschwinden der traditionellen Drohung, sie zu »fisillieren«[10], eine Drohung, die nun niemanden mehr zum Lachen bringen konnte, wahrgenommen.

In den ersten Monaten des Jahres 1933 zog Trotzki einen endgültigen Schlußstrich unter das Kapitel Sowjetunion, von wo im Lauf der folgenden Jahre gerade noch ein paar Postkarten, im wesentlichen von der engeren Familie, ankommen sollten. Sedow war gezwungen, Berlin zu verlassen, um nach Frankreich zu flüchten; er bemühte sich selbstverständlich, erneut ein Informationsnetz, ähnlich demjenigen, das bis dahin funktioniert hatte, aufzubauen. Doch die Umstände waren verschieden, und es sollte nur gelegentliche Kontakte geben. Die einzigen interessanten Nachrichten, die in den auf diesen Schlußstrich folgenden Jahren aus der UdSSR kommen sollten, wurden von aus dem einen oder anderen Grund freigekommenen Häftlingen, etwa von Ciliga und Victor Serge, überbracht oder von solchen, die wie Dawtjan-Tarow entflohen waren, oder auch von hohen Funktionären, die wie Ignaz Reiss und Kriwizki die Seiten gewechselt haben.

Ein ernsthaftes Problem stellt sich dem Historiker mit der Abfassung – am 15. März 1933, am Tag nach der Abfassung seines Artikels über den Bankrott des Stalinismus in Deutschland – eines Briefes Trotzkis an das Politbüro der KP der UdSSR[11], der zwei Monate geheim bleiben sollte und erst im Mai 1933 vom *Bjulleten Opposizii* veröffentlicht wurde. Trotzki erklärte, daß dieser Brief »an die Verantwortlichen der Partei und der Regierung«, an die nahen Mitarbeiter Stalins an der Spitze gerichtet gewesen sei, also »in der Annahme, ja der Gewißheit, daß inmitten kurzsichtiger, feiger und karrieresüchtiger Elemente sich auch ehrliche Revolutionäre befinden, deren Augen vor der wirklichen Lage nicht weiterhin verschlossen bleiben können«.[12]

Der Text vom 15. März 1933 ist »ein Aufruf an den Verantwortungssinn« der sowjetischen Führer an der Spitze, von denen er überzeugt ist, daß sie den Ernst der inneren und äußeren Lage der UdSSR zumindest ebenso gut kennen wie er. Er schreibt ihnen:

> »Was tun? Vor allem: Die Partei wiederbeleben. (...) Die Linke Opposition (...) wird bereit sein, dem Zentralkomitee die volle Zusammenarbeit anzubieten, die Partei wieder auf den Weg einer normalen Existenz zurückzuführen. (...) Das Schicksal des Arbeiterstaates und die internationale Revolution auf Jahre hinaus stehen auf dem Spiel. (...) Nur durch die offene und ehrliche Zusammenarbeit der beiden historisch verwurzelten Fraktionen, mit dem Ziel, sie zu Tendenzen innerhalb der Partei umzuwandeln und sie schließlich innerhalb der Partei aufzulösen, kann die Führung das Vertrauen zurückgewinnen und die Partei in den augenblicklichen Umständen wiederbeleben.«[13]

Trotzki kam am 30. März 1933 auf diese Frage zurück, indem er zum ersten Mal in einem zur Veröffentlichung bestimmten Text erklärte, daß »die Liquidierung des Regimes Stalins« absolut unumgänglich »und (...) nicht mehr sehr fern ist«. Trotzki befürchtete allerdings, daß sie zu einem Zusammenbruch des sowjetischen Systems selbst führen werde. Er verteidigte nochmals die Notwendigkeit, zur Demokratie in der Partei zurückzukehren, und behauptete:

> »Man könnte sagen, der Grad des Risikos im Verlauf des Übergangs zur Demokratie hängt in hohem Maße von der Art und Weise ab, wie sich die Beziehungen zwischen einerseits Stalinisten und Halbstalinisten und andererseits der Linken Opposition gestalten werden.«[14]

Dieses Mal schlug Trotzki in seiner Terminologie »vor den Augen der Partei und des internationalen Proletariats« im Namen der Linken Opposition »allen Gruppen der führenden Fraktion« ein »ehrenhaftes Übereinkommen« vor. Er brachte dann dieselben Argumente wie im Mai 1933 vor, als er einen Kommentar verfaßte, um den offenen Brief an das Politbüro und seine Veröffentlichung zu erklären:

> »Die Stalin-Clique marschiert mit Sieben-Meilen-Stiefeln ihrer eigenen Zerstörung entgegen. Die einzige Frage ist: Wird sie mit sich auch das Sowjetregime in den Abgrund reißen?«[15]

Es ist für den Historiker sehr schwierig, dieses Moment der Politik Trotzkis in Richtung auf die Sowjetunion richtig und genau zu analysieren und zu interpretieren. Die erste Versuchung besteht natürlich darin, in diesen wiederholten, in verschiedenen Formen auf die führenden Gruppen der stalinistischen Fraktion abzielenden Schritten eine Initiative im Zusammenhang mit dem von Marcel Body berichteten Schritt eines Geheimboten Kirows, eines Mitglieds des Politbüros und des Sekretariats, zu sehen, der die Bedingungen, zu denen Trotzki auf seine Wiedereingliederung und seine Rückkehr in die UdSSR eingehen würde, in Erfahrung bringen wollte.[16] Doch diese zu einfache Erklärung läuft dem Zeugnis Bodys selbst zuwider, der den fraglichen Schritt auf »Anfang des Sommers 1934« datierte. Wahrscheinlich können nur die Archive des Kremls das Datum und zugleich die Bedeutung dieser Erkundungsmission liefern.

Das einzige für dieses Thema brauchbare Zeugnis ist anscheinend das, das Ruth Fischer in ihren unveröffentlichten Memoiren liefert. Die ehemalige Führerin der KPD, damals seit Jahren ausgeschlossen, war nach Paris und später nach Prag geflohen. Sie erzählt, wie sie im Zentrum der deutschen Emigration lebte und täglich mit Aktivisten wie Wilhelm Pieck, Münzenberg oder Eberlein und Führern der PCF, wie den Franzosen Doriot und Paul Vaillant-Couturier, verkehrte. Die Stimmung, die sie beschreibt, selbst wenn sie in manchen Beziehungen von Emigrantengerede herkommen sollte, kann nur ein mehr oder weniger verzerrtes Abbild der wirklichen Lage in Moskau in den ersten Monaten des Jahres 1933 gewesen sein. Auf jeden Fall schreibt Ruth Fischer:

> »Jedermann in Paris dachte damals, Stalin hätte nach der schrecklichen deutschen Katastrophe völlig und endgültig jede Autorität als internationaler kommunistischer Führer verloren. Eine allgemeine Überprüfung fand in der russischen Partei statt, so daß die oppositionellen Genossen, die ihren Zwangsaufenthalt außerhalb Moskaus hatten, bald nach Hause zurückkehren würden. Zu diesem Zeitpunkt erwähnte man auch den Namen Rakowskis, der der Partei noch große Dienste leisten könnte, und natürlich wurde die Tatsache, daß Sinowjew und Kamenjew sechs Monate nach der Affäre Pjutin wieder in die Partei aufgenommen wurden, als ein Anzeichen für die Änderung des Kurses interpretiert. (...) Man ermutigte uns, Stalin laut und scharf zu kritisieren, als eine Arbeitsteilung zwischen denen, die im Rahmen der Parteidisziplin vorgehen mußten, und denen, die sich außerhalb befanden, weil die Korrektur der Politik der Partei und die Versöhnung mit den Oppositionellen nur unter dem Druck von außen realisiert werden konnten.«[17]

Als Trotzki die Kapitulation Sinowjews und Kamenjews im Mai 1933 kommentierte, kann er in Einklang mit Ruth Fischer von der Feststellung ausgehen, daß »der Apparat der Partei selbst seit einiger Zeit der Ansicht ist, daß die Führung Stalins der Partei schon zu teuer zu stehen kommt«, und daß »selbst Stalin es gemerkt habe«. Für Trotzki ist die Wiedereingliederung Sinowjews und Kamenjews, ganz wie die Einladung an Bucharin und Rykow, auf der Tribüne der großen Demonstration vom 1. Mai 1933 Platz zu nehmen, ein Fall für eine Sammlung der »toten Seelen« – eine Aktion Stalins, um zu beweisen, daß er nicht allein ist. Sie habe sich nicht ohne »Vermittlungen und Fürbitten auf der einen Seite, zynischen Ermahnungen auf der anderen, auf Seiten der Altbolschewiken« abgespielt.[18]

Es bleibt zu erwähnen, daß Trotzki während der ersten fünf Monate des Jahres 1933 angesichts der durch die deutsche Katastrophe geschaffenen, für die UdSSR tragischen Lage, wobei er sich vermutlich auf direkt oder indirekt aus der Sowjetunion gekommene Teilinformationen stützte, den Mitgliedern des Politbüros, von denen er zu Recht glaubte, daß sie mit Stalin, seiner Diktatur und seinen Methoden Schluß zu machen wünschten, bewußt und hartnäckig die Hand hinstreckte – und daß westliche Staatskanzleien und Zeitungen die Möglichkeit eines Erfolges dieses Annäherungsversuchs ganz und gar ernst genommen zu haben scheinen, gleich ob der mögliche Verbündete den Namen Ordschonikidse, Kirow oder einen anderen trug.

***

Der von Trotzki schon vom März 1933 an geäußerte Standpunkt zum Bankrott der KPD und die Aufgabe der Reformpolitik zugunsten des Aufbaus einer »neuen Partei« war allerdings – noch – nur eine persönliche Stellungnahme. Trotzki bat seine Genossen, dies zu betonen, als er darauf hinwies, daß sein erster Artikel ein »Artikel zur Diskussion« sei. Der wurde bei weitem nicht sofort von allen seinen Genossen angenommen, und selbstverständlich in erster Linie nicht von den Deutschen. Am 11. und 12. März 1933 war in Leipzig eine heimliche Konferenz der deutschen Linken Opposition mit etwa zehn Delegierten abgehalten worden. Da sie die unlängst auf der internationalen Vorkonferenz von Paris bekräftigte »Oppositions-« und »Erneuerungs«-Strategie angenommen hatte, hatte sie sich mit erdrückender Mehrheit gegen die von dem jungen Delegierten Heinz Epe verteidigte Idee einer »neuen Partei« ausgesprochen. Die von E. Bauer angeführte Mehrheit hielt an den alten Position fest.

Indem Trotzki die Argumente der Gegner der Wende in Richtung auf eine neue Partei zusammenfaßte und manchmal auch erfand, begann er bereits, Gründe anzuführen, um zu überzeugen. Er legte großen Nachdruck auf die Tatsache, daß der Sieg des Faschismus wie der Zusammenbruch der KPD nicht mehr eine bloße Prognose, gar eine bloße Hypothese waren, sondern »ein wichtiges historisches Ereignis, das alsbald immer tiefer in das Bewußtsein der Massen eindringen wird« und dessen Folgen von nun an neue Perspektiven und eine neue Strategie verlangen.

Trotzki verneinte nicht die Möglichkeit des Wiedererstehens der KPD in Form einer illegalen Organisation und hielt sie in einer nahen Zukunft sogar für wahrscheinlich. Doch er glaubte nicht an die Möglichkeit, daß sie von Dauer wäre, da die völlige Aufopferung, die ein solches Unterfangen erforderte, nur aus »einer richtigen Politik und einer ideologischen Ehrlichkeit der

Führung« entspringen konnte. Die Unterwerfung unter die Internationale verunmöglichte jedoch eine solche Entwicklung, wie das italienische Beispiel zeigte. Jede Erneuerung der deutschen Partei war in Trotzkis Augen unmöglich.

> »Der Apparat ist durchsetzt von bezahlten Funktionären, Abenteurern, Karrieristen, Agenten des Faschismus von gestern und heute. Die ehrlichen Elemente wissen nicht, wohin. Die stalinistische Führung wird in der illegalen Partei ein Regime einführen, das noch niederträchtiger und schändlicher als das in der legalen sein wird. Unter diesen Umständen wird die illegale Arbeit nicht mehr als ein wenn auch heroisches Feuerwerk sein. Das Resultat wird der Zerfall sein.«[19]

Trotzki hielt es für unbedingt notwendig, »sich« nicht »an alte Formeln zu klammern« und die Perspektiven angesichts einer neuen Lage zu überdenken, und verwahrte sich gegen die Beschuldigung, die neue Partei »proklamieren« zu wollen, während es seiner Meinung nach vorerst nur darum ging, »einen selbständigen Kristallisationskern für alle revolutionären Elemente (zu) schaffen, unabhängig von ihrer Vergangenheit in der Partei«.[20]

Was die häufigste Kritik anbelangte, wonach die Entscheidung, in Deutschland eine »neue Partei« aufzubauen, zur logischen Folgerung führe, auch eine neue Internationale zu gründen, begnügte sich Trotzki damit, zu versichern, daß die historischen Prozesse sich nicht gemäß der formalen Logik, sondern dialektisch entwickeln und daß »die kommenden Ereignisse« – mit aktiver Hilfe der Linken Opposition – es »zeigen werden.«[21]

Hierin lag der Sinn der Teilnahme der Linken Opposition, die Trotzki beschließen läßt, am Weltkongreß zum Kampf gegen den Faschismus. Dafür verfaßte Trotzki eine Erklärung, in der er ein schonungsloses Bild von der neueren Politik der Kommunistischen Internationale zeichnete. Er erwähnte darin auch ihre unglaubliche Kehrtwendung vom 5. März 1933, ihre Stellungnahme nicht nur zugunsten der Einheitsfront an der Spitze, sondern zum Verzicht der beiden Arbeiterparteien auf gegenseitige Kritik – die so die Einheitsfront der Sozialisten und Kommunisten in das, was Trotzki »ein stilles Komplott gegen die Massen« nannte, verwandeln würde.

Als zahlreiche Widersacher gegen ihn auftraten, besonders die Spanier Arlen und Vela und die Deutschen Bauer und Stoi, erneuerte Trotzki seine Argumente ein wenig. Trotzki kämpfte gegen diejenigen seiner Genossen, die die Idee vorbrachten, daß man den Apparat der Kommunistischen Internationale wegen seiner »Dummheit« und seiner »Unfähigkeit« verurteilen müßte: Man muß ihn, schrieb Trotzki, aus genau dem Grund verurteilen, daß eben die Interessen der sowjetischen Bürokratie in seiner Politik in Deutschland obsiegt haben. Er polemisierte ebenfalls gegen »die unausgesprochen sentimentale Betrachtung« derer, die sich weigerten, den Tod der KPD zu bescheinigen, weil ihre Aktivisten alle Tage unter den Schlägen der Faschisten zu Fall kamen und in den Händen des Feindes Folterungen erlitten. Gegen Ende April 1933 stellte Trotzki aufgrund eines Textes der deutschen Führung mit Genugtuung fest, daß sich die Standpunkte der Untergetauchten dem seinigen anzunähern begannen: Die Meinungsverschiedenheiten wurden im Juli 1933 endgültig beigelegt.

In der gleichen Zeit fanden sich seine Genossen aus der Tschechoslowakei, Grylewicz und der aus Deutschland herausgekommene und zu »Held« gewordene Heinz Epe, der von Prinkipo kommende Otto Schüssler, Alois Neurath, der in Reichenberg im Sudetenland wohnte und Verbindungen in alle deutschsprachigen Länder hatte, wieder zusammen und knüpften mit anderen deutschen Aktivisten neue Bande. Die wichtigsten waren die Vertreter der Sozialistischen Arbeiterpartei, der SAP, einer Partei von 25.000 bis 30.000 Mitgliedern, die aus einer Linksabspaltung der sozialdemokratischen Partei im Jahre 1931 hervorgegangen und die durch den Beitritt von tausend früheren Kommunisten 1932 verstärkt worden war.

In der ersten Reihe dieser Kontakte befanden sich zwei Männer, die in der internationalen kommunistischen Bewegung nicht wenig Bedeutung hatten: Walcher und Thomas. Jakob Walcher war ein auf die »Gewerkschaftsarbeit« spezialisierter ehemaliger Spartakist. Als tüchtiger Organisator und guter Tribun war er es, der Trotzki 1923 die Informationen gegeben hatte, die es ihm erlaubten, sich für den Aufstand in Deutschland auszusprechen. Da Walcher Brandler nahestand, wurde er zur gleichen Zeit ausgeschlossen wie jener. Walcher war Brandler in die rechte Minderheit und dann in die Opposition der Kommunistischen Partei (KPO) gefolgt, wo er bis zu seinem Austritt in der Minderheit gewesen war. »Der Genosse Thomas«, mit wirklichem Namen Jakob Reich, ehemaliger sowjetischer Diplomat in der Schweiz im Jahre 1918, war einer der Schlüsselmänner der Komintern und Gründer ihres westeuropäischen Sekretariats in Berlin gewesen. Er wurde wegen seiner starken Fettleibigkeit gemeinhin »der Dicke« genannt. Er hatte Anfang der dreißiger Jahre mit Lew Sedow in Verbindung gestanden und ihm auch geholfen, für Trotzki unbedingt notwendige Werke aufzutreiben.

Die beiden Männer waren ehemalige Rechtsoppositionelle. 1932 hatten sie ein Experiment zum guten Ende geführt, das Trotzki in jenem Augenblick unterschätzt hatte, das er aber in der neuen Konstellation bald leidenschaftlich untersuchen sollte: Mit den 800 bis 1.000 kommunistischen Oppositionellen, die sie mit sich in die SAP gezogen hatten, war es ihnen gelungen, sich der Führung dieser Partei zu dem Zeitpunkt zu bemächtigen, wo sie in den Untergrund abtauchen mußte.

Der Leser wird sich entsinnen, daß Neurath ein Veteran der Führung der kommunistischen Internationale war, der zunächst Sinowjew nahestand, dann in die rechte Opposition überwechselte und 1932 mit ihr brach, um sich der Linksopposition anzuschließen. Neurath interessierte sich eingehend für die Krise der Sozialdemokratie im Sudetenland. Seine Initiativen brachten gewiß die »konservativen« und vor allem mehr am Wortlaut der Lehre Trotzkis hängenden jungen Oppositionellen gegen ihn auf. Schon bei seinem ersten Kontakt mit Walcher und Thomas machte ihnen Neurath den Vorschlag, dessen allgemeinere Formulierung alsbald weitreichende Folgen haben sollte. Für ihn ging es laut Gilles Vergnon »nicht nur um die Bildung einer Achse SAP-linke Opposition, um unverzüglich alle Genossen, die sich aus den Ruinen und Trümmern der KPD und der SPD ablösten, neu zusammenzuschließen, sondern auch um eine internationale Sammlung der Linkskräfte, die mit der II. und der III. Internationale brachen«.[22]

Dieser Standpunkt entsprach dem Trotzkis noch nicht. Doch war Trotzki überzeugt, daß die Tagesfrage »die Entwicklung der Grundlagen einer revolutionären Politik für eine lange Zeitspanne« sein würde. Daher kamen die Unterredungen zwischen Walcher, Thomas und Neurath, später Held und Schüssler genau zum rechten Zeitpunkt. Tatsächlich begann Trotzki zu glauben, daß die SAP »die größte, aber auch die am wenigsten feste der kommunistischen Oppositionsorganisationen (...), schon von heute an das Ausgangsmaterial der Kräfte des Kommunismus ausmacht«.[23] Im Laufe der Monate Mai und Juni 1933 nahmen die Fragen der deutschen Emigration und besonders die der SAP einen bedeutenden Platz in seinen hauptsächlichen Sorgen und Themen des Nachdenkens ein. Und das brachte ihn dazu, im Zusammenhang mit dieser Partei unmerklich vom »deutschen« auf den internationalen Boden überzuwechseln.

Am 15. Juni 1933 unternahm Trotzki den ersten Anlauf, indem er einen grundlegenden, mit G. Gurow gezeichneten und mit »Die sozialistischen Linksorganisationen und unsere Aufgaben« betitelten Diskussionstext an seine Genossen richtete.[24]

Es war das erste Mal, daß sich Trotzki, seitdem er sich außerhalb der Sowjetunion befand, für die Krise, die die Sozialdemokratie durchlebte, interessierte. Die Kontakte und die Arbeit über die Frage der SAP hatten ihn dazu geführt, sich die Frage nach der Art der Perspektiven neu zu stellen, die sich auftaten vor den im Laufe der letzten Jahre hauptsächlich aus Linksabspaltungen der Sozialdemokratie entstandenen Organisationen und vor den »linken« Tendenzen, die sich in den wichtigsten Parteien zu entwickeln begannen. Darunter war die ILP – die natürlich schon viel älter war – und die von der Kommunistischen Internationale sehr umworben wurde, aber auch die SAP und die OSP der Niederlande. Für Trotzki bestand keinerlei Zweifel, daß die Entwicklung dieser Parteien, die sich von der Rechten nach links vollzog, bisher von der Stalinschen Politik, die als Schreckbild gedient hatte und sie schließlich vom Kommunismus, auf den sie sich zubewegten, entfernt hatte, gebremst, ja sogar blockiert worden ist. Während die alten Organisationen durch die deutsche Niederlage bloßgestellt waren, stellten diese neuen

Organisationen und ihre Perspektiven der Linken Opposition neue Aufgaben. Die Opposition mußte nämlich versuchen, »(deren) Entwicklung in Richtung auf den Kommunismus zu beschleunigen, indem sie in diesen Prozeß ihre Ideen und ihre Erfahrungen einbringt«.[25]

Das Bestehen von linkssozialistischen Organisationen eröffnete der Opposition neue Möglichkeiten. Bisher hatte sie Aktivisten nur individuell anwerben können, weil der Apparat sie hinderte, auf die Parteien als ganze einen Einfluß auszuüben. Nun wurde es für Trotzki möglich, ganze Organisationen zu gewinnen oder wenigstens zu beeinflussen:

> »Die unabhängigen sozialistischen Organisationen und die linksoppositionellen Fraktionen innerhalb der Sozialdemokratie sind entweder ausgesprochen zentristische Organisationen, oder sie enthalten sehr starke zentristische Tendenzen oder Überbleibsel in ihren Reihen. Ihre positive Seite liegt darin, daß sie unter dem Einfluß historischer Schocks, denen sie ausgesetzt sind, sich in eine revolutionäre Richtung entwickeln. Nähern wir uns diesen Organisationen auf einer klaren prinzipiellen Grundlage, so würde das ein neues Kapitel für die Entwicklung der Linken Opposition und damit eine Renaissance des revolutionären Marxismus in der Arbeiterbewegung der Welt bedeuten. Eine von den Ideen der Linken Opposition inspirierte große internationale revolutionäre Organisation würde ein Anziehungspunkt für die proletarischen Elemente der offiziellen Kommunistischen Parteien werden.«

Und Trotzki fügte diese entscheidenden Worte hinzu:

> »Es läßt sich nicht verhehlen, daß, wenn man diesen Weg zu Ende geht, er zu der Schaffung neuer kommunistischer Parteien führen kann.«[26]

Selbstverständlich sollte die Geschichte hier einen unvorhergesehenen Umweg nehmen. Die Linke Opposition hatte lange Zeit geglaubt, daß sie sich vor allen Dingen aus den Reihen der offiziellen KPen rekrutieren würde, und die Erfahrung hatte gezeigt, daß viele frühere Aktivisten in Gleichgültigkeit versanken. Den Mitgliedern der sozialistischen Linksorganisationen mangelte es wohl an revolutionärer Stählung, doch »frei von jedem Fetischismus gegenüber der sowjetischen Bürokratie« suchten sie redlich einen Ausweg auf dem Weg zum Kommunismus. Und Trotzki schloß:

> »So sieht die merkwürdige Kombination neuer historischer Umstände aus, die den Bolschewiki-Leninisten neue, in einer gewissen Weise ‚unvorhergesehene' Möglichkeiten der Aktivität und des Fortschritts eröffnet. Man muß sie voll und ganz ausnutzen.«[27]

***

Zu dem Zeitpunkt, als Trotzki die für sein Programm »unvorhergesehene« Frage der linkssozialistischen Organisationen anschnitt, hatten die Ereignisse fast ihr endgültiges Urteil über die Internationale selbst und über ihre Sektionen sowie über die Möglichkeit ihrer Erneuerung gefällt. Nach dem kurzen »selbstkritischen« Zwischenspiel im März 1933 driftete die Kommunistische Internationale wieder auf alle überholten Aussagen zurück. So verabschiedete das Exekutivkomitee im April 1933 einstimmig einen wohl von den Männern Stalins geforderten selbstzufriedenen Beschluß, der insbesondere erklärte:

> »Das Präsidium des EKKI konstatiert nach Entgegennahme des Referats des Genossen Heckert über die Lage in Deutschland, daß die politische Linie und die organisatorische Politik, die das Zentralkomitee der Kommunistischen Partei Deutschlands mit dem Genossen Thälmann an der Spitze bis zum Hitlerschen Umsturz und im Augenblick dieses Umsturzes befolgte, vollständig richtig war.«[28]

Die Verantwortung für die deutsche Niederlage – das Wort wurde nicht einmal ausgesprochen – wurde auf die Sozialdemokraten abgewälzt, die man beschuldigte, die Einheitsfront mit den Kommunisten verweigert zu haben und sie mit dem Bürgertum eingegangen zu sein. Die Entschließung des Vorstands endete mit der Bekräftigung, daß die Errichtung der Nazidiktatur, »indem sie in den Massen die demokratischen Illusionen zerstört und indem sie sie von dem sozialdemokratischen Einfluß befreit, in Deutschland das Tempo des Marsches zur proletarischen Revolution beschleunigt«.[29]

Im Briefwechsel Trotzkis fehlt es nicht an Informationen, die die kommunistischen Führer oder Persönlichkeiten betreffen, die sich 1933 offen gegen die vergangene oder gegenwärtige Politik der stalinisierten Internationale ausgesprochen haben. Aber ein ernsthafter Widerstand und eine wirkliche politische Auseinandersetzung kam einzig und allein in der tschechoslowakischen Partei zustande.

Schon im August und September 1932, anläßlich des XII. Plenums der Exekutive, hatte die aus Gottwald, Guttmann und Šverma gebildete tschechoslowakische Abordnung die Vorbehalte ihrer Partei zur ultimativen Politik der KPD und den unheilvollen Charakter der Theorie vom »Sozialfaschismus« zum Ausdruck gebracht. Guttmann hatte gegen die Anschauung polemisiert, nach der der Sieg des Faschismus gewissermaßen die unvermeidliche Zwischenstufe zwischen der bürgerlichen Demokratie und der proletarischen Revolution bilden würde. Die Reaktion der Führer war sehr heftig gewesen und hatte zu einem ungeheuren Drucks auf Gottwald geführt, um von ihm den Widerruf von Guttmann zu erreichen, den man zu Recht für den Anstifter dieser Kritiken hielt.

Die Frage wurde nach Hitlers Machtantritt wieder aktuell: Die Führung der KP gab in der Öffentlichkeit zumindest stillschweigend zu, daß der Hitlersche Sieg eine schwere Gefahr für die tschechoslowakischen Arbeiter darstellte. Guttmann wurde vom Großteil der Kommunisten des Sudetenlandes unterstützt. Man beauftragte ihn mit einem Bericht an das Zentralkomitee. Er erhielt auch Vollmacht, einen Vorschlag zur Einheitsfront auszuarbeiten, der dann von den Sozialdemokraten zurückgewiesen wurde. Aber das ereignete sich während des Zwischenspiels vom März 1933. Am 21. April 1933 griff die Kommunistische Internationale in einem an die PCT gerichteten Brief all die Themen und die Ideen wieder auf, die seit einem Jahr von deren Führern kritisiert worden waren. Die Führung der PCT widersetzte sich und weigerte sich drei Wochen lang, die Entschließung vom April 1933 in der *Rude Pravo* zu veröffentlichen, wobei sie gleichzeitig einen Artikel ihres Abgesandten in Moskau, Bruno Koehler, zensierte.

Aber es wurde sehr schnell klar, daß dieser Widerstand nicht weit gehen konnte: Gottwald und Šverma brachen zusammen und gaben nach. Guttmann blieb allein, schlug sich bis zum Ende und schloß sich schließlich Trotzki an. Das war der einzige wirkliche Widerstand, der sich auf Weltebene in einer kommunistischen Partei gezeigt hat. Und das war beschämend wenig.

Als der junge deutsche Führer E. Bauer auf Beschluß des Internationalen Sekretariats Deutschland verließ, um sich nach Prinkipo zu begeben, fing er lange Diskussionen mit Trotzki an. Schließlich schrieb Bauer dem Internationalen Sekretariat einen langen Brief, in dem er eine erneute Änderung der Orientierung vorschlug:

> »Auf ihrem Weg nach links geraten die reformistischen Arbeiter in Widerstreit mit der III. Internationale und ihren Parteien, die nicht ihr Vertrauen haben und es nicht verdienen. Müssen wir also diesen Arbeitern die Frage der Reform dieser Parteien und ihres Eintritts in die III. Internationale stellen?«[30]

Es war von nun an offensichtlich, daß auch Trotzki erwog, daß die Frage der Internationale in dem von dem Artikel über »die linkssozialistischen Organisationen« vorgezeichneten Sinne geregelt werden sollte.

***

Ein bedeutendes und neues Ereignis war in der Zwischenzeit eingetreten, das dem Aufenthalt auf Prinkipo ein Ende zu setzen sollte: Die Erteilung eines Visums für Frankreich. Nach den Wahlen vom Mai 1932 war die Linke dort wieder an die Macht gekommen, was sich am 2. Juni mit einem Kabinett Herriot als Regierung auswirkte. Trotzki stellte nun einen Visumsantrag; er wurde abgelehnt. Eine Mitteilung eines hohen Beamten sagte in aller Deutlichkeit:

> »M. Trotzki, dem seine Bürgerrechte, mit dem Verbot der Rückkehr in die UdSSR, entzogen wurden, scheint seitdem seine Beziehungen zu Stalin nicht verbessert zu haben. Unter diesen Umständen, zu einem Zeitpunkt, in dem Verhandlungen wiederaufgenommen werden könnten, um einen

Nichtangriffspakt und vielleicht ein Handelsabkommen abzuschließen, erschiene es unangebracht, unseren Gesprächspartnern Veranlassung zu der Überlegung zu geben, wir seien geneigt, auf einen Mann Rücksicht zu nehmen, der ein ausgesprochener Gegner der gegenwärtigen Regierung ist und ihr damit einen Grund zur Klage zu liefern, der sich ungünstig auf ihre Dispositionen auswirken könnte.«[31]

Die Entscheidung, vorerst abzulehnen, wurde im September 1932 getroffen, wobei Chautemps, der Innenminister, näher ausführte, daß im Falle eines erneuten Antrages dieser dem Ministerrat vorgelegt würde.[32]

Ende Mai 1933 setzte der französische Übersetzer Trotzkis, Maurice Parijanine, Trotzki in Kenntnis, daß er aus eigenem Antrieb bei dem Abgeordneten der Radikalen Partei, Henri Guernut, der auch einer der Führer der Liga für die Menschenrechte war, sondiert habe. Parijanine hoffte, durch seine Fürsprache die Aufhebung der Ausweisungsverfügung von 1916 und die Erwirkung eines Aufenthaltsvisums erreichen zu können. Am 14. Juni 1933 wurde der Ausweisungserlaß widerrufen und Trotzki von Parijanine davon in Kenntnis gesetzt. Am 12. Juli 1933 ließ Van die Pässe der ganzen Hausgemeinschaft im französischen Konsulat von Istanbul abstempeln.

Auch hier muß der Historiker eingestehen, daß er nicht alles weiß und daß er das Gefühl hat, daß ihm manche Informationen entgehen. In den den Forschern zugänglichen Archiven des französischen Außenministeriums erlauben mehrere Vermerke, die in den Regierungskreisen dem Vorschlag Henri Guernuts entgegengebrachte Aufnahme und den Gang der Sache zumindest in ihren groben Zügen nachzuzeichnen. Eine vom 16. Mai 1933 datierte Aufzeichnung des Innenministers, Camille Chautemps, spielte auf den Schritt des Senators der Radikalen Partei an, Guernut, der von einem Kuraufenthalt in Südfrankreich oder auf Korsika gesprochen zu haben scheint. Der Minister sah in der Bitte »kein Motiv von erheblicher politischer Bedeutung«. Er beschränkte sich darauf, zwei Einschränkungen zu machen: Trotzki dürfe sich nicht in das französische politische Leben einmischen, und andererseits könne er »infolge seiner schweren Zwistigkeiten mit gewissen Fraktionen der Kommunistischen Partei« nur »auf eigene Rechnung und Gefahr« in Frankreich aufgenommen werden.[33]

Das Außenministerium – der Minister hieß Paul-Boncour – gab eine günstige Stellungnahme für eine Thermalkur ab, doch meinte es, daß für eine längere Aufenthaltsgenehmigung eine Entscheidung des Ministerrates notwendig wäre. Der Generalsekretär des Ministeriums, Alexis Léger, (als Dichter Saint-John Perse genannt) scheint bei der Annahme dieses Standpunktes die entscheidende Rolle gespielt zu haben: Er hieß die Aufnahme Trotzkis gut.[34] Im Notenwechsel wird sichtbar, daß es kein mit den Beziehungen zur Sowjetunion in Zusammenhang stehendes Hindernis gab, da es ja keinerlei laufende Verhandlung mit der Sowjetunion gab, der die Entscheidung, Trotzki aufzunehmen, schaden konnte.[35] Die Bedingung eines auf ein Département des Südens oder auf Korsika beschränkten Aufenthalts wurde nicht weiter aufrechterhalten. Sie hatte wahrscheinlich einen Bestandteil des Kunstgriffs Guernuts gebildet, die Sache einzufädeln.

Warum hat die radikal-sozialistische Regierung Daladier dem Verbannten schließlich ein Visum gewährt, nachdem es vor weniger als einem Jahr von der Regierung Herriot verweigert worden war? Die in den Aufzeichnungen indirekt angedeutete Auslegung – der Wille, eine demokratische Asylpolitik zu betreiben, ohne deshalb die Beziehungen mit der sowjetischen Regierung zu belasten – ist nicht völlig überzeugend. Lief diese humanitäre Geste nicht Gefahr, das Leben einer Regierung unnötig zu erschweren, die daraus anscheinend keinerlei Vorteil ziehen konnte? Eine Erklärung, die auf keinerlei Dokumentation fußt, die es aber verdient, als Interpretation angeführt zu werden, ist von Ruth Fischer vorgeschlagen worden:

> »Was für ein merkwürdiges Zusammentreffen, daß die französische Regierung Trotzki das Recht des Aufenthalts in Frankreich fast im gleichen Moment gibt, wo ihre Annäherung an den Kreml stattfindet! Man kann bestimmt annehmen, die französische Regierung habe die gleichen Nachrichten wie wir über die unsichere Position Stalins erhalten, und die Tatsache, daß sich die Opposition gegen ihn neu gruppiert habe. Deshalb hielt man es also 1933 für möglich, Trotzki freundschaftlich zu behandeln, mit Hinblick auf die Zukunft nach einer Umbildung des russischen Politbüros. Die heftige Kampagne Trotzkis gegen den Nationalkommunismus Thälmanns war allgemein bekannt, und die französischen Kreise hatten sie günstig aufgenommen. Die Regierung in Paris konnte deshalb vernünftigerweise erwarten, daß ein nach Moskau zurückgekehrter Trotzki dort eine enge Zusammenarbeit zwischen Frankreich und Rußland gegen Deutschland verteidigen würde. Man kann sich auch an seinen Widerstand gegen den Vertrag von Brest-Litowsk im Jahre 1918 erinnert haben, ebenso die Tatsache, daß er damals selbst die Wiederaufnahme des Krieges gegen Deutschland mit einem neuen Bündnis mit den Franzosen in Betracht gezogen hatte.«[36]

Wie es auch immer um die tieferliegenden Gründe der französischen Führer bestellt gewesen sein mag, ein wesentlicher Abschnitt des Lebens des Verbannten nahm ein Ende. Nicht nur infolge seiner Abreise aus der Türkei, wo er mehr als vier Jahre verbracht hatte, sondern infolge seiner Entscheidung, mit dieser Kommunistischen Internationale zu brechen, von der er einer der Gründer und Führer gewesen war, deren erstes Manifest er geschrieben hatte und mit der er sich so lange Zeit identifiziert hatte.

Kapitel 47

Eine neue Internationale

Einmal mehr unterrichtete ein mit G. Gurow gezeichneter Artikel vom 15. Juli 1933 die Oppositionellen der Welt, daß »der Alte« nach sechs Monaten Beobachtung des »Gangs der Ereignisse« sich von nun an für die Schaffung neuer kommunistischer Parteien und für eine neue Internationale[1], aus der die Logik der Zahlen alsbald die Vierte machen sollte, aussprach.[2] Das war eine entscheidende, ja wohl die wichtigste Wende von Trotzkis Leben. Sie wurde zunächst nur in internen Bulletins veröffentlicht, später erreichte diese Botschaft dann die oppositionelle Presse.

Trotzki begann damit, eine Bilanz der Politik der »Reformen« der Internationale und ihrer Sektionen, der kommunistischen Parteien, aufzustellen. Obgleich sie außerhalb der Sowjetunion nur über sehr schwache, um nicht zu sagen lächerlich geringe, Kräfte von Aktivisten verfügte, hatte sich die Opposition bei ihrer Propaganda für eine »Reform« auf die Ereignisse des weltweiten Klassenkampfes stützen können, dessen Niederlagen, so schreibt Trotzki, »die Politik des bürokratischen Zentralismus bloßlegen«. Doch die Opposition war gleichzeitig überall auf Unterdrückungsmaßnahmen des stalinistischen Apparates, auf Ausschlüsse, Verleumdungen und Gewalttätigkeiten gestoßen. Obwohl ihr Bestehen ein wirklicher Faktor in der Politik der Führung der Komintern darstellte, die niemals aufgehört hat, darauf Rücksicht zu nehmen, war es nicht möglich, irgendeinen realen Erfolg der Reformpolitik zu verbuchen. Trotzki glaubte, daß man im Gegenteil sagen konnte, daß der Mißerfolg der Opposition bei ihrem Versuch, die Internationale auf einen Reformprozeß zu verpflichten, letztendlich einer der Gründe für die Entartung derselben gewesen sei. Das war zumindest das, was sich jetzt, nach der notwendigen Bestätigung der Ereignisse durch das Leben, herausstellte.

Trotzki verteidigte den Standpunkt, den er zur Internationale und den anderen Parteien zum Zeitpunkt des Zusammenbruchs der KPD einnahm: Niemand konnte damals mit völliger Sicherheit behaupten, daß es keinerlei Möglichkeit einer Erneuerung gewisser Parteien, ja sogar einer Fraktion der Kommunistischen Internationale gegeben habe, denen man in diesem Fall helfen mußte. Auch da konnte der Beweis nur durch die Erfahrung und die Bestätigung im wirklichen Leben kommen. Trotzki meinte, daß der Beweis von nun an erbracht sei. Die ganze Entwicklung seit dem 30. Januar 1933 zeugte davon, daß die deutschen Ereignisse nicht nur das Los der der KPD, sondern das der Internationale insgesamt entschieden hätten. Der Nazismus hatte gesiegt, ohne kämpfen zu müssen. Die kommunistischen Führer hatten nicht einmal ihre Verantwortung für diese Katastrophe eingesehen. In wenigen Worten erinnerte Trotzki an die Behauptungen der leitenden Organe der Internationale, das Schweigen in den Reihen der Parteien, wo man sich sehr oft weiterhin so benahm und so schrieb, als wenn es keine deutsche Katastrophe gegeben hätte. Trotzki stellte der Komintern diese Todesbescheinigung aus:

> »Eine Organisation, die der Donner des Faschismus nicht geweckt hat, und die demütig derartige Entgleisungen von seiten der Bürokratie unterstützt, zeigt dadurch, daß sie tot ist und nichts sie wieder beleben wird.«[3]

Nichts nimmt jedoch mit einer solchen Bescheinigung ein Ende; im Gegenteil – alles beginnt von neuem. Im August 1914, beim Scheitern der II. Internationale, haben die Revolutionäre in den Reihen der Sozialdemokratie weitergekämpft, indem sie sich daran machten, die offiziell fünf Jahre später entstandene III. Internationale vorzubereiten. Die Notwendigkeit einer Internationale verschwinde deswegen nach diesem zweiten Scheitern 1933 keineswegs. Jetzt mußte man von dem historischen Zusammenbruch der Kommunistischen Internationale ausgehen. Denen, die der Bankrott von zwei Internationalen nacheinander in weniger als zwanzig Jahren skeptisch gemacht hatte, und denen, die fragten, welche Garantie sie hätten, daß die IV. Internationale nicht ihrerseits entarten werde, konnte Trotzki nur das antworten, was in seinen Augen eine offensichtliche Gewißheit ist: »Es heißt, auf einem von zahllosen Hindernissen versperrten und mit Trümmern der Vergangenheit übersäten Weg vorwärtsmarschieren. Wer darüber erschrickt, trete zur Seite!«[4]
Selbstverständlich ignorierte Trotzki nicht die Vorbehalte, die von denen geäußert wurden, die insbesondere die Schwäche der oppositionellen Gruppen im Weltmaßstab, die Langsamkeit ihrer Entwicklung, ja ihre Rückschläge, die Krisen, die sie erschüttert haben und noch erschüttern, hervorhoben. Trotzki glaubte, daß diese Züge mit dem seit Jahren von schweren Niederlagen deutlich gezeichneten allgemeinen Gang des Klassenkampfes verbunden seien. Und Trotzki fügte eine aus der geschichtlichen Erfahrung gewonnene Bemerkung hinzu: Gerade im Verlaufe dieser Zeiten des Rückgangs haben sich stets die künftigen Führungskräfte der Revolution gestählt.

Bestehen die für eine Neuorganisation der Avantgarde erforderlichen Voraussetzungen? In anderen Worten: Wen sollten die Bolschewiki-Leninisten zu dem Zeitpunkt, wo das Scheitern der Internationale so viele vom Stalinismus angeekelte Aktivisten in Deutschland vom Kommunismus wegführte, unter ihrer Fahne anwerben? Trotzki antwortete, daß die Voraussetzungen gerade durch den Verfall der Sozialdemokratie geschaffen würden: Hunderttausende und vielleicht Millionen entfernten sich in Deutschland in der Tat vom Kommunismus, doch Zehntausende sozialdemokratischer Arbeiter bewegten sich auf ihn zu, während sie der Sozialdemokratie und dem Stalinismus gleichzeitig den Rücken zukehrten, wie es in seinen Augen das Experiment mit der SAP (Sozialistische Arbeiterpartei) andeutete. Man brauchte Wagemut, und Trotzki forderte seine Genossen in allen Ländern dazu auf, sogleich mit den linkssozialistischen Organisationen Verhandlungen über das Programm einer neuen revolutionären Organisation einzuleiten. Er fügte hinzu, daß gerade die Bildung starker revolutionärer Organisationen in mehreren Ländern letztendlich viele noch in den kommunistischen Parteien gefangene kämpferische Elemente anziehen und der jungen werktätigen Generation die von ihr gesuchte Antwort geben würde.

Die Frage der UdSSR stand offensichtlich im Mittelpunkt der durch die neue Lage aufgeworfenen politischen Probleme. Auch da ging Trotzki von dem Widerspruch aus, der zwischen dem fortschrittlichen historischen Charakter des auf »die Errungenschaften des Oktober« gegründeten sowjetischen Staates und der reaktionären Rolle der auf seinen Grundfesten als Parasitin und Usurpatorin errichteten stalinistischen Bürokratie, die die Macht monopolisierte, bestand. Von dieser Analyse ausgehend konnte man Trotzkis Überzeugung nach das Problem der Natur der in der UdSSR an der Macht befindlichen kommunistischen Partei lösen, wo sich derselbe Widerspruch, wenn auch in einer leicht abweichenden Gestalt, wiederfände:

> »Die gegenwärtige Kommunistische Partei der Sowjetunion ist keine Partei, sie ist ein Verwaltungsapparat in den Händen einer unkontrollierten Bürokratie. In den Reihen der KPdSU und um sie herum gruppieren sich zerstreute Elemente von wesentlich zwei Parteien: Der proletarischen und der thermidorianisch-bonapartistischen. Über beiden thronend führt die zentristische Bürokratie einen Vernichtungskampf gegen die Bolschewiki-Leninisten.«[5]

Ganz offensichtlich zögerte der Verbannte noch, zu der Frage der Partei in der UdSSR Stellung zu nehmen, wie es das folgende, der Erklärung des dialektischen Zusammenhangs zwischen der Sowjetunion und der weltweiten Arbeiterbewegung, das heißt, der Entwicklung der neuen Internationale gewidmete, Textstück ziemlich deutlich zeigt:

> »Wie ohne proletarische Regierung im Westen die UdSSR nicht zum Sozialismus gelangen kann, können die Bolschewiki-Leninisten aus eigenen Kräften, ohne Wiedergeburt einer wirklichen proletarischen Internationale, nicht die Bolschewistische Partei regenerieren und die Diktatur des Proletariats retten. (...)
>
> Allein die Schaffung einer marxistischen Internationale, die völlig unabhängig von der stalinistischen Bürokratie und ihr politisch entgegengesetzt ist, kann die UdSSR vor dem Zusammenbruch retten, indem sie ihr weiteres Schicksal mit dem Schicksal der proletarischen Weltrevolution verbindet.«[6]

Trotzki unterstreicht, daß seine so dargelegten Thesen nur bezwecken, eine grundsätzliche Übereinkunft zu suchen, die das Ende einer geschichtlichen Epoche feststellt und unter neuartigen Bedingungen einen neuen Ausblick eröffnet. All denjenigen, die sich über die Idee erregten oder empörten, die Linke Opposition, die sie als eine Sekte betrachten, könnte selbst oder mit einigen anderen Organisationen von unterschiedlicher Bedeutung die Gründung der IV. Internationale ausrufen, antwortete Trotzki in einem letzten Abschnitt, der die Aufgaben des Augenblicks, ausgehend von der Abklärung der von ihm soeben dargelegten Grundsätze, genau festlegte:

> »In jedem Fall handelt es sich nicht darum, unmittelbar neue Parteien und eine neue unabhängige Internationale zu proklamieren, sondern sie vorzubereiten. Die neue Perspektive bedeutet, daß das Rechnen mit der ‚Reform' und das Verlangen nach Wiederaufnahme der Oppositionellen in die offiziellen Parteien endgültig als reaktionär und utopisch aufgegeben werden muß. Die tägliche Arbeit muß einen unabhängigen Charakter annehmen, sie muß bestimmt werden von den gegenwärtigen Kräften und Möglichkeiten und nicht durch das formelle Kennwort ‚Fraktion'. Die Linksopposition hört endgültig auf, sich als ‚Opposition' zu betrachten und als solche zu handeln. Sie wird eine unabhängige Organisation, die sich den Weg selbst bahnt. Sie schafft nicht nur ihre Fraktionen in den sozialdemokratischen und stalinistischen Parteien, sondern sie führt eine selbständige Arbeit unter den parteilosen und unorganisierten Arbeitern. Sie schafft sich Stützpunkte in den Gewerkschaften, unabhängig von der Gewerkschaftspolitik der stalinistischen Bürokratie. Wann und wo die Bedingungen günstig sind, nimmt sie an Wahlen unter eigener Fahne teil. Gegenüber den reformistischen und zentristischen Organisationen (die stalinistischen einbegriffen) verhält sie sich nach den allgemeinen Grundsätzen der Einheitsfrontpolitik. Vor allem wendet sie die Einheitsfrontpolitik an, um die Sowjetunion gegen eine äußere Intervention und die innere Konterrevolution zu verteidigen.«[7]

Auf dem Schiff, das ihn nach Frankreich brachte, kam Trotzki einige Tage später, am 20. Juli 1933, auf dieselbe Frage zurück, als er in Form eines Dialogs, in dem er einer der beiden Gesprächspartner ist, einen Artikel für die Presse der Opposition schrieb mit dem Titel: »Man kann nicht länger mit Stalin, Losowski und Co. in ein- und derselben ‚Internationale' bleiben«.[8]

Die Initiative war als solche überraschend. Die in dem neuen Text verwendeten Argumente waren zwar aufwieglerischer und sichtlich für ein breiteres, mit der Sprache der »Thesen« in der bolschewistischen Tradition wenig vertrautes Publikum bestimmt. Man wird gleichwohl feststellen können, daß sich Trotzkis Denken während der fünf Tage, die zwischen der Abfassung der beiden Artikel vergangen waren, entwickelt hat und daß Trotzki zu neuen Schlußfolgerungen gelangt ist. Dies sei bei ihm, wie Pierre Frank, der ihn in diesen Tagen und Wochen des Nachdenkens begleitete, versicherte, nicht erstaunlich gewesen: Trotzki habe seinem Denken damals wahrlich eine außergewöhnliche und sozusagen physische Anstrengung auferlegt.

Dieses Mal ging Trotzki direkt *medias in res*: Man mußte, schrieb er, mit der »Moskauer Internationale-Karikatur« brechen, die, nachdem sie Hitler in den Sattel gehoben hatte, auch noch gewagt habe, ihre eigene Unfehlbarkeit zu verkünden. Diese angebliche Internationale sei in Wirklichkeit nur noch eine »Clique«, die Stalinsche Clique, welche die Satzungen und Regeln der Organisation, die schon seit fünf Jahren keinen Kongreß mehr einberufen habe, schamlos mit Füßen trete.

Die Probe aufs Exempel habe gezeigt: Nach der deutschen Katastrophe war die Kommunistische Internationale nicht mehr lebensfähig, da sie die Stimme der Ereignisse nicht mehr wahrgenommen habe. Die deutsche Partei, die von der von Stalin diktierten Politik im Laufe der Jahre zum Skelett eines korrumpierten und den Massen fremden Apparates gemacht worden war, sei nunmehr tot. Die kommunistische Partei der Sowjetunion veranstalte ebenfalls weder Kongresse noch Versammlungen und kenne nunmehr weder Diskussionen noch Presse. Diese wurde sogar gezwungen, dem Machtantritt Hitlers, der entscheidenden Bedrohung der Weltrevolution und des Sowjetstaates selbst, in völligem Stillschweigen beizuwohnen.

Die von der Geschichte gestellte Frage sei die der Nachfolge. Dem 1928 auf dem VI. Kongreß der Kommunistischen Internationale angenommenen, zugleich opportunistischen und abenteuerlichen Programm mußte man ein neues gegenüberstellen. Man könne sich dabei auf folgende Grundfesten stützen: »das untadelige marxistische Fundament« der Entscheidungen und Beschlüsse der zu Lebzeiten Lenins abgehaltenen ersten vier Kongresse der Kommunistischen Internationale, auf deren Grundlage die Bolschewiki-Leninisten das notwendige Programm der proletarischen Revolution aufbauen werden. Nur durch diese Vorgehensweise – darauf besteht Trotzki – kann das Erbe des Bolschewismus gegen die »zentristischen Verfälscher (...), die Usurpatoren des Leninschen Banners, die Organisatoren von Niederlagen und Kapitulationen, die Verderber der proletarischen Vorhut, kurzum: die Stalinisten«[9] gewahrt werden.

Trotzki begnügte sich nicht damit, seine Thesen zur Sowjetunion vom 15. Juli 1933 einfach in andere Worte zu fassen. Er erinnerte daran, wie die Oktoberrevolution mit der bolschewistischen Partei den Arbeiterstaat begründet hatte, und fügte die folgenden beiden, für das Verständnis seiner späteren Politik gegenüber der Sowjetunion entscheidenden Sätze hinzu:

> »Die Bolschewistische Partei gibt es heute nicht mehr. Doch der grundlegende soziale Inhalt der Oktoberrevolution ist noch lebendig.«[10]

Trotzki erklärte, daß seine Genossen und er selbst, besonders in den Jahren der Opposition im Inneren der Partei, aber auch nach ihrem formellen Ausschluß, lange Zeit an die Möglichkeit, die Partei wiederherzustellen und somit über sie das sowjetische System zu erneuern, geglaubt haben. Nun aber habe das, was man in der UdSSR »die Partei« nennt, nichts mehr von einer Partei an sich. Gegen all das, was von der ehemaligen bolschewistischen Partei im Rahmen der Organisation der Macht und an der Macht fortbestand, entfesselte die Bürokratie die grausamste Unterdrückung: Sie bemühte sich, alles zu desorganisieren, zu terrorisieren und jeden jeglicher Möglichkeit, zu denken und zu handeln, zu berauben. Jetzt ginge es ihr darum, ihre Wiederaufrichtung zu verhindern. Nach Jahren der Polemik gegen die Parteigänger der »zweiten Partei« in der UdSSR, meinte Trotzki, sei nun der Zeitpunkt gekommen, die in der Sowjetunion inzwischen eingetretene qualitative Veränderung zu Protokoll zu nehmen und daraus die Schlußfolgerungen, die sich zur Kursbestimmung aufdrängen, zu ziehen: »Die bolschewistische Partei in der UdSSR muß man wieder aufbauen.«[11]

Auf die interessierende Frage, ob ein solches Losungswort nicht einen Aufruf zum »Bürgerkrieg« bedeute, antwortete Trotzki, daß die Sowjetunion seit Jahren einen Bürgerkrieg durchlebe. Nach dem Krieg, den die auf die konterrevolutionären Kräfte gestützte Bürokratie gegen die Linke Opposition geführt habe, wohne man jetzt dem der konterrevolutionären Kräfte gegen die Stalinsche Bürokratie bei; und am Horizont stünde die tödlichen Bedrohung eines vom Hitlerregime ausgelösten neuen Krieges. Die Bolschewiki-Leninisten würden mit all ihren Kräften gegen die Konterrevolution kämpfen: Sie werden, verkündete Trotzki, »der linke Flügel der sowjetischen Front sein«.

Überstieg die so bestimmte Aufgabe nicht maßlos die Kräfte der Bolschewiki-Leninisten auf der Welt? Trotzki antwortete, daß man die Frage so nicht stellen dürfe. Nach guter marxistischer Methode gehe es zunächst darum, zu formulieren, was die historische Aufgabe sei. Dann werde man sich, wenn einmal im großen und ganzen Übereinstimmung erreicht sei, bemühen, die nötigen Kräfte zu sammeln. Trotzki wiederholte, daß es reines Abenteurertum wäre, wenn die Opposition sich selbst einfach zur »neuen Internationale« erklärte, doch er bekräftigte von neuem nachdrücklich, daß man die Notwendigkeit ihrer Gründung verkünden müsse. Trotzki bemühte die Autorität Ferdinand Lassalles, für den »jede große Tat durch das Aussprechen dessen, was ist«, begann.

Trotzki leugnete nicht die Möglichkeit bedeutender Unterschiede in den von den nationalen Sektionen der Komintern eingenommenen Haltungen: Sie könnten aber in keinem Falle die Ausrichtung auf eine durch die Gesamtlage – nicht durch ihre Einzelheiten oder Ausnahmen – gebotene neue Internationale ändern.

Es stehe gleichfalls zweifelsfrei fest, daß diese Wende in Richtung auf eine neue Internationale die Opposition von den Mitgliedern der offiziellen kommunistischen Parteien, die bis dahin für deren Argumente zugänglich waren und mit ihr sympathisierten, entfernen würde. Trotzki glaubte aber, daß diese auf einer späteren Wegstrecke zurückkommen würden. Bis dahin würde das Unternehmen alte, ausgeschlossene Mitglieder gewonnen haben, die sich wegen der Linie der »Fraktion« und der »Reform«, an die sie nicht mehr glaubten, fern gehalten hatten, Arbeiter im Bruch mit »dem Reformismus« und vor allem »die junge Generation von Arbeitern, die eine Partei ohne Makel brauche«. Voller Zuversicht versicherte Trotzki wie ein Trompetenstoß in einer öffentlichen Debatte:

> »Dann wird alles, was in der stalinistischen Internationale lebendig ist, die letzten Zweifel abschütteln und sich uns anschließen.«[12]

Trotzki fügte hinzu, daß er sich auf viel Widerstand in den Reihen seiner eigenen Organisation gefaßt mache, doch daß eine »breit angelegte und ernsthafte« Diskussion, ebenso wie die Ereignisse, immer mehr Argumente beibringen und schließlich die den Formeln und Haltungen der Vergangenheit am meisten verhafteten Linksoppositionellen überzeugen würde.

***

Man kann bei der Lektüre dieser beiden grundlegenden Texte von der Entschlossenheit Trotzkis und dem, was man bei ihm die Stärke seiner Ideen zu nennen versucht ist – und von dem Optimismus, der sich daraus ergibt –, nur beeindruckt sein. Trotzki weiß selbstverständlich, daß er nicht der einzige der alten kommunistischen Garde ist, der den Tatbestand des Konkurses der Komintern festgestellt und die Notwendigkeit einer neuen Internationale begriffen hat. Er ist anscheinend überzeugt, daß seine Genossen aus der Sowjetunion, und unter ihnen in erster Reihe Rakowski, trotz ihres Mangels an internationalen Informationen die Bedeutung der »deutschen Katastrophe« haben ermessen können und die Notwendigkeit wie die Ziele der Wende verstehen würden.

Trotzki scharte andere Veteranen oder Pioniere des Kommunismus um sich, von denen er wußte, daß sie bereit waren, den schwierigen, von zahlreichen Hindernissen übersäten Weg einzuschlagen: die Spanier Nin, Andrade, García Palacios, die Italiener Leonetti und Tresso, den Deutschen Grylewicz, die Amerikaner Cannon, Swabeck, Shachtman, den Belgier Lesoil, den Slowaken Lenorowitsch, den Sudetendeutschen Neurath, den Bulgaren Gatschew, den Holländer Sneevliet – die sich ihm anschließen sollten, weil er nun mit der »Reform«-Politik gebrochen hatte. Sie alle gehörten zu jenen Pionieren, die eigenhändig die Kommunistische Internationale, die III., aufgebaut hatten und sich mit ihm für den Aufbau der IV. einsetzen werden. Die III. Internationale hatte in ihren Anfängen nicht so viele, so solide, aus den Reihen der II. Internationale hervorgegangene Führungskräfte.

Man kann sogar das Gefühl haben, daß die Stärke der Idee, die ebensosehr aus der Notwendigkeit wie aus der Überzeugung wie aus dem Funktionieren dieses außergewöhnlichen Kopfes hervorgeht, eine gewisse – in dem Artikel vom 20. Juli 1933 besonders spürbare – helle Freude nährt. Man darf trotzdem nicht an den Schwierigkeiten und sogar an den Qualen zweifeln, die Trotzki dabei empfand, sich von der III. Internationale zu trennen, mit der er sich im Fortgang der Oktoberrevolution, mit der sein Name trotz so vieler Unterdrückungs- und Verfälschungsanstrengungen verbunden ist und bleiben wird, jahrelang identifiziert hatte. Es kostete Trotzki bestimmt viel Entschlossenheit, um das auszudrücken, was er in seinen Texten als eine einfache Feststellung hinstellte, was aber in der Ausformung für ihn ein richtiges Sichlosreißen gewesen sein muß.

Manche ihm relativ nahestehende Kommunisten hielten Trotzki damals vor, unter der Bezeichnung »4. August« den Verrat der Sozialdemokraten im Jahre 1914 und den der Kommunisten im Jahre 1933 auf die gleiche Ebene zu stellen: Laut diesen Kritikern hätten die ersteren die Sache, mit deren Verteidigung sie beauftragt waren, willentlich und wissentlich verraten, während die letzteren nur völlig irregeführt gewesen wären; die ersteren hätten sich auf die Ministersessel gesetzt, die letzteren seien in die Zellen der Gefängnisse gewandert. Trotzki räumte ein, daß darin ein Körnchen Wahrheit liege, aber nur ein Körnchen. Die deutschen sozialdemokratischen Führer hätten im Jahre 1914 ebenso wie die stalinistischen Führer von 1933 in Wirklichkeit vor allem der Sorge gehorcht, nicht das Proletariat als Klasse, sondern den Apparat, dessen Funktionäre sie waren und der ihre Lebensgrundlage gewesen sei, zu verteidigen. In Trotzkis Augen war wesentlich, daß die Vertreter des Proletariats in diesen offiziellen Parteien genau im Interesse einer besonderen Gesellschaftsschicht und aus privaten Interessen auf die andere Seite übergewechselt seien und durch ihre Haltung den Klassenfeind gestärkt hatten.

In Trotzkis Augen waren die Folgen des Stalinschen »Verrats«, die sich 1933 offenbarten, unendlich dramatischer und von viel größerer Tragweite als die von 1914. Es handelte sich in der Tat um das zweite Scheitern in zwanzig Jahren, um das wiederholte Niederstürzen des Gebäudes der Internationale auf seine Erbauer. Wieviele von ihnen würden sich zum zweiten Male in den schrecklichen Kampf stürzen, in dem sie schon einmal ihr Lebenswerk hatten zusammenstürzen sehen? Im übrigen hob Trotzki in Verbindung mit dieser ersten Bemerkung hervor, daß der Organismus der II. Internationale 1914 mehr Reaktion gezeigt hatte als der der III. Internationale 1933. Die deutsche Katastrophe, der kampflose Sieg Hitlers, hat gegen die Führung keinen Liebknecht, keine Rosa Luxemburg aufkommen lassen, um von innen den »Verrat« der Chefs anzuprangern. Die angesichts des deutschen Zusammenbruchs von der Basis der Parteien der III. Internationale an den Tag gelegte Teilnahmslosigkeit und Demoralisierung stellten sich Trotzki als ein äußerst folgenschweres Phänomen dar, eines von unberechenbarer Tragweite.

Die Idee, die IV. Internationale auszurufen, ist in den Reihen der Parteigänger Trotzkis und noch mehr seiner Sympathisanten, von 1933 bis 1938, dem Datum ihrer »Gründung«, heftig kritisiert worden. Diese Kritiker, von Pivert und Victor Serge bis Guttman und die Gruppe in Polen, waren größtenteils Männer, die sich als Anhänger der IV. Internationale bezeichneten, die aber, wie die Mitglieder der polnischen Sektion, den Zeitpunkt für ungünstig hielten und den Mißerfolg eines ihrer Meinung nach schlecht eingeleiteten Unternehmens vorhersagten.

Das Hauptargument war, daß die zwei vorhergehenden Internationalen in revolutionären Phasen gegründet worden waren, während der Sieg der Nazis in Deutschland für das Proletariat soeben eine Phase der Rückschläge und schrecklicher Niederlagen eröffnet habe. Sie unterstrichen auch, daß Marx wie Lenin den für eine »Gründung« günstigen Zeitpunkt abgewartet hatten und nicht mechanisch eine historische Notwendigkeit festgestellt hätten. Die vorhergehenden Internationalen hätten sich auf das Bestehen starker nationaler Parteien gestützt, während die IV. Internationale ihrerseits über keinerlei Basis in Massenparteien verfügte. Sie lenkten die Aufmerksamkeit auch auf die Tatsache, daß die IV. Internationale im Angesicht zweier schon fest etablierter Rivalen, die über bedeutende tatsächliche materielle Mittel verfügten, aufzubauen wäre, und das zu einem Zeitpunkt, wo sie sich nur auf eine verschärfte Unterdrückung gefaßt machen konnte.

Diese Behauptungen enthalten einen guten Teil Wahrheit. Man muß sie jedoch nuancieren, wenn man die Vorgehensweise Trotzkis begreifen will. Es ist wahr, daß die II. und die III. Internationale zu ihrer Zeit mächtige und gut etablierte Organisationen waren. Doch es ist gleichfalls wahr, daß sie durch eine tiefe Krise gingen und eben auf dieser Gegebenheit ließ Trotzki die Grundfesten seiner Wende ruhen. Die III. Internationale hatte schwere Kämpfe liefern müssen, um sich auf Kosten der II. zu entwickeln. Doch entstanden diese beiden Internationalen wirklich in einer »Flut«? Die II. entstand aus einer Übereinkunft zwischen bestehenden Parteien, die III. weniger aus der Flut der Nachkriegszeit als aus ihrem ersten Ergebnis mitten im Krieg: dem Sieg der russischen Revolution.

Trotzki war Mitglied der II. Internationale gewesen, hatte die meisten ihrer Führer gut gekannt und an vielen ihrer Kongresse teilgenommen. Er war einer der Begründer und unstreitig der Starredner der Gründung und der Anfänge der III. Internationale gewesen. Besser als jeder andere verfügte Trotzki also über Vergleichsgrundlagen, was die Umstände der Entstehung der III. Internationale anging, die ihm als Bezugspunkt für die Gründung der IV. dienen sollte.

Die III. Internationale hatte in ihren Anfängen viele aus verschiedenen Linken und selbst aus dem »Zentrum« der II. hervorgegangene Elemente in ihren Reihen versammelt. Sinowjew versicherte auf dem Kongreß von Halle, daß das Zusammengehen der Unabhängigen Sozialdemokratischen Partei (USPD) mit der Kommunistischen Internationale das Zusammengehen der »alten« revolutionären sozialdemokratischen »Schule« mit der aus dem Schwung der russischen Revolution entstandenen Organisation bedeutete.

Im Grunde war die III. Internationale unmittelbar aus den Initiativen der bolschewistischen Partei entstanden, die ein wesentlicher Bestandteil der II. Internationale gewesen war. Die bolschewistische Partei, die SDAPR Lenins, war in Wirklichkeit die russische Partei, die für das Zarenreich ebenso traditionell war, wie es die deutsche sozialdemokratische Partei für das deutsche Reich war. Durch ihre Entwicklung und ihre Geschichte, durch ihr Umfeld wie durch ihre Traditionen war sie gewissermaßen – mit anderen Konkurrenten, wie den Sozialrevolutionären – eine in der Führung der russischen Arbeiterklasse seit Jahren etablierte Partei.

Es gab da nichts Vergleichbares zugunsten der IV. Internationale zu Ende der dreißiger Jahre. Ihre Parteien – oder, wenn man will – ihre Sektionen, hatten sich folglich von außen durchzusetzen und von vorne anzufangen. Die Namen mancher Pioniere der kommunistischen Bewegung waren zwar zusammen mit dem Trotzkis auf Plakaten gewesen, doch sollte die IV. Internationale im wesentlichen aus aus den sozialistischen und kommunistischen Parteien gekommenen, ausgeschlossenen, auch durch ihre eigenen Aktivitäten an den Rand gedrängten Aktivisten der letzten Generation gebildet werden. Die beiden traditionellen Organisationen, gegen die die IV. Internationale kämpfte und die noch mächtig waren, obwohl sie sich in der Krise befanden, waren vor allem Apparate, die über materielle Mittel verfügten und die sich auf die Routine stützten. Trotzki ging weiter und meinte, daß sich die beiden alten Internationalen auf die Kräfte der Trägheit, die Überdrüssigkeit, die Entmutigung, den Skeptizismus stützten, nicht ohne das Netz von Einflüssen und materiellen Interessen zu berücksichtigen. Und genau hier lagen die Gründe, die in Trotzkis Augen die Unterstützung für eine neue Internationale rechtfertigten.

Unterstreichen wir: Der »Bankrott« der kommunistischen Parteien und der Internationale bedeutete für Trotzki nicht, daß sie aufgehört hatten zu bestehen. Sie hatten aufgehört, ein revolutionärer Faktor zu sein, und eben deshalb hatten sie Bankrott gemacht. Sie überdauerten in der Eigenschaft als Organisationen, als Hindernisse auf dem Weg der Revolution, die man überwinden mußte. Und Trotzki hat, wenn er von »Bankrott« sprach, nie ihr Verschwinden vorhergesagt – außer nach dem Sieg der Revolution.

Trotzki legte sich sehr wohl darüber Rechenschaft ab, daß er bei völliger Ebbe, im Zeichen einer schrecklichen Niederlage, zum Kampf aufrief, um die

IV. Internationale aufzubauen. Das war es ja gerade, was in seinen Augen den Aufruf notwendig und umso dringlicher machte. Trotzki argumentierte: War der Aufruf zur III. Internationale nicht schon vom Sommer 1914 an, zum Zeitpunkt des Zusammenbruchs der II. und ihres »Bankrotts«, mit dem Verrat der Chefs und der Übergabe ihrer Truppen ausgegeben worden? Und dieser Aufruf hatte bei voller Flut erst fünf Jahre später tatsächlich dazu geführt, die Bolschewiki an die Macht zu bringen.

Trotzkis Briefwechsel beweist, daß er sich der Hindernisse, auf die das Unternehmen, zu dem er die Avantgarde der Avantgarde aufrief, alsbald stoßen würde, voll bewußt war: Das Bedeutendste war in Trotzkis Augen die Schwäche und die kleine Zahl verfügbarer Führungskräfte und die übergroße Rolle, die ihm zufiel, zu einem Zeitpunkt, wo es schlecht um seine Gesundheit stand und wo seine Sicherheit immer ungewisser wurde. Das war die Aufgabe, die Trotzki zu lösen versuchte, indem er sich trotz seines Widerwillens mit den »Problemen der Sektionen« beschäftigte und dabei den Versuch machte, mit allen zu diskutieren und nicht einen einzigen Aktivisten zu verlieren. Das Sammeln, dann das Härten dieser Führungskräfte machten in Trotzkis Augen die wesentliche Aufgabe für den Aufbau der IV. Internationale von 1933 an aus, wie sie es für die bolschewistische Partei zwischen 1903 und 1914 gewesen war – ein Tief, das sie dank ihrer Führungskräfte überlebt hatte.

Es blieb das Problem der Zeitspannen – und das war nicht das unbedeutendste. Als Trotzki 1934 die Aussichten der IV. Internationale, die er im Augenblick noch nicht ausrief, umriß, sah er sie aus den »neuen Kongressen von Tours«, aus der Radikalisierung ganzer Flügel sozialistischer oder kommunistischer Parteien, ja sogar von Gewerkschaften, und in den »großen Ereignissen« – wie Streiks und proletarischen Aufständen – entstehen. Trotzkis eigene Parteigänger, die »Bolschewiki-Leninisten«, sollten in seinen Augen nur eine Fraktion in der im Aufbau befindlichen Internationale sein. Dieser Entwurf war in sich konsequent und keineswegs ungereimt. Aber in welcher Zeitspanne? Die Ereignisse von 1936 – die Streiks vom Juni in Frankreich und in Belgien, der Beginn des Bürgerkriegs in Spanien – haben den Parteigängern Trotzkis nicht die Massenzuhörerschaft zugeführt, die er sich erhofft hatte. Die Volksfront hat sie auseinandergebrochen.

Als Trotzki sich 1938 entschloß, die IV. Internationale allein mit den Kräften seiner Fraktion auszurufen, erfolgte dieser Schritt natürlich deshalb, weil er vor dem kommenden Krieg über die Waffe einer Organisation und eines Programms – Notwendigkeiten, die zusammengehören und sich ergänzen – verfügen wollte. Doch schätzte er die Zeitspannen richtig ein?

Am 18. Oktober 1938 sollte Trotzki in einer für seine amerikanischen Genossen aufgezeichneten Rede behaupten:

»Gestattet mir, mit einer Voraussage zu schließen: In den nächsten zehn Jahren wird das Programm der IV. Internationale zum Führer von Millionen, und diese revolutionären Millionen wissen, wie sie Himmel und Erde zu erstürmen haben.«[13]

Unmöglich, nicht zu erkennen, daß diese Vorhersage auf grausame Weise widerlegt wurde und daß er zumindest durch ein Übermaß an Optimismus sündigte. Doch die Zeitspanne war in seinen Augen wohl nicht das Wesentliche.

Für Trotzki bestätigte jedenfalls die offene Krise wegen des Bankrotts der III. Internationale, weniger als zwanzig Jahre nach der Krise der II. Internationale, daß die Krise der Menschheit vor allem die der revolutionären Führung war. Diesem entscheidenden Ereignis der Menschheitsgeschichte, das der Sieg Hitlers darstellte, diesem ersten Vorstoß der Barbarei im XX. Jahrhundert, der Niederlage des am besten ausgebildeten und am besten organisierten Proletariats der ganzen Welt, mußte eine Initiative auf der Ebene der revolutionären Führung entsprechen: Das war – nach einigen Monaten des Zurückweichens, des Nachdenkens und des Abwartens – die Wende hin zu einer neuen Internationale.

Doch für Trotzki drängten sich die Notwendigkeit der Gründung einer Internationale und ihre Errichtung fast unabhängig von den unmittelbaren Folgen auf. Wie die Geste Liebknechts, der 1914 im Reichstag die Bewilligung der Kriegskredite ablehnte, wie das Abhalten der Konferenz von Zimmerwald im Jahre 1915, war das für ihn der Knoten, den man um jeden Preis auf dem Faden der Geschichte machen mußte, um eine abgebrochene Kontinuität wiederherzustellen. Dadurch sollte die sterbende und leidende Menschheit in der schlimmsten Zeit des Zweiten Weltkriegs über eine wie schwache und zusammengestückelte Internationale auch immer als Fahne und Programm verfügen, die sie von 1914 bis 1918 nicht gehabt hatte. Nicht mehr und nicht weniger.

Man kann sich wundern, daß Trotzki von diesem Standpunkt aus das Risiko eingegangen ist, sich zu einer Prophezeihung hinreißen zu lassen. Als er die Perspektive der IV. Internationale formuliert hatte, hatte er keine Frist für ihre Verwirklichung angegeben und sein Aufruf, für sie zu kämpfen, bedeutete in seinen Augen nur, daß man weitermachen und entsprechend seinem Lehrsatz, den er gerne wiederholte, sich nach der höchsten sittlichen Regel richten mußte: »Tue Deine Pflicht, komme was wolle.«

Kann man eine Vorhersage, die auf grausame Weise widerlegt werden sollte, einfach dem revolutionären Optimismus zuschreiben, der Trotzkis große Visionen beseelte? Trotzki rechnete mit dem Zweiten Weltkrieg vor Ablauf eines Jahres oder zweier Jahre. Weil er in Analogie zum Ersten Weltkrieg dachte, glaubte er wohl, vorsichtig zu handeln, als er von etwa zehn Jahren des Aufbaus sprach, wo doch die russische Revolution schon im dritten

Kriegsjahr ausgebrochen war, während die neue Internationale fünf Jahre nach der Eröffnung der Feindseligkeiten geschaffen wurde.

Kann man sich im übrigen einen Trotzki vorstellen, der als treuer Anhänger der Marxschen und Leninschen Lehre einfach zu Kenntnis nimmt, daß es keine Internationale mehr gibt, und dann zur Tagesordnung übergeht?

Kapitel 48

Alles neu beginnen

Seine Analysen über den Nazismus und die durch dessen Sieg in Deutschland eröffneten weltweiten Aussichten haben Trotzki wohl den Ruf als Propheten eingebracht, der das Auftreten dieses Ausdrucks in mehreren ihm selbst oder seinen Schülern gewidmeten Werken erklärt. Wir meinen gezeigt zu haben, daß Trotzki, wenn er sehr oft Vorhersagen – und über wichtige Fragen – machte, die sich als richtig erwiesen, er auch eine gewisse Zahl Prognosefehler beging. Diese Gegebenheiten und die Art, wie Trotzki seine intellektuelle Tätigkeit auffaßte, die eines Aktivisten, der versuchte, die Aktion zu erleichtern, um die Welt zu verändern, verbieten es, ihm die Eigenschaft eines Propheten zuzuerkennen.[1]

Unter diesem Blickwinkel gibt es bei den Kommentatoren Trotzkis eine gewisse Logik und eine gewisse Übereinstimmung in der Sache, so daß Männer von so verschiedenen Ausrichtungen wie Boris Souvarine und Isaac Deutscher sich letztendlich darin einig waren zu bedauern, daß Trotzki geglaubt hat, seinen kämpferischen Einsatz auf der Ebene der »Grüppchen« fortsetzen zu müssen, anstatt sich der Beobachtung, dem Kommentar und ... den Prophezeiungen zu widmen.

Hätte er sich, wie es schließlich Marx und Engels eine Zeitlang mehr oder weniger getan hatten, ins »Königreich der Ideen« zurückziehen und dort gerade nicht für den Augenblick, sondern für eine ferne Zukunft und künftige Generationen arbeiten sollen? Ich glaube, daß es nicht die Aufgabe eines Biographen ist, eine solche Frage zu beantworten. Dieser sollte nur zur Kenntnis nehmen, daß Trotzkis Persönlichkeit eine solche Möglichkeit kategorisch zurückwies, und daß er bis zum Ende auf dem Boden des revolutionären Kampfes bleiben wollte, die Epoche von Prinkipo mit eingeschlossen.

Trotzki befand sich auf jeden Fall nicht außerhalb seines Jahrhunderts, als er in seiner türkischen Verbannung einen analytischen Artikel mit dem Titel »Porträt des Nationalsozialismus«[2] schrieb, der es vielleicht besser als alles andere gestattet, zu ermessen, worin sich Trotzki als »Prophet« erwies und worin der Prophet von der historischen Entwicklung widerlegt wurde.

Diese Studie wurde am 10. Juni 1933, in den letzten Tagen des Aufenthalts auf Prinkipo, vollendet. Sie skizziert ein Bild von der Wirklichkeit des Nationalsozialismus und seinen Folgen – kein Zeitgenosse hat etwas Gleichartiges zustandegebracht, obgleich Trotzki damals nicht die Möglichkeit gehabt hat, das Leben in den deutschen Städten und Fluren aus der Nähe zu beobachten.[3]

Trotzki ging von den allgemeinen Umständen, der schnellen und verspäteten Entwicklung des deutschen Imperialismus aus, der durch die Niederlage von 1918 vor seiner Expansion errichteten Mauer, dem Nachkriegschaos, das das Kleinbürgertum in gleicher Weise wie das Proletariat traf und im gleichen Zuge offizielle Anschauungen und »demokratische Illusionen« zerstörte. Trotzki war einer der ersten, die in Deutschland das sahen, was Antonio Gramsci in Italien »den Aufruhr der Affen«, den Aufstand des Kleinbürgertums, nannte:

> »In der durch Krieg, Niederlage, Reparationen, Inflation, Ruhrbesetzung, Krise, Not und Erbitterung überhitzten Atmosphäre erhob sich das Kleinbürgertum gegen alle alten Parteien, die es betrogen hatten.«[4]

Trotzki erfaßte die Männer, die die Fahne dieser Rebellion aufgerichtet haben, diesen vom Krieg hervorgebrachten Menschenschlag, vollkommen und erklärte:

> »Die Fahne des Nationalsozialismus wurde erhoben von der unteren und mittleren Offiziersschicht des alten Heeres. Die ordengeschmückten Offiziere und Unteroffiziere konnten nicht darin einwilligen, daß ihr Heroismus und ihre Leiden nicht allein fürs Vaterland umsonst hingegeben sein, sondern auch ihnen selbst keine besonderen Rechte auf Dank gebracht haben sollten; daher stammt ihr Haß gegen die Revolution und das Proletariat. Sie waren unzufrieden damit, daß die Bankiers, Fabrikanten, Minister sie wieder in die bescheidenen Stellungen von Buchhaltern, Ingenieuren, Postbeamten und Volksschullehrern schickten – daher ihr ‚Sozialismus'. An der Yser und vor Verdun hatten sie gelernt, sich und andere aufs Spiel zu setzen und im Kommandoton zu reden, was dem kleinen Mann im Hinterland mächtig imponierte. So wurden diese Leute Führer.«[5]

Von diesen Männern unterschied sich Adolf Hitler »vielleicht nur durch größeres Temperament, eine lautere Stimme und selbstsichere geistige Beschränktheit (...). Verarmte, Leute mit Schrammen und frischen blauen Flecken fanden sich genug. Jeder von ihnen wollte mit der Faust auf den Tisch hauen. Hitler verstand das besser als die anderen.« So bildete sich der Naziführer beim Hören und beim Mitreißen seiner rasenden Zuhörerschaften:

> »Von den eigenen Improvisationen des Beginns blieb im Gedächtnis des Agitators nur das haften, was Billigung fand. Seine politischen Gedanken waren die Frucht der rhetorischen Akustik. So ging die Auswahl der Losungen vonstatten. So verdichtete sich das Programm. So bildete sich aus dem Rohstoff der ‚Führer'.«[6]

Zu dem Zeitpunkt, als die siegreichen Nazis die Freude über ihren Sieg um die Feuergluten, die in den Straßen der deutschen Städte Bücher verzehren, austanzten, fuhr Trotzki fort:

> »Die Scheiterhaufen, auf denen die verruchten Schriften des Marxismus brennen, werfen helles Licht auf die Klassennatur des Nationalsozialismus. Solange die Nazis als Partei handelten und nicht als Staatsmacht, fanden sie fast keinen Eingang in die Arbeiterklasse. Andererseits betrachtete sie die Großbourgeoisie – auch jene, die Hitler mit Geld unterstützte – nicht als ihre Partei. Das nationale ‚Erwachen' stützte sich ganz und gar auf die Mittelklassen, den rückständigen Teil der Nation, den schweren Ballast der Geschichte. Die politische Kunst bestand darin, das Kleinbürgertum durch Feindseligkeit gegen das Proletariat zusammenzuschweißen. Was wäre zu tun, damit alles besser werde? Vor allem die niederdrücken, die unten sind. Kraftlos vor den großen Wirtschaftsmächten hofft das Kleinbürgertum, durch die Zertrümmerung der Arbeiterorganisationen seine gesellschaftliche Würde wiederherzustellen.«[7]

Trotzki ging es anschließend darum, den im buchstäblichen Sinne des Wortes reaktionären Charakter des Nationalsozialismus, der den Bestrebungen des Kleinbürgertums abgeschaut war, nachzuweisen. Der wirtschaftlichen Entwicklung wie dem Materialismus gegenüber feindlich, die den Sieg des großen Kapitals über das kleine mit sich gebracht haben, attackierten die Führer der Bewegung das, was sie »Intellektualismus« nennen, weil sie sich weigerten, zuzulassen, daß ein Gedanke »bis zum Ende gedacht wird«:

> »Der Kleinbürger braucht eine höchste Instanz, die über Natur und Geschichte steht, gefeit gegen Konkurrenz, Inflation, Krise und Versteigerung. Der Evolution, dem ‚ökonomischen Denken', dem Rationalismus – dem zwanzigsten, neunzehnten und achtzehnten Jahrhundert – wird der nationale Idealismus als die Quelle des Heldischen entgegengestellt. Die Nation Hitlers ist ein mythologischer Schatten des Kleinbürgertums selbst, sein pathetischer Wahn vom tausendjährigen Reich auf Erden.«[8]

Genau hier kommt die »Rasse«, ein Mittel, die Nation über die Geschichte hinauszuheben, zum Zug, da ja ihre Vorzüge von den mit der Geschichte sich verändernden gesellschaftlichen Bedingungen unabhängig sind. Trotzki bringt diese Formel:

> »Das niedrige ‚ökonomische Denken' ablehnend, steigt der Nationalsozialismus ein Stockwerk tiefer, gegen den wirtschaftlichen Materialismus beruft er sich auf den zoologischen.«[9]

Mit besonderer Bitterkeit hebt Trotzki hervor, daß die schändliche Schwäche der »im Lichte der Ideengeschichte« besonders »beklagenswerten« Rassentheorie die Eingliederung des universitären Publikums und dessen, was er »das professorale Gesindel« nennt, nicht verhindert hat. Müßig, daran zu erinnern, daß ein Einstein anderswo Zuflucht suchen mußte.

> »Auf der Ebene der Politik ist der Rassismus eine aufgeblasene und prahlerische Abart des Chauvinismus, gepaart mit Schädellehre. (...) Es bedurfte der Schule barbarischer nationaler Balgerei in den kulturellen Randgebie-

ten, um den Führern die Gedanken einzuflößen, die später ein Echo im Herzen der barbarischsten Klassen Deutschlands fanden.«[10]

Die Analyse der Wirtschaftspolitik des Nazismus gestattet es Trotzki, nachzuweisen, daß, nach seiner Formel, »der Rassismus durch die Hintertür zum ökonomischen Liberalismus – ohne politische Freiheiten – zurückkehrt.«[11] Die Jagd auf das Wucher- und Bankkapital gestattet es, zwischen dem Rassismus und dem »Wirtschaftssystem« die Verbindung herzustellen: »Das Pogrom wird zum Beweis rassistischer Überlegenheit.«[12]

Die ganze schriftstellerische und analytische Fähigkeit Trotzkis steckt in dieser Zusammenfassung des Programms des Nationalsozialismus auf seinem Marsch zur Macht:

> »Die Erinnerung an die ‚glücklichen' Zeiten der freien Konkurrenz und die vage Überlieferung von der Stabilität der Ständegesellschaft, Träume von der Auferstehung des Kolonialreichs und den Wahn von einer geschlossenen Wirtschaft, Phrasen über eine Rückkehr vom römischen zum altdeutschen Recht und über die Befürwortung des amerikanischen Moratoriums, neidische Feindschaft gegen die Ungleichheit in Gestalt einer Villa und eines Autos und tierische Furcht vor der Gleichheit in Gestalt des Arbeiters mit Mütze und ohne Kragen, tobenden Nationalismus und Angst vor den Weltgläubigern – all dieser internationale Auswurf politischer Gedanken füllt die geistige Schatzkammer des neudeutschen Messianismus.«[13]

Der Pamphletist Trotzki wütet los angesichts dessen, was im Vordergrund der Politik und im Kielwasser des Faschismus aufgetaucht ist, und was er »die Niederungen der Gesellschaft« mit ihren »unerschöpflichen Reserven an Obskurantismus«, an »Unwissenheit und an Barbarei«, denen der Faschismus eine Fahne gegeben hat, nennt. Trotzki zieht zu diesem Punkt den folgenden Schluß:

> »All das, was bei ungehinderter Entwicklung der Gesellschaft vom nationalen Organismus als Kulturexkrement ausgeschieden werden müßte, kommt jetzt durch den Schlund hoch; die kapitalistische Zivilisation erbricht die unverdaute Barbarei. Das ist die Physiologie des Nationalsozialismus.«[14]

Die wenigen Monate der Machtausübung des Nazismus haben indes unbestreitbar erkennen lassen, daß der Faschismus an der Macht »alles andere als die Regierung des Kleinbürgertums ist«, daß es sich bei ihm im Gegenteil um »die erbarmungsloseste Diktatur des Monopolkapitalismus« handelt. Eben dazu schreibt Trotzki:

> »Die gewaltsame Zusammenfassung aller Kräfte und Mittel des Volkes im Interesse des Imperialismus – die wahre geschichtliche Sendung der faschistischen Diktatur – bedeutet die Vorbereitung des Krieges; diese Aufgabe duldet keinerlei Widerspruch von innen und führt zur weiteren mechanischen Zusammenballung der Macht. Den Faschismus kann man weder re-

formieren noch zum Abtreten bewegen. Ihn kann man nur stürzen. Der politische Weg der Naziherrschaft führt zur Alternative *Krieg* oder *Revolution.*«[15]

Am 2. November 1933 ergänzt er den vom 10. Juni datierten Text in einem Postskriptum:

»Die Zeit, die uns bis zur nächsten europäischen Katastrophe bleibt, ist befristet durch die deutsche Aufrüstung. Das ist keine Frage von Monaten, aber auch keine von Jahrzehnten. Wird Hitler nicht rechtzeitig durch innerdeutsche Kräfte aufgehalten, so wird Europa in wenigen Jahren neuerlich in Krieg gestürzt.«[16]

Für jemanden, der niemals versucht war, Trotzki als »Prophet« einzustufen, ist es überraschend, feststellen zu müssen, daß Trotzki diese Prophezeihung über eine freilich besondere, jedoch die gesamte Menschheit betreffende Sache nicht zugute gehalten worden ist. Wir finden es sogar ein wenig skandalös, daß einige Kommentatoren eifrig bemüht waren, darzulegen, daß Trotzki sich, als er die Revolution vorhersah, irrte, während doch leider die Möglichkeit, die er ihr als geschichtliche Alternative gegenüberstellte, Wirklichkeit geworden ist: der Zweite Weltkrieg.

Wohl zu diesem Zeitpunkt der Reflexion ist es von Bedeutung, sich an den so oft von Trotzki zitierten Spruch Spinozas zu erinnern: »Weder lachen noch weinen, sondern begreifen.«

Es erscheint uns in der Tat kein Zufall zu sein, daß die Geschichtsschreibung, ebenso wie sie die »verpasste« deutsche »Revolution« vom Jahre 1923 verschweigt, ohne über sie überhaupt zu diskutieren, kaum einmal Trotzkis Grundelemente der Analyse und der Perspektiven des Nazismus einer kritischen Würdigung unterzieht.

Autoren wie Kater, Hamilton oder Turner, die in den USA heutzutage als die Erneuerer der Geschichte des Nazismus hingestellt werden, polemisieren seitenlang gegen eine Interpretation des Nazismus, die sie »marxistisch« nennen und die in Wirklichkeit eine mechanistische Auffassung des vom Großkapital als fügsamem Instrument seiner Politik manipulierten Nationalsozialismus ist.[17] Doch dieselben Autoren finden es nicht nötig, der einzigen zeitgenössischen Analyse, die die Zeit überlebt hat und die auch ihre Entdeckungen überleben wird, den Platz einer Erwähnung einzuräumen!

Lassen wir die Autoren, Hochschullehrer oder nicht, die vor der Ära Gorbatschow schrieben und dabei über den damaligen Horizont der Moskauer Zensoren nicht hinauszugehen wagten, beiseite. Doch was soll man von einem gediegenen Spezialisten denken, der in einem den Interpretationen des Nazismus gewidmeten Werk erklärt, daß Trotzki »den deutschen Faschismus nur als ein typisches Beispiel der Irrtümer der Stalinisten ansieht, von denen in seinen Augen die Unterschätzung des Gegners der schwerste ist«.[18] Wie soll man die einzige Anspielung auf Trotzki in einem Werk interpretieren, das obendrein behauptet, daß Daniel Guérin, ein Schüler Trotzkis (sic), dessen Bemerkungen »wieder aufnahm und erweiterte«?[19] Die in jenen fernen Jahren von Josef Stalin verfügte Zensur übt heutzutage weiterhin ihre Wirkungen auf Männer aus, die sich dessen nicht einmal bewußt sind und sich sogar in gutem Glauben dagegen verwahren würden. Doch was haben sie gelesen und wie?

Man könnte dieselben Ausführungen zum Block der Oppositionsgruppen von 1932 machen, den andere Forscher wahrgenommen haben, ohne ihn zu erkennen, wohl mangels eines hinreichenden chronologischen Instruments oder infolge fester Vorurteile und vorgefaßter Meinungen. Wie kann man die Schwierigkeiten erklären, dieser Entdeckung die Publizität, die sie verdiente, zu verschaffen? Das erste Echo auf den Artikel von 1980, in dem ich den Block erwähnte und die Unterlagen, die ihn belegen, abdruckte[20], kam von dem Amerikaner Arch J. Getty und stammte aus dem Jahre 1985.[21]

Die Sache mit dem Block der Oppositionsgruppen hat jedoch bereits eine Überarbeitung der klassischen Geschichten Sowjetrußlands erforderlich gemacht. Sie verändert das pathologische Bild Stalins als Schlüssel der Entwicklung in der Tat erheblich und führt uns zurück zu den wirtschaftlichen Schwierigkeiten, zu den gesellschaftlichen und politischen Konflikten, zum Kampf um die Macht, anstelle des reinen Blutdurstes des »Tyrannen«. Das nimmt nichts von der Paranoia des Diktators zurück, wie sie sich in der fürchterlichen Unterdrückung, die er gegen sein eigenes Volk entfesselt hat, offenbarte, sodaß der Vergleich, den Trotzki mit Nero anstellte, wohlverdient ist.

Diese Überlegungen führen unweigerlich zu dem zum ersten Mal von Boris Souvarine in Form einer verschleierten Kritik in seinem Briefwechsel mit Trotzki im Jahre 1929 formulierten Thema zurück, das von vielen Autoren mehr oder weniger bewußt wieder aufgegriffen worden ist. Souvarine schrieb am 8. Juni 1929:

> »Warten können ist ebenso notwendig wie kämpfen können, und es ist sogar möglich zu schweigen, ohne die Fähigkeit zum Handeln zu verlieren, wie man sich auch in der Illusion wiegen kann, daß man etwas tut, indem man sich in Worten erschöpft.«[22]

Zwanzig Jahre nach diesen Feststellungen Souvarines behauptete Deutscher, daß »die bleibende Stärke« Trotzkis von nun an im »Reich der Theorie« lag und daß seine »Leidenschaft zum Handeln jetzt seine Schwäche ausmachte«.[23]

Solche Formulierungen sind für verschiedene Schichten und Milieus annehmbar, selbst dann, wenn sie der historischen Wahrheit nicht entsprechen. Der Wille, Trotzki »an den Rand zu drängen«, war der von gesellschaftlichen und politischen Kräften, von denen der stalinistische Apparat nur die sichtbarste war. Und der Druck von ihnen war ausreichend, um sehr viele Autoren zu überzeugen. Die konservative Gesinnung von Schriftstellern, die sich gegenseitig wiederholen, das Anliegen, von den Kritikern und in den Besprechungen, die zur »großen Öffentlichkeit« und zu den Großauflagen Zugang haben, nicht als »Trotzkist« bezeichnet zu werden, die Denkfaulheit – geht es nur um das?

Man käme einer zutreffenden Antwort sicher näher, wenn man die im Laufe dieser Jahre von einigen der maßgeblichsten Vertreter der führenden Klassen des alten Europa zum Ausdruck gebrachten Meinungen zum Thema Trotzki aufmerksam studierte. Kein Autor hat zum Beispiel gegen Trotzki mehr Haß oder mehr Hinterhältigkeit an den Tag gelegt, giftigere Beleidigungen und schäbigere Anschuldigungen angehäuft als Winston Churchill, welcher niemals seine Vorlieben in Sachen »Wahl der Gesellschaft« oder auch Bewahrung »der imperialen Ordnung« verheimlicht hat und nicht die Gepflogenheit hatte, mit seinen Klassenfeinden *Fair Play* zu spielen.

Sollten die konformistischen Seelen etwa geschockt sein, daß ich hier schreibe, daß Churchill, Stalin und Hitler in ihrem Haß auf Trotzki und ihrem Wunsch, ihn bis zur Ohnmacht kleinzukriegen, im Grunde übereinstimmten? Man kann ihnen zugestehen, daß es ein jeder auf seine Art getan hat. Es bleibt, daß die Großen der für den berühmten Verbannten zum »Planeten ohne Visum« gewordenen Welt ihren ganzen Einfluß geltend gemacht haben, ihm eine Bewertung angedeihen zu lassen, die man keinesfalls mit dem Urteil der Geschichte verwechseln sollte; und daß ein Trotzki, der sich damit abgefunden hätte zu schweigen und zu warten, um sich in das Königreich der Ideen zu flüchten, nicht mehr Trotzki gewesen wäre.

***

Was bedeutete für Trotzki im Juli 1933 seine Abreise nach Frankreich, in eines der Länder, die er am meisten liebte? Das dank Parijanine und Guernut erlangte Visum war freilich eine großartige und perfekte Überraschung, die, trotz der Qual, die ihm ein sehr schmerzhafter Hexenschuß bescherte, die zum Teil neubelebte Freude im Ton des auf dem Schiff geschriebenen Artikels erklärt.

Die Seiten seines Tagebuchs, die von der Abreise aus Prinkipo handeln, lassen einen Anflug von sehr menschlichem Bedauern zutagetreten. Doch Trotzki wartete keine 24 Stunden, um seine Abreise zu organisieren. Die französische Regierung hatte ihm schließlich für seinen Aufenthaltsort keinerlei Bedingung geographischer Art gestellt und insbesondere die eine Weile ins Auge gefaßte Lösung, ihm auf Korsika Zuflucht zu gewähren, aufgegeben. Für den Verbannten bedeutete das die Möglichkeit, eine große Bewegungsfreiheit zu genießen.

Selbstverständlich hieß das auch, daß Trotzki alle notwendigen Vorsichtsmaßnahmen ergreifen mußte, um sich vor der Überwachung und den Aufmerksamkeiten der GPU zu schützen. Doch er glaubte, endlich die Möglichkeit zu haben, bekannte und unbekannte, junge und alte Genossen zu treffen und unmittelbar an der von ihm gerade erst festgelegten Aufgabe, der Vorbereitung der IV. Internationale, mitzuwirken, zu der sein persönlicher Beitrag infolge des Ansehens, das er in den Augen so vieler Aktivisten bewahrt hatte, natürlich ganz entscheidend sein konnte. Von dem Aufenthalt in Frankreich erwartete Trotzki also die Möglichkeit, sich anders als mit seiner Feder zu betätigen, und das war in seinen Augen freilich eine äußerst wichtige Errungenschaft.

Der Paß, mit dem Trotzki versehen ist, gab an, daß er den Beruf des Schriftstellers ausübte. Aus seinen Autorentantiemen bezieht er auf jeden Fall seit seiner Verbannung seine Einkünfte. Der große Schwung, der ihn dazu gebracht hatte, Schlag auf Schlag *Mein Leben* und *Die Geschichte der russischen Revolution* zu schreiben, wurde im Augenblick unterbrochen. Ende 1932 und Anfang 1933 hatte Trotzki andere Pläne: eine Arbeit über die Weltwirtschaftslage, ein Werk über die Beziehungen zwischen Marx und Engels, das er gerne *Der Roman einer Freundschaft* nennen wollte, eine *Geschichte der Roten Armee*, aus der im Anschluß sein Projekt einer *Geschichte des Bürgerkriegs* geworden ist. Er hatte Unterlagen vorbereitet, aber noch nichts ernsthaft in Angriff genommen.

Zu anderen Zeiten wäre die Reise zur französischen Küste des Mittelmeeres ein richtiges Fest geworden und eine seiner ersten Sorgen wäre es gewesen, Rosmer zu treffen. Das ist fortan nicht mehr möglich: Schweigen hat sich zwischen ihnen breitgemacht, selbst wenn Marguerite nach dem Tod von Sina einen – unbeantwortet gebliebenen – liebevollen Brief geschrieben hat. In Frankreich befand sich mittlerweile Ljowa, den Trotzki nach einer langen Trennung von über 22 Monaten im November 1932 im Zug wiedergesehen hatte, als er dieses Land im Laufe seiner Rückreise von Kopenhagen durchquerte. Die Aussicht, einen der Seinen, wie er sagt, zu besuchen, erfüllte Trotzki mit Freude. Er sollte auch die Männer und Frauen, die ihm auf Prinkipo einen Besuch abgestattet haben, wiedertreffen: Pierre und Denise Naville, Gérard Rosenthal, Raymond Molinier, Pierre Frank, dazu die weniger Vertrauten, die er in Kopenhagen kennengelernt hat. Er sollte auch wieder mit Jan Frankel und Otto Schüssler, die beide nach einem kurzen Aufenthalt im Untergrund in Nazideutschland nach Frankreich geflüchtet waren, zusammenkommen. Trotzki glaubte auch, daß er erneut einige seiner Bekannten aus der Zeit der Kongresse der Kommunistischen Internationale aufsuchen könnte, mit denen seine Genossen im Rahmen der beabsichtigten Regruppierungen verkehrten, unter ihnen Jakob Walcher, sein Informant von 1923, oder Sneevliet, den er anläßlich des Eintritts der chinesischen KP in die

Guoming [illegible] amen Maring bekämpft hatte, einen der beiden Männer, [illegible] war Rakowski – duzte. Trotzki würde zum ersten Mal viele [illegible] r, Aktivisten, aber auch Schriftsteller und Journalisten ke[illegible] ste zusammen mit seinen Mitarbeitern, Van, Rudolf Kler[illegible] er, die fürs erste alle bei ihm bleiben werden.

Wir h[illegible] ler Mann, der Prinkipo verläßt, ganz und gar nicht mehr de[illegible] er Jahre vorher dort angekommen war. Der Tod Sinas na[illegible] hatte Trotzki einen umso härteren Schlag versetzt, als er sei[illegible] wortung in dieser Tragödie nicht ermessen konnte. Trotzki [illegible] an der deutschen Tragödie, an den entsetzlichen Berichten, [illegible] Gewalttaten und die Brutalität der SA, die den Aktivisten z[illegible] ungen usw. zugehen. Die Trennung von seiner Familie und [illegible] aus der Sowjetunion fiel nun besonders schwer ins Gewich[illegible] t äußerte sich in wiederholten Nachforschungen, die er anste[illegible] kowski Neuigkeiten zu bekommen. Christian Georgewitsc[illegible] aul verschwunden, und sein Schwiegersohn, Doktor Codrea[illegible] tudien in Paris fortführte, hatte keinerlei Nachricht mehr v[illegible] ationen aus verschiedenen Bezugsquellen versicherten, Rakow[illegible] Moskau verlegt und in ein Krankenhaus gebracht worden. Ei[illegible] lle Quelle sprach von seinem Tod; dann wurde davon gemur[illegible] ersucht, sich über China davonzumachen, und sei wieder gef[illegible] zt worden. Die sowjetischen Behörden ließen heraus, daß er [illegible] Medizin praktiziere. Im Mai 1933, während eines Zwischenh[illegible] *Jaurès*, auf der sich Maxim Gorki erholte, in Istanbul, schickt[illegible] und Pierre Frank an Bord des Schiffes, um Neuigkeiten von se[illegible] zu verlangen. Der Sohn Gorkis empfing sie höflich und behau[illegible] er wisse von nichts.[24] Niemand sollte die Wahrheit über diesen [illegible] nitt von Rakowski, den Trotzki damals so oft wie möglich er[illegible] ren oder zumindest etwas dazu sagen.

Tro[illegible] 54 Jahre alt. Er beklagte sich zu altern, den Schlaf zu verlieren [illegible] tel zu brauchen. Er litt ganz besonders daran, die Erinnerung [illegible] ten Gesichter zu verlieren. Er sollte Natalja diesen herzzerrei[illegible] chreiben:

> [illegible] ugend ist schon lange vorbei (…), aber ich habe plötzlich festgestellt, [illegible] ogar die Erinnerung an sie, die ich hatte, die lebendige Erinnerung an [illegible] esichter, verflogen ist. (…)«[25]

Trot[illegible] ß die Jahre der Verfolgung auf seinem Nervensystem und sein[illegible] lasteten. Doch er tröstete sich darüber hinweg:

> [illegible] ichzeitig fühle ich mich weder geistig ermüdet noch geschwächt. Gewiß ist das Gehirn sparsam, ökonomisch geworden; und es löscht die Vergangenheit, um mit neuen Aufgaben fertig zu werden. (…)«[26]

Bald jedoch sollte ihm der Arzt, ein aus der Tschechoslowakei gekommener guter Freund, Doktor Breth, Kopps Onkel, »eine ruhigere Lebensweise«, die Verringerung der Unterredungen und der Zusammenkünfte anraten. Trotzki fragte sich, ob das Gefühl des Alterns, das er empfand, »endgültig« oder vorübergehend sei und ob er einen Neuaufschwung erfahren würde – bis zu einem gewissen Grad, beeilte er sich hinzuzufügen. Manchmal hatte Trotzki inmitten der jungen Leute, die ihn umgaben, das Gefühl, wirklich »der Alte« zu sein, wie sie »ohne Bitterkeit, eher mit einer gewissen Wärme, leicht mit Traurigkeit gemischt«[27], sagten.

Anläßlich einer Abwesenheit von Natalja Iwanowna kurz nach seiner Ankunft in Frankreich haben wir von diesen vertraulichen Mitteilungen und den geheimen Ängsten, die sie verraten, Kenntnis erlangt. Für die anderen ist L.D., gleich ob er krank oder wohlauf ist, noch immer die verkörperte Pflicht des revolutionären Kämpfers schlechthin und ohne Übertreibung. Ein französischer Eisenbahner, der Trotzki traf, erzählte:

> »Er entwickelte uns seine Vorstellung von der neuen Partei und der IV. Internationale. Ich stellte ihm die Frage:
> – ‚Mit anderen Worten: Ihr schlagt vor, alles neu zu beginnen?‘
> – ‚Genau das‘, antwortete er. Ganz einfach: ‚Alles neu beginnen.‘«[28]

Es war ganz einfach: »Alles neu beginnen.«[29]

Teil V
Die Vierte Internationale

Kapitel 49

Freier Aufenthalt in Frankreich

Am 24. Juli 1933 hielt der italienische Dampfer *Bulgaria,* der aus Konstantinopel Trotzki und Natalja, seine Mitarbeiter und seine letzten Besucher mitbrachte, auf Anweisungen der Marseiller Polizei im Morgengrauen auf See.[1] Er wurde alsdann auf offener See von einem Schnellboot der Polizei übernommen, an dessen Bord sich Lew Sedow befand.[2] Während sie so die sie bei der Landung in Marseille erwartenden Journalisten austricksten, gingen Trotzki und Natalja in dem kleinen Fischereihafen Cassis an Land, wo ein Kommissar der Sicherheitspolizei Trotzki eine Aufenthaltsgenehmigung für Frankreich zustellte, die – welch angenehme Überraschung – keinerlei Einschränkung noch irgendeine besondere Bedingung vorsah.

Zusammen mit einem Mitarbeiter von Raymond Molinier namens Raymond Leprince und einem jungen aktivistischen Studenten, Jean de Lastérade, reisten sie von dort sogleich mit dem Auto nach ihrem endgültigen Bestimmungsort in Frankreich ab, der natürlich geheim bleiben mußte: Es handelte sich um Saint-Palais in der Nähe von Royan, wo sie am Nachmittag des 25. Juli 1933 nach einer Nacht der Ruhe in dem kleinen Marktflecken Tonneins ankamen. Die Villa, die die erste französische Wohnstätte Trotzkis in seiner letzten Verbannung sein sollte, befand sich etwa zehn Kilometer nördlich von Royan, oberhalb einer Felswand und in der Nähe eines Strandes. Es handelte sich um ein frei stehendes Haus inmitten eines großen Gartens, das an den Tagen, an denen das Meer bewegt ist, den Namen, den es trägt, rechtfertigte: »Les Embruns – Die Gischt«. Ein durch die Funken einer Lokomotive verursachter Brand, der das nahe Strauchwerk entzündet hatte, verzögerte die Niederlassung und beunruhigte die Ankommenden.[3] Doch die Anonymität war gut gewahrt und die Spuren bei der Ausschiffung waren verwischt worden: Die Sonderkorrespondenten der Pariser Zeitungen stürzten sich eine Weile lang auf das kleine Thermalbad Royan, wo eine »undichte Stelle« die Gegenwart Trotzkis bekanntgegeben hatte und wo manche Leute sogar behaupteten, daß sie ihn zusammen mit dem sowjetischen Führer Litwinow »gesehen« hätten!

Jeanne und Véra Lanis, die Gefährtin von Raymond Molinier, empfingen die Neuankömmlinge. Am folgenden Tag begab sich Ljowa nach Saintes, um van Heijenoort am Bahnhof abzuholen. Dieser hatte in La Rochelle mit dem Präfekten die Frage des legalen Wohnsitzes von Trotzki, der für die einen wie für die anderen geheim bleiben mußte, geregelt. Bald stellten sich weitere Prinkiporeisende ein, Rudolf Klement, dann Sara Weber, die bald wieder abreisen sollte, um sich wieder ihrem Mann anzuschließen. Außer an Jeanne und Véra, die mit der Küche und dem Haushalt betraut waren, wandte man sich noch an andere Aktivisten, die helfen sollten, die Wachen sicherzustellen. Yvan Craipeau, einer der Leiter des Jugendverbandes der Opposition, der Medizinstudent Jean de Lastérade, der Metaller Savall und der Internatslehrer Jean Beaussier kamen, um einige Wochen zu verbringen und um an den ersten Diskussionen über die »Wende« teilzunehmen. Ein wenig später traf ein aus Danzig gebürtiger deutscher Aktivist, Willy Schmuszkovitz, ein, der alle Gäste des Hauses durch sein Talent als Klavierspieler entzückte.

Schon vom 27. Juli 1933 an wurde zwischen den anwesenden Genossen eine Debatte über die neue Perspektive organisiert. Van erinnert sich an die Bedenken Trotzkis zur »nebensächlichen und untergeordneten« Frage der Benennung der künftigen Internationale:

> »Vierte Internationale? Das ist nicht sehr gewinnend. Als man mit der Zweiten Internationale gebrochen hat, hat man die theoretischen Grundlagen ersetzt. Wir hingegen bleiben auf der Basis der ersten vier Kongresse. Man könnte auch proklamieren: Die kommunistische Internationale – das sind wir! Und uns Kommunistische Internationale (Bolschewiki-Leninisten) nennen. Es spricht einiges dafür und dagegen. Die Bezeichnung Vierte Internationale ist klarer. Vielleicht liegt in ihr ein Vorteil für die großen Massen. Handelte es sich um eine langsamere Sammlung von Kadern, wäre vielleicht die andere vorteilhafter: Kommunistische Internationale (Bolschewiki-Leninisten).«[4]

Ein Auszug aus dem Protokoll dieses »Familientreffens« ist in einem vervielfältigen internen Bericht der amerikanischen Sektion veröffentlicht.

Die Debatte war in allen Sektionen in Gang gebracht, und Trotzki hatte von nun an die Möglichkeit, in sie schnell und in gewisser Hinsicht sogar unmittelbar einzugreifen: Das war ein gewaltiger Vorteil, aus dem er viel Genugtuung erfuhr, obgleich sich die Opposition nicht sehr kraftvoll äußerte und die »Wende« letztlich vom größeren Teil der Oppositionellen ohne wirklichen Einwand angenommen wurde.

Einer der Vorteile des Wohnens in Frankreich war selbstverständlich, daß Trotzki jetzt Aktivisten und Verantwortliche treffen, sich, ohne einen Mittler zu brauchen, eine Meinung bilden, statt zu schreiben durch das Wort überzeugen, kurzum eine politische Aktivität entfalten konnte. Man mußte jedoch Vorsichtsmaßnahmen ergreifen. Die PCF gebärdete sich bedrohlich. In *L'Humanité* vom 25. Juli 1933 sprach man vom »konterrevolutionären Bojaren, der mit seinem Gesinde reist« und eine Bildunterschrift zeigte ihn »von seinen Dienern umgeben«. Am 25. Juli 1933 sprach einer der widerlichsten Redakteure von *L'Humanité*, Pierre Laurent Darnar, von der »Höhle« des »neuen Weißgardisten«, während eine Verlautbarung des Politbüros der französischen KP alle Parteiorganisationen dazu aufrief, »alle Vorkehrungen zu treffen«, um ihre Verachtung »für den Abtrünnigen« als Erwiderung auf seine »Provokation« zum Ausdruck zu bringen. Laurent-Darnar schrieb über die Ankunft in Marseille folgende Zeilen: »Herr Trotzki wurde von den französischen Polizisten gedeckt und erweist sich als verachtenswerter Agent der Regierung.«[5] Es bestand unzweifelhaft die Gefahr, daß die PCF eines Tages Angreifer, ja sogar Killer zum Wohnsitz der Trotzkis führen könnte.

Diese große Sorge erklärt den Aufwand an Vorsichtsmaßnahmen, die für die Auswahl und den Transport der Besucher, Aktivisten oder privilegierte Persönlichkeiten, ergriffen werden, mit denen Raymond Molinier in Paris Fühlung aufnimmt und deren Reisen er organisiert, ohne daß die Betreffenden vor ihrer Ankunft ihren genauen Bestimmungsort kennen. Bald gab es mehrere Dutzend Personen, die so ins Vertrauen gezogen sind und den Wohnsitz Trotzkis kennen. Es scheint wirklich, daß gleichwohl keinerlei undichte Stelle auftrat, plötzlicher Paniken und ständiger Befürchtungen zum Trotz: Der Schlupfwinkel Saint-Palais sollte weder der Presse noch der GPU bekannt sein, der diese Information zum Zeitpunkt der Vorbereitung der Moskauer Prozesse übrigens bitter fehlen wird.

Trotzki selbst war in erster Linie für die auf diesem Gebiet begangenen Unvorsichtigkeiten verantwortlich, die sich aber letztendlich als folgenlos erwiesen. Er drang bei seinen jungen Genossen sehr darauf, mit kommunistischen Aktivisten und Oppositionellen, die zur Basis gehörten oder bei denen eine Chance bestand, daß sie sich der Opposition anschlössen, darunter natürlich bevorzugt »Arbeiter« und Menschen, die noch Mitglied der Kommunistischen Partei waren, direkt in Verbindung gebracht zu werden. Zu den Besuchern des Hauses zählte man Oppositionelle wie den Austernzüchter Courdavault aus Oléron, den Eisenbahner aus Blanc Louis Saufrignon, den Gärtner gewordenen Klempner Mary Philippe, den Volksschullehrer Roger Turquois, aber auch gewöhnliche Aktivisten der PCF wie den Taxifahrer Cureaudeau und den Fahrradhändler Jean Gourbil.

Der Großteil der Besucher bestand indessen aus Aktivisten der verschiedenen Organisationen der Opposition. Sie kamen zunächst für einfache Treffen, um Erläuterungen einzuholen, dann wegen der Diskussionen und Koordinationen. Die französische Opposition, die Ligue Communiste und mit ihr die Internationale Opposition, erlebten eine neue Krise. Die Pariser »jüdische Gruppe« entwickelte zunächst Vorbehalte, dann eine erklärte Feindschaft gegen die Wende; sie sollte dabei schon bald bei einem Führer der Neuen Italienischen Opposition (NOI), Mario Bavassano, genannt Giacomi, einem Veteranen des militärischen Apparats der Kommunistischen Internationale, Unterstützung finden. Unter der Hand wurden sie vom Sekretär des Internationalen Sekretariats, dem Griechen Yotopoulos (Vitte), unterstützt und brachen im Oktober 1933 mit der Opposition, um die Kommunistische Union zu bilden, der sich auch einige der ersten Besucher Trotzkis, insbesondere Lastérade, Beaussier und Savall angeschlossen haben.

Man empfing also viele Leute in der Villa. Abgesehen von Raymond Molinier und Ljowa, die kommen und gehen, erschien fast die Gesamtheit der wichtigen Pariser Aktivisten, gleich ob Franzosen oder Ausländer, um länger zu verweilen oder auch nur vorbeizuschauen. Man empfing Frankel, den Deutschen Bauer (Ackerknecht), den Italiener Blasco (Tresso) und seinen Landsmann Leonetti, alle drei wichtige Figuren des internationalen Sekretariats, die Belgier Léon Lesoil, der als Bergwerkvermesser, und Georges Vereeken, der als Taxifahrer arbeitet und die alle beide frühere Mitglieder des Zentralkomitees der belgischen Kommunistischen Partei waren. Der junge Schweizer Walter Nelz (Ost) kam mit dem Fahrrad aus Zürich[6], der ganz junge Deutsche Walter Held besuchte sie auf der Durchreise zwischen Prag und Amsterdam, selbstverständlich kam auch Pierre Naville, dann der gleich doppelt, in der Gesellschaft und in der KPD, untergetauchte Deutsche Karl Erde, ein ehemaliger Verantwortlicher für den *M-Apparat*, für den militärischen Apparat der deutschen kommunistischen Partei. Es kamen auch eine Abordnung der »jüdischen Gruppe«, deren Zusammensetzung wir nicht kennen, und der junge Torielli, den man Pierre Rimbert nannte, der die Ligue verlassen hatte und gegen die Wende kämpfte, sowie einer der werktätigen Aktivisten aus dem Norden, Eugène Devreyer.

Andere Aktivisten kamen aus nicht-politischen Gründen. Doktor Breth, Jirí Kopps Onkel, reiste aus Reichenberg an, um Trotzki auf seinen Gesundheitszustand hin zu untersuchen und, wenn möglich, die Frage seiner Fieberschübe aufzuklären. Der Friseur René Lhuillier erschien aus Paris, um ihm die Haare zu schneiden. Jean Meichler und Henri Molinier sowie Maurice Segal und Raymond Leprince, geschäftliche Mitarbeiter von Raymond Molinier, waren in der Eigenschaft als Fahrer oder wegen materieller Aufgaben, die nicht ausblieben, öfters anwesend.

Zum Zeitpunkt der Pariser Konferenz von 1933 – von der in einem gesonderten Kapitel die Rede sein wird – kamen in Saint-Palais viele Vertreter der verschiedenen linkssozialistischen Organisationen, mehrere Führungspersonen der britischen ILP (Independent Labour Party), Jennie Lee, John Paton, C. A. Smith, die Niederländer von der OSP (Unabhängige Sozialistische Partei), Jacques de Kadt und P. J. Schmidt, und der Führer der niederländischen RSAP (Revolutionäre Sozialistische Arbeiterpartei), Henk Sneevliet, der Vertreter der deutschen Sozialistischen Arbeiterpartei, der SAP, Jakob Walcher, ein überzeugter und solider alter Gewerkschaftsaktivist; wenig später erörterte Trotzki mit dem Wirtschaftsexperten der SAP, Fritz Sternberg, mehrere Tage lang die Weltlage.

André Malraux kam am 7. August 1933. Die beiden Männer hatten zwei aufeinanderfolgende Unterhaltungen und gingen zusammen die großen Problemkreise durch. Auf der Grundlage der von Malraux, van Heijenoort und Jean Beaussier gegebenen Teilinformationen hat Gérard Roche eine Zusammenfassung erarbeitet: Die beiden Männer sprachen von der Kunst, vom Kino und vom Tanz, vom Christentum, von den Wechselbeziehungen zwischen Kommunismus und Individualismus, vom Polenfeldzug im Jahre 1921, von der Weltlage, vom Tod – in dem Trotzki »einen abgestuften Verschleiß des Körpers und des Geistes« sieht, andernfalls gäbe es dabei keinen Widerstand und der Tod wäre einfach.[7] Trotzki empfing auch den Besuch von Maurice Parijanine, dem Übersetzer der großen Werke seit dem Beginn der Verbannung ins Französische, sodann den des amerikanischen Ingenieurs John Becker, der einer von Sedows wichtigsten Nachrichten- und Verbindungsagenten im Zusammenhang mit der UdSSR geworden war. Ein anderer Besucher war Julian Gumpertz, ein früherer Aktivist der deutschen kommunistischen Partei und möglicher Finanzier einer gemeinsamen Zeitschrift der Oppositionsgruppen.

Ein neuer Faktor im Leben Trotzkis zur damaligen Zeit war die Verschlechterung seiner ebensosehr persönlichen wie politischen Beziehungen zu Raymond Molinier und die erste Krise, in der sie aufeinanderprallten. Zunächst war der Grund, daß Molinier ein zweideutiges Benehmen im Umgang mit den Gegnern der Wende an den Tag gelegt hatte. Sodann, weil Trotzki von einem Mann, dem er volles Vertrauen schenkte, dem Italiener Blasco, zum ersten Mal konkret über die Art der von der französischen Inkassostelle, die die Bastion der »Geschäfte« Moliniers war, eingesetzten Methoden zur Geldeintreibung – nämlich auch Gewalttätigkeiten und Erpressung – unterrichtet wurde.

Als Trotzki von seinem Hexenschuß genesen war, erlebte er in Saint-Palais einige Wochen sehr guter Gesundheit und angestrengter Arbeitsamkeit. Er verließ das Haus jedoch nur kurz, nur für kurze Spazierfahrten mit dem Auto auf den Wegen zwischen den Weingärten. Doch er verbrachte mehr Zeit im Garten, wo er mit den beiden von Raymond Molinier für die Bewachung hergebrachten deutschen Schäferhunden Benno und Stella viel spielte. Ende August 1933 wurde er indes von neuen Schüben des geheimnisvollen Fiebers heimgesucht, an dem er bis dahin nur in den Zeiten der Anspannung im Laufe heftiger politischer Schlachten gelitten hatte. Er verbrachte ganze Tage schweißtriefend im Bett und schrieb an Natalja, die einige Wochen fortgefahren war, um sich zu kurieren und Freunde zu besuchen, eher schwermütige Briefe.

Mit Freude hatte Trotzki Ljowa wiedergesehen, wegen dem er in der letzten Zeit seines Deutschlandaufenthalts und nach dem Tod Sinaidas, ohne es zu sagen, Monate der Angst durchlebt hatte. Das glückliche Wiedersehen hat den Vater und den Sohn einander wesentlich nähergebracht, und ihre politische Übereinstimmung über die Wende und ihre Folgen scheint obendrein vollkommen gewesen zu sein. Am 19. September 1933, am Vorabend der Abreise Ljowas nach Paris, schrieb Trotzki Natalja folgendes rührende Eingeständnis:

> »Es tut mir leid, daß Ljowa fortgeht; man behandelt mich hier sehr gut, aber trotzdem gibt es niemanden, der völlig *der Meinige* ist.«[8]

Es war Ljowa, der in einem der zwischen dem beiden Männern während des Sommers 1933 in Eile gewechselten Briefe die Notwendigkeit einer Abklärung der »russischen Frage« aufwarf. Diese konnte Ljowas Überzeugung nach nicht einfach durch die Bejahung der Notwendigkeit einer »neuen bolschewistischen Partei« entschieden werden. Setzte die Gründung einer neuen Partei in der UdSSR nicht die Perspektive auf eine »neue Revolution« voraus? Mußte man die Bürokratie nicht mit Gewalt die Macht entreißen, selbst wenn es sich nicht um eine soziale Revolution handelte? Wäre es im Lichte der neuen Orientierung nicht notwendig, auf die Frage der gesellschaftlichen Natur der Sowjetunion zurückzukommen, um den Aktivisten zu helfen, die zumindest in diesem Punkt nicht mehr klar sahen?[9]

Trotzki hat während dieser Wochen schließlich die Frage entschieden, was seine nächste Arbeit sein sollte und hat sich für ein Buch über *Lenin* entschieden, das ein Werk über dessen Leben sein sollte. Trotzki hatte begonnen, Material zu sammeln und sich über den Gesamtaufbau des Werkes Gedanken zu machen, doch ging er auf die Argumente Ljowas widerstandslos ein und widmete die letzten Wochen seines Aufenthalts in Saint-Palais – zumindest die Stunden, in denen ihn das Fieber verschonte – der Ausarbeitung der Arbeit, um die ihn Ljowa gebeten hatte. Trotzki gab ihr den Titel »Die IV. Internationale und die UdSSR. Die Klassennatur des Sowjetstaates.«[10]

Während er ein wenig in alle Richtungen polemisierte – gegen Lucien Laurat, Simone Weil, Urbahns und all die alten Kommunisten, die sich mehr oder weniger anstrengten, eine (qualitativ) neue Definition der Natur des Sowjetstaates zu liefern, stellte Trotzki die Natur der Bürokratie in den Mittelpunkt seiner Analyse, von der er glaubte, daß sie keine Klasse ist und daß ihr Machtmonopol in der UdSSR nicht den gesellschaftlichen Charakter der wirtschaftlichen und gesellschaftlichen Grundlagen des »Arbeiterstaats« in diesem Land verändere. Trotzki schreibt:

> »Die *Klasse* stellt für den Marxisten einen außerordentlich wichtigen und dabei wissenschaftlich umrissenen Begriff dar. Eine Klasse wird bestimmt nicht durch den Anteil am Nationaleinkommen allein, sondern durch eine selbständige Rolle in der allgemeinen Wirtschaftsstruktur, selbständige Wurzeln im ökonomischen Fundament der Gesellschaft. Jede Klasse (Feudaladel, Bauern, Kleinbürgertum, kapitalistische Bourgeoisie, Proletariat) arbeitet ihre Grundformen des Eigentums heraus.«[11]

Nun aber weist die Bürokratie Trotzkis Meinung nach keinen der gesellschaftlichen Züge auf, die es gestatten, sie als Klasse zu betrachten:

»Sie nimmt keinen selbständigen Platz im Produktions- und Verteilungsprozeß ein. Sie hat keine selbständigen Eigentumswurzeln. Ihre Funktionen betreffen im Grunde die politische *Technik* der Klassenherrschaft. Das Vorhandensein einer Bürokratie charakterisiert, bei allen Unterschieden in Form und spezifischem Gewicht, *jedes* Klassenregime. Ihre Kraft trägt widergespiegelten Charakter. Die Bürokratie ist unlöslich verbunden mit der wirtschaftlich herrschenden Klasse, nährt sich aus deren sozialen Wurzeln, steht und fällt mit ihr.«[12]

Denjenigen, die sich, um sie als eine neue »ausbeuterische Klasse« zu definieren, wie Lucien Laurat das tat, auf die Tatsache stützen, daß die Bürokratie einen bedeutenden Teil des Nationaleinkommens auffrißt, antwortet Trotzki, daß die Bürokratie auch in den kapitalistischen Ländern besteht, wo sie ebenfalls einen bedeutenden Teil des Nationaleinkommens verschlingt, ohne deshalb eine von der herrschenden Klasse unabhängige Klasse darzustellen. Über die stalinistische Bürokratie schreibt Trotzki:

»Sie verschlingt, vergeudet und raubt einen beträchtlichen Teil des Volksvermögens. Ihre Verwaltung kommt dem Proletariat recht teuer zu stehen. Sie nimmt in der Sowjetgesellschaft eine außerordentlich priviligierte Stellung ein, nicht nur im Sinne politischer und administrativer Rechte, sondern auch im Sinne gewaltiger materieller Vorrechte. Doch die größten Wohnungen, die saftigsten Beefsteaks und selbst die Rolls-Royces verwandeln die Bürokratie nicht in eine selbständig herrschende Klasse.«[13]

Nachdem Trotzki hervorgehoben hat, daß in einer Übergangsstaatsform die soziale Ungleichheit eine unvermeidliche Erscheinung »des ungeheuerlichen Erbes des Kapitalismus« ist, schreibt er:

»... der Bürokratismus ... (bringt) die moralischen Grundfesten der Sowjetgesellschaft ins Wanken ..., (erzeugt) bei den Massen scharfe und gerechtfertigte Unzufriedenheit ... und ... sammelt große Gefahren an. Nichtsdestoweniger ändern die Privilegien der Bürokratie für sich allein noch nichts an den Grundlagen der Sowjetgesellschaft, denn die Bürokratie schöpft ihre Privilegien nicht aus irgendwelchen besonderen, ihr als ‚Klasse' eigentümlichen Besitzverhältnissen, sondern aus den Eigentumsformen, die von der Oktoberrevolution geschaffen wurden, und im Grunde der Diktatur des Proletariats adäquat sind.«[14]

Zur Analyse der Sowjetunion in ihrem augenblicklichen Zustand kommt er zum Schluß:

»Soweit die Bürokratie das Volk – rundweg gesagt – bestiehlt (...), haben wir es nicht mit *Klassenausbeutung* zu tun, im wissenschaftlichen Sinn des Wortes, sondern mit *sozialem Schmarotzertum*, wenn auch in sehr großem Maßstab.«[15]

Um seine Perspektiven in aller Deutlichkeit anzugeben, fügt Trotzki hinzu:

> »... wäre heute in der UdSSR eine marxistische Partei an der Macht, so würde sie das ganze politische Regime erneuern, die Bürokratie umkrempeln, säubern und der Kontrolle durch die Massen unterstellen, die ganze administrative Praxis umgestalten, eine Reihe kapitaler Reformen in der Wirtschaftsführung vornehmen, aber keinesfalls würde sie genötigt sein, einen *Umsturz in den Eigentumsverhältnissen, d.h. eine neue soziale Revolution* zu vollziehen.«[16]

Der stalinistische Apparat verteidigt zwar die im Oktober geborene Staatsform, die die Quelle seiner Privilegien ist, durch seine eigenen Methoden, doch bereitet er mit der Erwürgung der Partei und der Gewerkschaften, die die Atomisierung des Proletariats, das verwaltungstechnische Ersticken der sozialen Gegensätze bedeuten, seinen eigenen Zusammenbruch vor. In Zukunft könnte der wirkliche Bürgerkrieg »nicht zwischen der stalinistischen Bürokratie und dem Proletariat«, sondern zwischen »dem Proletariat und den tätigen Kräften der Konterrevolution« ausbrechen und es wäre dann der Sieg der proletarischen Partei über die Konterrevolution, der die Beseitigung der Bürokratie sicherstellen würde.

Trotzki glaubte nicht an die Möglichkeit für die sowjetische Staatsgewalt, sich auf der Grundlage der bloßen inneren Klassenkräfte lange halten zu können: Die Zukunft der UdSSR, er wiederholt es oft, hing vom Sieg der Weltrevolution ab – und der Sieg derselben hing von der Bildung neuer kommunistischer Parteien und von der neuen Internationale ab, die Trotzki sich entschieden hatte, »IV. Internationale« zu nennen.

Diese neue Internationale verkörperte für Trotzki den Schlüssel für die Zukunft, auch für das Schicksal der Sowjetunion:

> »An dem Tage, wo die neue Internationale den russischen Arbeitern – nicht in Worten, sondern in der Tat – beweisen wird, daß sie und nur sie für die Verteidigung des Arbeiterstaats einsteht, wird die Stellung der Bolschewiki-Leninisten außerhalb der Union sich in 24 Stunden gewandelt haben. Die neue Internationale wird der Stalinbürokratie die Einheitsfront gegen die gemeinsamen Feinde vorschlagen. Und wenn unsere Internationale eine Kraft darstellt, dann wird die Bürokratie in der Minute der Gefahr die Einheitsfront nicht verweigern können. Was bleibt dann von den jahrelangen Anwürfen von Lügen und Verleumdung?«[17]

Mit dieser von Ljowa geforderten Klarstellung zur Sowjetunion endete praktisch die Zeit von Saint-Palais.

***

Wir haben nur wenige Informationen über die Reise, die dem Sommer 1933 von Saint-Palais folgte: eine von den Ärzten angeratene und von Natalja und L.D. als ein Aufenthalt zu zweit in der Einsamkeit sehnlichst gewünschte

Entspannung. Am 8. Oktober 1933 war Natalja mit Henri und Raymond Molinier mit dem Auto von Paris zurückgekehrt. Sie fand einen L. D. vor, der seine äußere Erscheinung noch nicht verändert hatte, um an ihrem Urlaubsort die Anonymität bewahren zu können. Erst am Morgen des 9. Oktober 1933 rasierte sich Trotzki, nachdem er schließlich darauf verzichtet hatte, sich die Haare zu färben, seinen Kinnbart ab, was ihn wirklich schwer erkennbar machte.

Um 11 Uhr vormittags machte sich das Paar Trotzki mit Henri Molinier und Jean Meichler auf den Weg. Sie kamen um 16 Uhr in Bordeaux an und machten infolge eines Motorschadens dort Halt: Zum Übernachten gingen sie ins Hotel Fasan am Bahnhofsplatz. Nach vergeblichem Warten auf die Reparatur des Autos entschlossen sich die Reisenden, ein anderes Automobil zu mieten. Am 11. Oktober 1933 fuhren sie wieder ab und verbrachten die Nacht in Mont-de-Marsan. Erst am 12. Oktober 1933 kamen sie in Bagnères-de-Bigorre an. Henri Molinier fuhr wieder nach Paris zurück und wurde durch Jeanne ersetzt, die am 17. Oktober 1933 eintraf. Wir wissen, daß Trotzki weiterhin die Zeitungen las, aber das Schreiben vollkommen sein ließ. Wir wissen auch, daß sie einen Ausflug nach Lourdes gemacht haben, was Trotzki ein wenig später dazu bringen sollte, in seinem *Tagebuch im Exil* zu schreiben:

> »Wie roh, gemein und ekelhaft ist das alles! Ein Trödelladen der Wunder, ein Handelskontor der Gnade. Die eigentliche Grotte hinterläßt den miserabelsten Eindruck. Es handelt sich dabei natürlich um den psychologischen Kalkül der Pfaffen: der kleine Mann soll durch das Grandiose des kommerziellen Unternehmens nicht abgeschreckt werden; der kleine Mann empfindet ja Scheu angesichts zu prunkvoll ausgestatteter Schaufenster. Zugleich ist er aber auch der treuste Kunde, der den größten Gewinn garantiert. Doch das Beste von allem war der apostolische Segen, der in Lourdes vom Rundfunk übertragen wurde. O arme Wundertaten des Neuen Testaments neben dem drahtlosen Fernsprecher! Was kann aber auch absurder und abstoßender sein, als die Verbindung stolzerregender Errungenschaften der Technik mit der Zauberei des römischen Druidenprimas. Fürwahr – das Denken der Menschen erstickt in seinen eigenen Exkrementen.«[18]

Nach diesem Erholungsaufenthalt nahmen die weiterhin von Meichler begleiteten Reisenden am 31. Oktober 1933 den Bus zurück nach Tarbes und von dort, während der Nacht, den Zug nach Orléans, wo Raymond Molinier mit dem Auto auf sie wartete. Während Jean Meichler nach Paris weiterfuhr, chauffierte Raymond die beiden Reisenden nach Barbizon, zu der für sie von Henri Molinier gemieteten Villa. Dieser erwartete sie am 1. November 1933 an Ort und Stelle zusammen mit Van.

Van beschrieb das heute abgerissene Haus am Rande der kleinen Stadt Barbizon, im Départment Seine-et-Marne, etwa fünfzig Kilometer von Paris entfernt, durch seine Maler bekannt und damals außerordentlich ruhig. Van schreibt:

> »Henri Molinier hatte eine Villa gemietet, die an einem kleinen, sich am Wald hinziehenden Weg gelegen war. Die Villa Ker-Monique hatte zwei Stockwerke, die Zimmer waren klein, die Treppen und Durchgänge eng. Wir fühlten uns in diesem Haus wie eingepfercht, das war nicht mehr die Weite von Prinkipo oder Saint-Palais. Das Zimmer und das Büro Trotzkis befanden sich im ersten Stock. Der Garten war nicht groß. Die Villa war nicht mehr als ein Vorstadthäuschen, aber die Umgebung war ruhig.«[19]

Der wichtigste Vorteil der neuen Bleibe bestand natürlich in ihrer Nähe zu Paris und der großen Bequemlichkeit der Ortsveränderungen mit dem Auto oder mit dem Bus, die es erlaubten, die Menschenmengen der Bahnhöfe zu meiden. Schlagartig änderte sich die Lebensweise beinahe ins Gegenteil, verglichen mit der in Saint-Palais. Es gab keine Besucher, sogar keine Genossen mehr. Die ständigen Bewohner des Hauses waren L. D. und Natalja, Rudolf Klement, Sara Weber, Jean van Heijenoort und seine Gefährtin Gaby Brausch, die sich mit Natalja und einmal in der Woche mit der Hilfe von Barbara, mit ihren wirklichen Namen Deborah Seidenfeld-Stretielski, der Gefährtin von Blasco, auch »Blascottchen« genannt, um die Küche und den Haushalt kümmert. Im Februar 1934 mußte alles umorganisiert werden. Sara Weber war überstürzt in die Vereinigten Staaten zurückgekehrt. Van und Gaby gingen fort, um sich in Paris niederzulassen, wo politische Aufgaben auf sie warteten. An ihrer Stelle kamen Otto Schüssler und seine Frau Gertrud Schröter, um sich einzuquartieren. Max Gavenski, ein polnischer Aktivist, erschien von Zeit zu Zeit, um Schriftstücke auf Russisch zu tippen.[20]

Die einzigen Besucher waren reguläre Besucher: Henri Molinier, der die Villa kannte, da er sie ja ausfindig gemacht und gemietet hatte, Ljowa und Jeanne, die meistens mit dem Auto kamen, um eventuelle neugierige Verfolger besser ausmachen und abhängen zu können. Trotzki ließ es sich nicht nehmen, persönlich Kontakte aufzunehmen. Nur ist es von nun an er, der sich ein- bis zweimal in der Woche fortbewegt, um sich nach Paris, zu für ihn von Ljowa arrangierten Verabredungen zu begeben.

Bei den wichtigsten Anlässen fanden die Treffen in der Wohnung von Gérard Rosenthal statt. Doch Trotzki nahm auch an Zusammenkünften in gewissen Cafés an der Porte d'Italie, in anderen Privatwohnungen und sogar im Parteilokal der Ligue communiste teil, wo er dank halboffener Türen, ohne gesehen zu werden, politischen Diskussionen beiwohnte, die ihn vieles lehrten.

Es ist gewiß nicht möglich, eine vollständige Liste von Trotzkis Treffen aufzustellen. Von der oppositionellen Bewegung wollte er die Provinzler und insbesondere die Arbeiter aus dem Norden, Albert Cornette und Devreyer, kennenlernen. Er hatte Zusammenkünfte mit dem Internationalen Sekretariat, dem der französischen Ligue und dem der deutschen Organisation, wo er auch zum ersten Mal mit dem jungen Sudetendeutschen Erwin Wolf zusammentraf.

Was die anderen anbelangt, müssen wir uns begnügen, die im Briefwechsel Sedows erwähnten Personen aufzuzählen: die für die Fraktion der KPD verantwortliche deutsche kommunistische Abgeordnete Maria Reese, eine Freundin Ernst Torglers, die gerade dabei war, mit dieser Partei zu brechen; die ehemalige Sekretärin Rosa Luxemburgs, Fanja Jeserskaja, die ihre fachlichen Dienste anbot; Friedrich Bergel, der Geschäftsmann aus dem Sudetenland, der die Bewegung finanzierte und unter dem Namen Barton auch in ihr kämpfte; der Rechtsanwalt Otto Neustedtl, Erich Löffler genannt, aus derselben Gruppe aus Reichenberg; die von Freiberuflern gebildete »Gruppe Rops«, die viel Geld sammelte. Der jüdische alte kommunistische Aktivist Hersch Mendel Sztokfisz war aus Polen gekommen, wo er sich als einer der Führer der Opposition betätigt hatte. Weiterhin waren angereist der belgische sozialistische Abgeordnete Paul-Henri Spaak, der Anführer der Linken in der Arbeiterpartei (POB); der Journalist Willi Schlamm öffnete Trotzki das Tor zur *Neuen Weltbühne*, der angesehenen deutschen Wochenschrift aus Prag. Schlamm sollte auf Trotzkis Bitte hin auch den jungen italienischen Sozialisten Carlo Rosseli, den Gründer und Führer der Bewegung *Giustizia e Libertá* (Gerechtigkeit und Freiheit), die ehemaligen Führer der KPD und der deutschen Linken, Ruth Fischer und Maslow, und seinen früheren Sekretär auf Prinkipo, Robert Ranc, treffen. Weiterhin kamen »linke« Persönlichkeiten der französischen Arbeiterbewegung, wie Simone Weil und Daniel Guérin. Man kann dieser Liste die Namen ausländischer Besucher, die Mitglieder der Opposition waren, wie den jungen Belgier Georges Fux oder den Amerikaner Albert Glotzer, hinzufügen.

Manche dieser Treffen waren von Erfolg gekrönt. Trotzki hat zwar weder Paul-Henri Spaak noch Carlo Rosselli überzeugt – wollte er es überhaupt? –, doch er hat sowohl Ruth Fischer als auch ihren Gefährten Maslow zur gemeinsamen Arbeit bewogen. Er hat für seine Fraktion die Deutsche Maria Reese gewonnen und den aus Polen gekommenen Veteranen Hersch Mendel von der Richtigkeit der »Wende« überzeugen können. Diese Tätigkeit, seine persönlichen Erfolge, trugen gewiß viel zur Stärkung seiner Moral bei: Zum ersten Mal seit Jahren nahm Trotzki eine Stellung ein, die es ihm gestattete, unmittelbar und persönlich zum Aufbau der Organisation beizutragen, selbst Hand anzulegen, unmittelbar am Vormarsch mitzuwirken.

War dieser Zustand von Dauer? Man kann daran zweifeln. Die Gegner Trotzkis ließen ihn nicht aus den Augen. Am Tag nach den gewalttätigen kommunistischen Demonstrationen am 9. Februar 1934 brachte die Hitler-Presse eine wüste Kampagne gegen ihn in Gang, indem sie ihn als den Drahtzieher der »Unruhen und der Aufwiegelung« in Frankreich hinstellte. Trotzkis früherer Sekretär Jan Frankel, mit dem er in fortlaufender Fühlung stand und den er beauftragt hatte, die Möglichkeiten einer »Fraktionsarbeit« im Innern der SFIO auszuforschen, wurde, nachdem er von einem Polizisten unter den Demonstranten vom 12. Februar 1934 in Paris erkannt worden war, sofort aus Frankreich ausgewiesen. Der Belagerungsring um Trotzki herum zog sich tatsächlich zusammen.

Von seiten der französischen Regierung konnte sich Trotzki bei nüchterner Überlegung nicht darauf verlassen, daß sie vor seiner Tätigkeit, so diskret sie auch erfolgen sollte, die Augen verschloß, wie es die von der Radikalen Partei geführten Regierungen, die sich seit seiner Ankunft in Frankreich abwechselten, gemacht hatten. Nach dem Rücktritt Daladiers am Tag nach dem Krawall der rechtsradikalen Ligen, am 6. Februar 1934, bildete der frühere Präsident der Republik Gaston Doumergue am 9. Februar 1934 eine »Regierung der Einheit«, in der selbstverständlich weder Sozialisten noch Kommunisten vertreten waren: Marschall Pétain wurde Staatsminister; Innenminister war der Radikale Albert Sarraut, der Urheber des berühmten Schlagworts: »Der Kommunismus, das ist der Feind«. Die Verschlimmerung der politischen und sozialen Spannungen machte das Asyl Trotzkis immer unsicherer.

***

Es war Trotzki noch vorbehalten, in Barbizon ein für ihn besonders schmerzliches Ereignis zu erleben: Die doppelte Kapitulation der von Stalin in Zwangsverschleppung gehaltenen letzten der »Alten« der Opposition, von L.S. Sosnowski, dessen Kapitulationsschreiben – eine echte Selbstverleugnung – in der *Prawda* vom 9. Februar 1934 erschien, und vor allem von Christian Georgewitsch Rakowski, dessen Telegramm am 20. Februar 1934 veröffentlicht wurde. Trotzki wurde sofort benachrichtigt und gab schon am 21. Februar 1934 eine Erklärung zur Kapitulation seines alten Freundes ab. Trotzki schrieb:

> »Rakowski hat keineswegs so ,kapituliert', wie es die Sinowjew, Kamenjew und Konsorten taten. Mit keinem Wort hat er sich von den Ideen losgesagt, in deren Namen er mit uns zusammen gekämpft hat. Er hat nicht die angeblichen von der Linken Opposition begangenen Fehler eingestanden. Er hat nicht die Richtigkeit der herrschenden Politik verkündet. Bei den uns allen bekannten Bedingungen in der UdSSR ist dieser wesentliche Zug in der Erklärung Rakowskis außerordentlich bedeutsam. Er unterstreicht nur die Tatsache, daß Rakowski aus seiner Vergangenheit theoretisch und politisch nichts aufzugeben und abzuschwören hat.«[21]

Rakowski gab kund, einen Kampf einzustellen, den er in völliger Abschottung und ohne jede Perspektive in Wirklichkeit seit Jahren aufgegeben hatte. Trotzki zufolge mußte man diese Erklärung selbstverständlich nicht nur bedauern, sondern verurteilen. Doch vielleicht mit einer gewissen Erleichterung schrieb Trotzki:

> »Wir registrieren die rein formelle Erklärung des alten Kämpfers, der sein ganzes Leben lang seine unerschütterliche Ergebenheit für die revolutionäre Sache gezeigt hat, wir registrieren sie mit Schmerz, und wir gehen zur Tagesordnung über, das heißt zum doppelt so energischen Kampf für neue Parteien der neuen Internationale.«[22]

Tatsächlich ist Trotzki durch den veröffentlichen Auszug aus dem Telegramm seines Freundes – wohl absichtlich – getäuscht worden. Nach der Veröffentlichung des Gesamttextes der Erklärung Rakowskis in der *Iswestija* vom 23. Februar 1934 konnte man nur noch schwerlich schreiben, daß es sich nicht um eine »Kapitulation« handelte: Wahrscheinlich aus diesem Grund veröffentlichte *The Militant* vom 10. März 1934 den um seine ersten beiden Absätze gekürzten Text – ein noch nie dagewesener Sachverhalt.

Trotzki hatte jetzt keine Illusionen mehr. Am 19. März 1934 schrieb er seinem Sohn:

> »Sogar zum Zeitpunkt von Hitlers Sieg in Deutschland haben wir wiederholt – was wir seitdem mehr als einmal getan haben –, daß ohne einen Erfolg der Revolution im Westen sich das bürokratische Regime auf dem Gebiet des nationalen Sozialismus in der UdSSR nur verstärken kann. Die vergangenen fünfzehn Monate haben diese Voraussage bestätigt. Das Aufgeben Rakowskis und Sosnowskis stellen eine der Äußerungen des nationalen Reagierens oder vielmehr der internationalen Verzweiflung dar. Man kann die Positionen der internationalistischen Kommunisten heute nur aufrechterhalten, wenn man die Weltperspektive im Auge behält. (...) Die ehemaligen Oppositionellen in der UdSSR waren von diesen Perspektiven hermetisch abgeschlossen. Ihre Kapitulation ist für uns natürlich ein gewisser moralischer Schlag, überdenkt man jedoch die ganze Angelegenheit und die individuelle Situation eines jeden von ihnen, die buchstäblich in einer versiegelten Flasche lebten – etwas Vergleichbares hat es in der Weltgeschichte der revolutionären Bewegung noch nie gegeben –, dann ist man tatsächlich eher erstaunt, daß sie sich bis jetzt auf ihren Positionen gehalten haben oder halten.«[23]

Am 31. März 1934 kam Trotzki in der Öffentlichkeit auf die Frage zurück. Nachdem er einige geschichtliche Bemerkungen gemacht und die Haftbedingungen Rakowskis in Erinnerung gerufen hatte, fuhr Trotzki fort:

> »Rakowskis Erklärung ist ein Ausdruck der subjektiven Aussichtslosigkeit und des Pessimismus. Kann man für den Marxismus kämpfen, wenn die Reaktion auf der ganzen Linie siegt? Ohne ein Härchen Übertreibung läßt sich sagen: Stalin hat Rakowski mit Hitlers Hilfe gekriegt. Das bedeutet aber nur, daß Rakowskis Weg nur in das politische Nichtsein führt. (...) In Rakowski beklagen wir einen verlorenen politischen Freund. Wir fühlen uns aber durch sein Ausscheiden aus dem Kampf nicht geschwächt, denn, obwohl es eine persönliche Tragödie bedeutet, bekräftigt es jedoch poli-

tisch unerschütterlich die Richtigkeit unserer Analyse. Als revolutionärer Faktor ist die Komintern tot. Sie ist nur noch imstande, Ideen und Charaktere zu korrumpieren.«[24]

Das Verschwinden des nun unrettbar verlorenen »dreißigjährigen Freundes« bedeutete für Trotzki einen sehr harten Schlag. Er ahnte vielleicht, ohne es wirklich ausdenken zu können, das tragisches Los, das ihn selber ereilen sollte.

Ein untrügliches Zeichen der Tiefe seines Schmerzes war auf jeden Fall der Van einige Tage später gegebene Befehl, zusammen mit alten Papieren auch das Foto von »Rako« in der Deportation, das 1932 von ihm geschickt worden war, zu verbrennen: »Sehen Sie, Sie können auch das verbrennen.«[25]

In seinem *Tagebuch im Exil* schreibt Trotzki mit Datum 25. März 1935 vollkommen hellsichtig:

> »Rakowski war im Grunde genommen meine letzte Verbindung zur Generation der alten Revolutionäre. Nach seiner Kapitulation ist niemand mehr geblieben. Wenn auch der Schriftwechsel mit Rakowski seit der Zeit meiner Exilierung aus Zensurgründen aufhörte, so wirkte nichtsdestoweniger die Gestalt Rakowskis als ein Symbol der Verbindung mit den alten Revolutionären. Jetzt ist niemand mehr geblieben. Das Bedürfnis des Gedankenaustauschs und der gemeinsamen Erörterung von Problemen findet schon seit langem keine Befriedigung mehr. Ich muß mich damit abfinden, ein Zwiegespräch mit der Presse, das heißt mit den Tatsachen und Meinungen auf dem Wege über die Zeitungen, zu führen.«[26]

***

Anscheinend zufällig brach im April 1934 »die Affäre Trotzki« aus, selbst wenn ihre Entwicklung und ihre Ausschlachtung nicht auf Zufall beruhten. Den Ausgangspunkt bildete zunächst die Neugierde, ja sogar Beunruhigung, die in Barbizon, einer ganz kleinen Stadt, durch diese seltsamen Gäste mit fremden Akzenten, die in sich selbst zurückgezogen lebten, viel Milch tranken und mit der örtlichen Bevölkerung kaum verkehrten, hervorgerufen wurde. Man raunte, daß es sich um Schieber, ja sogar Falschmünzer handle; es wurde von »Drogen« und »Mädchenhandel« gesprochen. Die Gendarmen der Brigade von Ponthierry – wozu Barbizon gehört – wurden alarmiert und entwickelten ihrerseits eine Neugierde. Sie begannen, auf die Bewohner der Villa unauffällig ein wachsames Auge zu haben und warteten geduldig auf einen Vorwand für ein Eingreifen, das ihnen gestatten würde, mehr über sie zu erfahren.[27]

Die Gelegenheit dazu wurde ihnen durch eine doppelte Nachlässigkeit von Rudolf Klement geliefert. Da er in den Abendstunden des 12. April 1934 ohne Beleuchtung auf seinem Moped fuhr, wurde er von den Gendarmen von Ponthierry angehalten und konnte keine Ausweispapiere vorlegen: Daraufhin wurde er in den Räumen der Gendarmerie in Gewahrsam genommen. Die Unterlagen, die er bei sich hatte, nämlich die an Trotzki oder Sedow adressierte Post, schickte man postlagernd in der Rue du Louvre in Paris, von wo er kam. Dort wurden sie mit Interesse und Verwunderung untersucht: Briefe aus Brüssel, die die russische Arbeit betrafen, aus Athen, aus Pilsen, aus den Vereinigten Staaten, verschiedene interne Berichte und »umfangreiche Unterlagen« auf Russisch.[28] Das war zuviel.

Für die Gendarmen von Ponthierry war keinerlei Zweifel möglich. Sie hatten Trotzkis Unterschlupf gefunden. Durch ihre Bemühungen alarmiert, wandte sich der Staatsanwalt der Republik von Melun sofort an den Oberaufsichtsbeamten der Verwaltungsbehörden im Innenministerium, um zu erfahren, unter welchen Bedingungen genau es Trotzki gestattet worden war, in Frankreich zu wohnen. Aus Bosheit oder weil er schlecht informiert war, versicherte ihm der Beamte, den er am Telefon erreichte, daß es Trotzki in der Tat gestattet worden wäre, aus Gesundheitsgründen in Frankreich zu wohnen, aber unter der ausdrücklichen Bedingung, sich auf Korsika niederzulassen. Diese Auskunft war falsch und mehrere hohe Verantwortliche der Polizei waren über Trotzkis Aufenthalt in Barbizon, zu dem sie ihre Zustimmung gegeben haben, nachdem die ganzen Verhandlungen zwischen Henri Molinier und einem hohen Beamten der Sicherheitspolizei, Henri Cado, geführt worden waren, voll im Bilde. Doch keiner der unterrichteten Beamten sollte der zum Vorwand genommenen Version einer Überschreitung des nur auf Korsika gestatteten Aufenthalts öffentlich widersprechen.

Während der Nacht führten Telefongespräche zwischen dem Oberstaatsanwalt, dem Präfekten von Seine-et-Marne und hohen Verantwortlichen der Sicherheitspolizei zu der Entscheidung, eine Hausdurchsuchung in der Villa Ker-Monique anzuordnen, um sich dort im Rahmen einer aus Anlaß wegen »Diebstahl, Mittäterschaft und Hehlerei« gegen Klement »und andere« eingeleiteten Untersuchung der Identität ihrer Bewohner zu vergewissern. Im vom Staatsanwalt vorgenommenen Verhör widersprach Trotzki empört der Version der auf Korsika beschränkten Aufenthaltsgenehmigung. Es kam jedoch nicht so sehr darauf an, ob der Staatsanwalt dies glaubte oder nicht und ob er an der richtigen Stelle, bei der Sicherheitspolizei, eine Nachfrage startete oder nicht. Es war bereits zu spät: Von dem Schriftsteller André Billy benachrichtigt, fielen die Reporter der großen Presse in Barbizon ein. Von nun an war es für feige Beamte schwierig, der Wahrheit die Ehre zu geben, und sie sollten das auch nicht tun.

Ein Jahr später sollte Trotzki das, was er »den Sturm der Behörden auf Barbizon« nannte, mit Humor erzählen:

> »Das war das lächerlichste *Quidproquo*, das man sich nur vorstellen kann. Die Leitung des Unternehmens lag in den Händen des *Monsieur le Procureur de la République* aus Melun – eine hochgestellte Persönlichkeit im

> Reiche der Justiz –, in dessen Begleitung sich ein kleiner Untersuchungsrichter, der Greffier, der handschriftliche Notizen machte, ein Kommissar der *Sûreté générale* und Dutzende von Detektiven, Gendarmen und Polizeibeamten befanden. Der treue Benno, der *molosse*, riß an seiner Kette, und Stella stimmte hinter dem Hause in sein Bellen ein. Der Staatsanwalt erklärte mir, diese ganze Armee wäre wegen eines … gestohlenen Motorrades eingetroffen. (…) Der *Staatsanwalt der Republik* war köstlich! Man soll diese hohen Würdenträger nie in zu großer Nähe ansehen. Er erschien bei mir aus Anlaß des angeblich gestohlenen Motorrads (…), fragte mich aber sofort nach meinem *wirklichen* Familiennamen. (…) Von allen diesen Besuchern machte nur alte Greffier (Justizbeamter) einen günstigen Eindruck. Dagegen die anderen …«[29]

Der Staatsanwalt stellte fest, daß der Paß Trotzkis die von der Sicherheitspolizei aufgestempelte Bemerkung »berechtigt in Seine-et-Marne zu wohnen« beinhaltete und gab dies in seinem Bericht genau an. Die Presse wütete los: Trotzki habe den Staatsanwalt mit zwei Revolvern aus seinem Schreibtisch empfangen, habe sich gebrüstet, »ein alter Verschwörer« zu sein; sie spricht von »dem seltsamen Leben im Hause«, von Trotzkis Tätigkeit zugunsten der IV. Internationale, ein Beweis, daß er auf französischem Boden seine mit seinem Ausländerstatus unvereinbaren Tätigkeiten fortgesetzt habe! Der Gipfel der Gemeinheit ist erreicht, als am nämlichen 16. April 1934 der Ministerrat auf Vorschlag des Innenministers Albert Sarraut beschließt, die Aufenthaltsgenehmigung Trotzkis für Frankreich zu widerrufen, »da derselbe der Verpflichtung zu politischer Neutralität nicht nachgekommen ist, (so) wie er sie zu dem Zeitpunkt, als man ihm die Gastfreundschaft in Frankreich gewährte, eingegangen war«.[30]

So ging der »freizügige Aufenthalt« Trotzkis im demokratischen Frankreich durch einen Beschluß, der sogar die Nazipresse zufriedenstellte, schmählich zu Ende. Van schildert die letzten Tage in Barbizon, die heimliche Abreise Trotzkis in den Abendstunden des 15. April 1934 und sein geheimes sich Einquartieren in einem vorsichtshalber von Sedow gemieteten Einfamilienhaus in Lagny, die Belagerung von »Ker-Monique« durch die Journalisten, die Van hinters Licht führte, und seine Bemühungen, die Unbekannten in die Irre zu führen, die das Telefon des Hauses auf Abhörvorrichtungen geschaltet haben. Van schilderte auch die haßerfüllte Menge vom Sonntag, die Rasenden, die versuchten, über das Gitter zu klettern und ihre Drohungen herausschrien: Van betont, daß er während der ganzen bei Trotzki verlebten Jahre eben nur in diesen Tagen wirklich Angst bekam.[31]

Die französische Regierung hatte sich in eine schwierige Lage gebracht. Sie suchte nach einen Kompromiß. Trotzki wurde zwar formell ausgewiesen, aber nicht in der Praxis, und er sollte auch nicht interniert werden. Nachdem die Regierung Doumergue offenbar ins Auge gefaßt hatte, ihn nach Madagaskar oder auf Réunion zu schicken, beschloß sie, daß Trotzki unter den von den Behörden genehmigten Bedingungen, die er sogar selber vorschlagen darf, auf französischem Staatsgebiet bleiben kann. Trotzki war nun rechtlich, aber nicht physisch ausgewiesen und lebte in Frankreich ohne Visum. Er hatte keine Einkünfte und auch keine Möglichkeit, an die öffentliche Meinung zu appellieren, denn diese war von dem chauvinistischen Zetergeschrei erfüllt, das ihn als blutbefleckten Mann anprangerte, der die Alliierten in Brest-Litowsk »verraten« habe, so daß er niemals so mittellos und fast wehrlos gewesen ist.

Trotzki ließ die Arme jedoch nicht hängen.

Kapitel 50

Erster Durchbruch mit den »Vier«

Nachdem Trotzki die Tragweite der Wende, die er vorschlug, erklärt hatte, machte er sich selbst an die Arbeit, so wie es ihm die neuen Bedingungen seines Aufenthaltes gestatteten.[1]

An diesem Punkt müssen wir, da wir beim Zeitpunkt des Ausweisungsbeschlusses angelangt sind, unseren Bericht etwas unterbrechen, um zu versuchen, eine Bilanz von Trotzkis Bemühungen, die Grundlagen der IV. Internationale zu bestimmen, aufzustellen.

Schon von seiner Niederlassung in Frankreich an hatte sich Trotzki, wobei er den Manövrierspielraum, der ihm anfangs aufgrund der Geheimhaltung seines Aufenthaltsortes gelassen wurde, ausnützte, den linkssozialistischen Organisationen zugewendet. Mit ihnen oder von ihnen ausgehend wollte Trotzki versuchen, den für die neue Internationale und für die neuen Parteien notwendigen Rahmen zu schaffen.

Die linkssozialistischen Organisationen waren zu jener Zeit zahlreich und vielfältig. Die Independent Labour Party (die ILP)[2] war die älteste. Diese Partei war schon 1898 gegründet worden und stand selbst am Anfang der Labour Party, deren Mitglied sie bis 1932 blieb; dann, nach der Krise von Labour, die auf die Aussöhnung ihres Führers Ramsay Mac Donald mit der Politik der Nationalen Einheit folgte, wurde sie »ausgegliedert«. 1933 schien die ILP unter dem Druck einer durch die Wahlniederlage von Labour und das Fehlen von Perspektiven um viele Hoffnungen gebrachten Arbeiterbasis zwischen einem – von einer Generation junger Leute wie Fenner Brockway verschwommen zum Ausdruck gebrachten – eigenständigen revolutionären Kurs und einer Verständigung mit der Kommunistischen Internationale, die ihr über den Kopf der britischen KP hinweg eifrig den Hof machte, zu schwanken.

Zwei der bedeutendsten linkssozialistischen Organisationen waren auch die jüngsten. Die deutsche SAP[3] zählte vor der Machtergreifung Hitlers bis zu 30.000 Mitglieder, obgleich es ihr niemals gelungen ist, eine Wählerschaft zu haben.[4] Eine Gruppe oppositioneller Kommunisten, die aus der Brandlerschen KPO – der Opposition der KP – gekommen war und die von Walcher und Frölich geführt wurde, wobei der letztere Anfang 1933[5] interniert wurde, hatte in ihr die Führung übernommen. Ihr Jugendverband wurde von dem jungen Willy Brandt geführt. Die OSP (die unabhängige sozialistische Partei) war Anfang 1932 aus einer Linksabspaltung der niederländischen sozialdemokratischen Partei entstanden. Sie richtete sich an der SAP aus und wurde von dem früheren Kommunisten Jacques de Kadt und dem ehemaligen sozialdemokratischen Führer P. J. Schmidt geleitet.[6]

Diese Parteien hatten 1932 einen Prozeß einer internationalen Umgruppierung eingeleitet, dem Trotzki nicht von vornherein eine große Aufmerksamkeit schenkte, den aber jetzt die »Wende« in den Mittelpunkt seiner Hauptsorgen rückte. Mit der DNA – der 1923 aus der Kommunistischen Internationale ausgeschlossenen und seither von jeglicher internationaler Zugehörigkeit freigebliebenen Norwegischen Arbeiterpartei – und der winzigen Unabhängigen Polnischen Partei bildeten die ILP, die SAP und die OSP eine »Internationale Arbeitsgemeinschaft«, die IAG.[7]

Dieses neue internationale Zentrum war vorläufig nur eine zusammengewürfelte Organisation, die Parteien vereinte, die durch ihre Geschichte und ihre Entwicklungsrichtung sehr verschieden waren. Ganz offensichtlich bewegten sich die SAP und die OSP nach links, währenddessen sich die DNA gleichzeitig auf die II. Internationale wie auf den Wahlsieg und Ministerämter in der königlichen Regierung zubewegte. Unter den gegebenen Umständen trug sie durch ihr bloßes Bestehen dazu bei, die Krise zu vertiefen, die in den Organisationen der internationalen Brandlerschen Opposition grassierte. Dort weigerten sich bedeutende Minderheiten und bisweilen ganze Sektionen, wie im Falle der 1929 in Bausch und Bogen aus der Kommunistischen Internationale ausgeschlossenen schwedischen KP von Karl Kilbøm, die »Neutralitäts«-Politik gegenüber den russischen Fragen als auch die Politik der »Erneuerung« der Komintern weiterhin zu unterstützen.

Der entscheidende Schritt ereignete sich im Juni 1933, als sich die untergetauchte Führung der deutschen SAP zugunsten der Bildung einer »neuen Partei« und einer »neuen Internationale« aussprach. Daraufhin berief die Brüsseler Konferenz der IAG, die den »Bankrott« der zwei bestehenden Internationalen feststellte und die sich infolgedessen für die »Erneuerung der internationalen Arbeiterbewegung« aussprach, für Ende August 1933 eine internationale Konferenz der sich außerhalb der beiden großen Internationalen befindlichen sozialistischen und kommunistischen Organisationen nach Paris ein.

Trotzki hat auf diese Maßnahme der IAG sehr schnell reagiert: Diese ungleichartige Neugruppierung konnte sich in der Eigenschaft als »zentristisches« Gebilde, das die weitere Linksentwicklung von Parteien wie der SAP und der OSP blockierte, in dem sie sie an die opportunistischen und parlamentarischen Parteien wie die DNA band und dieser dabei gleichzeitig eine gute Deckung nach links lieferte, sehr schnell als das Haupthindernis für die Bildung einer neuen Internationale erweisen. Trotzkis Meinung nach ging es gleichwohl nicht darum, diese Neugruppierung systematisch zu verteufeln, sondern darum, den linken Gruppierungen, die sich ihr angeschlossen hatten, eine alternative Lösung vorzuschlagen.

Vorläufig hatte Trotzki keine Mühe, seine eigenen Genossen zu überzeugen, die ersten indirekten Konsequenzen der Wende hinzunehmen. Die am 19. und 20. August 1933 in Paris zusammengetretene Vollversammlung des internationalen Sekretariats nahm diese Politik an und hieß die in Saint-Palais schon beginnenden Verhandlungen zwischen Trotzki und den Vertretern der wichtigsten linkssozialistischen Organisationen mit großer Mehrheit gut.

Diese fingen am 18. August 1933 mit der Ankunft Sneevliets und Walchers an. Mit der niederländischen RSP – der Revolutionären Sozialistischen Partei – von Sneevliet[8] hatte die Linksopposition in den vorhergehenden Jahren regelmäßig zusammengearbeitet. Das Hindernis für die Vereinigung war seit der Wende und der Aufgabe der Politik der »Reform der KI« verschwunden. Sneevliet machte sich dafür stark, seine Partei dem Unternehmen in Richtung auf die SAP anzuschließen und an ihm mitzuarbeiten, was für ihn kurzfristig das Zusammengehen mit der OSP – der Unabhängigen Sozialistischen Partei – von P. J. Schmidt und die Bildung einer sozialistischen und revolutionären Partei in den Niederlanden bedeutete.

Das Protokoll der Diskussion zwischen Trotzki und Walcher[9], das letzterer aufgezeichnet hat, sah anfangs keine großen Schwierigkeiten, da die SAP ja auf dem Boden der Grundsätze eine Haltung eingenommen hatte, die mit der Trotzkis vollkommen deckungsgleich war. Man wollte daher ein schnelles Zusammengehen der SAP und der jetzt in der IKD organisierten früheren Mitgliedern der deutschen Linksopposition erreichen. Der Hauptteil der Diskussion zwischen den beiden Männern bezog sich auf die beste Art und Weise, die neue Internationale gemeinsam zu organisieren.

Es ist normal, daß Walcher noch auf die internationalen Partner Brandlers – die »Rechte« in der Kommunistischen Internationale[10] – , die er gut kannte, blickte. Trotzki nahm Walchers Standpunkt zur Notwendigkeit, zu versuchen, die Brandlerianer von der Komintern abzulösen und die KP Schwedens, die aus der KP ausgeschlossene norwegische Gruppe *Mot Dag* und die KPO der Schweiz, die alle drei der Internationalen Kommunistischen Liga – die neue Benennung der früheren Linksopposition – und der SAP in den russischen Frage ebensosehr wie in der Frage der neuen Parteien und der neuen Internationale[11] ziemlich nahestanden, für die Politik der neuen Internationale zu gewinnen, sehr bereitwillig an. Uneinigkeit bestand auf jeden Fall weiter in der Frage einer Zusammenarbeit mit den Brandlerianern. Walcher wünschte, dieselben zur Mitarbeit an der Schaffung der neuen Internationale einzuladen, was Trotzki, der sie als eine Art Feigenblatt der Stalinisten betrachtete, entschieden ablehnte.[12]

Zwischen Trotzki und Walcher bestand ebenfalls Uneinigkeit in der Frage der DNA. Alle beide brachten der Natur und der Politik dieser Organisation gewiß dieselbe Einschätzung entgegen: Sie kritisierten deren Rechtsorientierung und deren rein wahltaktische Zielsetzungen. Doch Walcher wünschte, sie zu schonen, nicht »künstlich« einen Bruch übers Knie zu brechen, der, versicherte er, von den norwegischen Arbeitern, die alle – vorläufig – hinter dieser Partei stünden, nicht verstanden würde.[13]

Walcher nahm auch Trotzkis Analyse der historischen Tendenzen in der Kommunistischen Internationale, das Anhängeschild »links«, das Trotzki für sich selbst in Anspruch nahm, wobei er die »rechte« Position Brandler und seinen Anhängern zuwies, nicht hin. Walcher erinnerte daran, daß es ihm, obgleich als »Rechter« bezeichnet, sehr wohl gelungen sei, eine ursprünglich sozialdemokratische Organisation für den Kommunismus zu gewinnen.[14] Walcher beanstandete auch Trotzkis Interpretation des Fiaskos vom Oktober 1923 in Deutschland und rechtfertigte weiterhin den damals von Brandler getroffenen Rückzugsbeschluß.[15] Walcher rechtfertigte zuletzt auch die Politik, die anfangs zur Bildung des anglo-russischen Gewerkschaftskomitees geführt hatte, gegen Trotzki.[16] Das waren gewiß unvermeidliche Reibereien zwischen Organisationen, die aus lange Zeit feindlichen Fraktionen und aus einer konfliktreichen Geschichte hervorgegangenen waren: Beunruhigender war vielleicht der von Walcher im Namen seiner Partei zum Ausdruck gebrachte Vorbehalt gegen das, was er »die persönliche Macht« Trotzkis in der Linksopposition nannte:[17] Brachte Walcher hier, wenn nicht seinen eigenen Widerstand, so zumindest die Bedenken vieler Genossen seiner Organisation gegenüber einem Mann, den sie lange bekämpft hatten und den sie fürchteten, zum Ausdruck?

Diese Meinungsverschiedenheiten hinderten die beiden Männer nicht daran, voranzukommen und sich über die großen Linien einer auf der Pariser Konferenz über die Notwendigkeit und die Grundsätze der neuen Internationale vorzulegenden Entschließung einig zu werden. Von dem, was ihm Walcher über die Eroberung der SAP durch seine Anhänger gesagt hatte, ließ sich Trotzki beeindrucken und legte die Anwendung einer gleichartigen Methode nahe, um die politische Entwicklung der ILP zu beschleunigen. Trotzki schlug vor, die kleine, im vorhergehenden Jahr gebildete Gruppe der britischen Opposition aufzufordern, in die ILP einzutreten, um in ihr auf eine innere Differenzierung hinzuarbeiten und auf diese Weise der revolutionären Opposition, die dort eine Orientierung suchte, ein Rückgrat einzuziehen. Trotzki legte Walcher auch nahe, den Einfluß, den er auf die Gruppe *Mot Dag* haben konnte, zu gebrauchen, um ihr ein ähnliches Verfahren zum Eintritt in die norwegische Arbeiterpartei, die DNA, vorzuschlagen, um in ihr eine »linke« Strömung ins Leben zu rufen.

Die Ergebnisse der Unterredungen von Saint-Palais mit Walcher und Sneevliet und ein wenig später mit de Kadt und P. J. Schmidt, ebenso wie zweimal mit mehreren Führern der ILP, bestanden in der Abfassung und Unterzeichnung der »Erklärung«, die die Erklärung »der Vier« genannt werden wird – der vier beteiligten Organisationen, der Linksopposition, der SAP, der

RSP und der OSP –, über »die Notwendigkeit und die Grundsätze einer neuen Internationale« durch Bauer, Walcher (unter dem Namen Schwab), Sneevliet und P. J. Schmidt.[18]

Diese Erklärung wurde von Trotzki in der Form eines Entwurfs geschrieben und von seinen verschiedenen Partnern verbessert. Die gemeinsame Erklärung ging von der Feststellung aus, daß die Krise den revolutionären Kampf für die Macht und die Diktatur des Proletariats auf die Tagesordnung gesetzt habe. Sie verurteilte die Theorie des »Sozialismus in einem einzigen Lande« und die »abwartende« Haltung sozialdemokratischer Parteien wie der Österreichs;[19] sie hielt dabei den »Zusammenbruch« der Kommunistischen Internationale fest und behauptete, daß alles »zwingend die Sammlung der proletarischen Vorhut in einer neuen Internationale« erforderlich mache, ohne den geringsten Versöhnungsgeist in Bezug auf den Reformismus und auf den Stalinismus, ohne den geringsten Abstrich an den revolutionären Grundsätzen zu machen, den »Fragen des Aufstands«, » der Diktatur des Proletariats«, »der Räteform des Staates« etc ...[20]

Die Erklärung sprach sich weiter für die Verteidigung der UdSSR, des »Arbeiterstaats«, gegen den Imperialismus und die innere Konterrevolution aus. Sie erinnerte an die absolute Notwendigkeit der innerparteilichen Demokratie und der »Freiheit der Kritik«, »der Wahl aller Verantwortlichen von oben bis unten«, »der Kontrolle über den Apparat«[21] und eines inneren Lebens, das auf dem demokratischen Zentralismus beruhen müsse. Sie informierte über die Schaffung eines ständigen Ausschusses, der damit betraut wurde, ein Programm und Thesen auszuarbeiten und alle Vorbereitungen im Hinblick auf die neue Internationale zusammenzufassen.

***

Die über diesen Text zustandegekommene Einigung war in den Augen Trotzkis ein bedeutendes Ereignis, eine Bresche in der Mauer, die bislang seine Organisation isolierte. Weniger als zwei Monate, nachdem er zum ersten Mal auf die Bedeutung der linkssozialistischen Organisationen angesichts der Wende hin zu einer neuen Internationale hingewiesen hatte, fand sich Trotzki im Bündnis mit Zweien von ihnen in dieser klar ausgesprochenen Zielsetzung wieder. Die Schnelligkeit, mit der sich die Politik, die Trotzki befürwortet hatte, auf diese Weise entwickelte, war gewiß in seinen Augen gleichzeitig eine unbestreitbare Ermutigung wie die einzig mögliche Bestätigung der Richtigkeit seiner Linie.

Das war selbstverständlich nur ein erster Schritt. Die ILP folgte nicht auf diesem Weg und das war ein bewußter und überlegter Schachzug ihres Führers John Paton, der verhindert hatte, daß aus dem Text eine Entschließung wurde, die als solche an alle Teilnehmer ausgeteilt wurde. Dadurch wurde seine Verbreitung und vielleicht auch seine sofortige Wirkung geschmälert.[22] In den Augen Trotzkis wog vielleicht viel schwerer, daß die SAP und die OSP zusammen mit opportunistischen Gruppierungen akzeptiert hatten, der Entschließung der Mehrheit zuzustimmen und an einem am Schluß der Konferenz geschaffenen Ausschuß teilzunehmen. Trotzki schrieb jedoch diesbezüglich, daß man diese Uneinigkeit nicht überbewerten sollte:

> »Es wäre völlig verkehrt, deswegen auf den ehrlich gemeinten Versuch zu verzichten, mit diesen beiden Verbündeten zusammenzuarbeiten. Ihre Beteiligung an einem Block mit uns ist ein Fingerzeig für die Zukunft, ihre Beteiligung am Komitee eine Widerspiegelung der Vergangenheit.«[23]

Die Schwierigkeiten begannen sogleich, ebensosehr in der SAP wie in der Linksopposition und schließlich in der OSP und der RSP.

Der Briefwechsel Walchers zeigt in der Tat, daß er bei den Spitzen seiner Organisation auf einen gewissen Widerstand stieß. Gerade er ließ so die Frage der Zusammenarbeit mit den Brandlerianern – die auf der Konferenz, auf der sie nicht vertreten waren, nicht angeschnitten worden war – wieder aktuell werden, indem er anregte, sie in das Projekt einer Theoriezeitschrift, das zusammen mit der SAP und der Internationalistischen Kommunistischen Liga im Kern schon in Vorbereitung war, miteingebunden werden sollten. In seinem Briefwechsel bestand Walcher lang und breit auf der Notwendigkeit, nicht durch »voreilige Initiativen« den Bruch mit der DNA voranzutreiben.[24] Ganz offensichtlich legte die SAP Wert auf den Zusammenhalt der IAG, der internationalen Gemeinschaft und fürchtete ihr Auseinanderbrechen, das sie mit Trotzki allein lassen würde. Dieser antwortete, indem er ausführte, daß eben die Revolutionäre die Initiative zu ergreifen hätten und daß die Frage der ILP wie die der DNA Grundsatz- und nicht Taktikfragen wären. Trotzki rief seine eigene Auseinandersetzung mit Lenin zur Zeit des Augustblocks [von 1912] in Erinnerung und beschuldigte die Freunde Walchers, ihm Argumente entgegenzuhalten, in denen er die schlimmsten muffigen Gerüche des ehemaligen »Trotzkismus« erkennen müsse.[25] Und ohne weiter abzuwarten, machte Trotzki sich in großen erklärenden Artikeln daran, die Debatte über und in die ILP einzuführen, indem er sie in dem Organ der amerikanischen Sektion veröffentlichen ließ. Die Meinungsverschiedenheiten in den Reihen der früheren Linksopposition, die auf der Vollversammlung vom September 1933 zur Internationalistischen Kommunistischen Liga (IKL) geworden war, hatten nicht weniger ernsten Charakter.

Die ersten Meinungsverschiedenheiten kamen bei der winzigen britischen Sektion, die den Vollzug der Wende in der von Trotzki befürworteten Form des Eintritts ihrer Aktivisten in die ILP verweigerte, zum Ausbruch. Vitte, der die Pariser Entscheidung gebilligt hatte, verweigerte sich ihr in Großbritannien; er stützte sich dort auf den konservativen Widerstand von Aktivisten, die ein Jahr zuvor aus der KP ausgeschlossen worden und noch voll von den Vorurteilen von Aktivisten der KP in Bezug auf einen »zentristischen« Verband waren, der sich zur Zeit Lenins geweigert hatte, sich der entstehenden Kommunistischen Internationale anzuschließen. Die Widerstände in der französischen Ligue erwiesen sich gleichfalls als sehr heftig. Die Wende, die von außen von Landau und von denen, die mit ihm sympathisierten, scharf kritisiert wurde, war trotzdem, mangels einer anderen Perspektive, von den Aktivisten gut angenommen worden. Doch die Gegensätze traten zutage, sobald sie mit der Erklärung der Vier und der Teilnahme an der Pariser Konferenz greifbare Form annahm. Die Gegner sprachen von prinzipienlosen Manövern, von Abmachungen an der Spitze, von Kursnahme in Richtung auf die Sozialdemokratie. Trotzki wehrte sich heftigst und rief Zimmerwald und Kienthal und die Abstimmung Lenins mit Bourderon in Erinnerung; er erklärte, er habe seinen neuen Verbündeten keinerlei grundsätzliche Zugeständnisse gemacht und jeder behalte das Recht auf »gegenseitige Kritik auf der Grundlage einer völligen Gleichheit«. Trotzki faßte die Debatte in der französischen Ligue in einer lapidaren Formel zusammen:

> »Entweder *vorwärts,* in ein großes Kampffeld, das der IV. Internationale, hinein, oder *zurück,* zu den kleinen, in ihrem eigenen Saft schmorenden Zirkeln.«[26]

Im Oktober 1933 gab es mehrere Brüche in den Reihen der IKL: den der jüdischen Gruppe, die, wie wir schon gesehen haben, die Kommunistische Union gründete; den des Griechen Vitte, der in sein Land zurückkehrte, um zu versuchen, seine Organisation der Archiomarxisten mit sich zu ziehen. Schon zeichnete sich die Spaltung der kleinen englischen Sektion ab, deren Mehrheit den Eintritt in die ILP hartnäckig verweigerte.

Von seinem Quartier in Barbizon aus verfügte Trotzki jedoch über einige Möglichkeiten, von neuem persönlich und unmittelbar in den Lauf der Politik der Neugruppierungen, die er befürwortete und zu vollziehen begonnen hatte, einzugreifen.

Auf der Vollversammlung der IKL, die am 18. und 19. November 1933 in Paris[27], insbesondere mit der Teilnahme Sneevliets, abgehalten wurde, griff er ein, um seine Linie zu verteidigen. Zur Frage des Zusammengehens der niederländischen Parteien hob Trotzki die sichtbare Feinseligkeit eines Teils der Führer der OSP, die von Leuten wie Sal Tas und de Kadt geäußerten verächtlichen Bemerkungen in Bezug auf den »gelehrten Marxismus«, die auf ihn persönlich abzielten, hervor. Zur von der OSP in die Welt gesetzten Beschuldigung des »Ultimatismus« schlug Trotzki der RSP vor, mit einem Ultimatum, sich zwischen der DNA und der RSP entscheiden zu müssen, und mit der Weigerung, auf einer zweideutigen Grundlage in den Zusammenschluß zu gehen, zu antworten.[28]

Was die Vereinigung zwischen der IKD und der SAP anging, glaubte Trotzki, daß die Haltung der SAP nicht eines gewissen Machiavellismus entbehrte. Zu dem von der Linksopposition im Sommer 1933 gemachten Diskussionsvorschlag hatte es seitens der SAP keine andere Antwort als eine allgemeine Grundsatzvereinbarung gegeben. Jetzt jedoch forderte die SAP eine Diskussion über die sektiererische Haltung der Vertreter der Linksopposition auf der Pariser Konferenz und ein gemeinsames theoretisches Organ mit den Brandlerianern, was nach Trotzki einem Bruch gleichkam. Trotzki fragte nach den Gründen und antwortete:

> »Wird sich die IV. Internationale auf der Linie des Blocks der Vier oder der der Internationalen Kommunistischen Liga entwickeln? Wer Prinzipien besitzt, wird zu uns kommen, denn wir sind der einzige Trupp, der klar die Situation und die Perspektiven erkennt. (...) Die Episode des Blocks der Vier ist eine wichtige Episode, wir aber sind eine beständige Organisation. Der Block der Vier würde zu einer Bremse werden, wenn wir Konzessionen machen. Das ist ein Fegefeuer, durch das mehrere Organisationen gehen werden.«[29]

Vorläufig schlossen Trotzkis Perspektiven weiterhin die Vier mit ein:

> »Es ist unsere Aufgabe, aus dem Rohmaterial der SAP ein Endprodukt zu machen. Und was wir im Begriff sind, mit der SAP und der OSP zu machen, wird sich morgen mit der ILP und Kilbøm wiederholen. (...) Eine internationale Konferenz ist notwendig. Die Konferenz des Blocks der Vier ist in diesem Sinne ein wichtiger Schritt.«[30]

In den folgenden Wochen beschloß Trotzki, einstweilen bis zur Konferenz eine Offensive in dem Bereich der Jugendverbände in Schwung zu bringen, indem er die internationalen Kräfte der IKL im Hinblick auf die von der OSP, deren tätige Basis die jungen Arbeiter darstellten[31], organisierte internationale Konferenz mobilisierte. Trotzki nahm schließlich die Vertagung der Konferenz der Vier hin, die von der SAP, die einen Aufschub von November bis Februar verlangte, gefordert wurde, doch blieb er hart und erreichte die Abhaltung einer »vorbereitenden Konferenz«, an der er persönlich teilnehmen sollte.

Am 30. Dezember 1933 wurde sie in Paris in der Straße Auguste-Comte in einem von Doktor Weil und Frau Weil, den Eltern von Simone Weil, überlassenen Zimmer abgehalten. Der Ort war bis zum letzten Augenblick geheimgehalten worden. Einmal mehr völlig rasiert und mit plattgedrücktem Haar war Trotzki schwer erkennbar. Unter dem Vorsitz Bauers und mit Rudolf Klement (Steen) als Sitzungssekretär kamen Walcher und sein Mitarbeiter Boris Goldenberg, Sneevliet und de Kadt mit Trotzki und vier anderen Delegierten der IKL, Bauer, Leonetti (Feroci), Pierre Frank und Pierre Naville sowie Lew Sedow zusammen.

Wenn man nach dem Sitzungsbericht[32] gehen darf, waren es die Vertreter der IKL, die das Feuer eröffneten. Die Versammlung insgesamt lief in einer gespannten Atmosphäre ab, mit häufigen Unterbrechungen, giftigen Schlagwörtern und schroffen Erwiderungen von beiden Seiten. Der Deutsche Bauer sagte, zu seinen Verbündeten gewandt, ohne Umschweife, daß sie zwischen der IAG, im gängigen Sprachgebrauch nun »das Londoner Büro« genannt, und der DNA auf der einen Seite, dem Block der Vier auf der anderen, wählen müßten.[33]

Trotzki führte den eingangs von seinem jungen Genossen auf diese Weise dargestellten Standpunkt in seinem offensiven Stil weiter aus, mit Ausdrücken, die er liebte, etwa »mit Peitschenhieben sprechen«, »mit der Rasierklinge operieren«. Er erklärte den Leuten von der SAP und der OSP gleichfalls, daß sie wählen müßten, was für ihn bedeutete, daß sie mit dem Londoner Büro brechen sollten. Er kritisierte beiläufig das Verhalten des jungen Willy Brandt, eines Führers der SAP, in Norwegen in Bezug auf die DNA. Schließlich ging Trotzki auch auf die nötige Erklärung über die neue Internationale ein und beschuldigte die SAP, das Projekt einer theoretischen Zeitschrift sabotiert zu haben.[34]

Walcher antwortete heftig. Die Linksopposition, sagte er, habe die Politik, nicht aber die Praxis geändert, wie sie es in Paris gezeigt habe, wo sich ihre Delegierten durch die »wohlbekannten sektiererischen und sterilen Methoden«, die ihnen eigen seien, ausgezeichnet hätten. Walcher wiederholte, daß man für die Zeitschrift die Brandlerianer einladen müsse, weil es hinter ihren Führern, die sich verweigern würden, »Tausende ausgezeichneter Genossen« gebe. Walcher weigerte sich hinzunehmen, daß man die Frage »Londoner Büro oder Block der Vier« » messerscharf auf der Rasierklinge« stelle. Er glaubte, daß alle heute von Trotzki gegen seine Politik gebrachten Argumente auch gegen die Arbeit der Eroberung der SAP – die gleichwohl ein Erfolg gewesen sei – hätten gebraucht werden können.[35]

Der Niederländer de Kadt warf seinerseits der Linksopposition vor, zu versuchen, anderen ihre eigenen Grundsätze aufzuzwingen. Er beschuldigte sie, die IV. Internationale nur als eine »Erweiterung der IKL« zu betrachten. Persönlich glaube er nicht, daß SAP und OSP lange im Londoner Büro verbleiben würden, doch er gab sich sicher, daß man »mit Peitschenhieben nichts machen« könne. Für de Kadt bildeten IKL und RSP »eine abgegrenzte Internationale innerhalb der neuen Internationale«.[36]

Nach Sneevliet, der die Uneinigkeiten im Block der Vier und auch zwischen der SAP und der OSP unterstrich und behauptete, daß »mit Sektiererei Weltgeschichte gemacht worden ist«[37], ergriff Trotzki wieder das Wort, um daran zu erinnern, daß auf der Pariser Konferenz 1933 »der Beistand der OSP« und »das Entgegenkommen der SAP« nötig waren, um eine Abstimmung über die Entschließung der Vier zu verhindern, was Walcher zu mehr

Mäßigung in seinen Beschuldigungen gegen die »Sektierer« veranlassen sollte ... Hinsichtlich der Zeitschrift und dem Vorschlag Walchers, Brandler in sie einzubinden, antwortete Trotzki einfach:

> »Warum nicht Manuilski, den Boss, anstelle seines Lakais Brandler? Auch hinter ihm stehen gewiß viele tapfere Leute.«[38]

Trotzki versuchte gleichwohl, die Dinge zu glätten und die Diskussion auf diejenigen Fragen zurückzuführen, die in ihr entschieden werden konnten:

> »Es handelt sich heute nicht um die Frage, wann die IV. Internationale gegründet werden soll, sondern darum, unsere Kräfte zu verdoppeln, um an ihrem Aufbau zu arbeiten. Es wäre Unsinn, etwas zu proklamieren, was nicht reif ist ...«[39]

De Kadt zugewandt, rief Trotzki die Grundbegriffe in Erinnerung:

> »Jeder hat das Recht und die Pflicht, zu versuchen, den andern zu überzeugen. Niemand würde uns ernst nehmen, versuchten wir nicht, unsere Prinzipien zu denen der neuen Internationale zu machen. Wir können und wollen es nicht, irgendjemanden zu irgendetwas zwingen, und noch weniger wollen wir etwas heimlich hineinschmuggeln.«[40]

Walcher behauptete, das Londoner Büro sei »nur eine Informationsquelle«, dann griff er von neuem die Linksopposition an, die sich wie die KP durch kräftige Verteufelungen nur isoliert habe. Er sprach von neuem, in versteckten Worten, von der »Diktatur« Trotzkis in seiner Organisation und behauptete, die Sterilität der Linksopposition rühre nicht nur von der Tatsache her, daß sie eine ehemalige Fraktion der KP sei; er unterstrich auch »den Abstand zwischen ihren guten Absichten und der lächerlichen Art ihrer organisatorischen Durchführung«.[41]

Die Schlußresolution setzte ein Datum für die eigentliche Konferenz fest: Wer von den Teilnehmern der internationalen Vorkonferenz glaubte wirklich daran? Die Frage war gestellt.

War damit das »Zwischenspiel« des Blocks der Vier beendet? Man könnte es vermuten, doch das war nicht Trotzkis Meinung, der noch am gleichen Tag eine Verlautbarung zur »vorbereitenden Konferenz« abfaßte, in der er das Wesentliche der Vorschläge, die er gemacht hatte, wiederholte und dabei gleichzeitig darauf hinwies, daß sie »dem Inhalt nach angenommen worden sind«. Am 5. Januar 1934 legte Trotzki letzte Hand an seinen dritten Artikel in *The Militant* über die Frage der ILP, den er mit dem Titel »Für die IV. Internationale« versah. Man kann darin durchaus eine Rechtfertigung seiner Haltung im Kreise des Blocks sehen, wenn er schreibt:

> »Zeitweilige, praktische Kampfabkommen mit den Massenorganisationen, auch wenn an ihrer Spitze die übelsten Reformisten stehen, sind unvermeidlich und für die revolutionäre Partei Pflicht. Dauernde, politische Bündnisse mit den reformistischen Führern, bei unbestimmtem Programm

> ohne konkrete Verpflichtungen, ohne Teilnahme der Massen selbst an den Kampfhandlungen stellen die übelste Form des Opportunismus dar.«[42]

Am 11. Januar 1934 kam Trotzki in einem Text, den er als eine Art Antwort auf einen Brief von Aktivisten der SAP verfaßte, auf diese Probleme und auf die Geschichte der Linksopposition, auf die von ihren Führern gegen sie in Umlauf gesetzte Beschuldigung der »Sektiererei« zurück. Obgleich Trotzki gleichzeitig bekräftigte, daß es zwischen der SAP und der IKL nicht zum Bruch gekommen sei und daß nicht davon die Rede sei, der gemeinsamen Arbeit ein Ende zu setzen, behauptete er:

> »Bereits heute die neue Internationale für geschaffen zu erklären, wäre unrechtmäßige Anmaßung, um nicht zu sagen, Abenteurertum. Das verlangen Sie natürlich auch gar nicht. Wir legen lediglich das Fundament und bauen das Gerüst. Doch auf dieses Gerüst pflanzten wir heute, ohne zu zögern, das Banner der Vierten Internationale, damit alle wissen, was für ein Gebäude da errichtet wird. Sollte morgen irgendein Teilnehmer des Aufbaus zu dem Schluß kommen, die Arbeit gehe über seine Kräfte oder gefalle ihm nicht, werden wir es bedauern – und fortfahren, die Mauern hochzuziehen. Wir sind in allen praktischen Fragen bereit, vernünftige Zugeständnisse zu machen im Interesse des einträchtigen Arbeitens; aber das Schicksal der Vierten Internationale machen wir in keiner Weise abhängig von dem guten Willen dieses oder jenes Bundesgenossen.«[43]

Am 22. Februar 1934 skizzierte Trotzki im einem erneut für den *Militant* bestimmten Artikel mit dem Titel »Zentrismus und IV. Internationale« eine Phänomenologie des Zentrismus oder genauer der »unzähligen Schattierungen des Zentrismus«, die seiner Überzeugung nach beinahe überall an die Stelle der herkömmlichen Formen des »klassischen Reformismus« getreten seien. Trotzki schließt:

> (Man muß)»h) mit größter Aufmerksamkeit sich auch den Gruppierungen gegenüber verhalten, die tatsächlich auf uns zustreben; geduldig und aufmerksam auf ihre Kritik, ihre Zweifel, ihre Schwankungen hören, ihnen helfen, sich zum Marxismus zu entwickeln, ihre Launen, Drohungen, Ultimaten nicht fürchten (Zentristen sind immer launenhaft und empfindlich), ihnen keinerlei prinzipielle Zugeständnisse machen;
> i) nochmals: sich nicht scheuen, auszusprechen, was ist.«[44]

***

In den letzten Monaten des Aufenthaltes in Barbizon, nach der Vertagung *sine die* der internationalen Konferenz auf Grund des hartnäckigen Schweigens der SAP, war das Klima in jedem Falle kaum günstig für eine weitere Zusammenarbeit zwischen den vier Organisationen.

Trotzki war fest entschlossen, in Grundsatzfragen keinerlei Zugeständnisse zu machen. Ein Artikel von Jaques de Kadt in *De Fakkel* über das Programm der neuen Internationale brachte ihn auf den Gedanken, einen Artikel in Briefform zu verfassen, in dem er den Standpunkt des Führers der OSP als einen »Anschlag auf den Marxismus«, eine neue Infragestellung der Klassentheorie der Gesellschaft, eine idealistische und metaphysische Denkweise, hinstellte.[45] Die Antwort der nämlichen Zeitung der OSP auf Trotzkis Artikel »Der Zentrismus und die IV. Internationale« gestattete ihm eine konkrete Diskussion besonders über die Verwandlungen der Sozialdemokratie in den »Zentrismus« und die Unterstützung, die die Amsterdamer Reformisten, die sich, wie er sagt, für Revolutionäre hielten, über das Londoner Büro und die DNA dem Reformertum gewährten.[46] Trotzki zeigte klar auf, daß er nicht an die Möglichkeit glaubte, die Mehrheit der Führer der OSP für die IV. Internationale zu gewinnen, daß er sich aber sicher war, auf dem nämlichen Wege die Mehrheit ihrer Arbeiteraktivisten in der neuen Internationale wiederzufinden.

Die von der OSP organisierte Konferenz der Jugend, in die Trotzki viele Hoffnungen gesetzt und auf die er nicht wenige Mühen verwendet hatte, lief in jeder Hinsicht sehr mißlich ab. Sie wurde unzureichend, ohne besondere Vorsichtsmaßnahmen und in völliger Geheimhaltung organisiert, das heißt, ohne irgendeine schützende Propaganda, und eines frühen Morgens wurde die Jugendherberge von Laren, wo sie abgehalten wurde, von der holländischen Polizei umstellt, alle Anwesenden ohne Papiere festgenommen, und vor allem wurden drei Aktivisten der SAP – von denen zwei den Tod finden sollten – der Polizei Hitlers ausgeliefert.[47] Trotzki hatte für diejenigen, die eine internationale Konferenz wie ein »Picknick« behandelten[48], nur harte Worte übrig. Er sah eine enge Beziehung zwischen dieser Nachlässigkeit auf der Ebene der Organisation und dem, was er »die ideologische Verschwommenheit des Zentrismus« nannte.[49]

Trotzki war ebenfalls von den politischen Ergebnissen der Konferenz, so wie sie nach dieser Tragödie in einem Saal der Freien Universität von Brüssel zu Ende ging, enttäuscht. Dort hatte sich der junge Walter Held von Willy Brandt ausmanövrieren lassen, als er hinnahm, daß in ihrem Namen keinerlei Hinweis auf die kommunistischen Organisationen gegeben wurde. Die Entschließung beinhaltete praktisch keine Andeutung und auf jeden Fall keine Analyse zum Thema »Zentrismus« und erst recht keine Kritik daran. Der Teil, der die IV. Internationale behandelte, sprach von der Notwendigkeit, die II. und die III. »hinter sich zu lassen«, eine »klassische menschewistische Ausdrucksweise«, wie Trotzki unterstrich. Er empörte sich, daß die Entschließung »die IV. Internationale« nicht erwähnte, sondern die sehr vage Formulierung »einer neuen Internationale« verwendete. Nun aber entdeckte Trotzki, daß das Schriftstück, das er beanstandete, von einem aus Brandt und dem Bolschewiki-Leninisten Held gebildeten Sonderkomitee abgefaßt worden war. Seine Bemerkungen waren scharf.[50] Trotzki schrieb dem jungen Held:

> »In der Politik handelt es sich in erster Linie darum, auf seinem eigenen Standpunkt zu beharren, und nicht, sich darum zu bemühen, auf die Positionen der Gegners überzugehen.«[51]

Das einzige positive Moment, das während dieser Zeitspanne zu Trotzkis Kenntnis gelangte, kam aus den Vereinigten Staaten zu ihm, wo seine Genossen von der Communist League of America versucht hatten, die von der Wende eröffneten Perspektiven unter den Bedingungen ihres Landes zu vollziehen. Nach Verhandlungen mit den um Ben Gitlow gescharten Elementen, die sich mit der Gruppe der Brandleranhänger Lovestones im Bruch befanden, haben sie sich einer spezifisch amerikanischen Gruppe, der American Workers Party (AWP), angenähert, die von dem ehemaligen Pastor A. J. Muste, dem früheren Direktor des berühmten Arbeitercolleges von Brookwood, das seit den zwanziger Jahren sehr viele Führungskräfte der nordamerikanischen Gewerkschaftsbewegung herangebildet hatte, geführt wurde. Die AWP vereinte erfahrene Arbeiteraktivisten und junge Leute, hatte Stellungen in den Gewerkschaften inne und organisierte die Arbeitslosen. Die Fusion, die ihr die CLA vorschlug und auf deren Prinzip sie akzeptierte, eröffnete den alten Oppositionellen die Aussicht auf das Ende ihrer »Propaganda«-Arbeit und auf den Beginn einer »Massen«-Arbeit. Da Trotzki schlecht unterrichtet und zu weit entfernt war, um eine persönliche Meinung zu haben, konnte er dies nur zur Kenntnis nehmen und sich wahrscheinlich über die Fähigkeit zur Initiative dieser zugleich (geographisch) so fernen und – auf der Ebene der Ideen – so nahen Schüler freuen.[52]

In den ersten Monaten von 1934 erhielt Trotzkis Politik Bestätigungen, die viel bedeutsamer erschienen als die augenblickliche Krise des Blocks der Vier. Die Kampagne der faschistoiden französischen Ligen am 6. Februar 1934 hatte in der Arbeiterbewegung einen Verteidigungsreflex ausgelöst, der bald den Umfang einer breiteren Strömung annehmen sollte und der begann, den politischen Apparaten der beiden großen Parteien seine Bedingungen zu diktieren. Während der entscheidenden Tage konnte Trotzki selbst die Fortschritte seiner Genossen, ihre neue Statur, ihr ganz frisches »einheitliches« Gewicht insbesondere in den Reihen der sozialistischen Föderation der Seine um den linken Sozialdemokraten Marceau Pivert und zumal im Sozialistischen Jugendverband der Seineregion, wo sich Linksströmungen entwickelten, die alle mehr oder weniger undeutlich auf die Perspektive des Kampfes – also seiner Meinung nach am Ende auf den Aufbau der IV. Internationale hin – ausgerichtet waren, aus der Nähe verfolgen. Das Ausscheren des proletarischen Bezirks von Jaques Doriot in Saint-Denis, der sich gegen die Politik der Spaltung der Arbeiterbewegung und für die Einheitsfront mit den Sozialisten aussprach, ließ Trotzki die Möglichkeit – und zwar früher, als er es geglaubt hatte – eines Aufstandes in den Reihen der Französischen Kommunistischen Partei ahnen.

Selbst wenn er der sich revolutionär gebenden Redeweise gegenüber, derer sich in Spanien der alte sozialistische Führer und Reformist Largo Caballero bediente, skeptisch blieb, wußte Trotzki sehr wohl, daß diese Kehrtwendung des alten Führers eine tiefgehende Radikalisierung der Massen widerspiegelte.[53] Trotzki achtete besonders auf die Entwicklung des Sozialistischen Jugendverbandes Spaniens, der von jungen Führern wie Santiago Carillo geleitet wurde. Sie erklärten, Befürworter des »Bolschewismus« zu sein, und sprachen sich für die »Bolschewisierung« der Sozialistischen Partei aus. Sie hatten sich auch für die IV. Internationale ausgesprochen, und Trotzkis Portrait hing an der Wand des Büros mancher ihrer Führer.[54]

***

Trotzki war sich dessen bewußt, daß sich in Frankreich eine Situation anbahnte, die auf kurze Sicht in eine revolutionäre Phase treten konnte. Er hoffte in diesem Augenblick in diesem entscheidenden Land die Katalysator- und Beraterrolle spielen zu können, die er in Deutschland aufgrund seiner Abwesenheit nicht wirklich spielen konnte. Trotzki bemühte sich, seine Genossen zu rüsten, indem er sie insbesondere im Hinblick auf bewaffnete Kämpfe und Zusammenstöße, die die gesamte Situation ankündigte, beriet. Er arbeitete mit ihnen an der Vorbereitung eines »Einsatzplanes«, prüfte die neuen Genossen und traf diejenigen, die sich annäherten. Selbstverständlich blieb die Geheimhaltung unabdingbar.

Dieser Zeitabschnitt nahm jedoch, wie bereits geschildert, mit der Affäre von Barbizon ein Ende. Von neuem im Exil und unter den schlimmsten materiellen Voraussetzungen für eine politische Arbeit mußte Trotzki sich seinen Führungsaufgaben stellen. Die Irrfahrt begann von neuem.

Kapitel 51

Der Ausgewiesene ohne Visum

Am 26. April 1934 begann die mitleiderregende Irrfahrt des Ausgewiesenen ohne Visum. Die französischen Behörden wollten Trotzki nicht mehr in Lagny, so nahe bei Paris, dulden. Man mußte also von dort weggehen. Aber wohin?[1]

Die zahlreichen Rechnungen, die in dieser Zeitspanne für die Mahlzeiten im Restaurant, für Hotelzimmer, Autoanmietungen und verschiedene Ausgaben, etwa den zerbrochenen Zwicker, anfielen, gestatten es uns, die Wegstrecken mit einer gewissen Genauigkeit zu rekonstruieren.[2]

Am frühen Morgen des 27. oder vielleicht am 26. April 1934 abends verließen Trotzki und Natalja Iwanowna Lagny mit dem Auto, zusammen mit Jean Meichler und Raymond Molinier. Mittags waren sie in Saulieu, im Hotel zur Post. Wir verlieren sie darauf für die folgenden drei Tage aus den Augen, in denen, wie wir wissen, Henri Molinier mit dem Innenministerium weiterverhandelte. Dort sprach man davon, Trotzki einen Aufenthaltsort auf La Réunion oder auf Madagaskar zuzuweisen.

Es scheint, daß sie Dijon am 3. Mai 1934 verlassen haben, wo sie eine Rast eingelegt hatten, und nach Saint-Boil im Departement Saône-et-Loire gefahren sind, um einem früheren Führer der Fédération unitaire de l'enseignement (Lehrergewerkschaft), einer früheren kommunistischen Führungskraft namens Jean Aulas, einen Besuch abzustatten; er machte das Angebot, sie gastlich aufzunehmen.[3] Doch das Haus wäre im Falle eines bewaffneten Angriffs eine Falle gewesen, und man mußte daher wieder den Reisesack schultern. Am 4. Mai 1934 kamen die drei Reisenden in Chamonix an, wo sie im Hotel Claret-et-de-Belgique abstiegen. Raymond Molinier fuhr am 5. Mai 1934 heim nach Paris. Fürchtete die französische Polizei, daß sich der Ausgewiesene selbst ausweisen könnte? Sie hielt Chamonix für zu nahe an der schweizerischen Grenze gelegen. Wahrscheinlich durch ihren Eifer sickerte die Neuigkeit von Trotzkis Anwesenheit zur Presse durch. Man mußte also wieder aufbrechen. Raymond Molinier machte sich am 11. Mai 1934 mit Natalja Iwanowna und Van wieder auf den Weg. Am Abend waren sie in Bourg-en-Bresse im Grandhotel Terminus, und das wahrscheinlich zu dem Zeitpunkt, als in der Presse die Mitteilung erschien, daß sie sich in Chamonix befänden. Am 12. Mai 1934 fanden sich die fünf in Grenoble wieder, wo sie im Grandhotel übernachteten: In diesem Gebiet, das den Forderungen der Sicherheitspolizei – »nicht weniger als 300 Kilometer von Paris, nicht weiter als 30 Kilometer von einer Departementhauptstadt weg und nicht in einem Industriegebiet« entsprach, suchte man ein Haus zu mieten. Einstweilen sollten sich L. D. und Natalja mit ihrem »Neffen« Van in La Tronche in der Pension Gambault einquartieren. Man war bald in Sorge: Stand die Wirtin nicht mit der Action Française in Verbindung? Am 28. Mai 1934 führte die Entdeckung, daß *L'Illustration* ein Photo des Paares Trotzki veröffentlicht hatte, zum neuerlichen Umzug.[4]

Am Abend des 28. Mai 1934 übernachtete Trotzki mit Van, der ihn von Grenoble aus begleitet hatte, im Royal Hotel am Platz Bellecour in Lyon, während sich Natalja Iwanowna, die von Raymond Molinier in einem neuen gebrauchten Ford gefahren wurde, auf die Suche nach einer Unterkunft in der Gegend von Grenoble machte. Das Zwischenspiel währte nur kurz. Am 1. Juli 1934 kehrte Van nach Paris zurück. Raymond Molinier hatte Trotzki abgeholt und fuhr ihn mit dem Auto nach Saint-Pierre-de-Chartreuse, wo Trotzki sich mit Natalja, Vera Lanis und Raymond Molinier in einem kleinen Haus am Ende des Dorfes einquartierte. Man hoffte, daß jene Zuflucht Bestand haben könnte. Max Gavenski kam sogar für einige Tage mit seiner Schreibmaschine mit kyrillischen Lettern.[5] Die Verbannten benützten weiterhin korrekt ausgestellte falsche Papiere, Papiere auf den Namen Lanis, die ihnen der Präfekt zum Zeitpunkt ihres kurzen Aufenthalts in La Tronche hatte aushändigen lassen.

Doch der Präfekt des Departement Isère, M. Susini, war über ihre Ortswahl nicht erfreut. Saint-Pierre war ein »pfäffisches Nest«, der Bürgermeister sein »persönlicher Feind«[6]: Die Anwesenheit Trotzkis könnte sowohl gegen die Regierung als auch gegen ihn verwendet werden. Man mußte abermals anderswo suchen. Der gute Maurice Dommanget, dem der Name Aulas eingefallen war, schlug jetzt vor, zu Gilbert und France Serret, Volksschullehrer im Ardèche, zu reisen, doch der Präfekt dieses Departements legte sein Veto ein: die Serrets wohnten in der Schule, also in einem öffentlichen Gebäude.[7] Van begab sich nach Holland, um Sneevliet in Belgien zu treffen, wo er die Frage mit Paul-Henri Spaak besprach, der sich bereit erklärte, Trotzki nötigenfalls persönlich illegal in seinem eigenen Auto nach Belgien hineinzubringen.[8] Der Aufenthalt in Saint-Pierre ging ebenso abrupt zu Ende wie der von Chamonix – und auf die gleiche Art und Weise, durch eine Kurzmeldung in der Presse, offenbar eine Drohung des Präfekten.[9]

Man war wieder am Ausgangspunkt angelangt. Molinier machte sich mit Natalja heimwärts auf den Weg nach Paris, Trotzki und Van nahmen wahrscheinlich Ende Juni 1934 den Omnibus nach Lyon und sollten dort von neuem im Hotel leben. Da ergab sich plötzlich eine Lösung. Auf erneute Hinweise von Maurice Dommanget hin begab sich Henri Molinier in Verhandlungen mit dem Präfekten Susini über einen neuen Zufluchtsort, den jener dieses Mal billigte: Den Trotzkis sollte es gestattet sein, in dem Privathaus des Volksschullehrers Laurent Beau, auch er Mitglied der Lehrergewerkschaft, in

Domène, etwa zehn Kilometer von Grenoble entfernt, zu wohnen. Die zwei Reisenden kamen am 10. Juli 1934 im Hause Beau, Savoyer Straße, an. Sie werden dort etwas weniger als ein gutes Jahr bleiben.

Wir haben im Verhältnis zu dem Buch von van Heijenoort nun in gewissen Punkten den chronologischen Rahmen genauer bestimmt und können ohne weiteres einige aus seiner gründlichen Arbeit entnommene Episoden hinzufügen.

So kleidete sich Natalja in Schwarz und Trotzki steckte eine breite Trauerarmbinde an, um Störenfriede fernzuhalten und um die Mahlzeiten in der Pension Gambault auf ihrem Zimmer einzunehmen zu können, ohne Befremden zu erregen. Der Inspektor Gagneux von der Sicherheitspolizei gab sich als Versicherungsvertreter aus und lebte in derselben Pension. Er putzte sich heraus, um sich am Sonntag zur Stunde der Messe wegzubegeben. Er riet den Trotzkis, seinem Beispiel zu folgen, um nicht unnötig Aufsehen zu erregen.[11] Trotzki, Natalja und Van hörten die Sonntagspredigt in der Kirche Saint-André von Grenoble. Es ließ Trotzki keine Ruhe, als man ihm sagte, der Priester spreche genauso gut wie Gérard Rosenthal.[12] Trotzki ging am Abend in Lyon ins Kino; er las Charles Fourier in einer Bibliothek, er diktierte in einer öffentlichen Anlage Post und sah »schweigsam und unruhig« – denn die Lage bedrückte ihn – den Kindern beim Spielen zu.[13]

Wir kennen das Leben bei der Familie Beau ebensosehr durch die Briefe Trotzkis an seinen Sohn wie durch einige Andeutungen im *Tagebuch im Exil* und durch direkte oder indirekte Zeugnisse seiner Gastgeber etwas genauer. Laurent Beau, Volksschullehrer und Altgenosse der PCF, war noch immer Mitglied der Lehrergewerkschaft und Freimaurer. Er widmete seine ganze Freizeit außerhalb seines Unterrichts der Erforschung, der Darbietung, der Herausgabe und der Verbreitung von pädagogischen Unterlagen und war kaum verfügbar. Politisch war er nicht mehr aktiv, und eine Unterhaltung zwischen dem Verbannten und ihm fand kaum statt. Trotzkis Mißtrauen ihm gegenüber sollte nie nachlassen, wohingegen Natalja von »diesen ausgezeichneten Leuten« sprechen wird. Nach einem Streit über die Kosten für die Einrichtung eines Badezimmers, berichtet uns Van, vermerkte Trotzki unter dem Datum des 12. Februar 1935 in seinem *Tagebuch:*

> »Es gibt kein abstoßenderes Wesen, als den geldhamsternden Kleinbürger: Bisher hatte ich nie Gelegenheit, diesen Typ, wie jetzt, aus der Nähe zu beobachten.«[14]

Ganz offensichtlich aufgrund seiner lebendigen Erfahrung im Hause Beau schrieb Trotzki Victor Serge folgende Sätze, wobei er an die Mitglieder der Lehrergewerkschaft dachte. Deutscher behauptet schamlos, daß sie sich auf Trotzkis französische Genossen bezögen:

> »Ich habe ein ganzes Jahr unter diesen Leuten gelebt. (...) Das sind durch und durch Kleinbürger, ihre Häuser, ihre Gärten und ihre Wagen liegen ihnen tausendmal mehr am Herzen als das Schicksal des Proletariats. (...) Ich habe ihre Art zu leben gesehen, ich habe es nicht nur gesehen, ich habe es gerochen. (...) Dieser Geruch täuscht mich nicht.«[15]

Trotzkis *Tagebuch im Exil* weist andere bedeutsame Vermerke auf. So am 17. Februar 1935:

> »Unser Leben hier unterscheidet sich nur wenig von einem Gefängnisdasein: Unser Aufenthalt ist auf Haus und Hof beschränkt, andere Menschen sehen wir nicht häufiger als bei Gefängnisbesuchen. Allerdings haben wir uns seit einigen Monaten einen Rundfunkempfänger zugelegt, aber das gibt es heutzutage, scheint's, in einigen Gefängnissen auch. (...)«[16]

In einem Brief an Ljowa beklagte Trotzki sich bitter über die Kälte, die in diesem Hause herrschte – nur 12 Grad in dem Zimmer, in dem er arbeiten sollte, er spricht von seinem »raffgierigen« Eigentümer.[17]

Natalja beklagte sich, daß sie L. D.s Diät nicht einhalten könnte, die Gastgeber, daß ihnen die Beherbergung teuer zu stehen komme. Es lag da eine gewisse Ungerechtigkeit in den Klagen von Trotzkis Seite: Laurent Beau hatte, als er Trotzki in seinem Haus aufnahm, sich deshalb nicht Trotzkis Sache zur eigenen gemacht, noch auf seine eigenen Interessen verzichtet, und niemand konnte von ihm verlangen, solches zu tun. Trotzkis Bärbeißigkeit läßt sich nach den mündlichen Erinnerungen Vans aus der Tatsache erklären, daß er entdeckt hatte, daß sein Gastgeber, gleich dem Präfekten, der ihm gestattet hatte, in Domène zu wohnen, Freimaurer war, und durch das Gefühl, das Trotzki hatte, nämlich in einer Falle gefangen und zum Gefangenen gemacht worden zu sein, zumal ihm niemand von dieser gemeinsamen Zugehörigkeit erzählt hatte.

Zwei Pariser Aktivisten seines Vertrauens, der Metalltechniker Alfred Bardin und der Postler Joannès Bardin, Boitel genannt, hatten gleich bei der Ankunft Trotzkis in Domène einen raffinierten Plan ersonnen, um zwischen ihm und ihnen, also der Pariser Führung, unauffällige Verbindungen herzustellen. Sie hatten einen Bruder namens Alexis, der Lehrer für technisches Zeichnen an der Vaucanson-Schule, Mitglied der SFIO und ebenfalls Freimaurer war. Dieser Bruder hatte daher keine Schwierigkeiten, die Erlaubnis zu erhalten, die Verbannten zu besuchen und Natalja nach Grenoble zu bringen oder das Paar spazierenzufahren, was ihm gestattete, den Auftrag, den ihm seine Brüder übertragen hatten, zu erfüllen. Nun aber bemühte sich Trotzki, ihn für seine Sache zu gewinnen, und es ist ihm wohl mühelos gelungen. Alexis teilte ihm die Freimaurerzugehörigkeit seines Gastgebers und des Präfekten mit: Der Groll der Familie Beau ihm gegenüber scheint selbst heute noch nicht erloschen zu sein. Man muß jedoch ganz deutlich betonen, daß sich absolut nichts ereignet hat, was Trotzkis fixe Idee hätte untermauern können, daß sein Quartiergeber auch sein Gefangenenwärter sei: Alles in den bekannten Unterlagen weist im Gegenteil darauf hin, daß Laurent Beau und seine Familie Trotzki, so sehr sie es nur konnten, geschützt haben und daß sie es, so gut es ging, geschafft haben: Es ist zu wünschen, daß die Geschichte mit ihnen gerechter sein möge, als Trotzki es war.

Trotzki hat es auf jeden Fall und trotz unvermeidbarer Benachteiligungen infolge des Fehlens eines ständigen Sekretariats geschafft, weiter seine politischen Tätigkeiten zu verfolgen und seine französischen und ausländischen Genossen zu empfangen – Vereeken, Sneevliet, Erwin Wolf und den Amerikaner Cannon, dem er dort zum ersten Male begegnete –, eine Vollversammlung des Sekretariats abzuhalten, den Führer der Sozialisten, Marceau Pivert, und noch andere, die wir nicht kennen, zu empfangen, all das vor der Nase von Inspektor Gagneux: Kein »Gefängniswärter« wäre liberal genug gewesen, um ihm eine derartige Tätigkeit zu gestatten, und Laurent Beau war unbestreitbar ein großzügiger Mann.

***

Die Welt hatte mit der formalen Ausweisung Trotzkis und dem Beginn seiner »großen Spazierfahrt« auf französischem Staatsgebiet nicht aufgehört, sich weiterzudrehen. Mehrere Versammlungen waren abgehalten worden, um gegen die Maßnahme, deren Opfer er geworden war, zu protestieren: Am 18. Mai 1934 unter dem Vorsitz des SFIO-Abgeordneten und -Bürgermeisters Roger Salengro in Lille, oder in Paris, im Saal Albouy, wo etwa Tausend Personen André Malraux zujubelten, der in *Marianne* gerade diese unvergeßlichen Zeilen geschrieben hatte:

> »Wir müssen in jedem bedrohten Revolutionär einen der unsrigen sehen; was man in Ihnen im Namen des Nationalismus verfolgt – zu einen Zeitpunkt, wo man nicht genügend Achtung für die spanischen Könige aufbringt, welche die deutschen Unterseeboote beschützen –, das ist die Revolution. In diesem Sommer wird sich in Deauville genügend Geld versammeln, um die Gärten der Könige Voltaires wiederherzustellen; aber es gibt unglücklicherweise in den Festungen und den elenden Hotels genug Menschen, um daraus eine Armee besiegter Revolutionäre aufzustellen. Ich weiß, Trotzki, daß Ihre Gedanken nur vom erbarmungslosen Schicksal der Welt ihren eigenen Sieg erwarten. Möge doch Ihr im Untergrund lebender Schatten, der seit fast zehn Jahren von Exil zu Exil eilt, den Arbeitern Frankreichs und allen denen, die dieser dunkle, durch die Vertreibungen deutlich genug gewordene Freiheitswillen beseelt, verständlich machen, daß es ein wenig spät ist, wenn man sich erst in einem Konzentrationslager zusammenzuschließt: Es gibt zu viele kommunistische Kreise, für die ein Verdacht einer Sympathie für Sie ebenso schwerwiegend ist, wie für den Faschismus zu sein. Ihre Abfahrt, die Beleidigungen der Weltpresse zeigen deutlich, daß die Revolution existiert. Was ist noch notwendig, damit jene

> zusammen zu kämpfen wissen, die Sie stillschweigend ziehen lassen, während auf sie mit einem bitteren Lächeln ein absurdes Verhängnis lauert. Ein Verhängnis, das genauso wenig weiß wie Sie selber, wie sehr die gleichen Feinde sie, auf dem brüderlichen Abgrund des Todes, zusammenwürfeln werden.«[18]

In demselben Zeitabschnitt ging der von den Aktivisten der AWP von Muste angeführte Streik von Toledo siegreich zu Ende. Der von den alten oppositionellen Kommunisten Skoglund und V. R. Dunne und dem jungen Farrell Dobbs geleitete Streik der Teamster von Minneapolis loderte wieder auf. In Frankreich wurde Jacques Doriot aus der Kommunistischen Partei ausgeschlossen. Hitler schlachtete in der »Nacht der langen Messer« die hinderlich und für seine Verbindungen mit dem deutschen Großbürgertum belastend gewordenen SA-Leute ab. In Amsterdam traten am 1. Juli 1934 Arbeitslose und Jugendliche im Arbeiterviertel von Jordaan der Polizei wild entschlossen entgegen. Schmidt, der mit den Aufrührern solidarisch war, wanderte ins Gefängnis, weil er ihnen schriftlich seine Solidarität bekundet hatte. Sal Tas und Jacques de Kadt bezichtigten ihn daraufhin des »Abenteurertums«. Doch die militante Basis der OSP (der Unabhängigen Sozialistischen Partei) empörte sich und verjagte sie. Wie es Trotzki vorhergesehen hatte, wurde der Zusammenschluß zwischen der OSP und der RSP von Sneevliet – die Mitglied der Internationalistischen Kommunistischen Liga war – auf diese Weise durch die Entwicklung des Klassenkampfes selbst und des Drucks der Arbeiter auf die Basis der OSP möglich gemacht.

***

Obwohl Trotzki vom Hotel zur Pension, vom Haus von Freunden zu unbekannten Bleiben, vom Dorf in die Großstadt weitergereicht wurde, klammerte er sich nach besten Kräften an das aktuelle Geschehen. Von Saint-Pierre-de-Chartreuse aus schrieb er am 16. Juni 1934, daß man sich auf eine plötzliche Wende der Stalinisten in der Frage der Einheitsfront, infolge der Angst, die ihre Führer vor »einer etwaigen Verbindung zwischen Saint-Denis und der Ligue Communiste« verspüren, gefaßt machen müsse.[19] Trotzki rechnete nun mit einem Pakt zwischen der SFIO und der PCF, der nicht auf sich warten lassen sollte. Er hielt ihn für ein »abgefeimtes Komplott der beiden Bürokratien, deren ‚Aktionseinheit' aus gegenseitigen Beteuerungen bestehen wird, daß sie zusammen im gemeinsamen Kampf Druck machen werden gegen die wirklichen Erfordernisse des Klassenkampfes«.[20]

Einige Tage später und wiederum von Saint-Pierre aus formulierte Trotzki zum ersten Mal den Vorschlag für das, was er eine »entscheidende Wende« nannte.[21] Der Druck der Massen, so glaubte Trotzki, hatte die politische Lage von Grund auf geändert, indem er ein Bündnis zwischen der PCF und der

SFIO erzwang, von dessen bevorstehender Unterzeichnung Trotzki ausging. Wegen der drohenden Gefahr, von den Arbeitern verärgert abgewiesen zu werden, mußte die Ligue in der von den Massen geforderten Einheitsfront einen organischen Platz, das heißt, infolge ihrer Schwäche, einen Platz in einer der beiden Parteien einnehmen, die diesen Pakt schlossen und diese Front bildeten. Und das konnte nur in der SFIO sein; daher befürwortete Trotzki den Eintritt der Genossen der Ligue in diese Partei, wobei sie um ihr Organ *La Vérité* herum eine Fraktion der Bolschewiki-Leninisten bilden sollten: Dafür brauche es »Wagemut, Schnelligkeit und Einstimmigkeit«.[22]

In den folgenden Tagen bedrängte Trotzki buchstäblich seine Genossen aus der Ligue communiste mit beständig verfeinerten oder neu gestalteten Briefen, Artikeln und Argumenten. Noch am Tage seines Einzugs in Domène schrieb er unter den Titel »Die Entwicklung der Sozialistischen Partei SFIO«[23] den ersten öffentlichen Artikel, der auf die Perspektiven der »französischen Wende« in Richtung »Entrismus« eingehen sollte, einen selbstverständlich nicht gezeichneten Artikel. Trotzki beschrieb darin die parallele, aber in umgekehrter Richtung verlaufende Entwicklung der Krise des bürgerlichen Staates und der Sozialistischen Partei, die seiner Meinung nach in ihrem Innern die Demokratie stärkte und so ein tiefes Eindringen in die Reihen der sozialistischen Arbeiter möglich machte.

Natürlich löste dieser neue Vorschlag – von dieser Regel sollte man nur selten abweichen – eine Krise in den Reihen der Internationalen Kommunistischen Liga und in der französischen Sektion aus. Eine von Lhuillier geführte Minderheit lehnte aus Prinzip den Eintritt in die Sozialistische Partei ab, den sie als eine Kapitulation vor der Sozialdemokratie betrachtete. Eine andere, mit Pierre Naville, Gérard Rosenthal und Blasco lehnte sich gegen die von Raymond Molinier in der Ligue angewendeten Methoden, die neue Wende durchzusetzen, auf.

Nach der Trennung von ihren Genossen traten auch sie, aber unabhängig von den anderen, in die Reihen der SFIO ein. Die Krise berührte schließlich auch die IKL auf internationaler Ebene. Bauer und die Mehrheit der Genossen der deutschen IKD argumentierten gegen die »französische Wende«: Sie verließen die Organisation; Bauer schloß sich der SAP an. Im internationalen Sekretariat gab es eine Fronde. Ruth Fischer, die auf Trotzkis Wunsch unlängst hinzugewählt worden war, Sneevliet und Leonetti waren Gegner der »französischen Wende«, ebenso der Belgier Vereeken.

Trotz der schwierigen Bedingungen in Domène war Trotzki nicht ganz machtlos. Es gelang ihm, die Opponenten, die sich mit ihm unterhalten wollten, und die Genossen, die er beeinflussen oder anleiten wollte, zu empfangen. Trotzki konnte zum Beispiel den Amerikaner Cannon – den er, erinnern wir uns daran, zum ersten Mal traf – mit einem Auftrag zur Aussöhnung mit Naville wie mit Bauer betrauen. Trotzki leitete eine Vollversammlung, die es gestattete, die internationale Organisation wieder in den Griff zu bekommen, und er konnte im September 1934 Vereeken am Ärmel zurückzuhalten, als sich dieser anschickte, die Türe zuzuschlagen. Hingegen war Trotzki gegenüber den Spaniern, die – besonders der Jugendverband – seine Vorschläge, in die PSOE einzutreten, einstimmig verwarfen, machtlos: Allerdings kamen sie im Unterschied zu den Aktivisten fernerer Sektionen nicht nach Frankreich, um ihn zu treffen.

Schon im Monat Dezember 1934, als sich die Verluste als beschränkt und die Krise als eingedämmt erwiesen, waren die durch den Entrismus erreichten Erfolge offensichtlich: Die bolschewistisch-leninistische Gruppe (GBL) in der SFIO nahm wichtige Stellungen im Bündnis des Sozialistischen Jugendverbandes der Seine ein, wo sie mehrere Führer beeinflußte und junge Aktivisten anwerben konnte. Sie fand vor allem bei Marceau Pivert, einem der Führer des linken Flügels der SFIO und der Fédération de la Seine, Gehör. Sie konnte sich in der Provinz an neuen Orten festsetzen und ihre Mitgliederzahlen rasch verdoppeln.

Trotzki gab daraufhin Léon Lesoil, der seit mehreren Wochen von der Notwendigkeit, in Belgien die Politik des »Entrismus« in die belgische Arbeiterpartei zu vollziehen, überzeugt war, seine Unterstützung. Wohlweislich ging es zunächst nur darum, den »leninistischen Jugendverband« in die Sozialistische Junge Garde, die Jugendorganisation der POB, eintreten zu lassen, wobei Lesoil überzeugt war, daß es möglich wäre, rasch voranzukommen und vor allem einen der nationalen Führer dieser Organisation zu gewinnen.[24] Ihr Verantwortlicher im Borinage-Gebiet, der junge Walter Dauge, war mit einer wirklichen Veranlagung zum Volkstribunen begabt und übte einen unbestreitbaren Einfluß in dieser Bergwerksregion aus.

Die Schlacht zugunsten des »Entrismus« hat unter diesen Bedingungen einen guten Teil der Zeit Trotzkis beansprucht und in seiner Arbeit andere Fragen, die gewiß nicht weniger bedeutend waren, ins Hintertreffen geraten lassen. Trotzki erwähnte zum Beispiel in seinen Arbeiten die Oktoberereignisse 1934 in Spanien, den gescheiterten Generalstreik, den Arbeiteraufstand in Asturien nur beiläufig, obwohl diese Ereignisse und die wachsende Radikalisierung der Spanischen Sozialistischen Jugend manche Führer der Kommunistischen Linken (Izquierda Comunista) dazu brachten, die Frage des »Entrismus« in die PSOE erneut aufzuwerfen.

Trotzki sagte auch kein Wort über die spektakuläre Entwicklung der DNA, der Norwegischen Arbeiterpartei, die seine Vorhersagen bestätigte: Hatte nicht einer ihrer Führer am 20. August 1934, am Tag nach der »skandinavischen Konferenz« der sozialistischen Organisationen, im *Arbeiterbladet* einen Aufruf zu »einer gemeinsamen Front gegen die Zwillingsbrüder, den Kommunismus und den Faschismus« in Umlauf gebracht?

Trotzki kommentierte auch nicht die drei großen Streiks – in Toledo, Minneapolis, San Francisco –, die das Erwachen der US-amerikanischen Arbeiterbewegung aufzeigten und in denen die kleinen Organisationen, die sie führten, aus dem ganz neuen Schwung der Klasse Nutzen ziehen konnten. Ende 1934 schloß sich die American Workers Party (AWP), ein Gebilde aus gewerkschaftlichen Führungskräften und Organisatoren von Arbeitslosen, die der ehemalige Pastor A. J. Muste leitete, mit der amerikanischen Opposition, der Communist League of America (CLA) von Cannon und Shachtman zusammen: Die Workers Party of the United States (WPUS), die daraus hervorging, war im Grunde die erste der seit der Wende von 1933 an angestrebten neuen revolutionären Organisationen, auf die der »Block der Vier« ausgerichtet war. Das Entstehen einer Partei von zweitausend Mitgliedern, darunter viele gewerkschaftliche Führungskräfte und viele frühere Führer der KP und der Jugendverbände, war für die Vereinigten Staaten ein wichtiges Ereignis.

Doch dabei blieb es nicht. In Holland nahm die OSP – die »unabhängige« SP –, die nach den Unruhen von Jordaan ihren rechten Flügel verloren hatte, die Vereinigungsverhandlungen mit der RSP von Sneevliet – der »revolutionären« SP – wieder auf. Sie führten im März 1935 zur Vereinigung in der RSAP – der Revolutionären Sozialistischen Arbeiterpartei –, die fünftausend Mitglieder vermeldete, mit P. J. Schmidt als Vorsitzendem und Henk Sneevliet als Sekretär, und die auch über eine Arbeiterbasis verfügte. Das war ebenfalls eine ein wenig verspätete Frucht des »Blocks der Vier«.

Die WPUS schloß sich keiner internationalen Strömung an, und die RSAP behielt die Zugehörigkeit der OSP zum Londoner Büro bei. Das gestattete es übrigens, die Politik der Sammlung für die IV. Internationale wieder in Schwung zu bringen.

Nach einem scharfen polemischen Artikel gegen die SAP über die »Alchimie des Zentrismus« verfaßte Trotzki in Domène in den letzten Maitagen 1935 einen Text, den er »das Manifest der IV. Internationale« nannte. Man wird ihn »Offenen Brief an die proletarischen revolutionären Organisationen und Gruppen« nennen; der Text zeugte von dieser Neubelebung und schöpfte neue Argumente aus der politischen Entwicklung seit 1935.[25] Der Text sollte schließlich von P. J. Schmidt und Sneevliet im Namen der RSAP, von A. J. Muste und Cannon für die WPUS, von Spector und Jack MacDonald für die Kanadische Workers Party und von der französischen GBL und für die Internationale Kommunistische Liga unter den Decknamen Crux, Dubois und Feroce, also von Trotzki, Ruth Fischer und Leonetti, unterzeichnet werden. Alle mit Ausnahme von Muste waren bedeutende Führer ihrer jeweiligen KPen gewesen. Der Schwerpunkt in der Beweisführung wurde auf den geschichtlichen Zusammenhang gelegt:

»Die bloße Reihenfolge der Internationalen hat bereits ihre innere Logik, die mit dem geschichtlichen Aufstieg des Proletariats übereinstimmt. Die Erste Internationale verkündete das wissenschaftliche Programm der proletarischen Revolution, fiel aber dem Fehlen einer Massenbasis zum Opfer. Die Zweite Internationale hat Millionen von Arbeitern aus der Finsternis befreit, aufgeklärt und gesammelt, wurde aber in der Stunde der Entscheidung verraten von der durch den blühenden Kapitalismus korrumpierten parlamentarischen und Gewerkschaftsbürokratie. Die Dritte Internationale gab zum ersten Mal das Beispiel einer siegreichen proletarischen Revolution, wurde jedoch aufgerieben zwischen der Bürokratie des isolierten Sowjetstaates und der reformistischen Bürokratie im Westen. Heute, in den Verhältnissen des endgültigen Niedergangs des Kapitalismus, wird die Vierte Internationale, auf die Schultern ihrer Vorgänger gestützt und bereichert um die Erfahrung von deren Siegen und Niederlagen, die Werktätigen von West und Ost sammeln zum Siegessturm auf die Festung des Weltkapitals.«[26]

Auch während seines Aufenthaltes in Domène gelang es Trotzki, zwei analytische und orientierende Artikel über Frankreich zu schreiben, im Oktober 1934 »Wohin geht Frankreich?« und im März 1935 »Noch einmal, wohin geht Frankreich?«. Trotzki polemisierte darin gegen die Politik der Komintern und der Volksfront, die jegliche revolutionäre Möglichkeit auszuschließen suchte. Er veröffentlichte einen glühenden Aufruf zur Organisierung und zur Tat, »sich den Massen, ihren tiefsten Schichten« zuzuwenden, »an ihre Vernunft und ihre Leidenschaft« zu appellieren und die sogenannte »Vorsicht«, die nur der Deckname von Feigheit sei, abzulegen. Die tiefgehenden Regungen, die Trotzki in der französischen Arbeiterklasse ausmachte, bedeuteten für ihn den baldigen Beginn großer Bewegungen der Klasse und einer vorrevolutionären Situation. Man mußte sich darauf vorbereiten.

Hinsichtlich dieser Arbeit spielte Trotzki auch seine Rolle an der Basis. Über Laurent Beau hatte er einen anderen Volksschullehrer, der gleichfalls altes Mitglied der KP und Aktivist in der CGTU war, Raoul Faure, kennengelernt, der in Noyarey unterrichtete und mit dem er politische Diskussionen führte.[27] Über ihn gelang es Trotzki, mit den Führern der Lehrergewerkschaft der CGTU, Dommanget, Aulas, Serret, die von ihrem Kongreß von Montpellier zurückkamen, am 8. August 1934 eine Zusammenkunft in Noyarey zu erreichen. Trotzki vermochte sie jedoch nicht zu überzeugen, auf der gewerkschaftlichen Ebene eine wagemutige Politik der Einheitsfront zu entwickeln und sich der Arbeit seiner Genossen in der SFIO anzuschließen.

Mit Alexis Bardin hatte Trotzki mehr Erfolg. Der junge Lehrer hatte sich an die Arbeit gemacht, und es war ihm gelungen, in der SFIO von Grenoble eine »Gruppe der Bolschewiki-Leninisten« zu schaffen, der insbesondere der Führer des Jugendverbandes und ein unter seinen Genossen der Fabrik Picard-Pictet einflußreicher Metaller, Gustave Serinda, angehörten. Über Bardin gelang es Trotzki jedenfalls, während der Zeit seines Aufenthaltes einen realen Einfluß auf den Sekretär des CGT-Departmentverbandes von Isère, den Schriftsetzer Marcel Satre, auszuüben. Dieser geriet bald mit der nationalen Führung über die Frage der Einheit, zu deren Vorkämpfer er sich machte, in Streit, wobei er auch gegenüber der Politik der Führer der CGTU mißtrauisch blieb: Diese kleine Geschichte soll daran erinnern, daß es Trotzki war, der den Einspruch der Delegierten von Isère im nationalen Komitee der CGT im März 1935, den einzureichen Alexis Bardin von den Führern des Departementverbandes der CGT von Isère beauftragt worden war, abfaßte.[28]

***

Vom Dezember 1934 an sollte das aktuelle Geschehen Trotzkis Aufmerksamkeit auf die Sowjetunion zurücklenken. Dort sollte sich für ihn bald ein neues persönliches Drama um das im Land gebliebene letzte seiner Kinder, Sergej Ljowitsch, Serjoscha genannt, anbahnen.

Am 1. Dezember 1934 wurde der Parteisekretär und Chef des Apparates von Leningrad, S. M. Kirow, vor seinem Büro im Inneren des Smolny-Gebäudes ermordet. Der Mörder wurde sofort gefaßt; es handelte sich um ein Parteimitglied, einen ehemaligen Aktivisten des Kommunistischen Jugendverbandes, L. N. Nikolajew. Er wurde einige Tage später unter Ausschluß der Öffentlichkeit abgeurteilt, zusammen mit mehreren ehemaligen Führern des Kommunistischen Jugendverbandes von Leningrad, die ebenfalls frühere Sinowjewisten waren. Alle wurden sie zum Tode verurteilt und zur gleichen Zeit wie Nikolajew hingerichtet. Gleichzeitig wurden Sinowjew, Kamenjew und ihre nächsten Verwandten unter der Anklage, Anstifter oder Komplizen gewesen zu sein, verhaftet.

Die einige Stunden nach dem Mord überstürzt verabschiedete Verordnung entzog den des Terrorismus Angeklagten die ordentlichen Rechte der Verteidigung: Sie sah die Beschleunigung der Verfahren, die Abschaffung der Berufung und der Gnadengesuche und die sofortige Vollstreckung der Todesurteile vor. Das war der Anfang der Massenunterdrückung in der UdSSR, die in den folgenden Jahren in den Moskauer Prozessen und der gigantischen Säuberung, die nach dem Namen des ehemaligen Polizeichefs von Stalin, N. I. Jeschow, in der UdSSR »Jeschowschtschina« genannt wurde, gipfeln sollte.

Trotzkis Haltung beim Mord an Kirow war auf den ersten Blick überraschend. In dieser Affäre, wo viele Jahre später die Nachfolger Stalins selbst andeuteten, daß die Spuren der Meuchelmörder direkt zu Stalin führten, hat Trotzki nach der Tat und in den folgenden Jahren eine überraschende Zurückhaltung an den Tag gelegt.

Man kann zum Beispiel betonen, daß Trotzki in keinem der dieser Affäre und ihren Folgen gewidmeten Artikeln auf Gerüchte anspielte, von denen er – wie wir aus seinen Archiven wissen – durchaus Kenntnis hatte. Ihnen zufolge habe Kirow der Politik Stalins und besonders der Aufrechterhaltung und der Verstärkung des politischen Terrors ablehnend gegenübergestanden.

In einem Brief an Lew Sedow[29], dann in einem Artikel[30], machte Trotzki beiläufig auf eine Zeugenaussage von G. I. Safarow vor dem Gericht, das Sinowjew und Kamenjew aburteilte, aufmerksam: Der frühere Leiter der »Gruppe ohne Chefs« erklärte dort, daß 1932 der Block der Oppositionsgruppen eine beinahe öffentliche Tätigkeit entwickelt habe, sich dann aber, nach den ersten anläßlich der Verbreitung des Rjutin-Programmes ergriffenen Unterdrückungsmaßnahmen in den Untergrund zurückgezogen habe. Ohne den aufschlußreichen Inhalt dieser Zeugenaussage zu kommentieren, begnügte sich Trotzki damit, darauf hinzuweisen, daß Safarow damit alle Aussichten hatte, im nächsten Prozeß der Hauptbelastungszeuge zu werden.

Die von Trotzki verfochtene These zur Kirow-Affäre war, daß Stalin und die GPU in ihrem Wunsch, ein polizeiliches Amalgam gegen die Linksopposition aufzubauen, mit dem Feuer gespielt hätten. Sie ließen L. N. Nikolajew seine verbrecherischen Pläne vorbereiten, denn man wußte von ihm, daß er im Besitz einer Waffe und von Skizzen, die die täglich von Kirow zurückgelegte Strecke angaben, vor dem Mord verhaftet worden war, doch dann mit seiner Waffe wieder in die Freiheit entlassen wurde! Die Momente, die die späteren Kommentatoren, darunter auch Chruschtschow, als Indizien für die Rolle der GPU bei der Organisation und der Entwicklung eines echten »Komplotts«, dessen Drähte Stalin zog, interpretieren sollten, waren in den Augen Trotzkis nur Unvorsichtigkeiten bei dem Polizeiunternehmen, das darin bestand, sich der Pläne von Nikolajew – der Trotzkis Meinung nach ein Einzelgänger war – zu bedienen, um die Linke Opposition zu kompromittieren. Für Trotzki war der Mord an Kirow schließlich nur ein Unfall, das Ergebnis eines Versagens der GPU während der Kontrolle ihrer Intrige, die auf diese Weise Kirow nur durch Zufall tötete.

Diese Diskretion war übertrieben im Verhältnis zu den Informationen, über die Trotzki verfügte und die er nicht preisgegeben und über die er niemals gesprochen hat. Unserer Meinung nach zeigte sich darin ein fester Willen, gewisse Freunde oder Verbündete, ja einfach Kontakte, nicht zu gefährden. Denn Trotzki hat öffentlich zugegeben, daß er über gewisse Teilinformationen verfügte, insbesondere über die Einstellung von Kirow Stalin gegenüber und folglich über die ernsthaften politischen Gründe, die Stalin an einer Beseitigung Kirows hatte.[31] Statt seine Polemik auf das Zentrum der russischen Politik und die Konflikte im Apparat, die ihn heftig erschütterten, – wie es das Ausmaß der Unterdrückung in den folgenden Jahren zeigen sollte – auszurichten, sprach Trotzki von der Episode des »Konsuls von Lettland«, der als Vermittler zwischen ihm und Nikolajew hingestellt wurde. Von dieser Episode ausgehend behauptete Trotzki, die stalinistischen Führer wollten ein

Amalgam gegen die Linke Opposition aufbauen und der Mord und die ersten Prozesse seien nur ein Vorwand hierzu.

Der Prozeß gegen Sinowjew und Kamenjew im Januar 1935 und beider Verurteilung wegen »moralischer Mitschuld« am Mord an Kirow gestatteten Trotzki hingegen sehr neue Kommentare. Er versicherte, daß das Stalinsche Regime von nun an dazu verurteilt sei, gegen seine selbst nur potentiellen Gegner den »bürokratischen Terror« zu entfesseln, und daß weitere Prozesse mit weiteren gerichtlichen Verquickungen unvermeidlich seien. Trotzki konstatierte zwar den Fehlschlag der von Stalin nach dem Mord an Kirow gegen die Opposition aufgezogenen Aktion, hütete sich aber sehr wohl, daraus optimistische Lehren und Anlässe zur Freude abzuleiten: Für ihn besagte eben gerade das völlige Scheitern Stalins bei dieser Unternehmung, daß man sicher sein konnte, daß Stalin wieder neue Amalgame aufziehen und sich diesmal anstrengen würde, größeren Erfolg zu erzielen.

Als Trotzki Ende Januar 1935 die Bilanz dieser ersten Monate der Unterdrückung, deren Massencharakter und wirkliches Ausmaß er noch nicht kannte, zog, ordnete er sie in das, was er als die seit eineinhalb Jahren in der UdSSR eingeleitete Rechtswende in Richtung auf den Markt und eine Art Neo-NEP betrachtete, ein.[32] Trotzki glaubte, daß die Unterdrückung gegen die Linke für die Vertiefung dieser Wende nach rechts, die in der Außenpolitik besonders fühlbar wurde, absolut unabdingbar wäre. Einige Wochen später sollte Trotzki in den von Stalin zum französisch-sowjetischen Pakt abgegebenen Kommentaren und der für die Aufrüstungspolitik der französischen Politiker abgegebenen Garantie eine überdeutliche Bestätigung sehen.[33] Mehr denn je lag in Trotzkis Augen der Schlüssel für die Lage in der Sowjetunion außerhalb der UdSSR, in den Händen des Weltproletariats und folglich in den Bedingungen für den Aufbau der IV. Internationale.[34]

***

Doch war die sowjetische Frage seit Januar 1935 für die Gäste des Hauses Beau nicht mehr nur eine Frage der Politik und der theoretischen Analyse: Sie zeigte sich auch in der Angst einer Mutter und eines Vaters um das Schicksal ihres Kindes, die man durch das *Tagebuch im Exil* deutlich verfolgen kann.

Man weiß, daß Sergej – aus dem der Widerstand gegen den Vater einen unpolitischen Gelehrten und Techniker gemacht hat, ohne daß deshalb seine Gefühle als Sohn berührt gewesen wären – seinen Eltern nicht in die Verbannung folgen wollte. Nach seinem Hochschulstudium in Mathematik und Mechanik und einem glänzenden Ingenieurdiplom war Sergej Lehrer an der Technischen Hochschule geworden. Mit seiner Mutter und seinem älteren Bruder stand er in brieflichem Kontakt, mit seiner Familie in der UdSSR und seinen eigenen Neffen in der Obhut von Alexandra Lwowna, ebenso hielt Sergej mit seinem von seiner Mutter Anna großgezogenen Neffen Ljulik Sedow direkten Kontakt, von seiner ersten Frau Lelia hatte er sich getrennt. Sergej scheint während der ersten sechs Jahre der Verbannung seiner Eltern weder persönlich noch bei seiner beruflichen Tätigkeit beunruhigt gewesen zu sein. Der letzte Brief, den die Eltern von ihm erhalten haben, trug das Datum des 12. Dezember 1934.

Trotzki betonte erstmals am 2. April 1935, daß er keine Nachrichten mehr von seinem Sohn erhalten habe[35] und daß Serjoscha im letzten Brief, der ihnen zugegangen war, von »unklaren, besorgniserregenden Gerüchten in seiner Umgebung« gesprochen hatte.[36] Es scheint, daß ihn danach niemand mehr in Moskau gesehen hatte, und Trotzki glaubte, daß Sergej verbannt worden wäre. Am 13. April 1935 teilte Trotzki mit, »mit welcher Unmittelbarkeit und Innigkeit des Empfindens sich N(atalja) die Lage Serjoschas im Gefängnis vorstellte«.[37] Diese Beunruhigung steigerte sich wegen der Ungewißheit über das Schicksal von Alexandra Lwowna – die wahrscheinlich verhaftet und deportiert worden war – und der Ungewißheit über das, was den drei Kindern, die sie beaufsichtigte, die beiden Kinder von Nina und die ältere Tochter von Sina, widerfahren sein konnte. Trotzki vertraute seiner Frau an, daß ihm das Leben, das sie in Domène vor dem Eintreffen dieser düsteren Nachrichten geführt hatten, »als ein herrliches sorgloses Träumen« erschien.[38] Er kannte Stalins Blut- und Rachedurst und wußte sehr wohl, daß Stalin nicht zögern würde, Trotzki über sein Kind zu treffen, doch Trotzki versuchte gleichwohl, sich Mut zu machen: Lief Stalin nicht Gefahr, sich zu verraten und sich in Verruf zu bringen?[39]

Mit Datum 5. April 1935 erwähnte Trotzki ein Gespräch mit Natalja, die die Mutmaßung angestellt hatte, daß »man« Serjoscha vergessen hatte und daß man sich an ihn als ein mögliches Faustpfand, als eine Geisel, erinnerte. Trotzki ergänzte wie folgt, womit er zeigte, daß er das Ausmaß der Unterdrückung, die nach dem Meuchelmord an Kirow über die UdSSR hereingebrochen war, noch nicht ermaß:

> »Alles in allem ist Serjoscha vielleicht nichts zugestoßen, A(lexandra) L(wowna), aber mit ihren 60 Jahren ist irgendwohin nach dem Norden deportiert.«[40]

Am 9. April 1935 kam von Ljowa eine vom 30. März 1935 datierte Postkarte von Alexandra Lwowna an.[41] Am 10. April 1935 vermerkt Trotzki:

»Keine Nachricht von Serjoscha, vielleicht wird es noch lange keine geben. Die dauernde Spannung der Erwartung hat der Besorgnis der ersten Tage die Schärfe des Empfindens genommen.«[42]

Am 8. Mai 1935 notierte Trotzki, daß ein Brief aus Moskau von einer »kleinen Mißlichkeit«, die Serjoscha widerfahren sei, spricht: »Von Serjoscha selbst keine Nachrichten (...)«.[43] Als Trotzki Sergejs letzten Brief, den vom 12. Dezember 1934, nachlas, bemerkte er, daß sich in ihm eine Anspielung auf die »äußerst schwierige allgemein Lage« fand: Der Junge sprach sehr wohl von der politischen Lage. Welch eigenartiges Bedauern drückt Trotzki aus, wenn er schreibt:

»Alle diese schweren Erlebnisse würden sich auszahlen, wenn nur Serjoscha an der aktiven Politik interessiert und vom Geist der Parteilichkeit beherrscht wäre. Doch diese innere Triebfeder fehlt ihm ganz und gar. Umso schwerer hat er's. (...)«[44]

Am 1. Juni 1936 schließlich erklärt Trotzki:

»Vor drei Tagen erhielten wir einen Brief von meinem Sohn: Serjoscha ist verhaftet, sitzt im Gefängnis, jetzt ist es schon nicht mehr eine fast sichere Annahme, sondern eine unmittelbare Mitteilung aus Moskau. (...) Offenbar wurde er um die Zeit verhaftet, als der Briefwechsel mit ihm aufhörte, d.h., Ende Dezember-Anfang Januar. Seither ist bald ein halbes Jahr vergangen. (...) Armer Junge. (...) Und meine arme, arme Natascha. (...)«[45]

Noch am selben Tage schickte Natalja ihren »Brief über meinen Sohn« an die Weltpresse.[46] Am 8. Juni 1935 erfuhren sie durch den Besuch von Lina Kljatschko, daß deren Mutter Anna Konstantinowa Kljatschko – eine alte Freundin der Trotzkis – wegen des Versuchs, Informationen über das Schicksal von Serjoscha zu erhalten, Moskau eilig verlassen mußte. Am 7. Juni 1935 notierte Trotzki:

»Jedesmal, wenn ich mich Serjoschas erinnere, empfinde ich bitteren Schmerz. N(atalia) aber ‚erinnert' sich nicht, sondern trägt das tiefe Leid im Innersten ihrer Seele.«[47]

Trotzki fügte hinzu: »Und das Ergebnis ist, daß wir ihn geopfert haben. Genau das ist es. (...)«[48]

Es sollte von Serjoscha unter der Feder seines Vaters nie mehr von dieser gefühlsbezogenen Seite her die Rede sein, außer um darauf hinzuweisen, daß er nichts über sein Schicksal wußte. Nach mehreren Monaten Gefängnisaufenthalt wurde Sergej deportiert; und es scheint, daß er bei der Deportation verhaftet und in das Lager von Workuta verschickt worden ist, wo er sich an dem von den »Trotzkisten« organisierten Hungerstreik beteiligte. Natalja sollte nach dem Krieg mit Männern korrespondieren können, die im Lager von Workuta, aus dem Sergej 1938 abgeholt wurde, um nach Moskau gebracht und schließlich hingerichtet zu werden, seine Bekanntschaft gemacht hatten.

Man kann nicht daran zweifeln, daß das Jüngste von Trotzkis Kindern, bevor es die letzte Kugel empfing, die ausgedehnten Verhöre zu erdulden hatte, auf die sich die GPU ausgezeichnet verstand und die schon so viele Revolutionäre gebrochen hatten. Obwohl ihm das, was sein Vater »die innere Triebfeder«[49] nannte, nämlich der Überzeugung und der politische Durchblick, fehlte, hielt Sergej, im Unterschied zu vielen anderen, den Verhören stand. Weil er Trotzkis Sohn war?

Kapitel 52

Asyl im »sozialistischen« Norwegen

Die norwegischen Wahlen brachten den Sieg der Arbeiterpartei, der DNA, die am 20. März 1935 eine Regierung ohne andere Parteien bildete.[1] Sofort begab sich der Anwalt von Trotzki, Gérard Rosenthal, nach Oslo und traf dort Halvdan Koht und Trygve Lie, den Außen- beziehungsweise Justizminister. Beide zeigten sich zurückhaltend; sie spielten auf die Macht der konservativen Opposition und – diskreter – auf die der UdSSR an.[2]

Als Rosenthal wieder abreiste, fragte die Zeitung des Nazi Quisling in einem Artikel auf drei Spalten, weshalb der Anwalt von Trotzki nach Norwegen gekommen sei. Vorerst war die Verbindung gesichert und der Druck auf die Regierung sollte von Trotzkis Freunden, die sich an Ort und Stelle befanden, organisiert werden: Von Olav Scheflo, einem Altgenossen der Kommunistischen Internationale, vom Schriftsteller Helge Krog, dem Übersetzer von *Mein Leben,* und dem deutschen Flüchtling Walter Held.[3]

Trotzki wurde gegen Mitte Mai 1935 benachrichtigt und glaubte, die Gelegenheit ergreifen zu müssen: Wenn sich die Spannung in Frankreich verschlimmern sollte, würde die Regierung nicht mehr zögern, ihn sehr weit weg zu verfrachten:

> »Selbstverständlich ist Norwegen nicht Frankreich: Eine Sprache, die ich nicht beherrsche, ein kleines Land, weit ab von den Hauptverkehrsadern, Postdienstverzögerungen usw.. Immerhin ist alles das noch günstiger als Madagaskar.«[4]

Am 8. Juni 1935 brachte Van schließlich die Neuigkeit: Ein Telegramm aus Oslo kündigte das Visum an. Man mußte eiligst nach Paris aufbrechen, um die Durchreise auszuhandeln.

Schon am übernächsten Tag mußte man das Schiff in Antwerpen nehmen. Nach zwei fieberhaften Packtagen und kurzen Abschiedsworten für seine Gastgeber war im fast leeren Bahnhof von Grenoble die Stunde der Abreise gekommen. Van fuhr mit den Reisenden. Bardin war zum Kongreß der SFIO in Mulhouse abgeordnet worden und befand sich nicht vor Ort. Die einzige Abschiedsabordnung bestand aus dem Kommissar der Sicherheitspolizei und – eine Überraschung – dem Präfekten selbst, der inkognito gekommen war, um sich, von einem anderen Bahnsteig aus, persönlich der Abreise seiner lästigen Gäste zu vergewissern. Die Reise dauerte die ganze Nacht. Trotzki und Natalja hatten ein Abteil für sich und legten sich auf den Bänken nieder. Van schob vor der Türe Wache.[5]

Die Reisenden wurden am Bahnhof von Lyon von Ljowa empfangen und sofort zur Wohnung von Doktor Rosenthal, dem Vater von Gérard, gefahren. Doch kaum hatten sie die Koffer abgestellt, begannen die Schwierigkeiten. Das norwegische Konsulat in Paris hatte keine Anweisung, ein Visum zu erteilen. Die Freunde aus Oslo, die telefonisch verständigt wurden, bestätigten den Rückzieher der Regierung, die Furcht der Regierung vor einer Einmischung Trotzkis in die norwegischen Angelegenheiten und ihre Unfähigkeit, seine Sicherheit zu gewährleisten.[6] Es kam nicht mehr in Frage, am nächsten Tag an Bord zu gehen, doch die Aufenthaltserlaubnis in Paris lief noch am gleichen Abend aus. Die französischen Behörden des Innenministeriums glaubten, daß man versucht habe, von ihnen eine Einwilligung zur Aufenthaltsverlängerung zu erzwingen. Sie blieben jedenfalls sehr hart: Es kam gar nicht in Frage, nach Domène zurückzukehren, denn der neue Innenminister, Joseph Paganon, Senator aus Isère, wollte Trotzki nicht in seinem Departement haben. Schließlich erreichte Henri Molinier einen erneuten Aufschub von 48 Stunden.[7]

Auf die Ratschläge seiner norwegischen Freunde – insbesondere Scheflos – hin telegraphierte Trotzki am 11. Juni 1935 an die norwegische Regierung. Er verpflichtete sich, »sich nicht in das öffentliche Leben in Norwegen einzumischen« und erklärte, daß die Regierung, wenn ihm das Visum gewährt würde, »für seine Sicherheit nicht mehr verantwortlich sein würde, als sie dies für die irgendeines anderen Ausländers ist«.[8] Am 12. Juni 1935 nahm Scheflo das Flugzeug, um gerade noch vor dem Beginn des Ministerrates in Oslo anzukommen.[9] Trotzki schickte ein zweites Telegramm, in dem er daran erinnerte, daß er seinen Aufenthaltsort auf ein Versprechen der norwegischen Behörden hin verlassen habe und daß die französischen Behörden den Rückzieher nicht glaubten: »Ich bin krank, und meine Frau ist krank.«[10] Trotzki verlangte eine sofortige Entscheidung. Einige Stunden später rief endlich Walter Held an: Das Visum sei für sechs Monate erteilt. Das Zentrale Paßkontor – die allmächtige Leitstelle des Paßwesens – bestätigte es noch am gleichen Tag per Telegramm. Zwei Bedingungen wurden gestellt: Trotzki und seine Frau durften »keinerlei politischen Tätigkeit oder Agitation in Norwegen oder gegen einen mit Norwegen befreundeten Staat« nachgehen, und sie sollten das Einverständnis der Regierung für den Ort ihres Verweilens einholen müssen, wobei die Regierung für ihre persönliche Sicherheit nicht mehr als für die irgendeines anderen Ausländers bürgen würde.[11]

In Paris mußte man sich von neuem beeilen. Am 13. Juni 1935 wurde das norwegische Visum ausgehändigt und das belgische Durchreisevisum erneuert, für den 15. Juni 1935 die Plätze auf dem norwegischen Schiff *Paris* in Antwerpen reserviert.

Trotz der allgemeinen Geschäftigkeit und der Anspannung, ja manchmal der Panik machte sich Trotzki diesen Zwangsaufenthalt und die Gefälligkeit von Doktor Rosenthal zunutze, um über die Lage in der SFIO und des Jugendverbandes zu diskutieren, sich über den Kongreß von Mulhouse zu informieren und die Bekanntschaft von jungen Leuten, die er noch nicht kannte, zu machen: Parisot, Marcel Hic, David Rousset, Rigal, Marcel Beaufrère. In der Nacht vom 13. auf den 14. Juni 1935 nahmen die Reisenden mit ordnungsgemäßen Papieren, Fahrkarten und Reservierungen genau fünfzehn Minuten nach Mitternacht im Nordbahnhof den Zug nach Antwerpen. Van geleitete sie und bei dem Anlaß auch der Katalane Jean Rous, einer der neuen Führer der GBL, mit dem sich Trotzki über die Probleme der französischen Organisation unterhalten wollte. Die Reise verlief ohne Zwischenfall. In Antwerpen, wo sie im Hotel Excelsior abstiegen, trafen sie Jan Frankel wieder, der aus Prag kam. Während des in Antwerpen verbrachten Tages traf Trotzki bei einem Genossen, den Diamantarbeiter Lodewjk Polk, mehrere Arbeiter aus Charleroi und unterhielt sich dann mit Franz Liebaers, einem Linkssozialisten, einem Anführer der Kampforganisation gegen den Krieg.

Am 14. Juni 1935 um 20 Uhr gingen L. D. und Natalja, von Van und Frankel begleitet, an Bord des kleinen Dampfers *Paris*. Nach zwei Nächten und drei Tagen war es so weit: Ankunft in Oslo, wo der Polizeioffizier ihre Gruppe als »einen Franzosen, einen Tschechoslowaken und zwei Türken« registrierte.[12] Die Anonymität hatte Bestand! Die Freunde erwarteten sie am Hafen und brachten sie mit dem Auto bis nach Rigerike, wo sie gleich einige Tage in einem kleinen, sehr ruhigen Hotel in Jevnaker verbringen sollten. Am 23. Juni 1935 konnten sie sich endlich, dank der guten Dienste von Scheflo, in dem Haus eines alten Genossen der DNA, des Journalisten und Abgeordneten Konrad Knudsen aus dem Dörfchen Wexhall, am Rande der kleinen Stadt Hønefoss, etwa sechzig Kilometer nördlich von Oslo, niederlassen. Der Gastgeber war oft abwesend, doch die Gastgeberin Hilda war da, mit ihren beiden Kindern, dem jungen Bognar, vierzehn Jahre alt, und seiner älteren Schwester, der blonden Hjørdis, einundzwanzig Jahre alt, die sich als Geliebte eines Trotzkisten alsbald in die Tragödie verwickeln sollte. Das Haus, schreibt Natalja, war geräumig, davor ein großer Hof, dessen auf die Straße gehendes Tor Tag und Nacht offenstand.[13] In diesem Fall scheint die Verbannte die Landschaft besser gesehen zu haben als das Haus selbst. Natalja wird später schreiben:

> »Der norwegische Winter zeigt die unbefleckte Schönheit des klaren Himmels, des glitzernden Schnees, der dunklen schneebedeckten Tannen. Wenn der Abend kommt, breiten sich purpurne Flammen über die weiße Weite aus, der Himmel scheint einen Augenblick zu brennen.«[14]

Die Trotzkis verfügten über zwei behagliche Zimmer, das Schlafzimmer und das Arbeitszimmer von L. D.[15] Es war unmöglich, mehrere Personen unterzubringen, ohne die Knudsens zu stören, und es wurde die Entscheidung getroffen, das Sekretariat zu verkleinern und auf eine Wache zu verzichten:[16] Die Sicherheit schien vollkommen, und Trotzki ging sogar alleine in den Wäldern spazieren. Schon am 25. Juni 1935 reiste Van wieder nach Frankreich ab und kümmerte sich sogleich darum, die in Domène verbliebenen Gepäckstücke und Bücher verfrachten zu lassen.

Bald mußte man übrigens die Stellung von Jan Frankel überprüfen. Dieser enthüllte Trotzki, daß er in seinem Paß den Vermerk über seine Ausweisung aus Frankreich im Februar 1934 hatte auskratzen lassen. Das Auskratzen war von einem wirklichen Spezialisten vorgenommen worden, doch die am 16. August 1935 von der Polizei gestellten Fragen ließen befürchten, daß eine Untersuchung diese Tat an den Tag bringen könnte: Die Vorsicht gebot eine Trennung, denn die Entdeckung einer Fälschung der Papiere seines Mitarbeiters würde natürlich auf Trotzki zurückfallen. Man beschloß folglich Frankels Abreise.[17]

Die Entscheidung war klug. Am 17. Oktober 1935 berichtete in der Tat ein Schreiben der norwegischen Botschaft in Paris, das an das Paßkontor gerichtet war, das Frankel befragt hatte, den Vorfall seiner Ausweisung nach der Demonstration vom 12. Februar 1934: Das Zentralbüro antwortete am 9. November 1935, daß Frankel Norwegen verlassen habe.[18] Am 16. November 1935 kam Erwin Wolf an, ein Sudetendeutscher, Sohn eines Großhändlers aus Reichenberg, ein früherer Student in Berlin; er war 1932 der Opposition beigetreten, 1933 nach Frankreich emigriert und 1933 in den Auslandsausschuß der IKD eingetreten.

Dem jungen Mann folgte natürlich ein sehr genauer Bericht der norwegischen Botschaft in Paris, der aus den besten Quellen der französischen Polizei[19] schöpfte, der trotzdem voller Erfindungen war, da sie das internationale Zentrum der »Trotzkisten« in Prag ansiedelten.* Als Schatzmeister der IKD hatte Wolf im Jahre 1934 Bauer daran gehindert, die Mehrheit und die Zeitung *Unser Wort* in den Griff zu bekommen. Dieser junge Mann war ein glänzender Intellektueller und lebte von den Geldzuweisungen, die ihm sein Bruder, dem er seinen Teil des Familienvermögens überlassen hatte, zukommen ließ. Wolf hatte weniger Erfahrung als Frankel, aber er erwies sich nicht nur als tüchtiger Arbeiter, sondern auch als angenehmer, offener und sehr lebendiger Begleiter, den die Trotzkis alsbald persönlich liebgewannen. Bald entstand eine Idylle, aus der eine große Liebe wurde, zwischen ihm und der

* Die Wahrheit ist, daß das von der Gruppe Rops gelieferte Geld eine der Geldquellen, wenn nicht die Haupteinnahmequelle, des Internationalen Sekretariats bildete. Die französische Polizei wußte, daß dieses Geld von einem Sendboten, von dem sie glaubte, daß es Hynek Lenorovic war, dem es aber sein Gesundheitszustand nicht gestattete, zu reisen, nach Paris gebracht wurde. Der Bote reiste in Wirklichkeit mit dem Paß von Lenorovic, und nach seiner Ausweisung war es oft Frankel, wie es uns das Zeugnis eines Verwandten von Lenorovic nachzuprüfen ermöglicht hat.

Tochter der Gastgeber, der blonden Hjørdis Knudsen. Das war ein zusätzliches Band zwischen den beiden Familien, die das Haus von Wexhall teilten.

Trotzki hat später das Leben, das Natalja Iwanowna und er selbst während dieser achtzehn Monate ihres ruhigen Asyls in Norwegen führten, wie folgt beschrieben:

> »Unser Leben verlief äußerst gleichmäßig und friedlich, man hätte sagen können – kleinbürgerlich. Man gewöhnte sich bald an uns. Die Beziehungen mit der uns umgebenden Bevölkerung waren fast wortlos, aber absolut freundschaftlich. Einmal in der Woche besuchten wir mit der Familie Knudsen das nächste Kino, wo man die vorjährigen Hollywooder Sensationen zeigte. Manchmal, hauptsächlich im Sommer, besuchten uns ausländische Freunde, in der Mehrzahl Vertreter des linken Flügels der Arbeiterbewegung. Das Leben der Welt belauschten wir durchs Radio. Dieses zauberhafte und unerträgliche Instrument hatten wir erst vor etwa drei Jahren zu benutzen begonnen. (...) Der zentrale Moment des Tages in Veksal war die Ankunft der Post. Gegen ein Uhr mittags begannen wir ungeduldig auf unseren invaliden Briefträger zu warten, der uns die Post im Winter mit einem Schlitten, im Sommer mit dem Rade brachte: Ein schweres Zeitungspaket und Briefe mit Marken aus allen Teilen der Erde.«[20]

***

Der Aufenthalt von Trotzki in Norwegen begann ohne Zwischenfälle. Zum ersten Mal seit dem Beginn seiner Verbannung lebte Trotzki bei hellichtem Tage und vor den Augen eines ganzen Landes, wie in der Türkei, aber wie in Domène ohne jegliche Wache. Besser noch, die Türe seines Hauses blieb Tag und Nacht offen. Die offizielle Aufnahme war eher günstig ausgefallen. Das Organ der Regierungspartei, das *Arbeiterbladet*, schrieb, daß das norwegische Volk durch Trotzkis Anwesenheit in seinem Land geehrt sei und daß jedes demokratische Volk es als eine angenehme Pflicht betrachten müßte, Trotzki Asyl zu gewähren.

Am 19. Juni 1935 kamen drei offizielle Besucher in Wexhall an: Der Journalist vom *Arbeiterbladet*, Ole Colbjørnsen, wurde von Martin Tranmael, dem historischen Führer der Arbeiterpartei, der DNA, und vom Justizminister begleitet. Der letztere, Trygve Lie, ein Rechtsanwalt von neununddreißig Jahren und Mitglied der Arbeiterpartei, war deren juristischer Berater gewesen, bevor er ein Ministeramt annahm. 1921 hatte er in einer Abordnung in Moskau der Exekutive der Kommunistischen Internationale einen Besuch abgestattet, und er war von Lenin, Sinowjew und Trotzki empfangen worden. Man sah in Lie einen zu fürchtenden Juristen und einen geschickten Unterhändler; nach dem Krieg wurde er sogar zum Generalsekretär der UNO gewählt. Er sollte Isaac Deutscher bei ihrer Unterredung im Jahr 1962 einfach erklären, daß Trotzki »ein großer Mann« mit einer erschreckenden Logik und er ein »junger und unerfahrener Minister« gewesen sei;[21] in Sachen Trotzki legte Lie jedenfalls alsbald den Zynismus eines Berufspolitikers an den Tag.

Die drei Besucher waren nach Wexhall gekommen, um ihren Gast willkommen zu heißen und ihn der norwegischen Öffentlichkeit vorzustellen. Trygve Lie sollte später versichern, daß er auch den Auftrag hatte, sich zu vergewissern, daß Trotzki die Tragweite seiner Verpflichtungen wohl verstanden hatte.[22] Der Verbannte hat es nicht besonders geschätzt, daß diese Unterredung mit einer vom Minister ausgesprochenen Anmahnung seiner Verpflichtungen zur Nichteinmischung in das politische Leben begann, und Trotzki fragte seine Gesprächspartner, ob diese Verpflichtungen nicht auch die Verweigerung des Interviews, um das sie nachsuchten, miteinbezöge. Gleichfalls scheint es, daß Trotzki die Bitte des Photographen vom *Arbeiterbladet*, mit den »Genossen Ministern« Modell zu stehen, nicht gerade geschätzt hat: Das Schicksal der Fotos sollte es aber den einen wie den anderen recht machen, denn die Photos waren verwackelt.

Die Bedingungen seines Aufenthalts in Norwegen gestatteten es Trotzki, alle Arten von Besuchern zu empfangen; natürlich war das während der schönen Jahreszeit leichter, als wenn das Land unter dem Schnee lag. Trotzki empfing Raymond Molinier, doch sehr kurz: Die französische Sektion steckte in der Krise. Trotzki empfing auch einen Studenten der schönen Künste, Fred Zeller, einen Führer des Bündnisses der Sozialistischen Jugend von der Seine, der unlängst ausgeschlossen worden war, weil er sich geweigert hatte, die traditionellen antimilitaristischen Standpunkte seiner Organisation aufzugeben, und der im Laufe einer Unterredung mit Führern des Komsomol, die ihn zu gewinnen suchten, unlängst gleichfalls die Erfahrung der Parteinahme der Russen zugunsten der Union sacrée (»des Burgfriedens«) in Frankreich gemacht hatte.* Dieser brillante Mensch sollte sich wirklich Trotzki anschließen, und nach dem Krieg wurde er einer der Führer der französischen Freimaurerei.[23]

Zwei Kanadier kamen aus London, Ken Johnstone (Alexander) und Earl Birney (Robertson), der nach dem Krieg zu einem der größten Dichter seines Landes werden wird. Vorerst unterhielten die beiden Männer Trotzki mit Themen und Problemen, die die britische Bewegung betrafen. Dies taten auch der Londoner Taxifahrer Sam Collins und der Buchhalter Arthur Cooper, die ebenfalls gekommen waren.

Amerikaner waren unter den bekannten Besuchern: Max Shachtman und A. J. Muste, der zu einem Führer der amerikanischen Sektion gewordene frü-

* Die Abmachung war von Daniel Béranger, dem Gefährten von Monserrat Mercador, einem in den Sozialistischen Jugendverband eingeschleusten und von Raymond Guyot kontrollierten Agenten aufgesetzt worden.

here Pastor. Aber es gab auch Unbekannte, etwa denjenigen, den man Max Sterling nannte – den Gatten der Frau, die später unter dem Namen Raya Dunayevskaya bekannt werden sollte – und vor allem den jungen Journalisten Harald R. Isaacs. Dieser kam gerade aus China zurück, wo er mit der KP gebrochen und mit den Trotzkisten im Untergrund gekämpft hatte. Mit seiner Gefährtin, der Dozentin Viola Robinson, reiste er an, um im Rahmen der Vorbereitung des Buches *Die Tragödie der Chinesischen Revolution*, das Jahre später aus ihm einen bedeutenden Autor und Professor machen sollte, nach Sneevliet auch Trotzki zu interviewen.

Trotzki empfing auch den deutschen Aktivisten Friedrich Kissin aus Danzig, der gekommen war, um seine Dienste anzubieten, und den Arzt Breth aus Reichenberg, Kopps Onkel, dessen außergewöhnliches Wissen um die Diagnostik das Geheimnis von Trotzkis Fieber aber auch nicht ergründen konnte. Trotzki empfängt gleichfalls norwegische Freunde: Den Journalisten und Theatermann Håkon Meyer, den Schriftsteller Helge Krog, den Studenten Ottesen, einen Freund von Konrad Knudsen und Scheflo, den jungen Deutschen Walter Held, den Trotzki bei dieser Gelegenheit wiedertrifft, mit seiner jungen norwegischen Frau Synnøve Rosendahl und seinem Freund und Fahrer Nils Kare Dahl. Es ist nicht sicher, ob Trotzki bemerkt hat, daß er Gegenstand einer strengen polizeilichen Überwachung von Seiten des Zentralen Paßkontors war, noch daß von einem angeblichen Immobilienvertreter, in Wirklichkeit ein Mann Quislings, ein Brief von seinem Schreibtisch gestohlen worden ist.[24]

Das norwegische Klima war gesund für Trotzki. Gleichwohl wurde er Ende August 1935 von neuem krank. Am 19. September 1935 wurde er in Oslo für eine Beobachtungszeit in ein Krankenhaus eingewiesen: Zum ersten Mal seit der Zeit der Gefangenschaft von Odessa war Trotzki in seinem Zimmer alleine mit der Bibel, von der wir leider nicht wissen, ob er sie durchgeblättert oder verschmäht hat. Er verließ das Krankenhaus am 20. Oktober 1935, sein Fieber hatte aufgehört, aber über die Natur seines Leidens war er nicht aufgeklärt worden.

Kurz vor Weihnachten 1935 brach Trotzki, da er wie in Prinkipo einen Ausgleich in der körperlichen Betätigung suchte, zusammen mit den Kindern von Knudsen und einigen Freunden zu einer Skiexpedition auf. Doch reichliche Schneefälle und tiefe Temperaturen setzten ihn in einer abgelegenen Hütte fest. Sein mangelndes Training machte aus dem Rückweg ein schwieriges Unterfangen. N. K. Dahl war zu Trotzkis Rettung aufgebrochen und fand ihn, wie er trotz alledem aus eigenen Kräften der heiklen Lage entronnen war, doch die Situation war ziemlich brenzlig gewesen.[25]

Von ein paar Tagen abgesehen, fiel Trotzkis Aufenthalt in Norwegen mit einem Ereignis zusammen, das schon so lange erwartet worden war, daß es kaum mehr eine eigene Bedeutung hatte: Der VII. Kongreß der Kommunistischen Internationale 1935, sieben Jahre nach dem VI., mehr als zwei Jahre nach der deutschen Katastrophe, autorisierte für die Gesamtheit der Länder die in Frankreich eingeführte Volksfrontpolitik. Trotzki widmete ihm mehrere Artikel, sichtlich mit Widerwillen: Der VII. Kongreß bestätigte nur seine Diagnose, die er schon früher deutlich formuliert hatte: Die Internationale ist nurmehr ein Kadaver, der dem Weltproletariats den Weg versperrt.

***

Einmal mehr wurde jedoch der Kampf für die IV. Internationale von den politischen Krisen unterschiedlicher Schwere, die in den Sektionen der Internationalistischen Kommunistischen Liga ausbrechen, verlangsamt.

In den Vereinigten Staaten war eine Gruppe von Altgenossen der American Workers Party (AWP) von Muste im April 1935 im Krach davongelaufen. Unter Führung von Louis Budenz steuerte sie geradewegs auf die Kommunistische Partei zu. Dann schien die Feindseligkeit gegen die Wendung eines Veteranen der KP und der Linken Opposition, Hugo Oehler, in Europa die Krise von 1934 hinsichtlich des »Entrismus« und der »Französischen Wende«, die er als reinsten Opportunismus anprangerte, neu aufzulegen. Oehler kämpfte darum, die Unterzeichner des »Offenen Briefes«, Gruppen und Organisationen, die wie die GBL auch Mitglieder der II. Internationale waren, auszuschließen. A. J. Muste selbst war ein Gegner des von Cannon und Shachtman ins Auge gefaßten »Entrismus« in die amerikanische Sozialistische Partei. Eine »Puffer-Gruppe« mit Weber und Glotzer stellte die »Methoden« von Cannon in Frage. Trotzki gab sich viel Mühe, eine Spaltung zu vermeiden; er empfing den Kanadier Spector, den Sprecher der Minderheit, zu einer langen Unterredung. Es gelang Trotzki letzten Endes Anfang 1936, jedermann zu überzeugen, das Experiment des Entrismus in die Sozialistische Partei der Vereinigten Staaten zu versuchen, denn sie war von ihrer rechten »alten Garde« unlängst verlassen worden und radikalisierte sich sehr schnell nach links.

In Belgien hatte sich Vereeken abgespalten, als die Mehrheit unter Anleitung von Lesoil Anfang 1935 beschloß, ihrerseits in die POB einzutreten. Im Sommer 1935 brach die linke Tendenz der Sozialistischen Aktion, die ihren Vordenker P. H. Spaak verloren hatte, weil dieser sich von einem Ministerposten in der Regierung der nationalen Einheit verführen ließ, auseinander. Während es dem der KP nahestehenden Doktor Marteaux gelang, die Wochenzeitschrift der Tendenz zu erhalten, verschaffte der junge Walter Dauge der revolutionären Sozialistischen Aktion, die sich auf die Schaffung einer neuen Partei hin orientierte, einen kräftigen Schwung und zeigte damit, daß sie in der Borinage über einen wirklichen Masseneinfluß verfügte.

Die niederländische Revolutionäre Arbeiterpartei (RSAP) wurde kurz nach ihrer Gründung von einer Krise erschüttert. Trotzki sah darin die Hand der Führer der deutschen Sozialistischen Arbeiterpartei (SAP) am Werke und hatte damit sicher nicht Unrecht: Die Freunde der SAP zettelten gegen die Führung um P. J. Schmidt und Sneevliet eine blindwütige Fraktionsschlacht an. Das Ausscheiden der Minderheit, mit der auch die Jugendorganisation der Partei den Rücken kehrte, ließ die neue Partei ausgeblutet zurück.

In Großbritannien, wo aus der 1933 in die Independent Labour Party (ILP) eingetretenen kleinen Gruppe die Marxist Group geworden war, herrschte ebenfalls die Krise. Eine bedeutende Fraktion ihrer Aktivisten glaubte, die Möglichkeiten des Entrismus in die Labour Party, den die Veteranen von der »Mehrheit« seit Jahren praktizierten und die daher 1933 den Entrismus in die ILP abgelehnt hatten, ausgeschöpft zu haben. Die Zersplitterung war hier weit fortgeschritten.

In Spanien waren es die Aktivisten von Madrid, die am meisten mit Trotzki und der Internationalen Opposition verbunden waren, die die Debatte schließlich entschieden haben. Nin hatte einen Kompromiß vorgeschlagen: »Entrismus« im größten Teil des Landes, doch in Katalonien sollte ein Zusammenschluß der sozialistischen und kommunistischen Oppositionsverbände zu einer neuen Partei vorgenommen werden. Daher waren die Führer der *Izquierda comunista* mit Andrés Nin und Andrade in die im September 1935 gebildete Arbeiterpartei der Marxistischen Vereinigung (POUM) eingetreten. Jean Rous, der Barcelona besuchte, gab sich optimistisch und sah diese Partei auf dem Weg zu einer positiven Weiterentwicklung. In Wirklichkeit waren die Beziehungen zwischen den spanischen Führern auf der einen Seite und Trotzki und dem Sekretariat auf der anderen am toten Punkt angelangt, und die seltenen Briefe der Spanier waren eher süßsauer.

Die schwerwiegendsten Probleme tauchten allerdings bei den Franzosen auf. Die anfänglichen Erfolge des Entrismus, das Anwachsen der in der SFIO gebildeten Bolschewistisch-Leninistischen Gruppe (GBL) und die Erweiterung des Horizonts der Aktivisten hatten bei dem Verbannten die größten Hoffnungen geweckt: War ein Versuch Stalins, die Führer der Sozialistischen Jugend von der Seine zu kaufen, nicht an der Wachsamkeit der »eingetretenen« Trotzkisten gescheitert? Die Schwierigkeiten begannen von dem Augenblick an, als die Bürokratie der SFIO, die in das Bündnis mit der KP verstrickt war, anfing, die Unruhestifter auf ihrer Linken zu unterdrücken. Und die Einheit der GBL hielt diesem Druck nicht stand.

Trotzki hatte schon vor seiner Abreise aus Domène ziemlich ernsthafte Zusammenstöße mit Raymond Molinier gehabt. Trotzki stellte alsbald fest, daß *La Vérité*, das Organ der GBL, es unterlassen hatte, den »Offenen Brief« zu veröffentlichen, und sich dann weigerte, ihn wegen der Bezugnahme auf die IV. Internationale ungekürzt zu publizieren. Trotzki glaubte, daß diejenigen, die »taktische« Gründe anführten, um diese Winkelzüge zu rechtfertigen, Genossen waren, die sich dem Druck des sozialdemokratischen Umfeldes, dem sie sich angepaßt hatten, fügten. Nach dem – in allen Bedeutungen des Wortes – brutalen und überraschenden Ausschluß der Führer des Bündnisses des Sozialistischen Jugendverbandes der Seine durch die im Juni 1935 in Lille zusammengetretene Nationalkonferenz erschien die Spaltung der »Bolschewiki-Leninisten« in vollem Licht: Viele ihrer Führer waren bereit, der Führung der SFIO die notwendigen Zugeständnisse zu machen, um in dieser Partei verbleiben zu können, während Trotzki glaubte, daß die spontanen Arbeitererhebungen von Brest und von Toulon im August 1935 der »entristischen« Politik die Totenglocke läuteten und den Aufbau eines unabhängigen Pols erforderlich machten.

Dieser Konflikt, der im wesentlichen Trotzki und Raymond Molinier in Konfrontation brachte, sollte alsbald als Streit über das »Massenorgan«, wie man üblicherweise sagte, ausbrechen. Nachdem Raymond Molinier bei der Gründung der Revolutionären Linken der SFIO – deren Daseinszweck es vorläufig war, die revolutionären Elemente in der SFIO zurückzuhalten – ein Wegstück mit Marceau Pivert gegangen war, traf er Vorbereitungen für eine neue Zeitschrift, ein »Massenorgan«, *La Commune*, das im Dezember 1935 erscheinen sollte. Die Aufforderung zur Disziplin hielt Molinier für unangebracht, weil er die Leitung als unfähig ansah. Das bedeutete den Bruch mit Trotzki, der von nun an außerordentlich harte Worte finden wird, um das Verhalten und sogar die Persönlichkeit desjenigen, der 1930 am Ausgangspunkt seines persönlichen Bruchs mit Alfred Rosmer gestanden hatte, zu charakterisieren.

Zum ersten Mal drückte Trotzki, in einem Brief an Sedow, in dem Trotzki vom Sekretariat einen politischen Urlaub erbat[26], seine ungeheure Verdrossenheit und seine Verärgerung angesichts der Fraktionskämpfe offen aus, dieser »abstoßenden Kleinkrämereien«[27], die seine Zeit beanspruchten und ihn am Arbeiten hinderten, während sie keinen Sinn haben und diejenigen, die sich voll einsetzen, in die Sackgasse führten. In der Folge entwickelte sich eine gewisse oberflächliche Versöhnung, und am Vorabend des Junistreiks von 1936 vereinigten sich die verschiedenen trotzkistischen Gruppen in der Internationalistischen Arbeiterpartei (POI). Trotzki mißtraute der Führung der POI auch danach noch, so sehr, daß er mit der Hilfe Vans einen Weg suchen sollte, seine ersten Artikel über die Streikbewegung vom Juni 1936 unabhängig von ihr zu veröffentlichen.[28]

Zu diesem Zeitpunkt passierte der folgenschwerste Verfall der Bewegung seit der Abreise Trotzkis nach Norwegen. Allgemein gesprochen, hatten die ersten Entscheidungen, die Politik des Entrismus zu praktizieren, selbst wenn sie sich in einer zahlenmäßig günstigen Entwicklung niedergeschlagen hatten, die Sektionen nicht zu einem entscheidenden Bruch mit dem geführt, was Trotzki »ein« von der Kommunistischen Internationale ererbtes »gewisses Gift« nannte, nämlich die erbitterten Fraktionskämpfe, die Cliquengefechte, die Verspottung des demokratischen Vorgehens.

Die Linke Opposition verfügte gewiß über hingebungsvolle und brillante mutige Männer und Frauen, doch waren sie von ihrer Vergangenheit in den bürokratisierten KPen aus der Zeit Sinowjews und von der sektiererischen Atmosphäre der sie bildenden Gruppen geprägt geblieben. Eine Sekte, die zwangsläufig auf sich selbst gestellt ist und eigene Werte hat, die gegen den Strom schwimmt und stolz darauf ist, neigt dazu, sich weder zu öffnen noch größer werden zu wollen. Es genügt ihr, recht zu haben. Als belagerte Festung strebt die Sekte vor allem danach, sich selbst treu zu bleiben und den »Pressionen« und den Intrigen des Klassenfeinds, die sie notfalls erfindet, standzuhalten: Sie beschränkt allzuoft die Politik auf die Propaganda und die Propaganda auf das Stereotyp.

Die Symptome dieses Übels waren an der Spitze ganz augenscheinlich. Das von den Fünfen nach ihrem »Offenen Brief« ins Leben gerufene »Sekretariat« für die IV. Internationale war den Niederländern P. J. Schmidt und Sneevliet anvertraut worden: Es ergriff keinerlei Initiative und scheint nicht einmal mit der Arbeit begonnen zu haben. Das internationale Sekretariat seinerseits hatte die Entscheidung, in den USA eine Politik des Entrismus zu praktizieren, die an ihm vorbei und nach dem alleinigen Zurateziehen von Trotzki allein getroffen worden war, als einen Schlag gegen seine Autorität empfunden. Von diesem Augenblick an hat sich Sneevliet auf den Aventin zurückgezogen, und Ruth Fischer hat jede Tätigkeit eingestellt. Das Sekretariat ruhte auf Rudolf Klements schmalen Schultern und wurde von dem Franzosen Jean Rous, Leonetti und Ljowa in der freien Zeit, die ihnen ihre »nationalen Probleme« ließen, unterstützt. Gerade die verbissene Arbeit von Sedow hatte in der letzten Phase mit der Agitation zu der Frage der Unterdrückung in der UdSSR gegen die Revolutionäre und im besonderen die ausländischen Revolutionäre die Verwirklichung eines bedeutenden Vorstoßes und die Aufstellung eines ad hoc-Komitees ermöglicht.

Noch von Norwegen aus bereitete Trotzki, unterstützt von seinen Mitarbeitern Wolf und Held, aber auch von seinen Besuchern, insbesondere A. J. Muste und Shachtman, während der Monate Juni und Juli 1936 eine internationale Konferenz vor, die man die »Genfer Konferenz« nennen wird. Trotzki schrieb auch die wichtigsten Texte, die der Entstehung der letztlich ausschließlich aus Gruppen und Parteien, die sich auf die Fraktion der »Bolschewiki-Leninisten« beriefen, gebildeten »Bewegung für die IV. Internationale« zugrundeliegen sollten, die in Paris, im Saal Pleyel, stattfand. Ausgehend von den im Radio gehörten Informationen über die große Streikbewegung in Frankreich schrieb Trotzki seine Artikel, von denen die ersten mit der Zeitung *La Lutte ouvrière* auf Anordnung des sozialistischen Innenministers der

Volksfrontregierung von Léon Blum, Roger Salengro, beschlagnahmt wurden. Jener Salengro hatte zwei Jahre vorher den Vorsitz über die Veranstaltung in Lille gegen Trotzkis Ausweisung innegehabt.

Trotzki schrieb: »Die französische Revolution hat begonnen:«[29] Er feierte das Ende der Isolation der spanischen Revolution. Für ihn stellten »der Kampfwille des Proletariats, die tiefe Unzufriedenheit der unteren Schichten des Kleinbürgertums, die Verwirrung im Lager des Finanzkapitals«, das Schauspiel, das Frankreich bot, »die Vorbedingungen der proletarischen Revolution«[30] dar. Trotzki schrieb:

> »Das, was geschah, sind nicht Korporativstreiks (Streik der nach Berufen zusammengefaßten Arbeiter – der Übers.). Das sind überhaupt keine Streiks. Das ist *ein Streik*. Das ist der offene Zusammenschluß der Unterdrückten gegen die Unterdrücker. Das ist der klassische Anfang der Revolution.«[31]

Trotzki hob den schon im Laufe der vorhergehenden Revolutionen beobachteten Vorgang des sehr schnellen Anwachsens der traditionellen Organisationen, der SFIO, der Gewerkschaften, der KP hervor. Das ist eben, versicherte Trotzki, »ein sicheres Symptom des Vorhandenseins einer revolutionären Krise«[32] und gleichzeitig das Zeichen, daß sie in ihren Todeskampf treten.

Trotzki gab keinerlei Vorhersagen über den zeitlichen Gang künftiger revolutionärer Entwicklungen ab: Das spanische Beispiel seit 1931 bewies gerade, daß eben die Führer der Arbeiterorganisationen durch ihre Politik zu wirklichen Rettern des bedrohten Kapitalismus wurden. Der Schlüssel für die Zukunft in Frankreich und Belgien lag wie in Spanien in der revolutionären Führung, denn, schreibt Trotzki, »die Aufgaben des revolutionären Kampfes laufen unvermeidlich auf eine einzige hinaus: Den Aufbau einer neuen, wirklich revolutionären Führung, die fähig ist, den Aufgaben und Möglichkeiten unserer Zeit gewachsen zu sein«.[33] Trotzki sollte schon bald in den »Julitagen« in Frankreich und in der Arbeiter- und Bauernrevolution in Spanien als Erwiderung auf das *pronunciamiento* der Generäle Mola, Sanjurjo und Franco die Bestätigung dessen, was er seit Monaten wiederholte, sehen: Die Politik der »Verteidigung der Republik«, wie sie die Volksfront betrieb, »verteidigt nicht die Republik«, sondern bahnte im Gegenteil dem Faschismus und der Militärdiktatur, die allein die Arbeiterrevolution endgültig vernichten konnten, den Weg.

Wohl zum ersten Mal seit Jahren betrachtete Trotzki die Weltlage Ende Juli 1936 mit beherzt optimistischem Blick. Die Arbeitermassen waren dabei, sich von neuem zu mobilisieren. Sie konnten den vom Hitlerschen Sieg in Deutschland eröffneten reaktionären Kurs und den Marsch in den Krieg, die Ausbreitung der bis dahin scheinbar unwiderstehlichen faschistischen Welle, ins Gegenteil verkehren.

Für diesen »neuen Aufstieg« hatten sich, wie Trotzki schreibt, kleine revolutionäre Parteien gebildet, ein zugleich objektives und subjektives Moment: Die PSR, die Revolutionär-Sozialistische Partei Belgiens mit Walter Dauge und Léon Lesoil, oder die POI, die Internationalistische Arbeiterpartei Frankreichs, wo Molinier, Naville und Jean Rous miteinander arbeiteten. Die Nachricht, die Trotzki von Rous aus Barcelona erhielt , ließ ihn auf die Wiederaufnahme der Zusammenarbeit mit Andrés Nin und Andrade, die durch die Umstände an die Spitze der POUM gestellt worden waren, hoffen.

Große Hoffnungen, die alsbald enttäuscht werden sollten.

***

Das Verlassen der Sowjetunion von drei vorher dort gefangengehaltenen alten Oppositionellen brachte Trotzki während des Norwegenaufenthalts grundlegende Informationen über seine sowjetischen Genossen. Gerade im Sommer 1935 floh der in Werchne-Uralsk eingesperrte und dann deportierte ehemalige Kommissar der Roten Armee und politische Ausbilder der Armenischen Partei, A. A. Dawitian (den Sedow Tarow nennen wird), ein Mitglied der Vereinigten Opposition, aus der Sowjetunion und traf in Persien ein, von wo aus er sich mit Sedow in Verbindung setzte. Einige Monate später sollte der Kroate Ante Ciliga, ein italienischer Staatsbürger, auch er ein Altgenosse der Linken Opposition in der UdSSR und gleichzeitig Führer der jugoslawischen KP, ein früherer Häftling in Werchne-Uralsk, der Serjoscha in der Zwangsverschleppung in Krasnojarsk begegnet war, auf Intervention der italienischen Regierung hin freigelassen werden. Im Frühjahr 1936 schließlich war es Victor Serge, ein altgedientes Mitglied der Linksopposition und ihres internationalen Komitees, der nach einer im Westen in den Intellektuellen- und Gewerkschaftskreisen geführten Kampagne freigelassen wurde.

Von diesen drei Heimkehrenden erhielt Trotzki Bestätigungen und Informationen: Bestätigungen über die politischen Debatten in den Isolationsgefängnissen und die politische Treue der Oppositionellen; Informationen, von denen manche schmerzlich waren: So die Nachricht vom Tod von Eleasar Solnzew, eines der Begabtesten der jungen Generation der Bolschewiki-Leninisten, der im Januar 1936 an den Folgen eines Hungerstreiks verstorben war, den er unternommen hatte, um gegen eine neue verwaltungstechnische Verurteilung durch die GPU, die ihn eben getroffen hatte, zu protestieren. Trotzki erfuhr auch, daß einige seiner alten Genossen überlebt hatten: Der kranke B. M. Elzin, der nach Orenburg deportiert worden war und fest wie ein Felsen stand; oder I. N. Smirnow, der sich im schrecklichen Zuchthaus von Susdal unnachgiebig verhielt.[34] Trotzki hat gleichfalls einige Teilinformationen in bezug auf das Schicksal von Serjoscha und sehr vielen Männern und Frauen, die ihm lieb waren, erhalten.

Aus diesen Informationen und aus dem, was Trotzki bei der Lektüre der russischen Zeitungen und der Presseausschnitte, die ihm Ljowa zuschickte, erfuhr, zog er Schlüsse über »die Sowjetsektion« der internationalen Organisation, die er Anfang 1936 öffentlich machte.[35] Die Analyse der in den Presseberichten über die Säuberung veröffentlichten Zahlen brachte Trotzki dazu, die als »Trotzkisten oder Sinowjewisten« ausgeschlossenen Parteimitglieder pauschal auf 20.000 zu veranschlagen – unter ihnen befanden sich kaum einige Hundert, ja nicht einmal einige Dutzend Aktivisten, die von 1923 bis 1927 der Linken Opposition angehört hatten. Trotzki leitete daraus ab, daß »schon heute die IV. Internationale in der UdSSR ihre stärkste, zahlreichste und gestählteste Sektion besitzt«.[36] Eine Schlußfolgerung, über die viele diskutieren sollten …

Trotzki ertrug es schlecht, daß sein Artikel zu dieser Frage nicht ins Französische übersetzt und veröffentlicht wurde. Victor Serge teilte Trotzkis Einschätzung, die er für übertrieben hielt, ganz und gar nicht, da das von der Bürokratie vergebene Etikett »Trotzkist« seiner Meinung nach nicht unbedingt einem politischen Standpunkt entsprach. Serge war sich jedoch mit Trotzki wenigstens in folgendem Punkt einig: Der französische Arbeiter, der die Presse der Bolschewiki-Leninisten verfolgte, kannte zuvor sehr wohl alles das, was für ihn das »Gezänk Moliniers« ist, doch hatte er den Namen des verbannten aufrechten Trotzkisten Jakowin leider niemals gelesen noch gehört.[37]

Stand wirklich der Zufall – eine Bitte Max Eastmans, der knapp bei Kasse war, eine amerikanische Neuauflage *Der Geschichte der russischen Revolution* mit einem neuen Vorwort herauszubringen – am Anfang des Buches über die UdSSR, das er *Verratene Revolution* nennen wird?[38] Trotzki versicherte in seinem Briefwechsel, daß gerade dieses umgearbeitete, erweiterte, unaufhörlich vertiefte Vorwort das wichtigste Buch seiner letzten Jahre geworden sei. Ursprünglich sollte der Titel *Wohin treibt die UdSSR?* lauten, doch von seinem französischen Herausgeber wurde es umbenannt.[39]

Wahrscheinlich hat Trotzki diese Erfahrung so erlebt, unter dem Druck der Notwendigkeit seine Erklärung des stalinistischen Phänomens, der gesellschaftlichen Beschaffenheit und der Perspektiven der UdSSR zu verbessern, zu erhellen und zurechtzufeilen. Trotzki hatte dieses Erfordernis schon in einer Studie, die gewissermaßen die intellektuelle Vorarbeit der *Verratenen Revolution* war, den schon erwähnten Artikel »Arbeiterstaat, Thermidor und Bonapartismus«[40], zum Ausdruck gebracht.

Diese Klarstellung schien Trotzki in dem Augenblick notwendig, wo Stalin schon seit zwei Jahren einen Kurs verfolgte, den Trotzki als »rechten Kurs« bewertete und den man oft als »thermidorianisch« bezeichnet. Als Trotzki an die Meinung von Preobraschenski im Jahre 1929 erinnerte, ohne ihn namentlich zu nennen, versicherte er, daß es schließlich doch »die bessere

Spielart« sei, die sich in der Entwicklung der UdSSR verwirklicht gefunden habe. Trotzki hob hervor:

> »Die Entwicklung der Produktivkräfte vollzog sich nicht auf dem Weg der Wiederherstellung des Privateigentums, sondern auf der Basis der Sozialisierung, vermittels planmäßiger Leitung.«[41]

Die Analogie zum Thermidor hat jedoch letztendlich die Frage mehr verdunkelt als erhellt: Das Wort ist gebraucht worden, als ob es gleichbedeutend mit der kapitalistischen Restauration in der UdSSR wäre. Nun aber haben, historisch gesehen, Brumaire wie Thermidor (in der Französischen Revolution) zwar einen politischen und gesellschaftlichen Bedeutungsinhalt gehabt, haben sich aber ausschließlich auf der Grundlage der neuen Gesellschaft und des neuen bürgerlichen Staates vollzogen. Der Thermidor war eine Reaktion, aber auf der gesellschaftlichen Grundlage der Revolution.

Was die UdSSR anbelangte, ging Trotzki von einem aus einer doppelten Feststellung erwachsenen Widerspruch aus. Infolge der Ungleichheit und der Privilegien der Bürokratie war die sowjetische Gesellschaft näher an der kapitalistischen Staatsform als am Kommunismus. Ansonsten blieb der Sowjetstaat in dem Maße, in dem gerade er die Entwicklung der Wirtschaft und der Kultur, die die Bedingungen für die Liquidierung der Bürokratie und der sozialen Ungleichheit schuf, sicherte, die historische Waffe der Arbeiterklasse.

Als Trotzki daran erinnerte, daß die gesellschaftliche Herrschaft einer Klasse, mit anderen Worten ihre »Diktatur«, sehr wandelbare und voneinander sehr verschiedene politische Formen annehmen konnte, zog er daraus den Schluß, daß die »Diktatur der Bürokratie« eine der politischen Formen der »Diktatur des Proletariats«, freilich eine äußerst reaktionäre Form, sei, da sie sich ja auf der Ruine der Arbeiterdemokratie breit gemacht habe, sich mit Terror an der Macht hielt und das gesellschaftliche System, auf dem sie sich als Parasit entwickelt hatte, schwächte.

Rückblickend dämmerte es Trotzki, daß der Wechsel der politischen Macht auf die rechte Fraktion des Systems – der Aristokratie und der Arbeiterbürokratie – , also der wirkliche sowjetische Thermidor, seit langem verwirklicht worden war und daß die eigentliche thermidorische Phase tatsächlich 1924 mit der Niederlage der Linksopposition begonnen hatte. Die Entwicklung der Produktivkräfte, die Industrialisierung und die Kollektivierung hatten seither die Schicht der Privilegierten, Stützen der Politik der Führer, die diese Schicht verkörpern und ihre Interessen verteidigen, vergrößert.

An dieser Stelle brachte Trotzki seine zweite bedeutende »Nachbesserung« an seiner Theorie der UdSSR an:

> »Die in ihren Traditionen ‚bolschewistische', im Grunde aber von den Traditionen längst abgekommene, ihrer Zusammensetzung und Geistesart nach kleinbürgerliche Sowjetbürokratie ist berufen, den Widerstreit zwi-

schen Proletariat und Bauernschaft, zwischen Arbeiterstaat und Weltimperialismus zu regulieren: Das ist die soziale Grundlage des *bürokratischen Zentrismus,* seiner Zickzacks, seiner Kraft, seiner Schwäche und seines so verderblichen Einflusses auf die Weltarbeiterbewegung. Je unabhängiger die Bürokratie wird, je mehr sich die Macht in den Händen einer einzigen Person zusammenschließt, umso mehr verwandelt sich der *bürokratische Zentrismus* in *Bonapartismus.*«[42]

Trotzki unterstreicht, daß die Politik Stalins gegen die Linksopposition gleichzeitig ein Kampf gegen die Arbeiter wie für die Entwicklung einer neuen Aristokratie war, was zeigte, wie sehr Stalin die ganze Macht in seinen eigenen Händen konzentriert hatte: Diese Regierungsform konnte man nur als »sowjetischen Bonapartismus« bezeichnen. Für Trotzki hing folglich »das Schicksal der UdSSR in der Eigenschaft als *sozialistischer* Staat von der *politischen* Regierungsform ab, die kommen wird, um den Stalinschen Bonapartismus zu ersetzen«.

Der Weg wurde auf diese Weise freigeräumt, aber es war längst nicht alles gesagt. Nachdem sich Trotzki im September 1935 in die Arbeit an dem von Eastman erbetenen Vorwort gestürzt hatte, tauchte Trotzki erst im August 1936 wieder aus dieser Arbeit auf: mit einem Buch von mehreren hundert Seiten: *Verratene Revolution.*

Trotzki begann mit einer Analyse der – in seiner Terminologie – Errungenschaften, der Ergebnisse der Industrialisierung, der Indizes der industriellen Produktion, Ergebnisse, mit denen in der Geschichte kein rückständiges Land in so kurzer Zeit hatte aufwarten können:

> »Der Sozialismus hat sein Recht auf den Sieg nicht auf den Seiten des ‚Kapitals' bewiesen, sondern in einer Wirtschaftsarena, die ein Sechstel der Erdoberfläche ausmacht, – nicht in der Sprache der Dialektik, sondern in der Sprache des Eisens, des Zements und der Elektrizität.«[43]

Trotzki benannte dann sofort die Grenzen, die vor allem durch die Schwäche der Arbeitsproduktivität und die Kostpreise, die höher als die des Weltmarktes lagen, gegeben waren. Die Landwirtschaft blieb rückständig und weit hinter den kapitalistischen Ländern zurück. Die moderne Technik brachte der UdSSR auch nicht dieselben Früchte. Die Qualität der Industrieprodukte blieb mittelmäßig, sowohl in bezug auf die Maschinen wie auch auf die gängigen Konsumgüter. Manche Bereiche wiesen einen dramatischen Rückstand auf: das Transportwesen auf Schienen, das Straßennetz, der Wohnungsbau, die alle die Massen benachteiligen. Die personenbezogene Arbeitsleistung und die Produktion pro Kopf eines Einwohners wiesen sehr niedrige Indizes aus: Trotzki schloß daraus, daß die »Vorbereitungsphase« der Entlehnung und der Aneignung der Techniken und der kulturellen Errungenschaften des Westens sich »eine ganze geschichtliche Epoche« hinziehen werde.

Trotzki zeichnete dann durch ihre verschiedenen Stufen die Geschichte der wirtschaftlichen Entwicklung nach, den Zickzackkurs der Führung, ihre Politik »der Ausweitung der NEP« gegen die Opposition, die von ihr beschuldigt wurde, »Superindustrialisierer« zu sein, und schließlich die plötzliche Kehrtwendung zum »Fünfjahresplan in vier Jahren« und zur »vollständigen Kollektivierung«. Trotzki betonte auch nachdrücklich – diese Tatsache war damals im allgemeinen unbekannt – die fürchterlichen Verluste an Menschenleben, die den »blinden, waghalsigen und gewalttätigen Vorgehensweisen« zuzuschreiben waren, wie Trotzki sagte, und die eingesetzt wurden, um die Kollektivierung mit Gewalt den Bauernmassen aufzuzwingen, die sie ablehnten.

Bei der Erörterung des Problems »Der Sozialismus und der Staat« hob Trotzki hervor, daß Marx, als er das »niedere Stadium des Kommunismus« als »Sozialismus« bezeichnete, darunter eine Gesellschaft verstand, deren wirtschaftliche Entwicklung derjenigen des fortgeschrittenen Kapitalismus schon überlegen sein würde. Trotzki definierte die sowjetische Herrschaftsform nicht als »sozialistisch«, sondern als »Übergangsregime« oder auch noch als »vorbereitendes Regime«. Auf dem Gebiet des Staates lag der aufsehenerregendste Zug der Lage in der UdSSR darin, daß die Bürokratie, entgegen den theoretischen Vorhersagen von Marx, Engels und Lenin über das »Absterben des Staates« und die Zerstörung der bürokratischen Maschine, eine unkontrollierbare und allmächtige Kraft geworden war.

Die Erklärung dafür war Trotzkis Ansicht nach sehr einfach: Der auf dem in einem besonders rückständigen Land entstandenen Sowjetstaat lastende Druck, die bürgerlichen und ungleichen Verteilungsnormen aufrechtzuerhalten, verlieh dem Arbeiterstaat den eigentümlichen Charakter, ein »bürgerlicher Staat ohne Bourgeoisie«, mit einem doppelten und widersprüchlichen Charakter zu sein: Sozialistisch in dem Maße, in dem er das Kollektiveigentum verteidigte, und »bürgerlich« in der Verteilung der Güter. Trotzki hob hervor:

> »Die Erfahrung lehrte, was theoretisch nicht mit genügender Klarheit vorhersagbar war: Was die Verteidigung des vergesellschafteten Eigentums gegenüber der bürgerlichen Konterrevolution betrifft, so erfüllt der ‚Staat der bewaffneten Arbeiter' völlig seinen Zweck. Mit der Regulierung der Ungleichheit in der Sphäre des Verbrauchs verhält es sich aber ganz anders. (...) Zur Verteidigung des ‚bürgerlichen Rechts' ist der Arbeiterstaat gezwungen, ein dem Typus nach ‚bürgerliches' Organ ins Leben zu rufen, das heißt, eben wieder denselben Gendarm, wenn auch in neuer Uniform.«[44]

Auf folgende Weise klärte sich der erste Widerspruch zwischen dem Programm des Bolschewismus zur Zeit Lenins und der Wirklichkeit der Herrschaftsform Stalins:

»Wenn der Staat nicht abstirbt, sondern immer despotischer wird, wenn die Delegierten der Arbeiterklasse sich bürokratisieren und die Bürokratie sich über die erneuerte Gesellschaft aufschwingt, so ist das nicht die Folge irgendwelcher zweitrangiger Ursachen, wie psychologische Überbleibsel der Vergangenheit usw., sondern Produkt der eisernen Notwendigkeit, eine privilegierte Minderheit auszusondern und auszuhalten, solange wirkliche Gleichheit noch nicht möglich ist.«[45]

Trotzki hob das Fehlen jeglichen Hinweises auf diese lebenswichtigen Probleme in der theoretischen Literatur des Marxismus vor der Revolution und an ihren Anfängen hervor und glaubte, daß man sich da »einer offenkundigen Unterschätzung der künftigen Schwierigkeiten« gegenübersah, die sich aus der Tatsache erklärte, daß das bolschewistische Programm ganz und gar auf der Zielsetzung der internationalen Revolution beruhte.

In der Zwischenzeit hatten die wirtschaftlichen Erfolge die Ungleichheit verschlimmert, und die bürokratische »Deformation« war ein Regierungssystem geworden.

In der Erörterung des »sowjetischen Thermidors« zählte Trotzki die Gründe für den Sieg Stalins auf: die Rückständigkeit und die Armut, die nach dem Eingreifen des »Gendarmen« verlangen, das Zurückströmen des Proletariats nach dem Bürgerkrieg, die Enttäuschung angesichts der Ergebnisse von Jahren der Hoffnung und der Opfer, die Ernüchterung nach der Anspannung, das Wiederentstehen des Individualismus, die Entwicklung des Postenschachers, die Demobilisierung einer Armee von fünf Millionen Männern, die gewohnt waren, zu gehorchen und zu befehlen. Die junge sowjetische Bürokratie hatte, nachdem sich die Niederlagen der Weltrevolution gehäuft hatten, unaufhörlich an Eigenständigkeit und Selbstsicherheit gewonnen.

Gegen die Linksopposition und ihre revolutionären Zielsetzungen hatte die sowjetische Bürokratie die »Propaganda der Ruhe« eingesetzt, um den Block aus Beamten und aus Militärs zu zementieren, und von der Trotzki glaubte, daß sie bei den müden Arbeitern und vor allem in den bäuerlichen Massen einen wirklichen Widerhall fand. Von der Bürokratie erkoren, weil er wegen seiner Vergangenheit und seiner Fähigkeit, ihre Reihen zu bändigen und zu vereinen, ihr jeglichen Schutz gewährte, war Stalin nun ihr unumstrittener Führer geworden:

»Die Bürokratie hat nicht nur die Linke Opposition besiegt. Sie siegte über die bolschewistische Partei. Sie siegte über das Programm Lenins, der die Hauptgefahr in der Verwandlung der Staatsorgane von ‚Dienern in Herrn der Gesellschaft' sah. Sie siegte über all diese Feinde – die Opposition, die Partei und Lenin – nicht mit Ideen und Argumenten, sondern vermöge ihres eigenen sozialen Schwergewichts. Das bleierne Hinterteil der Bürokratie wog schwerer als der Kopf der Revolution. Das ist die Lösung des Rätsels des sowjetischen Thermidors.«[46]

Es blieb, die Entartung der bolschewistischen Partei, Grund und Folgeerscheinung der Degeneration des Sowjetstaates – durch die Bürokratisierung –, zu erklären.

Trotzki erinnerte an das Funktionieren der Partei nach den Regeln des demokratischen Zentralismus, wobei die freie Kritik und der Wettstreit der Ideen den unantastbaren Inhalt ihrer Demokratie ausmachten. Er betonte, daß die Geschichte des Bolschewismus in Wirklichkeit die Geschichte eines ständigen Kampfes zwischen ihren Fraktionen war und daß es bei »einer Organisation, die sich zum Ziel setzt, die Welt umzukrempeln, und die unter ihren Feldzeichen Neinsager, Empörte, ganz waghalsige Kämpfer versammelt«, nicht anders sein konnte. Die Autorität einer Führung erwächst ihr nur aus der Tatsache, daß sie am häufigsten recht hat.

Stalin und die Seinen nutzten den außerordentlichen Beschluß von 1921, die Fraktionen zu verbieten, für ihre Sache aus. Mit dem »Sozialismus in einem Lande« tauchte die Theorie auf, nach der für den Bolschewismus das Zentralkomitee alles zu entscheiden hat. Trotzki schrieb die folgenden Zeilen, die eine weitgehende Selbstkritik darstellten:

> »Indem das ‚Lenin-Aufgebot' die Bürokratie von der Kontrolle durch die proletarische Avantgarde befreite, versetzte es Lenins Partei den Todesstoß. Der Apparat hatte sich die ihm nötige Unabhängigkeit verschafft. Der demokratische Zentralismus machte dem bürokratischen Zentralismus Platz. Der Parteiapparat selbst wurde nun von oben bis unten radikal umgekrempelt. Als Haupttugend des Bolschewisten galt der Gehorsam.«[47]

Indem Trotzki seine alten Genossen Sosnowski und vor allem Rakowski im Zusammenhang mit seinem berühmten Brief an Walentinow vom August 1928 ausführlich zitierte, veranschaulichte er konkret das, was er »die Gründe für den Thermidor in der Gesellschaft« nennt, die Bestrebungen und Gelüste neuer Honoratioren, sich jeglicher Kontrolle und jeglicher Kritik zu entziehen.

Auf der Grundlage eines aufmerksamen Studiums der sowjetischen Presse machte Trotzki es sich zur Aufgabe, das Anwachsen der Ungleichheit und der sozialen Widersprüche zu studieren, das Elend und den Luxus, die Spekulation und die Differenzierung im Inneren des Proletariats und zwischen den Kolchosen zu beschreiben. Trotzki veranschlagte den eigentlich führenden Kreis der »Chefs«, die an der Spitze einer Pyramide von Privilegierten standen, auf 400.000 bis 500.000 Personen:

> »Rechnet man nicht nur das Gehalt, alle Arten von Naturaldiensten und mannigfachen halbgesetzlichen zusätzlichen Einkommensquellen, sondern fügt die Vorteile hinzu, die Bürokratie und Sowjetaristokratie aufgrund ihrer Vorrechte bei der Benutzung der Theater, der Erholungspaläste, Krankenhäuser, Sanatorien, Kurorte, Museen, Clubs, Sporteinrichtungen usw. genießen, so ist der Schluß zwingend, daß auf diese 15, sagen wir 20 Pro-

zent der Bevölkerung nicht mehr und nicht weniger Anteil am gesellschaftlichen Reichtum entfällt als auf die übrigen 80 bis 85 Prozent.«[48]

Der Thermidor war ebenfalls am häuslichen Herd sichtbar, wo die Frau dem jahrhundertealten Joch unterworfen blieb; das Recht auf Abtreibung war wieder ein Vorrecht für diejenigen geworden, die bezahlen konnten; die Prostitution blühte erneut auf, und die Reaktion verschanzte sich hinter moralisierenden Phrasen über die neue Familie. Es handelte sich gleichfalls um einen richtigen Krieg gegen die Jugend, den das Regime entfesselt hatte: das Eintrichtern von Heuchelei, von Formalismus und von Anpassung, die Schaffung einer erstickenden Atmosphäre der Unterwürfigkeit. Im Verhältnis zu den Hoffnungen von 1917 fällt die Bilanz nicht weniger tragisch aus, wenn Trotzki die großrussische nationale und kulturelle Unterdrückung, den Bleimantel, der auf dem literarischen und künstlerischen Schaffen lastet, die Zensur und den vorgeblichen intellektuellen »Triumph« derjenigen, die Trotzki als »die Mittelmäßigen, die Preisträger und die Spitzbuben« bezeichnet, beschreibt.

Auf dem Gebiet der internationalen Politik hatten die von der stalinistischen Bürokratie angehäuften Niederlagen schließlich eine Lage geschaffen, in der sie nur noch die konservative Aufrechterhaltung des *Status quo* zum Ziel hat. In dieser Hinsicht hielt Trotzki den Beitritt der UdSSR zum Völkerbund für eine Kapitulation vor dieser konterrevolutionären Einrichtung. Desgleichen schienen ihm die Umwandlung der Roten Armee und die Wiedereinführung des Offizierscorps nicht von militärischen Notwendigkeiten, sondern nur von den politischen Bedürfnissen der Führer diktiert. Trotzki schlug vor, für den Kampf gegen den *Status quo* das Losungswort der »Vereinigten Sozialistischen Staaten von Europa« zu übernehmen.

Als Trotzki schließlich die Frage nach der gesellschaftlichen Beschaffenheit des Sowjetstaates stellte, bemüht er sich zu beweisen, wie er es schon vorher getan hatte, daß die Bürokratie keine Klasse ist und daß die Frage nach dem gesellschaftlichen Wesen der UdSSR von der Geschichte noch nicht entschieden worden sei. Trotzki schreibt:

> »Die UdSSR ist eine zwischen Kapitalismus und Sozialismus stehende, widerspruchsvolle Gesellschaft, in der a) die Produktivkräfte noch längst nicht ausreichen, um dem staatlichen Eigentum sozialistischen Charakter zu verleihen, b) das aus der Not geborene Streben nach ursprünglicher Akkumulation allenthalben durch die Poren der Planwirtschaft dringt, c) die bürgerlich bleibenden Verteilungsnormen einer neuen Differenzierung der Gesellschaft zugrunde liegen, d) der Wirtschaftsaufschwung die Lage der Werktätigen langsam bessert und die rasche Herausbildung einer privilegierten Schicht fördert, e) die Bürokratie unter Ausnutzung der sozialen Gegensätze zu einer unkontrollierten und dem Sozialismus fremden Kaste wurde, f) die von der herrschenden Partei verratene soziale Umwälzung in den Eigentumsverhältnissen und im Bewußtsein der Werktätigen noch

fortlebt, g) die Weiterentwicklung der angehäuften Gegensätze sowohl zum Sozialismus hin- als auch zum Kapitalismus zurückführen kann, h) auf dem Wege zum Kapitalismus eine Konterrevolution den Widerstand der Arbeiter brechen müßte, i) auf dem Weg zum Sozialismus die Arbeiter die Bürokratie stürzen müßten.«[49]

Der Ausblick, den Trotzki für die UdSSR konzipierte, war folglich der einer Revolution gegen die Bürokratie, die er so beschreibt:

»Die Revolution, die die Bürokratie gegen sich selbst vorbereitet, wird nicht wie die Oktoberrevolution von 1917 eine soziale Revolution sein. Diesmal gilt es nicht, die ökonomischen Grundlagen der Gesellschaft zu ändern und die vorhandenen Eigentumsformen durch andere zu ersetzen. (...) Der Sturz der bonapartistischen Kaste wird selbstverständlich tiefgehende soziale Folgen haben, aber er wird im Rahmen eines politischen Umsturzes bleiben.«[50]

Trotzki skizzierte das Programm dieser politischen Revolution wie folgt:

»Es handelt sich nicht darum, eine herrschende Clique durch eine andere zu ersetzen, sondern darum, die Methoden selbst zu ändern, nach denen die Wirtschaft und die Kultur geleitet werden. Das bürokratische Selbstherrschertum muß der Sowjetdemokratie Platz machen. Die Wiederherstellung des Rechts auf Kritik und wirklich freie Wahlen ist die notwendige Vorbedingung für die weitere Entwicklung des Landes. Das setzt voraus, daß den Sowjetparteien, angefangen mit der Partei der Bolschewiki, die Freiheit wiedergegeben wird und daß die Gewerkschaften wiederauferstehen. Auf die Wirtschaft übertragen, bedeutet die Demokratie die radikale Revision der Pläne im Interesse der Werktätigen. Die freie Diskussion der Wirtschaftsprobleme wird die aus bürokratischen Zickzacks und Fehlern resultierenden Kosten senken. Teures Spielzeug – Sowjetpaläste, neue Theater, protzige Untergrundbahnen – wird zurücktreten zugunsten von Arbeiterwohnungen. Die ‚bürgerlichen Verteilungsnormen' werden auf das unbedingt Notwendige zurückgeführt werden, um in dem Maße, wie der gesellschaftliche Reichtum wächst, der sozialistischen Gleichheit Platz zu machen. Die Titel werden sofort abgeschafft, der Ordenplunder wird in den Schmelztiegel wandern. Die Jugend wird frei atmen, kritisieren, sich irren und reifen können. Wissenschaft und Kunst werden von ihren Ketten befreit. Schließlich wird die Außenpolitik zu den Traditionen des revolutionären Internationalismus zurückkehren.«[51]

Diese Ideen mußten den Experten zu Ende der dreißiger Jahre vollkommen utopisch vorkommen. Sie sollten jedoch genau zwanzig Jahre später in Polen und in Ungarn im Laufe einer Massenerhebung von Arbeitenden gegen die Bürokratie und zumal im Oktober 1956 in Budapest wieder auftauchen.

Kapitel 53

Der Abstieg zur Hölle

In den ersten sechs Monaten von 1936, während Trotzki in der Stille von Wexhall an der *Verratenen Revolution* arbeitete, braute sich eine neue Tragödie zusammen, die ihn Anfang August 1936 schon stark mitnehmen sollte.[1]

Im Januar 1936 hatte der Leiter der geheimen politischen Abteilung des NKWD, G. A. Moltschanow, an die vierzig der besten Agenten in Moskau versammelt, um ihnen zu erklären, daß sie umgehend auf eine Verschwörung angesetzt würden, wobei es darum ginge, die Anführer zum Auspacken zu bringen. Stalin überwachte höchstpersönlich die vor Ort von N. I. Jeschow, seinem Vertrauensmann, durchgeführten Ermittlungen.[2]

Dreihundert Häftlinge, alles alte Oppositionelle, wurden zur gleichen Zeit aus den Lagern und Gefängnissen herausgeholt und in die Moskauer Gefängnisse überführt: Unter ihnen sollte man etwa dreißig gefügige Leute finden, deren »Geständnisse« man dazu benützen wollte, die Widerspenstigen zum Nachgeben zu zwingen. Um das Maß voll zu machen, mischte man etwa zehn Agenten unter sie, deren Auftrag es gleichfalls sein sollte, zu »gestehen«, um die anderen zu verwirren und im Gefängnis das Verhalten der künftigen Angeklagten und Schuldiggesprochenen zu kontrollieren. Sollten gewisse Leute unter ihnen Widerstand leisten, würde man sie ohne Verurteilung zur Belehrung der anderen hinrichten und allein ihre »Geständnisse« würden dann im Drehbuch der Prozesse eine Rolle spielen. Das war wahrscheinlich mit Gawen, einem der Besucher von Sedow 1932, der nach Holzman gekommen war, passiert.

Doch mit den mutmaßlichen »Anführern« der Verschwörung, zumindest den bedeutendsten Führern des »Blocks der Oppositionen« von 1932, Sinowjew, Kamenjew und I. N. Smirnow, lief nicht alles nach Plan. Sie waren gleichfalls aus ihrem Gefängnis herausgeholt und nach Moskau gebracht worden, um dort von Spezialisten der Erpressung von Geständnissen besonders »vorbereitet« zu werden. Sie hielten wochenlang durch und wiesen alle Erpressungen, Drohungen und sogar die politischen Argumente zurück.

Man mußte also zu härteren Maßnahmen greifen. Sinowjew, der Asthmatiker war, wurde nun ganze Tage lang in eine überheizte Zelle gesperrt. Kamenjew hielt man die Geständnisse seiner alten Genossen unter die Nase, nach denen sein jugendlicher Sohn in ein Attentat gegen Stalin verwickelt sein sollte.[3] Die beiden Männer wurden einander gegenübergestellt und konnten miteinander sprechen; sie brachen schließlich zusammen. Sie gingen darauf ein, mit den Ermittlern zusammenzuarbeiten, nachdem ihnen Stalin versprochen hatte – oder versprechen lassen hatte –, daß kein Altbolschewik hingerichtet werden würde, da der Zweck des Prozesses nur sei, gegen Trotzki vorzugehen, der sich aber, wie ein jeder wußte, außerhalb der Reichweite der Gerichte befand.[4]

Der frühere Trotzkist und Mitarbeiter von I. N. Smirnow, S. W. Mratschkowski, war nach 90 Stunden ununterbrochenen Verhörs »zusammengeklappt«, wie die Ermittler sagen.[5] Er versuchte, Smirnow mit sich zu reißen, der aber noch mehrere Wochen durchhielt, doch am Ende auch zusammenbrach, als er seine Tochter im Gefängnis sah, wie sie von den Wachen mitgeschleift wurde.[6] Da entschloß sich Smirnow, wenigstens einen Teil der von ihm geforderten Geständnisse abzulegen, um seinem vielgeliebten Kind zu ersparen, für seinen Widerstand die Rechnung zu bezahlen. Beim letzten der Angeklagten, die nachgaben, handelte es sich um einen der Führer der Gruppe der »Trotzkisten, die kapituliert hatten«, um Ter-Waganjan, einen weiteren Mitarbeiter von I. N. Smirnow; Ter-Waganjan unterschrieb seine »Geständnisse« am 14. August 1936.[7] Von da an konnte man einen Schritt weitergehen und mit den Darstellern das Drehbuch des Prozesses vorbereiten. Die Ermittler bereiteten die »Geständnisse« eines jeden vor, ergänzten, verbesserten und änderten sie, die Beschuldigten mußten sie auswendig lernen, und gegebenenfalls zeigten die Ermittler die Zähne …

Am 5. August 1936 beendete Trotzki in Wexhall sein Manuskript und schickte die entsprechenden Exemplare an den französischen und amerikanischen Übersetzer. Noch am gleichen Tag machten sich Natalja und er mit dem Ehepaar Knudsen im selben Auto zum Zwecke eines zweiwöchigen Erholungsurlaubs im Süden, am Meer, in Stangnesholmen, auf den Weg. Schon am nächsten Morgen, als sie noch unterwegs waren, erfuhren sie, daß in der Nacht ein Kommando norwegischer Faschisten von der Partei Quislings in das Haus von Knudsen eingedrungen war und versucht hatte, sich der Archive zu bemächtigen. Die Angreifer wurden durch den entschlossenen Widerstand der jungen Hjørdis aus der Fassung gebracht und mußten sich angesichts des Eintreffens der Nachbarn zurückziehen, wobei sie trotz allem einige Papiere mitnahmen.*

Als die ziemlich besorgten Reisenden ihren Weg fortsetzten, entdeckten sie bald, daß sie von einem anderen Auto, in dem sich insbesondere einer der Führer der Partei Quislings, der Ingenieur Neumann und sein Sekretär Franklin Knudsen befanden, beschattet wurden. Es gelang ihnen, ihre Verfolger abzuhängen. Doch die Ferien konnten ihnen nun wenig Erholung ver-

* Der norwegische Nazi Franklin Knudsen, einer der Organisatoren der Unternehmung (I was Quisling's Secretary, S. 57), versichert, daß die Diebe zwanzig Kilo Unterlagen an sich gerissen hätten. Das ist wahrscheinlich Prahlerei, denn nur einige Unterlagen wurden durch ihre Bemühungen veröffentlicht.

schaffen, denn die Rechtspresse trat eine Lawine von verbalen Gewalttätigkeiten gegen Trotzki los, den sie auf der Grundlage eines in Wexhall gestohlenen und sogar von der deutschen Nazipresse abgedruckten Briefes an Schüssler beschuldigte, in Norwegen einer politischen Tätigkeit nachzugehen.

Am 13. August 1936 mußten die Urlauber ihre Erholung einen Tag unterbrechen, um den Chef der Kriminalpolizei, Reidar Sveen, der mit dem Flugzeug gekommen war, um Trotzkis Zeugenaussage über den Einbruch der Faschisten einzuholen, zu empfangen: Er verhörte Trotzki insbesondere über den Inhalt des gestohlenen und veröffentlichten Briefes und über den Wahrheitsgehalt der Anschuldigungen der Nazipresse, die ihn sogar »krimineller« Tätigkeiten beschuldigte.

In den Abendstunden des 14. August 1936 hörte Knudsen im Radio eine Nachricht über den Prozeß gegen ein »trotzkistisch-sinowjewistisches Terrorismuszentrum«, der alsbald in Moskau eröffnet werden sollte. Trotzki bemerkte dazu, daß es sich nochmal um eine »große Schweinerei« handeln müsse, ohne zu verstehen, worum es sich genau drehen konnte.

Am 15. April 1936 morgens brachte Monsen, ein Freund von Knudsen und Journalist in Kristiansand, den Urlaubern den vollständigen Text der TASS-Depesche. Trotzki sollte später eingestehen:

> »Obwohl auf vieles, sogar auf alles gefaßt, wollte ich doch meinen Augen nicht trauen: Die Nachricht erschien mir unwahrscheinlich in ihrer Verbindung von Lumperei, Frechheit und Dummheit.«[8]

Trotzki diktierte in aller Eile eine erste Erklärung und kehrte wieder nach Wexhall zurück: Die Ferien waren beendet, der Alptraum begann.

***

Der erste Moskauer Prozeß wurde am 19. August 1936 eröffnet. Auf den Anklagebänken saßen Sinowjew, Kamenjew und mehrere seiner langjährigen Leningrader Mitarbeiter, Jewdokimow, Bakajew und andere. Iwan Nikititsch Smirnow saß – mit Mratschkowski und Ter-Waganjan – auch da. Um diese zwei Kerne herum befanden sich Gefangene, die rechtzeitig gebrochen worden waren, und die sechs Unbekannten, die ganz offensichtlich als Werkzeuge der Polizei eingesetzt sind. Trotzki und die Seinen prüften die Pressephotos auf der Suche nach dem Gesicht eines Mill, eines Well oder eines Frank-Gräf.

Vor ihnen befanden sich Militärrichter – einer von ihnen sollte später im Nürnberger Gericht fungieren. Der Staatsanwalt war Andrej E. Wyschinski, ein am Ende des Bürgerkriegs der Partei beigetretener früherer Menschewik, der ehemalige Rektor der Universität Moskau, der sich dort durch seine Tüchtigkeit bei der Jagd auf die trotzkistischen Studenten ausgezeichnet hatte. Anfang 1988 hat ein sowjetischer Jurist, Arkadi Waksberg, in einem Artikel in der *Literaturnaja Gazeta* einige ergänzende biographische Daten beigeschafft: Als Bezirksgerichtspräsident hatte er im Sommer 1917 gegen Lenin, den man verdächtigte, ein »deutscher Agent« zu sein, einen Haftbefehl erlassen.[9] Ein halbes Jahrhundert nach Trotzki und seinen Freunden betonte der sowjetische Autor:

> »Die tragische Verkettung der Geschichte hat es gewollt, daß genau er, Wyschinski, zwanzig Jahre danach Generalstaatsanwalt geworden, die Gefährten Lenins beschuldigte, sie hätten sich seiner entledigen wollen, und gegen sie die Todesstrafe beantragte.«[10]

Waksberg zeichnet von Wyschinski ein packendes Bild:

> »Von kleiner Gestalt, stämmig, mit großen Ohren; voller, leicht ergrauter Haarwuchs, einen feinhaarigen Bürstenschnurrbart. Eine Brille mit pompöser Fassung. Hinter den Gläsern ein beharrlicher, scharfer, durchdringender Blick. Seine kaum je blinzelnden Augen waren von Stahl.«[11]

Der Verfasser des Artikels erinnert sich an Wyschinski als Redner und sah »eine Verbindung von akademischer Gelehrsamkeit, Wissenschaftsgläubigkeit und gekünstelter Bildung mit einer kränkenden Vulgarität, die mit Natürlichkeit und Ungezwungenheit geäußert wird«. Stalin, dem er seine Laufbahn verdankte, hat in ihm »unvergleichliche Qualitäten entdeckt: Er war böse, grausam und zu allem bereit.«[12]

Dieser blutrünstige Regisseur zog gegen die Bolschewiken vom Leder, die sein ganzes Leben seine Gegner gewesen waren, und ersetzte die Beweise, die ihm fehlten, durch Grobheiten und widerliche Kränkungen. Den »Schmierenkomödianten«, »Kriminellen«, »Hanswursten«, »tollwütigen Hunden, die man gnadenlos abschießen muß« die sich schon in der herkömmlichen Geschichtsschreibung fanden, fügt Waksberg aufs Geratewohl weitere bei Wyschinski übliche Ausdrücke hinzu: »den stinkenden Haufen menschlicher Überreste«, »die entarteten Gewohnheitsträger«, die »giftigen Köter«, »die teuflischen Schweinehunde«.[13] Waksberg fährt fort:

> »Die Angeklagten sollen nicht nur physisch vernichtet werden; man muß sie auch demütigen und beleidigen. Das ist der Traum des obersten Führers. Mit der Art, wie Wyschinski das durchführt, hat er einen bisher unbekannten Strafprozeß geschaffen, in dem es ganz einfach nicht den geringsten Bedarf für Beweise gibt. Wozu sind Beweise nötig, wenn es sich um ‚stinkendes Aas' handelt?«[14]

Die Anklageschrift war einfach: Die Angeklagten hatten, ihr zufolge, Ende 1932 auf der Grundlage »der Anerkennung des persönlichen Terrors gegen die Führer« eine terroristische »vereinte trotzkistisch-sinowjewistische Zentrale« gebildet. Man behauptete, daß sie eine Serie von Anschlägen gegen Stalin, Woroschilow und andere Führer vorbereitet hätten und daß es eine nach ihren Befehlen handelnde Gruppe gewesen sei, die den Mord an Kirow vorbereitet und verübt habe. All das war natürlich auf Trotzkis »Anweisungen« hin mit der tätigen Mithilfe seines Sohnes Lew Sedow verwirklicht worden.

Die Öffentlichkeit war sorgfältig ausgewahlt, und es gab seltsame »Zufälle«, etwa die »zufällige« Anwesenheit des britischen Rechtsanwaltes D. N. Pritt, der sich für die Anklage und die Richter verbürgen sollte. Die Pressekorrespondenten brachten jedoch ein erschütterndes Bild vom Ablauf der Verhandlung. Die Angeklagten beteten Lektionen herunter und »gestanden« um die Wette. Sie bezogen auch Abwesende in den Prozeß mit ein: Lominadse, der sich umgebracht hatte, aber das wußte man noch nicht; G. I. Safarow, der schon im Gefängnis und vollkommen gebrochen war; den früheren Gewerkschaftsführer M. P. Tomski, Bucharins Weggefährten, der sich umbrachte, nachdem er denunziert worden war. Ankläger und Zeugen sprachen von in die UdSSR gebrachten »terroristischen Anweisungen«, die angeblich vom Altbolschewiken I. P. Gawen, der schon hingerichtet worden war oder es bald werden wird, eingeschmuggelt worden waren. Man bezog auch andere Führer und Aktivisten, Bürgerliche und Militärs mit ein. Der einzige der Angeklagten, der wenigstens einen Teil der Beschuldigungen abgestritten und etwas Widerstand aufrechterhalten zu haben scheint, war I. N. Smirnow.

Anscheinend waren Trotzki wie Sedow bei den ersten Nachrichten von dem Prozeß zumindest verunsichert, wenn nicht verwirrt. Zumindest das wird bei der Lektüre der Briefe, die sie nach den ersten Meldungen austauschen, sichtbar. Sedow machte in Holzman den 1932 von Smirnow nach Berlin geschickten »Informanten« aus, doch konnte Sedow nicht verstehen, warum die beiden Männer die Wahrheit leugneten und eine Sache gestanden, die nicht der Wahrheit entsprach und die sie frei erfunden hatten.[15] Trotzki wiederum fragte sich, ob Gawen nicht ein Lockspitzel war, der Smirnow wirklich, statt Trotzkis Botschaft – terroristische Anweisungen überbracht hatte, die von den Fälschern Stalins ad hoc fabriziert waren, um glauben zu machen, sie gingen von Trotzki aus.[16] Vater und Sohn zerbrachen sich den Kopf über den einen der Angeklagten aus der Gruppe der »Unbekannten«, in der sie nur diesen W. P. Olberg erkennen konnten, der sich als Freiwilliger angeboten hatte, in die Türkei zu gehen, um die Sekretariatsarbeit sicherzustellen.[17] Sedow erboste sich über Smirnow so sehr, daß er eine Erklärung ins Auge faßte, in der er ganz einfach die »Wahrheit« über ihre Kontakte sagen wollte – was er aber unterlassen wird.[18] Tatsächlich verstanden in den ersten Tagen weder der Vater noch der Sohn den Mechanismus der Geschichte: Es handelte sich um eine Montage von mit der Bildung des »Blocks der Oppositionen« von 1932 zusammenhängenden wirklichen Fakten und Begegnungen, Versammlungen und Treffen und ihre Aufmachung als Tun und Treiben eines »terroristischen Blocks«, was es ermöglichte, diese politischen Gegner hinzumorden, als ob sie Terroristen wären.[19]

Im Mittelpunkt standen die Geständnisse des Angeklagten E. S. Holzman. Dieser Mann, der der Mittelsmann zwischen Sedow und Smirnow gewesen war, hatte Trotzkis Sohn mehrmals in Berlin getroffen und mit ihm Kenn- und Codewörter für ihre Treffen ausgetauscht und Briefe, Unterlagen, Informationen gebracht. Holzman behauptete, daß er sich auf die Ratschläge Sedows hin 1932 zur Zeit des Aufenthalts Trotzkis in dieser Stadt nach Kopenhagen begeben habe.[20] Nachdem er Sedow in der Eingangshalle des Hotel Bristol getroffen hatte, so sagte Holzman aus, habe er ihn »zum Haus Trotzki« begleitet, zu dem er keinerlei Einzelheiten angab. Und dort sollte ihm Trotzki damals terroristische Anweisungen, darunter auch diejenige, Stalin zu ermorden, gegeben haben![21] Der Angeklagte Nathan Lurie »gestand«, seit langem Kontakt mit einem nahen Mitarbeiter Himmlers, dem Chef der SS, gehabt zu haben.[22] Der Angeklagte Fritz Dawid »gestand«, daß Trotzki, den er getroffen habe – doch er sagte weder wo noch wann oder wie – , ihn gleichfalls beauftragt habe, Stalin während des VII. Kongresses der Komintern zu ermorden.[23]

Wyschinski wütete nach Gutdünken gegen die Altbolschewiken los. Der offizielle Verhandlungsbericht führt ausgiebig seine Invektiven an: »Verruchtes und impotentes Häufchen gemeiner Abenteurer«, die versucht haben, »die allerbesten parfümiertesten Blumen« des »sozialistischen Gartens zu zerstampfen«, »tollwütige Hunde«, »elende Pygmäen«, »Kläffer«.[24] Wyschinski schloß seine Anklagerede mit dem berühmten Satz, von dem die Zeitungen der kommunistischen Parteien der ganzen Welt bereitwillig widerhallten: »Ich fordere, daß diese tollwütigen Hunde bis auf den letzten erschossen werden«[25]

Das Urteil wurde am 24. August 1936 um 2 Uhr 30 morgens verkündet. Die sechzehn Angeklagten wurden alle zum Tode verurteilt.[26]

Bei den gutinformierten Leuten glaubte man allgemein – und Sedow scheint das auch geglaubt zu haben –, daß die Verurteilten verschont würden. In Moskau ging das Gerücht um, daß die Ingangsetzung eines Berufungsverfahrens in aller Eile einen solchen Ausgang erlauben würde und dazu gedient habe, die Bravheit zu erkaufen, die die Angeklagten bis zum Ende an den Tag gelegt haben. Trotzki versicherte, daß er überzeugt sei, daß alles mit Hinrichtungen enden würde, da allein die Ermordung der Angeklagten bewirken könnte, daß die Anklage ernst genommen wird:

> »Und dennoch, als ich durch das Pariser Radio hörte (die Stimme des Ansagers zitterte, als er diesen Bericht gab), daß Stalin alle Angeklagten erschossen hatte, darunter vier alte Mitglieder des bolschewistischen Zentralkomitees, konnte ich der Nachricht kaum Glauben schenken. Nicht die Grausamkeit des Strafgerichts an sich hatte mich erschüttert: Die Epoche der Kriege und der Revolutionen ist eine grausame Epoche, und sie ist unser zeitliches Vaterland. Es erschütterten die kalte Bösartigkeit der Fälschung, das sittliche Gangstertum der regierenden Clique, der Versuch, die

> öffentliche Meinung der ganzen Menschheit, die heutigen und die künftigen Geschlechter zu betrügen.«[27]

Als Lew Sedow im Morgengrauen des 25. August 1936 in der Nähe seines Hauses in der Lacretellestraße in Paris die Nachricht entdeckte, die die »erste Seite« aller Zeitungen füllte, nämlich die Hinrichtung der Sechzehn, brach er in lautes Schluchzen aus. Der Mann, der die Szene, deren einziger Zeuge er gewesen ist, erzählt hat, war sein enger Mitarbeiter, Mordka Sborowski, Étienne genannt; er war auch und vor allem der mit Sedows Überwachung beauftragte Agent Stalins ...[28]

***

Es wäre nicht richtig, sich nur auf die für die Öffentlichkeit beziehungsweise seine Parteigänger bestimmten kämpferischen Kommentare zu stützen, um Trotzkis persönliche Reaktion einzuschätzen. Man darf sich in dieser Hinsicht insbesondere nicht von den schonungslosen Polemiken und den scharfen Kommentaren täuschen lassen, in denen sich Trotzki im Zusammenhang mit den vergangenen »Kapitulationen« der Angeklagten und mit der letzten, ihrem Verhalten vor ihren Richtern und Wyschinski, auseinandersetzte.[29] Trotzki hielt über das politische Verhalten dieser Männer – auch über I. N. Smirnow, dessen Rückkehr in die Opposition er mit Freude begrüßt hatte – unnachsichtig Gericht – doch es waren trotz alledem seine Genossen, die auch seine Kampfgefährten gewesen waren. Trotzki konnte angesichts des Zustands, in den sie gebracht worden waren, angesichts ihrer Demütigung und ihres traurigen Schicksals nur Kummer und Mitleid empfinden. Hier berührte die Politik die Empfindung und stand ihr überhaupt nicht im Wege. Kamenjew, der sein Rückgrat krümmte, um vor Stalin zu Kreuze zu kriechen, war Trotzkis Schwager, der Ehemann seiner kleinen Schwester Olga, sein ehemaliger Gegner und Partner und jahrzehntelang sein Parteigenosse; und war er nicht auch von allen Männern der alten bolschewistischen Garde derjenige gewesen, der Lenin persönlich am nächsten stand? Was Trotzki an der öffentlichen Herabwürdigung dieser Männer sicher am schmerzlichsten empfand, war der Angriff gegen das Bild der bolschewistischen Partei, gegen Lenin, gegen die Revolution von 1917, gegen eine Vergangenheit, die sein Stolz und seine Daseinsberechtigung für »die heutigen und die künftigen Geschlechter« war.[30]

Bald jedoch kam zu dem Schock des Prozesses und der Hinrichtung der Abgeurteilten unter schändlichen Bedingungen, wovon das Gerücht aus Moskau bis zu ihm gelangen sollte, die auf seiner Sicherheit lastende Bedrohung hinzu und seine Beklemmung angesichts der Möglichkeit, sich kalt gestellt zu sehen und weder seine Ehre noch das Andenken seiner Genossen verteidigen zu können.

In der Tat wirkten drei Faktoren gegen Trotzki zusammen: der Druck aus Moskau, der Haß der Nazis und die Schwäche, um nicht zu sagen, die Feigheit der norwegischen Regierung, die vor den äußeren Pressionen zurückwich, und die an ihrer Stelle die hohen nazifreundlichen Beamten die wirklichen Entscheidungen treffen ließ.

Hinsichtlich des Drucks der Regierung aus Moskau und des Besuchs des Botschafters Jakubowitsch bei Halvdan Koht verfügen wir über widersprüchliche offizielle Mitteilungen. Am 29. August 1936 fand die Vorsprache statt. Die sowjetische Presse veröffentlichte am 30. August 1936 den Text der Erklärung, die Jakubowitsch dem norwegischen Minister überreicht haben soll. Jakubowitsch unterstrich darin, daß es unangebracht wäre, Trotzkis Aufenthaltserlaubnis zu verlängern, von dem er behauptete, daß der Moskauer Prozeß bewiesen habe, daß er sich einer terroristischen Tätigkeit gewidmet habe; Jakubowitsch erinnerte an die Beratungen des Völkerbundes über die zwischenstaatliche Zusammenarbeit gegen den Terrorismus. Doch am 4. September 1936 schrieb der französische Botschafter an Yvon Delbos, den Außenminister, es gebe kein sowjetisches Memorandum ...[31]

Die Sowjetunion war für Oslo ein nicht zu vernachlässigender Handelspartner, und Sanktionen, ja sogar ein Boykott des Landes, wären nicht schwierig gewesen: Die norwegischen Reeder legten ganz und gar keinen Wert darauf, wegen eines roten Verbannten eine solche Gefahr einzugehen und haben auch nicht versäumt, dies kundzutun. Moskau forderte streng genommen nicht die Ausweisung Trotzkis, so wenig wie seine Auslieferung, die einen kontroversen Justizakt erfordern und folglich dem russischen Revolutionär das Wort erteilen würde. Trygve Lie, der norwegische Justizminister, verteidigte sich Deutscher gegenüber wie der Teufel, wobei er sich immer mehr hineinritt:

> »Sie haben niemals die Ausweisung von Trotzki verlangt. Sie haben uns niemals mit irgendwelchen wirtschaftlichen Repressalien bedroht. Wir haben aus eigener Initiative, aus eigenen Beweggründen, aufgrund unserer inneren Situation, wegen der Wahlen und Trotzkis Verhalten gehandelt. Jakubowitsch, der sowjetische Gesandte, hat mich nur einmal im Justizministerium aufgesucht, aber das war schon, nachdem ich Trotzki hatte internieren lassen. Er kam zu mir, aber ich habe ihn nicht einmal reden lassen, und bevor er irgend etwas gesagt hatte, habe ich gelächelt und ihm gesagt: ‚Wir haben uns mit der Angelegenheit Trotzki beschäftigt. Ich habe die Anweisung gegeben, Trotzki zu internieren.‘ Jakubowitsch lächelte und ging, ohne ein Wort zu sagen. Das war alles.«[32]

Alles in allem war Stalin, insoweit die Regierung Norwegens in ihrer Besorgnis Trotzki zum Schweigen gebracht hatte, wirklich zufriedengestellt. Am 3. September 1936 hob eine Note von Trygve Lie an Jakubowitsch hervor, daß Trotzki aufgrund der zeitlichen Abfolge den Mord an Kirow, der schon lange tot war, als Trotzki in Norwegen ankam, in Norwegen nicht habe vorbereiten können. Lie erinnerte an die Umstände von Trotzkis Isolierung und bestätigte den Verstoß gegen die Bedingungen seines Aufenthalts. Der Eifer der Osloer Regierung trat in folgendem willfährigen Satz hervor:

> »Die norwegische Regierung macht darauf aufmerksam, daß sie bereits vor der russischen Demarche Trotzki (und seine Frau) einer Kontrolle unterworfen hat, die jede Aktivität von seiner Seite völlig unmöglich macht, die die Interessen des russischen Staates beeinträchtigen oder bedrohen könnten.«[33]

Als Jean Payart, der französische Geschäftsträger in Moskau, die sowjetischen Vorsprachen kommentierte, hob er hervor:

> »Die Sowjets bemühen sich, die norwegische Regierung zu veranlassen, ihre Überwachung der trotzkistischen Aktivität zu verstärken. Sie bemühen sich sogar – und das liegt völlig auf der Linie der stalinistischen Besorgnis – , sich das Recht der direkten Einsichtnahme in diese Aktivität herauszunehmen.«[34]

Man darf indes die Macht der norwegischen Nazis und den Haß, den sie Trotzki entgegenschleuderten, nicht vernachlässigen: Im Verlauf einer Mission in Sowjetrußland während des Bürgerkriegs hatte ihr Führer, Vidkun Quisling, die Fähigkeiten des Führers der Roten Armee zu beurteilen gelernt. Das zentrale Paßbüro, dessen Leiter Konstad war, spielte eine entscheidende Rolle. Seit dem Angriff auf das Haus von Wexhall und als ob die Sache in einer Art Mittäterschaft oder zumindest Mitwisserschaft aufgezogen worden wäre, bemühte er sich zu beweisen, daß Trotzki seiner Verpflichtung, »keine Politik zu machen«, nicht nachgekommen sei. Statt wie die Nazis, die am hellichten Tage handelten, die Ausweisung zu fordern, lieferten die hohen nazistischen oder sympathisierenden Beamten der sozialistischen Regierung die polizeilichen Argumente und die verwaltungsrechtlichen Maßregeln, um Trotzki mundtot zu machen.

Da Trotzki merkte, woher der Wind wehte, richtete er schon am 19. August 1936 einen Offenen Brief an Reidar Sven über die Fragen, die ihm der letztere im Laufe seines Verhörs in Stangnesholmen gestellt hatte. Trotzki erinnerte daran, daß die norwegische Regierung seine Ideen kannte, als sie die Entscheidung getroffen hatte, ihn aufzunehmen, und protestierte gegen das von der norwegischen Polizei seinen Werken und seinem Briefwechsel, in denen er nur Ansichten zum Ausdruck brachte, die weder nach dem Geschmack der Faschisten noch der Stalinisten waren, entgegengebrachte Interesse. Was die in Moskau gegen ihn in Umlauf gesetzten ungeheuerlichen Anschuldigungen anbelangte, forderte Trotzki das Recht, sich zu verteidigen, wobei er einen Untersuchungsausschuß oder ein öffentliches Gericht, das es ihm gestatten würde, dagegen Front zu machen und seine Ankläger zu entlarven, anregte.[35]

Am 25. August 1936 richtete der Leiter des zentralen Paßbüros, Konstad, einen Bericht an den Justizminister, in dem er auf der Grundlage der Veröffentlichung von Trotzkis Artikel »Die französische Revolution hat begonnen« im Ausland bekräftigte, daß Trotzki damit die Verpflichtungen, die er eingegangen sei, um ein Visum in Norwegen zu erhalten, verletzt habe.[36] Dieser hohe Beamte – der sich umso eifriger gebärdete, als er ein Sympathisant von Quisling war, welcher ihn zum Richter seines Hohen Gerichts machen wird – setzte noch eins drauf, indem er erklärte, daß Besuche von Personen, die politisch mit Trotzki übereinstimmten und kamen, um ihn nach seiner Meinung zu fragen, auch Verletzungen der Verpflichtungen, die er eingegangen sei, wären.[37]

Diese Energie und dieser Eifer reichten anscheinend aus, daß der sozialistische Minister nun Konstad mit der Abfassung der neuen, Trotzki aufzuerlegenden Bedingungen beauftragte. Konstad bereitete daraufhin einen Text vor, den er dem Verbannten zur Unterschrift vorlegte. Dieser sollte sich dazu verpflichten, unter allen Umständen davon Abstand zu nehmen, »gegen welche Regierung auch immer« gerichtete Artikel »über politische, gesellschaftliche und kulturelle Fragen« zu schreiben.[38] Trotzki berichtet von Konstads Besuch an der Seite des Polizeichefs:

> »Am 26. August, nachdem unser Hof von acht Polizeibeamten in Zivil besetzt worden war, erschien in unserer Wohnung der Chef der norwegischen Polizei, Askvig, und ein Beamter des ‚Zentralen Paßbüros', in dessen Händen sich die Überwachung der Ausländer befindet. Die hohen Beamten verlangten von mir, mich schriftlich mit neuen Aufenthaltsbestimmungen für Norwegen einverstanden zu erklären: Ich sollte mich verpflichten, von nun an über aktuelle politische Themen nicht zu schreiben, keine Interviews zu geben und damit einverstanden zu sein, daß meine gesamte Korrespondenz, sowohl die eingehende wie die abgehende, von der Polizei kontrolliert werde. Mit keinem Wort den Moskauer Prozeß erwähnend, führte das Dokument als Beweis meiner verbrecherischen Tätigkeit nur meinen Artikel über französische Angelegenheiten an, der in der amerikanischen Wochenzeitschrift *Nation* abgedruckt war, und meinen offenen Brief an den Chef der Kriminalpolizei, Sven. Es war vollkommen klar, daß die norwegische Regierung den ersten besten Vorwand benutzte, um die wirklichen Gründe ihrer Wendung zu verbergen.«[39]

Am nächsten Tag, den 27. August 1936, sollte er mit Begleitschutz nach Oslo gefahren werden, um als Zeuge in der Sache des Angriffs der Nazis auf Wexhall vernommen zu werden. Trotzki erzählt:

> »Der Untersuchungsrichter bewies jedoch wenig Interesse für den Überfall. Dafür aber verhörte er mich zwei Stunden lang über meine politische Tätigkeit, meine Verbindungen, meine Besucher. Längere Debatten entwickelten sich um die Frage, ob ich in meinen Artikeln die Regierungen anderer Staaten kritisiere. Ich leugnete es selbstverständlich nicht. Der Richter fand, eine solche Kritik widerspreche der von mir übernommenen

Verpflichtung, gegen andere Staaten feindliche Handlungen zu unterlassen. (...) Doch wollte es mir nicht in den Sinn, daß ich, der ich in Norwegen lebte, nicht in anderen Ländern Artikel publizieren durfte, die den Gesetzen der betreffenden Länder nicht widersprechen.«[40]

Als Trotzki das Zimmer des Richters verließ, wurde er zum Justizministerium gebracht, wo ihm Trygve Lie den von Konstad abgefaßten Text, der eine Anerkennung der Einschränkung seiner Rechte darstellte, vorlegte.[41] Trygve Lie erzählt:

> »Zwanzig Jahre später erinnerten sich Augenzeugen der Szene noch immer an die Zornesblitze in Trotzkis Augen und den Donner seiner Stimme, als er die Unterschrift verweigerte. Wie, so fragte er, wagte es der Minister, ihm ein so schändliches Dokument vorzulegen? Glaube er wirklich, daß ein Mann seiner Vergangenheit es unterzeichnen würde?«[42]

Der Minister faselte irgendeine Erklärung im Hinblick auf die Wahlen. Trotzki lachte auf und hielt seine Weigerung aufrecht, wobei er erklärte, daß er es vorziehe, verhaftet zu werden.[43] Trotzki sollte gleich erhört werden.[44]

Noch am gleichen Tag verhaftete die Polizei Jean van Heijenoort und Erwin Wolf, über die sie die Informationen der belgischen und der französischen Polizei eingeholt hatte. Ohne sie mit Trotzki Kontakt aufnehmen zu lassen, versuchte die Polizei, ihnen eine Erklärung abzupressen, daß sie Norwegen freiwillig verließen; gleichzeitig drohte sie ihnen, sie im Weigerungsfalle nach Nazideutschland abzuschieben. Schließlich wurden sie am nächsten Tag, dem 28. August 1936, mit besonderer Brutalität ausgewiesen.[45]

Diese Maßnahme, die darauf abzielte, Trotzki zu isolieren und ihn der Möglichkeiten zu arbeiten, also sich gegen die Anschuldigungen aus Moskau zu wehren, zu berauben, war sehr bezeichnend: zum einen für die Entschlossenheit der Osloer Regierung, der Sowjetunion und ihrer eigenen rechten und rechtsextremen Opposition ihre »feste Haltung« in bezug auf den Verbannten zu beweisen; zum anderen für das Gewicht der Naziführer oder Sympathisanten in der Polizei und der hohen Verwaltung im politischen Leben Norwegens unter einer sozialistischen Regierung.

Noch am nämlichen Tag der Verhaftung ihrer jungen Freunde waren Trotzki und Natalja an Ort und Stelle in dem Haus von Wexhall Gefangene geworden; sie wurden von den Knudsens isoliert, das Telefon wurde unterbrochen. Am 29. August 1936 – der Leser erinnert sich – erhob der sowjetische Botschafter Jakubowitsch in seiner Vorsprache gegen die antisowjetische Tätigkeit Trotzkis Protest.[46] Am 31. August 1936 nahm die Regierung eine Verordnung, die man Trotzkiverordnung oder -gesetz Nr. 1 nennen wird, an, die es ihr gestattete, einen Ausländer, der nicht in ein anderes Land abgeschoben werden konnte, zu internieren![47]

Am 2. September 1936 wurden Trotzki und Natalja Iwanowna in ein an die dreißig Kilometer von Oslo entferntes Dorf, nach Sundby, in der Nähe von Hurum verlegt, wo sie drei Monate und zwanzig Tage unter der ständigen Bewachung von dreizehn Polizisten leben sollten. Als befreundeter Rechtsanwalt der Gefangenen erzählt uns Gérard Rosenthal, was er einige Tage später bei seinem Besuch sah:

> »In Sundby war der Herbst neblig und regnerisch. Am Ende eines schlammigen und verödeten Gartens – von den entblätterten Bäumen sah man nur die Zweige – kam man an einer elenden Hütte vorbei, die als Latrine diente. Das Erdgeschoß des kleinen baufälligen Holzhauses diente als Unterkunft für die Bewachung. Im hellen Lichtschein spielten ein Dutzend Polizisten, ohne Jacken, ohne Schuhe, die Waffen an den Ständern aufgehängt, beim Rauch ihrer Pfeifen Karten. (...) Das kleine Zimmer mit niedriger Decke, wo sich Trotzki aufhielt, war traurig und düster. Natalja war ruhig, schweigsam und niedergeschlagen. Ich sah die Trotzki wieder, die Gesichtsfarbe grauer, unempfindlich und einzig und allein auf Wirksamkeit bedacht.«[48]

Die Internierten wurden Bedingungen unterworfen, die vom Justizminister festgelegt worden waren: Isolierung und strenge Bewachung, Kontrolle des Briefwechsels beim Ausgang wie beim Eingang, Genehmigungspflicht, Bücher oder Zeitungen, Besucher etc. zu empfangen. Gérard Rosenthal fährt fort:

> »Trotzki war in dieser Baracke in tragischer Weise eingemauert, während gegen ihn die schlimmsten Beschuldigungen erhoben wurden und es ihm unmöglich war, seine Empörung und das Bedürfnis, sich Gehör zu verschaffen, die ihn verzehrten, loszuwerden. Das Radio war ihm weggenommen worden. Alle Briefe gingen durch die Zensur. Die Schriften und die Erinnerungen, die die ungeheuerlichen Beschuldigungen Moskaus widerlegten, waren einfach beschlagnahmt und vernichtet worden.«[49]

Der wirkliche Gefangenenwärter von Trotzki, zusammen mit dem sozialistischen Minister Trygve Lie, der sich die Hände nur schmutzig machte, um Verfügungen zu unterschreiben, war der Leiter des zentralen Paßbüros, der seit dem 31. August 1936 befugt war, jede konkrete das Schicksal Trotzkis betreffende Frage unanfechtbar zu entscheiden. Dieser Leif Ragnvald Konstad, zu dem Trotzki daran erinnerte, daß »die liberale Presse« ihn »noch höflich als Halbfaschisten bezeichnete«, hatte den Lohn für seine Hartnäckigkeit erhalten: War nicht das Endergebnis des Angriffs auf Wexhall und seiner »Überwachung«, daß das Schicksal des Verbannten jetzt in seinen Händen lag?

Von diesem Standpunkte aus waren die Absichten der Regierung besonders durchsichtig. Es ging ihr darum, Trotzki so vollständig wie möglich zu fesseln und mundtot zu machen, um den Moskauer Forderungen Genüge zu leisten. Als Trotzki am 6. Oktober 1936 eine doppelte Verleumdungsklage gegen den Nazijournalisten Herlof Harstad von *Fritt Folk* und gegen den Stalinisten H. W. Christiansen von *Arbeideren* einreichen ließ, schlug die sozialistische Regierung mit einer rückwirkenden ... »Trotzkiverordnung Nr. 2« zurück, die einem »internierten Ausländer« untersagte, während der Dauer seiner Internierung vor einem norwegischen Gericht eine Klage einzureichen!

Zu den Umständen seiner Internierung machte der Betroffene scharfsinnige Bemerkungen:

> »In Konstads Händen lag übrigens nur die Kontrolle über unser geistiges Leben (Radio, Briefwechsel, Zeitungen). Die unmittelbare Macht über unsere Körper war zwei höheren Polizeibeamten übertragen: Askvig und Jonas Lie. Der norwegische Schriftsteller Helge Krog, dem man absolut glauben kann, nennt alle beide Faschisten. Allerdings benahmen sich Askvig und Lie anständiger als Konstad. Das politische Bild jedoch ändert es nicht. Faschisten überfallen meine Wohnung. Stalin beschuldigt mich der Verbindung mit den Faschisten. Um mich daran zu hindern, die Lüge zu entlarven, erreicht er von seinen demokratischen Verbündeten meine Internierung. Das Wesen der Internierung besteht darin, daß man mich und meine Frau drei faschistischen Beamten ausliefert. Eine bessere Aufstellung der Figuren kann keine Schachphantasie ausdenken.«[50]

Eine der dramatischsten Seiten der Lage von Trotzki in der Zeit seiner Internierung lag in der Schwäche seiner rechtlichen Verteidigung, die vor Ort von dem alten Anwalt Puntervold wahrgenommen wurde, einem Mitglied der machthabenden Partei, dem Trotzki seine Habgier, die außergewöhnlich hohen Kosten seines Honorars und seine völlige Untätigkeit vorwarf und den er dabei darüber hinaus als »alten Trunkenbold« bezeichnete. Der einzige wirkliche Dienst, den Puntervold seinem berühmten Klienten erwiesen hat, war, Walter Held einige Tage nach der Internierungsentscheidung als Sekretär eingestellt zu haben, wodurch er so eine Verbindung zwischen dem Internierten und dem kämpferischen Generalstab, der um Ljowa herum die Verteidigung zu organisieren versuchte, möglich machte. Eben dank seiner freundschaftlichen Beihilfe unter diesen schwierigen Bedingungen gelang es Ljowa, am schicksalhaften 9. November 1936 seinem Vater einen Strauß roter Rosen zukommen zu lassen.

Achtundvierzig Stunden später erreichte der sozialistische Minister der »Rechtspflege« neue Höhepunkte auf dem Gebiet der Willkür und der Rechtsverweigerung. Er schrieb einen Brief an Herrn Puntervold:

> »Nach einer Unterredung mit der Regierung hat der Justizminister entschieden, sich jedem Versuch Leo Trotzkis zu widersetzen, vor einem ausländischen Gericht gerichtliche Schritte zu unternehmen, solange er in Norwegen bleibt. Sollte Trotzki gerichtliche Schritte unternehmen, so muß das nach dem Verlassen des Landes sein. Es wird ihm geraten, sofort eine Aufenthaltserlaubnis in einem anderen Lande zu verlangen. Jeder Schriftverkehr Trotzkis darf in Zukunft nur faktische Informationen enthalten.
>
> Da der gegenwärtige Aufenthaltsort Trotzkis und die Kosten für die Bewachung der Öffentlichkeit erhebliche Ausgaben bereiten, muß er sich

> darauf gefaßt machen, in näherer Zukunft an einen Aufenthaltsort gebracht zu werden, der diese Ausgaben erheblich senken wird.
> Oslo, den 11. November 1936
>
> Trygve Lie — Jørgen Scheel«

Der Sozialist Helge Krog, der dieses Schriftstück in einem dem Fall Trotzki gewidmeten Artikel anführte, kommentierte schlicht:

> »Lesen Sie es bitte noch einmal – man traut seinen Augen kaum! Trygve Lie, der Justizminister, hat diesen Brief tatsächlich dem Advokaten von Trotzki geschrieben!«[51]

Freunde und Genossen ergriffen Initiativen, um dem Geächteten zu helfen, das Verbot, zu prozessieren, zu umgehen. In der Schweiz verpflichteten Walter Nelz und seine Freunde von der Marxistischen Aktion der Schweiz (MAS) den Anwalt für Menschenrechte, Erwin Strobel, um ein Strafverfolgungsverfahren gegen die Sprachrohre der Komintern, *Die kommunistische Internationale* und *Vorwärts*, die die Gegenstände der Moskauer Anklage wieder aufgegriffen hatten, einzuleiten.

In Prag vereinte ein offiziell von dem expressionistischen Schriftsteller und Dichter Sonka geleiteter und von Jan Frankel und Anton Grylewicz organisierter Internationaler Ausschuß für Recht und Wahrheit die Mithilfe vieler Intellektueller und Führungskräfte der Arbeiterbewegung, um Licht in den Moskauer Prozeß zu bringen. Der Ausschuß hatte sich die Dienste des größten Anwalts für Menschenrechte des Landes, Bedrich (oder Friedrich) Bills gesichert.

In Paris begann der Ausschuß zur Untersuchung der Moskauer Prozesse – eine Weiterführung der Bemühungen von Sedow zur Verteidigung der politischen Gefangenen in der UdSSR – auf Veranlassung von Gérard Rosenthal und Andrée Limbour seine Arbeit. Er zog viele Intellektuelle und Gewerkschafter an. Auf Bitten Sedows faßte Marcel Martinet einen »Aufruf an die Menschen« ab, um den sich Unterzeichner scharten.

Die amerikanischen Genossen Trotzkis, die vor kurzem der Sozialistischen Partei beigetreten waren, machten sich die so geknüpften Bande zunutze, um mit erheblichem Gehör ein Amerikanisches Komitee für die Verteidigung Leo Trotzkis (ACDLT) zu bilden. Dessen erstes Ziel war, das Asylrecht für den in Norwegen der Freiheit beraubten und von dem Augenblick an, wo Stalin darüber hinaus Druck auf seine Ausweisung machte, in seiner Sicherheit bedrohten Verbannten zu erlangen.

Zwangsläufig fand sich Leo Sedow in den Mittelpunkt der Aufgabe der Verteidigung seines Vaters gestellt. Über ein Netz von Korrespondenten in Europa führte er seine eigene Untersuchung durch, suchte Unterlagen und Zeugen, um eine gewisse Anzahl von Tatsachen und die Unmöglichkeit gewisser anderer zu beweisen.

Es ging Sedow zunächst darum, zu beweisen, daß eine gewisse Zahl der in den Moskauer Prozessen aufgestellten Behauptungen, die zum Beispiel seine angeblichen Begegnungen in Kopenhagen oder seine, Sedows, Anwesenheit in dieser Stadt anläßlich der Reise seines Vaters betrafen, falsch waren. Man mußte Zeugenaussagen und Unterlagen zusammenbekommen, sich schriftliche Zeugnisse besorgen, die Weltpresse sorgfältig auswerten, um wichtige Teilinformationen zu entdecken. Um nur ein einziges Beispiel herauszugreifen: Um beweisen zu können, was einfache Wahrheit war, nämlich, daß Sedow nicht nach Kopenhagen gereist war, mußte er nicht nur Zeugen und Unterlagen finden – zum Beispiel Testate der Universität –, die bestätigten, daß er sich zur gleichen Zeit in Berlin aufgehalten hatte oder die amtlichen Spuren aller bei der französischen Regierung unternommenen Vorsprachen zum Zwecke der Erlangung der Erlaubnis, sich nach Frankreich zu begeben, um dort seine Eltern nach ihrer Abreise aus Kopenhagen auf ihrem Reiseweg zu treffen, beschaffen. Das wichtigste Beweisstück sollte jedoch von einer Tageszeitung zu einem Punkt beigeschafft werden, an den Trotzkis Freunde ganz offensichtlich nicht gedacht hatten – so ungeheuerlich war hier der Fehler in der Fälschung der Prozeßdokumente: Es war der dänische *Sozialdemokraten*, der am 1. September 1936 die Aufmerksamkeit auf die Tatsache lenkte, daß das Hotel Bristol, der angebliche Zusammenkunftsort eines der Angeklagten mit Sedow, seit langem nicht mehr existierte, da es schon 1917 abgerissen worden war.

Sedow, von seinem Vater, der ihn bat, das zu tun, was ihm von nun an nicht mehr selbst zu tun möglich war, gedrängt, begann gleichzeitig mit der Vorbereitung einer Broschüre, was ihn dazu brachte, zugleich die Verteidigungsstrategie genau festzulegen und eine sehr ernsthafte kritische Studie des Verhandlungsberichts des Prozesses zu machen. Aus offensichtlichen Sicherheitsgründen und aus Sorge, nichts zu sagen, was die Verteidigungsstrategien der Männer in den Händen der GPU, die noch nicht umgefallen waren, beeinträchtigen konnte, beschloß Sedow praktisch alle Hinweise auf einen Block der Oppositionen von 1932 zu leugnen. Der Einfachheit der Verteidigung halber wurde Smirnow – den getroffen zu haben Sedow zugibt, wobei er aber zugleich die Unterhaltung banalisiert – von ihm wie ein von Sinowjew durch bloße Nuancen getrennter gewöhnlicher »Kapitulant« von 1929 behandelt. Alle Moskauer Angeklagten wurden so als politische Gegner Trotzkis hingestellt, was sie zu einer gewissen Zeit auch gewesen waren, aber genau genommen nicht mehr im Jahre 1932.

In dem offiziellen Verhandlungsbericht des Prozesses vermerkte Sedow Widersprüche und Ausflüchte und mehr als tendenziöse Zusammenfassungen. Über ein systematisches Studium der vom Staatsanwalt als Komplizen aufgeführten Personen, Angeklagten und Zeugen, verstärkt durch eine sorgfältige Untersuchung der Numerierung der Akten der Angeklagten, führte

Sedow den Beweis, daß viele Männer, die logischerweise auf der Anklagebank hätten erscheinen müssen, nicht zugegen waren, wobei ihr Fall aber nicht ausdrücklich abgetrennt wurde. Auf diese Weise durchschaute Sedow den Mechanismus der gerichtlichen Untersuchung und den alleinigen Schlußauftritt der gebrochenen Angeklagten, da diejenigen, die Widerstand leisteten, wahrscheinlich zur Belehrung derjenigen, die hätten versucht sein können, es ihnen nachzumachen, hingerichtet worden waren.

Diese Arbeit von Sedow führte Ende Oktober 1936 zur Abfassung einer von Van sofort ins Französische übersetzten gediegenen Broschüre mit dem Titel *Rotbuch über den Moskauer Prozeß*.

Einige vereinzelte Stimmen machten sich weltweit ebenfalls an die Verteidigung. Die Artikel des russischen Menschewiken S. M. Schwarz trugen ihr Scherflein zur Zerstörung der Thesen der Moskauer Anklage bei.[52] Friedrich Adler schrieb über die Rechtsgültigkeit der Geständnisse und die Methoden der »Präparierung« der Angeklagten. Doch im Grunde gab es eine sehr feste Übereinstimmung, und Churchill und Hitler, jeder auf seine Weise, trugen mit ihrer Bürgschaft zu Stalins Verbrechen bei.

Auf jeden Fall blieben die Stimmen der Verteidigung schwach, verloren im Gedröhne der offiziellen Propaganda der Moskauer Regierung, die vom Apparat der verschiedenen kommunistischen Parteien und der Organisationen der »Freunde der UdSSR«, die unterschiedlichen Namen trugen, übernommen wurden. Unzählige Pressionen traten hinzu, deren Mechanismus nicht immer leicht bloßzulegen war, deren Wirkungen dafür aber häufig ganz und gar aufsehenerregend ausfielen. Binnen weniger Wochen sollten zwei der wichtigsten in den Kampf gegen den Prozeß eingesetzten Anwälte abspringen. In Prag gab F. Bill diese Arbeit nach einem Einbruch, den man in seiner Wohnung organisierte, und den Einmischungen zahlreicher seiner Freunde auf. Herr Strobel, der schweizerische Anwalt, schützte die »weitreichenden politischen Konsequenzen«, die er »in Erwägung ziehen« müsse, vor, um sich von seinen Verpflichtungen zu lösen.

Der dickste Erfolg der Freunde des Moskauer Staatsanwalts wurde damals jedoch in Frankreich, dem neuralgischen Feld des Kampfes, mit der Stellungnahme der Liga für die Menschenrechte und dem in ihrem Namen von dem Anwalt Rosenmark vorgelegten Bericht eingeheimst. Ein »erschreckendes Dokument«, schrieb Gérard Rosenthal Jahrzehnte später, »der Bericht von Rosenmark ist ganz und gar auf den völligen Glauben, den er den (verblüffenden) Geständnissen der Opfer schenkt, gegründet«.[53] Der Jurist und Anwalt Rosenmark zögerte nicht einmal zu schreiben:

> »Die Angst, die wir alle vor dem Justizirrtum haben, besteht nur, wenn der Angeklagte sein Verbrechen leugnet, wenn er bis zum Ende seine Unschuld beteuert.«[54]

Trotzki zweifelte für seinen Teil nicht einen Augenblick daran, daß der Schlüssel zu dieser Episode, die für ihn einen wirklichen Rückschlag darstellte, faktisch nicht in der zugleich stumpfen und anmaßenden Eigenart des Rechtsexperten der Liga lag, sondern in der Politik der Volksfront, in die diese Organisation von Anfang an tief eingebunden war. Trotzki brandmarkte deren Haltung in einem in Sundby abgefaßten und heimlich in dem Umschlag eines Buches von Max Eastman herausgeschmuggelten Artikel:

> »Die ‚Expertise' des Advokaten Rosenmark über den Prozeß ist eines der skandalösesten Dokumente unserer Zeit. Seine hochtrabende Veröffentlichung bedeutet für die Französische Liga der Menschenrechte einen unvergänglichen Schandfleck, deren Namen sogar, unter den gegenwärtigen Umständen, etwas Lächerliches anhaftet.«[55]

Trotzki war in der Tat nahe daran zu glauben – was wahrscheinlich die Wahrheit ist –, daß der Verfasser des Berichts von dem politischen Problem, das er als Jurist entscheiden möchte, keine blasse Ahnung hatte und ganz einfach nur ein »beschränkter Spießer« war. Aber Trotzki meinte, daß in dieser Angelegenheit mehr steckte, als »die vom juristischen Schwachsinn vervielfachte Mittelmäßigkeit des Philisters«.[56] Denn eben jene Liga hatte Rosenmark die Abfassung dieses Berichtes übertragen und ihn publik gemacht.

Ein einziges Mal hatte Trotzki in dieser Zeit die Möglichkeit, sich öffentlich zu äußern: Am 11. Dezember 1936 gelegentlich seines Erscheinens als Zeuge in der Sache des Dokumentendiebstahls der Nazis in seinem Haus. Sehr ungezwungen und gelassen erklärte Trotzki, unter welchen Bedingungen die norwegische Regierung für ihn die Unmöglichkeit, sich gegen die gemeinsamen Anschuldigungen der Nazis und Stalins zu wehren, aufrechterhielt. Als Trotzki den Freunden der UdSSR von der Art Rosenmarks antwortete, erklärte er auch den Mechanismus der »Geständnisse«, die Männern, die den ersten Schritt auf diesem Weg getan hatten, indem sie ihre eigenen Vorstellungen auf Geheiß der Parteiführung verleugnet hatten, nach Jahren der Kapitulationen abgepreßt worden sind. Trotzki demonstrierte, was die Prozesse waren: die Verteidigung eines durch das Versagen seiner eigenen Führer bedrohten Herrschaftssystems. Trotzkis Schlußfolgerung war eine Anklagerede gegen die norwegische sozialistische Regierung:

> »Ich beschuldige die norwegische Regierung der Verletzung der elementarsten Rechtsgrundsätze. Der Prozeß der 16 eröffnet eine ganze Serie ähnlicher Prozesse, bei denen nicht nur meine und meiner Familienmitglieder, sondern auch hunderter anderer Menschen Ehre und Schicksal auf dem Spiel stehen wird. Wie kann man dann mir, dem Hauptangeklagten und dem informiertesten Zeugen, verbieten zu sagen, was ich weiß? Das heißt doch, böswillig die Aufklärung der Wahrheit verhindern! Wer durch Drohung und Gewalt einen Zeugen daran hindert, die Wahrheit zu sagen, macht sich eines schweren Verbrechens schuldig, was, wie ich bestimmt annehme, nach den norwegischen Gesetzen streng bestraft wird. Es ist gut

> möglich, daß der Justizminister wegen meiner Aussagen in diesem Saal neue Repressalien anwenden wird: Die Hilfsmittel der Willkür sind unbeschränkt. Aber ich habe Ihnen versprochen, die Wahrheit und nichts als die Wahrheit zu sagen. Ich habe mein Versprechen erfüllt.«[57]

Trygve Lie nahm diese Herausforderung nicht an. Es genügte ihm wohl, seinem Gast einen Maulkorb umgehängt zu haben.

Schon zum Zeitpunkt des Angriffs der Nazis auf das Haus von Wexhall hatte sich Trotzki die Frage nach einer eventuellen Verbindung zwischen seinen Angreifern und der GPU, dem sowjetischen Geheimdienst, gestellt, die gleichfalls – wenn nicht mehr – auf seinen Briefwechsel und die Möglichkeit, sein Asyl zu gefährden, beziehungsweise ganz einfach ihn der Verteidigungsmöglichkeiten zu berauben, erpicht waren:

Trotzki erklärte am 11. Dezember 1936 dem Gericht:

> »In diesem Sinne kann man den Versuch der Gestapo, mit Hilfe ihrer norwegischen Gesinnungsgenossen meine Korrespondenz an sich zu bringen, begreifen. (...) Es ist aber auch eine andere Erklärung, eine nicht weniger wahrscheinliche, möglich. Indem sie den Moskauer Prozeß vorbereitete, mußte sich die GPU für mein Archiv interessieren. Einen Überfall durch die ‚Kommunisten' zu organisieren, das hätte bedeutet, sich zu sehr bloßzustellen. Durch die Faschisten war es bequemer. Umso mehr, als die GPU ihre Agenten in der Gestapo hat, wie die Gestapo ihre Agenten in der GPU. Sowohl die einen wie die anderen konnten diese jungen Menschen für ihre Pläne ausnutzen.«[58]

Zwischen dem Naziangriff und der Abreise Trotzkis aus Norwegen war das geheime Einvernehmen zwischen der Sowjetunion und Nazideutschland hinsichtlich der öffentlichen Stellungnahmen der beiden Länder und der von ihnen abhängenden politischen Organisationen offenkundig. Die einen wie die anderen versicherten, Norwegen und seine Gesetze zu verteidigen: für die letzteren gegen einen treu- und gesetzlosen Revolutionär, für die ersteren gegen einen terroristischen Konterrevolutionär. Die einen wie die anderen waren sich ohnedies nicht nur in den von ihnen erhobenen Anschuldigungen, in ihren Beleidigungen und ihren Drohungen einig, sondern auch in der Forderung nach der Ausweisung Trotzkis aus Norwegen, die für ihn alle Gefahren, auch die einer Entführung durch die Sowjetunion, wo Trotzki ein richterlicher Mord erwarten würde, heraufbeschwören würde. Die grundlegende Übereinstimmung in diesem Punkt zwischen Stalin und Hitler wurde in einem Kommentar Quislings in eigener Person über die Aktion seiner jungen Gefolgsleute gegen das Haus von Wexhall verraten:

> »Es wäre einfacher gewesen, ihn an die russische Botschaft auszuliefern. Sie hätten ihn wahrscheinlich in einer Urne nach Moskau expediert.«[59]

So trat das schon bald nach dem Februar 1934 aufgenommene geheime Einvernehmen zwischen den Hitler-Anhängern und den Stalinisten in diesem

Jahre 1936 ein zweites Mal zutage, wie es nochmals zum Zeitpunkt von Trotzkis Ermordung erfolgen wird. Man kann sich wirklich fragen, ob sich 1936 die Schlinge dank dieses nur »faktischen« und noch nicht förmlichen Bündnisses nicht schon um Trotzkis Hals zugezogen hat und ob daher für ihn der Planet nicht schon endgültig »visumlos« geworden war.

Die Internierung in Sundby hat ihm die schon halb geöffnete Tür für das in voller Umwälzung begriffene Katalonien, wo Andrés Nins POUM öffentlich das Asylrecht für den Verbannten eingefordert hatte, brutal zugeschlagen. Von nun an gab es keinerlei Chance mehr, ein europäisches Visum zu erlangen und folglich verschwindend geringe Chancen für Trotzki, neue Lebensbedingungen zu finden, die denen in der Türkei ähnlich waren, wo er seinen Lebensunterhalt mit der Feder hatte verdienen können.

Gab es ein solches Land? Das sozialistische Norwegen war es nicht. Welches andere kam in Frage? Dieses Problem stellten sich die Genossen Trotzkis in der ganzen Welt voller Beklommenheit. Eben dieses wollten die amerikanischen Mitglieder seines Verteidigungskomitees (ACDLT), die ihre Tätigkeit auf die Frage seines Asyls konzentrierten, zu lösen versuchen. Sie beschlossen, beim Präsidenten von Mexiko vorstellig zu werden, bei Lázaro Cárdenas, der keinem anderen Staats- oder Regierungschef glich, da er sich ja unlängst geweigert hatte, dem Nichteinmischungsabkommen beizutreten und dem republikanischen Spanien Waffen lieferte.

Seinen Gastgebern gegenüber, die ihm so verachtenswert erscheinen, war Trotzki nur der Hochmut und die Herausforderung selbst. Trygve Lie erzählt, daß Trotzki voll bitteren Spotts zu ihm sagte:

> »Sie mit ihrem Pantoffelministerpräsidenten – Ihr werdet alle zusammen in zwei Jahren aus Eurem Lande vertrieben werden.«[60]

Und der ehemalige Justizminister, ein schlechter Verlierer, fügte hinzu:

> »Wir sind Flüchtlinge gewesen, und als wir aus unserem Lande verjagt wurden, haben wir uns an seine Worte erinnert, aber das war vier, und nicht zwei Jahre später.«[60]

Die Legende will, daß König Håkon, der nicht so kleinlich war wie Trygve Lie, 1940 seine Minister wegen ihrer Feigheit an Trotzkis »Fluch« erinnerte, als er sich mit ihnen unter niedrig hängenden Wolken in einer Welt aus Verzweiflung einschiffte, um vor Hitlers Panzern zu fliehen und nach Großbritannien zu flüchten …

Kapitel 54

Wiederaufleben in Mexiko

Die Abreise nach Mexiko, von deren Möglichkeit Trotzki am 16. Dezember 1936 erfährt, war für ihn ein Sprung ins Unbekannte.[1]

In der Vergangenheit hatte Trotzki zwar kurze briefliche Kontakte mit diesem Land gehabt, als er insbesondere Briefe mit dem Nordamerikaner Russell Blackwell, Rosalio Negrete genannt, sowie mit einem unbekannten jungen Mann, aus dem viel später der große Romancier José Revueltas werden sollte[2], 1934 schließlich mit dem weltberühmten mexikanischen Maler Diego Rivera austauschte.

Doch in den Vereinigten Staaten hatte man nach einer Konsultation der für das ACDLT Verantwortlichen mit der Journalistin und Ethnologin Anita Brenner, deren Familie in Mexiko lebte und die den Präsidenten Cárdenas persönlich kannte, an die Möglichkeit eines Asyls in Mexiko gedacht: Sie hielt eine bejahende Antwort für möglich.

Wir besitzen heute das unbestreitbare Zeugnis von Octavio Fernández über die Art und Weise, wie Trotzkis Visum für Mexiko beantragt und erlangt worden ist.[3] Am 21. November 1936 telegraphierte Anita Brenner mit dem Einverständnis der amerikanischen Freunde Trotzkis, daß es eine »Frage von Leben oder Tod« sei, zu wissen, ob »der alte Kinnbart«, wie es im Telegramm steht, kommen könne, um »sich in Mexiko zu kurieren«.[4] Das war für Trotzki unstreitig das Aushandeln der letzten Chance. Eine sofort abgehaltene dringliche Sitzung des Politbüros der mexikanischen Sektion der IKL legte die Sache in die Hände von Diego Rivera und des Lehrers Octavio Fernández, eines Führer der Organisation. Noch am gleichen Nachmittag wurden die beiden Führer der kleinen Organisation im Büro des Sekretärs des Staatsministers für das Verkehrs- und Nachrichtenwesen, des Generals Francisco J. Múgica, empfangen.

Als ein alter heimlicher Revolutionär, während der Revolution und des Bürgerkrieges General geworden, war Múgica einer der meistgehörten Redner der Gesetzgebenden Versammlung von Aguascalientes im Jahre 1917 und Mitglied der mexikanischen KP in ihren Anfängen. In der Zeit, als er Gouverneur von Michoacán war, kämpfte er mehrere Jahre lang gegen die nordamerikanischen Erdölinteressen, und viele Jahre lang war er als Gouverneur der Strafanstalt der Marieninseln in einer Art Verbannung gewesen. Mit der Wahl seines Freundes, des Generals Cárdenas, der auf gewisse Weise auch sein Schüler war, kehrte Múgica in den Vordergrund des politischen Geschehens zurück. Als Staatssekretär im Verkehrsministerium war er 1936 einer der meistgehörten Berater des Präsidenten. Wie sehr viele Mexikaner seiner Generation erkannte sich Múgica als mexikanischer Revolutionär in der russischen Revolution wieder und sah in Trotzki einen revolutionären General, somit einen der Seinen.[5]

Múgica konnte angesichts der Vorsprache von Fernández und Rivera nicht zögern und schrieb sogleich einen Brief an den Präsidenten, in welchem er darauf hinwies, daß die beiden Männer ihm soeben ein Gesuch übergeben hätten, das er sich zu eigen mache und von dem er wünsche, daß der Präsident es günstig aufnehme. Rivera und Fernández machten sich im Auto des Malers sofort auf den Weg, um den Präsidenten zu treffen, der damals im Begriff war, im Gebiet von La Laguna Maßnahmen zur Landreform vorzunehmen. In Torréon angekommen, erfuhren sie, daß der Zug *Olive*, in dem der Präsident Platz genommen hatte, bald ankommen würde. Sie hatten nur noch darauf zu warten, daß der Brief Múcigas seine Wirkung tat. Sie wurden sehr schnell empfangen. Octavio Fernández erzählt:

> »Sobald sie in das Büro des Präsidenten hineingebracht wurden, sagte zu ihnen der General Cárdenas, ohne Einleitung und kurz und knapp, ungefähr folgendes: ‚Herr Trotzki kann nach Mexiko kommen. Die durch mich vertretene Regierung wird ihm Asyl eines politischen Flüchtlings gewähren (...), aufgrund der Umstände, die sein Leben gefährden, wie Sie versichern. Man wird ihm alle erforderlichen Zusicherungen geben (...), daß er kein Gefangener sein wird.‘«[6]

Und der Präsident fügte noch hinzu, daß er Trotzki keinerlei Bedingungen auferlege und lediglich seine Parteigänger darum bitte, bei seiner Ankunft darauf zu verzichten, Demonstrationen zu organisieren, die Gegendemonstrationen hervorrufen könnten.

Die Entscheidung von Cárdenas wurde unstreitig aus prinzipiellen Gründen getroffen und ergab sich aus seiner wirklichen Überzeugung, daß das Asylrecht ein allgemeines demokratisches Recht sei. Er sollte auch in den folgenden Tagen seine Haltung mit Bravour verteidigen, als er den Einwänden seines Außenministers, des Generals Hay, und vieler seiner Berater widerstand[7], und indem er seine Entscheidung trotz der Berge von Telegrammen, die ihm aus dem ganzen Land von Seiten der Kommunistischen Partei, der Gewerkschaften der CTM [Confederacíon de Trabajadores de Mexico] und den von diesen beiden Verbänden kontrollierten Organisationen zugingen, unbeirrt aufrechterhielt.

Die Nachricht wurde von Trotzki und Natalja Iwanowna mit ebensoviel Erleichterung wie Besorgnis aufgenommen. Die Gefahr einer Ausweisung ohne Visum und somit einer faktischen oder juristischen Auslieferung an die UdSSR entschwand, aber die mexikanische Zukunft war deshalb alles andere als klar. Von Paris aus richtete Sedow scharfe Vorwürfe an seine amerikanischen Genossen[8], weil sie, wie er sagte, im Begriffe waren, seinen Vater in ein

Land zu schicken, wo man sich, wie auch Shachtman zugab, für ein paar Dollar einen Meuchelmörder besorgen konnte.[9] Van Heijenoort, der seinerseits nach Paris zurückgekehrt war, stürzte zur Bibliothek Sainte-Geneviève, um dort Grundkenntnisse über dieses ferne Land zu erwerben, von dem er ahnte, daß er bemüßigt sein würde, es demnächst zu besuchen.[10]

Einer der Hauptpunkte der Beunruhigung Trotzkis und Natalja Iwanownas erstreckte sich auf die Bedingungen der Überquerung des Atlantiks per Schiff, von der sie ganz und gar nicht wußten, unter welchen Bedingungen sie vonstatten gehen würde, und von der sie nicht ohne Grund glaubten, daß sie sich leicht für eine verbrecherische Organisierung eines »Unfalls« eignete, da sie ja während dieser Tage der Kontrolle durch die öffentliche Meinung, der – wenn auch feindlichen – Presse und auf jeden Fall dem Schutz ihrer Genossen entzogen sein würden.[11] Die zynischen norwegischen Behörden warnten Held, daß er, wenn er sich mit ihnen einschiffte, kein Rückreisevisum bekommen werde – ein Opfer, das die Trotzkis ablehnten.[12]

Nun aber waren all diese Befürchtungen müßig. Die Überfahrt auf dem Erdöltanker *Ruth* ging von Anfang bis zum Ende auf ruhiger See vonstatten. Trotzki konnte sogar an den verschiedenen Gesichtspunkten des Moskauer Prozesses gewidmeten Artikeln, die wichtige Teile seines Buches *Stalins Verbrechen* bilden sollten, arbeiten. Sein Kapitän, Hagbart Waage, hatte den Reisenden seine persönliche Kabine überlassen. Der sie begleitende norwegische Polizeioffizier Jonas Lie – der künftige Chef der Polizei und der SS unter der Besatzung – hatte sich von ihnen den Revolver Trotzkis aushändigen lassen und ihnen die Benutzung des Funks zur Kommunikation untersagt:[13] An Bord waren sie noch auf norwegischem Staatsgebiet, und das ließ er sie spüren.

Die Ankunft in Tampico brachte den besorgten Reisenden plötzlich gute Überraschungen. Eine Gruppe kam an Bord, um sie auf dem Schiff zu empfangen: Im Vordergrund sahen sie das wohlbekannte Gesicht Shachtmans. Man stellte ihnen Frida Kahlo vor, die Diego Rivera vertrat, der im Krankenhaus lag, und George Novack, den Sekretär des ACDLT. Aber es waren auch der Vertreter des Präsidenten der Republik, General Beltrán, da und natürlich eine Meute lüsterner Journalisten. Am Bahnhof erwartete sie der Präsidentenzug *Hidalgo,* der sie gleich in Richtung Coyoacán, eines Vorortes der Hauptstadt und zu jenem »blauen Haus«, das ihnen Frida zur Verfügung stellte, bringen sollte. Nach dem schroffen Verlassen der norwegischen Kälte und den atlantischen Nebelschwaden vermerkte Trotzki, von der Sonne und den Farben geblendet:

> »Nicht ohne Erregung betraten wir den Boden der Neuen Welt. Trotzdem es Januar war, atmete dieser Boden Wärme. (...) Der Kontrast zwischen dem nördlichen Norwegen und dem tropischen Mexiko war nicht allein am Klima zu merken. Entkommen der Atmosphäre abscheulicher Willkür

> und ermattender Ungewißheit, begegneten wir bei jedem Schritt Gastfreundschaft und Aufmerksamkeit.«[14]

Natalja Iwanowna sollte Victor Serge anvertrauen, daß sie ihr neues Heim wie einen »neuen Planeten« gesehen habe:

> »Ein niedriges blaues Haus, ein *Patio* voller Pflanzen, kühle Räume, Sammlungen präkolumbianischer Kulturen, eine Überfülle an Bildern. (...)«[15]

Tatsächlich war für die neuen Gäste Mexikos nach langen Monaten der Angst und des Eingesperrtseins die plötzliche Entdeckung einer vor Leben überquellenden Welt ein richtiges Wiederaufleben.

***

Das Wiederaufleben eines menschlichen Wesens ist fast immer eine neue Liebe. Für Trotzki hatte sie, in diesem Mexiko der Farben, den Namen Frida Kahlo, der jungen Gattin des Malers Diego Rivera. Diese junge Frau von neunundzwanzig Jahren, selbst ebenfalls eine sehr bedeutende Malerin, Opfer eines unfallbedingten Gebrechens, das sie Höllenqualen durchleiden ließ, war eine ebenso schöne wie intelligente Frau mit feurigem Blick, »durch ihre schmale Silhouette von so zerbrechlicher Erscheinung«, schrieb Olivia Gall, »aber gleichzeitig so direkt und so kraftvoll in ihrer Ausdrucksweise und ihrem Blick, von so elegantem und so stolzem Gang, so schön und so mexikanisch in ihrer Aufmachung und ihrer Frisur, derart einzigartig«.[16] Es war wohl nicht erstaunlich, daß sie Trotzki bezaubert hat: Inmitten »der heiteren Farben ihrer Tücher, ihrer Bänder und ihrer Schmucksachen« war sie das Symbol des Empfangs dieses so schönen und so warmherzigen Landes. Van, der der Vertraute Fridas wurde, erzählte vom Entstehen dieser Idylle. Trotzki und sie sprachen Englisch, und Frida brachte das Wort »love« auf amerikanisch zum Klingen:

> »Trotzki ging offensichtlich auf das Spiel ein. Er machte sich daran, ihr Briefe zu schreiben. Er steckte den Brief heimlich in ein Buch und gab das Buch Frida, oft in Gegenwart anderer Personen, auch Nataljas und Diegos, und empfahl ihr, es zu lesen.«[17]

Aus diesem Flirt wurde im Juni 1937 ein Verhältnis, das sehr viele Stürme verursachte: Auch wenn niemand über ihre geheimen Zusammenkünfte in der Wohnung Christinas, der Schwester Fridas, in der Aguayostraße[18] Bescheid wußte, argwöhnte man in ihrer Umgebung davon. Jan Frankel, der sich herausnimmt, dem »Alten« vorzuhalten, daß sein Lebenswandel Katastrophen verursachen könnte und ebenso für seine Sicherheit wie für die Sache gefährlich sei, wurde vom »Alten« entschlossen gebeten, das Haus zu verlassen und die Funktionen, die er seit 1930 ausübte, aufzugeben.[19] Natalja ihrerseits litt gewaltig: Die Spannung zwischen ihr und L. D. verursachte Krisen und Ausbrüche und lief sogar auf eine zeitweilige Trennung hinaus, als Trotzki am 7. Juli 1937 wegging, um sich auf einem Gut von San Miguel Regla niederzulassen. Van glaubte, daß Trotzki und Frida im Laufe eines Besuches, den Frida Trotzki am 11. Juli 1937 machte, in gemeinsamem Einvernehmen beschlossen hatten, ihrer Romanze ein Ende zu setzen.[20] Ella G. Wolfe hat den von Trotzki nach ihrem Bruch an Frida geschickten Brief, einen der schönsten und der rührendsten Texte, die sie jemals gelesen hat, wie sie mir sagte, Liebesworte gleichsam wie von einem siebzehnjährigen Gymnasiasten, niemals vergessen.[21] Die Affäre war nun jedoch glücklich beendet, und man kann in dem von Van 1980 veröffentlichten Briefwechsel zwischen Trotzki und Natalja L. D.s schlagartigen neuen Lenz an Zärtlichkeit für Natalja nach diesem mit Frida bewußt einverständlich herbeigeführten Bruch verfolgen.[22]

Van führt zu diesem Thema genauer aus – und das ist nicht unnütz –, daß Diego Rivera nichts ahnte. Van war darüber glücklich, denn, so schrieb er, »der geringste Verdacht seinerseits hätte eine Explosion ausgelöst«[23] – mit unberechenbaren Folgen. Man darf annehmen, daß die Liebenden rechtzeitig auf einem gefährlichen Weg zu bremsen verstanden. Hayden Herrera, Fridas Biograph, glaubt, daß sie aus diesem Abenteuer mit einer historischen Persönlichkeit von der Größe Trotzkis viel Befriedigung gewann, aber daß sie ihn nicht liebte.[24] Was Trotzki anbelangt, sind uns seine Gefühle durch keinerlei Schriftstück bezeugt, und man kann es nur für sicher halten, daß er nicht spielte.

Diego Rivera war etwas älter als fünfzig Jahre, als Trotzki in Mexiko eintraf. Er war nicht nur ein weltberühmter Maler, einer der größten revolutionären Künstler seiner Generation mexikanischer Maler, sondern auch ein ungewöhnlicher Mann. Riesenhaft und recht dickleibig, krönte er seinen Elefantenkörper mit einem lächelnden, sehr dicklippigen Krötenkopf: Rivera war so häßlich, daß er die schönsten Frauen verzauberte, diejenigen, die von Umarmungen eines wilden Tieres träumten. Seine Lebenskraft, sein Humor, seine überraschende Lebendigkeit, machten aus ihm trotz seiner Stimmungsumschwünge einen außergewöhnlichen Begleiter. Mit unerschöpflichem Schwung war Rivera gleichfalls ein unermüdlicher Märchenerzähler und Plauderer. Er tränkte den Kreis seiner Bewunderer mit Fabeln und Geschichten und war ebenso fähig, über seine imaginären Heldentaten im Bürgerkrieg zu berichten wie genauestens seine kürzliche Bekehrung zu einer kannibalischen Diät, in *Tortillas* eingeschlagene Scheiben frischen weiblichen Fleisches, zarter, versichert er, als das des zartesten Ferkels, zu beschreiben.[25] Er war bisher der Mann der großen Polemiken und der großen Skandale.

Nach einem Aufenthalt in Spanien hatte Rivera zehn Jahre in Paris gelebt und die Sowjetunion besucht und hatte so viel gelernt, bevor er in sein Land zurückkehrte und bevor er dort als der größte, der typisch mexikanische Maler dessen, was man die *Murales*, die Mauerfresken nennt, hervortrat. Rivera hat die Mauern das Nationalpalastes in Mexiko mit den Meisterwerken seiner kraftvollen Kunst verziert, bevor er der Maler des ganzen Kontinents wurde – in San Francisco, in New York, am Radio-City-Gebäude in Detroit, wo er das Rockefeller Center verzierte – und wo seine Fresken von ihrem »Eigentümer« unter dem Vorwand, daß der Künstler dort Lenin dargestellt habe, zerstört wurden.[26]

Dieser gewaltige Künstler, der lange Zeit zum Tarif der Anstreicher bezahlt wurde, war inzwischen sehr reich geworden: Er war ebenfalls einer der Pioniere der Kommunistischen Partei und sogar einer ihrer Führer, bevor er 1929 aus ihr ausgeschlossen wurde. Er blieb, durch die Wechselfälle der Gewerkschaftsbewegung hindurch, ein glühender gewerkschaftlicher Kämpfer im Baugewerbe. Er war eine Zeitlang der Geliebte der schönen Italienerin Tina Modotti und hat sie verteidigt, als sie in der Affäre des Meuchelmordes an dem kubanischen Kommunisten Julio Antonio Mella in Mexiko verdächtigt wurde.[27]

Zunächst war Rivera eher mit der kommunistischen Rechtsopposition von Jay Lovestone in den Vereinigten Staaten verbunden; er hatte sich dann in Richtung Linke Opposition hin entwickelt und sie von 1934 an auch finanziell unterstützt, was zu einen kurzen Briefwechsel mit Trotzki geführt hatte.[28] Sein vulkanartiges Künstlertemperament machte Rivera zur größten Begeisterung und einer Dynamik fähig, die alle Hindernisse überwand, aber führte auch zu herben Phasen von Entmutigung und Niedergeschlagenheit. Als hingebungsvoller, aber unregelmäßiger, ebenso unsteter und launenhafter wie draufgängerischer Kämpfer war Rivera überzeugt, große Fähigkeiten zu einem politischen Führer zu besitzen; er bewarb sich um Verantwortlichkeiten, die er jedoch wegen einer Skizze vergessen konnte, daraufhin versuchte er verzweifelt, Verzeihung zu finden, indem er großzügig politische Tätigkeiten finanzierte, natürlich mit Vorliebe für diejenigen, die er selbst befürwortet hatte. Er war seit einiger Zeit Mitglied der kleinen LCI, der mexikanischen trotzkistischen Partei.

Natalja Iwanowna war ganz offensichtlich zurückhaltend, als sie ihn in ihren *Erinnerungen* erwähnt: Sie hat aber in ihm unbestreitbar einen zuvorkommenden Gastgeber und einen warmherzigen, hingebungsvollen und begeisterungsfähigen Freund gesehen. Ihrer Meinung nach liebte L. D., »den die überschäumende Phantasie« des Malers »manchmal mitriß, manchmal amüsierte«, in Rivera »den jedenfalls in seinen besten Fresken von einem leidenschaftlichen, wenn auch sehr elementaren Gefühl für den sozialen Kampf durchdrungenen Künstler«.[29] Doch ihre Einschätzung wird der Bedeutung des Künstlers nicht ganz gerecht.

Diego scheint auf Trotzki eine Art Faszination ausgeübt zu haben, wohl zumindest ebensosehr aufgrund der Beherrschung seiner Kunst, der Art und Weise, wie sich der einfachste Mexikaner in seinen Werken wiederfindet, der Leidenschaft, mit der er seine Arbeit ausführte, seines vollkommenen Aufgehens in seinem Beruf und seiner Manie zu malen, wie aufgrund des Vergnügens, das der Verbannte an seinen Werken haben konnte. Trotzki wiederholte sich normalerweise kaum: Er kam jedoch öfters auf den Vergleich, den er zwischen der Rolle von Diego Rivera bei ihm für die IV. Internationale und der des Dichters Freiligrath bei Marx oder von Gorki bei Lenin zog, zurück. Und Trotzki ging noch weiter, als er in einem Brief vom 12. Juni 1938 Diego als »größten Künstler der gegenwärtigen Epoche« und als »unerbittlichen Revolutionär« einstufte:

> »Wir sollten zumindest Diego Riviera so entgegenkommend behandeln wie Marx Freiligrath und Lenin Gorki behandelt haben. Als Künstler ist er Freiligrath und Gorki weit überlegen, und dieser große Maler ist ein absolut einzigartiger Fall in der Geschichte, er ist ein echter Revolutionär, während Freiligrath nur ein kleinbürgerlicher Gesinnungsfreund und Gorki ein etwas zweideutiger Mitläufer war.«[30]

Van, der Rivera sehr gut gekannt hat, unterstreicht dessen Unbeständigkeit und äußert sich zu dessen »trotzkistischen« Überzeugungen etwas skeptisch. Gefährten wie ihm gegenüber zeigte sich der Maler gern von der anarchischen Seite, spielte aber, so scheint es, vor Trotzki eine orthodox marxistische Rolle.[31]

Trotzki hat General Cárdenas nie getroffen, obwohl jener für ihn Gesten einer ganz außergewöhnlichen Ehrerbietung übrig hatte, wie die Einladung, auf einer Tribüne der Militärparade zum mexikanischen Nationalfeiertag beizuwohnen.[32] Jede selbst private Begegnung zwischen ihnen hätte die Gerüchte über ein geheimes Einvernehmen zwischen dem Präsidenten und dem zum großen Zorn der konservativen Kreise zu seinem Gast gewordenen berühmten »Bolschewisten« genährt, die keinen Nährstoff brauchten, um Schaden anrichten zu können.

Trotzkis Verbindung mit den machthabenden Kreisen in Mexiko war von seiner Ankunft an durch General Múciga sichergestellt, dessen Rolle schon bei der Erlangung des Visums entscheidend gewesen war und der in Mexiko für Trotzkis Sicherheit und für die Beständigkeit seiner Zuflucht sorgte und den diskreten, aber notwendigen Kontakt zwischen dem Präsidentenpalast und demjenigen, den er mit wirklicher Ehrerbietung »Dón León« nannte, aufrechterhielt.[33] Nahe Mitarbeiter von Múciga, der frühere Abgeordnete, Gouverneur und Staatssekretär im Innenministerium, das damals mit der Kontrolle der Presse betraut war, Agustín Arroyo, oder Juan de Díos Bojorquez, gehörten zum persönlichen Bekanntenkreis Trotzkis; sie besuchten, empfingen und informieren ihn.[34] Múciga tat noch mehr, indem er einen seiner Verwandten gewissermaßen zu Trotzki abordnete. Antonio Hidalgo, ein ehemaliger Kämpfer der mexikanischen Revolution, in deren Verlauf er unter Emiliano Zapata gekämpft hatte, auch er ein hoher Beamter im Ministerium für Verkehrswesen, sollte während des Aufenthaltes von Trotzki alsbald nicht nur zu einem wirklichen persönlichen Freund – Hidalgo war um einiges jünger –, sondern wahrscheinlich auch zu einem Gefährten mit verwandten Ideen werden.[35]

Die politischen Umstände haben die Entwicklung von sehr engen Beziehungen zwischen Trotzki und seinen Genossen von der LCI verhindert. Er mußte sie gleich bei seiner Ankunft bitten, seine Verpflichtung zur »Nichteinmischung« zu respektieren. Die Gefahr, dennoch in das mexikanische politische Leben verwickelt zu werden, bewogen ihn, sie auf Distanz zu halten. Es gab eine Ausnahme: Octavio Fernández, ein junger Volksschullehrer, ein unermüdlicher Führer der LCI und der »zweiten Generation« der mexikanischen Trotzkisten, denen er sich 1933 angeschlossen hatte, als er als Oppositioneller in die PCM eintrat, um wenig später, 1934, als »Trotzkist« aus ihr ausgeschlossen zu werden.[36] Er war es, der zusammen mit den Aktivisten der POUM, darunter dem Altgenossen David Rey (Daniel Rebull Cabré), in den ersten Tagen die Sicherheit des »Alten« militärisch organisierte und der vor seiner Türe die erste Nachtwache aufgestellt hat.[37] Ihre politischen und persönlichen Beziehungen haben nie aufgehört. Trotzki liebte es, sich bei den Festen der Familie Fernández zusammen mit den Brüdern und Schwestern Octavios, seiner Mutter und seinem alten Vater einzufinden, der dem ehemaligen Führer der Roten Armee seine Erinnerungen an die Revolution und an den Bürgerkrieg erzählte.[38]

Obwohl er durch die Macht der politischen Gegebenheiten mit Ausnahme von Diego Rivera und Octavio Fernández von den Aktivisten der mexikanischen LCI ferngehalten wurde, befand sich Trotzki dennoch inmitten eines freundschaftlichen Kreises sympathisierender Intellektueller. Die Vorbereitung des Kampfes gegen die Moskauer Prozesse brachte ihn auf diese Weise dazu, sich mit einem der hervorragendsten Intellektuellen seiner Generation, dem Nicaraguaner Francisco Zamora, einem Journalisten und Chronisten der mexikanischen Revolution, der mit dem *Excélsior* die moderne Presse in Mexiko begründete, zu befreunden: Zamora war Professor für Ökonomie und hatte das Werk und das Marxsche Denken im Land eingeführt. Bei der Ankunft Trotzkis war er mit den »technischen Studien« beauftragter Sekretär im ersten Exekutivkomitee der CTM und näherte sich politisch dem Verbannten an, als Lombardo Toledano seine Gewerkschaftszentrale gegen ihn einsetzte.[39] Francisco Zamora hatte seinen jungen Bruder Adolfo, einen Rechtsanwalt, und seine Frau, eine Französin, Trotzki vorgestellt und sie in das Haus von Coyoacán eingeführt: Die Männer konnten französisch, und es entstand trotz des Altersunterschiedes eine richtige Freundschaft zwischen ihnen.[40]

Andere Männer waren, ohne Freunde zu sein, wertvolle Genossen. Olivia Gall erwähnt José Ferrel, der, obwohl noch keine dreißig Jahre alt, schon einen gefestigten Ruf als literarischer Übersetzer aus dem Französischen hatte.[41] Rodrigo García Trevino, ein ehemaliger Hauptmann während des Bürgerkriegs und nun Buchhändler, ein ausgeschlossener Aktivist der KP, Professor an der Wirtschaftsschule der Unabhängigen Nationaluniversität, hatte seinerseits mit dem Beginn der Kampagne gegen Trotzki eine führende Stellung in der CTM und eine bedeutende Rolle in ihrer Presse aufgegeben: Seine gründliche Kenntnis dieses Milieus gestatteten es ihm, viel zur Sicherheit des Verbannten beizutragen.[42]

Um diese kurze Beschreibung der Umgebung Trotzkis in Mexiko, seiner »menschlichen Umwelt« zum Abschluß zu bringen, muß man selbstverständlich diejenigen seiner früheren Sekretäre erwähnen, die bei ihm bei den Gelegenheiten, wo ihre Erfahrung Sicherheit gab, wieder in Dienst traten. Jan Frankel war nach dem oben geschilderten Zwischenfall anläßlich des Abenteuers Trotzkis mit Frida abgereist, doch seine anstehende Hochzeit mit der amerikanischen Romanschriftstellerin Eleonore Clark, die er in Coyoacán kennengelernt hatte, machte die Trennung allemal unumgänglich. Van, der immer mehr für alles zuständig und immer unersetzlicher wurde, blieb bis in den November 1939: Nachdem er Gabi verloren hatte, die nach einem Zwischenfall mit Natalja wieder nach Frankreich abgereist war, hatte er seine amerikanische Lebensgefährtin Bunny gefunden und begleitete sie in die Vereinigten Staaten. Einige Monate vorher war Otto Schüssler – mit seiner Begleiterin Gertrude Schröter, der Köchin von Barbizon – angekommen und sollte bis zuletzt bleiben. Im August 1939 trafen Marguerite und Alfred Rosmer mit dem jungen Sjewa – dem Sohn Sinas, der nun bei der Familie, den Trotzkis bleiben wird – ein. Sie sollten vor dem Ende abreisen, ohne zu ahnen, daß sie von dem Mann, der Trotzki ermorden wird und der sie mit Aufmerksamkeiten überhäufte, zum Schiff geleitet worden sind.

In der ersten Zeit waren es die mexikanischen Aktivisten, Lehrer, Elektromonteure, Anstreicher, Schmiede, Maurer, die die Bewachung und die Instandhaltung des Hauses sicherstellten. Man kann in den Archiven Múcigas Waffenscheine für gut zwei Dutzend von ihnen finden.[43] Später sollte man sie durch Nordamerikaner ersetzen, von denen die meisten von der amerikanischen Sektion geschickt worden sind; jene arbeitete 1937 als Fraktion in der Sozialistischen Partei und gründete dann die Socialist Workers Party. Einige von ihnen – Alex Buchman, Christy Moustakis – waren das erste Mal als Besucher gekommen. Diese Männer waren von unterschiedlicher Bedeutung. Bernard Wolfe, ein ehemaliger Yale-Student, kam als erster; er scheint sich in die unvermeidliche Strenge der Disziplin des Hauses nicht eingefunden zu haben. Doch andere sollten durchhalten und zu Trotzki persönliche Beziehungen entwickeln. Das war der Fall bei dem Lehrer Charles O. Cornell, bei

Rae Spiegel – der künftigen Raya Dunayevskaja, die wegen ihrer Bücher Bekanntheit erlangen wird – und das war vor allem der Fall bei dem letzten der Sekretäre Trotzkis, der zu seinem Freund wurde, Joseph Hansen, der familiär Joe genannt wurde. Hansen wurde in einer Mormonenfamilie geboren und als Student an der Universität von Utah für die CLA gewonnen. Bis 1937 hatte er in der gewerkschaftlichen und politischen Presse San Franciscos für die Organisation gearbeitet. Im September 1937 war er in Coyoacán angekommen und hatte schnell das Vertrauen Trotzkis gewonnen.

Andere, wie Harry Robbins, Jahrzehnte später Verfasser zweifelhafter Zeugnisse und Bürge der Verleumdungen gegen Joe Hansen, waren allerdings aus anderem Holz geschnitzt. Man sollte im Haus von Coyoacán den Offizier der Nationalgarde, Henry Maler, der gekommen war, um die Befestigungs- und Verteidigungspläne des neuen Hauses zu machen, den Tapezierer Sol Lankin, Walter Ketley und sehr viele andere sehr gerne mögen. Man wird gewiß noch lange über die Persönlichkeit von Robert Sheldon Harte, ein junger Mann von dreiundzwanzig Jahren, diskutieren müssen, in dem manche Autoren ohne entscheidenden Beweis eher einen »Agenten« als einen Burschen, der seine Unerfahrenheit mit dem Leben bezahlte, wie es Trotzki annahm, gesehen haben. Ein amerikanisches Ehepaar trat zu dieser Zeit in die Privatsphäre der Familie Trotzki ein: Charlie und Lillian Curtiss. Charlie – mit seinem wirklichen Namen Sam Kurz –, aus Chicago gebürtig, hatte in der Organisation das Handwerk des Schriftsetzers gelernt und war schon in den dreißiger Jahren in Mexiko politisch tätig gewesen, als er 1938 als Vertreter des Internationalen Sekretariats zurückkam, um die »mexikanische Frage« in Ordnung zu bringen. Es war Charlie – in Mexiko Carlos Cortes –, der fast allein die Herstellung der Zeitschrift *Clave* sicherstellte, mit der es Trotzki mit der Unterstützung von José Ferrel und besonders den Gebrüdern Zamora gelang, die erste lateinamerikanische marxistische Zeitschrift zu machen. Während dieser Zeit diente Lillian Trotzki als Englischstenographin.[44] Nach ihrer Abreise wurden sie zu treuen Briefpartnern, sie sollten aber nicht zu den sporadischen Besuchern, wie Sara Weber oder Rae Spiegel, gehören. Manche junge Amerikaner kamen via Tourismus zum »Trotzkismus«: So Christy Moustakis, ein arbeitsloser Geschichtsabsolvent, der Mexiko durchreiste und in der Hauptstadt eine Gruppe von Trotzkis Mitarbeitern traf, das Haus besuchte und sich engagierte. Es kamen auch Lateinamerikaner: der Chilenoargentinier Espinoza, der Peruaner Velásquez, Dichter und Diplomat, und der argentinische Arbeiter Mateo Fossa, ein früherer bolivianischer Minister, einige Kubaner ...

Die Besucher europäischer Herkunft waren in jenen Zeiten wenig zahlreich, da der Atlantik noch ein Hindernis darstellte. Man darf den französischen Hochschullehrer Etiemble, die Journalistin Henriette Célarié, eine junge Lehrerin und Aktivistin der POI, Sophie Gallienne, hervorheben. Die Kolonie der europäischen Flüchtlinge führte Trotzki Besucher und Genossen zu. Er arbeitete mit Freude an der Vorbereitung von Sammlungen Marxscher Texte mit dem Marxologen Otto Rühle zusammen und unterhielt mit ihm und seiner Frau Alice[45] freundschaftliche Beziehungen; er verkehrte auch mit deren Schwiegersohn Sulzbacher, Fritz Bach genannt, der einen statistischen Dienst ins Leben gerufen hatte; früher war er ein Führer des Kommunistischen Jugendverbandes in der Schweiz gewesen.

Viele Besucher kamen aus den Vereinigten Staaten. Zunächst waren es die Führer der amerikanischen Sektion, Cannon, Shachtman, Vincent R. Dunne, aber auch die Führer der Jugendorganisation, sodann der schwarze Volkstribun und Schriftsteller C. L. R. James, die alte Genossin aus Boston, Doktor Antoinette Koniko, Arbeiteraktivisten aus Minneapolis, darunter auch der bekannte Streikführer Farell Dobbs, der Rechtsanwalt Francis Heisler und dessen Sohn, Intellektuelle, auch einfache Touristen. Viele waren mit einer Empfehlung der SWP versehen. Die Praktiken gewisser Journalisten hatten Trotzki unangenehm überrascht, und die Bedingungen, ein Interview zu bekommen, waren von nun an sehr streng.

Für viele wurde es eine Art Ritus, in Coyoacán vorbeizuschauen. Man sah dort den großen Reporter Henry Knickerbocker, aber auch den schamlosen Anfänger Alvin M. Josephy Jr., den großen Hollywoodschauspieler Edward G. Robinson und dessen junge Frau Gladys, den Gewerkschaftler A. Plotikin, oder Altgenossen der KP wie Melech Epstein. Es kamen Herausgeber von Zeitschriften oder Verleger wie Allan C. Collins und Noel F. Busch, um mit einem berühmten, aber wenig bequemen Autor direkten Kontakt aufzunehmen. Selbst nach Ansicht eines Bolschewiken so wenig empfehlenswerten Männern wie Henry Allen, einem Senator, dem ehemaligen Verantwortlichen für die Präsidentschaftskampagne Hoovers, und auch einer Frau, die verdächtigt wurde, mit dem sowjetischen Geheimdienst in Verbindung zu stehen, wie Alice Harris, gelang es, sich einen Weg zu Trotzki zu bahnen und ihn in seinem eigenen Haus verbal zu attackieren.

***

In diesem Land, wo so viele Männer und Frauen für ihn die Gesichter von Freunden haben, hatte Trotzki natürlich auch Feinde.

Von der antikommunistischen und antisemitischen mexikanischen Rechten muß man wegen der Gemeinheit und Bissigkeit ihrer Angriffe sprechen.[46] Doch sie hatte weit weniger Widerhall als ihre Gegner, die Wortführer Stalins in Mexiko, die mexikanische Kommunistische Partei, und vor allem die von Vincente Lombardo Toledano geführte Gewerkschaftszentrale Confederación de Trabajadores de Mexico (CTM).

Die mexikanische kommunistische Partei stand selbstverständlich in vorderster Reihe derer, die mit lautstarker Empörung gegen die Asylgewährung an Trotzki protestierten, das er von einem Präsidenten erhalten hatte, dessen Politik sie nun, nachdem sie ihn verunglimpft und mit Beleidigungen überschüttet hatten, unterstützten, seit sich der VII. Kongreß der Kommunistischen Internationale 1935 im Sinne einer bedingungslosen Unterstützung für die nationalistischen Regierungen der halbkolonialen Länder ausgesprochen hatte, von denen man hoffte, daß sie sich im Zuge des nächsten Weltkriegs in das Lager der Gegner des »Faschismus« einreihen würden. Doch die KP Mexikos war zahlenmäßig sehr schwach und von den Kehrtwendungen, die sie jahrelang auf die Weisungen Moskaus hin vorgenommen hatte, in Mitleidenschaft gezogen.

Unter diesem Gesichtspunkt war nicht die mexikanische Kommunistische Partei der ernsthafteste Verbündete Moskaus in der in Mexiko gegen Trotzki geführten Kampagne, sondern der wichtigste Führer der mit Cárdenas und seiner Partei verbundenen Gewerkschaftsbewegung, der CTM, ihr »Líder« Vincente Lombardo Toledano. Der einer großen bürgerlichen Familie entstammende, fromme und mit der Zielsetzung des persönlichen Erfolgs großgezogene Mann hatte mit glänzenden Erfolgen an der Universität und dem Einschlagen der Lehrerlaufbahn angefangen. Als Rechtsanwalt und Techniker war Toledano in die Gewerkschaftsbewegung eingetreten, wo es ihm schnell gelungen war, ein »Chefe« zu werden, der vom linken, »regierungsnahen« Flügel der CROM (Confederación Regional Obrera Mexicana) in die Führung der CTM aufstieg. Eine Zeitlang war er in einen Flirt mit den Schülern Trotzkis getreten, den er 1935 sogar in Norwegen treffen wollte. In jenem Jahr kam Toledano tief beeindruckt von dem Kongreß der Kommunistischen Internationale aus Moskau zurück, dessen Ergebnisse er mit einer Gläubigkeit und einer Begeisterung feierte, die bei einem bis dahin eher zurückhaltenderen und skeptischeren Mann verwunderlich waren. Die anklagenden Worte, die er gegen Trotzki schon bei dessen Ankunft in Mexiko losließ, stammten nicht von einem Parteigängers des Kommunismus oder einem der KP Nahestehenden, sondern von einem bedingungslos für die Außenpolitik der Sowjetunion eingenommenen Mann.[47]

In der Person Trotzkis bekämpfte der »Kollaborateur« Lombardo Toledano, der fanatisch mit der Politik der Volksfront verbunden war, die Theorie, nach der »das Proletariat niemanden brauche, um seine Ziele zu verwirklichen« und nach der »man die Regierung in der Eigenschaft als Vertreter der Bourgeoisie systematisch bekämpfen müsse«, »eine Theorie«, von der er behauptete, daß sie »starr, antidialektisch, von unheilvollen Folgen« sei.[48] Toledano klagte Trotzki an, der Feind des chinesischen Volkes, der spanischen Regierung und des mexikanischen Proletariats zu sein, und dies allein aufgrund der Tatsache, daß er »die Theorie der Volksfront angreift«; dies bedeute , daß sein Denken mit »den Ideen und den Taten des Faschismus« kongruent sei, was in Mexiko aus ihm einen »Volksfeind« mache.[49]

Als wir in einer anderen Arbeit auf die Frage »War Lombardo Toledano ein Agent der GPU?« geantwortet haben, haben wir folgende Antwort gegeben, an der wir auch heute keine Abstriche vornehmen müssen: »Man muß, mangels anderer Informationsgrundlagen, einräumen, daß er sich auf jeden Fall nicht anders verhalten hätte, wenn er einer gewesen wäre.«[50]
Es bleibt die Frage, worin das, was man die »mexikanische Politik« Trotzkis nennen könnte, trotz und vielleicht wegen seiner Verpflichtung zur Nichteinmischung in diese, bestand. Olivia Gall hat sie anhand einer strengen Analyse der Texte, die er der mexikanischen Revolution[51] gewidmet hat, und anhand der Studien von Octavio Fernández, die Trotzki mit ihm lange diskutierte[52], sehr sorgfältig nachgezeichnet.

Der Schlüssel zum Natur der mexikanischen Revolution lag für Trotzki natürlich in der historischen Rückständigkeit Mexikos. Die mexikanische Revolution war, wie die russische Revolution vom Februar 1917, eine »abgetriebene« Revolution, doch im Unterschied zur letzteren, hatte sie sich nicht zu einer sozialistischen Revolution entwickelt. Trotzki stellte hier den seiner Ansicht nach grundlegenden Widerspruch in Mexiko heraus: Die Revolution hatte in dem Sinne gesiegt, daß die Bourgeoisie überall den Platz des kirchlichen und feudalen Adels eingenommen hatte und daß sich die kapitalistische Produktionsweise auf alle Bereiche ausgedehnt hatte. Doch sie war unfähig gewesen, irgendeine ihrer Aufgaben im Zusammenhang mit den Interessen der Volksmassen zum Erfolg zu führen.

Nach Trotzkis Meinung »haben« Millionen elender Bauern »eine Lösung ihrer Lage nicht erfahren«, ist die nationale Bourgeoisie, trotz ihrer nationalistischen Bestrebungen, weiterhin »ein bloßes Anhängsel des Imperialismus« und kann nicht aufhören, ein solches zu bleiben.[53]

Um die cardénistische Regierungsform zu definieren, konnte man sich daher unmöglich mit einer pauschalen Formel zufriedenzugeben. Diese ist weder demokratisch noch diktatorisch, und nach der von Marx oder Gramsci gegebenen Definition ist sie auch nicht »bonapartistisch« oder »caesaristisch«. Trotzki erklärte und entwickelte das, was er als einen neuen Typus von Regierungsform in den vom Imperialismus beherrschten Ländern betrachtete, »den Bonapartismus *sui generis*«:

> »Insofern die Hauptrolle in zurückgebliebenen Ländern nicht von einheimischem, sondern von ausländischem Kapital gespielt wird, nimmt die nationale Bourgeoisie, vom Standpunkt ihrer gesellschaftlichen Lage gesehen, eine weit unbedeutendere Stellung ein, als ihr aufgrund der industriellen Entwicklung entsprechen würde. Insofern das ausländische Kapital nicht Arbeiter einführt, sondern die eingeborene Bevölkerung proletarisiert, beginnt das nationale Proletariat bald die wichtigste Rolle im Leben des Landes zu spielen. Unter diesen Umständen ist die Regierung, soweit sie dem

ausländischen Kapital Widerstand zu leisten versucht, gezwungen, sich mehr oder weniger auf das Proletariat zu stützen.«[54]

Trotzki erklärte andererseits:

»Die Regierung laviert zwischen dem ausländischen und dem eingeborenen Kapital, zwischen der schwachen nationalen Bourgeoisie und dem relativ starken Proletariat. Das verleiht der Regierung einen bonapartistischen Charakter *sui generis*. Sie erhebt sich sozusagen über die Klassen. In Wirklichkeit kann sie in zweifacher Weise regieren: Entweder macht sie sich zum Werkzeug des ausländischen Kapitals und beläßt das Proletariat in den Ketten einer Polizeidiktatur, oder sie bedient sich des Proletariats und geht dabei so weit, ihm Konzessionen zu machen, und gewinnt dadurch die Möglichkeit, sich gegenüber dem ausländischen Kapital einer gewissen Freiheit zu erfreuen.«[55]

Die großen Errungenschaften der mexikanischen Regierung von Lázaro Cárdenas gehörten zu der zweiten Kategorie: Die Enteignungen der Eisenbahnen und der Erdölindustrie waren keine »sozialistischen« Maßnahmen, sondern, laut Trotzki, nur »höchst fortschrittliche« Maßnahmen »zur nationalen Verteidigung im Kampf für die nationale, politische und wirtschaftliche Unabhängigkeit«. Trotzki vergleicht Cárdenas mit Abraham Lincoln und mit Washington, die vor ihm für ihr eigenes Land eine vergleichbare Arbeit vollbracht hätten.

Trotzki schrieb, daß die Regierung Cárdenas, »die einzige mutige und ehrliche Regierung« ihrer Zeit sei. Er identifizierte sich nicht mit ihr, obgleich er hervorhob:

»Obwohl Stalin den Namen Kommunist führt, macht er in Wirklichkeit eine reaktionäre Politik; die Regierung Mexikos, die nicht kommunistisch, auch nicht in geringstem Maße, ist, macht eine progressive Politik.«[56]

Die Argumente, die Trotzki verwandte, um die Verstaatlichung des mexikanischen Erdöls durch Cárdenas gegen die Interessen des Imperialismus zu verteidigen, die Zurückweisung der gegen Mexiko ausgeübten Erpressung durch die Ölbarone, die es beschuldigten, sein Erdöl an Hitler verkaufen zu wollen, verdienen es, unter den schönsten Seiten des anti-imperialistischen Kampfes der Zwischenkriegszeit Platz zu finden. Dazu gehören auch Trotzkis Analysen der Politik der »stählernen Faust« in Lateinamerika, die, wie er schreibt, gerne mit »Samthandschuhen und Freundschafts- und Demokratieerklärungen« überzogen daherkommt.[57]

Für Trotzki nahm der Kampf zwischen »Faschismus« und »Demokratie« in Mexiko einen recht klaren Charakter an:

»Für Mexiko zum Beispiel bedeutet Demokratie das Bemühen eines halbkolonialen Landes, sich aus einer sklavischen Abhängigkeit loszureißen, das Land den Bauern zu geben, die Indianer auf ein höher entwickeltes Zi-

> vilisationsniveau zu stellen usw. Die demokratischen Aufgaben Mexikos haben einen progressiven und revolutionären Charakter.«[58]

Der »Faschismus« wiederum ist in den lateinamerikanischen Ländern »der Ausdruck der kriecherischsten Abhängigkeit vom ausländischen Imperialismus«.[59]

Das Interesse Trotzkis während seines Aufenthalts in Mexiko richtete sich auch auf die Gewerkschaften, deren Tendenz, sich in den Staatsapparat einzufügen, so zu entarten und ihren Charakter einer Organisation, die die Arbeiter repräsentiert, zu verlieren – eine Entartung, die man laut Trotzki nur bekämpfen kann, indem man darum kämpft, die gewerkschaftliche Demokratie wiederherzustellen – Trotzki als einer der ersten herausstellte. Im Laufe einer spannenden Diskussion mit Garciá Trevino schloß er sich der Anschauung des letzteren über den fortschrittlichen Charakter einer »Arbeiterverwaltung der verstaatlichten Unternehmen« an, deren Gefahren Trotzki gleichwohl sah. Unter dem Namen Diego untersuchte Trotzki auch die Politik Stalins in Mexiko, die aus den Leuten der PCM »je nach den Zielen Moskaus Cárdenisten oder Anticardénisten macht«.[60]

***

Hat sich Trotzki in das politische Leben Mexikos eingemischt, obwohl er sich verpflichtet hatte, solches nicht zu tun? Gewiß nicht.

Trotzki liebte Mexiko, seine Himmel, seine Vulkane, seine Schluchten und vor allem seine Farben. Er liebte sein Volk, die Frauen mit den Brusttüchern, die wortkargen und wachsamen Bauern, die Kämpfer der Revolution, die ihn für einen der ihren hielten, die Welt der Genossen wie Fernández. Er liebte seine Bäume und seine Blumen, und er war von seinen Kakteen, seiner Geschichte, seiner indianischen Zivilisation, die keiner anderen gleicht, hingerissen. Er schätzte seine Führer und besonders seinen Präsidenten, denn er wußte ihre Prinzipientreue, ihre Treue zum revolutionären demokratischen Ideal, für das sie in ihrer Jugend gekämpft hatten, zu würdigen.

Seine einzige Einmischung bestand wahrscheinlich darin, ihnen zu helfen, als sie ihn darum baten, das heißt, ihnen seine Ansicht über die Verstaatlichung der Erdölindustrie und später über den »Sechsjahresplan«, als er ausgearbeitet wurde, mitzuteilen.

Trotzki war loyal zu einer Regierung und zu Führern, die loyal zu ihm waren. Und er liebte ein Land, das es ihm erlaubt hatte, wieder aufzuleben, und das ihm drei Jahre Leben und Kampf geschenkt hat.

Kapitel 55

Der Revolutionär und der Philosoph

Anfang der dreißiger Jahre gab es keinerlei Hinweise, die erahnen lassen konnten, daß eines Tages die Namen Leo Trotzki und John Dewey für die Nachwelt miteinander verknüpft sein würden.[1]

John Dewey wurde 1859 geboren und war somit zwanzig Jahre älter als Trotzki. Er war einer der größten Philosophen und Pädagogen seiner Zeit, und sein Einfluß erstreckte sich weit über die Grenzen dieses Landes hinaus, insbesondere auch nach China, wo er gelebt hatte, und in die Sowjetunion, wo seine Pädagogik viele Schüler gefunden hatte. Zuerst war er Professor an der Universität von Michigan, später der von Chicago, und von 1905 bis 1929 hatte er an der Universität von Columbia in New York gelehrt und einen tiefgreifenden Einfluß auf mehrere Generationen Intellektueller ausgeübt. Er ging in dem Jahr, als Trotzki aus der Sowjetunion verbannt wurde, in den Ruhestand.

Dewey, anfänglich ein Schüler Hegels, hatte stark unter dem Einfluß Darwins gestanden, und von diesem doppelten Einfluß ausgehend, hatte er seine »instrumentalistische« Auffassung des Denkens als organische Anpassungs- und Überlebensfunktion entwickelt, die, um dem Versagen des Instinktes oder der Gewohnheit abzuhelfen, in Gang gebracht und von und in der Praxis bestätigt wird. Dewey stellte die »schöpferische Intelligenz«, die die Lebensbedingungen zu verändern suchte, in den Mittelpunkt seiner Auffassung.

Deweys philosophische Konzeptionen hatten seine Auffassungen über die Erziehung und seine politischen Auffassungen, die eines »Liberalen« nach amerikanischer Art, das heißt eines echten Demokraten mit deutlichen sozialistischen Tendenzen, bestimmt. Politisch stand Dewey Trotzki nicht nahe, doch da er der Freiheit und den Grundsätzen der Demokratie verbunden war, konnte er mit siebenundsiebzig Jahren dazu bewogen werden, im Jahre 1936 der Ziehvater des US-Komitees zur Verteidigung Trotzkis (ACDLT) zu werden und 1937 die Führung des Untersuchungsausschusses zum Moskauer Prozeß zu übernehmen.

Auf der Heimfahrt von seiner Reise nach Mexiko sollte Dewey seinem Freund Max Eastman schreiben, daß seine Begegnung mit Trotzki für ihn »eine einzigartige intellektuelle Erfahrung«, die »interessanteste seines Lebens«, gewesen sei.[2]

***

Seit 1917 erfreute sich Trotzki eines großen Ansehens bei den amerikanischen Intellektuellen: Wie T. R. Poole bemerkt, verkörperte Trotzki in ihren Augen »das romantische Nebeneinander des Theoretikers und des Mannes der Tat«, »den sprühenden Geist, der eine siegreiche Armee führen konnte«.[3] Deshalb war es nicht erstaunlich, daß das im Oktober 1936 von vier Liberalen, darunter Dewey, und zwei sozialistischen Führern gegründete Verteidigungskomitee einen solchen Widerhall gefunden hat und sich viele bekannte Journalisten, Schriftsteller und Publizisten mit geschätztem Namen für die Sache engagierten.

Wie hatte sich Dewey, der doch eigentlich ein alter Mann war, dazu entschlossen, sich in diese Schlacht zu stürzen, als er zuerst den Vorsitz des Vorbereitungsausschusses übernahm, der nach Coyoacán ging, um das Zeugnis der Verbannten einzuholen? Wir wissen, daß sich James P. Cannon und George Novack dafür verwendeten, ihn zu überzeugen, und daß es wahrscheinlich Sidney Hook war, der seine letzten Bedenken ausgeräumt hat.[4] Doch wahrscheinlich wurde Dewey gerade durch den gewaltigen Druck der US-amerikanischen Kommunistischen Partei und ihrer Weggefährten, ihn davon abzuhalten, sich für Trotzki einzusetzen, dazu bestimmt, höchstpersönlich einen Kampf zu führen, dessen Tragweite ihm so auf auffallende Art und Weise verdeutlicht wurde.[5]

Die Begegnung von Dewey und Trotzki war durch die Umstände bedingt. Indem sich Dewey nach Mexiko begab, machte er sich zwar daran, die Verteidigung Trotzkis aufzunehmen, aber vor allem engagierte er sich jenseits der Person des Verbannten für die Grundsätze, die die seinen waren. Dewey verteidigte seine eigenen liberalen Überzeugungen gegen den Stalinismus, den er dem Faschismus gleichsetzte. Im Unterschied zu Trotzki glaubte Dewey nicht, daß der Stalinismus eine widernatürliche Verzerrung des Bolschewismus sei: Er hielt ihn im Gegenteil für seine natürliche Weiterentwicklung. Trotzki wiederum begriff, daß dieser alte Mann, der im Grunde sein politischer Gegner war, ihm den Schutz seines Rufes, seiner Integrität und seiner Prinzipientreue einbrachte und mit ihm das Wegstück zurücklegte, das es ihm ermöglichen sollte, Stalin und der Konstruktion der Moskauer Prozesse einen Schlag zu versetzen, von dem sie sich nicht wieder erholen sollten.

***

Kurz nach der Ankunft Trotzkis in Mexiko begann in der Tat der zweite Moskauer Prozeß, mit zwei Männern im Anklagestand, die Trotzki am skandalösesten verleugnet hatten und wohl nie bereut haben, es getan zu haben, nämlich Radek und Pjatakow. Angeklagt war auch ein alter Freund – der für seinen Teil ihn nie verleugnet hatte und von dem wir die Mittel und Wege, durch die er schließlich gebrochen auf die Anklagebank gebracht worden ist, nicht kennen – , der unerschrockene N. I. Muralow.

Noch einmal konnte man sehen, wie sich in dem Prozeß Beschuldigungen und Selbstbezichtigungen, die Trotzki in die Organisierung des Terrorismus, der Sabotage, der Spionage und des Verrats hineinzuziehen suchten, häuften.[6] Die Angeklagten wurden als Mitglieder eines »Reservezentrums« in Trotzkis Diensten vorgestellt, und so stellten sie sich auch selbst vor. Trotzki wurde bezichtigt, mit den Naziführern Verhandlungen geführt und den Krieg übers Knie zu brechen gesucht zu haben, um die Macht zu ergreifen: »Als Agent des Faschismus« habe sich Trotzkifolglich auch an der Spionagetätigkeit beteiligt, und eben auf seinen Befehl hätte N. I. Muralow ein – fehlgeschlagenes – Attentat gegen Molotow organisiert.[7]

Pjatakow war einer der beiden Stars des Prozesses. Der Mann, der ein Revolutionär ersten Ranges war – er ist in Lenins Testament namentlich genannt – hatte sehr früh, bereits 1928, mit Trotzki gebrochen und hatte sich seither ausschließlich mit technischen Aufgaben beschäftigt. Sein Name war nie im Zusammenhang mit dem Block, dem Wiederaufleben dieser oder jener Oppositionsströmung, ja auch nur einer Gelegenheitsfronde ausgesprochen worden. Pjatakow erklärte dem Gericht, daß er seit 1931 von den Beziehungen zwischen Sedow und I. N. Smirnow unterrichtet gewesen wäre und daß er dank Smirnow Sedow in Berlin selbst getroffen habe.[8] 1935 habe er sich, wie in der Vernehmung zugegeben, nach Berlin begeben, um zu versuchen, mit Trotzki Fühlung aufzunehmen. Pjatakow behauptete, daß er mit einem deutschen Paß versehen nach Norwegen geflogen sei, wo er Trotzki in einem Haus in den Vororten Oslos getroffen habe. Trotzki hätte mit ihm über seine Kontakte zu Naziführern, insbesondere Rudolf Hess, und seine Absichten, die UdSSR im Kriegsfalle aufzuteilen, gesprochen.[9]

Der andere Starangeklagte, Karl Radek, war sehr redselig und mitunter herausfordernd. Seine Gefälligkeitsgeständnisse erwähnten die Namen von Personen, die sogleich verhaftet wurden, wenn sie es nicht schon waren. Er versicherte, von Trotzki drei Briefe mit »terroristischen Anweisungen«[10] erhalten – aber »leider« nicht aufgehoben zu haben; Radek bestätigte die These der Anklage im ersten Prozeß und behauptete, von den Vorbereitungen des Meuchelmordes an Kirow unterrichtet gewesen zu sein. In Moskau flüsterte man, daß Radek wegen seiner Artikel über Spanien und wegen seiner Verteidigung der dortigen Revolution verhaftet wurde, als Stalin Anstalten machte, die Nichteinmischung gutzuheißen.[11]

Andere gestanden, die Bergwerke, die Eisenbahnen oder die chemische Industrie unbrauchbar gemacht zu haben. Einige bezichtigten sich, im Dienste der Ochrana gestanden zu haben, und mehrere versuchten, ihre eigenen Verbindungen zu Spionagediensten zu beweisen.

Einige Zwischenfälle waren zu verzeichnen: Pjatakow stemmte sich gegen präzise Beschuldigungen.[12] Radek hatte mit dem Staatsanwalt, den er nicht ohne Anmaßung daran erinnerte, daß die Anklage und alle Geständnisse nur auf seinem und Pjatakows Zeugnis beruhten, einen siegreichen Schlagabtausch.[13] Wir kennen den Zweck dessen, was eine richtige Erpressung gewesen zu sein scheint, nicht. Pjatakow wurde zum Tode verurteilt und fast umgehend erschossen, Radek jedoch rettete vorerst seinen Kopf.

Der zweite Moskauer Prozeß war dazu bestimmt, die »Löcher« des ersten Prozesses zu stopfen und die Risse in der Konstruktion der Anklage aufzufangen – was Trotzki von nun an das »Stalinsche Amalgam« nannte; er hatte aber auch nicht mehr inneren Zusammenhalt und war nicht besser vorbereitet als der Vorgänger. Die Informationslücken der GPU brachten sie dazu, die Angeklagten faktisch unmögliche Begegnungen gestehen zu lassen. So hatte Trotzki zu dem Zeitpunkt, wo er in Saint-Palais war, den sowjetischen Journalisten Wladimir Romm unmöglich im Bois de Boulogne treffen können. Was noch schwerer wog: Es wurde deutlich, daß auch die Reise Pjatakows faktisch unmöglich war und daß sein Flug nach Norwegen nicht stattgefunden haben konnte. Es sind nicht dreißig Minuten zwischen seinem Haus – wo Pjatakow angab, ihn getroffen zu haben – und dem Osloer Flughafen, und der Flugplatz von Kjeller hatte in dieser Schneeperiode nicht eine einzige Landung erlebt! Nachdem Stalin versucht hatte, Pjatakows Aussage durch »Zeugenaussagen« zu retten, blieb Stalin nur noch eines zu tun übrig: nämlich Pjatakow erschießen zu lassen, wie es Trotzki bereits vorhergesehen hatte.

Letzterer wurde wegen des Zögerns Deweys, sich zu entscheiden, wegen seiner »Bedenken, von den Höhen der Philosophie in die Niederungen der gerichtlichen Betrügereien herabzusteigen« ein wenig ungeduldig.[14] Trotzki selbst nahm die Verpflichtung auf sich, sich sogar an die Sowjetunion ausliefern zu lassen, wenn ein unparteiischer Untersuchungsausschuß auf seine Schuld erkennen würde.[15] Er wurde auch ärgerlich über die Langsamkeit, mit der der Ausschuß die Arbeit aufnahm und über die Art und Weise, wie seine Ziele formuliert wurden. Trotzki blieb gegenüber der Konzeption, die er »die grundlegenden Wahrheits- und Gerechtigkeitsprinzipien« nannte, »deren Opferung«, wie der Ausschuß erklären sollte, »immer zum moralischen, sozialen und politischen Chaos und zur Reaktion geführt hat und nur dazu führen kann«, skeptisch. Trotzki sprach von »einer formalen, moralischen und politischen Auffassung« und warf seinen amerikanischen Freunden vor, sich auf dasselbe Terrain zu begeben wie der liberale Verbündete.[16]

Als jedoch der Apparat des Untersuchungsausschusses die Arbeit aufnahm, rief Trotzki seine Genossen in der ganzen Welt auf, ihre eigenen Anstrengungen denen des Ausschusses unterzuordnen, aus dem Trotzki von nun an das einzige Zentrum des Kampfes gegen die Moskauer Prozesse machte.[17]

Die Zusammensetzung der Kommission war in Wirklichkeit nur ein halber Sieg. Die Persönlichkeit von Professor Dewey, sein Ansehen in der ganzen Welt, die Wertschätzung und die Hochachtung, die er als Wissenschaftler genoß, waren ein beachtlicher Trumpf. Die Freunde Trotzkis hatten gleichwohl weitere unanfechtbare Persönlichkeiten für den Ausschuß gewinnen wollen und waren auf unangenehme Ablehnungen gestoßen, insbesondere bei den Historikern Charles A. Beard und Carl Becker, die ihnen das Argument entgegenhalten, nach dem es unmöglich wäre »das Gegenteil zu beweisen«, das heißt zu behaupten, daß dieses oder jenes Ereignis nicht stattgefunden habe.[18] Wären Männer dieses Kalibers Beisitzer geworden, die auch in den Techniken der Prüfung von Ermittlungsunterlagen bewandert waren, so wäre das ein wertvoller Beitrag gewesen. Moralisch genügte auf jeden Fall die Bürgschaft Deweys, um die Autorität des Ausschusses zu begründen.

Die erste Aufgabe bestand darin, sich nach Coyoacán zu begeben, um die Zeugenaussage Trotzkis einzuholen und ihn einem Kreuzverhör zu unterziehen. Mit dieser Zielsetzung wurde, ausgehend vom Kern des eigentlichen Ausschusses, ein »vorläufiger Ausschuß« gebildet: Neben Dewey gehörten ihm die Sekretärin Suzanne LaFollette, eine liberale Journalistin, und ein anderer Journalist, ein Spezialist der Arbeiterbewegung, Ben Stolberg, an. Der anfangs vorgesehene italienische Anarchist und angesehene Kämpfer für die Menschenrechte, Carlo Tresca, schloß sich wegen fehlender Sicherheit, daß ihn die Behörden der Vereinigten Staaten im Falle einer Ausreise wieder in die USA, deren Staatsbürgerschaft er nicht besaß, wieder einreisen lassen würden, der Reisegruppe nicht an. Hingegen zog der Ausschluß einen anderen Journalisten, der Mexiko gut kannte, weil er dort während des Krieges gelebt hatte, im letzten Augenblick hinzu: Carleton Beals hatte zu den nordamerikanischen Flüchtlingen gehört, die sich der Einberufung durch Flucht entzogen hatten, den *Slackers*, die Anfang der zwanziger Jahre zu den Pionieren der Kommunistischen Partei dieses Landes gehört hatten. In Mexiko sollte sich noch Otto Rühle, ein früherer sozialdemokratischer deutscher Abgeordneter und nach dem Weltkrieg Führer der KPD und der linksradikalen KAPD, der Arbeitsgruppe anschließen.

Der Ausschuß hatte sich auch mit einer großen Zahl von Mitarbeitern umgeben, dem Rechtsanwalt John F. Finerty, der einst für Sacco und Vanzetti plädiert hatte, und dem amerikanischen Intellektuellen Herbert Solow, einem Journalisten von gewaltiger Begabung, John McDonald und seiner Frau, der Malerin Dorothy Eisner, dem Romanschriftsteller James T. Farrell, dem Sekretär und Stenographen Albert Glotzer aus Chicago und den Mitarbeitern des Verteidigungskomitees, George Novack und Pearl Kluger. Gleichfalls aus den Vereinigten Staaten kam der Anwalt Trotzkis, Albert Goldman, auch er aus Chicago. Am 2. April 1937 stiegen Dewey und eine kleine Gruppe Mitarbeiter in den Zug »Sunshine Special«, der sie nach Mexiko brachte, wohin ihnen die technische Mannschaft vorausgegangen war. Sie trafen dort am 6. April 1937 ein.[19]

Dewey traf Trotzki bei seiner Ankunft nicht. Dewey glaubte, daß ein persönlicher Kontakt vor dem Beginn der Anhörungen »schlechte Politik« wäre. Er trat hingegen vor die Presse, die von seiner Anwesenheit hingerissen war, und hatte lange Arbeitssitzungen mit Goldman, der ihm versicherte, daß Trotzki ganz und gar damit einverstanden sei, sich dem Verfahrenskonzept der Anhörungen, das dem Ausschuß eigen war, anzupassen. Die beiden Männer sollten sich erst am Ende der Anhörungen im Hause einer Amerikanerin aus Mexiko, Mrs. Robert Latham George, der Schwiegermutter von Charles R. Walker, einem Mitglied des Verteidigungskomitees, das für die Beziehungen zur Presse verantwortlich war, unter vier Augen gegenüberstehen.[20]

Die Tagungen gingen vom 10. bis 17. April 1937 in dem Haus, wo Trotzki wohnte, in der Avenida de Londres vonstatten; im ganzen waren es dreizehn Sitzungen in sechseinhalb Tagen. Vor einer sehr beschränkten Öffentlichkeit – einige Dutzend Journalisten und einige geladene Gäste – schritt der Ausschuß zum Verhör –, oder wenn man den Begriff lieber mag, der Vernehmung – Trotzkis. Letzterer wurde von seinem Anwalt Albert Goldman unterstützt, dessen Rolle wichtig war, denn auch er stellte ihm Fragen. Trotzki hatte an seinem Tisch Natalja Iwanowna und auch Jan Frankel und Jean van Heijenoort neben sich, Trotzkis Sekretäre, die mit der Suche der vorzulegenden und zu zitierenden Schriftstücke betraut waren, wobei der Tschechoslowake auch in den Zeugenstand gerufen wurde. Alle Aussagen wurden von Albert Glotzer aufgezeichnet. Gerade sein Zeugnis, das von Alan Wald angeführt wird, gibt die Atmosphäre dieser historischen Anhörungen wieder:

> »Aus dem tristen März-April Chicagos weggefahren, bin ich in Mexiko angekommen, um in seiner sonnengetränkten Luft aufzutauchen, die sich in den Dienst der Sitzungen zu stellen schien. Wir haben uns derart gefreut, hier zu sein, denn alle Anwesenden erfaßten tatsächlich die historische Bedeutsamkeit jener Sitzungen. Wer von uns politische Vorstellungen hatte, war voller Begeisterung über die Gelegenheit, die diese Sitzungen Trotzki gaben, die Glaubwürdigkeit der Beschuldigungen Moskaus mit Stumpf und Stiel auszurotten. Wer sich von uns in dieser Vor-Mexiko-Kampagne engagiert hatte, wußte, daß L. D. T., wie Sankt Georg, den Drachen des Stalinismus und seinen Lehrmeister überwinden würde. Deshalb hofften wir, an einem großen Ereignis teilzunehmen.«[21]

Bei der Eröffnung der ersten Sitzung am Samstag, den 10. April 1937, machte John Dewey eine kurze und bemerkenswerte Intervention: Nachdem er daran erinnert hatte, daß der Ausschuß gleich Millionen von Arbeitern glaubte, daß niemand verurteilt werden dürfe, dem nicht das Recht auf Verteidigung eingeräumt worden sei, gab Dewey der mexikanischen Regierung die Ehre,

»deren großzügige Auslegung des Sinns der politischen Demokratie« diese Untersuchung erst möglich gemacht habe.[22] Dewey schloß mit einer kurzen und eindrucksvollen Rechtfertigung:

> »Ich habe mein Leben der Sache der Erziehung gewidmet, die ich als Aufklärung des Volkes im Interesse der Gesellschaft verstehe. Und wenn ich den verantwortlichen Posten, den ich heute einnehme, schließlich übernommen habe, so deswegen, weil ich zu dem Entschluß gekommen bin, daß anders zu handeln bedeutet hätte, der Sache meines Lebens untreu zu werden.«[23]

Dann begann die Arbeit, im wesentlichen ein Kreuzverhör Trotzkis durch die beiden Rechtsanwälte, den seinen und den des Ausschusses. Das Gericht lauschte der auf der dreizehnten Sitzung auf Englisch verkündeten Schlußerklärung des Verbannten mit gespannter Aufmerksamkeit. Die Fragen betrafen die Moskauer Bezichtigungen, das Tun und Treiben, die politischen Ideen, die Geschichte der UdSSR und die Auffassungen der Linken Opposition, sowie den Briefwechsel Trotzkis und seine Besucher. Gleichzeitig nahm der Ausschuß das von Trotzki zur Untermauerung seiner Antworten vorgelegte Beweismaterial entgegen, das in der ganzen Welt gesammelt worden war, wobei es sich oft um von Sedow übermittelte Zeugnisse handelte, aber auch um verschiedene Unterlagen, darunter zahlreiche Ablichtungen und Übersetzungen aus den persönlichen Archiven des Verbannten: ein nicht nur wegen der Widerlegung der in Moskau vorgebrachten Bezichtigungen, sondern auch wegen der Geschichte der Sowjetunion und zum Beispiel der angeblichen Feindschaft zwischen Lenin und Trotzki eindrucksvolles Beweismaterial. Die von Alan Wald in seiner bemerkenswerten Studie angeführten Zeugnisse lassen indes sichtbar werden, daß die Teilnehmer vor allem von Trotzki selbst, seiner Beredsamkeit in einer Sprache, die ihm doch nicht vollkommen geläufig war, seiner Überzeugung, seiner Fähigkeit zu überzeugen und zu verführen, seiner Streitbarkeit und seiner Einsatzbereitschaft beeindruckt waren. Am 15. April 1937 erzählte Dewey:

> »Bis jetzt ist gestern der interessanteste Tag gewesen. ‚Wahrheit, Gerechtigkeit, Menschlichkeit' und alles weitere für die Gründe, hierherzukommen, treten vor dem einfach überwältigenden Interesse für diesen Menschen und das, was er zu sagen hat, in den Hintergrund.«[24]

James T. Farrell schrieb an eine seiner Briefpartnerinnen:

> »Trotzki hat die makabren Lügen der Moskauer Prozesse völlig zerstört – für jedes menschliche Wesen, das vernünftig zu denken imstande ist und es nicht nötig hat, daß seine Meinung für ihn von Leuten geprägt wird, die Tausende von Kilometern entfernt, auf der anderen Seite des Atlantiks sind. Er hat Dokumente vorgelegt, die mehr als nur einen gewissen Zweifel aufkommen lassen. Er hat seinen Fall logisch aufgebaut, und obwohl er seit Sonnabend fast sechs Stunden täglich auf Fragen geantwortet hat, hält seine

Zeugenaussage als ein ganz außerordentliches logisches Gebäude zusammen.«[25]

Ein ernster Zwischenfall ereignete sich während der Anhörungen mit dem amerikanischen Kommissionsmitglied Carleton Beals: Nachdem er eine überraschende, weil leidlich indiskrete Frage zur Lokalisierung der Archive Trotzkis gestellt hatte – eine Frage, deren Beantwortung nur für etwaige Diebe von Interesse war –, beteuerte der Journalist, indem er sich auf seine eigenen Mexiko-Kenntnisse berief, daß Borodin, ein Sonderbeauftragter der Kommunistischen Internationale in Mexiko, im Jahre 1919 von Trotzki persönlich einen Umsturzauftrag gegen die damalige mexikanische Regierung erhalten hätte.[26] Trotzki reagierte sofort: Eine solche Behauptung mache nur Sinn, wenn man sein Asyl in Mexiko zu gefährden suche, indem man »enthüllt«, daß er bei seinem Visumsantrag eine in der Vergangenheit betriebene umstürzlerische Tätigkeit verschwiegen habe.[27] Der Ausschuß verurteilte einstimmig das Verhalten von Beals, der darauf sein Amt niederlegte und kleinliche polemische Artikel gegen Trotzki und diejenigen, die er »seine Helfershelfer« im Ausschuß nannte, an die kommunistische und sympathisierende Presse richten sollte.[28]

Das Schlußergebnis der Arbeit des vorläufigen Ausschusses in Coyoacán ist allgemein bekannt: die unwiderlegbare Beweisführung, daß die Behauptungen Wyschinskis und des Moskauer Gerichts in mehreren Punkten, die für die Stimmigkeit der Abklage entscheidend waren, nicht aufrechterhalten werden können.

Trotzki bewies zunächst unumstößlich, daß Sedow zu dem Datum, wo Holzman ihn zu Trotzki heimgefahren haben wollte, nicht in Kopenhagen zugegen gewesen sein konnte; Trotzki bewies weiter, daß sich Holzman nicht nach Kopenhagen begeben hatte und daß er folglich Trotzki dort nicht treffen und von ihm nicht terroristische Anweisungen erhalten konnte. Der Abriß des Hotel Bristol – in dem Holzman Sedow getroffen haben wollte – und die Tatsache, daß es seit 1917 in Kopenhagen kein solches Hotel mehr gab, fügten einer zerfetzten Anklage nur noch eine groteske Note hinzu.

Auf dieselbe Art und Weise bewies Trotzki, wobei er sich nicht nur auf Zeugnisse, sondern auf offizielle Unterlagen, die von den französischen Behörden stammten, stützen konnte, die Unmöglichkeit des Treffens, das er laut Moskauer Geständnisse mit dem sowjetischen Journalisten Romm im Bois de Boulogne in Paris gehabt haben sollte, wohin er sich nachweislich nicht begeben haben konnte. Aufgrund der Unmöglichkeit eines Treffens mit Romm fielen somit auch die berühmten »terroristischen Weisungen«, die er ihm übergeben haben sollte, damit er sie an Radek weiterleite, in sich zusammen.

Zuletzt widerlegte Trotzki die bloße Möglichkeit einer Flugreise Pjatakows von Berlin nach Oslo im Dezember 1935, indem er aufzeigte, daß dessen Geständnisse frei erfunden worden waren und selbst in aufgeputzter

Form den ersten Fragen und Einwänden nicht standhalten konnten. Gab es keine Flugreise, so brachen auch die Behauptungen über die angeblichen vertraulichen Mitteilungen von Trotzki und seine Beziehungen zu Rudolf Hess oder die Organisierung dieser Reise Pjatakows durch die Nazis, woraus die Stalinisten ihre wichtigste Säule Anklage im zweiten Prozeß gemacht hatten, in sich zusammen.

Die Anhörungen des vorläufigen Untersuchungsausschusses in Coyoacán zu den Moskauer Prozessen und die Zerstörung aller in den Moskauer Prozessen gegen Trotzki in die Welt gesetzten Beschuldigungen, führten darüber hinaus den Nachweis, den Charles Beard und Carl Becker, wie sie versichert hatten, für »unmöglich« hielten: den des »Gegenteils«. Die Anhörungen brachten in der Tat unleugbar zutage, daß weder Trotzki noch sein Sohn noch die angeklagten und abgeurteilten Altbolschewisten weder unmittelbar noch mittelbar Urheber von Meuchelmorden, von Terrorismus-, Spionage-, Sabotage- und Hochverratshandlungen gewesen waren und daß die angeblichen Zeugenaussagen und Geständnisse in diesem Punkt alle falsch waren; sie waren aus Machwerken und absichtlichen Fälschungen erwachsen, die durch Gewalt oder unter Bedrohung abgepreßt worden sind. Das war doch ein ansehnliches Ergebnis, das hinzunehmen die westliche öffentliche Meinung, wie es allen Anschein hat, lange gebraucht hat. Thomas Ray Poole hat schön aufgezeigt, wie die Presse der Vereinigten Staaten die Ergebnisse des Ausschusses verheimlicht und sie bis zur Veröffentlichung des Buches von 600 Seiten im August 1937, *The Case of Leon Trotsky*, das schon bald seine Verleumder verwirren sollte, mit Spott überhäuft hat.

Die Arbeit für sich ergab eine faszinierende Gegenüberstellung von Ideen. Die Überlegungen Trotzkis, die er Ben Stolberg zur Antwort gab, eine Art Bilanz der Revolution, waren weit von den »Schäfergedichten« über die klassenlose Gesellschaft entfernt:

> »Bis zum heutigen Tage ist es der Menschheit nicht gelungen, ihre Geschichte vernunftgemäß zu gestalten. Als Menschenwesen ist es uns nicht gelungen, unseren Körper und unseren Geist vernunftmäßig zu gestalten. Es ist richtig, die Psychoanalyse versucht, uns beizubringen, wie man Körper und Seele in Einklang bringen kann, aber bisher ohne großen Erfolg. Die Frage ist jedoch nicht, ob wir die absolute Vollkommenheit der Gesellschaft erreichen können. Für mich besteht die Frage darin, ob wir große Schritte vorwärts machen können. Nicht den Charakter unserer Geschichte vernunftgemäß zu gestalten, denn nach jedem großen Schritt vorwärts macht die Menschheit einen kleinen Umweg und selbst einen großen Schritt zurück. Ich bedaure das außerordentlich, aber ich bin dafür nicht verantwortlich. *(Lachen).* Nach der Revolution, nach der Weltrevolution ist es wohl möglich, daß die Menschheit müde ist. Für einige, für einen Teil von ihnen, kann eine neue Religion auftauchen und so weiter. Aber ich bin sicher, im allgemeinen handelt es sich um einen großen Schritt nach vorn, wie die Französische Revolution. Sie endete zwar mit dem Sieg der Bour-

> bonen, aber jedermann analysiert diesen Sieg als Konsequenz der Verbreitung der Lehren der Französischen Revolution.«

Trotzki wich auch der grundsätzlichen Frage, der Unvermeidbarkeit der Entartung, nicht aus. Dewey fragte ihn, ob es irgendeinen Grund zur Annahme gebe, daß die Entartung der Diktatur des Proletariats zu einer »Diktatur des Sekretariats« nicht unvermeidbar sei: Trotzki antwortete:

> »Das ist eine sehr gute Formulierung. Ich muß darauf antworten, daß selbst die heutige Diktatur des Sekretariats in Rußland ein sehr bedeutender Fortschritt im Vergleich zur Diktatur des Zaren ist. Das ist das erste. (...) Zweitens, da gerade die Diktatur des Sekretariats von der Rückständigkeit des Landes und seiner Isolierung verursacht wurde, liegt die Antwort darin, daß die zivilisierten und nicht isolierten Länder eine gesündere und demokratischere Diktatur haben werden, und für eine kürzere Periode.«[29]

Wiederholte Male kam Trotzki auf die Frage der »Einheitspartei« und des Monopols der KP in der UdSSR zurück, um zu beteuern, daß es sich am Anbeginn lediglich um eine »Kriegsmaßnahme« gehandelt habe und daß die Staatsform, die er durch die politische Revolution einzusetzen wünsche, mehrere Parteien erlauben und dabei, in Abhängigkeit von den Umständen und einer großen Stabilität des Regimes, auch eine pro-kapitalistische Partei keineswegs ausschließen würde.

Die Arbeit des vorläufigen Ausschusses war der aufsehenerregendste Arbeitsabschnitt des Untersuchungsausschusses. Sie war aber nur ein Abschnitt davon, und es gab weitere Sitzungen und Anhörungen.

Unter seiner Schirmherrschaft fanden vom 2. Mai bis zum 22. Juni 1937 in Paris in Zusammenarbeit mit dem französischen Komitee die Arbeiten eines »Rechtshilfeausschusses« mit dem italienischen Sozialisten Modigliani als Vorsitzendem statt. Dieser Ausschuß hörte das höchst wichtige Zeugnis von Lew Sedow und holte die Aussagen des Ehepaares Pfemfert und von Bauer ein, Sedows Freunden, die alle das Jahr 1932 betrafen, als er nach den Beschuldigungen aus Moskau nach Kopenhagen gefahren sein sollte. Der Ausschuß hörte ebenfalls das Zeugnis des früheren Deportierten Victor Serge an und holte jenes von Dawtjan, genannt »Tarow«, ein, der 1935 aus der UdSSR geflohen war.[30]

Einige Tage später wurde in New York ein weiterer Unterausschuß mit Suzanne LaFollette, Stolberg, Alfred Rosmer, dem früheren Abgeordneten der KPD, Wendelin Thomas, und Carlo Tresca gebildet. Er hörte die Aussagen von in den Vereinigten Staaten lebenden Personen an, die Trotzki im Laufe seiner Verbannung verschiedene Male besucht hatten, unter ihnen A. J. Muste, Max Shachtman, Herbert Solow, Harold R. Isaacs und sehr viele andere.[31]

Nun fing die Herkulesarbeit von Suzanne LaFollette, der unermüdlichen Sekretärin des Verteidigungskomitees und des Untersuchungsausschusses, an. Nach einer Blitzreise nach Europa, um das Beweismaterial des Ausschusses zu vervollständigen, machte sie – trotz der Einsprüche Pearl Klugers und Solows, die so von der Endphase faktisch ausgeschlossen waren – die ganze Vorbereitungsarbeit, die Klassifizierung, Überprüfung und den Vergleich mit den Anschuldigungen und Schlußfolgerungen mit bewundernswerter Sorgfalt und einem unanfechtbaren Ergebnis mehr oder weniger allein. Diese Arbeit erstreckte sich über die Monate Juli und August 1937.

Die Sitzungen der Vollversammlung konnten dann im September 1937 beginnen. Dieses Mal hatte die Kommission ihre endgültige Zusammensetzung gefunden. Neben den Mitgliedern des vorläufigen Ausschusses – Dewey, Stolberg und Suzanne LaFollette – gehörten ihr Tresca, Wendelin Thomas und Rosmer, die schon erwähnt wurden, die Liberalen E. A. Ross und John Chamberlain und, nach der Absage von General Villareal aus persönlichen Gründen, Francisco Zamora, das einzige mexikanische Mitglied, an. Seit April 1937 hatten Trotzki und seine Mitarbeiter in Coyoacán und Sedow in Paris ihre Nachforschungen nach neuen Belegen und Zeugnissen fortgesetzt und in einem mit ihren Freunden in New York und mit Suzanne LaFollette unterhaltenen Briefwechsel ihre Kommentare eingebracht.

Am 21. September 1937 schließlich trug Suzanne LaFollette vor der Vollversammlung Schlußfolgerungen vor, die nach einer fruchtbaren Diskussion angenommen wurden. Diese dienten dem Abschlußbericht, dessen endgültige Abfassung Dewey, Suzanne LaFollette und Ben Stolberg anvertraut wurde, als Grundlage.

Die vom Dewey-Ausschuß gezogene Furche brachte bald Früchte. Im Sommer 1937 ließen Philip Rahv, Dwight MacDonald und andere, eine Gruppe junger Intellektueller, die aus der kommunistischen Bewegung gekommen waren, aber vom Verteidigungskomitee und von der Arbeit des Untersuchungsausschusses beeinflußt worden sind, die Zeitschrift *Partisan Review* wieder erscheinen, aus der sie eine von der KP unabhängige marxistische Zeitung machen wollten.[32]

Ansonsten begann sich die politische Atmosphäre in den Vereinigten Staaten nach dem Erscheinen von *The Case of Leon Trotsky* einerseits und vor allem, nachdem zwei bedeutende, besonders überzeugende Artikel, die dieses Buch besprachen, in der liberalen Presse veröffentlicht worden waren, zu ändern: Es handelte sich dabei um die Artikel von Edmund Wilson, dem großen Romanschriftsteller, in *Nation*[33] und vor allem von dem früheren Führer der kommunistischen Partei, Bertram D. Wolfe in *The New Republic.*[34] Die Wirkung des letzteren war umso beachtlicher, als Bertram D. Wolfe 1936 den Geständnissen der Angeklagten des ersten Prozesses geglaubt hatte. Jetzt gestand Wolfe auf der Grundlage der Lektüre des Verhandlungsberichtes der Sitzungen von Coyoacán trotz seiner Mißhelligkeiten mit Trotzki ein, daß er sich schwer getäuscht habe und daß es Trotzki war, der recht gehabt hatte.

Trotz des offensichtlichen bösen Willens eines großen Teils der Weltpresse war von nun an der Weg dafür gebahnt, daß die Schlußfolgerungen des Ausschusses einen großen Widerhall finden konnten.

Der auf einem in New York vom Verteidigungskomitee organisierten Meeting öffentlich angekündigte Urteilsspruch – »nicht schuldig« – wenn man diesen Begriff in dem Fall gebrauchen kann – wurde schließlich am 12. Dezember 1937 gefällt. Die Schlußfolgerungen erläutern peinlich genau alle in den Moskauer Behauptungen und Beschuldigungen auftauchenden Unmöglichkeiten und bezeichnen die Prozesse selbst als Betrügereien.

Die »Moskauer Prozesse« waren deshalb nicht beendet. Sitzungen hinter verschlossenen Türen – weil, wie man sich denken kann, daß die Angeklagten nicht gestehen wollten – führten alsbald zum Verschwinden der fähigsten Führer der Roten Armee um Tuchatschewski und Jakir, der georgischen Kommunisten um Mdiwani oder eines alten Aktivisten wie des früheren Sekretärs der Exekutive der Sowjets, des Georgiers A. S. Jenukidse.

Es sollte einen dritten öffentlichen Prozeß geben – im März 1938. Diesmal waren es die »Rechtsabweichler« Bucharin und Rykow, die zusammen mit dem früheren Chef der GPU, Jagoda, und einigen seiner Mitarbeiter, auch mit mehreren Ärzten aus dem Kreml und dem Schatten desjenigen, der der Freund Trotzkis gewesen ist, Christian G. Rakowski, zu erscheinen hatten. Der Fehlschlag war vielleicht noch offenkundiger. Einen halben Tag lang stritt der Angeklagte Krestinski seine Geständnisse ab.[35] Bucharin machte den Staatsanwalt zu wiederholten Malen lächerlich und weigerte sich zu gestehen, er habe Lenin töten wollen und Spionage getrieben.[36] Hinter den Geständnissen der Männer von der GPU zum »Meuchelmord an Kirow« tauchte der Schatten Stalins als Erklärung für den Mord an Kirow auf.[37]

Selbstverständlich setzte Trotzki seine Polemik gegen den Stalinismus fort und zerlegte einmal mehr die Anklagen und die Unwahrscheinlichkeiten der Geständnisse. Man darf Trotzkis Arbeit der Zerstörung der stalinistischen Legenden nicht bagatellisieren, doch man ist nichtsdestoweniger berechtigt anzunehmen, daß die Arbeiten des Dewey-Ausschusses dieser Art von Amalgam und von Prozeß endgültig den entscheidenden Schlag versetzt haben. Der dritte Moskauer Prozeß wird vor dem Krieg der letzte dieser Art sein.

Nachdem Stalin diesen Versuch gemacht hatte, zog er es vor, die Männer, derer er sich entledigen wollte, in der Verborgenheit der Gefängnisse zu ermorden, während er gleichzeitig in der Weltpresse veröffentlichen ließ, daß diese Leute »gestanden« hätten. Diejenigen, die beteuerten, sie glaubten an die Geständnisse, waren Menschen, die glauben wollten oder so taten als ob, doch die öffentliche Schau konnte von nun an niemanden mehr überzeugen. Das war eine der unbestreitbaren Errungenschaften der Arbeit des Ausschusses.

Die Wirkung zeigt sich wohl noch heutzutage, selbst bei Frauen und Männern, die den Namen Dewey noch nie gehört haben. Sie war auch in den öffentlichen Rehabilitierungen, die in der UdSSR im Februar 1988 mit Bucharin, Rykow, Rakowski und den anderen Opfer des dritten Prozesses, Jagoda ausgenommen, begonnen haben, zu spüren.

***

So hat die Begegnung zwischen dem Revolutionär und dem Philosophen anläßlich der Moskauer Prozesse einen historische Tragweite gehabt. Und sie sollte auf dem Gebiet der Ideengeschichte eine Fortsetzung haben.

Im Laufe der folgenden Monate gerieten die beiden Männer, die sich schon im Verlauf der Arbeit des Ausschusses aneinander gemessen hatten, in der Tat in einen – um die Ergebnisse ihrer Arbeit nicht zu gefährden – einigermaßen diskreten – eisernen Zweikampf.

Am Ende der letzten Sitzung der vorläufigen Kommission hatte Trotzki Dewey, nicht ohne seine eigenen Überzeugungen in Erinnerung zu bringen, gedankt:

> »Die Erfahrung meines Lebens, in dem es nicht an Erfolgen und Niederlagen gefehlt hat, hat nicht nur nicht mein Vertrauen in die ungetrübte, strahlende Zukunft der Menschheit zerstört, sondern ihr im Gegenteil eine unzerstörbare Widerstandsfähigkeit gegeben. Diesen Glauben an die Vernunft, an die Wahrheit, an die menschliche Solidarität, die ich im Alter von achtzehn Jahren in die Arbeiterviertel einer russischen Provinzstadt, Nikolajew mitbrachte – diesen Glauben habe ich voll und ganz bewahrt. Er ist reifer, aber nicht weniger leidenschaftlich geworden. In der Tatsache der Bildung Eurer Kommission – in der Tatsache, daß an ihrer Spitze ein Mann von unerschütterlicher moralischer Autorität steht (...), in dieser Tatsache sehe ich eine neue und wahrhaft großartige Stärkung des revolutionären Optimismus, der das Grundelement meines Lebens ausmacht.«[38]

Diese Antwort Trotzkis an Stalin war auch ein Hutziehen vor Dewey, und jener begnügte sich damit zu sagen:

> »Alles, was ich hinzufügen könnte, wäre geistlos.«[39]

Doch es mußte zu dem Treffen zwischen dem Revolutionär und dem Philosophen unbedingt ein Nachspiel geben. In seiner Rede auf der Versammlung im Hotel Mekka in New York am 12. Dezember 1937 konnte es Dewey, als er den Urteilsspruch des Ausschusses erklärte, dessen Vorsitz er geführt hatte, nicht lassen, seine Meinung, nach der der Stalinismus gewissermaßen eine natürliche Weiterentwicklung des Bolschewismus sei, zum Ausdruck zu bringen. Trotzki schätzte das ganz und gar nicht. Am 26. Januar 1938 schrieb er Jan Frankel, der sich in New York niedergelassen hatte:

> »Im Gegensatz zur Meinung bestimmter Genossen muß ich sagen, daß es von seiten des Alten nicht sehr loyal war, seine eigenen politischen Meinungen im Namen der Kommission hinauszuschreien. Das war doppelt illoyal, weil ich ihn mein Telegramm habe lesen lassen, das sich leider jeder politischen Aussage enthielt. Was Dewey sagte, entsprach nicht der Entscheidung der Kommission und stand im Widerspruch zur Auffassung bestimmter Mitglieder, nämlich von Rosmer, Zamora, in großem Maße von Rühle, und, wie ich glaube, von Tresca auch. Nicht alle Mitglieder waren Liberale. Nicht alle glauben, daß der Niedergang und die Entartung der sowjetischen Bürokratie den Kommunismus herabwürdigt und daß der Niedergang der Demokratie die Lebenskraft des Liberalismus beweist. (...) Ich bin dabei, dies in einem gegen Dewey geschriebenen Artikel zu erklären.«[40]

Trotzki hatte das richtige Gefühl. Am 19. Dezember 1937 versicherte Dewey in einem Interview mit Agnes E. Meyer für die *Washington Post* – von dem Trotzki anscheinend keine Kenntnis hatte –, daß er aus den Debatten von Coyoacán Schlußfolgerungen ziehe, die Trotzki unmöglich unterschreiben könnte:

> »Die große Lehre, die man aus diesen außerordentlichen Enthüllungen ziehen muß, ist das völlige Zusammenbrechen des revolutionären Marxismus. Und ich denke nicht, daß ein überzeugter Kommunist irgendwie zu der Schlußfolgerung kommen könnte, daß er jetzt, da er Stalin nicht mehr glauben kann, seine Hoffnungen auf Trotzki übertragen muß.«[41]

Als Dewey dazu aufforderte, »über die Mittel der gesellschaftlichen Veränderung und die wirklich demokratischen Methoden, wie diese gesellschaftliche Veränderung zu erreichen sei«, nachzudenken, behauptete er, daß Trotzki auf seine Frage, ob es »rationale Grundlagen« gebe, »die es zulassen, anzunehmen, daß eine proletarische Revolution in einem anderen Land von mehr Erfolg gekrönt wäre als in Rußland« »ausweichend« geantwortet hätte.[42]

Isaac Deutscher, der in *Ihre Moral und unsere* eine Antwort auf die Kritik der Anarchisten an Kronstadt gesehen hat, hat nicht begriffen, daß dieser Essay, der zum ersten Mal in *The New International* der amerikanischen SWP erschien – tatsächlich der angekündigte »Artikel gegen Dewey« war.[43] Für Trotzki rechtfertigte letztlich der Zweck, die Abschaffung der Ausbeutung des Menschen durch den Menschen, die Mittel, die es gestatten, sich ihm zu nähern: Trotzki stellte diese Klassenmoral der Kantschen Moral entgegen, die er als Ausdruck der Moral des Kleinbürgertums betrachtete.

Auf Bitten von *The New International* antwortete John Dewey Trotzki in »Die Mittel und der Zweck«. Indem er aufzeigte, daß Trotzki das Wort »Zweck« in zwei verschiedenen Bedeutungen gebrauche, kritisierte der Philosoph vor allem die Auffassung seines Gesprächspartners vom Klassenkampf als »Gesetz der Gesetze der Geschichte«, anstatt ihn als »ein Mittel auf der Grundlage der gegenseitigen Abhängigkeit der Mittel und der Zwecke« zu betrachten. Der alte Mann griff den Bolschewismus und mit ihm Trotzki ganz schonungslos an:

> »Der Glaube, daß ein Gesetz der Geschichte die besondere Weise bestimmt, auf die der Kampf geführt werden soll, scheint mit Gewißheit zu einer fanatischen und selbst mystischen Hingabe zu tendieren, mit der unter Ausschluß aller übrigen Wege nur ganz bestimmte Klassenkampfmethoden verfolgt werden. (...)«[44]

Der Philosoph nahm die Entartung der russischen Revolution als Aufhänger und ging dabei so weit, zu behaupten, daß man sie besser erklären könnte, wenn man beachten würde, daß »ihre Mittel aus einem angeblichen wissenschaftlichen Gesetz hergeleitet wurden, anstatt Gegenstand einer Suche und einer Wahl in Abhängigkeit von ihrer Beziehung zur Befreiung der Menschheit zu sein«.[45]

Man kann von daher die Jahre später von Dewey gegebene Charakterisierung Trotzkis, den er, obgleich zwanzig Jahre älter, um neunzehn Jahre überleben sollte, begreifen:

> »Das war eine tragische Persönlichkeit. Eine derartig natürliche, blendende Intelligenz, und derartig in das Absolute eingesperrt!«[46]

Man wird aus der Feder Trotzkis kein so entschiedenes Urteil über das Denken des großen amerikanischen Philosophen finden. Trotzki wußte freilich nur zu gut, welche Bedeutung für ihn und für seine Sache die von diesem alten Liberalen, dessen Bewunderung er gewonnen hatte, den er aber nicht hatte überzeugen können, eingenommene Haltung zu einem bestimmten Zeitpunkt der Geschichte gehabt hatte.

Kapitel 56

Die große Treibjagd

An diesem Punkt der Darstellung müssen wir das Gebiet der Ideen und der – manchmal übelriechenden – Politik verlassen, um in die weniger bekannte, dem »Milieu« sehr nahe Welt der Geheimdienste einzutauchen, die eine der wichtigsten Grundlagen der stalinistischen Verschwörung gegen Trotzki darstellte[1]

Es fehlt uns nicht an zuverlässigen Informationen über dieses seiner Natur nach schwer zu erhellende Problem. Die Geheimdienste hatten Ende der dreißiger Jahre wirklich eine schwere Krise zu gewärtigen, und wichtige Agenten wie diejenigen, die im Westen unter den Namen Reiss, Kriwizki oder Orlow bekannt waren, wurden abtrünnig.

Mehrere polizeiliche Ermittlungen, deren Schlußfolgerungen veröffentlicht worden sind, haben uns wertvolle Informationsgrundlagen beschert. Die wirkliche Geschichte muß jedoch noch geschrieben werden, denn die Verantwortlichen der Archive der sogenannten demokratischen Länder verteidigen weiterhin die Geheimnisse – ohne daß die Hintergründe für diese Haltung immer klar wären.*

***

Das Kapitel, das hier beginnt, ist der in diesen Jahren hauptsächlich in Europa von den Agenten der politischen Sonderabteilung des NKWD, den Trotzki damals hartnäckig beim alten Namen GPU nannte, gegen die Revolutionäre betriebenen großen Treibjagd gewidmet. Der Agent der GPU war eine Schattengestalt, und die folgende Beschreibung der Tätigkeit der Männer Moskaus ist natürlich eine nachträgliche Rekonstruktion.

Besonders im Fischteich der weißen Emigration haben die Stalinschen Geheimdienste ihre wertvollsten Agenten und insbesondere die Killer angeworben, die sie gegen Trotzki und seine Freunde losgehetzt haben, nachdem sie zuerst ihre Lockspitzel auf sie angesetzt hatten. Die Entführung von General

* Véronique Lossky, die Verfasserin von *Marina Tsvétaeva. Un itinéraire politique*, Malakoff 1987, berichtet uns zum Beispiel, daß sie die glückliche Gelegenheit gehabt hat, zwei Reiss und seiner Ermordung gewidmete Polizeiakten aus französischen Archiven von ungefähr zweihundert Seiten zu lesen (S. 372, Anm. 48). Anscheinend hat kein Fachhistoriker dieselbe Möglichkeit gehabt. Wir aber haben in Stanford ein Schriftstück der Sicherheitspolizei gelesen, das zweifelsohne die englische Übersetzung von einem von ihnen ist!!

Kutjepow im Jahre 1930 und dann von General Miller im Jahre 1937 hatten ziemlich interessante Gesichtspunkte über den Einsatz von weißen Helfern durch Stalin für Entführungs- und standrechtliche Hinrichtungsoperationen sichtbar werden lassen. In den zwanziger Jahren war es wahrscheinlich der lettische Offizier Eduard Upeninsch, der in der *Trust*-Affäre, jener ganz und gar von Moskau geschaffenen antisowjetischen Organisation, unter dem Namen Opperput bekannt geworden war und der in der Affäre um die Plattform der Opposition wohl der berühmte »Offizier Wrangels« gewesen ist. Der faschistische General Turkul war ebenso wie der Gatte der Sängerin Pljewitzkaja, General N. W. Skoblin, ein Adjutant von General Miller, gleichfalls ein sowjetischer Agent.[2]

Von den westlichen Polizei- und Nachrichtendiensten mehr oder weniger geduldet und in Schutz genommen, bildeten die von Doppel- oder Dreifachagenten durchsetzten weißen Emigranten-Organisationen, die eine richtige kleine Gesellschaft, die Männer in allen Berufen beschäftigte, darstellten, einen wunderbaren Nährboden für derartige Aktivitäten. Muß man hinzufügen, daß man sich unschwer vorstellen kann, daß ein – wirklicher – Offizier Wrangels, aus Habgier, Notwendigkeit, Abenteuerlust oder am Ende einer Erpressung Agent der sowjetischen Dienste geworden, keinen übergroßen Schmerz empfinden mußte, wenn es darum ging, einen »Kommunisten« zu liquidieren, und wäre er noch dazu von der Opposition und vor allem, wenn er Trotzki, dem Feind Nr. 1 dieser Leute, nahestand?

Die GPU war in dieser Phase in der Umgebung Lew Sedows bereits präsent.[3] Wir haben ihr Schattenbild bei ihm in der Rue Lacretelle schon zu Gesicht bekommen, als er auf der ersten Seite der Zeitungen 1936 die Hinrichtung der Sechzehn entdeckte und auf offener Straße in ein Schluchzen ausbrach.

Der Mann, der ihm an jenem Tag wie an sehr vielen anderen zur Seite stand und der GPU über all sein Tun und Treiben Bericht erstattete, hieß Mordka Sborowski. Er wurde 1908 als Sohn nach Lodz emigrierter russischer Eltern geboren und kam nach Frankreich, um dort ein Hochschulstudium aufzunehmen. Er quartierte sich zunächst in Grenoble ein, wo er als Grabsteinschleifer und später in einem Hotel, wo er Mann für alles war, arbeitete. Eben in diesem Hotel begegnete er seinen Angaben nach einem Afanassjew genannten sowjetischen Staatsbürger, der ihm riet, in die Sowjetunion zurückzukommen, um dort sein Studium unter günstigen Bedingungen weiterzuführen. Der junge Mordka, der schon in Polen Mitglied der KP gewesen sein wollte, ging darauf ein, die Botschaft der UdSSR in Paris um die Erlaubnis zur »Rückkehr« zu bitten, und bekam in der Antwort zu verstehen, daß man sie sich »verdienen« müsse.[5] Stand er, wie man erzählte, schon von 1934 an mit der Organisation der »Vereinigung zur Repatriierung« in Verbindung, die in Wirklichkeit ein Agentennest der GPU beherbergte?

Oder wurde er, wie er angab, sogleich mit einem geheimen Verantwortlichen der Dienste – einem polnischen Kommunisten – in Verbindung gebracht, der ihm befahl, in Paris der Ligue Communiste beizutreten, wo er sich von nun an niederließ und im Verborgenen politisch tätig war, während er gleichzeitig dem Mann, der ihn bei der Botschaft eingeführt hatte, regelmäßig allgemeine Berichte über die Tätigkeit der französischen »Trotzkisten« während des Jahres 1934 lieferte?

Anscheinend 1935 erhielt Sborowski von seinen ranghöheren Vorgesetzten einen im Vergleich zum vorhergehenden genaueren und ganz offensichtlich wichtigeren Auftrag. Er sollte versuchen, sich Lew Sedow zu nähern und sich mit ihm anzufreunden.[6] Der erste Teil der Aktion erwies sich als lächerlich einfach, weil sich das Anpirschen für ihn auf ein ganz einfach zu bewerkstelligendes Treffen mit Jeanne Martin beschränkte, welche ihm, als sie durch seine Aufmerksamkeiten erfuhr, daß Russisch seine Muttersprache war, sofort vorschlug, mit »Durand« zu arbeiten, von dem sie aber nicht sagte, daß es sich um Lew Sedow handelte, was er jedoch schnell begriff.[7] Da begann Sborowski also mit Trotzkis Sohn zusammenzuarbeiten, ohne dessen Adresse noch die seiner Briefpartner zu kennen. Sborowski übersetzte für Sedow Texte oder Briefe, von denen er ansonsten nichts wußte; und so gewann er nach und nach dessen persönliches Vertrauen.[8]

Laut Sborowskis Aussage wurde im März 1936 die Routine dieser Auskunftsarbeit unterbrochen. Er wurde durch die Dienste mit einer ganz offensichtlich wichtigen Persönlichkeit, wahrscheinlich dem sichtlich in die Vorbereitung des Moskauer Prozesses verwickelten hohen Beamten der GPU, Mikhail Spiegelglass, in Kontakt gebracht. Letzterer zeigte Sborowski eine Liste von etwa zwanzig Namen – 1955 sollte er angeben, daß er sich an die Namen Sinowjew, I. N. Smirnow, Olberg und Kurt Landau erinnert –, von denen er in den Papieren Sedows etwaige Spuren suchen sollte. Spiegelglass erklärte ihm, daß sich diese Männer gegen die UdSSR verschworen hätten, daß sie es mit Sedow hielten und daß die Überwachung, die er ausüben sollte, es vielleicht ermöglichen könnte, sie zu entlarven. Selbstverständlich führte Sborowski seinen Auftrag mit gleichviel Eifer aus, doch erzielte er kaum Ergebnisse.[9] Hingegen erhielt er von einem französischen trotzkistischen Führer die persönliche Anschrift Sedows – 26, rue Lacretelle – und stellte sich zu dessen großer Unzufriedenheit bei Sedow vor. Einige Monate später sollte man feststellen, daß sich eine Gruppe von Agenten der GPU die angrenzende Wohnung auf der folgenden Nummer der Lacretellestraße angemietet hatte.[10]

Sborowski war der Kundschafter der GPU, aber es gab in Paris auch eine Eingreif- und Kampfgruppe, die mehrere Male auf seine Hinweise hin operierte, mit der er aber keine direkten Verbindungen gehabt zu haben scheint. Das Versteck dieser Bande befand sich in der Bucistraße, im VI. Bezirk, in den Räumen einer Organisation von weißen Russen, »Verein zur Repatriierung« genannt. Unter ihren Verantwortlichen findet man: Piotr Schwarzenberg, der 1936 nach Spanien abreiste, und der ehemalige weiße Offizier Sergej Efron, der Gatte der Dichterin Maria Zwitajewa. Es gab in dieser Gruppe Weißrussen wie Dimitri Smirenski und Anatoli Tschistoganow, aber auch Franzosen wie Ducomet und Martignat, von denen wir nichts wissen, und eine merkwürdige Gestalt des internationalen Verbrechertums, den Monegassen Roland Abbiate, François Rossi* genannt. Kurz vor seiner Abreise 1936 führte Schwarzenberg seine Geliebte in die Gruppe ein: eine junge achtundzwanzigjährige Schweizerin, die es sich auch verdienen möchte, in die Sowjetunion zu ziehen – Renata Steiner, die alsbald Spezialistin für Beschattungen werden wird.[11]

Im Sommer 1936 war die Gruppe hinter Sedow her. Als sich dieser, den Jeanne Martin ein wenig später treffen sollte, für einen kurzen Erholungsaufenthalt in die Familienpension begab, die Hélène, die junge Frau, in die er verliebt war, zusammen mit ihrem Gatten, dem Maler André Savanier führte, kam Renata Steiner als Touristin vorbei, um auch Urlaub zu machen. Sie suchte sich mit dem jungen Mann anzufreunden und behielt enge Verbindungen zu zwei Männern der Gruppe bei, die sie nach Antibes begleitet hatten, wo sie im Hotel verweilten.[12] Die Beschattung in Antibes mußte wegen der plötzlichen Rückkehr Sedows nach Paris nach Ankündigung des ersten Moskauer Prozesses abgebrochen werden.

Aus den Jahre später vor einem Schweizer Untersuchungsrichter abgelegten Geständnissen Renata Steiners geht hervor, daß sie sich im Lauf der folgenden Monate sehr für das Tun und Treiben eines Flüchtlings aus Osteuropa, M. Bardach, interessiert hat, von dem man nur weiß, daß sie dessen Besucher überwachen und über jeden von ihnen einen Bericht erstellen mußte. Sie wurde schon gut bezahlt; sie hatte zum Beispiel für das Zwischenspiel in Antibes 2.000 Francs netto zur Bezahlung aller Unkosten bekommen. Man sollte später erfahren, daß ihre Beschattungstätigkeit auf die Überwachung eines möglichen Kontaktes eines wichtigen Agenten der GPU im Ausland gerichtet war, den man verdächtigte, ans Abspringen zu denken.

War die Pariser Bande in die Affäre um den Einbruch in die Pariser Zweigstelle des Amsterdamer Internationalen Instituts für Sozialgeschichte in der Micheletstraße in der Nacht vom 8. auf den 9. November 1936 verwickelt? Sicher ist, daß Sborowski seinen Vorgesetzten die Hinterlegung der Packen von Presse- und Zeitungsausschnitten und selbst von Korrespondenz – die Briefe zwischen Trotzki und Andrés Nin befanden sich unter den gestohle-

* Thémistokles Papasissis, *Der König muß sterben*, Berlin 1959, S. 55-75, hat den Zeitabschnitt 1932-1934 untersucht, in dem Abbiate in Belgrad ein Luxusrestaurant als Deckadresse für Spionagetätigkeiten betrieb. Er flüchtete nach dem Meuchelmord an König Alexander, in den er verwickelt gewesen zu sein scheint.

nen Schriftstücken – angezeigt hat, die Sedow auf die Anweisungen seines Vaters hin in dieser Institution hatte hinterlegen lassen, damit sie dort in Sicherheit wären. Und Sborowski gibt an, sich über eine Aktion beklagt zu haben, die ihn bloßstellte. Das Ding ist auf alle Fälle von Männern gedreht worden, die über allermodernstes Gerät verfügten. Gleichfalls war es ein Mann der Bande, Tschistoganow, Brille genannt, der Sedow während der Ermittlungen beschattete. Sedow ließ ihn mitten im Justizpalast, wohin er ihm gefolgt war, von der Polizei verhaften, doch blieb die Sache ohne Folge, da die Klage Sedows von Amts wegen nicht ernstgenommen wurde.[13]

Die Bande machte sich einige Monate später von neuem, immer noch auf der Grundlage von Informationen, die sie von Sborowski hatte, auf den Weg. Sie hatte in der Tat Kenntnis davon erlangt, daß sich Sedow um den 20. Januar 1937 herum mit dem Zug nach Mulhouse begeben wollte, um dort im Hotel Paris einen Rechtsanwalt und schweizerische Genossen zur immer noch aktuellen Frage des in Basel angestrengten Prozesses zu treffen.[14] Die Überwachung, die sich auf mehrere Tage erstreckte, war umsonst, da Sedow, weil er krank wurde, das Treffen abgesagt hatte: Auf jeden Fall war dort bereits zumindest seine Entführung und wohl auch seine Ermordung, wahrscheinlich in der Sowjetunion selbst, nach einem ausführlichen Verhör vorbereitet.

Im Laufe des Jahres 1937 sollte jedoch eine andere Affäre die Pariser Killerbande der GPU in Beschlag nehmen und dieses Mal mit einem Mord enden. Ein polnischer Kommunist, ein Mitglied des Geheimdienstes, Ignaz S. Porezki, Ludwig genannt, der insbesondere 1936 mit heimlichen Waffenlieferungen ans republikanische Spanien betraut war, war zu dem Schluß gekommen, den ihm die Moskauer Prozesse aufzwangen: daß Stalin schlicht und einfach der Totengräber der Revolution war und daß Trotzki gegenüber Stalin recht hatte.[15] Folglich kündigte Porezki dem Niederländer Sneevliet, den er seit langem aus beruflichen Gründen kannte, seinen Bruch mit dem Stalinismus an und richtete an das Zentralkomitee der KP und der UdSSR einen Aufkündigungsbrief, in dem er seinen Beitritt zur IV. Internationale ankündigte.[16] Porezki bat darüber hinaus Sedow um eine Zusammenkunft, und traf ihn zusammen mit Sneevliet in den ersten Septembertagen 1937 in Reims.

Die Bande von Efron und Abbiate konzentrierte sich fortan ganz auf Porezki. Er wurde in seinem schweizerischen Zufluchtsort ausfindig gemacht und durch den Verrat einer seiner ehemaligen Mitarbeiterinnen im Geheimdienst, der Deutschen Gertrude Schildbach, in Chamblandes, nahe bei Lausanne, abgefangen und ermordet. Seine mit Ausweispapieren auf den Namen des tschechoslowakischen Staatsbürgers Hans Eberhardt versehene Leiche wurde von Elsa Bernaut, seiner Lebensgefährtin, und von Sneevliet als Ignaz Reiss, dem Namen, der ihm für die Geschichte geblieben ist, nach einigen Tagen förmlich identifiziert. Die Ermittlungen der Schweizer Polizei ermöglichten es, auf dem Umweg über Renata Schneider die Leute der Pariser Bande von Efron bis Abbiate zu entlarven, doch es gelang ihr nur, der direkten Mörder und der »Nebenfiguren« habhaft zu werden. Sie bewies auch, daß sich Abbiate und Martignat im März 1937 nach Mexiko begeben hatten und daß sie sich insbesondere für die genauen Verhältnisse im Domizil von Trotzki interessierten.

Abbiate, über den man herausfand, daß er in den Vereinigten Staaten als sowjetischer Agent identifiziert worden war und in Moskau eine Familie hatte, verflüchtigte sich; Sergej Efron und Wadim Kondratijew*, der Anführer der Ersatzmannschaft, der mit der Waffe in der Tasche den Erfolg der Aktion abgewartet hatte, aber von der Schweizer Polizei erkannt worden war, ergriffen die Flucht. Man sollte erst ein halbes Jahrhundert später mit Gewißheit wissen, daß sie in die UdSSR geflüchtet waren und daß sie dort erschossen worden sind, um sich ihrer endgültigen Verschwiegenheit zu versichern. Es werden in der Tat die Enthüllungen des früheren sowjetischen Agenten Henkin[17] nötig sein, um von ihrem Tod zu erfahren und von der bedeutenden Rolle, die ein im Verschwindenlassen von Leichen spezialisierter Killer, Nikolai Podsnjakow, gegen den die französische Polizei nur Verdachtsmomente gehabt hatte, in der Bande der GPU von Paris gespielt hatte. Die Ermittlungen enthüllten auch die Mittäterschaft mehrere sowjetischer Diplomaten der Pariser Botschaft, darunter Lydia Grosowskaja, die die Polizei der Volksfront vor ihrer Nase hatte entwischen lassen.

Ein neues, den »Agenten Stalins« gewidmetes Werk bringt einige neue Spuren und die Namen von Personen bei, die in Frage kommen, den sowjetischen Geheimdiensten angehört zu haben und in mehrere Morde, darunter den an Reiss, verwickelt gewesen zu sein. Alain Brossat nennt insbesondere Konstantin Rodsewitsch, einen ehemaligen roten Offizier und späteren Spanienkämpfer, und Vera Traill, die Tochter des früheren Ministers Gutschkow.[18]

Trotzki war von den Umständen des Meuchelmordes an Reiss, über den Trotzki urteilte, daß er zu unvorsichtig gewesen sei, weil er seinem Bruch nicht die größtmögliche Publizität habe zukommen lassen, stark betroffen und von der Tatsache, daß sich ein hochrangiger Bürokrat für die IV. Internationale entschieden hatte, ziemlich überrascht. Einige Monate später, als sich auch der Diplomat Butenko für den Absprung entscheiden sollte, um sich dem italienischen faschistischen Regime anzuschließen, sollte Trotzki innerhalb der Bürokratie eine Unterscheidung vornehmen: Zwischen der »Frak-

* In einem unlängst an die *New York Times* (6. März 1988) gerichteten Brief beschuldigte der Sohn Kondratijews, der heute in den Vereinigten Staaten lebt, Reiss, militärische Geheimnisse an Nazideutschland verraten zu haben, und setzte auf diese Weise die Stalinsche Rache fort.

tion Reiss«, die bereit war, sich der IV. Internationale anzuschließen, und der »Fraktion Butenko«, die nun völlig für den Imperialismus und die Reaktion gewonnen war.

In der UdSSR markierte das Jahr 1937 den Beginn der vom Namen des Nachfolgers von Jagoda und Chefs des NKWD N. I. Jeschow abgeleiteten und unter dem Namen »Jeschowschtschina« bekanntgewordenen großen Säuberung. Gemäß der Formel von L. Schapiro war das der endgültige »Sieg Stalins über die Partei«.[19] Die Zahlen sind beeindruckend: Von 1.968 für den XVII. Parteikongreß 1934 entsandten Delegierten wurden 1.103 wegen »konterrevolutionären Verbrechen« verhaftet, ebenso wie 98 von 139 Mitgliedern des Zentralkomitees: Fast alle wurden erschossen, und mehrere hunderttausend Führungskräfte der Kommunistischen Partei auf allen Ebenen ereilte das gleiche Schicksal.

Man gab auch den Tod von Ordschonikidse, der ein alter Gefährte Stalins und lange Zeit sein Komplize gewesen war, durch Herzversagen bekannt: Wenn er sich nicht selbst umgebracht hat, wurde er ermordet.* Die Todesurteile folgten rasch aufeinander: Man gab die Hinrichtung des Diplomaten Karachan, der georgischen Führer und Oppositionellen Mdivani und Okudschawa, der wichtigsten Führer der ukrainischen und der weißrussischen KP, der alten und der neuen Führer des Jugendverbandes, des Großteils der auf den vorhergehenden Seiten dieses Buches erwähnten Oppositionellen bekannt. Lominadse brachte sich um, als ihn die Geheimpolizei vorlud. Preobraschenski wurde gleich Slepkow, Rjutin und Smilga im geheimen abgeschlachtet. General Dimitri Schmidt wurde, weil schrecklich gefoltert und daher nicht mehr »vorzeigbar«, ebenfalls getötet. Gawen, der frühere geheime Bote von Trotzki, wurde auf einer Bahre erschossen. Unter den Erschossenen findet man auch die früheren Chefs der politischen Verwaltung der Armee, Antonow-Owssejenko, Bubnow, Jan Gamarnik, den Führer der Kommunistischen Internationale Pjatnitzki, den Ungar Bela Kun, Dutzende deutscher Kommunisten, den Schweizer Fritz Platten, Jakubowitsch – den ehemaligen Botschafter in Norwegen –, die Führer nationaler KPen, außerdem mehr ranghohe Offiziere, als die Armee je in einem Krieg verloren hat, und nahezu die Gesamtheit der militärischen Führer, darunter die ganze Generation des Oktober und des Bürgerkriegs. Juristen, Historiker, Philosophen und Pädagogen, Mathematiker, Physiker, Biologen zahlten einen schweren Tribut.

* Der Tod von Ordschonikidse durch Herzversagen wurde durch ein offizielles Kommuniqué vom 19. Februar 1937 bekanntgegeben. In seiner Rede auf dem XXII. Parteitag 1961 versicherte Chruschtschow, daß Ordschonikidse sich umgebracht habe. Roy Medwedew stellt in *Let History Judge*, S. 193-196, die Zeugenaussagen, die die Möglichkeit eines Mordes nahelegen, noch einmal zusammen.

Der große Regisseur Meyerhold und der Romanschriftsteller Isaak Babel kamen gleichfalls um. Diese Aufzählung müssen wir aus Platzgründen beenden.

Es wäre interessant zu wissen, ob die so beseitigten Männer in den Augen des Volkes Verräter waren, wie man es ihm versicherte oder einfach abgesetzte Führer, deren Schicksal ihm gleichgültig blieb. Allein die Archive des NKWD können auf diese Frage eine Antwort geben. Die einzigen, die im Westen zugänglich sind, die von Smolensk – wovon der US-amerikanische Historiker Merle Fainsod einen Band veröffentlicht hat[20] –, geben zuverlässige Hinweise auf die Zahl derjenigen, die die Berichte als »Konterrevolutionäre« einstufen, dabei aber ihre Tätigkeiten oder Äußerungen detailliert genug beschreiben, um eine politische Charakterisierung vornehmen zu können.

Im Laufe einer offiziellen Diskussion der neuen Verfassung im Jahre 1936, drückte sich, als es um den Prozeß gegen Sinowjew ging, ein Arbeiter, der Zimmerer Stepan Danin, der von den Arbeitern seiner Brigade unterstützt wurde, deutlich aus:

> »Es muß bei uns die Existenz mehrerer Parteien gestattet werden: Sie werden besser imstande sein, die Fehler der Kommunistischen Partei aufzuzeigen.
>
> Bei uns ist die Ausbeutung nicht beseitigt worden; die Kommunisten und die Ingenieure beschäftigen und nutzen Hausangestellte aus.
>
> Die Trotzkisten Sinowjew und Kamenjew werden nicht erschossen werden – und man soll sie nicht erschießen, denn sie sind alte Bolschewiki.«[21]

Einem Aufwiegler der Partei, der ihn fragte, wen er als »Altbolschewiken« betrachte, antwortete ein Arbeiter aus Smolensk: »Trotzki«. Ein junger Arbeiter, Mitglied des Komsomol, protestierte auf einer Versammlung gegen die gegen Sinowjew vorgebrachten »Verleumdungen«, da jener, wie er versicherte, »so viel für die Revolution getan« hat.[22] Zuhause bei einer Kolchosenangehörigen der Kolchose »Roter Oktober« entdeckte man im Juni 1936 ein Portrait von Trotzki.[23] Der Direktor der Kolchose »Rotes Kombinat«, Lustenberg, sah sich Vorwürfen ausgesetzt, einen günstigen Bericht über »einen Trotzkisten« abgegeben zu haben. Außerdem schwieg er in dem Augenblick, da die Propaganda am Vorabend des ersten Moskauer Prozesses über die »Trotzkisten« herzog, hartnäckig.[24]

Merle Fainsod hebt unter vielen anderen einen Brief von Arbeitern hervor, den er »zusammenhanglos« findet und den wir eher für »doppeldeutig« erachten möchten –, und ziemlich sicher ist er es mit Vorbedacht. Die Briefschreiber sprechen von diesen »Kommunisten, die sich zu Bürokraten gewandelt haben, ihre Brust vor Eitelkeit schwellen, große Barone geworden sind, sich von den Massen abgesondert haben und nichts hören wollen« und wegen denen »unsere großen bolschewistischen Volksführer bereits sterben« müssen. Der Gebietssekretär ging wohl nicht fehl: Er legte den Brief beiseite und schrieb darauf seine Bemerkungen zur »Methode des Feindes« nieder.[25]

Diese Einzelheiten – die Trotzki nicht kannte – beweisen klipp und klar, daß die große Säuberung nicht nur ein verstohlenes Unternehmen des Apparats, sondern durch ihre Ziele, ihren Umfang und ihre Formen eine Art vorbeugender Bürgerkrieg war, wie Trotzki damals stets sagte.

***

Der weltliche Arm der Bürokratie, der »Sonderdienst« NKWD, machte nicht an den Grenzen der Sowjetunion halt. Im Jahre 1937 dehnte diese Organisation ihre Tätigkeit auf die ganze Welt aus und richtete ihre ganze Kraft gegen die, die Stalin für seine Strafverfolgung als »Trotzkisten« auswies.

Die Liste der Morde, die man ihm in Spanien zuschreibt und die über ihre örtlichen Agenturen, die »Tschekas« genannt wurden, verübt wurden, ist ebenfalls sehr lang. Unter der Befehlsgewalt von Männern wie den Sowjetrussen Orlow und Eitingon (General Kotow), dem Italiener Vittorio Vidali, »Commandante Carlos« genannt, dem Deutschen Herz, dem Ungarn Gerö, der Italo-Amerikanerin Tina Modotti und anderen ereigneten sich Entführungen und Morde politischer Gegner Stalins in rascher Folge.

Ziemlich gut kennt man einige Fälle, die dennoch auf rechtlicher Ebene nie amtlich aufgeklärt worden sind. Der Sohn des russischen Menschewiken Rafail Abramowitsch, Marc Rein, der Korrespondent einer skandinavischen Zeitung in Spanien war, verschwand spurlos aus seinem Hotel in Barcelona; wahrscheinlich wurde er entführt und dann ermordet oder in die UdSSR geschafft.[*] Kurt Landau, der nach Spanien gekommen war, um sich der POUM anzuschließen, wurde von den Spürhunden Stalins lange gejagt und verschwand dann. Genau dasselbe Szenario wiederholte sich bei dem jungen Deutschen Hans Freund, Moulin genannt. Der gewaltigste Skandal wurde durch die Entführung eines Veterans der spanischen Kommunistischen Partei, des früheren Sekretärs der Roten Gewerkschaftsinternationale und früheren Aktivisten der spanischen und dann der russischen Linksopposition aus den Händen der Polizei, die ihn offiziell in Gewahrsam hatte, hervorgerufen: Andrés Nin. Nin war mit Trotzki befreundet; er war der Übersetzer seiner Werke ins Spanische, der nationale Sekretär der POUM; er wurde im Juni 1937 von der Staatspolizei festgenommen und dem Geheimdienst übergeben, in einem Privatgefängnis von Alcalá de Hénarès einem schrecklichen Verhör unterzogen und schließlich, laut dem früheren Minister Jesús Hernández, auf Befehl des Verantwortlichen des Unternehmens, des italienischen Kommunisten Vidali, hingerichtet.[26] De Berneri, ein Anarchist, der ein Gegner einer

* Mein Gesuch um Einsichtnahme in die das Verschwinden von Marc Rein betreffende Akte im Nationalarchiv wurde aufgrund der Weigerung des Innenministers, Herrn Pasqua, abgelehnt.

Regierungsbeteiligung der Anarchisten war, wurde zusammen mit seinem Freund Barbieri von Männern in Polizeiuniformen, die mit vorschriftsmäßigen Ausweisen versehen waren, verhaftet; vierundzwanzig Stunden später sollte man nur noch seine Leiche wiederfinden.

Einer der Morde in Spanien, der an Erwin Wolf, traf Trotzki ganz besonders.[27] Dieser junge Mann, der zum Zeitpunkt seines Verschwindens vierunddreißig Jahre alt war, war seit 1932 aktiver Genosse; von November 1935 bis Juli 1936 war er in Wexhall Trotzkis Sekretär gewesen. Er hatte Trotzkis Vertrauen und seine Freundschaft gewonnen. Er war der Lebensgefährte von Hjørdis Knudsen geworden, die die Trotzkis zärtlich liebten. Auf der Konferenz vom Juli 1936 und danach im internationalen Sekretariat war er der Vertrauensmann Trotzkis gewesen, den er durch seine Initiativen zur Frage der Moskauer Prozesse und die öffentliche Wirkung, die er seinem eigenen Zeugnis im *Manchester Guardian* zu geben verstand, eingenommen hatte. Ende Mai 1937 war Wolf in Barcelona angekommen; er reorganisierte dort die bolschewistisch-leninistische Gruppe und bereitete sich darauf vor, nach Frankreich zurückzukehren, als er am 27. Juli 1937 verhaftet und noch am gleichen Tag wieder freigelassen wurde, weil seine Papiere in Ordnung waren. Doch der Mann der GPU in Barcelona, der Ungar Gerö, war ihm von nun an auf der Spur und ließ ihn nicht mehr aus den Augen. Wolf wurde am 28. Juli 1937 ein zweites Mal verhaftet, und einige Zeit lang konnte man seine Spur in den Zellen der katalanischen Tschekas verfolgen. Er wurde am 13. September 1937 von Amts wegen freigelassen, aber niemand hat ihn je wiedergesehen. Gerüchte sprechen davon, er sei in die Sowjetunion gebracht und dort nach fürchterlichen Folterungen hingerichtet worden. Ob in der UdSSR oder in Spanien, Wolf hat in den Händen der Henker jedenfalls nicht gesprochen. Trotzki erinnerte anläßlich von Wolfs Los mit Bitterkeit an das Schicksal seiner früheren Sekretäre: an Glasmann, der sich 1924 umgebracht hatte; an G. W. Butow, der nach einem Hungerstreik 1928 gestorben war, an Sermux, Posnanski und V. B. Elzin, von denen er keine Nachrichten hatte. Natalja schickte Hjørdis, die bis zum Schluß gekämpft hat, rührende und würdevolle Briefe.

Die GPU operierte auch in der Tschechoslowakei. Ein von ihren Agenten vorbereitetes Komplott und Verleumdungen bei der tschechoslowakischen Polizei und den Verwaltungsbehörden sollten mit dem für hinderlich erachteten »Komitee für das Recht und die Wahrheit« Schluß machen. Der alte deutsche Emigrant Anton Grylewicz wurde Opfer dieser Provokation: Nach der Entdeckung eines ihm gehörenden Koffers, der Papiere enthielt, die an eine Spionagegeschichte glauben lassen konnten, wurde er im Februar 1937 verhaftet, der Spionage angeklagt und in Einzelhaft genommen. Die Sympathisanten des Ausschusses, von dem er einer der Ziehväter war, wandten sich erschrocken von Grylewicz ab. Die tschechoslowakischen Richter, die den

Nachweis der Provokation führten, erließen einen Freispruch, und so kam Grylewicz im November 1937 frei. In der Zwischenzeit war der Ausschuß sanft entschlafen – und wahrscheinlich auch der Agent Bartanyi, der die Papiere in Grylewicz' Koffer versteckt hatte und in die UdSSR geflohen war, als die Sache ruchbar wurde.[28]

Ein große Affäre machte in Amerika Schlagzeilen: die Verhaftung eines gewissen Donalds L. Robinson in Moskau. Dieser wurde als »trotzkistischer« Spion, in Verbindung mit den Japanern, den amerikanischen Trotzkisten und den Mitgliedern der Dewey-Kommission hingestellt. Die sehr heftige Reaktion von Trotzkis Genossen und die Nachforschungen des hervorragenden Journalisten Herbert Solow brachten bald an den Tag, daß es sich um eine Machenschaft handelte, die ausschließlich dazu bestimmt war, die Dewey-Kommission durch einen öffentlichen Prozeß in Moskau, wo Robinson die Rolle des fügsamen Angeklagten spielen sollte, bloßzustellen. Aber der Mann, der nicht Robinson hieß und sich in den Vereinigten Staaten abwechselnd A. C. Rudewitz und A. A. Rubens nannte, sollte niemals identifiziert werden.[29]

Hingegen ließ die Nachforschung über den Ursprung seines falschen Passes Komplizenschaften, aus denen er Nutzen gezogen hat, und die Unterstützung eines Netzes der GPU sichtbar werden. Man fragte sich im Laufe des Jahres 1938, ob die Affäre Robinson Verbindungen mit dem Verschwinden der alten Genossin Juliet Stuart Poyntz, einer zur GPU übergelaufenen amerikanischen Intellektuellen, aufwies, die mitten in New York entführt worden und für immer verschwunden war: Der italo-amerikanische Anarchist Carlo Tresca bestätigte diese Version und brachte zwei ehemalige Mitglieder der amerikanischen KP ins Spiel, die er beschuldigte, zur GPU übergelaufen zu sein, Shachno Epstein und George Mink, die jedoch nie wieder aufgefunden wurden.[30] Der Name Whittacker Chambers, später einer der »Informanten« über das Netz der GPU in den Vereinigten Staaten, tauchte in Solows Untersuchung auf; sie arbeitete auf packende Weise die wesentlichen Elemente klar heraus, die es nahelegen, in diesem mißlungenen Unternehmen die Vorbereitung eines Amalgams zwischen den Trotzkisten und der Gestapo zu sehen, dessen Ausgangspunkt die Verhaftung Robinsons in Moskau gewesen wäre …

Nicht alle Aktionen der GPU endeten, wie der Fall Robinson-Rubens, mit einem Fehlschlag. Ist Lew Sedow, der im Februar 1938 in einer Pariser Klinik gestorben ist, der GPU zum Opfer gefallen? Alles scheint darauf hinzuweisen, trotz der Schlußfolgerungen einer neuen und daher ziemlich unsicheren Untersuchung in entgegengesetzter Richtung.[31] Trotzkis älterer Sohn war sicherlich von den Entbehrungen und der Arbeit erschöpft, zuhause unglücklich und in eine verheiratete Frau verliebt, die weit weg von ihm wohnte; er wurde oft von seinem Vater zusammengestaucht, der mit seiner Arbeit nur selten zufrieden war, und nun brachte man ihn wegen einer Blinddarmentzündung ins Krankenhaus. Auf Entscheidung einer Ärztin, die die Schwägerin einer seiner Mitarbeiterinnen, Lola Estrines, war, wurde er in die von weißen Russen geführte Klinik Mirabeau in der Narcisse-Diaz-Straße im XV. Arrondissement gebracht. In der Tat war der Eigentümer der Einrichtung eine höchst verdächtige Figur: Doktor Boris Girmunski, ein legal aus der UdSSR ausgereister ehemaliger Arzt der Tscheka, hatte die Klinik zu einem sehr günstigen Preis in bar aufgekauft. Sborowski hat Sedow selbst in die Klinik gebracht, und er hat auch den Geheimdienst von diesem Krankenhausaufenthalt informiert.

Sedow starb einige Tage später. Einigen Leuten zufolge wurde er Opfer eines schlecht behandelten Darmverschlusses, nach Aussagen gewisser Agenten der CIA starb er an einer von Sborowski gebrachten vergifteten Orange. Sein Zustand während der letzten Stunden war auf alle Fälle so, daß ein bloßes Glas Wasser ausgereicht hätte, ihn zu töten. Trotzki, den der Tod seines älteren Sohnes sehr hart getroffen hat, zweifelte nach den ersten Ergebnissen der Untersuchung über seinen Tod nicht daran, daß es sich um einen erneuten Schlag der Killer Stalins handelte.

Jean van Heijenoort wurde von Journalisten im Hause von Coyoacán vom Ableben Sedows benachrichtigt und begab sich mit Diego Rivera nach Chapultepec, wo sich Trotzki vorübergehend einquartiert hatte. Van erzählt:

> »Als wir in das Zimmer traten, in dem sich Trotzki befand, ging Rivera auf ihn zu und teilte ihm die Nachricht mit. Trotzki fragte mit erstarrtem Gesicht: ‚Weiß Natalja davon?' – ‚Nein', sagte Rivera. Trotzki antwortete: ‚Ich selbst werde es ihr sagen!' Wir gingen schnell davon. Ich ging voraus. Rivera kam an meine Seite. Trotzki saß im Hintergrund, hielt sich aufrecht und schwieg. In Coyoacán schloß er sich sofort mit Natalja in ihrem Zimmer ein. Wieder war es die völlige Zurückgezogenheit, die ich in Prinkipo beim Tod Sinaidas erlebt hatte. Durch die leicht geöffnete Türe reichte man ihnen Tee. Am 18. [1. 1938], um ein Uhr nachmittags, übergab mir Trotzki einige handgeschriebene Blätter in russischer Sprache, die er mich bat, auf der Schreibmaschine abzutippen, sie zu übersetzen und an die Journalisten zu verteilen. In diesen Zeiten verlangte er eine Untersuchung über die Umstände des Todes seines Sohnes.«[32]

Darauf schrieb Trotzki in einem Zuge seine letzte Huldigung an »Lew Sedow, Sohn, Freund, Kämpfer«, die mit diesen für sich selbst sprechenden Zeilen endet:

> »Leb wohl, Lew! Leb wohl, lieber und unvergleichlicher Freund! Deine Mutter und ich haben niemals gedacht und erwartet, daß das Schicksal uns auch diese schreckliche Aufgabe auferlegen wird: Deinen Nekrolog zu schreiben. Wir lebten in der festen Zuversicht, daß du noch lange nach uns unsere gemeinsame Sache fortsetzen würdest. Aber wir haben es nicht vermocht, dich zu schützen. Leb wohl, Lew! Wir vermachen die reine Erinne-

rung an dein Leben der jungen Arbeitergeneration in der ganzen Welt. Du wirst mit Recht in den Herzen all jener leben, die für eine lichtere Welt arbeiten, leiden und kämpfen.«[33]

Der tragische Tod Ljowas kennzeichnet auch den Anfang einer schrecklichen Krise im Verhältnis Trotzkis zu Jeanne, zunächst wegen der Herausgabe der Archive, die Trotzki als ihm gehörend betrachtete, und die Jeanne in der Eigenschaft als Universalerbin Ljowas zu behalten beanspruchte, wo sie doch zur konkurrierenden PCI von Raymond Molinier gehörte. Die Geschichte zog sich hin und lebte wegen der Frage nach der Vormundschaft für Sjewa, Sinas kleinen Sohn, der bis dahin von seinem Onkel und Jeanne in Paris großgezogen worden war, noch schmerzlicher wieder auf. Die Sache kam vor die Gerichte und wurde Gegenstand eines Skandals in der Presse.[34]

Es erforderte die ganze Kraft von Marguerite Rosmer und die Hartnäckigkeit von Gérard Rosenthal, um schließlich »das Knäbchen«, wie Trotzki sagte, in einer religiösen Einrichtung, wo Jeanne ihn als Pensionär unter dem Namen Stève Martin glaubte verstecken zu können, wiederzufinden.[35] Nach gar vielen Rückschlägen kam der junge Sjewa, von Alfred und Marguerite Rosmer begleitet, im August 1939 endlich im Haus von Coyoacán an.

Zu jener Zeit waren alle vier Kinder von Trotzki tot. Dieser kleine Wolkow war alles, was Trotzki von seiner Familie übriggeblieben war, und Trotzki sollte nie das Schicksal seiner anderen, mit Maria Lwowna, der Schwester Alexandras, verschwundenen Enkelkinder kennen.

***

Zu dem Zeitpunkt, als Ljowa im Februar 1938 starb, wurde der spanische Aktivist M. Fernández Grandizo, der unter dem Namen G. Munis seit 1936 die spanischen Bolschewiki-Leninisten führte, zusammen mit seinem aus Marseille gekommenen italienischen Genossen Domenico Sedran, Adolfo Carlini genannt, verhaftet. Die beiden Männer wurden eines Mordes angeklagt, den sie nicht begangen haben: Sie sollten einen Agenten der GPU, der nach Spanien gekommen war, um dort die trotzkistischen Organisationen und die POUM zu unterwandern, und der, so scheint es, zumindest einen Teil der beiden Aktionen glücklich zustandegebracht hat, umgebracht haben: Es handelte sich um Léon Narvitsch, der in Belgien angeworben worden war und daraufhin nach Frankreich, dann nach Spanien verlegt worden war.[36]

Einige Monate später ist bereits wieder der sowjetische Geheimdienst hinter einer Anklage sichtbar: Bei dem Prozeß gegen die Führer der POUM, nach einer geglückten Formulierung »Moskauer Prozeß in Spanien« genannt. Die von der Anklage vorgelegten Unterlagen trugen die Zeichen seiner Fabrikation. Trotzdem wurden Männer, die Trotzki gut gekannt hatte, Juan Andrade und David Rey, die er sogar bei seiner Ankunft in Mexiko getroffen hatte, zu schweren Gefängnisstrafen verurteilt.[37]

1938 war auch das Jahr der Affäre Klement, die der GPU vollkommen geglückt ist, da die Polizei, so scheint es jedenfalls, keinerlei Spuren hat ausmachen können, und weil es sich unbestreitbar um einen Mord gehandelt hat, dem nicht einmal ein Ansatz von Strafverfolgung gefolgt ist.[38] Rudolf Klement war Trotzkis Sekretär in Prinkipo und dann in Barbizon gewesen. Im Juni 1934 war er Verwaltungssekretär des internationalen Sekretariats geworden, dessen erdrückende Last er auf seinen schwachen Schultern trug.[39] Einzelgängerisch, verschwiegen und verschlossen, lebte er in von den Nachtarbeiten und den Entbehrungen – und vielleicht einer homosexuellen Verbindung, die für ihn verhängnisvoll wurde – gezeichneter elender Einsamkeit.[40] Auf jeden Fall wurde Klement eindeutig von der GPU verfolgt, wie vor ihm Sedow und Reiss. Am 3. Juli 1938 ließ er sich in der Pariser U-Bahn seine unvorsichtigerweise im Gepäcknetz abgelegte Aktenmappe stehlen, die politische Schriftstücke enthielt. Eine Woche später verschwand er aus seiner Wohnung. Man sollte ihn nur zerstückelt und nur in Teilen wiederfinden. Klements Leiche war von einem Fachmann zerlegt worden – einem Metzger, sagen die Untersuchungsbeamten – und wurde in mehreren Paketen in die Seine geworfen, von denen die, die man aufgefunden hat, seine Identifizierung ermöglichten.

Die GPU hat unter ihr Verbrechen ihren Namen gesetzt, indem sie an eine gewisse Zahl von Genossen Klements einen Brief richtete, in dem auf die »Zusammenarbeit« Trotzkis »mit dem Faschismus« und den »Bankrott der IV. Internationale« hingewiesen wird. Dieser Brief, der den angeblichen Bruch mit der IV. Internationale zum Ausdruck bringen sollte, erklärt natürlich keineswegs, warum man Klement als Leiche wiederfand, während der Brief in der Form und in der Sache die Merkmale seines Ursprungs trug, wie Trotzki aufzeigte. J.-P. Joubert hat seither anhand der Lektüre von *L'Humanité* großartig belegt, wie das Zentralorgan der PCF in ihren Besprechungen der Untersuchung »die Spuren der Killer zudeckte«, was sie nicht hätte tun müssen, wenn es sich nicht um Leute der GPU gehandelt hätte.[41] Man könnte noch lange darüber diskutieren, ob der Brief von dem Opfer unter Drohungen geschrieben oder im Gegenteil das Werk eines geschickten Fälschers war, doch das ändert nichts an der eigentlichen Tatsache, am Mord an Klement.

Genau zur gleichen Zeit traf die junge amerikanische Trotzkistin Sylvia Ageloff in Paris ein. Sie traf dort den Agenten der GPU, Ramón Mercader, und wurde seine Geliebte. Die Begegnung war in New York sehr sorgfältig organisiert und von zwei Mittelspersonen, einer jungen Aktivistin der amerikanischen KP, die mit Sylvia gereist war, und einer Frau des Geheimdienstes, die in Paris die Ablösung übernommen hat, vorbereitet worden.

Die Nachforschung über diese Leute zeigte, daß auch die Mutter von Mercader, Caridad, und ihr Lebensgefährte, der Leiter des NKWD Ja. Eitingon, der damals den Decknamen Kotow trug, zu diesem Zeitpunkt in Paris zugegen waren. Sie sollte auch die Verbindungen von Ramón Mercader zu einem französischen Agenten des NKWD, Daniel Béranger, und zu dessen Frau aufdecken. Béranger hatte 1935 versucht, die Führer des Sozialistischen Jugendverbandes, in den er sich eingeschlichen hatte, für die Politik Moskaus zu gewinnen. Er hatte auch zwischen ihnen und den heimlich nach Frankreich gekommenen Führern des russischen Kommunistischen Jugendverbandes eine Begegnung organisiert. Doch es ist wahrscheinlich, daß die französische Polizei diese Männer und diese Einzelheiten nicht kannte. Was die mit Trotzki verbundenen internationalen Aktivisten anbelangt, nahmen sie den Lebensgefährten Sylvias freundschaftlich auf, der auf diese Weise in Paris zumindest den wegen der Septemberkonferenz angereisten Amerikaner James P. Cannon und wohl einige andere traf.

Auch da haben die späteren Untersuchungen nichts an den Tag gebracht. Ist Mercader in den Mord an Klement verwickelt gewesen, wie es seine Abwesenheit zum Zeitpunkt des Verschwindens des früheren Sekretärs von Trotzki hat vermuten lassen? Suchte er schon damals, indem er sich mit Sylvia befreundete, wie es seine Vorgesetzten auf höchster Ebene bestimmt hatten, einen späteren Zugang zum Hause Trotzkis, den sie ihm tatsächlich 1940 auftun sollte? Man muß sich damit zufriedengeben, daß diese Fragen bis heute unbeantwortet sind.

Man kann sich gleichfalls fragen, in welchem Maße die Umgebung Trotzkis sich und vor allem ihn vor dem Unternehmen, das sich im Dunkeln zusammenbraute, besser hätte schützen können. Die Antwort steht fest: Es hätte vielleicht ein wenig mehr Stetigkeit in den Vorsichtsmaßnahmen genügt. Der Fall Sborowski war ein Beweis dafür. Männer wie Naville verdächtigen ihn offen und sprachen es auch aus. Trotzki erhielt einen anonymen Brief – er stammte in Wirklichkeit von Feldbin, der sich Alexander Orlow nannte –, der ihm Sborowskis Rolle und die Verbindungen, die er zu den »Diensten« in Paris unterhielt, enthüllte.[42] Nichts davon wurde überprüft, wo es doch eine einfache Beschattung gestattet hätte, Sborowskis Treffen und die Männer, die er regelmäßig traf, zu entdecken. Doch man weiß nicht einmal, ob Trotzkis Brief zu dieser Angelegenheit in Frankreich überhaupt angekommen ist – und das ist letztlich wenig wahrscheinlich.[43]

Einzig der Zufall, so scheint es, gestattete es Trotzki und seinen Freunden, ziemliche Gewißheit über die genaue Rolle zu bekommen, die von Roman Well und Senin in der Vergangenheit gespielt worden war. Die endgültige Gewißheit kam erst nach dem Krieg, als die beiden, ebenso wie Sborowski, von den amerikanischen Geheimdiensten entlarvt wurden. Trotzki hatte unter der Volksfrontregierung in die Polizei- und Justizbehörden Frankreichs kaum

Vertrauen, daß sie auf ihrem Staatsgebiet aufräumten und sich der Agenten der GPU entledigten. Schon 1937 hatte Trotzki dem mit der Untersuchung des Diebstahls seiner Archive betrauten Untersuchungsrichter nahegelegt, den Mann zu verhören, den er als den Vertreter der GPU in der PCF und ihren wichtigsten Agenten in Frankreich vorstellte: Jacques Duclos. Am 24. August 1938 wandte sich Trotzki an den mit der Untersuchung zum Tod Sedows betrauten Untersuchungsrichter und teilte ihm mit, daß er seitens der französischen Behörden keinerlei Verlangen sehen könne, Licht in diesen Fall zu bringen, wie ganz allgemein in all die Fälle, in die die GPU verwickelt war:

> »Jagoda trieb eine meiner Töchter in einen frühzeitigen Tod, die andere – zum Selbstmord. Er warf meine zwei Schwiegersöhne ins Gefängnis, die daraufhin spurlos verschwanden. Die GPU hat meinen jüngsten Sohn, Sergej, verhaftet – unter der absurden Beschuldigung, Arbeiter vergiftet zu haben; wonach er verschwand. Durch ihre Verfolgungen trieb die GPU zwei meiner Sekretäre, Glasman und Butow, in den Selbstmord: Sie hatten den Tod vorgezogen, statt nach dem Diktat von Jagoda entehrende Erklärungen abzugeben. Zwei andere meiner Sekretäre, Posnanski und Sermux, verschwanden spurlos in Sibirien. In Spanien verhafteten GPU-Agenten meinen früheren Sekretär, einen tschechoslowakischen Staatsbürger, Erwin Wolf, der spurlos verschwand. Vor ganz kurzer Zeit entführte die GPU einen weiteren meiner früheren Sekretäre, Rudolf Klement. Wird die französische Polizei ihn wiederfinden? Wird sie irgendwelche Anstrengungen unternehmen, nach ihm zu suchen? Ich gestatte mir, daran zu zweifeln. Die Liste der weiter oben aufgeführten Personen umfaßt nur die mir am nächsten stehenden Personen. Ich spreche nicht von den tausend und abertausenden Menschen, die in der UdSSR durch die Hände der GPU als ‚Trotzkisten' umgekommen sind.«[44]

Trotzki erahnte die Tatsachen richtig, obwohl er nicht im Besitz irgendeiner das systematische Massaker an seinen Genossen in der UdSSR betreffenden Informationen war. Erst in den sechziger Jahren, mehr als zwanzig Jahre nach seinem Tod, sind die ersten Informationen dazu veröffentlicht worden, die 1978 von Maria Michailowna Joffe, der einzigen Überlebenden einer ausgerotteten Generation, vervollständigt wurden.

Sehr viele bekannte »Trotzkisten« sind 1938 verschwunden, als der letzte Akt der Tragödie begann. Wir wissen zum Beispiel nicht, worum es 1935 im Prozeß ging, in dessen Verlauf Männer, deren Namen wir kennen, wie Solnzew und Jakowin, oder Gefährten von Victor Serge bei der Deportation, Pankratow und Pewzner, verurteilt wurden. Viele von ihnen sind wahrscheinlich im Zuge der Vorbereitungen der Moskauer Prozesse verschwunden, denn man kann nicht daran zweifeln, daß die Leiter der GPU viel Genugtuung verspürt hätten, einen echten »Trotzkisten« vorzuführen, was deren erbitterter Widerstand schließlich unmöglich machte. Manche sind vielleicht an Krankheit oder an Erschöpfung gestorben, ohne daß irgend jemand die

Nachricht übermitteln konnte. Wir möchten von den Vermißten jedenfalls Pankratow und Pewzner, Man Nevelson und P. J. Wolkow, die Ehegatten Ninas und Sinas, und die ehemaligen engen Mitarbeiter Trotzkis V. B. Elzin und N. I. Sermux erwähnen.

Hingegen sind es unseren Lesern sehr bekannte Namen, auf die wir im Laufe des Jahres 1936 wieder stoßen, als die »Trotzkisten« im Nebel derLager der Petschora, jenseits des Polarkreises, in der Umgebung des Straflagers von Workuta zusammengelegt wurden. Es fanden sich dort Männer und Frauen, die die Führer der Fraktion in den Isolationsgefängnissen und in den Lagern gewesen waren: I.M. Posnanski war dort ebenso wie W. W. Kossior, Grigori Jakowin und F. N. Dingelstedt, die Altgenossen aus Leningrad, Sokrat Geworkian, die Gebrüder Zindzadse, die Studenten Melnais und Slitinski, Frauen, die eine bedeutende Rolle gespielt haben, wie Mussja Magid, Ida Schumskaja, M. M. Joffe, und die alte persönliche Freundin von Natalja Iwanowna und Lebensgefährtin von Alexander Beloborodow, Faina Wiktorowna Jablonskaja, zur Zeit Lenins Professorin für Geschichte am Journalistischen Institut. An ihrer Seite konnte man auch mit dem Trotzkismus in Verbindung gebrachte Familienmitglieder von Prozeßopfern antreffen: die Schwester Sinowjews, eine Ärztin, Warwara, die Tochter von I. N. Smirnow, Sonja, die Tochter Dreizers. Diese Männer und Frauen haben bis zum Ende gekämpft. Wir möchten dazu einen Artikel anführen, der diesen Kampf zusammenfaßt:

> »Der Überlebende des Lagers von Workuta, der Menschewik M. B., beschreibt diese Kader – seine politischen Gegner –, die er auf mehrere tausend schätzt, davon tausend in dem Lager, wo er selbst lebte: Sie weigerten sich, mehr als acht Stunden zu arbeiten, ignorierten in organisierter Weise systematisch die Vorschriften, kritisierten offen Stalin und seine Generallinie, wobei sie erklärten, daß sie die UdSSR bedingungslos verteidigen würden. Im Herbst 1936, nach dem ersten Moskauer Prozeß, haben sie Meetings und Protestdemonstrationen organisiert, danach haben sie, auf Intervention ihrer Führer, in einer allgemeinen Versammlung einen Hungerstreik beschlossen. Laut Maria M. Joffe waren ihre Forderungen: 1. die Neugruppierung der Politischen, bei Trennung von den nach dem Strafrecht verurteilten kriminellen Elementen, 2. die Zusammenführung der in unterschiedlichen Lagern verstreuten Familien, 3. Arbeit nach den fachlichen Kenntnissen, 4. das Recht, Bücher und Zeitschriften zu erhalten, 5. Verbesserung der Ernährungs- und Lebensverhältnisse. Der Menschewik M. B. führt auch den Achtstundentag und das Verlegen von Invaliden, Frauen und älteren Personen aus dem Polarkreis an. Das gewählte Streikkomitee besteht aus Grigori J. Jakowin, Sokrat Geworkian, Wasso Donadse und Alexander Mileschin, alles Bolschewiki-Leninisten, die drei ersteren Veteranen des Hungerstreiks von 1931 bis 1933 in Werschneuralsk.«[45]

Alle Teilinformationen decken sich: Der am 27. Oktober 1936, einem symbolischen Datum, begonnene Streik dauerte hundertzweiunddreißig Tage, wobei alle Mittel eingesetzt wurden, um ihn zu brechen, von der Zwangsernährung bis zur Abstellung der Heizung bei Außentemperaturen von minus fünfzig Grad. Die Streikenden hielten durch, und Ende März 1937 kam aus Moskau der Befehl, die Forderungen zu erfüllen und mit der neuerlichen Ernährung der Streikenden unter ärztlicher Aufsicht zu beginnen.

Die Behörden hatten nicht die Absicht, ihre Versprechen zu halten, und all die Mißbräuche setzten nach einigen Monate Ruhe wieder ein. Schließlich wurden die »Trotzkisten« und diejenigen, die ihnen in ihren Hungerstreik gefolgt waren, nach Workuta, in einer Tag und Nacht militärisch bewachten, von Stacheldraht umgebenen alten Ziegelei zusammengelegt. Wir haben einige Teilinformationen über dieses letzte Asyl der Aktivisten der bolschewistisch-leninistischen Fraktion erhalten. Ein alter Häftling erzählt:

> »Wir hatten eine gesprochene Zeitung ‚Wahrheit hinter Gittern', wir hatten kleine Gruppen – Kreise, wo es viele kluge, gebildete Menschen gab. Von Zeit zu Zeit brachten wir ein satirisches Flugblatt, ‚Der Getretene', heraus. Wilka, der Delegierte unseres Barackenlagers, war Schriftleiter, und die Leute zeichneten Bilder auf der Mauer. Man lachte auch viel, meistens waren dort Jüngere.«[46]

Maria Michailowna Joffe wiederum schreibt:

> »Die Ziegelei hatte unter ihrem verfallenen Dach die schöpferischste Elite der Lager zusammengebracht, Leute von tapferem, mutigen Geiste. Mit ihren Argumenten und ihrer erworbenen Fähigkeit, logische, zuweilen prophetische Antworten zu geben, brachten sie in die statische, unerträglich Existenz dieser unglaublich schmutzigen, eiskalten Bude, voll mit kranken Menschen, eine lebendige Dynamik.«[47]

An einem Morgen im März 1938 begann für sie die letzte Reise. Fünfunddreißig Häftlinge erhielten eine Tabakration und den Befehl, sich für einen »Transport« bereitzuhalten. Die fünfunddreißig Bolschewiki-Leninisten, Männer und Frauen, werden auf eine Lichtung geführt, entlang der im voraus vorbereiteten Gräben aufgereiht und an Ort und Stelle mit dem Maschinengewehr hingerichtet. Sie sangen, bis ihre umschlungenen Körper traubenweise zusammenbrachen. Kaschketin, der Kommandant des Lagers, war anwesend. Er hatte auch den Schießbefehl erteilt: Er sollte auch all die folgenden Tage ein wachsames Auge auf die Hinrichtung aller Gefangenen ohne Ausnahme haben. Wir möchten noch die von Maria Joffe weitergegebenen Bilder festhalten: das vom Tod Faina Jablonskajas, »der Schönen, die den Kopf ganz hoch trug, trotz ihrer auf den Rücken gebundenen Hände«[48], über dem von Blut roten Mantel der ehemaligen Genossin des Komsomol, Raja W. Lukinowa, die leblos im Schnee lag.

Die Lautsprecher der Lager gaben die Liste der Hingerichteten durch: Der Name Jakowin kam an erster Stelle, gefolgt von den Mitgliedern des Streikkomitees, Donadse, Mileschin, Geworkian. M. M. Joffe konnte jenem Massaker entrinnen: Der Kommandant Kaschketin, der Träume von Größe hegte, hatte sie sich in der Hoffnung, ihr »Geständnisse« abzupressen, die ihm eine interessante Beförderung hätten einbringen können, unter der Hand zurückbehalten. Er wurde von Stalin vorgeladen, bevor er Erfolg hatte, und bei seiner Ankunft in Moskau erschossen, da er ohne Zweifel als störender und über diese Massenabschlachtung zu gut informierter Zeuge galt.

Maria Michailowna hörte ihn nach dem Trinken rülpsen und Stalins Rede auf der Vollversammlung vom August 1927 über das Anwachsen der Opposition, »dieser Kader, die man nur durch den Bürgerkrieg ausmerzen kann«, deklamieren.[49] Und da begriff sie, was sie erst vierzig Jahre später schriftlich niederlegen sollte:

> »Es trat aus den von Kaschketin auswendig gelernten Worten heraus: zuerst mit Foltern, Morden, Massenerschießungen von vielen Tausenden von Trotzkisten in Workuta und Kolyma, und danach – die vollständige Vernichtung der Oktober- und Bürgerkriegsgeneration, die ‚von der trotzkistischen Ketzerei angesteckt sei (...)'.
>
> Da es innerhalb der Partei ‚eine wachsende Zahl von Oppositionellen' gibt und dies eine direkte Bedrohung für die Vorherrschaft des Großen Mannes ist – gibt es keine Zeit zu verlieren. Und deshalb werden die unglaublichsten und völlig absurden Gründe für die Repressalien herangezogen: Mordversuche, Bereitschaft zum bewaffneten Aufstand, bis hin zu geheimen Verbindungen mit kapitalistischen Ländern. Bis hin zu unmöglichen, unausdenkbaren Prozessen.
>
> Diese Prozesse sind in Wirklichkeit Prozesse gegen Lenin, Trotzki – und die Oktoberrevolution.«[50]

***

Trotzki hat die Umstände dieses Massakers nie gekannt. Gleichwohl darf man annehmen, daß er das Los seiner Genossen und seiner Freunde geahnt hat. Schützte Trotzki die Erfahrung des Bürgerkriegs, die ihn angesichts der Massenvernichtungen gegen Übelkeit geimpft hatte, auch vor der trostlosen Ahnung, daß Victor Serge die Wahrheit sagte, als er 1936 zu Trotzki von diesen der Abschlachtung geweihten Menschen sprach?:

> »Eine einzige Autorität bleibt bestehen: die Ihrige. Dort unten haben Sie eine unvergleichbare moralische Situation, eine absolute Ergebenheit.«[51]

Über Lew Sedow wie über Ignaz Reiss, über Klement wie Posnanski, über Erwin Wolf wie Jakowin, war seit 1936 »die Mündung des Mausergewehres« in Wahrheit genau auf Trotzki gerichtet.

Kapitel 57

Das Gegenmodell Spanien

Trotzki wurde durch seine Internierung in Norwegen von den entscheidenden Monaten des spanischen Bürgerkrieges ferngehalten. Er hat seine Freiheit, ihn zu kommentieren, erst in Mexiko, zu einem Zeitpunkt, als die Würfel in einem großen Maße schon gefallen waren, wiedergewonnen.[1]

Trotzkis Briefwechsel läßt sichtbar werden, daß er davon träumte, ein Buch zu schreiben, für das er eine solide Dokumentation zusammengetragen hatte, worauf er aber mangels Herausgeber schließlich verzichten mußte.[2] Der spanische Boden war für ihn eine Art Prüfstein für die verschiedenen politischen Formationen. Als erster verstand Trotzki es, mit vollkommener Klarheit den Nachweis zu führen, daß sich die stalinistischen Führer, vor eine neue Revolution gestellt, wissentlich und entschlossen, freimütig und offen, als konterrevolutionäre Kraft verhielten: In diesem Sinne wollte Trotzki im Spanienkrieg ein Laboratorium sehen, in dem am Vorabend des Zweiten Weltkriegs einige der zerstörerischsten Ausgeburten des Jahrhunderts ausgearbeitet worden sind. Ganz gewiß konnte einzig der riesige Schatten dieses Konflikts eine Zeit lang seinen Ablauf verschleiern und die Bedeutung des in Spanien getriebenen politischen Spiels verdecken, das schließlich zum tragischen Ende der Arbeiter- und Bauernrevolution führen sollte.

***

Trotzki hat im Verlauf seiner letzten Verbannung viel über Spanien geschrieben, viel mehr – unendlich mehr als im ganzen Verlauf seiner vorherigen Tätigkeit als politischer Schriftsteller. Nicht allein, weil es geistig verwandte Genossen gab, mit denen er im Briefwechsel stand und denen er bei ihren Aufbaubemühungen zu helfen versuchte, sondern weil er schon gleich am Tag nach dem Sturz der Diktatur von Primo de Rivera 1930 den nahen Ausbruch der Revolution vorausgeahnt hat, deren Vorzeichen am 16. April 1931 mit der Flucht und der Abdankung von Alfons XIII. für die Welt sichtbar werden sollten.

Für die spanische Linksopposition stellte Trotzki im Januar 1931 eine Arbeit über »Die Spanische Revolution und die Aufgaben der Kommunisten« fertig. Die historische Verspätung Spaniens – der Preis eines frühzeitigen Vorstoßes bei den Eroberungen – schuf eine Lage, in der man gleichzeitig den Zerfall der alten herrschenden Klassen und die Unmöglichkeit der Herauskristallisierung einer neuen bürgerlichen Gesellschaft miterleben konnte. Die revolutionären Keime steckten in einem zahlenmäßig beschränkten, aber sehr konzentrierten Proletariat, im furchtbaren Elend einer aufständischen Bauernschaft, in der Dummheit aller sich um die Macht bewerbenden führenden Klassen und in deren Unvermögen und deren Unfruchtbarkeit, ihre Feigheit gegenüber den beiden Pfeilern der von der Vergangenheit ererbten Reaktion, der katholischen Kirche und der Offizierskaste, abzulegen.

Als Trotzki die Grundlinien des Programms der Revolution skizzierte, betonte er insbesondere die Bedeutung der Agrarfrage und des Problems der Beschlagnahmung der Latifundien, der Trennung der Kirche vom Staat und der Beschlagnahme ihrer Reichtümer, der Losung einer weitgehenden Autonomie der Nationalitäten als Antwort auf den bürgerlichen »Separatismus«, des Kampfes für eine revolutionäre gesetzgebende Cortès, der Bewaffnung der Arbeiter und der Bauern und eines fortschrittlichen Programms von sozialen Forderungen und einer Sozialgesetzgebung.

Nach dem Aufzählen aller konkreten Aufgaben der kommenden Revolution schloß Trotzki:

> »Für eine erfolgreiche Lösung aller dieser Aufgaben sind drei Bedingungen Voraussetzung: Eine Partei, noch einmal eine Partei, und zum dritten: Eine Partei. (...) So oder so – eine Partei muß geschaffen werden. Sie muß einig und zentralisiert sein.«[3]

Wie man weiß, sollte sich die »Renaissance« der Kommunistischen Partei in Spanien in den Händen der stalinisierten Internationale tatsächlich als ein wirksames Spaltungsinstrument erweisen. Die Krise der kommunistischen Bewegung erreichte auch die Linksopposition. Nachdem sie die Vorschläge Trotzkis, in die im Gefolge ihres Jugendverbandes radikalisierte Spanische Sozialistische Arbeiterpartei (POSE) einzutreten, verworfen hatte, fanden sich die Aktivisten der Linken Opposition schließlich in der POUM (Arbeiterpartei für marxistische Vereinigung), die im wesentlichen in Katalonien existierte, wieder. Sie gingen dort mit von Joaquín Maurín zusammengeführten, ein wenig eigenartigen Elementen zusammen: mit gegen den Stalinismus aufgebrachten revolutionären Arbeitern, mit Elementen der »rechten« Opposition, mit »katalanischen« Sozialisten usw. ... Anfang Juli 1936 gab es in Spanien keine oppositionelle Organisation mehr, nur persönliche Kontakte mit Aktivisten, die in der POUM oder der Sozialistischen Jugend arbeiteten und einige Vereinzelte, im ganzen wohl weniger als ein Dutzend. Die Linksentwicklung des sozialistischen Jugendverbandes wurde durch den Übergang ihrer Führer, allen voran von Santiago Carrillo, zum Stalinismus – durch die Gründung der Vereinigten Sozialistischen Jugend, der JSU – jäh gebrochen.[4]

***

Als die Erhebung einer gewissen Zahl von Generälen um Sanjurjo und Franco mit der Unterstützung der rechten und rechtsextremen Gruppen am 18.

Juli 1936 mit einem Schlag den Bürgerkrieg und die Arbeiter- und Bauernrevolution auslöste, die vorauszusagen Trotzki den Ehrgeiz hatte, war er nicht überrascht. In seinen Augen war es die Politik der Versöhnung und der Klassenzusammenarbeit der Volksfront und deren Sorge, das Offizierskorps nicht zu verprellen, wenn man sich schon mit ihm nicht zusammentun konnte, die es der Verschwörung ermöglicht hatte, sich ungehindert zu entwickeln; für Trotzki war es ihre Feigheit, die es den zum Faschismus tendierenden Elementen gestattet hatte, die Armee mit Genickschüssen von ihren entschlossensten sozialistischen oder zum Sozialismus tendierenden Elementen zu säubern.

In den Stunden der Erhebung verhinderten die Arbeiterorganisationen immer dann, wenn diese Politik vorherrschte, eine Organisierung des bewaffneten Widerstands, und die Arbeiter und Bauern wurden dann zermalmt wie in Sevilla und Saragossa. Wenn es den Arbeitern aber gelang, mit der Waffe in der Hand Widerstand zu leisten und dann zum Gegenangriff zu schreiten, mußten sie es tun, indem sie über die Organisationen der Volksfront und die Volksfront selbst hinweggingen. In der Kriegsflotte trugen die Arbeiter in allen großen Zentren Kataloniens, Asturiens – außer in Oviedo, wo sie sich von dem für Franco gewonnenen »republikanischen« General Aranda übers Ohr hauen ließen – in der Levante und selbst in Madrid den Sieg davon.

Im gleichen Zug schufen sie die Organe ihres Kampfes, die nach ihrem Sieg zu Organisationen ihrer Macht wurden: Arbeitermilizen, Kontrollpatrouillen, Komitees mit hunderten Namen, die Parteien und Gewerkschaften vereinten und gegenüber machtlosen Gouverneuren oder Bürgermeistern die wirkliche Macht ausübten. Die Regierungen – die Zentralregierung in Madrid und die Generalität von Katalonien in Barcelona – hatten über das Viertel hinaus, in dem sie residierten, kaum Einfluß. Es handelte sich einmal mehr um eine Situation der Doppelmacht, die auf diese Weise durch die Reaktion der Massen auf den Staatsstreich des Militärs geschaffen wurde. Die *comidades-gobiernos* (regierende Komitees) ließen es nicht dabei bewenden und machten sich binnen weniger Wochen daran, die großen Probleme der spanischen Gesellschaft zu regeln – mittels »demokratischer« wie »sozialistischer Transformation« –, indem sie die Ländereien der Großgrundbesitzer beschlagnahmten und bisweilen die Kollektivierung organisierten, Unternehmen in Gang brachten, die Kirche und die Geistlichkeit radikal bekämpften, die Armee und die polizeilichen Sondertruppen beseitigten usw.

In diesem Gesamtbild erkannte Trotzki schon in den ersten Wochen eine gewisse Zahl von Bildern und Situationen, mit denen er vertraut war: Das war eine Revolution. In seinem ersten der Lage in Spanien gewidmeten Artikel bemühte sich Trotzki, alle in dieser plötzlichen Gegenoffensive enthaltenen Entwicklungsmöglichkeiten aufzuzeigen, die von den Arbeitern so geführt wurde, daß sie sich binnen weniger Stunden zu Herren eines Teils von

Spanien gemacht hatten. Das war endlich, nach langen Jahren schrecklicher Niederlagen, der Gegenangriff und die Möglichkeit, die Situation umzukehren. Als Trotzki daran erinnerte, daß alle siegreichen Revolutionen, wenn sie einen in die Tiefe reichenden sozialen Charakter hatten, das alte Offizierskorps vernichtet haben, ahnte er schon die Bildung des Bündnisses der Arbeiter und der Bauern an der Front, die Eroberung des Soldaten durch den Proletarier in Spanien und sah die unermeßlichen Folgen voraus:

> »Ein solches Bündnis wird jetzt im Feuer des Bürgerkriegs in Spanien geschaffen und erhärtet. Der Sieg des Volkes wird das Ende der Volksfront und den Beginn Sowjetspaniens bedeuten. Eine siegreiche soziale Revolution in Spanien wird unabwendbar auf das übrige Europa übergreifen. Für die faschistischen Henker in Italien und Deutschland ist sie weitaus furchtbarer als alle diplomatischen Verträge und alle Militärbündnisse.«[5]

Einige Tage später erhielt Trotzki ein Telegramm, das ihn über Möglichkeit in Kenntnis setzte, ein Visum für Katalonien zu erhalten. Er nahm den Vorschlag sofort an und ergriff die Gelegenheit, denjenigen seiner Genossen, die sich im Laufe des vorigen Jahres von ihm getrennt hatten, die Hand zu reichen:

> »Was nun Nin, Andrade und die anderen angeht, so wäre es ein Verbrechen, wenn wir uns jetzt (...) von Erinnerungen an die vergangene Periode leiten ließen. Wenn es auch im Programm und bei den Methoden Meinungsverschiedenheiten gibt, so dürfen doch diese (...) keineswegs eine aufrichtige und dauernde Wiederannäherung ausschließen. Das Weitere wird die Erfahrung bringen.«[6]

In einigen Sätzen gab Trotzki den Führern der POUM, von denen er glaubte, daß sie in den Kampf für die Diktatur des Proletariats eingetreten waren, zwei wichtige Ratschläge. Zunächst sollten sie sich vor allem gegenüber den Anarchisten nicht von Fragen der Doktrin beeinflussen zu lassen. Man mußte alles tun, um mit ihnen gemeinsam zu handeln und die besten zu gewinnen. Dann warnte Trotzki sie:

> »Während des Bürgerkriegs, den Euch die Faschisten aufgezwungen haben, liegt die größte Gefahr im Mangel an Entschlossenheit, im Geist der Zweideutigkeit, mit einem Wort: im Menschewismus.«[7]

Noch am 26. August 1936 kritisierte er in einem von seinem Freund Erwin Wolf zustandegebrachten Interview für die *News Chronicle* die Politik der Nichteinmischung, zu der sich die UdSSR offiziell verpflichtet hatte, und bezeichnete sie als »konservativ, nationalistisch und engstirnig«. Trotzki kommentierte:

> »Diese Leute versuchen, sich damit zu rechtfertigen: ‚Wir wollen nicht den Krieg provozieren'. Damit lassen sie Europa faschistisch werden und zie-

> hen sich dann zurück. Im Endeffekt werden sie trotzdem den Krieg haben, stehen ihm aber unter unendlich ungünstigeren Bedingungen gegenüber.«[8]

Das war die letzte Erklärung, die Trotzki über den Spanienkrieg abgeben konnte – bis zum 19. Februar 1937, wo er in Coyoacan der Agentur Havas ein langes Interview zu dieser Frage gewährte. Während dieser ganzen Zeit hatte ihn seine Internierung in Norwegen von den Weltnachrichten ferngehalten, und er hat erst bei seiner Ankunft in Mexiko den Anschluß an diese Problemstellung wieder bekommen, insbesondere durch die Begegnung, die er mit einer Gruppe von Verantwortlichen der POUM hatte, die mit einem ihrer Führer, David Rey, gekommen waren, um in diesem auf der Welt einzigen Land, das Trotzki aufnahm und Waffen an das republikanische Spanien lieferte, über den Kauf von Waffen zu verhandeln.

Als Trotzki endlich wieder das Wort zum Thema Spanien ergreifen konnte, war sehr viel Wasser den Ebro hinuntergeflossen. Die Farce der »Nichteinmischung« hatte Waffenlieferungen an die Aufständischen nicht verhindert, aber durch die Schließung der französischen Grenze und das allgemeine Waffenembargo hatte sie den Widerstand der Arbeitermilizen abgewürgt. Erst als sich in Barcelona in der Generalität und in Madrid Regierungen bildeten, die sich auf die Volksfront beriefen und sehr wohl entschlossen waren, sich der Beseitigung der Doppelmacht und der Wiederherstellung eines Staates mit parlamentarischer Deckung, einer Armee und einer Polizei traditionellen Typs zu widmen, nahm die Sowjetunion Waffenlieferungen auf, die mit genauen politischen Bedingungen in Form von Ratschlägen versehen waren, die westlichen Demokratien nicht zu verprellen.

Trotzki hatte ebenfalls seine Gründe, über das Verhalten der POUM enttäuscht zu sein. Andrés Nin war zum Beispiel nach dem Verschwinden von Maurín in Francos Gefängnissen zum wichtigsten Führer der POUM geworden Nin hat die Beseitigung der revolutionären Macht – des Zentralkomitees der antifaschistischen Milizen – in Katalonien hingenommen und trat im September 1936 als Justizminister in die katalanische Regional-Regierung, die Regierung der »Generalität“, ein, der er persönlich geholfen hat, den Widerstand der an ihren Komitees und ihren Eroberungen vom Juli und August 1936 hängenden werktätigen Bevölkerungsteile zu besiegen. Als die POUM aus dieser Regierung ausgeschlossen wurde, kämpfte er immer noch für ihre Wiedereingliederung in die Koalition. Andererseits wurde schnell klar, daß eine große Fraktion in ihren Reihen die von der Führung am Stalinismus geübte Kritik und auch deren Verurteilung der Moskauer Prozesse für »übertrieben« hielt.

Als ihn die französische Nachrichten-Agentur Havas danach fragte, antwortete Trotzki zunächst klar und bestimmt, daß »allein die Duckmäuser und die Verräter, die Agenten des Faschismus«, davon absehen könnten, die republikanischen Armeen zu unterstützen:[9]

> »Die elementare Pflicht eines jeden Revolutionärs besteht im Kampf gegen die Banden Francos, Mussolinis und Hitlers.«[10]

Im Hinblick auf die POUM brachte Trotzki seine glühende Anteilnahme am Heldentum ihrer Kämpfer zum Ausdruck. Er wies in einigen Sätzen darauf hin, daß sie jedoch zwei Fehler begangen habe: den, »an dem ‚Volksfront' genannten Wahlbündnis teilzunehmen, unter deren Schutz Franco ungestraft die Erhebung vorbereitet hat«, und den anderen, in Katalonien in eine Koalitionsregierung einzutreten und so für die Regierungspolitik Verantwortung zu übernehmen und sich sogar an ihr zu beteiligen. Trotzki rief den amerikanischen Sezessionskrieg und den russischen Bürgerkrieg in Erinnerung und bekräftigte, daß »eben die Politik die Strategie beherrscht«, und zwar in einem Bürgerkrieg noch mehr als in einem gewöhnlichen Krieg. Ohne die Front militärisch zu schwächen, müßte man es verstehen, die Massen unter der Fahne der Revolution zusammenzuführen.

Im Hinblick auf die Stalinsche Politik erinnerte Trotzki an die auch von Largo Caballero übernommene Formel »erst militärischer Sieg, dann soziale Reform«. Trotzki meinte, daß sie ein Moment »politischer Gleichgültigkeit« darstelle und daß sie nur auf den Sieg des Faschismus hinauslaufen könne, der schon die militärische Überlegenheit auf seiner Seite habe.[11]

> »Kühne Sozialreformen sind die stärkste Waffe im Bürgerkrieg und die Grundbedingung für den Sieg über den Faschismus.«[12]

Stalins Politik in Spanien mußte nach Trotzkis Meinung mit der von Ebert und Scheidemann, diesen »Sozialisten«, die die deutsche Revolution von 1918 direkt bekämpft hatten, verglichen werden.

Trotzki wischte das Argument, nach dem ein Sieg der spanischen Arbeiter und Bauern den europäischen Krieg bedeuten würde, beiseite und erklärte, daß ganz im Gegenteil eben der Sieg Francos den Marsch in einen Krieg beschleunigen würde, der »das französische Volk völlig zugrunde richten und damit der Kultur der Menschheit einen entsetzlichen Schlag versetzen würde«.[13] Im Gegenteil, der Sieg der spanischen Arbeiter und Bauern würde gewiß die faschistischen Regime erschüttern und sich so als ein »kräftiger Friedensfaktor« erweisen. Trotzki schloß seine Ausführungen:

> »Die Aufgabe der wahren spanischen Revolutionäre besteht in der Stärkung und Festigung der militärischen Front, im Niederreißen der politischen Vormundschaft der Sowjetbürokratie: Sie müssen den Massen ein kühnes soziales Programm geben, dadurch den Sieg der Revolution sichern und genau auf diese Weise den Frieden aufrechterhalten. Nur so kann Europa gerettet werden!«[14]

In den folgenden Monaten verfolgte Trotzki in dem Maße, wie sich der Griff des Stalinismus um Spanien fester schloß, eine Arbeit der Kritik und der

Warnungen, die sich, so scheint es, im wesentlichen an die Führer der POUM richtete, deren Politik er für ambivalent und unbestimmt hielt:

> »Man muß – scharf, entschieden, kühn – die Nabelschnur zur bürgerlichen öffentlichen Meinung zerschneiden. Man muß mit den kleinbürgerlichen Parteien, die anarchistischen Führer mit eingeschlossen, brechen. Man muß die Lage bis zum Ende durchdenken. Man muß zu den Massen herabsteigen, zu den untersten und am meisten unterdrückten Schichten. Man muß aufhören, sie mit Illusionen über einen kommenden Sieg einzuschläfern, der von selbst kommen wird. Man muß ihnen die Wahrheit erzählen, wie bitter sie auch ist. Man muß sie lehren, den kleinbürgerlichen Agenturen des Kapitals zu mißtrauen. Man muß sie lehren, Vertrauen in sich selbst zu haben. Man muß sein Schicksal unlösbar mit dem ihren verknüpfen. Man muß sie lehren, ihre eigenen Kampforganisationen – Sowjets – im Gegensatz zum bürgerlichen Staat aufzubauen.«[15]

Trotzki fragte sich: »Besteht die Hoffnung, daß die gegenwärtige Führung der POUM diese Wende durchführen wird?«[16] Seine Schlußfolgerung war, man müsse sich »gegen die Schwankungen und die Unentschlossenheit Nins« den Arbeitern an der Basis zuwenden.[17]

Blieb dafür noch Zeit? Der Überraschungsangriff der stalinistischen Funktionäre der Generalität von Katalonien auf die von Milizionären der CNT bewachte Telefonzentrale bewirkte vom 3. Mai 1937 an einen riesigen Aufstand in der katalanischen Hauptstadt. Die Arbeiter griffen zu den Waffen, unterbrachen die Straßen mit Barrikaden, leisteten Widerstand und schritten sogar zum Gegenangriff. In den Regierungskreisen herrschte Panik; Linkssozialisten und Anarchisten drängten sich am Radio, um Aufrufe zur Rückkehr zur Ruhe auszugeben. In der ersten Reihe der pflichtbewußt ganz auf das Löschen des Brandes bedachten Feuerwehrleute standen die anarchistischen Gewerkschafter, von denen sich die Führer der POUM unter keinen Umständen trennen wollten. Nach einigen Tagen des Zauderns unter dem einstimmigen Druck ihrer Organisationen, selbst derer, die sie, wie die POUM und die CNT, für am weitesten linksstehend hielten, lenkten die Arbeiter von Barcelona ein, räumten die Straßen und nahmen die Arbeit wieder auf. Das war die Niederlage – was die POUM abstritt, aber Trotzki sofort erkannte.

Trotzki glaubte jedoch nicht, daß sie endgültig wäre, denn niemand, so betonte er, konnte im voraus behaupten, »die revolutionäre Kraft dieses bewundernswerten iberischen Proletariats ist erschöpft«.[18] Indessen drängte sich diese Wahrheit nach und nach auf. Der Sturz der Regierung Largo Caballero und die Bildung der von der KP und von den »sowjetischen Diplomaten« geforderten Regierung Negrín waren der Beweis dafür. Die Auflösung der POUM und die Verfolgung ihrer Aktivisten, die Verhaftung ihrer Führer, die Entführung und Ermordung von Andrés Nin zeigten, daß das republikanische Spanien das Feld geworden war, wo die Killer Stalins ungestraft operieren konnten. Trotzki, der dem kaltblütigen Mord an seinem Freund Nin einen bewegenden Artikel gewidmet hat, schrieb:

> »Der Stalinismus ist die Geißel der Sowjetunion geworden und die Lepra der internationalen Arbeiterbewegung. Im Reiche der Ideen ist der Stalinismus ein Nichts. Doch dafür ist er ein grandioser Apparat, der die Dynamik der größten Revolution und die Tradition ihres Heroismus und ihres Sieges ausbeutet. Aus der schöpferischen Rolle der revolutionären Gewalt in einer bestimmten historischen Periode hat Stalin mit der ihn kennzeichnenden empirischen Beschränktheit die Schlußfolgerung gezogen, Gewalt sei überhaupt allmächtig. Ohne es selbst zu merken, ist er von der revolutionären Gewalt der Werktätigen gegen die Ausbeuter zur konterrevolutionären Gewalt gegen die Werktätigen übergegangen. So vollzieht sich die Arbeit zur Liquidierung der Oktoberrevolution unter den alten Namen und Formeln. Niemand, Hitler inbegriffen, hat dem Sozialismus so tödliche Schläge versetzt wie Stalin.«[19]

Die Entwicklung in Spanien war für Trotzki natürlich die Gelegenheit, in den Reihen der IV. Internationale selbst neue Polemiken zu starten: Gegen Sneevliet und Vereeken, die die Politik der POUM gegen ihre Kritiker verteidigten, und gegen die amerikanischen Ultralinken, die nach dem Beispiel gewisser europäischer Ultralinker eine »defaitistische« Haltung im republikanischen Spanien befürworteten, denen er entgegnete:[20]

> »Wir sind für die Verteidigung von Arbeiterorganisationen und der Errungenschaften der Revolution gegen Franco. Wir sind ‚Defensivisten'. Die ‚Defätisten' sind Negrin, Stalin & Co.. Wir nehmen am Kampf gegen Franco teil als die besten Soldaten, agitieren gleichzeitig im Interesse des Sieges über den Faschismus für die soziale Revolution und bereiten uns auf den Sturz der defätistischen Negrinregierung vor.«[21]

Trotzki mußte gleichzeitig taktvoll gegen Max Shachtman argumentieren, der wegen des Kampfes gegen den Faschismus bereit war, einer Regierung Negrín das politische Vertrauen auszusprechen, indem er für die Gewährung von Kriegskrediten an sie eintrat.

Im Jahre 1937 konnte man in Spanien eine Häufung der von den Killern Stalins begangenen Entführungen und Meuchelmorde erleben. Am 2. November 1937 zog Trotzki in einem Text mit dem Titel »Es ist Zeit, zu einer weltweiten Gegenoffensive gegen den Stalinismus überzugehen«[22] eine Bilanz dieser unheilvollen Tätigkeit. Er hob die zahlreichen Gefälligkeiten und Unterstützungen, die diesem Tun zugutekamen, hervor und kritisierte Journalisten wie Walter Duranty und Louis Fischer, die Schriftsteller Romain Rolland, Malraux, Heinrich Mann oder Lion Feuchtwanger, von denen er behauptete, daß sie unter dem Deckmantel von Autorentantiemen »Stipendien der GPU« erhielten.[23] Dieser »Aufruf an die Arbeiterorganisationen« wurde selbstverständlich nur von den Zeitungen der IV. Internationale abgedruckt .

Am 17. Dezember 1937 schrieb Trotzki die letzten Zeilen seiner Broschüre »Eine letzte Warnung«, die er Spanien und seiner »Lehren« gewidmet hat.[24] Trotzki kam darin auf die grundlegenden Debatten zurück, die am Anfang des Jahrhunderts den Bolschewismus und den Menschewismus in Widerstreit gebracht hatten, und versicherte, daß das Handeln der Arbeiter, die sich in Spanien nicht nur demokratische, sondern auch sozialistische Ziele gesetzt hätten, den bolschewistischen Standpunkt bestätigte. Umgekehrt verlangten die Parteien der Volksfront, Sozialisten und Kommunisten, von den Arbeitern, nicht aus den Grenzen der bürgerlichen Demokratie auszubrechen: Damit verzichteten sie auf die demokratische Revolution und begaben sich auf einen Weg, auf dem sie dazu geführt werden können, sie sogar frontal zu bekämpfen.

Im zeitgenössischen Spanien, schrieb Trotzki, »verwandelt sich die liberale Außenpolitik des Menschewismus in die reaktionäre Anti-Arbeiterpolitik des Stalinismus«[25], eine Karikatur auf den Menschewismus. Trotzki griff seinen Vergleich mit dem Parallelogramm der Kräfte, das in der Politik das Proletariat in jedem Bündnis mit der Bourgeoisie lähmte, wieder auf und stellte dabei heraus, daß in Spanien die Rolle der Bourgeoisie von ihrem Schatten, jener dünnen Schicht von Politikern, gespielt wurde, die Stalin und seinen Versuch, der englischen und französischen Bourgeoisie zu beweisen, daß er ihres Vertrauens, die Ordnung wiederherzustellen und eine ungelegen kommende Revolution abzuwürgen, würdig sei. Trotzki schreibt:

> »Wir definierten seinerzeit den Stalinismus als bürokratischen Zentrismus, und die Ereignisse gaben eine Reihe von Beweisen für die Richtigkeit dieser Definition. Doch jetzt ist sie sichtlich veraltet. Die Interessen der bonapartistischen Bürokratie vertragen sich nicht mehr mit zentristischer Halbheit. Indem die Stalinclique Versöhnung mit der Bourgeoisie anstrebt, vermag sie nur noch mit den konservativen Gruppierungen der internationalen Arbeiteraristokratie einen Bund einzugehen. Damit ist endgültig der konterrevolutionäre Charakter des Stalinismus auf der internationalen Arena erwiesen.«[26]

Für Trotzki hatte Stalin dadurch auf seine Art und Weise die Theorie von der permanenten Revolution bestätigt: Man konnte eine Revolution weder bremsen noch kanalisieren, ohne sie zu bekämpfen, man konnte sie nicht aufhalten, ohne ihr die konterrevolutionäre Gewalt entgegenzusetzen. Gerade wegen ihrer Brauchbarkeit, diese Gewalt gegen die Revolutionäre und gegen die Revolution auszunützen, war die GPU zum Agenten der Hinrichtung, zum unverzichtbaren Henker im Interesse der Bourgeoisie wider das Proletariat geworden:

> »Die spanische Revolution zeigt aufs neue, daß die Demokratie gegen die revolutionären Massen nicht anders als mit den Methoden der faschistischen Reaktion zu schützen ist. Und umgekehrt: Ein wirklicher Kampf ge-

gen den Faschismus ist nicht anders zu führen als mit den Methoden der proletarischen Revolution. (...) Damit ist aufs neue und endgültig die von der Komintern übernommene alte menschewistische Theorie zuschanden geworden, die da aus der demokratischen und der sozialistischen Revolution zwei selbständige, zeitlich voneinander geschiedene Kapitel macht. Das Werk der Moskauer Henker bestätigt auf seine Weise die Richtigkeit der Theorie der permanenten Revolution.«[27]

Genau dieselbe Analyse wandte Trotzki auf die Anarcho-Syndikalisten, die Minister in der Regierung Negrín, an, die auch schon Minister unter Largo Caballero gewesen waren, und die sich 1936 mit ihrer grundsätzlichen Ablehnung der Macht dafür rechtfertigten, nicht mit den Massen die Macht ergreifen zu wollen. Von neuem erklang in Trotzkis Rede der Widerhall der großen Debatten von 1917:

»Auf die Eroberung der Macht verzichten, heißt freiwillig die Macht dem überlassen, der sie besitzt, d. h. den Ausbeutern. (...) Da die Anarchisten das Ziel ablehnen, nämlich die Machteroberung, konnten sie letzten Endes auch nicht umhin, das Mittel abzulehnen. (...) So erwies sich der Anarchismus, der nur antipolitisch sein wollte, in Wirklichkeit als antirevolutionär und in den kritischsten Augenblicken als konterrevolutionär.«[28]

Die POUM, die Partei Nins, war, ohne es gewollt zu haben, »in ihrer Halbheit, Unentschiedenheit, ihrem Ausweichen, mit einem Wort in ihrem Zentrismus«, das Haupthindernis auf dem Weg zum Aufbau einer revolutionären Partei geworden.[29]

Als Trotzki zum allgemeinen Problem zurückkam, zählte er auf der Grundlage einer lebendigen Erfahrung, die ihm niemand absprechen konnte, die Bedingungen für einen Sieg der Arbeiter in einem Bürgerkrieg auf: die Einsicht bei den Soldaten, daß sie für ihre vollständige gesellschaftliche Befreiung kämpften, dieselbe Einsicht in der Etappe, eine vom »Geist der sozialen Revolution« durchdrungene Propaganda an der Front und im Hinterland, ein unmittelbar von den kämpfenden Klassen bestimmter Staatsapparat, die Verwirklichung der vordringlichsten Maßnahmen der sozialen Revolution in den eroberten Gebieten durch die Armee, die Säuberung der Führungskräfte der Armee von allen ausbeuterischen Subjekten, die Vorbereitung von von der Basis kommenden Führungskräften, die Kontrolle der Fachleute und die Verbindung der Kriegskunst mit den Aufgaben der gesellschaftlichen Revolution; »die revolutionäre Politik beherrscht die Strategie« und mußte auch auf die zwangsweise rekrutierten Sklaven der feindlichen Armee, die berühmten »Mohren«, die Kolonialsklaven, setzen; die Außenpolitik schließlich mußte zum Ziel haben, »das revolutionäre Bewußtsein der Arbeiter, der ausgebeuteten Bauern und unterdrückten Nationalitäten der ganzen Welt zu wecken«.[30]

Trotzki schloß schlicht und einfach: Stalin hatte durch seine Politik die Bedingungen für die Niederlage geschaffen, aber wenn es ihm, was sehr wahrscheinlich sei, »gelingt, seine Arbeit als Totengräber der Revolution zu vollenden«[31], wird er dafür keinerlei Dankbarkeit ernten.

Nur beiläufig und ohne sich die Mühe zu machen, die ungeheuerlichen Fälschungen zu wiederholen, die ihn anekelten, erwähnte Trotzki in seinen Schriften zu Spanien die linientreu im Kielwasser der Moskauer Prozesse geführte weltweite Hetzkampagne zur Vergiftung der Meinung der Arbeitenden. Als Nin der Spionage im Dienste Francos angeklagt wurde, machten die Aktivisten der KP von einem schändlichen Reim Gebrauch, als sie auf die Wandaufschriften, die fragten, »Wo ist Nin?« »In Salamanca oder in Berlin?« antworteten. Die Leute der POUM wurden als Spione, als Terroristen, als Saboteure, als Meuchelmörder beschimpft. Man beschuldigte ihre Milizionäre, zwischen den Feuerlinien an der Front von Aragon mit den Faschisten Fußball zu spielen. Einige taten sich bei dieser Arbeit besonders hervor, die umso abstoßender war, als sie dazu diente, Mörder zu schützen und ihnen die größtmögliche Bewegungsfreiheit zu sichern, um ihnen zu ermöglichen, ihrem tödlichen Handwerk ungestraft nachzugehen.

Begnügen wir uns damit, einen von ihnen zu zitieren, der sich zum »Historiker« aufgeschwungen hat und der ein bebildertes Buch über Spanien veröffentlicht hat, in dem man die Photos der Männer, deren Folterung und Ermordung er gerechtfertigt hat, vergeblich suchen würde. Manche Verleger und leider viele Leser betrachten ihn heute als einen vertrauenswürdigen Mann, der an Spanien hängt, wo er während des Bürgerkriegs Journalist war. Es handelt sich um Georges Soria. Am 20. Juni 1937, als sich Nin, der einige Tage vorher in Barcelona entführt worden war, schon in den Händen der Folterer befand, schrieb Soria in *L'Humanité*, daß »die Verbindung zwischen den jetzt inhaftierten Führern der POUM und den Faschisten der fünften Kolonne ganz unbestreitbar« erwiesen wäre. Der alte tadellose Revolutionär Nin war schon tot, als Herr Soria in der gleichen Zeitung schrieb, daß die POUM »eine Terrorismus- und Spionageorganisation im Dienste Francos« sei, und das aufzählte, was er »die Fakten« nannte.[32]

Man kann den Ekel Trotzkis, den Widerwillen, die gedungenen Denunzianten, die Komplizen der Killer, die deren Spuren in der Presse verwischten, auch bloß zu nennen, verstehen, gerade wo er doch die öffentliche Anprangerung der Meuchelmörder und ihrer großen oder kleinen Beschützer für nötig erachtete.

Die Schlußfolgerung die Trotzki aus der »tragischen Erfahrung Spaniens« zog, war letzten Endes, schreibt er, »eine Warnung für alle fortgeschrittenen Arbeiter der Welt«, »vielleicht die letzte Warnung vor noch größeren Ereignissen«:

»‚Die Revolutionen sind die Lokomotiven der Geschichte', sagte Marx. Sie fahren schneller als das Denken der halb- oder viertelrevolutionären Parteien. Wer stehenbleibt, gerät unter die Räder der Lokomotive und bringt – das ist die Hauptgefahr – nicht selten dabei die Lokomotive selbst zur Entgleisung.

Das Problem der Revolution heißt es bis zu Ende, bis in die letzten konkreten Schlußfolgerungen hinein durchdenken. Es heißt, die Politik auf die Grundgesetze der Revolution, d.h., auf die Bewegung der einander bekämpfenden Klassen einstellen, und nicht auf die Vorurteile und Ängste der oberflächlichen kleinbürgerlichen Gruppen, die sich ‚Volks'- und wer weiß was noch für welche Front betiteln. Die Linie des geringsten Widerstandes ist in der Revolution die Linie des größten Fiaskos. Die Furcht vor ‚Isolierung' von der Bourgeoisie bedeutet Isolierung von den Massen. Anpassung an die konservativen Vorurteile der Arbeiteraristokratie bedeutet Verrat an den Arbeitern und an der Revolution. Übermäßige ‚Vorsicht' ist unheilvollste Unvorsichtigkeit. Das sind die Hauptlehren aus dem Zusammenbruch der ehrlichsten politischen Organisation in Spanien, will sagen der zentristischen POUM.«[33]

Die Lösung kehrte wie ein *Leitmotiv* aus der Feder des Verbannten wieder: Sie hieß Partei und Internationale. Trotzki war überzeugt, daß sich anhand der spanischen Ereignisse, in der Erfahrung Tausender von Menschen, eine neue Generation von Revolutionären durch die Lehren aus den Niederlagen bildete, »eine mit dem Blut unzähliger Kämpfer bezahlte, unschätzbare hohe Schule«. Trotzki machte Mut und suchte sich dabei vielleicht selbst Mut zu machen:

»Die revolutionären Kader sammeln sich heute nur um das Banner der Vierten Internationale. Unter dem Banner der Niederlage ist sie entstanden, um die Werktätigen zum Siege zu führen.«[34]

Man kann natürlich zu dieser Zeit in den Texten Trotzkis sehr viele, insbesondere den Schwierigkeiten seines Lebens, also seinem Informationsstand zuzurechnende, Lücken entdecken. Trotzki scheint die anfängliche Rolle der Sowjetunion, ihre lange Zeit abwartende Haltung, ihre anfängliche Unterstützung für die Nichteinmischung nicht deutlich gesehen zu haben: Alles hatte sich zum Zeitpunkt des größten Drucks auf Trotzki in Norwegen abgespielt. Er war wohl in Hurum, als in den Moskauer Führungskreisen die Krise wegen Spanien entstand, die für den zweiten Moskauer Prozeß sehr wohl das sein konnte, was der Block der Oppositionen für den ersten war: Einige Artikel Radeks in der *Iswestija* nährten das Gerücht von einer »Opposition« gegen die Politik der Aufgabe Spaniens bei den Spitzenpolitikern, wofür Ordschonikidse, der im folgenden Jahr »Selbstmord« beging, und Pjatakow, der hingerichtet wurde, wohl den Preis bezahlen mußten.* Trotzki verfügte

* Diese Hypothese ist insbesondere von Stephan Cohen, *Nicolas Boukharine*, französische Übers., Paris 1979, S. 444f., aufgestellt worden. Trotz der Ernsthaftigkeit der auf-

auch nicht immer über ausreichende Informationen, um den Vorgang der Unterwanderung des spanischen republikanischen »Volksstaates« und seiner Armee durch die Kommunistische Partei zu verfolgen.

***

Die Schriften Trotzkis zu Spanien sind keine Arbeiten eines Historikers, sondern eines Polemikers und eines kritischen Kommentators. Der Großteil seiner Artikel vom Ende der dreißiger Jahre ist in einer Zeit verfaßt worden, wo es nur bei den »Republikanern« geringe Chancen für eine Änderung der Politik gab, und wo daher der Lauf der Dinge auf einen Sieg Francos hin kaum Aussichten barg, umgekehrt zu werden. Nach der Abfassung von »Die spanische Lehre: eine letzte Warnung« und nach dem Ende des Bürgerkriegs schrieb Trotzki fast nur mehr Bilanztexte, in denen er seine Feder und seine Analysen schliff und dabei die Kanten seiner Politik schärfte: Trotzki machte darin aus der spanischen Revolution eine Art Gegenmodell und beschäftigte sich vor allem damit, vorzuführen, auf welche Art und Weise die Konterrevolution schließlich in Spanien triumphiert hatte und so den Weg zum Zweiten Weltkrieg und zur Entfesselung der Barbarei freigemacht hatte.

Spanien nahm im Denken Trotzkis im Laufe der letzten Jahre seines Lebens einen großen Platz ein. Er hatte in der spanischen Revolution, die mit ihrer ganzen Wucht zu dem Zeitpunkt, als für ihn die französische Revolution begonnen hatte, ausbrach, eine Massenexplosion gesehen, der dazu geeignet war, die europäische Revolution auszulösen und die Grundfesten der faschistischen Regime zu erschüttern und, wie der katalanische POUM-Anhänger Joan Farré schrieb, den Meridian der Revolution von Moskau nach Madrid zu verschieben.[35] Und wir wissen, daß Trotzki sogar daran gedacht hatte, sich diesem glühenden Herd zu nähern und vielleicht dort eine Rolle zu spielen, die ähnlich der hätte sein können, die er in Rußland in der Zeit der ausländischen Einmischung und des Bürgerkrieges so gut gespielt hatte.

Trotzkis lange Internierung in Norwegen hatte diese Hoffnung und diese Möglichkeit jäh zerstört. Der Augenblick der Wahlmöglichkeiten und des Eingreifens in den Lauf der Ereignisse war vorbei, als Trotzki wieder freikam. Er konnte nichts Anderes mehr tun als eine Art fast mechanischer Kommentierung der Art und Weise vorzunehmen, auf die der Stalinsche Kurs zur Niederlage im Bürgerkrieg führte und vorführte, wie man den Krieg verliert.

Die spanischen Ereignisse hatten den Tod von sehr vielen Trotzki nahestehenden Aktivisten mit sich gebracht, in erster Linie den von Erwin Wolf, den er nicht nur als einen Mitarbeiter seines Vertrauens, sondern als einen jungen Freund betrachtete, der im vorliegenden Fall bewiesen hatte, daß er ebensoviel Mut wie politische Fähigkeiten besaß. Spanien hatte gesehen, daß Stalin

geführten Hinweise muß sie noch bewiesen werden.

Nin das Verbrechen, ein tadelloser Revolutionär und einer der wenigen Männer zu sein, denen Trotzki trotz ihrer Meinungsverschiedenheiten bis zum Schluß die Benennung Freund zukommen ließ, mit seinem Leben hat bezahlen lassen, Nin, dessen Heldentum unter der Folter gewiß sehr vielen anderen das Leben rettete.

Außerdem wußte Trotzki, daß der spanische Bürgerkrieg zuguterletzt einen günstigen Boden für die Anwerbung, die Organisation, die Ausbildung und den operativen Einsatz von Killerbanden, deren Ziel er bald sein sollte, ja deren Ziel er schon war, geboten hatte. In Spanien hatten bereits N. Ja. Eitingon, genannt Kotow, genannt Leonow, und seine Gefährtin Caridad Mercader, Vittorio Vidali, Kommandant Carlos genannt, und seine Gefährtin Tina Modotti, der brutale Maler David Alfaro Siqueiros, der Agent der GPU David Serrano, der Abenteurer Nestor Sánchez Hernández und so viele andere operiert, die danach im Jahre 1940 auf Trotzkis Fährte gehetzt wurden. Ebenfalls in Spanien war der junge Killer Ramón Mercader vom Geheimdienst angeworben und ausgebildet worden, der zusammen mit seinen Freunden, den Bérangers, schöne Stunden in Paris verbrachte, als er darauf wartete, loszuziehen, um seinen blutigen Auftrag auszuführen.

Kapitel 58

Der Revolutionär, der Maler und der Dichter

Da Trotzki in einem Frida Kahlo gehörenden Haus lebte und in der Öffentlichkeit oft zusammen mit Diego Rivera gesehen wurde, schien es, als ob er mit dem Maler eng verbunden wäre. In Wirklichkeit waren die beiden Männer, der eine wie der andere, wie Bertram D. Wolfe, der Biograph von Diego Rivera hervorhebt, viel zu sehr beschäftigt, um viel Zeit füreinander aufbringen zu können. Sie hatten telefonische Unterredungen, aßen zusammen beim einen oder anderen Einlader oder machten zusammen Ausflüge und kleine Reisen.[1]

Man kann sich auch unschwer vorstellen, daß diese beiden starken Persönlichkeiten nicht ohne Zusammenstöße während langer Zeiträume nebeneinander leben konnten. Bertram D. Wolfe versichert, daß Trotzki bisweilen durch die überquellende Phantasie des Malers bei Fragen, die Nüchternheit und Deutlichkeit erfordert hätten, in Harnisch gebracht wurde und daß sich Rivera während der ersten Monate ihrer Beziehung anstrengte, Trotzki in diesem Punkt die notwendigen Konzessionen zu machen.[2] Doch es ist gleichfalls offensichtlich, daß die Vertrautheit Trotzkis mit Rivera ihn damals in die Bilderwelt einführte, die ihm bis dahin, wenn nicht fremd, so doch mindestens ein wenig verschlossen geblieben war.

Trotzki gewann auf alle Fälle schnell genug Vertrauen in sein persönliches Urteilsvermögen über den Maler, um in einem Brief an die *Partisan Review* vom 17. Juni 1938, der unter dem Titel »Die Kunst und die Revolution« veröffentlicht werden sollte, über Rivera zu sprechen. Trotzki schrieb diese vor Bewunderung leidenschaftlichen Zeilen:

> »Auf dem Felde der Malerei hat die Oktoberrevolution ihre besten Interpreten nicht in der UdSSR, sondern im fernen Mexiko gefunden, nicht unter den offiziellen ‚Freunden', sondern in der Person eines notorischen ‚Volksfeindes', den die Vierte Internationale voller Stolz zu den Ihren rechnet. Geprägt durch die Kunst aller Völker und Epochen, verstand es Diego Rivera, im innersten Kern seines Genies, Mexikaner zu bleiben. Was ihn in seinen großartigen Fresken inspiriert hat, was ihn über die gesamte Kunsttradition hinaushebt, über die zeitgenössische Kunst und in gewissem Sinne über sich selbst, ist der mächtige Atem der proletarischen Revolution. Ohne den Oktober hätte seine schöpferische Fähigkeit, das Epos der Arbeit, der Versklavung und der Revolte zu verstehen, niemals eine solche Kraft und Tiefe erreichen können. Möchten Sie die verborgenen Triebfedern der sozialen Revolution mit Ihren eigenen Augen sehen? Betrachten Sie die Fresken Riveras! Möchten Sie wissen, was revolutionäre Kunst ist? Betrachten Sie die Fresken Riveras!«[3]

Ganz gegen seine Gewohnheit empfahl Trotzki seinen Lesern ein bestimmtes Vorgehen und rief aus:

> »Treten Sie ein wenig näher heran! Dann werden Sie auf einigen dieser Fresken Kratzer und Flecken erkennen, die von haßerfüllten Vandalen stammen: Katholiken und anderen Reaktionären, unter ihnen natürlich Stalinisten. Diese Kratzer und Schrammen vermitteln den Fresken eine noch größere Lebendigkeit. Wir haben nicht bloß ein ‚Gemälde' vor uns, einen Gegenstand passiven ästhetischen Betrachtens, sondern ein lebendiges Stück des Klassenkampfes. Und es ist zugleich ein Meisterwerk!
>
> Allein die geschichtliche Jugend dieses Landes, die das Stadium des Kampfes für nationale Unabhängigkeit noch nicht überschritten hat, hat es dem revolutionären Pinsel Riveras gestattet, die Mauern der öffentlichen Gebäude Mexikos zu bemalen.«[4]

Trotzki erinnerte an die Fresken Riveras von Radio-City in Detroit und die Forderung Rockefellers, das Gesicht Lenins verschwinden zu lassen – ein Streit, der mit der Zerstörung der Fresken durch ihren ‚Eigentümer', den steinreichen John D. Rockefeller, den Mann der Standard Oil[5] – endete. Trotzki fährt fort:

> »In den Vereinigten Staaten stieß das auf größere Schwierigkeiten und ist schließlich gescheitert. Geradeso, wie die mittelalterlichen Mönche – freilich aus Unkenntnis – die antiken literarischen Texte von den Pergamenten schabten, um diese dann mit scholastischen Hirngespinsten zu bedecken, so bedeckten die Lakaien Rockefellers – diesmal allerdings mit böser Absicht – die Fresken des großen Mexikaners mit ihren dekorativen Banalitäten. Dieser neue Palimpsest wird der Nachwelt das Schicksal der von der verfallenden bürgerlichen Gesellschaft gedemütigten Kunst vor Augen führen.«[6]

Dann ging Trotzki auf die Kunst der Sowjetunion ein:

> »Die Situation ist indessen im Lande der Oktoberrevolution keineswegs erfreulicher. Obgleich das auf den ersten Blick unglaubwürdig erscheint, gibt es für die Kunst eines Diego Rivera weder in Moskau noch in Leningrad Platz, noch irgendwo anders in der UdSSR, wo die aus der Revolution geborene Bürokratie ihre gewaltigen Paläste und Denkmäler errichtete. Wie sollte denn auch die Kremlclique in ihrem Reich einen Künstler dulden, der weder Ikonen mit dem Bildnis der ‚Führers' malt, noch lebensgroße Porträts von Woroschilows Pferd? Die Tatsache, daß sich die sowjetischen Tore vor Diego Rivera schließen, brandmarkt die totalitäre Diktatur mit unauslöschlicher Schande.«[7]

Der Verkehr zwischen dem Berufsrevolutionär und dem Maler und die schon außergewöhnliche Freundschaft zwischen Trotzki und Diego Rivera sollten mit dem Besuch des Dichters André Breton in Mexiko und der Begegnung dieser drei, die zu die Größten ihres Jahrhunderts zählen, bald zur Legende werden.

Im März 1938, in den qualvollen Wochen, die auf den Tod Lew Sedows folgten, erfuhr Trotzki vom baldigen Kommen André Bretons nach Mexiko unter dem Deckmantel eines ‚Auftrages' des französischen Außenministeriums und einer Reihe von Konferenzen in Mexiko.

Der von einem mexikanischen Journalisten als Mann »mit der üppigen Löwenmähne«[8] beschriebene Breton war damals, wie Gérard Roche schreibt, »auf dem Höhepunkt seiner Reife als Dichter und als unumstrittener Führer der surrealistischen Bewegung, deren theoretische Grundlagen er Anfang der zwanziger Jahre gelegt hat«.[9] Breton hatte nie den Glauben daran aufgegeben, daß die Wege der Dichtkunst und der Revolution – ohne zusammenzulaufen – beide die Menschheit aus dem Reich der Notwendigkeit in das der Freiheit führen konnten.

Trotzki zweifelte nicht einen Augenblick daran, daß der Besuch in Mexiko Breton bald ins Haus von Coyoacán führen würde. Vielleicht hatte Trotzki mit ihm etwas vor, doch machte er sich in der Zwischenzeit Sorgen, denn er hatte nie etwas von Breton gelesen. Van Heijenoort schrieb an den New Yorker Kunstkritiker Meyer Schapiro, um ihn um die leihweise Überlassung einiger der Arbeiten Bretons zu bitten. Schapiro schickte ein Paket mit Werken von Breton nach Coyoacán, darunter nach Vans[10] Erinnerung das *Manifest des Surrealismus*, *Nadja* und *Die kommunizierenden Röhren* und ein oder zwei andere Werke, unter denen sich laut Gérard Roche *L'amour fou* (Die bedingungslose Liebe) befand.[11]

Hat Trotzki diese Bücher gelesen, die Van auf eine Ecke von Trotzkis Schreibtisch plaziert hat? Van glaubt, daß er sie sehr wahrscheinlich durchgeblättert hat, schließt aber aus, daß er sie von Anfang bis zum Ende gelesen hat.[12] Auf der Grundlage des Inhalts der späteren Gespräche zwischen den beiden Männern glaubt hingegen Gérard Roche, daß Trotzki eine beträchtliche Anstrengung unternommen hat, sie zu lesen, um die surrealistische Bewegung, die ihm ganz und gar fremd war, besser zu verstehen, was nicht nur die besagten Unterhaltungen, sondern auch die Ernsthaftigkeit des Planes, den Trotzki zu fassen im Begriff war, zu bestätigen scheinen.[13]

André Breton seinerseits hatte unbestreitbar einen geheimen Hintergedanken, als er sich nach Mexiko begab: Er wußte ganz offensichtlich, daß er Leo Trotzki treffen würde, für den er von je her eine große Bewunderung hegte. Über Trotzki hatte Breton schon 1925 leidenschaftliche Seiten geschrieben, die in *La Revolution Surréaliste* erschienen waren. Er stürzte sich trotzdem nicht auf die Straße in Richtung Coyoacán. Kurz nach seiner Ankunft hatte Breton in einem Interview daran erinnert – und das war eine Art Appell –, daß die Marxschen Worte »die Welt verändern« und die Worte Rimbauds »das Leben ändern« für die Surrealisten ein und dasselbe Motto seien.

Breton war von Mexiko, »einem Land von konvulsiver Schönheit«, »einem in höchstem Grade surrealistischen Ort«[14], in der Tat begeistert, wie auch von der Malerei Diego Riveras und von dem Empfang, den man ihm bereitet hatte. Zusammen mit Jacqueline Lamba, seiner Lebensgefährtin, fing Breton damit an, Van in einem Restaurant zu treffen. Und jener sollte an einem der ersten Maitage 1938 das Paar abholen, um es nach Coyoacán zur Begegnung mit den Trotzkis zu fahren.

Gérard Roche, der diese Begegnung als die »des Adlers und des Löwen« beschrieben hat, denkt, daß sie auf der politischen Ebene »das Ergebnis eines langen, von zahlreichen Konflikten mit der Kommunistischen Partei und der Kommunistischen Internationale gekennzeichneten Prozesses ist«[15]. Im Laufe der dreißiger Jahre hatten sich die Surrealisten und Breton an ihrer Spitze empört gegen die Paraden der pazifistischen Kongresse von der Art Amsterdam-Pleyel und besonders gegen die aus Moskau gekommenen Theorien über die »proletarische Literatur« gewandt. Sie hatten gegen die Ausweisung Trotzkis aus Frankreich protestiert, als sie ihr berühmtes Flugblatt »Planet ohne Visum« veröffentlichten. Sie hatten auch an der 1935 zugunsten der Freilassung von Victor Serge durchgeführten Kampagne teilgenommen.

In ihrer Broschüre *Als die Surrealisten noch recht hatten* brandmarkten sie »den in der UdSSR wehenden Wind der systematischen Verblödung«[16] und versicherten, daß das sowjetische Regime im Begriff war, »die Umkehrung dessen« zu werden, »was es gewesen ist«. Zuletzt, in den der Reise vorhergehenden Monaten, hatten sich die Surrealisten im allgemeinen und André Breton mit besonderem Eifer der Aktion des Ausschusses zur Untersuchung der Moskauer Prozesse angeschlossen und sich damals entschlossen gegen den Stalinismus stark gemacht, der ihnen ihr Engagement mit Schmähungen heimzahlte.

Trotzki war über all das im Bilde, als er André Breton im »blauen Haus« empfing. Trotzki wußte auch, daß er es mit einem mutigen Mann zu tun hatte. Er hatte seine Freunde von der *Partisan Review* vom Besuch Bretons in Mexiko benachrichtigt. Wahrscheinlich auf Trotzkis Anregung hin hatten mexikanische Aktivisten für den ersten öffentlichen Vortrag, der von Breton im Palast der Schönen Künste gehalten wurde, einen unauffälligen Ordnungsdienst organisiert. Wieder wird sich Diego an Trotzkis Seite zur Verteidigung Bretons anschicken, der von allen Seiten heftig angegriffen wurde, und gegen »die pfäffischen, stalinistischen, GPU-Intellektuellen« loszuschmettern; Trotzki verglich die gegen Breton vorgetragenen Angriffe mit denen, die Sigmund Freud erlitten hatte, und begrüßte Breton als »Geliebten Mexikos«, der »den Gehalt an Schönheit, an Schmerz, an unterdrückter Kraft und an schwarzem Humor in diesem Land« verstanden hat.[17]

André Breton hat den Ablauf seiner ersten Zusammenkunft mit Trotzki in Gegenwart Nataljas, Jacquelines und Vans selbst berichtet. Die beiden Männer unterhielten sich über die Arbeit des Untersuchungsausschusses zu den Moskauer Prozessen in Paris, zu dem Breton seine Meinung äußerte. Immer noch anläßlich der Moskauer Prozesse sprach man auch von der Haltung von André Gide und von Malraux. Man tauschte Informationen und Eindrücke aus. Kein großes Thema, folglich kein Zusammenprall: Vielleicht haben die beiden Männer für dieses Mal nur aneinander Maß genommen.

Die zweite Begegnung fand am 20. Mai 1938 statt. Der erste Waffengang wurde mit voller Absicht von Trotzki eingeleitet, der sich in eine etwas herausfordernde Rechtfertigung Emile Zolas als Schriftsteller stürzte. Für Trotzki ging es ganz offensichtlich darum, dem Surrealismus den Naturalismus entgegenzuhalten:

> »Wenn ich Zola lese, entdecke ich neue Dinge, die ich nicht kannte, ich dringe in eine weitere Realität ein. Das Phantastische, das ist das Unbekannte.«[18]

Ein wenig gereizt räumte Breton ein, daß Zola »Kunst ist«. Dann verlagerte sich das Gespräch auf eine andere Achse und steuerte auf Freud und die Psychoanalyse zu. Auch da wurde der Angriff von Trotzki vorgetragen, als er Breton fragte, ob die Surrealisten nicht im Gegensatz zur ganzen Bemühung Freuds das Bewußte durch das Unbewußte zu ersticken suchten. Breton bestritt das nachdrücklich und fragte sodann: »Ist Freud mit Marx vereinbar?« Und da antwortete Trotzki, ohne zu antworten: Marx hat Freud nicht gekannt, und Freud behandelt die Gesellschaft noch wie eine Abstraktion. Van berichtet:

> »Die Unterhaltung entspannte sich. Natalja servierte den Tee. Man sprach von den Beziehungen zwischen Kunst und Politik. Trotzki brachte den Gedanken vor, einen internationalen Verband der revolutionären Künstler und Schriftsteller zu gründen, der gegenüber den stalinistischen Organisationen ein Gegengewicht bilden sollte. (...) Man fing an, über ein Manifest zu sprechen. Breton erklärte sich bereit, dafür einen Entwurf vorzubereiten.«[19]

Genau das war wahrscheinlich der Gedanke, den Trotzki gehegt hatte, seit er von dem Kommen Bretons nach Mexiko unterrichtet worden war.

Im Verlauf der acht oder zehn Treffen, die sie noch haben sollten, nahmen sie andere Diskussionen auf, deren Umriß Gérard Roche nachgezeichnet hat. Sie waren sich über die Beziehungen zwischen der Kunst und der Geisteskrankheit uneinig, die laut Trotzki nichts Konstruktives zur menschlichen Zukunft beitragen kann. Uneinigkeit bestand auch in der Frage des »objektiven Zufalls«, in dem Trotzki eine mystische Neigung von Seiten der Surrealisten zu erkennen glaubte, während Breton die materialistischen Grundlagen des Surrealismus verteidigte.

Es war Jacqueline Lamba, die Arturo Schwarz von der lebhaften Diskussion von Pátzcuaro erzählt hat, in deren Verlauf Trotzki Breton gegenüber behauptete, daß die Hunde zu fast menschlichen Gefühlen imstande und für den Menschen Freundschaft zu empfinden fähig seien. Breton war nicht nur über diese Behauptung, sondern auch über die Art und Weise, wie Trotzki seine Argumente hinwegfegte, ohne sie wirklich zu berücksichtigen, ziemlich entrüstet; Breton sollte später auf diesen Vorfall zurückkommen, als er sich – ohne Trotzki direkt zu nennen – wunderte, daß ein Mann, der eine gewaltige historische Rolle bei »großartigen Ereignissen gespielt hat«, eine »antropomorphische Sicht der Tierwelt« haben konnte, was seines Erachtens einen Mangel an Konsequenz im Denken verriet.

Van hat von der Reise nach Guadalajara im Juni 1938 erzählt, von wegen kleiner Diebstähle Bretons in einer Kirche knapp vermiedenen Zwischenfällen, von dem Konflikt, der zwischen Trotzki und Breton heranreifte, weil Breton sich nicht entschließen konnte, die erste Zeile des Entwurfs des Manifestes zu schreiben, von der Kälte, die sich plötzlich zwischen den beiden Männern einstellte: Sie trennten sich plötzlich auf dem Hinweg und sahen sich auf dem Rückweg nicht wieder.[20]

Anfang Juli 1938 fand die berühmte Reise nach Pátzcuaro statt, wo sich Breton, Jacqueline und Van, die als Kundschafter losgefahren waren, Natalja und Trotzki, die mit Joe Hansen und einem anderen amerikanischen Genossen gekommen waren, und schließlich Diego Rivera und Frida Kahlo wieder trafen. Van erzählt:

> »Man machte Pläne. Nach Ausflügen während des Tages sollte es abends eine Unterhaltung über Kunst und Politik geben. Man sprach selbst davon, die Unterhaltungen unter dem Titel ‚Die Unterredungen von Pátzuaro', von Trotzki und Breton unterschrieben, zu veröffentlichen. Am ersten Abend war es vor allem Trotzki, der sprach. Die von ihm entwickelte These: In der zukünftigen kommunistischen Gesellschaft würde sich die Kunst im Leben auflösen. Es gäbe keine Tänze mehr, weder Tänzer noch Tänzerinnen, sondern alle Wesen würden sich in einer harmonischen Weise bewegen. Es gäbe keine Gemälde mehr – die Wohnstätten seien dekoriert.«[21]

Doch es gab keine zweite Unterredung in Pátzcuaro. Breton wurde krank, fiebrig und von Sprachverlust heimgesucht. Er sollte sich später in einem auf dem Schiff, das ihn nach Europa zurückbrachte, an Trotzki geschriebenen Brief darüber aussprechen: Es handele sich um seinen »Cordelia-Komplex« in bezug auf Trotzki-Lear:[22] Jedesmal, wenn er etwas unter den Augen Trotzkis tun sollte, wurde er, wegen der »grenzenlosen Bewunderung«, die er ihm entgegenbringe, Opfer einer Hemmung.

***

Der Großteil der Schar kehrte darauf nach Mexiko zurück und überließ den kranken Breton der Pflege Jacquelines. Einige Tage später kamen sie ihrerseits zurück.

Dieses Mal ergriff Breton die Initiative, die alleine eine recht gespannt gewordene Lage lösen konnte. Er übergab Trotzki einige eigenhändig mit grüner Tinte geschriebene Seiten. Trotzki antwortete mit einigen auf Russisch getippten Seiten, die Van für Breton übersetzte. Die Diskussion setzte wieder ein. Schließlich ging Trotzki alle Texte noch einmal durch, zerschnitt sie, klebte und klebte sie nochmals und fügte sie so schließlich zu einem neuen Text zusammen.

Dieses »für eine unabhängige revolutionäre Kunst« betitelte Manifest vom 25. Juli 1938 wurde nicht von Trotzki, sondern von dem Maler und dem Dichter, von André Breton und Diego Rivera, unterzeichnet.[25]

Das Manifest beginnt mit mehreren von Breton geschriebenen Absätzen über die Bedrohung, die fortan auf der Weltkultur laste, die »unter der Bedrohung reaktionärer, mit der ganzen modernen Technik bewaffneter Kräfte« stünde.[24]

Die Entdeckungen auf philosophischem, wissenschaftlichem, soziologischem und künstlerischem Gebiet erscheinen nun, nach der Ausdrucksweise Bretons, »wie die Frucht eines wertvollen Zufalls«, das heißt, wie eine mehr oder weniger spontane Erscheinung der Notwendigkeit: Es sei wichtig, daß die besonderen Gesetze der geistigen Schöpfung beachtet – und sogar garantiert – werden müßten. Letztere würden immer allgemeiner verletzt, und das Ergebnis davon sei eine immer offensichtlichere Entwürdigung nicht nur der Kunstwerke, sondern auch der »künstlerischen« Persönlichkeit in Deutschland wie in der UdSSR.

Trotzki lehnte den Begriff »konservativ« und den Ausdruck »weder Demokratie noch Faschismus« ab und schrieb im vierten Absatz:

> »Echte Kunst, d. h., Kunst, die sich nicht mit der Variation überkommener Modelle zufrieden gibt, sondern darum bemüht ist, dem inneren Anliegen des Menschen und der Menschheit von heute Ausdruck zu verleihen, ist notwendigerweise revolutionär, d. h., sie erstrebt eine vollständige und radikale Umgestaltung der Gesellschaft, sei es auch nur, um das intellektuelle Schaffen von ihren Fesseln zu befreien und der ganzen Menschheit zu gestatten, sich in Höhen aufzuschwingen, die bisher nur von einsamen Genies erreicht worden sind. Zugleich stellen wir fest, daß allein die soziale Revolution in der Lage ist, einer neuen Kultur den Weg zu bahnen. Wenn wir hingegen alle Solidarität mit der heute in der Sowjetunion herrschenden Kaste ablehnen, so gerade deswegen, weil sie in unseren Augen nicht den Kommunismus repräsentiert, sondern dessen niederträchtigster und gefährlichster Feind ist.«[25]

Das Manifest geht mit einer schonungslosen Anklage gegen die offizielle Kunst der Stalinzeit und der Bedeutung der künstlerischen Opposition weiter. Es unterstreicht, daß die künstlerische Berufung aus einem Zusammenstoß zwischen dem Menschen und einer gewissen Zahl gesellschaftlicher Kräfte, also aus dem Befreiungsbedürfnis des Menschen, entsteht, was miteinschließt, »daß die Kunst nicht ohne Verfall darauf eingehen kann, sich irgendeiner fremden Richtlinie zu beugen und sich dazu herzugeben, die Rahmen, die ihr manche für äußerst kurzfristige pragmatische Zwecke zuweisen zu können glauben, folgsam zu erfüllen«.

Man sollte folgenden interessanten Punkt herausstellen, daß nämlich André Breton am Ende des Absatzes 9 – der an die Vorstellung erinnert, die sich Marx von der Rolle des Schriftstellers machte, und darauf hinweist, daß die Pressefreiheit als erste Bedingung hat, daß die Presse kein Gewerbe ist – seinen Entwurf mit der Wendung »jede Freiheit in der Kunst, außer gegen die proletarische Revolution« beendet hatte und daß Trotzki die Streichung des letzten Zusatzes erreichte, der seines Erachtens dazu geeignet war, alle Mißbräuche zu decken, und sich damit zufrieden gab, ganz einfach zu bejahen: »Freiheit für die Kunst«.[26]

Um richtig verstanden zu werden, fügte Trotzki einen Absatz hinzu, der die Nummer 10 tragen sollte. Nachdem Trotzki an das Selbstverteidigungsrecht des revolutionären Staates, sich gegen die bürgerliche Reaktion zu verteidigen, erinnert hatte, stellte er sich »der Anmaßung, das intellektuelle Schaffen der Gesellschaft zu kommandieren«, energisch entgegen:

> »Wenn die Revolution um der Förderung ihrer materiellen Produktivkräfte willen gehalten ist, ein sozialistisches Regime mit zentraler Kontrolle zu errichten, muß sie von Anfang an für das künstlerische Schaffen ein anarchistisches Regime persönlicher Freiheit errichten und garantieren. Keine Autorität, kein Zwang, nicht die Spur einer Weisung!«[27]

Der Text fährt fort, daß »in der gegenwärtigen, vom Todeskampf des Kapitalismus geprägten Zeit« der Künstler des Lebensrechts beraubt ist und der Isolierung zu entrinnen sucht, indem er sich den stalinistischen Organisationen zuwendet. Doch wird er so auf seinen eigentlichen Auftrag verzichten und sich auf »zutiefst entwürdigende Gefälligkeiten« einlassen müssen. Man mußte folglich dazu aufrufen, sich denjenigen anzuschließen, »die in unerschütterlicher Treue an den Prinzipien dieser Revolution festhalten, denjenigen, die mithin allein in der Lage sind, sie zu ihrer Vollendung zu führen und durch sie dann den freien Ausdruck aller Arten menschlichen Genies zu garantieren«.[28]

Die vier letzten Absätze stammen aus Trotzkis Feder:

> »Das Ziel dieses Aufrufs besteht darin, eine Plattform zu finden, um die revolutionären Verfechter der Kunst zusammenzuschießen, der Revolution mit den Mitteln der Kunst zu dienen und die Freiheit der Kunst gegen die Usurpatoren der Revolution zu verteidigen. Wir sind zutiefst davon überzeugt, daß diese Plattform breit genug ist für die Begegnung einigermaßen verschiedener ästhetischer, philosophischer und politischer Richtungen.«[29]

Nachdem Trotzki »die jungen Kräfte, die neue Wege und nicht Zuschüsse suchen«, gegrüßt hat, fuhr er fort:

»Alles freie Kunstschaffen wird von den Stalinisten als faschistisch erklärt. Die freie revolutionäre Kunst muß sich zum Kampf gegen die reaktionären Verfolgungen vereinigen und ihre Existenzberechtigung laut verkünden. Eine solche Vereinigung ist das Ziel der ‚Internationalen Föderation freier revolutionärer Kunst', deren Gründung wir für nötig halten.«[30]

Ein Aufruf zu internationaler Diskussion und Kontakten durch Presse und Korrespondenz legte mehrere Zielsetzungen fest: bescheidene örtliche und nationale Kongresse auf einer ersten Stufe, danach ein Weltkongreß, der die Gründung der Internationalen Föderation freier revolutionärer Kunst (FIARI) sanktionieren sollte.

Die letzten Zeilen, die wieder aus Bretons Entwurf aufgenommen wurden, faßten das Unternehmen zusammen:

»Was wir wollen: Die Freiheit der Kunst für – die Revolution; die Revolution – für die endgültige Befreiung der Kunst.«[31]

Die Abfassung und die Verbreitung des Manifests kennzeichneten den Höhepunkt der Beziehungen zwischen dem Dichter und dem Revolutionär, an denen der Maler letztlich eng beteiligt wurde. In Trotzkis Vorstellung sollten sie auch den Anfang einer Neugruppierung der Künstler und Schriftsteller um die FIARI kennzeichnen.

Gérard Roche hat in »Die Begegnung des Adlers und des Löwen« eine kurzgefaßte Bilanz der von Trotzki in diesem Sinne unternommenen Bemühungen in Richtung der nordamerikanischen Schriftsteller, mit denen er in Verbindung stand und denjenigen von André Breton nach seiner Rückkehr nach Europa aufgestellt – wobei sich in dieser Zeit Diego Rivera, der sich krank und niedergeschlagen fühlte, abseits gehalten hat. Breton, der im Juli 1938 zurückgekehrt war, war es im September 1938 gelungen, den Beitritt von etwa sechzig Intellektuellen, Künstlern und Schriftstellern, darunter Jean Giono, Henry Poulaille, Marcel Martinet, des Italieners Ignazio Silone, des Niederländers Jef Last, des Tschechoslowaken Karel Teige zu erreichen. Breton hatte auch bezeichnende Absagen einzustecken: André Gide, Roger Martin du Gard, Gaston Bachelard. Wertvolle Monate sollten in den Vereinigten Staaten durch den Wunsch Dwight Mac Donalds, das Manifest wegen der Meinungsverschiedenheiten zu den die Psychoanalyse berührenden Stellen abzuändern, verloren gehen. Erst im März 1939 wurde von etwa dreißig amerikanischen Intellektuellen auf Anregung der *Partisan Review* endlich *Der Bund für die Freiheit der Kultur und den Sozialismus* gegründet.[32]

Der Weltkongreß und die förmliche Gründung der FIARI sollten tatsächlich nie stattfinden. Für diese Fehlgeburt gibt es einen Grund: das brutale und peinliche Ende der Freundschaft zwischen Diego Rivera und Trotzki.

***

Alle Zeugen und Fachleute bemühen sich, die außergewöhnliche Solidität der Beziehungen zwischen den beiden Männern bis zum Oktober 1938 hervorzuheben. Niemand bestreitet die Anstrengungen beider Partner, die natürlich notwendigen gegenseitigen Zugeständnisse zweier so ausgeprägter Persönlichkeiten zu fördern.

Gab es eine wirkliche Freundschaft? Von der Seite Riveras, dessen »unstete Seite« in seinem Charakter, die in »seinen Beziehungen und seiner Haltung zu den Menschen besonders klar ist und sich durch eine große Unbeständigkeit ausdrückte«, wie Jean van Heijenoort in seinem Buch hervorhebt, läßt sich die Frage nicht beantworten:[33] Was Trotzki anbelangt, glauben wir, daß er in Anbetracht seines Alters und seiner Erfahrung Diego Rivera geschätzt hat und daß er ihn somit auf gewisse Weise gemocht hat, ohne ihm die Freundschaft, die er mit Rakowski beziehungsweise mit Joffe geteilt hatte, auf vergleichbare Weise zu gewähren. Nach Vans Zeugnis jedenfalls waren die Beziehungen Trotzkis zu Rivera von einer Intensität, einer Natürlichkeit, einer Ungezwungenheit, wie es sie bei niemand anderem gab.[34]

Eines der Probleme zwischen ihnen war das der Tätigkeit des Malers in der mexikanischen Gruppe. Trotz ihrer zahlenmäßigen Schwäche war die betreffende Organisation in zwei Fraktionen gespalten, wobei die eine hinter Octavio Fernández, die andere hinter Galicia stand, einem zur gleichen Zeit wie Rivera zur Bewegung gestoßenem Lehrer. Obgleich Rivera in der schweren Krise, die auf die Ankunft Trotzkis und die Entscheidung der Fraktion Galicia, die mexikanische Internationalistische Kommunistische Liga aufzulösen, gefolgt war, im großen und ganzen Octavio Fernández folgte, sonderte er sich ziemlich ab. Nun aber gaben Rivera seine Persönlichkeit, seine Bekanntheit und seine finanziellen Mittel ein riesiges Gewicht in der Organisation, der er sich jedoch nur in den seltenen Pausen, die ihm seine Malleidenschaft ließ, wirklich widmen konnte.

Van beschreibt die Stellung Diegos, den er als ein »ziemlich besonderes Mitglied« der kleinen Organisation bezeichnet, mit diesen Worten:

> »Rivera war eine nationale Zierde, der Verkauf seiner Bilder brachte ihm erhebliche Einkünfte, und er war es, der am häufigsten die finanziellen Bedürfnisse der Gruppe befriedigte. Wenn sich die Frage irgendeiner Aktion stellte, der Druck zum Beispiel eines Plakats oder die Organisation einer Versammlung, konnte er – wenn er einverstanden war – durch einen erheblichen und ausreichenden Beitrag und – wenn er nicht einverstanden war – durch dessen Verweigerung seinen Willen durchsetzen. Eine solche Situation führte unvermeidlich zu Spannungen innerhalb der Gruppe. Es wäre sehr vorteilhaft gewesen, wenn sich Rivera aus der täglichen Aktivität herausgehalten hätte und nur ein großzügiger Sympathisant gewesen wäre. Aber nein – er bestand darauf, am inneren Leben der Gruppe teilzunehmen.«[35]

Trotzki war sich des Bestehens dieses Problems bewußt und lehnte es ab, Rivera auf militante Verpflichtungen, die er nicht wahrnehmen konnte, festzunageln. Gleichzeitig war Trotzki darauf bedacht, auf sein Ehrgefühl Rücksicht zu nehmen, und verwandte anscheinend anfänglich viel Zeit darauf, mit dem Maler die Fragen mexikanischer Politik und die Angelegenheiten der Sektion zu erörtern. Van hat jedoch das Gefühl, daß Trotzki im Herbst 1938 zu dem Schluß gekommen war, daß man den Maler im Interesse seiner künstlerischen Arbeit, aber auch in dem des guten Funktionierens der Gruppe von der täglichen Arbeit der Gruppe fernhalten müsse. Wahrscheinlich aus dieser in Trotzkis Briefwechsel mit New York klar formulierten Meinung stammt ein wichtiger Satz der Entschließung der internationalen Konferenz vom September 1938:

> »Hinsichtlich des Genossen Diego Rivera erklärt die Konferenz weiterhin, unter Berücksichtigung der mit diesem Genossen bei den inneren Beziehungen der mexikanischen Sektion aufgetretenen Schwierigkeiten, daß er an der wiederhergestellten Sektion nicht teilnehmen wird, sondern daß seine Arbeit und seine Aktivität für die IV. Internationale unter der direkten Kontrolle des internationalen Untersekretariats verbleibt.«[36]

Rivera nahm den Beschluß, den er nicht als ein Vorrecht, ihn zu schützen, sondern als einen Ausschluß, der bezweckte, ihn beiseite zu schieben, auslegte, sehr übel. Er war überdies verbittert, daß die Entschließung derselben Konferenz die beiden großen Fraktionsgegner Fernández und Galicia auf eine gleiche Ebene gestellt hatte, und wunderte sich, daß sich Trotzki – war er denn nicht »der Chef?« – weigerte, in dieser Hinsicht deutlicher einzugreifen.

Mitten in diese verstimmte Atmosphäre – Trotzki sprach zu einigen seiner Briefpartner von »Diegos Unzufriedenheit« – kam auch noch das Problem mit O'Gorman hinzu. Der mit Diego befreundete Maler Juan O'Gorman hatte Fresken auf die Mauern des Flughafens von Mexiko gemalt. Er hatte dort Hitler, Mussolini und ihre Mitarbeiter in Karikaturen dargestellt. Die Regierung erregte sich über diesen unfreundlichen Akt in bezug auf Regierungschefs, die immerhin Abnehmer des von den Briten boykottierten Erdöls waren. Im vollen Einvernehmen mit Cárdenas erteilte Múgica, der Minister für das Verkehrswesen, den Befehl, die Fresken zu zerstören. Diego, Frida und ihre Freunde glaubten, die Regierung habe die Stiefel Rockefellers angezogen und eine Handlung des »Vandalismus« begangen – und dies aus identischen Gründen.[37]

Trotzki stimmte dem nicht zu: Der Boykott des mexikanischen Erdöls durch Deutschland und Italien wäre unter den gegebenen Umständen eine schwerwiegende Bedrohung, und die Beseitigung der Fresken lag sehr wohl im Rahmen der Kompetenzen einer auf nationale Unabhängigkeit bedachten Regierung. Rivera seinerseits klagte die Mitglieder der Regierung an, »die reaktionären Stiefellecker der Regierung Hitlers und Mussolinis« zu sein; sie wäre sogar dazu bereit, sich »antisemitisch« zu gebärden.[38]

Das Problem mit den Fresken wurde politisch, als Rivera und O'Gorman ihren Artikel zu dieser Frage mit dem Titel »Innere Natur und Funktionen der Kunst« an *Clave* richteten, den Trotzki in der »freien Tribüne« veröffentlichen wollte und den der Redaktionsausschuß schließlich nur in der Form eines »Briefes an die Redaktion« veröffentlichte.[39] Rivera ereiferte sich gleichfalls gegen die Ernennung von José Ferrel, die er ablehnte, zum Verantwortlichen der Redaktion von *Clave*. In der gleichen Zeit stieß Rivera sich, wenn er La Casa del Pueblo besuchte, oft an trotzkistischen Aktivisten, insbesondere an Charlie Curtiss, und näherte sich der anarcho-syndikalistischen CGT, der er finanziell geholfen zu haben scheint. Van glaubt, daß Rivera damals schwankte, da er von einem Tag auf den anderen diametral entgegengesetzte Haltungen einnehmen konnte. Van erzählt, daß sie Mitte Dezember 1938 nach einer ruhigen Aussprache mit Trotzki, der ihn in San Angel besuchte, einvernehmlich auseinandergingen.

Der Zwischenfall, der die Bombe zum Platzen brachte, ereignete sich in den allerletzten Dezembertagen 1938. Rivera war gekommen, um Van einen an Breton gerichteten Brief zu diktieren, in dem er Trotzki streng kritisierte und Breton versicherte, daß er mit dem Betroffenen bald darüber sprechen wollte. Doch Natalja fand die Durchschriften auf Vans Tisch. Dadurch kam es zur Explosion. Rivera machte in dem Brief Trotzki und dem, was Rivera Trotzkis »Methoden« in bezug auf die Ernennung Ferrels und auf den zusammen mit O'Gorman an *Clave* geschickten Artikel nennt, den Prozeß.[40]

Die Krise sollte sich nun beschleunigen, mit Pausen, die in gewissen Augenblicken an die Möglichkeit einer Aussöhnung denken ließen, doch die explosive Mischung aus persönlichen Gefühlen und politischen Meinungsverschiedenheiten gewann schließlich über die Zurückhaltung die Oberhand. Zuerst forderte Trotzki Rivera auf, einen weiteren Brief an Breton zu schreiben, in dem er seine Behauptungen über die beiden Geschichten im Artikel und das, was er »den Staatsstreich« bei *Clave* genannt hatte, richtigstellte. Rivera willigte zweimal ein, kam aber nicht zu den vereinbarten Treffen und sagte schließlich ab. Am 7. Januar 1939 richtete er Rücktrittsgesuche an *Clave* und an das internationale Sekretariat der IV. Internationale. Rivera führte seinen Wunsch an, »der Organisation« die Unannehmlichkeiten, die ihr seine Anwesenheit einbringen könnte, »zu ersparen«.[41]

Trotzki sprach sich, wegen Riveras internationaler Bedeutung und um einen letzten Versuch zu wagen, für die Ablehnung dieses Rücktrittgesuchs aus. Er faßte seinerseits zwei Briefe ab, in denen er sich darzulegen bemühte, daß es für ihn nicht in Frage käme, ohne vorausgehende brüderliche Diskussion das Ausscheiden eines Genossen wie Rivera einfach hinzunehmen.[42] Doch Rivera hatte anscheinend die Taue gekappt.

Schon vom Januar 1939 an zeigte er in La Casa del Pueblo die Gründung einer Revolutionären Arbeiter- und Bauernpartei (PROC) an, deren Kandidat bei den Präsidentenwahlen er sein würde. Bald aber schloß er sich dann, rücksichtslos, dem Komitee zur Unterstützung der Kandidatur von Múgica an, den er noch tags zuvor öffentlich angeprangert hatte.[43] Rivera griff den Standpunkt von *Clave* zur Wahlkampagne an, indem er darlegte, daß die Zeitschrift den Willen, das Asyl Trotzkis um jeden Preis zu erhalten, verhehle. An Bertram D. Wolfe schrieb Rivera, daß er mit Trotzki wegen seines »Opportunismus«, der »den Feinden freie Hand läßt«, gebrochen habe.[44] Diese Abfolge von Kapriolen sollte Rivera schon von Anfang August 1940 an zu einer Unterstützung von General Almazán, der rechten Kandidatur des agroindustriellen Sektors des Nordens, führen.[45]

Seit längerem war der Bruch unvermeidbar geworden. In seiner Antwort vom 19. März 1939 auf die beiden Briefe, die ihm im Januar 1939 von Trotzki geschickt worden waren, versicherte Rivera, daß er keinen, erst recht keinen ernsthaften Dissens in bezug auf die allgemeine Linie der IV. Internationale gehabt habe und habe. Alle mit der internationalen Konferenz und insbesondere seinem eigenen Platz in der mexikanischen Organisation verbundenen Fragen seien auf zufriedenstellende Weise geregelt worden. Doch müsse er sein Amt niederlegen, denn Trotzki habe ihn nach dem Streit um seinen Brief an Breton des »Verrats« und der »Lüge« geziehen, und er könne nicht in einer Organisation bleiben, die von ihm diese Meinung habe.[46]

Trotzki meinte nun, daß es nicht mehr in Frage käme, den angebotenen Rücktritt abzulehnen, da Diego Riveras politische Tätigkeit ihn ja außerhalb des Organisationsrahmens, der kein »freies Feld für individuelle Experimente« sei, gestellt habe.[47] Man konnte noch annehmen, daß der unvermeidbare Bruch keine aufsehenerregenden Folgen nach sich ziehen würde, die dazu geeignet wären, ihm das Gepräge eines Skandals zu verleihen.

Alles verschlimmerte sich noch im Zusammenhang mit Trotzkis Wohnsitz, der, wie der Leser sich erinnert, Frida gehörte, die nicht in Mexiko weilte. Der Verbannte hatte vergeblich in Briefen versucht, sie zu gewinnen, auf eine Aussöhnung hinzuarbeiten. Trotzki konnte natürlich nicht hinnehmen, nach dem Abbruch der politischen Beziehungen, die einen Bruch der persönlichen Beziehungen miteinschlossen, »auf Freundschaftsbasis« untergebracht zu sein. Von Ende Januar 1939 an schlug er Diego Rivera vor, ihm eine Miete von 200 Pesos zu zahlen, bis er eine neue Wohnung gefunden habe. Rivera lehnte zunächst ab, ließ sich dann aber überzeugen, lehnte von neuem ab und überwies schließlich die betreffende Summe an den Redaktionsausschuß von *Clave*. Am 14. April 1939 erklärte Rivera einem Journalisten der *New York Times*:

> »Der Zwischenfall zwischen Trotzki und mir ist kein Streit. Er ist ein bedauernswertes Mißverständnis, das zu weit gegangen und nicht mehr gut-

> zumachen ist. Ich habe mich genötigt gesehen, meine Verbindungen zu einem großen Mann abzubrechen, für den ich immer die größte Bewunderung und Achtung gehabt habe und weiterhin haben werde.«[48]

Rivera legte dar, daß er sich eben wegen dieser Hochachtung nicht auf eine Polemik gegen Trotzki, »den Mittelpunkt und sichtbaren Kopf der revolutionären Bewegung, die die IV. Internationale ist«, einlassen wollte. Rivera sprach von der kämpferischen Arbeit Trotzkis, von den Verfolgungen und von den schrecklichen Schlägen, die ihm Stalin »und seine GPU«, »die Organisatoren der Niederlage«, zum Beispiel in seiner Familie zugefügt hatten, und wies darauf hin, daß »es natürlich sei, daß Trotzkis Charakter trotz seiner großen Reserve an Güte und Großherzigkeit immer schwieriger geworden sei«. Rivera schloß mit der Versicherung:

> »Es tut mir leid, daß das Schicksal es gewollt hat, daß ich mit dieser schwierigen Seite seines Charakters in Konflikt kommen mußte. Aber meine Menschenwürde hinderte mich daran, irgendetwas zu unternehmen, um es zu vermeiden.«[49]

Eine aufmerksame Untersuchung dieses in seiner Form sehr gemäßigten Textes läßt die beiden Punkte, in denen Rivera mit Trotzki in einen »nicht wieder gutzumachenden« Konflikt geraten war, zum Vorschein kommen: Es handelte sich um die in Riveras Brief an Breton zum Ausdruck gebrachten Meinungen, die Trotzki für »unannehmbar« erachtete, und um das »ungerechte und beleidigende« Angebot Trotzkis einer Mietzahlung für das »blaue Haus«.

Eine der ersten Folgen dieses Bruches war jedenfalls der Umzug der Trotzkis in ein anderes Haus, das übrigens sehr nahe der Avenida de Londres, in der Avenida de Viena, wiederum in Coyoacán, gelegen war.

In diesem Jahr 1939 ging für die Trotzkis ein ganzer Lebensabschnitt zu Ende. Cárdenas sollte gehen, und seine Wahl für die Nachfolge war auf den General Manuel d'Avila Camacho gefallen, der den rechten Flügel seiner Partei vertrat. Die auf bestimmte Zeit unvermeidbare Kaltstellung Múgicas, der die dauerhafte Infrastruktur des mexikanischen Asyls von Trotzki abgesichert hatte, kündigte schwierige Tage an. Der unerwartete Bruch mit Diego Rivera war dafür das Symbol und vielleicht eine Art Vorzeichen gewesen, sofern man einräumt, daß die Gründe des Malers vielleicht nie bewußt formuliert worden sind, daß sie aber auch von der beträchtlichen psychologischen Last herrühren konnten, die für diese launenhafte Persönlichkeit die Solidarität und der Schutz des Gastes bedeuteten, eines Gastes, bei dem alles darauf hindeutete, daß er bald immer unerwünschter werden würde.

Die persönliche Verbindung, die Trotzki das Tor nach Mexiko geöffnet hatte, ging jedenfalls mit zerbrochenen Träumen und Gläsern zu Ende, und damit auch das Abenteuer der drei Männer – des Revolutionärs, des Philosophen und des Malers – zur Verteidigung der Kunst und der Revolution.

Trotzki sollte in den Monaten, die er noch zu leben hatte, kaum mehr Entspannung finden. Einer seiner amerikanischen Wächter, der Lehrer Charles Olney Cornell aus Fresno, beschreibt Trotzkis Arbeitsleben in den Jahren 1939 und 1940:[50]

> »Da er wußte, daß seine Zeit begrenzt war, daß Stalins Todesurteil vollzogen würde, bevor er alles in seiner Macht stehende zur Vorbereitung der Vierten Internationale getan hätte, arbeitete Trotzki unermüdlich. Das war ein Wettlauf mit der Zeit. (...)
>
> Was bei ihm charakteristisch war – er strebte nach Genauigkeit im Ausdruck und wissenschaftlicher Präzision bei seinem Schreiben. (...) Teile der Arbeit oder alles wurde korrigiert und mehrere Male neu getippt, bevor er mit dem endgültigen Entwurf zufrieden war.
>
> (...) Um das Beste aus den ihm von der Notlage aufgezwungenen Bedingungen zu machen, züchtete er als sein Hobby Hühner und Kaninchen, denn diese konnten in dem begrenzten Raum des von hohen Wällen umgebenden Hofes aufgezogen werden. Auch mit ihnen beschäftigte er sich täglich mit Methode und Präzision. Das Futter wurde nach der wissenschaftlichsten Formel, die ihm zugänglich war, zubereitet. Die Futtermenge wurde sorgfältig zugemessen. Er untersuchte die Tiere regelmäßig auf irgendwelche Anzeichen von Krankheit oder Parasiten. (...)
>
> Er verlor keine Minute. Er stand früh auf, ungefähr um sechs Uhr morgens, verrichtete die täglichen Arbeiten im Hof, kehrte in sein Büro zurück und arbeitete bis zum Frühstück. Kurz vor dem Mittagessen versorgte er wiederum die Tiere. Wenn nicht eine besonders dringende Arbeit seine Aufmerksamkeit in Anspruch nahm, ruhte er, nach der Vorschrift des Arztes, nach dem Essen eine Stunde. Zuweilen kam um drei Uhr nachmittags ein Besucher, und L. D. würde ungefähr eine Stunde mit ihm verbringen. Längere Besuche waren selten, denn seine Zeit war zu knapp.
>
> Nachdem er seine Hühner und Kaninchen abends gefüttert hatte, kehrte er entweder in sein Büro zurück, oder wenn das Abendessen fertig war, direkt in den Speiseraum. Beim Abendessen ging es für gewöhnlich lebhaft zu, weil L. D. jedermann in die Unterhaltung hineinzog und mit Angehörigen des Haushalts scherzte. (...)
>
> Seine meiste Zeit verbrachte L. D. in dem Bauwerk, das L. D. öfters als ‚das Gefängnis' bezeichnete: Die tägliche Routine wiederholte sich in monotoner Weise. Gelegentlich, aber weniger häufig, als uns die Berichte von der Konzentrierung der GPU auf Mexiko erreichten, unternahm er ‚Picknicks'. Tatsächlich handelte es sich um Ausflüge, um Kaktusse für seine Sammlung zu finden. Er bewunderte besonders diese merkwürdige mexikanische Pflanze und bemühte sich – typisch für ihn –, seine Sammlung der verschiedenen Arten so vollständig wie möglich zu machen.«[51]

Der amerikanische Wächter erwähnt auch das Genauigkeits- und Pünktlichkeitsstreben, das Trotzki bei der Arbeit kennzeichnete:

> »Ich erinnere mich an eine in seinem Büro abgehaltene Konferenz mit einigen Freunden aus New York, zu der einige Leibwächter verspätet ankamen. Nachdem der erste gekommen war, erhob sich L. D., schloß die Tür zu und steckte den Schlüssel in die Tasche. Jedesmal, wenn einer der Ver-

späteten an die Tür klopfte, erhob er sich, ging zur Tür und ließ ihn eintreten. Das war eine sehr wirksame Demonstration.«[52]

So lief das Leben in dem Haus in der Avenida de Viena, einer lächerlichen Operettenfestung, ab, während sich die Welt auf ein neues Massaker zubewegte.[53]

Kapitel 59

Die IV. Internationale und der Krieg

Schon 1933 hatte Trotzki in den Wochen, die auf die Erklärung der Vier und den Beginn des Kampfes für die IV. Internationale gefolgt waren[1], einen Beitrag zur programmatischen Diskussion mit dem Titel *Der Krieg und die IV. Internationale* abgefaßt.[2]

Zuerst hielt Trotzki fest, daß in dieser Epoche, die von Lenin als die Ära der »Kriege und Revolutionen« definiert wurde, dieselben Prozesse am Werk waren, die schon den Ersten Weltkrieg hervorgebracht hatten: Sie »erzeugen gesteigertes Rüsten auf neuer, technisch höherer Grundlage und führen so zum neuen imperialistischen Krieg. Der Faschismus ist sein konsequentester Vorbereiter und Organisator«.[3]

Der kommende Krieg würde, davon war Trotzki überzeugt, noch zerstörerischer als der erste und unendlich grausamer werden. Diese Frage war in seinen Augen »die zentrale Frage der proletarischen Politik«.[4] Selbstverständlich durften sich die Arbeiterorganisationen nicht wie beim Ersten Weltkrieg in der Falle der »nationalen Verteidigung« oder des »Krieges für die Demokratie« fangen lassen. Man mußte nachdrücklich bekräftigen, daß ein Krieg, der zwei Großmächte miteinander konfrontierte, auf keinen Fall ein Kampf zwischen »der Demokratie und dem Faschismus« sein konnte, sondern nur ein Kampf zwischen zwei rivalisierenden Imperialismen. Die Verteidigung des Nationalstaates war im vollsten Wortsinne eine reaktionäre Aufgabe geworden. Die Pflicht des Proletariats lag darin, die UdSSR gegen die imperialistische Aggression zu verteidigen, die durch die Zerstörung der Errungenschaften des Oktober die Menschheit insgesamt zurückwerfen würde. Es war natürlich ebenso erforderlich, den Faschismus zu bekämpfen und die Demokratie in aller Unabhängigkeit von der eigenen Bourgeoisie und von ihrer Regierung durch die eigenen Methoden des Klassenkampfs zu verteidigen.

Diese neuen Voraussetzungen erforderten neue Standpunkte, und Trotzkis Genossen beklagten sich, daß er wegen der »Verteidigung der UdSSR« den »revolutionären Defaitismus« nicht mehr in den Mittelpunkt der proletarischen Strategie gegen den Krieg stellte. Trotzki hielt es in der Tat für wahrscheinlich, daß die Sowjetunion im Laufe des kommenden Konfliktes mit einem imperialistischen Staat oder Block gegen einen anderen verbündet sein würde: Ein solches Bündnis verminderte für das Proletariat jedoch nicht die Notwendigkeit, die UdSSR zu verteidigen, machte aber in diesem Falle seine eigene Unabhängigkeit gegenüber der sowjetischen Bürokratie noch zwingender. Trotzki fügte hinzu:

»Die bedingungslose Unterstützung der UdSSR gegen die imperialistischen Armeen muß Hand in Hand gehen mit einer revolutionären marxistischen Kritik an der militärischen und diplomatischen Politik der Sowjetregierung, und innerhalb der UdSSR mit der Formierung einer echten revolutionären Partei von Bolschewiki-Leninisten.«[5]

Es sei offensichtlich unmöglich, führte Trotzki näher aus, zu wissen, ob der Krieg ausbrechen wird, bevor die IV. Internationale eine wirkliche Kraft geworden ist, doch offensichtlich sei, daß, zu welchem Zeitpunkt er auch immer ausbrechen würde, die einzige Möglichkeit, gegen den Krieg zu kämpfen, darin bestünde, sofort anzufangen, für den Aufbau der IV. Internationale zu kämpfen. Das sei eine absolute Notwendigkeit, um dem Krieg eine revolutionäre Perspektive zu geben, indem man der aus dem Willen der Massen geborenen Revolution ermögliche, sich schneller durchzusetzen und sicherer zu siegen.

***

Hier berühren wir einen neuralgischen Punkt der Trotzki-Geschichtsschreibung. Nur wenige Autoren verstanden die von ihm der IV. Internationale beigemessene Bedeutung: Sie bagatellisieren sie oder übergehen sie stillschweigend. Eine Ausgabe von Trotzkis Schriften zum Zweiten Weltkrieg ist sogar – anscheinend ohne böswillige Absicht – von allen auf die IV. Internationale bezogenen Stellen gesäubert worden, als ob es sich um rituelle Bekräftigungen ohne Bezug auf den Rest der Analyse oder deren Argumente handeln würde![*] Nun aber stellte Trotzki, gleich ob er recht oder unrecht gehabt hat, eben diese Aufgabe in den Mittelpunkt: Der Aufbau der IV. Internationale war für ihn der Schlüssel für die revolutionären Perspektiven.

Am 25. März 1935 schnitt Trotzki diese Frage nach Bemerkungen an, die Rakowski, der seine letzte Verbindung mit der alten revolutionären Generation war, betrafen, als er in seinem Tagebuch aus dem Exil versicherte:

»Und doch glaube ich, daß meine gegenwärtige Arbeit, so ungenügend und fragmentarisch sie auch sein mag, die bedeutendste Leistung meines Lebens darstellt, wichtiger als meine Tätigkeit im Jahre 1917, wichtiger als die Arbeit in der Zeit des Bürgerkrieges usw.«[6]

Nachdem Trotzki seine Rolle während des Oktober und des Bürgerkrieges, die er keineswegs bagatellisierte, untersucht hat, wiederholte, bekräftigte und argumentierte er:

* Es handelt sich um die Ausgabe seines Buches *Sur la Deuxième Guerre mondiale*, Seuil, 1974. In der Ausgabe derselben Texte in den *Œuvres* (Bände 14 und 24) habe ich die ausgelassenen Stellen wieder eingesetzt.

»So gesehen, kann ich nicht einmal hinsichtlich der Zeitspanne von 1917 bis 1921 von der ‚Unersetzlichkeit' meiner Arbeit sprechen. Dagegen ist meine gegenwärtige Arbeit im wahren Sinne des Wortes ‚unersetzlich'. Dieser Gedanke enthält auch nicht eine Spur von Hochmut: Der Zusammenbruch zweier Internationalen hat ein Problem entstehen lassen, zu dessen Lösung kein einziger Führer dieser Internationale auch nur im geringsten geeignet ist. Im Vollbesitz schwerwiegender Erfahrungen, bin ich durch die besonderen Umstände meines persönlichen Schicksals mit diesem Problem konfrontiert. Gegenwärtig gibt es niemanden außer mir, der die Aufgabe erfüllen könnte, die neue Generation mit der Kenntnis der Methode der Revolution über die Köpfe der Führer der Zweiten und Dritten Internationale hinweg auszurüsten. Und ich stimme mit Lenin (eigentlich Turgenjew) darin voll überein, daß es das größte Laster ist, älter als 55 zu sein. Zur Gewährleistung der Kontinuität brauche ich noch mindestens fünf Jahre ununterbrochener Arbeit.«[7]

Wir haben schon die ersten von Trotzki auf dem Weg zur IV. Internationale entfalteten Anstrengungen gesehen: die Erklärung der Vier und den Offenen Brief. Das Herannahen des Krieges machte für Trotzki deren Aufbau noch zwingender: Die Revolutionäre, meinte er, dürften auf keinen Fall den Fehler wiederholen, den sie alle vor 1914 begangen hatten, die Ablehnung der Spaltung, die sie ohne Organisation, ohne Mittel und sogar ohne Fahne in den Ersten Weltkrieg stürzte. Unter diesem Gesichtspunkt kann man über die Gleichgültigkeit, mit der Trotzki im Juni 1936 in einem Brief an Victor Serge die formalen Seiten dieses Aufbaus angeht, nur erstaunt sein:

»Ich muß gestehen, ich begreife nicht, was das heißt, die IV. Internationale zu ‚gründen'. In verschiedenen Ländern bestehen Organisationen, die unter dieser Fahne kämpfen. Sie versuchen, gemeinsam ihre Stellungnahme zu allen Weltereignissen zu bestimmen. Sie sind dabei, ein gemeinsames Programm vorzubereiten, das auf die praktischen und theoretischen Vorstellungen gegründet ist, deren Wurzeln sich in der Geschichte befinden. Vielleicht wird ein zukünftiger Rjasanow in Ruhe exakt die Frage beantworten können, wann die IV. Internationale gegründet worden ist. Was uns anbetrifft – wir müssen allein unsere Arbeit anpacken.«[8]

Zu diesem Zeitpunkt hatte Trotzki schon die Organisation einer internationalen Konferenz, deren Ziel es war, die Grundelemente einer Führung zu bilden und die Grundlagen für die Ausarbeitung eines Programms zu verabschieden, zustandegebracht: Das sollte die am 29., 30. und 31. Juli 1936 im Saal Pleyel in Paris abgehaltene »Genfer Konferenz« sein. Wir haben schon anderswo hervorgehoben, daß die kürzlichen Funde in den Papieren von Harvard der von Pierre Frank in Umlauf gebrachten und von anderen aufgegriffenen Legende, nach der sich diese Konferenz einem Antrag von Trotzki, die IV. Internationale auszurufen, widersetzt hätte, endgültig begraben.[9] Die Antwort fand sich übrigens schon in den von Trotzki für diese Konferenz abgefaßten Thesen:

»Lächerlich und unsinnig ist es, darüber zu philosophieren, ob sie zu ‚gründen' zeitgemäß sei. Eine Internationale ‚gründet' man nicht wie eine Konsumgenossenschaft. Man schafft sie im Kampfe. Auf die Frage der Pedanten nach dem ‚richtigen Zeitpunkt' haben die Juniereignisse (in Frankreich 1936) die Antwort gegeben. Keine Zeit, keine Worte zu verlieren.«[10]

Die internationale »Genfer« Konferenz hatte die Abhaltung einer neuen Konferenz – die dazu bestimmt sein sollte, den Standort zu bestimmen und Organisations- und Konsolidierungsmaßnahmen zu ergreifen – binnen sieben Monaten vorgesehen. Doch die Konferenzen schlagen vor, und die historischen Entwicklungen schlagen zu: Die Moskauer Prozesse, die Internierung in Norwegen, die Abreise nach Mexiko, die neu belebte mörderische Tätigkeit der GPU hatten dazu gezwungen, viel länger zu warten. Erst mit der Bildung der Socialist Workers Party in den Vereinigten Staaten Anfang 1938 und der Vollendung der Abfassung des *Übergangsprogramms* durch Trotzki – einem Programm nicht der IV. Internationale, wie oft gesagt wird, sondern der IV. Internationale für den Übergang zur proletarischen Revolution, ausgehend von der Krise der kapitalistischen Gesellschaft – wurden die Voraussetzungen von Trotzki schließlich für ausreichend angesehen, um eine neue Konferenz einzuberufen.

Es war Trotzkis Standpunkt zu dieser Frage, der ganz unzweideutig in dem vom internationalen Sekretariat unterzeichneten Einberufungsrundschreiben ausgedrückt wurde:

»Dies wird wahrscheinlich unsere letzte internationale Konferenz vor Ausbruch des Weltkrieges und der revolutionären Ereignisse sein, die sie unvermeidlich hervorrufen werden. Wir müssen eine Bilanz aus unserer Erfahrung ziehen, unser Programm und unsere Politik überprüfen, bekräftigen und präzisieren, die ideologischen und organisatorischen Grundlagen der IV. Internationale festigen, um tatsächlich die Rolle spielen zu können, die die Geschichte uns anvertraut hat. Handelt es sich darum: die Frage nach der ‚Gründung' der IV. Internationale zu stellen? In dieser Weise wird die Frage sehr schlecht gestellt. Der Prozeß der Herausbildung der IV. Internationale hat bereits vor recht langer Zeit begonnen, und er wird nicht in einer voraussehbaren Zukunft abgeschlossen sein. In jedem Falle ist es notwendig, daß diejenigen, die auf der ganzen Welt für das bolschewistische Programm der IV. Internationale kämpfen, ihre internationale Organisation aufbauen, festigen und erweitern und den demokratischen Zentralismus in internationalem Maßstab anwenden. Möge die zweite internationale Konferenz einen neuen Schritt voran in diese Richtung bilden!«[11]

Das ist genau der damals im *Übergangsprogramm* ausgedrückte Standpunkt: »Natürlich sind wir eine schwache Internationale, doch wir sind eine Internationale.«

Hat Trotzki zu diesem Zeitpunkt die Vorstellung, nach der die Bolschewiki-Leninisten nur eine Fraktion der Internationale seien, die sich zusammen mit anderen Strömungen aufbauen würde, aufgegeben? Mit Sicherheit nicht.

Das Herannahen des Krieges trug gewiß zu ihrer Isolierung und zu der Tatsache, daß sie am Ende des ersten Wegstücks die einzigen waren, die die Reihen der Internationale bildeten, bei; Trotzki glaubte außerdem, daß die höhere Stufe, die in der Aufbauzeit folgen würde, diejenige wäre, in der die Bolschewiki-Leninisten eine unabdingbare Fraktion, aber eben nur eine Fraktion der im Aufbau befindlichen IV. Internationale darstellen würden.

Vielleicht hat die Haltung der polnischen Delegierten – Sztokfisz und Lamed, die sich damals in Übereinstimmung mit Deutscher befanden – die Delegierten der (in Périgny am 3. September 1938) abgehaltenen »Konferenz von Lausanne« dazu gebracht, eine formelle Stellungnahme zur »Gründung« der IV. Internationale zu verabschieden. Die Delegierten glaubten in der Tat, daß man nicht davon reden konnte, daß eine IV. Internationale »bestehe«, noch daß diese »gegründet« oder »ausgerufen« sei, solange sie in ihren Reihen nicht mehrere »Massenparteien« zählte.

Die Mehrheit der Delegierten hielt es nach einer kurzen Debatte und einer formellen Abstimmung mit 19 Stimmen gegen eine für notwendig, in die Statuten, die sie verabschiedeten, den Beschluß, sie zu »gründen«, einzuschließen. Heißt dies auch, daß Trotzki persönlich seine Meinung zu diesem Punkt geändert hatte? Es scheint gewagt, das zu bejahen. Man darf vielleicht mit George Breitman annehmen, daß der von Trotzki auf Vermittlung von Jiří Kopp an den früheren Führer der tschechoslowakischen KP, Josef Guttmann, und an seine Freunde gerichtete Brief mit dem Titel »Für die IV. Internationale? Nein. Die IV. Internationale« von seinen Genossen als eine Aufmunterung, diese formelle Gründung zu beschließen, verstanden worden ist.[12]

In dieser Frage wie in anderen wird auf jeden Fall der Abstand, der zu Lebzeiten Trotzkis zwischen seinem politischen Denken und der Umsetzung, die seine Genossen, selbst die nächststehenden, davon boten, mit besonderer Klarheit sichtbar.

***

Den neuen großen Texten Trotzkis zum Krieg gingen Scharmützel im Inneren der IV. Internationale voraus, die das Ausmaß gewisser Zerwürfnisse erkennen lassen, deren Bestehen sich schon anläßlich der Ausarbeitung der Thesen zu *Der Krieg und die IV. Internationale* gezeigt hatte, wo Trotzki letzten Endes seinen eigenen Standpunkt nicht vollständig hatte durchbringen können und sich mit einer Kompromißformulierung hatte begnügen müssen.

Wir haben die Texte schon erwähnt, in denen Trotzki seine entschiedene Gegnerschaft gegenüber den Argumenten der amerikanischen Ultralinken bekundet, die in Spanien eine »defaitistische« Politik, die die Armeen Francos und Negrins gleichermaßen ablehnte, befürworteten. Ungefähr zum gleichen Zeitpunkt griff Trotzki in die Diskussion über den chinesisch-japanischen Konflikt ein, indem er sich mit Chen Duxiu solidarisch erklärte:

> »Aber wenn es in der Welt überhaupt einen gerechten Krieg gibt, dann ist es der Krieg des chinesischen Volkes gegen seine Unterdrücker. Japanische Arbeiterorganisationen haben kein Recht, patriotisch zu sein, chinesische dagegen sehr wohl.«[13]

Zu diesem Punkt wurde Trotzki außerordentlich deutlich: Die Unterscheidung zwischen Unterdrückerländern und unterdrückten Völkern mußte immer vollzogen werden. In dem 1935 von Mussolinis Italien gegen das Äthiopien des Negus Haile Selassie entfesselten Angriffskrieg mußten die Revolutionäre das mittelalterliche Herrschaftssystem gegen das imperialistische Italien verteidigen, jedoch unter Verurteilung der von den anderen Imperialismen verhängten »Sanktionen«. Sie mußten sich ebenfalls auf die Seite eines sogar zum Faschismus neigenden Brasilien gegen ein Großbritannien, einen »demokratischen« Imperialismus, stellen.

Die heftigste Diskussion wurde von einer Antwort Trotzkis an Stolberg während seiner Befragung durch die Dewey-Kommission ausgelöst, als Stolberg ihn nach der Haltung fragte, die er im Falle eines Krieges, in dem die UdSSR mit Frankreich gegen Deutschland verbündet wäre, befürworten würde. Trotzki antwortete, daß es nicht in Frage käme, den »revolutionären Defaitismus« anzuwenden: In Frankreich befürwortete er die politische Agitation im Hinblick auf die proletarische Revolution, während er in Deutschland »die Sabotage der Militärmaschine und der Kriegsanstrengungen« vorschlug.[14] Sofort wurde Trotzki von dem Belgier Vereeken heftig kritisiert, der ihn beschuldigte, in Frankreich, einem mit der UdSSR verbündeten Land, eine Politik der nationalen Einheit zu befürworten.

Der erste große dem bevorstehenden Zweiten Weltkrieg gewidmete Text trägt den Titel »Eine brühwarme Lektion. Über den Charakter des bevorstehenden Krieges«. Es ging darin um die Münchener Abkommen. Trotzkis erste Reaktion vom 22. September 1938 bezog sich fast ausschließlich auf die Bedeutung dieser Abkommen für die UdSSR: Hitler hatte mit dem Zusammenbruch der Tschechoslowakei eine Basis gegen die UdSSR gewonnen; dieser Zusammenbruch stellte auch den Zusammenbruch von fünf Jahren Stalinscher Außenpolitik dar, die auf »die Allianz der Demokraten« gegründet war: Man konnte sicher sein, daß Stalin nun schon bald eine Übereinkunft mit Hitler suchen würde.[15]

Als Trotzki am 10. Oktober 1938 auf diese Frage zurückkam, rollte er das Thema, daß der sich anbahnende Krieg eine neue Aufteilung der Welt zum Ziel habe, von neuem auf. Trotzki wandte sich gegen die in der westliche Presse verbreitete Auffassung, nach der es sich um einen Krieg »der Demokraten gegen den Faschismus« handeln würde. In dieser Hinsicht, schrieb Trotzki, hat München eine neue Aufklärung gebracht, da die Allianz der vier Unterzeichner von München – Deutschland und Italien, Großbritannien und Frankreich – im Grunde an die Stelle der »Front der Demokratien« getreten sei. Außerdem geschah es mit dem Segen der sogenannten Demokratien, daß das demokratische Regierungssystem der Tschechoslowakei zugunsten der zum Faschismus tendierenden und deutschfreundlichen Diktatur von General Syrovy hinweggefegt worden ist.[16]

Trotzki hob das Scheitern der Außenpolitik der Stalinschen UdSSR und den vollständigen Mißkredit der Kommunistischen Internationale hervor und zeigte dabei die besondere Bedeutung, die diese Politik in den kolonialen und halbkolonialen Ländern angenommen hatte, die bislang aufgefordert worden waren, einen Krieg der »Demokratien«, die auch die sie unterdrückenden Kolonialmächte sind, zu unterstützen. Trotzki wies auch auf das Bestehen dessen, was er den »Kom-Chauvinismus« nannte, im Inneren der kommunistischen Parteien hin, der ein Resultat der Korruption dieser Parteien durch Jahre enger Verbindung mit ihren nationalen Bourgeoisien im Rahmen der Politik der Volksfrontenwar, in dem er ein Moment für den kommenden Zerfall dieser Parteien im Zweiten Weltkrieg sah.[17]

***

Keines der Ereignisse, die die Welt 1939 erschütterten, überraschte Trotzki. Er hatte den Beginn des Zweiten Weltkrieges binnen kurzer Frist vorhergesehen, von dem er wußte, daß er unvermeidlich sei, nachdem es der französischen und der spanischen Revolution nicht gelungen war, den Strom umzulenken. Seit München wußte Trotzki auch, daß die UdSSR durch das Scheitern ihrer Politik der Allianz mit den »Demokratien« dazu verurteilt war, von nun an verzweifelt ein Bündnis mit Hitlerdeutschland zu suchen, und Trotzki hatte das ganze Jahr lang ruhig und methodisch die sich anhäufenden Hinweise auf einen bevorstehenden Abschluß eines deutsch-sowjetischen »Paktes« aufgezeigt. Es war übrigens kein Zufall, daß Trotzki schon am 4. September 1939 einen ersten öffentlichen Kommentar zu diesem am 23. August 1939 abgeschlossenen Pakt verfaßte:

> »Um Polen anzugreifen und Krieg gegen Großbritannien und Frankreich zu führen, brauchte Hitler die ‚wohlwollende' Neutralität der UdSSR, sowie sowjetische Rohmaterialien. Die politischen und Handelsverträge haben ihm beides gesichert.«[18]

Das einzige »Verdienst«, das Trotzki in diesem Pakt sah, war, daß er die Maske von der Politik Stalins und der Kommunistischen Internationale abriß, indem er zeigte, daß sie nunmehr in die Hitlersche Eroberungspolitik verwickelt waren.

Nun aber wurden zu diesem Zeitpunkt die Dinge von einer Fraktion in der Führung der SWP der Vereinigten Staaten ganz anders beurteilt, die im »Pakt« eine Art »Offenbarung« des »Wesens der UdSSR« erblickten, ein neuer Faktor, der folglich in diesem Punkt eine tiefgreifende theoretische Revision nötig machte. Schon vom 3. September 1939 an hatte James Burnham die Einberufung des nationalen Komitees gefordert, um »die russische Frage neu zu untersuchen«. Am 3. September 1939 hat Burnham auch im Hinblick auf die Diskussion einen Text eingereicht, in dem er erklärte, daß die UdSSR von nun an nicht mehr als » Arbeiterstaat in welchem Sinne auch immer« betrachtet werden konnte. Am 18. September 1939 behauptete Burnham in einer dem nationalen Komitee vorgelegten Entschließung, daß »die Rote Armee durch ihre Invasion Polens vollständig an einem imperialistischen Eroberungskrieg teilnimmt« und daß »diese Einschätzung des Krieges die Leitartikel und die Informationsartikel unserer Presse beherrschen muß«.[19] Trotz der Empörung Cannons, der nicht glaubte, daß »sich die Partei den Luxus einer neuen Diskussion leisten kann«[20], ließ sich Trotzki auf die so eröffnete Debatte ein, die sich über sechs Monate erstrecken sollte und die lebendigste und die rührigste der Sektionen der Internationale kraftlos zurücklassen wird.

In diesem Zeitabschnitt war Trotzki völlig in die innere Schlacht in der SWP verwickelt. Außer unzähligen Briefen schrieb er mehrere zum Erscheinen in den internen Bulletins bestimmte persönliche Diskussionsbeiträge, im ganzen ungefähr 200 Seiten, deren Kernstück in mehreren Sprachen, darunter auf Deutsch, unter dem Titel *Verteidigung des Marxismus* veröffentlicht worden ist. Die Opposition – der sich zur schmerzlichen Überraschung von Trotzki auch Max Shachtman anschloß, den er nicht zu überzeugen vermochte, nach Coyoacán zu kommen, um mit ihm zu diskutieren – war von der Klassenanalyse des Sowjetstaates ausgegangen und erweiterte bald die Front ihrer Kritik, als sie die Cannon-»Herrschaft« der SWP angriff. Darüber hinaus operierte die Opposition unter der Flagge einer Kritik der »Methoden«, was Trotzki als eine Infragestellung der Grundsätze, angefangen bei der Dialektik, betrachtete.

Es war die erste ernsthafte Krise der IV. Internationale, die auf diese Weise ausbrach. Mit Shachtman an der Spitze der Opposition war sie das Zeichen für die Zerrissenheit der alten Garde und des Führungskerns in den Vereinigten Staaten. Nicht weniger schwerwiegend war die Tatsache, daß es ihnen gelang, einen Großteil der jungen Generation hinter sich zu scharen, die im Laufe der letzten Jahre und besonders in der Phase des »Entrismus« durch die Tätigkeit des Sozialistischen Jugendverbandes, der YPSL (Young People's Socialist League), einer Organisation, die über die sozialistische Partei und dank der »entristischen Arbeit« gewonnen worden war. Gerade deswegen hat Trotzki die Diskussion angenommen und gewollt, und er widersetzte sich allem, was sie vorzeitig hätte beenden können. Er wollte die jungen Leute überzeugen und die alten zurückgewinnen, und er sollte durch tausend Zugeständnisse bekunden, daß er bereit ist, sehr weit zu gehen, um eine Spaltung zu verhindern und die Einheit, die es ihm ermöglichte, zu argumentieren und zu überzeugen, zu bewahren. Man kann mühelos die Meinungsverschiedenheiten mit Cannon in dieser Angelegenheit entdecken, denn jener hatte es eilig, mit dem Palavern von Intellektuellen Schluß zu machen; dabei berief sich Cannon auf die Ungeduld der »Arbeiter«, um so eine Debatte, die er nicht wollte, abzuschließen. Trotzki war zwar in der politischen Initiative und führte die Diskussion, wie er wollte, doch fehlte ihm die Möglichkeit zum praktischen Eingreifen und die tägliche Kontrolle dieses Fraktionskampfes.

Trotzkis erster Artikel über die UdSSR, »Die UdSSR im Krieg« vom 25. September 1939[21], griff im Licht des Paktes das Problem des »gesellschaftlichen Wesens« der Sowjetunion wieder auf. Trotzki wunderte sich, daß die Anträge für eine »Revision« mit »dem Pakt« begründet wurden, der keinerlei neue Elemente brachte, ausgenommen für jemanden, der auf die »antifaschistischen« Standpunkte der Kommunistischen Internationale festgelegt war.

Trotzki betonte, daß seiner Meinung nach seine Kritiker letztendlich weder seine Analyse der Bürokratie noch die ihrer Bezüge zur sowjetischen Gesellschaft oder den Arbeitern auf der Welt diskutierten – sie warfen ihm einfach die Terminologie seiner Schlußfolgerungen vor: Während sie sich weigerten, vom »entarteten Arbeiterstaat« zu sprechen, verlangten sie, daß man die Bürokratie als »führende Klasse« bezeichnen sollte.

Trotzki bestritt nun aber nicht, daß die Bürokratie »ein außerordentlich mächtiges neues gesellschaftliches Gebilde ist«. Wenn man sie, wie Burnham es tat, als eine Klasse charakterisierten wollte, dann konnte das für Trotzki jedoch auf keinen Fall eine Klasse wie die anderen sein. Als Trotzki die Verwendung des Ausdrucks »Kaste« erklärte, der es möglich machte, ihren »geschlossenen Charakter«, ihre »Gewaltherrschaft« und ihren »Dünkel « zu unterstreichen, sagte er, daß das einzige Problem das folgende sei:

> »Stellt die Bürokratie einen zeitlichen Auswuchs an einem gesellschaftlichen Organismus dar, oder hat dieser Auswuchs sich schon in ein historisch unentbehrliches Organ verwandelt?«[22]

Für Trotzki wurde die Frage einzig von der geschichtlichen Entwicklung entschieden:

> »Wenn dieser Krieg, wie wir glauben, eine proletarische Revolution hervorruft, muß unvermeidlich der Sturz der Bürokratie in der UdSSR und die Erneuerung der Sowjetdemokratie auf einer weit höheren wirtschaftlichen und kulturellen Basis als 1918 stattfinden. In diesem Fall ist die Frage, ob die stalinistische Bürokratie eine Klasse oder ein Auswuchs (...) ist, auto-

matisch gelöst. Jedem wird es klar werden, daß im Entwicklungsprozeß der Weltrevolution die Sowjetbürokratie nur ein episodischer Rückfall war. Wenn man jedoch meint, daß der gegenwärtige Krieg nicht die Revolution, sondern einen Niedergang des Proletariats hervorrufen wird, dann bleibt nur eine Alternative. (...) Die Unfähigkeit des Proletariats, die Führung der Gesellschaft in die Hand zu nehmen, könnte unter diesen Bedingungen tatsächlich zur Entstehung einer neuen Ausbeuterklasse aus der bonapartistischen, faschistischen Bürokratie führen. Dies würde nach allen Anzeichen ein Niedergang sein, der die Verfinsterung der Zivilisation anzeigt.«[23]

Trotzki war dennoch überzeugt, daß es keine objektive Gegebenheit gab, die hinreichend überzeugend wäre, um einen Verzicht auf die Perspektiven der sozialistischen Revolution zu erzwingen. Deshalb auch prognostizierte er in den der UdSSR einverleibten polnischen Gebieten eine Enteignung der Großgrundbesitzer und eine Verstaatlichung der Produktionsmittel in dem Maße, wie die Bürokratie Macht und Privilegien mit den alten führenden Klassen weder teilen wollte noch konnte. Nur wenn sich die Bürokratie mit dem Bestehen des Privateigentums an den Produktionsmitteln in den annektierten Gebieten abfände, gäbe es Anlaß, die Auffassung über die UdSSR und ihr Wesen zu überprüfen. Trotzki nützte dieses Argument, um zu unterstreichen, daß »die Enteignung der Enteigner« in den besetzten Gebieten in einer »militärisch-bürokratischen Form« geschah, die keinerlei Zweifel an der Entschlossenheit des »erobernden« Regimes ließ, jegliche selbständige Bewegung der Massen zu unterdrücken: Unter diesem entscheidenden Gesichtspunkt bewahrte die Moskauer Politik ihren reaktionären Charakter. Trotzki wiederholte:

»Damit die Nationalisierungen – in den besetzten Gebieten wie in der UdSSR – eine Basis für eine wirklich progressive, d. h. sozialistische Entwicklung werden, ist es notwendig, die Moskauer Bürokratie zu stürzen.«[24]

Trotzkis Schlußfolgerung war, daß es keinerlei Grund gäbe, den Standpunkt der Organisation hinsichtlich der UdSSR abzuändern: Es sei nur von Bedeutung, die Aufgaben im Lichte dessen, was im Osten vor sich ging, genauer zu bestimmen. Trotzki wurde deutlich:

»Es ist notwendig, unsere Lösungen derart zu formulieren, daß die Arbeiter klarsehen, was wir in der UdSSR verteidigen (Staatseigentum und Planwirtschaft) und gegen wen wir unbarmherzig kämpfen (die parasitäre Bürokratie und ihre Komintern).

(...) Die Frage des Sturzes der Sowjetbürokratie (ist) für uns der Frage der Erhaltung des Staatseigentums an den Produktionsmitteln in der UdSSR untergeordnet (...) (und) für uns (ist) die Frage der Erhaltung des Staatseigentums an den Produktionsmitteln in der UdSSR der Frage der internationalen proletarischen Revolution untergeordnet. (...)«[25]

Weniger als einen Monat später ging Trotzki auf die von dem Italiener Bruno Rizzi verfochtenen Auffassungen ein, von dem Trotzki ahnte, daß er die Führer der Minderheit beeinflußt hatte, und polemisierte gegen den Begriff vom »bürokratischen Kollektivismus«. Trotzki nahm es auch nicht hin, daß die Außenpolitik der UdSSR als imperialistisch eingestuft wurde:

> »In der heutigen Literatur, zumindest in der marxistischen, versteht man jedoch unter Imperialismus die *expansive Politik des Finanzkapitals,* die einen ganz bestimmten ökonomischen Inhalt hat. Die Außenpolitik des Kreml mit dem Terminus ‚Imperialismus' zu belegen, ohne dabei zu erklären, was damit ausgesagt werden soll, heißt geradezu, die Politik der bonapartistischen Bürokratie der Politik des monopolistischen Kapitalismus gleichzusetzen mit der Begründung, daß beide zum Zweck der Expansion militärische Gewalt anwenden.«[26]

Im zweiten Teil der Diskussion bemühte sich Trotzki, die Betonung auf die Frage des »dialektischen Materialismus« hin zu verlagern, den Burnham »nicht anerkennt«; und Trotzki eröffnete die Debatte zu dieser Frage.

Trotzki wurde von dem von Martin Dies geleiteten amerikanischen Parlamentsausschuß über »un-amerikanische Umtriebe« dazu aufgefordert, Zeugnis abzulegen. Er ging darauf ein, war aber bedacht, trotz des Antikommunismus seiner Initiatoren eine Rednerbühne, die weithin wirkte und eine sehr große amerikanische Öffentlichkeit erreichen konnte, auszunützen. Trotzki verlangte dabei, daß die Anhörung in den Vereinigten Staaten stattfände, was ihm die Möglichkeit gäbe, sie ernsthaft vorzubereiten. Trotzkis Antwort hat – obwohl auch die Führer der US-amerikanischen KP darauf eingegangen waren, zu erscheinen und auszusagen – Wutausbrüche der Stalinisten, aber auch eine strenge Rüge von Seiten James Burnhams hervorgerufen. Dieser Zwischenfall und der Verlauf. den daraufhin die Debatte in der SWP nahm, überzeugten Trotzki schnell davon, daß es der Druck der dem »Hitler-Stalin-Pakt« sehr feindlich gesonnenen amerikanischen öffentlichen Meinung war, der die Minderheitsvertreter der SWP dazu getrieben hatte, über die Diskussion um das »Wesen« der UdSSR hinaus die Grundsätze der IV. Internationale und – davon war Trotzki überzeugt – damit zugleich auch die Zielsetzung der Weltrevolution selbst, zumindest für die Mehrheit von ihnen, in Frage zu stellen.

Trotz all seiner Bemühungen gelang es Trotzki nicht, in den Reihen der Minderheit die von ihm gewünschte Spaltung hervorzurufen. Burnham, der nur die Theorien Rizzis wiederholte, nahm sehr schnell davon Abstand, sie zu verfechten, brach mit dem Marxismus und schlug einen Weg ein, der ihn schließlich in den sechziger Jahren zur äußersten Rechten des amerikanischen politischen Lebens mit den »Falken« um den Republikaner Goldwater führen sollte. Die anderen Minderheitsvertreter schlossen ihre Reihen um

Shachtman, und viele zogen sich ganz einfach aus der politischen Tätigkeit zurück.

Der zunächst gegen Rizzi, dann gegen Burnham und Shachtman geführten Polemik fehlte es nicht an interessanten Aspekten. Zum östlichen Teil Polens und zu dem nach dem sowjetischen Angriff besetzten Gebiet Finnlands stellte Trotzki fest, daß die Besetzung gesellschaftliche Wandlungen und in erster Linie die Umstellung des Eigentums nach sich ziehen würde: Morgen würde man diese Veränderungen und diese Länder, so wie sie geworden sind, gegen Hitler verteidigen müssen, auch wenn, wie Trotzki glaubte, der »konterrevolutionäre Arbeiterstaat« gegen die finnischen und polnischen Arbeiter vorgehen würde. In Finnland kam dieser Prozeß ins Stoppen, als der russischen Armee militärisch Einhalt geboten wurde. Trotzkis Analyse warf nichtsdestoweniger ein helles Licht auf die widersprüchlichen Umgestaltungen, die die von der UdSSR besetzten Länder, diese »Länder des Glacis«, die später »Volksdemokratien« werden sollten, nach Kriegsende erfahren werden.

Als das Produkt von Trotzkis guter Feder wird man auch festhalten dürfen, daß wir nun eine gute Analyse des gesellschaftlichen Ursprungs des Skeptizismus auf theoretischem Gebiet und des Eklektizismus auf philosophischem Gebiet besitzen, die bei den Führern der Opposition der SWP häufig waren, und auch das Gewicht des Empirismus gut kennen„ des der amerikanischen Gesellschaft eigenen Denksystems, in dem auch amerikanische Aktivisten, die sich gleichwohl auf den Marxismus beriefen, dachten.

***

Erst im Frühjahr 1940, nach dem Vollzug der Spaltung der SWP und dem Ende der Diskussion, konnte sich Trotzki anderen Themen als der Verteidigung der Grundsätze oder der dialektischen Methode widmen, das heißt, der Untersuchung der Wirklichkeit des seit fast zehn Monaten laufenden Krieges. Trotzki sollte nicht die Zeit haben, seine Betrachtung zu Ende zu führen, und selbstverständlich macht das die Schlußfolgerungen, die man aus diesen unvollendeten Texten ziehen kann, ungewiß.

Natürlich war Trotzki ganz und gar davon überzeugt – er hatte es früher oft genug geschrieben –, daß der Krieg den Bestand der menschlichen Zivilisation selbst bedrohte. Doch er betonte, daß es nunmehr vergeblich sei zu hoffen, dem Krieg zu entkommen. Diesen Krieg konnte keine Revolution mehr verhindern. Er war zu einer riesigen Feuerprobe geworden, in der zum Preis unsäglicher Leiden für Millionen Menschen bald die neue Welle der Weltrevolution entstehen würde. Doch da hörte die Ähnlichkeit mit dem Krieg von 1914 bis 1918, den er hinsichtlich des Grauens bald weit hinter sich lassen wird, auch schon auf:

> »Wir haben mehr als einmal gesagt, daß der gegenwärtige Krieg nur die Fortsetzung des letzten Krieges ist. Aber Fortsetzung ist nicht Wiederho-

lung. Als allgemeine Regel bedeutet eine Fortsetzung eine Entwicklung, eine Vertiefung, eine Akzentuierung. Unsere Politik, die Politik des revolutionären Proletariats hinsichtlich des zweiten imperialistischen Krieges, ist eine Fortsetzung der Politik, die – vor allem unter der Führung Lenins – während des ersten imperialistischen Krieges erarbeitet wurde. Aber Fortsetzung bedeutet nicht Wiederholung. Auch in diesem Falle ist eine Fortsetzung eine Entwicklung, eine Vertiefung, eine Akzentuierung.«[27]

Für Trotzki war der Unterschied zwischen der Politik der Revolutionäre im Laufe dieser beiden Kriege wichtig. Im ersten Krieg waren nicht nur das Proletariat, sondern auch seine Vorkämpfer, denen jeglicher revolutionäre Politikentwurf fehlte, den man dann unter den schlimmsten Bedingungen der Militärdiktatur der Kriegszeit erarbeiten mußte, überrascht worden. Doch die revolutionären Elemente fühlten sich nicht selbst als Anwärter auf die Macht, und ihr Kampf trug insgesamt in dieser Zeit folglich das Gepräge seines vor allem defensiven Charakters.

Und Trotzki machte eine für sein Denken über den Krieg wahrscheinlich entscheidende Bemerkung, als er hervorhob, daß die Verweigerungshaltung zur nationalen Verteidigung, die vollkommen richtig gewesen sei, den Erfordernissen der Propaganda und der Heranbildung von Führungskräften entsprach, daß sie aber unfähig war, die Massen zu gewinnen, die »einen fremden Eroberer nicht wollten«.[28] Und es waren nicht die Losungsworte gegen den Krieg und gegen den Militarismus, die letztendlich die russischen Massen gewonnen hatten, sondern positive Antworten auf ihre Sehnsüchte.

Für Trotzki lag der wesentliche Unterschied zwischen dem Ersten und dem Zweiten Weltkrieg in der objektiven Lage, den verschärften Widersprüchen und auch in der weltweiten Erfahrung der Arbeiterklasse, die jetzt wußte, daß die Revolution nötig war, um den Leiden, die ihnen der Krieg zufügte, ein Ende zu bereiten. Trotzki schreibt:

»Diese Perspektive muß die Basis unserer Agitation bilden. Es handelt sich nicht einfach darum, eine Stellung gegenüber dem kapitalistischen Militarismus zu haben und um die Weigerung, den bürgerlichen Staat zu verteidigen, sondern um die direkte Vorbereitung auf die Machtübernahme und die Verteidigung des sozialistischen Vaterlandes.«[29]

In dem gänzlich von Trotzki abgefaßten Manifest der im Mai 1940 zusammengerufenen sogenannten »Not«-Konferenz wurden alle Analysen über die Ursachen und den imperialistischen Charakter des Krieges, die Argumente der einen und der anderen zur »Vaterlandsverteidigung«, zum »Kampf für die Demokratie«, zum »Kampf der Rasse«, zum »Lebensraum« oder zur »neuen Ordnung«, zur die UdSSR bedrohenden Gefahren und zur Notwendigkeit ihrer Verteidigung und zum »revolutionären Sturzes der bonapartistischen stalinistischen Clique« in Erinnerung gebracht. Trotzki studierte außerdem den Platz der »kolonialisierten Völker«, von Indien, China und

Lateinamerika, im Krieg.[30] Er analysierte die Politik der großen Arbeiterorganisationen, der II. Internationale und der III. Internationale, in den Mutterländern wie in den Kolonien und ging zum Schluß auf die Zielsetzung der Weltrevolution und auf die IV. Internationale ein. Sie sei, sagte Trotzki, die einzige, deren Politik in Kriegszeiten die in Friedenszeiten erarbeiteten Grundsätze verstärke und weiterentwickle. Trotzki bekräftigte nachdrücklich:

> »Zur gleichen Zeit vergessen wir nicht für einen Augenblick, daß dies nicht unser Krieg ist. (...) Die Vierte Internationale (baut) ihre Politik nicht auf das Kriegsglück der kapitalistischen Staaten, sondern auf die Verwandlung des imperialistischen Krieges in den Krieg der Arbeiter gegen die Kapitalisten, auf den Sturz der herrschenden Klasse in allen Ländern, auf die sozialistische Weltrevolution.«[31]

Trotzki hatte zum Zeitpunkt, als er ermordet wurde, gerade erst die Möglichkeit gehabt, zu ahnen, was das »braune Europa« werden würde. Auf die Prahlereien der Nazis, die ihre Herrschaft für tausend Jahre verkündeten, antwortete Trotzki zuversichtlich, daß sie diese nur für höchstens etwa zehn Jahre ausüben könnten. Gleichzeitig hat er klar erkannt, was ihre Herrschaft für Millionen europäischer Arbeiter unter dem Stiefel bedeuten würde. Die positive Seite, auf die sich die Revolutionäre stützen müssen, war der Haß der Arbeitermassen auf Hitler, »ein gefühlsmäßiger, mit verworrenen Klassengefühlen vermischter Haß«, ein Klassenhaß auf die siegreichen Banditen.[32]

Trotzki schlug seinen amerikanischen Genossen vor, sich auf das nämliche Gefühl, das auch bei den Arbeitern in den Vereinigten Staaten vorherrschte, zu stützen. Sie waren jedoch sichtlich verdutzt, als Trotzki sie aufforderte, für die Gewerkschaften die Aufstellung und die Einweisung von Arbeiteroffizieren und die militärische Vorbereitung der Arbeiter unter gewerkschaftlicher Kontrolle zu verlangen. Trotzki rief sie tatsächlich dazu auf, alle neuen Formen der »militarisierten Gesellschaft«, in die sie bald eingegliedert würden, ins Auge zu fassen. Diese Militarisierungs- und zugleich Kontrollforderungen sollten seiner Meinung nach mit dem aufwieglerischen Losungswort, um das sie die großen Massen neu scharen mußten, einhergehen: »Wir wollen gegen den Faschismus kämpfen, aber nicht nach der Art eines Pétain«.[33]

Man muß die von Trotzki bekundete, fast zwanghafte Sorge, daß die zu »Militaristen« gewordenen Revolutionäre – er präzisierte »proletarische, revolutionäre, sozialistische Militaristen« – auf keinen Fall mit den »Pazifisten« verwechselt werden dürften, genauso stark betonen. Das Schicksal der Menschheit würde bald mit den Waffen in der Hand entschieden werden, und die Revolutionäre müßten fähig sein, sie zu handhaben und ihren eigenen »militarisierten« Kampf zu organisieren.

Nach dem Fall Frankreichs – den er nicht als ein einfaches Ereignis, sondern als das erste Stadium einer die Zivilisation wirklich bedrohenden europäischen Katastrophe betrachtete – schrieb Trotzki am 30. Juni 1940 einen Artikel, in dem er für Europa eine Entwicklungsperspektive skizzierte, die über die Erhebung der Massen gegen die Besatzer und den bewaffneten Kampf hinausführte:

> »In den besiegten Ländern wird die Lage der Massen sich sofort stark verschlechtern. Zur sozialen kommt nun die nationale Unterdrückung hinzu, deren Hauptlast ebenfalls die Arbeiter zu tragen haben. Von allen Formen der Diktatur ist die totalitäre eines fremden Eroberers die am wenigsten erträgliche.«[34]

Da Trotzki begriff, daß die Nazis sofort den Industrieapparat und die natürlichen Ressourcen der besetzten Länder auszubeuten suchten, sah er eine Massenverelendung, die die Begleiterscheinung dieser Überausbeutung sein würde, und den Widerstand der Arbeiter und Bauern, auf die sie bestimmt stoßen würde, voraus:

> »Es ist unmöglich, hinter jeden polnischen, dänischen, norwegischen, belgischen, holländischen, französischen Arbeiter und Bauer Soldaten mit einer Flinte zu stellen.«[35]

Trotzkis Meinung nach würde aus diesen Konflikten die europäische Revolution entstehen:

> »Man kann mit Sicherheit die rasche Umwandlung aller eroberten Länder in ein Pulverfaß erwarten. Die Gefahr ist eher die, daß die Explosionen zu bald, ohne hinreichende Vorbereitung ausbrechen und zu isolierten Niederlagen führen werden. Aber es ist überhaupt unmöglich, von der europäischen und der Weltrevolution zu sprechen, ohne Teilniederlagen in Betracht zu ziehen.«[36]

Was Hitler drohte, war folglich »die proletarische Revolution in allen Gebieten Europas«.[37] Trotzki sah, wie sich »die Verarmung und die Verzweiflung der arbeitenden Massen (...), ihre zuerst verschleierten, dann immer offeneren und kühneren Widerstands- und Protestversuche«, die Bekämpfung der Besatzungstruppen und der »Befrieder«-Rolle der Unterdrücker, die zuerst ihre Demoralisierung und auf längere Sicht ihren unausbleiblichen Zerfall hervorrufen würde, abzeichnete.

Eher als Trotzkis Vision von den Massenkämpfen gegen die doppelte, die nationale und die soziale Unterdrückung im besetzten Europa sollten diejenigen, die Trotzki für einen Propheten halten, seine Analysen, die die Dauer des Krieges und der Vorherrschaft der Nazis, den unvermeidlichen Charakter des deutschen Angriffs auf die UdSSR und des Eingreifens der Vereinigten Staaten, die für das deutsche Europa die Totenglocke läuten werden, betreffen, festhalten. Wir möchten uns damit begnügen, hervorzuheben, daß weder seine Vision noch seine Analysen eine bedeutende Spur in der den Zweiten Weltkrieg behandelnden Geschichtsliteratur hinterlassen haben.

Kapitel 60

Das Halali

Trotzki hat die letzten Monate seines Lebens in dem Haus an der Avenida de Viena in Coyoacán verlebt.[1] Natalja Iwanowna hat es so beschrieben, wie es die heutigen Besucher des Museo León Trotzki, das es beherbergt, nie sehen werden, da es heutzutage von modernen mehrstöckigen Häusern überragt wird:

> »Wir haben in Coyoacán ein großes verfallenes Haus gemietet und es sehr einfach wieder instandsetzen lassen; es liegt inmitten eines ziemlich weitläufigen Gartens, in dem morgens in den alten Bäumen die Vögel zwitschern. Die Gegend ist einsam; auf einer Seite ein breiter Bach, meist ausgetrocknet, auf der anderen eine staubige Landstraße und einige mexikanische Bretterhütten. Eine Mauer, die wir errichtet haben, umgibt unseren Besitz. Der Besucher betritt ihn durch ein solides Eisentor, das ein junger Genosse nur auf genaue Anweisung hin öffnet, nachdem er den Besucher durch ein Guckloch genau betrachtet hat. Draußen, dreißig Meter vom Tor entfernt, hat die Polizei eine *casita* aus Ziegeln bauen lassen, in der sich eine Schießscharte befindet. Dort wachen Polizisten über unsere Sicherheit.«[2]

Der von dicht belaubten Bäumen beherrschte Garten war voll von Agaven und von jenen bärtigen Kakteen, den *viejitos*, für die Trotzki eine Vorliebe hatte und die er, anscheinend gegen ihren Willen, in seinem Garten heimisch zu machen suchte.

Im eigentlichen Haus befand sich eine Bibliothek mit Büro: Bücher, Zeitungen, Schreibmaschinen, an denen die Mitarbeiter arbeiten. Daneben das Eßzimmer, ein »großer, weißer Holztisch, in spanisch-indianischem Stil bemalte Stühle, Wandschränke« schreibt Natalja, die fortfährt:

> »Leo Trotzkis Arbeitszimmer ist (...) ein quadratisches, hohes, helles luftiges Zimmer, in dem nur die unbedingt notwendigen Möbel stehen. Wieder ein heller Holztisch, gegenüber Regale mit Büchern, Telefon, das ist alles. Unter den Büchern, in rotes und blaues Leinen gebunden, Lenins Werke.«[3]

Derart war der Rahmen, in dem der Verbannte seine Arbeitsaufgabe und seine Verbannung fortsetzte. Natalja Iwanowna spricht von Trotzkis Zeiteinteilung:

> »Leo Dawidowitsch steht früh auf; da ist das Licht noch frisch, der unabänderlich strahlende Himmel glüht noch nicht. Er gönnt sich zu Tagesbeginn einen Augenblick der Entspannung, indem er seine Hasen und Hühner füttert. Er wirft einen Blick auf die frisch aus Pedregal angelangten Kakteen, aus dieser glühenden, chaotischen Lavawüste, wo er sie ausgesucht hat. Diese merkwürdigen, widerstandsfähigen, wehrhaften Pflanzen

gefallen ihm. (...) Dann zieht er sich in sein Arbeitszimmer zurück und kommt nurmehr zu den Mahlzeiten heraus. Die Arbeit wartet, und das ganze Leben dieses Mannes ist auf die Arbeit konzentriert: Korrespondenz, Artikel, Bücher, Notizen für projektierte Schriften. Meist diktiert er einem russischen Sekretär.«[4]

Trotzki hat die Sechzig überschritten. »Er ist allein«, schreibt Natalja Iwanowna, die folgenden schrecklichen Satz ausspricht: »Wir gehen im kleinen tropischen Garten von Coyoacán in Begleitung von Phantomen spazieren, deren Stirnen Einschußlöcher tragen.«[5]
Sie hat Victor Serge erzählt:

»Manchmal hörte ich, wie Leo Dawidowitsch, der allein in seinem Arbeitszimmer war, tief aufseufzte und mit sich selbst sprach. ‚Welche Mühe! Welche Mühe!' murmelte er. ‚Ich kann nicht mehr. (...)' Das hätte er sonst zu niemandem gesagt. Die sinnlose Erniedrigung, die moralische Niederlage der alten Revolutionäre, die er liebte, die gestorben waren, indem sie ihn und sich selbst mit Niedertracht bedeckten, waren für ihn eine unauslöschliche Qual. Ein Rakowski, der sein edles Leben im Gefängnis beendete, im Konflikt mit seinem Gewissen – wie liebte ihn Leo Dawidowitsch, obwohl er ihm eine gewisse Leichtfertigkeit, eine gewisse Sorglosigkeit vorwarf! Iwan Nikitisch Smirnow, der unerschütterliche Sosnowski, Muralow, der einmal geschrieben hatte, daß die Wasser des Irtisch eher vom Meer zur Quelle zurückfließen würden, als daß er abschwören würde! Der Bolschewik Kamenjew, dem Wesen nach liberaler Akademiker, und dennoch so aufopferungsbereit! Alle waren einen schrecklichen Tod gestorben, alle waren sich selbst untreu geworden, alle hatten das Gewissen der Revolution verraten! Nur Leo Dawidowitsch sprach manchmal ihre Namen aus. (...)«[6]

Ein wichtiges Zeugnis. Trotzki kannte, seiner eigenen Äußerung zufolge zwar keine »persönliche Tragödie«[7], aber die Tragödie der Revolution, die der Menschheit, lasteten furchtbar schwer auf seinen Mannesschultern.

Er machte jedoch mit dem Gefühl, der einzige Überlebende einer vernichteten Armee, der Mann zu sein, auf dem die Bestimmung, ihr Erbe und ihr Andenken zu erhalten, ruhte, weiter: eine umso erdrückendere Verantwortung, als er das stechende Gefühl hatte, ein Toter auf Bewährung zu sein.

Ein paar Jahre früher hatte Trotzki, als er in seinem *Tagebuch im Exil* in Domène eine Art Bilanz von Stalins Haß auf ihn aufmachte, im voraus über seine eigene Ermordung geschrieben:

»Jetzt würde Stalin viel darum geben, die Entscheidung über meine Verbannung ins Ausland rückgängig zu machen: Wie verlockend wäre es doch, einen ‚Schauprozeß' zu inszenieren. Doch die Vergangenheit läßt sich nicht wiederbringen. Es gilt, nach anderen Mitteln als einem Prozeß zu suchen. Selbstverständlich wird Stalin solche Mittel finden. (...) Doch die Gefahr der Entlarvung ist zu groß: Das Mißtrauen, mit dem die Arbeiterschaft im Westen den Machenschaften Stalins begegnet, konnte mit der Kirow-Affäre nur noch weiter anwachsen. Sicherlich wird Stalin in zwei Fällen nach dem Mittel eines terroristischen Anschlags greifen (und zwar wohl am ehesten

> unter Einschaltung der Unterstützung weißgardistischer Organisationen, innerhalb welcher die GPU über zahlreiche Agenten verfügt, oder unter Zuhilfenahme französischer Faschisten, zu denen ja der Weg leicht zu finden ist): Entweder wenn ein Krieg drohen, oder wenn seine eigene Lage sich äußerst verschlechtern wird. Doch kann sich selbstverständlich ein dritter oder auch ein vierter Fall ergeben.(...) Qui vivra – verra. Wenn nicht wir selbst, dann andere.«[8]

Gar viele Dinge hatten sich geändert, seit er am 20. Februar 1935 diese Zeilen geschrieben hatte. In mehreren wichtigen Punkten war seine Prognose schwer Lügen gestraft worden: Stalin war von 1936 an vor weiteren Machenschaften nicht zurückgeschreckt und hatte sich mit den Moskauer Prozessen in seiner Blutgier selbst übertroffen. Das Experiment des Spanienkrieges hatte die Möglichkeiten für die Anwerbung seiner Killer erweitert und gestattete es ihm von nun an, sich nicht mehr ausschließlich auf seine weißen Helfershelfer zu verlassen. Doch der Beginn des europäischen Krieges, die direkte Bedrohung der UdSSR, seit sich Deutschland seine Hände im Westen frei machte, waren sehr wohl dazu angetan, ihn dazu zu drängen, zur »terroristischen Tat« überzugehen, zu der er sich anscheinend schon längst entschlossen hatte. Trotzki war tatsächlich zum Tode verurteilt, spätestens seit dem deutsch-sowjetischen Pakt.

***

Die Versuche zur Ermordung des »Alten« standen immer auf der Tagesordnung der Befürchtungen seiner Genossen. Wir haben gesehen, daß man in der ersten Zeit seiner Verbannung von zwei Versuchen ausgehen kann, die beide von von der GPU manipulierten weißen Killern unternommen wurden: zunächst von der Gruppe Turkul, dann der Larionows. Es hat den Anschein, daß es dem Geheimdienst nie gelungen war, seine Zielscheibe zu lokalisieren. Seine wahrscheinlich wichtigste Pariser Bande tauchte 1935, nach der Abreise Trotzkis aus Frankreich, vor unseren Augen auf: Es handelte sich um die Gruppe von Efron, die Sedow beschattet und seine Entführung in Antibes vorbereitet, Ignaz Reiss ermordet und dessen Frau und Kind zu vergiften versucht hat. Doch die Bande hatte auch Trotzki im Visier.

Auf einem Schiff nach Mexiko bemächtigte sich Roland Abbiate, einer der Killer, im März 1937 der Identität eines amerikanischen Touristen, C. G. Quinn[9], und sehr viele Hinweise legen nahe, daß sich Abbiate nach dem Mord an Reiss von neuem nach Mexiko begeben hat: Eben dort verlor sich seine Spur.

In Mexiko ereignete sich vor 1940 nur ein wirklicher Alarm: im Februar 1938. Ein Unbekannter war mit, wie er angab, für den Garten Diego Riveras bestimmten und von General Múgica geschickten Düngerpaketen aufgetreten. In Abwesenheit Trotzkis wies die Wache die Pakete zurück und bat den Besucher, am nächsten Tag wiederzukommen. In der Zwischenzeit hatte man nachgeprüft, ob der General jemanden geschickt hatte, und der Mann tauchte nicht wieder auf.

Dagegen sollte es zahlreiche Alarme geben, die von der Ankunft oder der Präsenz von der Zugehörigkeit zum Geheimdienst verdächtiger Personen in Mexiko ausgelöst wurden. Man beunruhigte sich 1938 sehr über einen ehemaligen Taxifahrer aus Philadelphia, der in den Vereinigten Staaten in den Dienst eingetreten sein mußte und in Kopenhagen eine Gefängnisstrafe verbüßt hatte: George Mink. Der italo-amerikanische Anarchist Carlo Tresca klagte ihn förmlich an, unter dem Namen Alfred Herz mehrere der Morde von Barcelona organisiert und in New York die Altgenossin Juliet Stuart Poyntz ermordet zu haben.[10] Man hatte von Mink ein Photo, das Trotzkis Freunde verbreiteten und auf das sich die Wachen einschossen.[11] Man gab bekannt, daß er in Veracruz und später in Kalifornien gesehen worden sei:[12] Aber er verschwand. Der Chef des FBI, J. Edgar Hoover, sollte 1940 behaupten, daß Mink in Mexiko von einer von J. Hansen angeführten Gruppe von Trotzkisten getötet worden und daß seine Leiche in den Krater eines Vulkans geworfen worden wäre.[13] Ein deutscher Forscher vertritt heute mit Argumenten, die ernstzunehmen sind, die These, daß dieser Mann nicht Mink war und daß Mink nicht Herz war.[14]

Der Briefwechsel Trotzkis bis ins Jahr 1939 ist reich an Mitteilungen und Informationen, die sich auf die Reisen von für verdächtig gehaltenen Personen in Richtung Mexiko beziehen. Manche Reisende, wie der französische Volksschullehrer Georges Fournial, den der *Socialist Appeal* beschuldigte, mit einem Auftrag, der im Zusammenhang mit Plänen stünde, Trotzki zu ermorden, nach Mexiko gekommen zu sein, wurden von der trotzkistischen Weltpresse vorgeführt.[15]

Doch diese Kontrolle durch Genossen mit gar manchen amateurhaften Zügen wurde mit der Öffnung Mexikos für die ehemaligen Spanienkämpfer nach den von der Botschaft Mexikos in Paris und dem Botschafter, dem früheren Minister und Weggefährten, Marciso Bassols, bestimmten Kriterien wirkungslos.

Von nun an wimmelte es in Mexiko, wie es Trotzki vorhergesehen hatte, von Männern, die in Frage kamen, Agenten zu sein, oder die bereits als solche entlarvt worden waren, was sie nicht daran hinderte, in das Land eingelassen zu werden, wo die Geheimdienste unstreitig über bedeutende Unterstützung verfügten. Außer den schon erwähnten Mexikanern um den Maler David Alfaro Siqueiros kann man den ehemaligen Generalkonsul in Madrid, Lew Haikiss, anführen, der zum Personal der sowjetischen Botschaft gehörte, ferner N. Ja. Eitingon, den hohen Beamten der GPU, auf den wir schon in Paris getroffen waren und der immer zusammen mit seiner Begleiterin, der katalanischen Kommunistin Caridad Mercader, reiste. Desweiteren kam der seit seinem Aufenthalt in den Vereinigten Staaten und Spanien – wo er der »Kommandant Carlos« des 5. Regiments war – verfolgte Italiener Vittorio Vidali und seine Lebensgefährtin Tina Modotti – die in den internationalen Brigaden, wo sie die »Führungskräfte« kontrollierte, Maria Ruíz genannt wurde. Jene Leute waren sehr unauffällig eingereist, und man sollte Wochen des Nachforschens brauchen, um ihre Anwesenheit herauszufinden.

Andere, mehr oder weniger bekannte Leute wurden ausfindig gemacht und bisweilen mit anderen verwechselt. Als Beispiele möchten wir den aus den Vereinigten Staaten gekommene Venezolaner Enrique Martínez, genannt Rique, den Italiener Carlo Codevilla, ein in Spanien tätiger, in der UdSSR in die GPU eingetretener, ehemaliger Leibwächter Gramscis, den man mit dem Abgesandten der Internationale, dem Italo-Argentinier Vittorio Codovilla verwechselte, anführen. Diego Rivera prangerte auch den in Madrid sehr bekannten Santiago Garcès, einen Agenten des SIM – Servicio de Investigacíon Militar –, des Nachrichtendienstes der von der GPU im Laufe des Bürgerkrieges unterwanderten, wenn nicht kontrollierten republikanischen Armee, auf sehr aufsehenerregende Weise an.

Ramón Mercader allerdings war noch nicht da. Er ließ sich Zeit. Kurz vor Beginn des Krieges hatte er die Bérangers, seine Freunde, in Paris verlassen, wobei er ihnen zu verstehen gab, daß er bald in der Neuen Welt einen wichtigen Auftrag erfüllen sollte. Dieser sehr an seiner Mutter hängende, interessante junge Mann war wohl von ihr angeworben worden und zog Nutzen aus dem Schutz durch Eitingon. Nach Sabotageunternehmungen in Spanien in Sondereinheiten und einer Armverletzung hielt er sich ein Jahr in der UdSSR auf, wo er wahrscheinlich eine Spezialausbildung erhalten hat. Die Sorgfalt, mit der in New York seine Begegnung mit der jungen trotzkistischen Genossin Sylvia Ageloff vorbereitet worden ist, zeigt nicht nur, daß es sich um einen wichtigen Agenten handelte, sondern auch, daß genau Trotzki in seinem Visier war. Muß man hinzufügen, daß Daniel Béranger, der 1935 zwei heimlich nach Frankreich gekommene Führer des russischen Kommunistischen Jugendverbandes beim Führer des Sozialistischen Jugendverbandes der Seine, Fred Zeller, eingeführt hatte, auch kein kleiner Fisch im Apparat war?

An einem Augustabend 1938 tippte Van auf der Grundlage von Informationen aus der mexikanischen KP, die ihm von Octavio Fernández nach einer Zusammenkunft mit García Trevino überbracht worden waren, einen Bericht, der wichtige Teilinformationen zusammenfaßte.[16]

Es stellte sich zunächst heraus, daß das Zentralkomitee der PCM [der KP Mexikos], das gerade zusammengetreten war, durch die Vermittlung der amerikanischen KP und von Browder, der ihr Verbindungsmann zur Internationale war, benachrichtigt worden ist, daß man beschlossen habe, die Aktivitäten gegen Trotzki und die Trotzkisten ernsthaft zu verstärken; dabei wolle man auch auf die »direkte Aktion« zurückgreifen. Es zeigte sich gleichfalls, daß Hernán Laborde, der Sekretär der PCM, von der KP der Vereinigten Staaten vorgeladen worden war, um dort diese Angelegenheit betreffende Anweisungen zu erhalten, und daß er einige Zeit im Untergrund verbringen mußte, um der Neugier der amerikanischen Agenten zu entgehen. Das ZK hatte, wie Van in seinem Bericht präzisierte, beschlossen, »die Anti-Trotzki- und antitrotzkistische Kampagne bis zur körperlichen Vernichtung der Operationsobjekte, also Trotzkis und seiner Freunde, zu treiben«.[17] Trotzki benachrichtigte die SWP.[18]

Am 8. September 1938 gab der nordamerikanische Anwalt von Trotzki, Albert Goldman, zu dieser Frage eine Erklärung vor der Presse ab. Nachdem er an die Entführungen und den Tod von Wolf und Klement und an den verdächtigen Tod von Sedow erinnert hatte, behauptete Goldman, daß »die GPU jetzt entschlossen ist, eine verzweifelte Anstrengung zu unternehmen, um sich Trotzkis selbst zu entledigen«. Er gab die Informationen, die ihm Van übermittelt hatte, heraus und präzisierte, daß eine »Kampagne der Kommunistischen Partei mit Hilfe hoher Beamter des mexikanischen Erziehungsministeriums und von Lombardo Toledano, der im Laufe seines kürzlichen Aufenthalts in Europa alle notwendigen Anweisungen erhalten hat, durchgeführt werden soll«.[19]

Die Kampagne gegen Trotzki, die sich von diesem Zeitpunkt an wirklich verschärfte, wurde vor allem von der Presse der CTM, der Monatszeitschrift *Futuro* und der Tageszeitung *El Popular*, geführt. Das Thema waren selbstverständlich die Prozesse, wobei Trotzki als »Verräter der Volksinteressen« und »Komplize des Faschismus« hingestellt wurde. Die Beschuldigung der Komplizenschaft mit Deutschland sollte jedoch nicht ausreichen, um einen Abschottungsgürtel um Trotzki zu ziehen. Die Dies-Kommission sollte alsbald die Gelegenheit zu einem entscheidenderen Angriff liefern. Die Führer der amerikanischen KP, Browder und Foster, waren nach dem Hitler-Stalin-Pakt vorgeladen worden und konnten sich nur herauswinden, indem sie Trotzki wie rasend angriffen und ihn als Feind der Demokratie und als Saboteur des Friedens bezeichneten. Mr. Dies aber ergriff die Gelegenheit beim Schopfe und telefonierte zunächst, um Trotzki einzuladen. Dann telegrafierte Dies ihm und bat ihn »um eine vollständige Geschichte des Stalinismus«; Dies sicherte Trotzki zu, daß er auf die Anschuldigungen Browders und Fosters würde antworten können.[20]

Trotzki und seine Freunde sprachen sich ab. Ihre Schlußfolgerung war klar: Man mußte die Dies-Kommision, einen parlamentarischen Ausschuß, benützen, »um den Arbeitern die stalinistische Entartung zu erklären und um der reaktionären Politik von Dies einen Schlag zu versetzen«.[21] Trotzki verlangte Garantien: Anhörungen in den Vereinigten Staaten und die Nähe großer Bibliotheken.[22] Die Verhandlung wurde unterbrochen, als die Agentur *United Press* einfach meldete, daß Trotzki über die Tätigkeit der KPen in Lateinamerika hinsichtlich der Verstaatlichungen des Erdöls aussagen würde! Trotzki widersprach sofort, und der Konsul der Vereinigten Staaten teilte ihm mit, daß er kein Visum erhalten würde.

Was war wirklich vor sich gegangen? Manche haben die Mutmaßung geäußert, es habe sich um eine Stalinsche Provokation durch die Vermittlung der Agentur, ja sogar der Kommission, in der es mehrere verdächtige Personen gab, gehandelt. Die Wahrheit ist wohl prosaischer. Das State Department hielt die Initiative von Dies für unvorsichtig und erachtete es für gefährlich, Trotzki eine derart bedeutende Rednerbühne zu gewähren. Es bat Dies, einen Rückzieher zu machen. Dies machte auf dem Umweg über Depeschen der *United Press* alles rückgängig und gab dann bekannt, daß er seine Ermittler zu Trotzki schicken werde. Darauf entgegnete Trotzki, er werde sie nicht empfangen: Somit war die Sache geregelt.

Die Kampagne begann nun tatsächlich. Schon ab Januar 1940 prangerte *Futuro* die Einladung von Dies und die Zusage Trotzkis an und wies dabei darauf hin, daß Trotzki sich so als Agent des Yankee-Imperialismus entlarvt habe. Der paraguayanische Kommunist Oscar Creydt Abelenda erhielt den Auftrag, in *Futuro* zu erklären, wie Trotzki, ein früherer Agent der Gestapo, wegen der neuen Bande, die er durch Vermittlung der Dies-Kommission mit dem nordamerikanischen Imperialismus geknüpft hatte, aus der Gestapo vertrieben worden sei![23] Als Trotzki die Prosa der Journalisten, die dafür bezahlt wurden, ihn spaltenweise zu beleidigen, analysierte, prägte er folgende knappe, aber eindringliche Formel: »Genauso schreiben Leute, die drauf und dran sind, die Feder gegen die Maschinenpistole einzutauschen.«[24]

Die zweite Seite der politischen Vorbereitung des Meuchelmordes lief über die Führung der mexikanischen KP. Wie es Trotzki damals vermutete und wie es die Memoiren von Valentin Campa seitdem bestätigt haben[25], äußerte die Führung der PCM, vor allem Laborde und Campa, mit Rücksicht auf mögliche »Komplikationen« Vorbehalte zu dem Mordvorhaben, da sie Trotzki für »politisch besiegt« hielten. Die GPU konnte eine solche Dreistigkeit von dieser Seite nicht dulden. Wahrscheinlich wurde nach diesem recht zaghaften Widerstand die Entscheidung getroffen, die beiden Männer aus der Führung zu entfernen und eine strenge Säuberung vorzubereiten, um die mexikanische Partei vollkommen den Entscheidungen Moskaus zu unterwerfen.

Das war das Werk des vom 12. bis zum 16. März 1940 abgehaltenen außerordentlichen Kongresses, in dessen Verlauf die aufsehenerregende Umpolung der mexikanischen KP gegenüber Roosevelt und der Regierung der Vereinigten Staaten sanktioniert wurde: Sie bedeutete die Kaltstellung von Laborde und Campa und den Ausschluß der »verräterischen, spalterischen, fraktionistischen, trotzkistischen, volksfeindlichen, als Agenten des Faschismus agierenden, almazanistischen und verdorbenen« Elemente, die sich in die Partei »eingeschlichen« hatten. Die Säuberung scheint unter der Fuchtel von Codovilla, dem Abgesandten der Kommunistischen Internationale, in Zusammenarbeit mit Carlos Contreras, dem traditionellen mexikanischen Decknamen von Vittorio Vidali seit 1928, durchgeführt worden zu sein.

Am 19. Mai 1940 widmete *La Voz de Mexico*, das Zentralorgan der nun normalisierten KP, dem »alten Verräter«, wie Lombardo Toledano eines Tages geschrieben hatte, einen äußerst bösartigen Artikel, der mit der Forderung nach seiner Ausweisung aus Mexiko wegen »seiner antiproletarischen und antimexikanischen Handlungen« endete.

Am 24. Mai 1940 fand um vier Uhr früh der Angriff eines bewaffneten Kommandos auf das Haus von Trotzki statt.

***

Vier mit insgesamt etwa zwanzig Männern besetzte Autos, ein jedes von einem anderen Sammelpunkt kommend, bewegten sich auf die Villa von Coyoacán zu. Die Männer, die ausstiegen, waren mit Uniformen der Armee oder der Polizei bekleidet und mit Revolvern und Maschinenpistolen und manche sogar mit Granaten bewaffnet. Ihr Anführer in Kommandeursuniform steckte sich einen großen Schnurrbart und eine schwarze Brille auf. Die diensthabenden Polizisten waren nicht alle da, weil einige der Einladung zweier junger Frauen aus der Nachbarschaft gefolgt waren, die wegen ihrer Abreise ein kleines, gut begossenes Fest gegeben hatten. Die verbliebenen Polizisten wurden von den »Hoch lebe Almazán« – dem Namen des Rechtskandidaten bei den Präsidentenwahlen – schreienden Ankömmlingen entwaffnet, ohne Zeit gefunden zu haben, zu reagieren.

Das sichtlich sehr gut vorbereitete Kommando wußte, wohin es zu gehen hatte. Es kappte außen die Drähte des Telefons und die Leitung, die das Haus mit dem Polizeikommissariat verband. Entgegen der Sicherheitsordnung des Hauses war niemand auf dem Turm, und der junge wachhabende Amerikaner, ein Neuankömmling namens Bob Sheldon Harte, soll, laut Ermittler, die Tür beim ersten Klingeln geöffnet haben. War er in diesem Falle mit von der Partie? Oder könnte er etwa einen der Angreifer an seiner Stimme oder an seinem Gesicht erkannt haben? Man sollte es nie wissen. Trotzki wird diesen Mitarbeiter, den er schlecht kannte, bis zuletzt verteidigen. Natalja kannte ihn besser, sie beschreibt ihn liebevoll: »Er war dreiundzwanzig Jahre alt, ein junger, blonder Mann mit feinen Gesichtszügen, ein in das Land Mexiko verliebter Idealist; er beobachtete gerne buntfarbige Vögel in einer Voliere. (...)«[26]

Kaum daß sie eingedrungen waren, nahmen die Angreifer gleich die Stellungen ein, die ihnen ganz offensichtlich vor dem Angriff zugewiesen worden waren. Einer von ihnen schoß eine Warngarbe auf die Baracke der Wächter, die bei dem geringsten Ausbruchsversuch unter das Feuer einer Thomson genommen wurden.

Die Hauptgruppe wiederum steuerte, ohne Zeit zu verlieren, auf das Schlafzimmer von L. D. und von Natalja zu. Ohne zu versuchen, einzudringen – denn sie hätten, wenn sie den Zugang von außen zu erzwingen versucht hätten, einen automatischen Schuß gegen sich selbst ausgelöst –, schossen sie durch das Fenster und deckten dabei die beiden Zimmer mehrere Minuten lang mit Kugeln ein. Nachdem sie dann noch Brandgranaten geworfen hatten, zogen sie sich, nicht ohne eine Zeitbombe zurückgelassen zu haben, wohlgeordnet zurück. Sie nahmen den amerikanischen Wächter, Bob Sheldon Harte, den sie in eines ihrer Autos steigen ließen, mit sich fort, und sie nahmen gleichfalls die beiden Autos des Hauses mit, die sie bald darauf zurückließen.

Trotzki hat das Attentat in seinem Zimmer erlebt. Er schlief bei der Ankunft der Killer. Trotzki erzählt:

> »Ich schlief tief und fest. (…) Als ich vom Knattern des Gewehrfeuers erwachte, glaubte ich zuerst, man feiere einen Nationalfeiertag mit einem Feuerwerk. (…) Aber die Explosionen waren zu nahe, direkt hier im Zimmer, ganz nahe bei mir und über meinem Kopf. Der Schießpulvergeruch wurde schärfer, durchdringender. Offensichtlich trat das ein, was wir immer erwartet hatten: Wir wurden angegriffen. Wo war nur die außerhalb der Mauern stationierte Polizei? Die Wächter drinnen? Gefesselt? Entführt? Getötet? Meine Frau war bereits aus dem Bett gesprungen. Das Gewehrfeuer ging unaufhörlich weiter. Meine Frau erzählte mir später, sie habe mich auf den Boden gezogen und mich in den Zwischenraum zwischen Bett und Mauer gedrängt. So muß es gewesen sein. Sie hatte sich entlang der Mauer über mich gelegt, als wenn sie mich mit ihrem Körper beschützen wollte. Aber im Flüsterton und durch Gebärden habe ich ihr bedeutet, sich flach auf den Boden zu legen. Die Schüsse kamen von allen Seiten, es war schwierig zu sagen, woher sie genau kamen. (…) Glassplitter von den Fensterscheiben und Mauerputz flogen in allen Richtungen. Ein wenig später spürte ich, daß mein rechtes Bein an zwei Stellen leicht verwundet war.
>
> Als das Schießen sich legte, hörten wir unseren Enkel im Raum nebenan ‚Großvater!' schreien. Diese Kinderstimme in der Dunkelheit während des Schießens bleibt die tragischste Erinnerung an diese Nacht.«[27]

Sjewa war an der großen Zehe verletzt. Während die Schüsse widerhallten, die von den sich entfernenden Männern zur Deckung ihres Rückzuges abgefeuert wurden, erstickte Natalja die Flammen der Brandbomben mit einer Decke und verbrannte sich ziemlich schwer.

Doch das Unglaubliche war passiert. Das Attentat war, gut vorbereitet, ohne irgendeinen Fehler in die Tat umgesetzt und von Anfang bis Ende durchgeführt worden … und Trotzki war nicht tot, er war nicht einmal ernsthaft verletzt. Den Organisatoren war es zwar gelungen, ihre Männer zurückzuziehen, ohne identifiziert zu werden, doch wurde die Aktion in der Presse so dargestellt, als ob ein gelungenes Attentat zu verschleiern wäre. Deren Fehlschlag erforderte, daß alles bei Null neu anfangen sollte. Es mußte geleugnet werden, daß es sich um ein Attentat handelte, wenn man sich die Möglichkeiten, neu anzufangen, erhalten wollte. Die erste Reaktion der mithelfenden Presse war, jegliche eigene Mitwirkung zu leugnen und die alten Verleumdungen zu wiederholen. Die Angreifer waren laut *El Popular* »aus der Polizei und der Armee verjagte aufwieglerische Elemente«;[28] sie hatten gehandelt, um die öffentliche Meinung auf wirkliche Attentate gegen die Arbeiterorganisationen und ihre Führer vorzubereiten, und es handelte sich um ein plumpes Manöver, damit das Attentat der sowjetischen Regierung zur Last gelegt würde.

Am 29. Mai 1940 erreichte eine in *El Popular* veröffentlichte Verlautbarung der PCM wohl den Gipfel des Zynismus: Im Rahmen einer Erklärung, wonach das Attentat das Werk der Reaktion sei, erklärte sie, daß diese Herausforderung mit der ... Ausweisung Trotzkis aus Mexiko bestraft werden müsse.[29]

Ungefähr zu jenem Zeitpunkt trat eine Wende in der Haltung der Ermittler ein. Von der Ruhe Trotzkis, der sofort die GPU für den Angriff verantwortlich gemacht hatte und sich umgehend wieder in die Arbeit stürzte, wie vor den Kopf gestoßen und verblüfft, daß solche Bemühungen zu einem so erbärmlichen Ergebnis geführt hatten, wobei die Ermittler sich die Untätigkeit der Wachen nicht erklären konnten, die nicht einen einzigen Schuß abgefeuert hatten, von den Erklärungen der Köchin, die eine Inszenierung nahelegten, und von dem Zeugnis der Polizisten, die versicherten, daß der wachhabende Amerikaner ganz aus freien Stücken mit den Angreifern weggefahren sei, beeindruckt, ließ General Sánchez Salazar, der Chef des Geheimdienstes, der die Ermittlung leitete, zwei von Trotzkis Wachen zum Verhör verhaften.[30]

Hatten die Männer von der GPU selbst den Einfall vom »vorgetäuschten Angriff« in Umlauf gebracht? Oder haben sie einfach eine Mutmaßung am Schopfe gepackt? War die Köchin bei ihrem Spiel dabei? Es ist unmöglich, diese Fragen zu beantworten, aber man kann sich sehr wohl den Verlauf weiteren Ereignisse anschauen. Am 30. Mai 1940 gab man im Rahmen der Ermittlungen die Verhaftung des Chauffeurs von Diego Rivera, der am Abend des Attentats in der Umgegend gesehen worden war, bekannt. Noch am gleichen Abend setzten mehrere Redner der PCM und der CTM auf einer Versammlung die Theorie vom vorgetäuschten Angriff, dem Selbstangriff, in Umlauf. Ein Führer der PCM, Enrique Ramirez y Ramirez, behauptete:

> »Trotzki hat sich selbst mit dem Ziel angegriffen, die mexikanischen Kommunisten als Terroristen erscheinen zu lassen.«[31]

Nachdem sich Trotzki gegen diese dumme Behauptung verwahrt hatte, beschuldigte ihn der Abgeordnete Luis Lombardo Toledano, der Bruder des Generalsekretärs der CTM, die Polizei beleidigt zu haben![32] Aber die Ermittler luden Ramirez vor, der überstürzt zurücksteckte und versicherte, daß er nur von einem »Scheinangriff« gesprochen habe.[33]

Die GPU-freundliche Presse legte sich daraufhin voll ins Zeug. Der Maler David Alfaro Siqueiros übergab ihr eine Erklärung, in der er von »der letzten Farce Trotzkis (...), einem Berufsdenunzianten«, sprach.[34] *El Popular* schrieb von dem herausfordernden Benehmen Trotzkis, dessen Haus »eine politische Einrichtung« sei und das aus Coyoacán »einen der Souveränität« Mexikos »fremden Staat« gemacht habe.[35] Der Nationalrat der CTM behauptete sogar, daß es keinerlei Mordversuch gegeben habe: Trotzki ist »ein Berufsintrigant, der bei seiner Spaltungs- und Provokationstätigkeit Demagogie und politischen Betrug sich abwechseln läßt«.[36]

Doch dieses jeden Tag mehr zurechtgezimmerte Lügengebäude brach angesichts der ersten Ergebnisse der Ermittlungen jäh zusammen. Die Polizei hatte die Angreifer identifiziert, von denen ein Teil flüchtig war und der andere hinter Schloß und Riegel kam: Unter ihnen waren bekannte Aktivisten und vor allem ein Führer der Kommunistischen Partei, ein Mitglied des Politbüros.

Die Pressekonferenz von General Sánchez Salazar am 18. Juni 1940 brachte praktisch schon die Aufklärung: Dreißig Personen waren verhaftet worden. Der erste Faden war durch die Identifizierung eines Mitglieds der PCM, des Volksschullehrers Luis Martínez, der die Polizeiuniformen angemietet hatte, aufgegriffen worden. Zwei Frauen waren in Dienst genommen und entlohnt worden, um das Haus zu überwachen und sich mit den wachhabenden Polizisten anzufreunden. Eine von ihnen war die Frau von David Serrano Andoneguí, eines ehemaligen Spanienkämpfers und Mitglieds des Politbüros. Ein ehemaliger Leutnant aus Spanien, Sánchez Hernández, gestand, am Angriff teilgenommen zu haben. Ein Kommunist von den Kanaren, Rosendo Gómez Lorenzo, war noch im Verhör begriffen. Mehrere Beschuldigte hatten die Anführer des Kommandos angegeben: den Maler David Alfaro Siqueiros, den »coronelazo«, ebenso wie seinen Mitarbeiter Antonio Pujol, seine beiden Schwiegersöhne Leopoldo und Luis Arenal und seinen Freund Zuniga Camacho. Die Polizei war darüber hinaus davon überzeugt, daß die Angreifer zwei Komplizen in dem Haus, das sie angegriffen hatten, hatten: Die Köchin Carmen Palma und Bob S. Harte, von dem Siqueiros zu einem seiner Mittäter gesagt haben soll, daß er ihn gekauft hätte.[37]

Bald folgte der Katzenjammer: Die Beschuldigten redeten zuviel und gaben viele Einzelheiten preis. Die beiden Frauen waren als Aktivistinnen der PCM kontaktiert, aber für ihre Dienste bezahlt worden. Am Abend des Angriffs hatten sie einige der wachhabenden Polizisten ebenfalls auf Befehl mit sich fortgeführt. Sie gestanden, den Maler, der ihnen versichert hatte, daß sehr wohl die Partei das ganze Unternehmen organisierte und finanzierte, getroffen zu haben. Serrano verwahrte sich, in diese Geschichte verwickelt zu sein, über die er, so behauptete er, im Auftrag der Partei, die eine »Provokation« witterte, ermittelte. Der kommunistische Rechtsanwalt Mário Pavón Flores versuchte, die völlig durcheinandergeratene Verteidigung der Beschuldigten zu vereinheitlichen, indem er neue Angriffe und Verdächtigungen gegen Trotzki auftischte.

Nach den anfänglichen Irrtümern stellten die Ernsthaftigkeit der Ermittlung, der Umfang ihrer Entdeckungen und die Bedeutung gewisser Geständnisse tatsächlich einen ernsthaften Rückschlag für die Anstifter und Komplizen des Angriffs dar: Der um die von Bassols und den Verantwortlichen der Presse der CTM eingereichten Verleumdungsklagen gegen Trotzki gemachte Lärm vermochte das nur schlecht zu verbergen. Die die Angreifer deckende Presse verschoß ihre letzte Patrone, indem sie »die verdächtige Rolle« von Bob Harte hervorhob, doch wurde seine Leiche in einem Dorf entdeckt, wohin er nach dem Attentat gebracht und wo er von einem der Gebrüder Arenal ermordet worden zu sein scheint.

Das letzte bedeutende Schriftstück aus der Feder Trotzkis ist für Gerichtszwecke abgefaßt worden. Es ist jedoch auch von großem politischen Wert. Es handelt sich um die der politischen Erklärung des Attentats gewidmete Studie »Komintern und GPU«.

Trotzki definiert darin die Oligarchie des Kreml als »totalitär«, das heißt, daß sie sich alle »Funktionen des gesellschaftlichen, politischen und ideologischen Lebens des Landes« unterordnet; dies sei ein hervorstechender Zug, der sich »aus der Stellung der neuen Führungsschicht gegenüber dem Volk« und aus der absoluten Notwendigkeit für die Führungsschicht ableitet, gegenüber dem Volk die GPU »als Werkzeug der totalitären Herrschaft« zu haben:

> »Es handelt sich nicht darum zu wissen, warum die Gleichheit nicht völlig verwirklicht worden ist, sondern warum die Ungleichheit immer stärker wird. (...) Es ist kein Zufall, daß 90% der Revolutionäre, die die bolschewistische Partei aufgebaut, die Oktoberrevolution gemacht, den Sowjetstaat und die Rote Armee geschaffen und den Bürgerkrieg geleitet haben, als ‚Verräter' im Verlauf der letzten zwölf Jahre ausgerottet worden sind. Andererseits hat der stalinistische Apparat während dieser Periode Leute in seine Reihen aufgenommen, die während diesen Jahren der Revolution überwiegend auf der anderen Seite der Barrikaden sich befanden.«[38]

Genauso war es in den Kommunistischen Parteien der übrigen Welt, wo man, wie in der UdSSR, an der Spitze Männer finden konnte, die sich nicht für den Oktober schlagen, sondern Ämter und Begünstigungen für sich selbst erwerben wollten.

Auf der Grundlage dieser Analyse entwickelte Trotzki seine Anklageschrift, die die konkrete personelle und finanzielle Verbindung zwischen der GPU und jeder der Sektionen der Komintern und die materielle »Abhängigkeit« dieser Parteien hinsichtlich des geheimen Netzes der »Dienste«, das sie umgab und ihnen ein Rückgrat einzog, aufzeigte – eine heutzutage von den sogenannten UdSSR-»Experten« trotz ihres im Lande gewissermaßen öffentlichen Charakters fast völlig totgeschwiegene Tatsache.

***

Am 28. Mai 1940, vier Tage nach dem Attentat, drang Ramón Mercader unter dem Namen Jacson zum ersten Mal in das Haus von Coyoacán in der Wiener Avenue vor und traf Trotzki persönlich. Er holte die Rosmers ab – zu denen er über Sylvia Beziehungen angeknüpft hatte –, um sie nach Veracruz zu bringen, wo sie ein Schiff nehmen sollten, das sie in die Vereinigten Staaten brachte.

Mercader stellte sich Sylvia unter dem Namen Jacques Mornard van den Dreschd vor und bezeichnete sich als Sohn eines belgischen Diplomaten, der bei den Jesuiten studiert hatte und dann in die Armee eingetreten war, die er wieder verlassen hatte, um Sportjournalist zu werden. Es war Gertrude Allison von der amerikanischen KP, die ihn ihr vorgestellt hatte dank der guten Dienste von Ruby Weil, der selbst wiederum von Budenz aus New York beauftragt worden war, diese Begegnung zu organisieren. Identität und Vergangenheit waren Erfindungen.[39]

Die so vorbereitete Idylle hatte im Juni 1938 begonnen. Die jungen Leute wohnten bis in den Februar 1939, dem Zeitpunkt, zu dem Sylvia in die Vereinigten Staaten zurückgekehrt war, in Paris zusammen. »Jacques« reiste nicht mit ihr ab, wobei er anscheinend im letzten Augenblick verzichtete. Es war ihm nach vielen Bemühungen gelungen, die Bekanntschaft von Frida Kahlo zu machen, die wegen einer Ausstellung nach Paris gekommen war. Erst im September 1939, nachdem er von den Bérangers, seinen Freunden, Abschied genommen hatte, schiffte sich Mercader in Richtung Vereinigte Staaten ein und kam bei Sylvias Familie mit der Erklärung an, er habe Europa verlassen, um nicht eingezogen zu werden. Er sei mit einem falschen Paß auf den Namen Frank Jacson – ohne k – eingereist.[40]

Mercaders Ziel war sehr wohl Mexiko. Angeblich wegen einer Anstellung durch eine Importgesellschaft reiste er am 12. Oktober 1939 zum ersten Mal nach Mexiko. Er war wahrscheinlich mit der Leitung und der Koordination beauftragt und machte keinerlei Versuch, sich dem Haus von Coyoacán zu nähern. Er pflegte Umgang mit Geschäftsleuten und Ingenieuren und fuhr einen gebrauchten Buick. Er wurde ein paar Mal mit einer älteren Frau, wahrscheinlich seiner Mutter, die zusammen mit dem zu »Leonow« gewordenen Eitingon tatsächlich in Mexiko lebte, gesehen.[41]

Im Januar 1940 folgte Sylvia »Jacques« nach: Sie ging alleine zu Besuch nach Coyoacán. Dafür stellte sie ihren »Ehemann« den Rosmers vor, denen er zahlreiche Aufmerksamkeiten und Gefälligkeiten erwies, indem er ihnen kleine Dienste anbot, sie in seinem Buick spazierenfuhr, sogar nachdem Sylvia im März 1940 wieder nach New York abgereist war. Er war, wie wir gesehen haben, am 28. Mai 1940 zum ersten Mal in das Haus gekommen, um die Rosmers mitzunehmen und sie zum Schiff nach Veracruz zu bringen. Einige Tage später kam Mercader wieder, um sich zu verabschieden, denn er sei, sagte er, von seinem Arbeitgeber zurückgerufen worden: Zu dieser Zeit lebte er mit Sylvia zusammen im Hotel. Er verschwand einen ganzen Monat lang und erklärte, daß er während dieser Zeit schwer krank und in Puebla zur Untätigkeit gezwungen gewesen wäre. Mercader kam Anfang Juli nach Mexiko zurück und richtete sich, immer noch zusammen mit Sylvia, im Hotel Montejo, mitten im Stadtzentrum, ein.[42]

Er kam am 29. Juli 1940 zum Haus von Coyoacán zurück, um seinen Buick, den er im vorausgehenden Monat den Wachen anvertraut hatte, wieder abzuholen.[43] Man hatte sich an seine Besuche gewöhnt: Vor dem 20. August 1940 sollte er fünfmal wiederkommen. Am 8. August 1940 wurde er übrigens, da er zum Teetrinken eingeladen worden war, gewissermaßen akzeptiert: Da sprach Mercader mit Trotzki über einen Entwurf eines Artikels.[44] In der Avenida de Viena wußte man nicht, daß er Frida kannte und soeben von ihr zum Essen eingeladen worden war.

Es ist offenkundig schwer zu begreifen, warum »Sylvias Ehemann« ohne Schwierigkeiten akzeptiert werden konnte, während die üblichen Vorsichtsmaßnahmen bis zum Vorkosten der Gerichte, die Trotzki aß, reichten. Die Ermittlung der mexikanischen Polizei nach dem Mord hat die Schwäche des Bildes, das Mercader von sich zeichnete, mehr als deutlich gemacht. Der angebliche Sportjournalist wohnte keinem einzigen Wettkampf bei und schrieb auch keine Artikel. Er verwendete zwei Identitäten, von denen die eine eine verblüffende Rechtschreibung aufwies. Besonders Sylvia erzählte Mercader unwahrscheinliche Geschichten über die Agentur Argus, die ihn bezahle und ihr sogar ihre Psychologieaufsätze bezahlen würde, wenn sie nicht in Erfahrung zu bringen suchte, wo sie erscheinen würden.[45]

Dieselbe Verwirrung bestand bezüglich seiner Beschäftigungen. Mercader sagte, daß er als Korrespondent einer belgischen Tageszeitung gleich nach New York abreisen würde, aber in New York sprach er von Arbeit bei der Weltausstellung. Die Firma, die ihn angeblich in Mexiko beschäftigte, wurde von einem gewissen Peter Lubeck geleitet, von dem niemand jemals etwas gehört hatte. Im Hotel gab sich Mercader als Maschinenbauingenieur, bei einem Bekannten als Bergbauingenieur aus. Natalja und Joe Hansen gegenüber bezeichnete er sich als Spezialist für Diamanten, gegenüber Otto Schüssler für Zucker und Speiseöl. Selbst im Hause Trotzkis erregte er durch sein ungeschliffenes Benehmen und die Tatsache, daß er ganz offensichtlich ein Mann war, der »Geschichten erzählt«, Anstoß. Trotzki und Natalja gingen mit sich selbst über diese Person zu Rate, aber er war doch »Sylvias Ehemann«, und die Kameradschaftsbande sind heilig und gebieten Vertrauen, selbst bei so überraschenden Erscheinungen wie dieser Person, die in Trotzkis Arbeitszimmer den Hut aufbehielt und sich auf den mit Papieren und Büchern überladenen Tisch setzte ...[46]

Am Ende des Nachmittags des 20. August 1940 unterbrach Trotzki die Versorgung seiner Kaninchen, um »Sylvias Ehemann« zu empfangen, der ihm seinen berühmten Artikel über Shachtmans Theorie vom »dritten Lager« zeigen wollte. Trotzki ließ Mercader in sein Arbeitszimmer ein, und die beiden Männer waren dort allein. Alle Bewohner des Hauses werden für den Rest ihres Lebens den von Trotzki ausgestoßenen Schrei hören, »einen Schrei des Todeskampfes, halb Schrei, halb Schluchzer«[47], als ihm Mercader, hinter ihm stehend, einen Eispickelhieb versetzte, der sieben Zentimeter in seine Schädelkapsel eindrang und die lebenswichtigen Teile des Gehirns traf. Trotzki wußte, daß die Verletzung tödlich war und daß er gleich sterben würde. Es war Trotzki noch gelungen, seinen Angreifer in Schach zu halten und die Wachen zurückzuhalten, zu heftig zuzuschlagen, denn »er muß aussagen«. L. D. sollte Hansen noch sagen, »ich glaube an den Sieg der IV. Internationale« und Natalja, daß er sie liebe.

Trotz der verzweifelten Versuche der mexikanischen Chirurgen und der Hinzuziehung eines amerikanischen Spezialisten konnte Trotzki nicht gerettet werden: Es war nicht ganz 20 Uhr, als er am 21. August 1940 verschied[48], während auf der anderen Seite des Ozeans die »Schlacht um England« lostobte, die nur die erste in einem Krieg war, der noch gar viele andere mit sich bringen sollte.

***

Selbst der Tod eines so herausragenden Mannes wie Lew Dawidowitsch Trotzki war am 21. August 1940 kein Ereignis, das dazu geeignet gewesen wäre, die Massen aufzurütteln, geschweige denn, die Presse in Bewegung zu versetzen. Die *Prawda* behauptete gemäß dem Plan, der seine Vorgesetzten dazu geführt hatte, Mercader mit einem Brief zu versehen, in dem er sein Verbrechen mit seiner Enttäuschung als Anhänger der IV. Internationale erklärte, mit achtundvierzig Stunden Verspätung:

»Nachdem er immer mehr die Grenzen menschlicher Erniedrigung überschritten hatte, wurde Trotzki im eigenen Netz gefangen und von einem seiner Schüler ermordet.«* [49]

Außer der *Deutschen Allgemeinen Zeitung* verharrte die europäische Presse in großer Zurückhaltung und begnügte sich damit, in wenigen Zeilen den Mord und die Version des Mörders darzustellen und dabei manchmal die Vermutung zu äußern, es handle sich um ein Verbrechen der GPU. In den Vereinigten Staaten war die Erregung heftiger, da sich der Vorfall in einem benachbarten und abhängigen Land ereignet hatte. Sofern er die Gemüter beeindruckte und die Aufmerksamkeit auf sich zog, tat es der Tod Trotzkis insgesamt jedoch vor allem als Symbol für das Ende einer Epoche.

Über die Reaktionen in Mexiko gibt es mehr zu sagen: die Scheinheiligkeit der erleichterten, aber moralisch »empörten« Rechtspresse, sowie die Gemeinheit der Leugnung des Verbrechens durch diejenigen, die es gedeckt hatten. Doch es gab die Reaktion des Volkes, das Erscheinen von zwei großartigen *corridos* [Volksballaden] und von 300.000 Mexikanern und Mexikanerinnen, die teilweise von sehr weit her, barfuß, zur Route des Trauerzuges von Coyoacán zum Einäscherungsraum des Pantheons gekommen waren. Man möge mir gestatten, mich ein letztes Mal zu zitieren:

»Der vom Präsidenten Cárdenas selbst empfundene Schmerz und die Empörung, die Verletzung der mexikanischen Tradition der Gastfreundschaft, das zusätzliche Entsetzen über das von einem Fremden an einem Gast begangene Verbrechen – all das trug zu der Stärke dieser Reaktionen bei. Und diese Hunderttausende von Armen und Enterbten, von Arbeitern und landlosen Bauern, die sich in diesen Tagen gemeinsam für einen Toten einfanden, von dem sie fast nichts wußten, bildeten genau jene ‚Massen', denen gegenüber die stalinistische Propaganda unaufhörlich wiederholt hatte, daß er ihr tödlicher Feind sei. Man mußte also doch zugeben, daß für den Geächteten ein Gefühl der Zuneigung bestand, das keine Haßpropaganda jemals verletzen konnte. Darf man hinzufügen, daß hierin ein Trost liegt?«[50]

Am 24. September 1940 schrieb der alte Revolutionär, der Vorkämpfer für die Revolution, der Entdecker des Marxismus für Mexiko, der Vorkämpfer für die demokratischen Rechte, Francisco Zamora, als er zu den Reaktionen auf den Mord an Trotzki Stellung nahm, die folgenden Zeilen, von denen wir gerne sähen, daß sie in diesem Buch über Trotzki als eine Art Grabschrift dienen mögen:

»Ich gehöre nicht und ich habe niemals zur IV. Internationale gehört; mit ihren Aktivitäten habe ich nichts zu schaffen; indessen glaube ich, daß Sta-

* Das ist ungefähr das, was Deutscher 1949 in seinem *Stalin* über den Mord an Trotzki durch »eine obskure Gestalt, die sich als einer seiner Anhänger vorstellte« schreiben sollte.

lin der abstoßendste und bösartigste Verräter ist, dem die Sache des Proletariats je begegnet ist: Kein geistig und moralisch gesundes menschliches Wesen kann weiterhin sein Anhänger sein – nach der Serie von Verbrechen, Hochstapeleien, Niederträchtigkeiten und Verfälschungen von Tatsachen und Ideen, die dieses finstere Individuum begangen hat; ich meine, daß das, was heutzutage, trotz Stalin und seiner Bande, von der Oktoberrevolution noch vorhanden ist, durch Ausmerzung des Stalinismus gerettet werden muß, der die Weltarbeiterklasse, genau in dem Zeitpunkt, in dem sie am meisten ihr Bewußtsein und ihre Sicherheit brauchte, führerlos und verwirrt, in der Vereinzelung gelassen hat. Wenn das bedeutet, Trotzkist zu sein, dann bin ich Trotzkist und bin stolz, es zu sein, denn in allen Epochen und jeder Gesellschaft wird es ehrenwerter sein, auf seiten des feige ermordeten Opfers zu stehen, als seinem allmächtigen Henker als Lakaie und Apologet zu dienen.«[51]

Schlußwort

Trotzkis Biographie geht mit seinem Tod nicht zu Ende. Siebzig Jahre nach der Oktoberrevolution ist die Erinnerung an ihn ganz zweifelsohne in den Gedanken der sowjetischen Völker gegenwärtiger und sogar geeigneter, dort Leidenschaften zu erwecken, als etwa die Erinnerungen an Georges Clemenceau, David Lloyd George oder Thomas Woodrow Wilson in ihren jeweiligen Ländern.

Das Werk, das in einigen Jahren oder Jahrzehnten Trotzkis Schicksal beschreiben wird, wird wahrscheinlich ein fesselndes Werk sein über den in der Geschichte gigantischsten Versuch, einen Menschen und seine historische Rolle mit staatlichen Mitteln und internationaler Hilfe aus dem kollektiven Gedächtnis auszuradieren – und heute kann man mit Sicherheit dessen endgültiges Scheitern vorhersagen. Dazu wollte auch ich meinen bescheidenen Beitrag leisten.

Selbstverständlich werden die internationalen Verhältnisse zu jenem Zeitpunkt, der Grad der Entwicklung in der UdSSR oder der von der Demokratie und dem Sozialismus in der Welt eingenommene Platz nicht die einzigen Faktoren bei der Rückführung jenes Mannes, der noch heute so viele Leidenschaften in Wallung bringt, in die Geschichte sein. Die Bedeutung von Trotzkis Persönlichkeit selbst wird in dem Maße, in dem sie angesichts der Unfertigkeit und der Widersprüche einer Welt noch größere Bedeutung erlangt, die seit dem Eispickelhieb Mercaders zur Zeit des Hitler-Stalin-Paktes kaum menschliche Fortschritte gemacht hat, nicht zu vernachlässigen sein.

Es brauchte natürlich eine massive Gewöhnung an die wahnwitzige Situation, daß das »Politbüro« einer »Einheitspartei«, das über alles und sogar über die Vergangenheit selbstherrlich entschied, über das, was es die »Rehabilitierung« Trotzkis nannte, debattiert, wie es die westliche Presse am Vorabend des siebzigsten Jahrestages der Oktoberrevolution getan hat. Auf die Exklusivmeldungen und die Aufregung gewisser Leute hat eben jener Sjewa, aus dem in Mexiko längst der Ingenieur Esteban Wolkow geworden ist, ruhig geantwortet, daß es sein Großvater keineswegs nötig habe, rehabilitiert zu werden, aber daß es dagegen ein wirklicher Schritt vorwärts in Richtung Gerechtigkeit und Wahrheit wäre, wenn seine Schriften den Menschen in der Sowjetunion zugänglich gemacht werden würden, damit sie sich selbst ihre Meinung über ihn bilden können.[1]

Wir möchten für diejenigen auf mildernde Umstände plädieren, die sich heute darüber wundern zu erleben, wie die sowjetische Presse endlich bedeutende historische Wahrheiten, etwa Trotzkis Rolle als Vorsitzender des Petrograder Sowjets oder an der Spitze der Roten Armee anerkennt. Der Mann, dem »Führer« heute seine »Titel« zurückgeben, indem sie schlicht die leitenden Funktionen, die er wahrnahm, anführen, ist bei all denen, die wie so viele unserer Zeitgenossen und besonders mancher unserer Journalistenfreunde vollendete Tatsachen lieben, ist gerade noch mal davongekommen.

Ist derjenige, der auf diese Weise wieder in die offizielle Geschichte und folglich für viele in *die* Geschichte zurückgekehrt ist, nicht ein halbes Jahrhundert lang in allen Lexika und den unvermeidlichen Fußnoten nur ein vom Schandmal der »Parteigegners « gezeichneter »großer Satan« gewesen, eine Unperson, deren Unleben sich in Ungeschehnissen abspielte? Man kann die Bestürzung der Anbeter der offiziellen Vergangenheit angesichts dieses Wiederauflebens der historischen Wahrheit verstehen. Und es sind natürlich die nämlichen, die wünschen, daß diese Wahrheit nicht zu gefräßig sein möge, daß sie sich mit der Wiedererlangung eines offiziellen Platzes bescheiden möge und daß man vor allem davon Abstand nehme, sie auf Ideen auszudehnen, die ihnen zufolge längst von der Zeit »überholt« worden sind.

***

Zu einem Zeitpunkt, wo der Prozeß der Wiedereinfügung Trotzkis in die Seiten der Enzyklopädien, an die Wände der Museen, in die Zettelkästen der Bibliographien und schließlich in die Bibliotheken anfängt, läßt sich gut verstehen, warum man versucht hatte, ihn für immer daraus zu verbannen.

Der Kampf zwischen Trotzki und dem bürokratischen Apparat von 1923 an, die Polemik zwischen Trotzki und seinen alten Genossen, die er »Kapitulanten« nannte, die Erpressungen, denen Trotzki in jener Zeit in allen denkbaren Formen ausgesetzt wurde, zeigen immer wieder die letztlich gleichbleibenden Bestrebungen der Machthaber. Letztlich haben Trotzkis Gegner, während seiner Laufbahn vom Kriegskommissariat in Moskau in der Snamenka 23 bis zur Wiener Avenida in Coyoacán, in allen möglichen Formen nur eine einzige Forderung zum Ausdruck gebracht: daß er schweigen möge.

Trotzki wurde aus der Partei ausgeschlossen, weil er sich in ihrem Rahmen äußern wollte, und aus der UdSSR ausgewiesen, weil er dort seine Ideen in seinem privaten Briefwechsel dargelegt hatte. Die große Verleumdung begann im Ausland, weil er, insbesondere um sich zu verteidigen, schrieb.

Um nur ein Beispiel herauszugreifen: Gerade weil Trotzki sich weigerte zu schweigen, wie er dem norwegischen Nazi Konstadt, dem Überbringer des Ultimatums der norwegischen sozialistischen Regierung, deutlich zur Antwort gab, mußte er zum Zeitpunkt der ungeheuerlichen Entfesselung der Stalinschen Verleumdungen gegen ihn die Internierung in Norwegen erdulden. Trotzkis Ermordung, seine physische Beseitigung waren auch die Garantie, ihm für immer den Mund zu stopfen.

Was bleibt, ist, daß der mächtigste Tyrann und das perfektionierteste Ausrottungssystem sehr viele Menschen töten können, aber daß die Ideen erheblich schwerer zu treffen sind. Als 1987 die ersten nicht feindlichen Anspielungen auf Trotzki in der sowjetischen Presse ihren Anfang nahmen, war die Erwähnung seiner Person in der Sowjetunion, abgesehen von den rituellen Beschimpfungen, sechzig Jahre lang verboten, ein fortwährendes und nach seiner Ermordung noch verschärftes Verbot.

Was war der Grund, als Trotzki längst beseitigt war? Die Erinnerung an den Kämpfer, an den Revolutionär, an den Führer der Roten Armee, an den unbeugsamen Gegner Stalins? Mit Sicherheit. Doch da war vor allem der Inhalt seiner Schriften, die Ideen, die er verfochten und in Umlauf gebracht hatte, alles, was von ihm insbesondere in Form seiner Bücher und seiner Zeitungsartikel übrigblieb.

Die Sowjetunion gehörte in diesem halben Jahrhundert nicht gerade zu den Ländern, wo man sagen konnte, was man wollte, weil sowieso niemand zuhörte. Ganz im Gegenteil, und das so lange verwirklichte Verbot, den Menschen Trotzki und seine Ideen auch nur zu erwähnen, mußte unter diesen Bedingungen einen Sinn haben.

Ist es übertrieben und parteilich, anzunehmen, daß Stalin und seine Nachfolger, indem sie in dieser Sache derart drakonische Maßnahmen ergriffen, nur bewiesen, wie sehr sie die Durchschlagkraft der Ideen des Toten fürchteten? Ist es falsch zu glauben, daß sie vor diesen Ideen keine Angst gehabt hätten, wenn sie nicht geglaubt hätten, daß sie dazu geeignet waren, materielle Gewalt zu werden?

Was sind diese Ideen? Trotzki glaubte, kurz gesagt, daß die Macht »der Arbeitenden« in der UdSSR von einer privilegierten bürokratischen Schicht monopolisiert worden ist, die sich zur Herrin der Partei gemacht hatte und die Errungenschaften des Oktober bedrohte; daß die bedrohte Sowjetunion nur durch eine politische Revolution gerettet werden konnte, die auf der Grundlage der wirtschaftlichen und gesellschaftlichen Errungenschaften des Oktober eine pluralistische Arbeiterdemokratie einrichtete.

Warum stellte Stalin genau diesen Ideen und den Menschen, die sie weitergaben, nach? Weil er verrückt war? Ist die Geschichte eine Geschichte von Verrückten, die man Schwachköpfen erzählt? Wir glauben das ganz und gar nicht.

Man erinnere sich an die Archive von Smolensk und die Vermerke der Polizeiberichte über die Beliebtheit Trotzkis und Sinowjews bei der Jugend im Jahre 1936.[2] Und ist, Jahrzehnte später, die Spur der Ideen, die man hatte tilgen wollen, trotz der Blutbäder nicht immer noch sichtbar? Zwanzig Jahre nach der Massenabschlachtung der Trotzkisten per Maschinengewehr in Workuta schrieb der Schriftsteller Kasakjewitsch – der in der Linksopposition Wolodja geheißen hatte – in der Zeit von Chruschtschow *Das Blaue Heft*, worin er das unversehrte Antlitz Sinowjews wiedererstehen ließ. Dreißig Jahre später war es der frühere Deportierte I. K. Daschkowski, der die *Prawda* schroff zu einer Erklärung aufforderte und einen Brief, in dem er daran erinnerte, wer Trotzki war, mit seinem Namen unterschrieb?[3] Fünfzig Jahre später sind es die Briefe, die bei allen Debatten an die Redaktionen der Leserbriefe gerichtete werden: »Schon wieder eine Frage zu Trotzki!« ruft der Historiker aus.

Wollen wir weitergehen: Genau hier offenbart sich Stalins Verrücktheit. Seine Angst vor Trotzki und den Trotzkisten und die Angst seiner Apparatschiks waren so groß, daß Stalin es sogar für möglich hielt, Trotzkis Bild und Namen aus der Geschichte zu tilgen, indem er Zeugen und mögliche Mitwisser von Trotzkis Ideen allesamt beseitigte. Es war sehr wohl ein verrückter Traum zu glauben, daß es möglich sei, im gleichen Aufwasch auch noch die Spuren seiner eigenenVerbrechen zu tilgen!

Nach Jahren des völligen Verschwindens von Trotzki, die auf ein fortschreitendes Ausblenden folgten, wohnen wir seit 1953 dem umgekehrten Vorgang in einem ebenso ungleichmäßigen Tempo bei. Der Faden der Geschichte wickelt sich jetzt in umgekehrter Richtung ab. Trotzkis Antlitz taucht wieder auf; und morgen schon werden seine Ideen wieder erwähnt und auch aufgegriffen werden. Es ist wahrscheinlich, daß sie in einer den inzwischen eingetretenen Veränderungen angepaßten Form zu materieller Gewalt werden.

Es steht uns nicht zu, darüber zu entscheiden, sondern dem sowjetischen Volk. Dieses teilweise von der Angst befreite Land der Jugend und der Kultur bestätigt, daß es Stalin nicht gelungen ist, Trotzkis Spuren zu tilgen. Das Volk wird sein Urteil fällen.

***

Trotzkis Leben und die Entwicklung seines politischen Denkens wurden von den Eispickelhieben des Meuchelmörders jäh zerschlagen.

Das Feld bleibt folglich für die widersprüchlichsten Mutmaßungen offen und ermöglicht es jedem, Trotzki an sich zu reißen. War Trotzki, wie manche glauben, in diesem Sommer 1940 ein »neuer Mensch«, im Begriff mit sich und seiner erst einige Monate alten Analyse der UdSSR zu brechen? Um diese Meinung zu verdeutlichen, bemüht man sein unvollendet gebliebenes Werk *Stalin*, die starken Beiwörter, die Trotzki gebraucht, um den Diktator zu bezeichnen, den er mit Nero vergleicht und den wahrscheinlich erstmaligen Gebrauch des Wortes »Totalitarismus«, um die Stalinsche Herrschaftsform zu charakterisieren. Manche sehen sogar im Artikel »Komintern und GPU«, einer Analyse des Netzes des Geheimdienstes im Inneren der Internationale, die Skizze zu einer neuen Analyse der Kommunistischen Parteien und der Internationale als reine und bloße Agenturen des Kreml.

Trotzki wurde ermordet in einem entscheidenden Augenblick der Weltgeschichte, in jenem Sommer 1940, in dem Frankreich besetzt war und in dem eine Angriffswelle der Luftwaffe auf die englischen Städte der nächsten folgte. Ein Jahr später sollte bereits der Feldzug der Wehrmacht gegen Osten, der Angriff der Panzer in Richtung Moskau und Leningrad stattfinden.

Die Versuchung, diesen oder jenen Satz Trotzkis auszudeuteln und überzubewerten, diese oder jene vorherige Beurteilung auf eine Trotzki unbekannte Zukunft zu projizieren, ist hier groß. Und sie ist umso größer, als Trotzkis datierte Vorhersagen, seine in bestimmten Jahren ausgedrückten Hoffnungen nicht in Erfüllung gegangen sind.

Entgegen Trotzkis Erwartung hat im Verlauf des Zweiten Weltkrieges keine Revolution, die mit der vom Oktober 1917 vergleichbar gewesen wäre, gesiegt. Die IV. Internationale ist, entgegen dem, was Trotzki angekündigt hatte, auch nicht die führende Kraft geworden, die hinter sich Millionen Menschen zum Sturm auf die alte Welt mitreißt.

Trotzki hatte 1940 gewiß nicht mehr die Illusion, die er noch 1932/1933 über einen schnellen Zusammenbruch der Stalinschen Herrschaft hegte, die ganz offensichtlich durch den Machtantritt der Nazis im Jahre 1933 und ihr Bündnis mit der Sowjetunion im Jahre 1939 gestärkt worden war. Doch die Stalinsche Herrschaft schien ihm trotzdem noch zu kurzer Dauer verurteilt und keineswegs geeignet, Verstärkung und geographische Ausdehnung zu erfahren.

Obwohl Trotzki die Entwicklungen in Finnland und in Ostpolen, die Angleichung der Gesellschaft der besetzten Länder an die Struktur der UdSSR, die Gleichschaltung ihrer Wirtschaft und die Unterordnung ihrer Machtstrukturen unter Moskau peinlich genau analysiert hat, hat er die Möglichkeit nicht vorhergesehen, die dann Wirklichkeit wurde, nämlich daß die Stalinsche Herrschaft aus dem Krieg gestärkt hervorgehen und ihre Macht auf einen bedeutenden Teil Mittel- und Osteuropas ausdehnen, dabei Wirtschaft und Gesellschaft umwälzen und dort ihre Polizeiherrschaft einsetzen würde.

Und selbstverständlich hat Trotzki Pol Pot und gar viele andere in den Farben des »Marxismus« und des »Leninismus« gekleidete Erscheinungen offensichtlicher Barbarei nicht vorausgesehen. Bedeutet das, daß Trotzki bis zu seiner Ermordung der Prophet einer undenkbaren und unzeitgemäßen Revolution war? Daß die Arbeiter- und Bauernrevolutionen ihren Platz endgültig militärisch-bürokratischen Eroberungs- und Besatzungsunternehmen überlassen hatten? Es scheint mir, daß, wenn es so gewesen wäre, es die Großen dieser Welt eher vorgezogen hätten, Trotzki in Frieden weissagen zu lassen, als ihm an allen Enden der Welt nachzustellen oder nachstellen zu lassen.

Nehmen wir einen Augenblick an, daß Trotzki von Grund auf Unrecht gehabt hätte und daß die Revolution von jenem Jahr 1940 an, als er sie vom

Krieg in Europa erwartete, völlig aus dem Gesichtskreis der Menschheit verbannt worden wäre.

Trotzki war nicht der einzige. Als Stalin den trotzkistischen Aktivisten in Europa nachstellte, als er nach zahlreichen polnischen Aktivisten und sehr vielen in die UdSSR geflüchteten Kommunisten Walter Held* ermorden ließ, beseitigte er Revolutionäre. Warum, wenn nicht aus Furcht vor der Revolution? Um die Entfesselung einer Unterdrückung dieses Ausmaßes zu erklären, muß man doch immerhin die Möglichkeit einer konkreten Verbindung zwischen dem Denken des Verbannten und der wirklichen politischen und gesellschaftlichen Entwicklung annehmen.

Wir haben das Bündnis, das gegen Trotzki nach seiner Verbannung geschmiedet wurde, die Haßkampagne der Nazipresse im Februar 1934, die Kapitulation der französischen Regierung im April desselben Jahres doch nicht erträumt. Es gab in Norwegen 1936 ein de facto-Bündnis zwischen Stalin und Hitler. Nur so nebenbei haben wir auch die Raserei der amerikanischen Zeitungen gegen die Aufnahme des »roten Menschenschlächters« in Mexiko, dann gegen die »bolschewistischen Maßnahmen«, die dem Präsidenten Cárdenas einzuflüstern man Trotzki beschuldigte, und den zweideutigen Charakter der Bemühungen der Dies-Kommission herausgestellt.

Wenn man die Aufzeichnung der letzten Zusammenkunft zwischen dem französischen Botschafter Coulondre und Hitler anläßlich der Kriegserklärung 1939 liest, hat man schließlich nicht den Eindruck, daß die Revolution ein überholter und veralteter Traum gewesen war: Der Botschafter machte gegenüber dem »Führer« geltend, daß Trotzki – das heißt die Revolution – der einzige Sieger sein werde. Hitler bestritt das nicht. Er sagte nicht zu Coulondre, daß er träume. Hitler begnügte sich damit zu brüllen, daß er all dies wisse, daß aber die Verantwortung dafür London und Paris zufalle.

Gewitztere Kommentatoren sollten sich jedoch an einen von Trotzki im Laufe der Debatte von 1939/1940 gegen Burnham und Shachtman geäußerten und weiter oben zitierten Gedanken klammern: Darin behauptete Trotzki tatsächlich, daß das Ausbleiben einer Revolution am Ende des Zweiten Weltkriegs der Beweis für die historische Unfähigkeit des Proletariats, das Geschick der Gesellschaft insgesamt in die Hand zu nehmen, wäre und daß man dann dazu gezwungen wäre, die marxistischen Zielsetzungen zu überprüfen. Dann müßte man sogar von einem Zerfallsprozeß der menschlichen Zivilisation, in dem es für die sozialistische Revolution keinen Platz mehr gäbe, ausgehen.

* Walter Held beging den Fehler, 1941 mit seiner Frau und seinem Sohn, versehen mit einem amerikanischen Paß, die UdSSR zu durchqueren; sie wurden verhaftet und ein Jahr später hingerichtet, Held als letzter, am 28. Dezember 1942.

Als gewissenhafte Forscher haben meine Freunde und ich diese Hypothese ernst genommen und in Trotzkis Papieren eine Ausarbeitung oder wenigstens einen Entwurf, also Notizen gesucht, die abzufassen er nicht versäumt hätte, wenn dieser Satz für ihn eine ernstzunehmende Hypothese dargestellt hätte und nicht nur eine Methode, um vorzuführen, daß es seinen Gegnern an elementarstem »revolutionären Optimismus« mangelte. Wir haben nichts gefunden. Wird man es uns vorhalten? Unser Freund Van glaubte, daß dieser Satz sehr wohl den Kern von Trotzkis Denken widerspiegeln könnte und daß letzterer zu diesem Zeitpunkt bereit war, nach seiner Ausdrucksweise, »den Bart von Marx zurechtzustutzen«. Er hat mit uns vergeblich gesucht und am Schluß mangels Unterlagen darauf verzichtet, die Arbeit zu schreiben, die er zu dieser Frage ins Auge gefaßt hatte. Ich überlasse anderen die Verantwortung, aus dieser Stelle endgültige und tiefsinnige Schlußfolgerungen zu ziehen.

Ich füge hinzu, daß es mir ganz und gar unmöglich ist, mir einen Trotzki vorzustellen, der nicht das Leben und all seine Formen hinterfragt hätte und der bei neuen Fakten seine Analysen und seine Formulierungen nicht geändert hätte, ohne deshalb den »revolutionären Optimismus«, der ihn kennzeichnete, zu verlieren.

***

Das Urteil der Geschichte läßt manchmal auf sich warten, aber es wird am Ende immer gefällt. Die ersten Elemente, die es gestatteten, einige von Trotzkis Analysen zu überprüfen, sind von den ersten Erschütterungen in Osteuropa, in den Ländern, die die Sowjetunion nach dem Krieg mit Zustimmung ihrer Verbündeten in ihre Einflußzone einverleibt hat, geliefert worden. Die Geschichte der »Volksdemokratien« war nur der Auftakt zur Einführung von wirtschaftlichen und gesellschaftlichen Umformungen von oben, der Enteignung der Privateigentümer und der Unterwerfung der bürgerlichen Gesellschaft und des politischen Lebens unter ein bürokratisches und polizeiliches Joch gewesen, das demjenigen, das auf der UdSSR lastete, ähnelte und unter der Kontrolle derselben Führer stand.

Es kann hier selbstverständlich nur um einen Vergleich gehen, mit den Grenzen, die ein solches Vorgehen auferlegt. Das Gewicht der »nationalen Unterdrückung« in den Ländern Osteuropas war wohl noch stärker als für die fremdstämmigen Nationen der Sowjetunion, obgleich sich der Bewußtwerdungsprozeß überall beschleunigt; dabei ist es gleichgültig, ob die Krise in Armenien oder anderswo ausbricht.

Im Jahre 1936 skizzierte Trotzki in der *Verratenen Revolution* für die Zukunft ein Programm jener angekündigten »politischen Revolution«, das wir oben abgedruckt haben.[4] Er zeichnete darin die großen Linien der vom

»Sturz der bürokratischen Kaste« zu erwartenden Folgen auf, die sowjetische Demokratie, das Recht auf Kritik, die Wahlfreiheit, die Freiheit der Parteien, die Erneuerung der Gewerkschaften, die Überprüfung und die freie Erörterung der Wirtschaftspläne, der Kampf für die Gleichheit und gegen die Privilegien, das Recht für die Jugend, zu kritisieren und sich zu irren, die Freiheit für die Kunst und die Wissenschaft und die Rückkehr zu den Traditionen des revolutionären Internationalismus.

Natürlich haben uns die Ereignisse in den von der Bürokratie beherrschten Ländern mit den Jahren Gelegenheit geboten, dieses mit Jahrzehnten Vorsprung vorgezeichnete Programm zu überprüfen, und ein einfacher Überblick scheint mir nicht unnütz, um die Prüfung dieser Hypothesen durchzuführen.

In der Tat ist Osteuropa seit 1953 von den Ostberliner Arbeiterdemonstrationen und -unruhen an der Schauplatz von offen gegen die Bürokratie und nicht gegen die wirtschaftlichen Grundlagen des Herrschaftssystems gerichteten Erhebungen gewesen: Von den Unruhen von Posen 1956 bis zu den Streiks von Danzig 1970, über den polnischen »Frühling im Oktober 1956«, die ungarische Revolution 1956, die Demonstrationen und die friedliche Erhebung in der Tschechoslowakei im Jahre 1968, ohne die Studentendemonstrationen und die Arbeiterstreiks in Jugoslawien im Jahre 1968 zu vergessen. Es waren die Arbeiter dieser »sozialistisch« genannten Länder, die sich erhoben hatten – mit eigenen Organisationen – Arbeiterräten oder unabhängigen Gewerkschaften – im Bündnis mit den zu Sprechern der Jugend gewordenen Studenten. Der Arbeiterrat von Großbudapest im Jahre 1956 war eine richtige Machtinstitution »sowjetischen«, auf Räten beruhenden Typs und kämpfte gegen die Regierung Kádár. Jeder weiß, daß Solidarnosc über eine Massengewerkschaft hinaus auch eine zweite Macht gewesen ist, die mit der von General Jaruzelski ausgeübten Macht in Konflikt stand und die nur durch einen militärischen Staatsstreich und eine Unterdrückung beseitigt werden konnte.

Die Forderungen, die in diesen Bewegungen der Arbeiter und der Jugend auftauchten, vollzogen diejenigen nach, die schon im Programm »politischer Revolution«, so wie es Trotzki skizzierte, standen: Demokratie, Freiheit der Parteien, Zerstörung des bürokratischen Apparates, »freie« Gewerkschaften, freie Wahlen und Recht auf Kritik, Ahndung der Verstöße gegen die Menschenrechte, Bestrafung der für die Opfer Verantwortlichen, Eroberung der demokratischen Rede-, Versammlungs-, Demonstrationsrechte, ebenso wie das Erscheinen einer befreiten und daher spannenden Presse. Die an die sowjetischen Arbeiter gerichtete Botschaft der polnischen Arbeiter auf dem Kongreß der Solidarnosc 1981, die Demonstration von acht sowjetischen Bürgern am 25. August 1968 auf dem Roten Platz in Moskau gegen den Einmarsch in die Tschechoslowakei knüpften wieder an die Traditionen des revolutionären Internationalismus an und griffen den »großrussischen Chauvinismus« an.

In jüngerer Zeit konnte man in der UdSSR von Gorbatschow in der Zeit von *Glasnost* und *Perestroika* oft sehen, daß die Unterstützung der vom Staat gewünschten »Wirtschaftsreformen« gleichzeitig Forderungen nach politischer Freiheit, nach einem Ende des Machtmonopols in den Händen der Partei zum Ausdruck brachte, Forderungen, die natürlich die Rückkehr zu den demokratischen Freiheiten, zum Versammlungs-, Rede-, Demonstrationsrecht, zur Erneuerung der Gewerkschaften, zur Wiedererstehung echter Wahlen und so weiter mit beinhalteten.

Die am hellichten Tag in der Presse aufgeworfenen und ausgiebig besprochenen Themen sind denjenigen, die Trotzkis Denken studiert haben, durchaus vertraut. Die Bürokratie, ihre Privilegien, ihr Machtmonopol, ihre Definition und ihr antisozialistischer Charakter stehen dabei an erster Stelle. Professor Butenko verwies seine stalinistischen Gegner, die die Möglichkeit einer Usurpation der Macht des Volkes durch die Bürokratie leugnen, auf Karl Marx. Man diskutiert inzwischen über die Vielfalt der Parteien und über die antidemokratischen Modalitäten der Bestellung der Delegierten zur Parteikonferenz. Man spricht von einer Rückkehr zu den Normen in der Zeit Lenins, was auch die Macht der Sowjets und die Anerkennung von Minderheiten mit beinhaltet. Man debattiert über die Errichtung eines Denkmals für die Opfer Stalins, über die Ermittlungsmethoden der Polizisten und der Richter oder über die Bestrafung der Henker. Man diskutiert über die Möglichkeiten der Bürokratie, »sich zu reformieren«; man benützt den Begriff »Bonapartismus«, um ihre unrechtmäßige Allmacht zu bezeichnen; man bekräftigt das Vertrauen in die junge Generation, »die nicht die totale Angst kennengelernt hat«, oder man nimmt die Privilegien und die zu ihrer Verteidigung eingesetzten Mittel aufs Korn. Man verteidigt inzwischen die Geschichte und die geschichtliche Wahrheit gegen diejenigen, die »sie gleichschalten« wollen.

Eine vertiefte Analyse gestattet es, Teile der Ende der dreißiger Jahre von Trotzki vorgebrachten Analyse in der Wirklichkeit präzise aufzufinden. Wie Trotzki es angekündigt hat, war es tatsächlich die Arbeiterklasse im eigentlichen Wortsinn, die an der vordersten Front all dieser Kämpfe gegen die Bürokratie gestanden hat, und ihr erster Angriffspunkt ist das Monopol der machthabenden Partei gewesen. War ein Imre Nagy, der lieber mit seinen engen Freunden sterben wollte, um seinem Volk treu zu bleiben, wo ihn doch ein Wort der Selbstkritik hätte retten können, nicht ein Vertreter der von Trotzki so genannten »Reiss-Fraktion« der Bürokratie? Und wie soll man nicht an die »Butenko-Fraktion« denken, wenn man sieht, wie sich ein Jan Sejna, ein General und Politiker und eifriger Stalinist, lieber für die CIA entscheidet, als seinem Volk in der Tschechoslowakei 1968 Rechenschaft ablegen zu müssen?

Ich werde hier nicht das schreiben, was ich nicht schreiben möchte, von dem aber gewisse Leute sicher behaupten werden, ich hätte es geschrieben. Die Männer und die Frauen, die im Laufe der letzten Jahre in der UdSSR heimlich »leninistische« Gruppen zu unterhalten versucht haben, diejenigen, die seit zwei Jahrzehnten dort Gefängnisse, Lager und psychiatrische Spezialkliniken gefüllt haben, haben ihre Freiheit und ihr Leben nur auf der Grundlage ihrer persönlichen Erfahrung und dem Bruchteil an Kollektivgedächtnis, über das sie verfügten, aufs Spiel gesetzt. Ich sage weder, daß sie Trotzkisten waren, noch, daß sie unter Trotzkis Einfluß gestanden haben, geschweige denn, daß sie über ihn mehr wußten als einige Worte der gewöhnlichen Schmähungen.

Dasselbe gilt für Osteuropa, indes mit zwei Ausnahmen. Man weiß, daß der glänzende ungarische Journalist Miklos Gimes, ein späterer Gefährte von Imre Nagy am Galgen, ein bei einem Trödler in Paris gekauftes Exemplar von der *Verratenen Revolution* nach Budapest heimgebracht hatte. Mehrere Dutzend Intellektuelle verschlangen es nacheinander bei Nacht. Sie gewannen daraus ein zwiespältiges und widersprüchliches Gefühl der Bewunderung und der Ohnmacht: Wie konnte man da Erfolg haben, wo dieser Mann gescheitert war? Zur gleichen Zeit hatte in Polen ein früherer Hafenarbeiter aus Antwerpen, Kazimierz Badowski, ein Überlebender der Hitlerschen und Stalinschen Lager, unter den aufmerksamsten Zuhörern bei seinen Gesprächen über Trotzki zwei junge Kommunisten namens Jacek Kuron und Karol Modzelewski.

Die Tatsache, daß die verschiedenen Gruppen von Opponenten – ich verwende hier den sehr einschränkenden Begriff »Dissidenten« sehr wohl absichtlich nicht – in einer geheimen oder halbgeheimen Tätigkeit die Organisierung des Kampfes für eine pluralistische Demokratie, den freien Vergleich der Ideen und Programme, den Kampf für die Gleichheit durch die Aufhebung der Privilegien und vor allem den Kampf für die Wahrheit versucht haben, bedeutet keineswegs, daß sie, auch nur unbewußt, »Trotzkisten« waren.

Jedoch kann niemand verhindern, daß diese Forderungen anderen, ähnlich lautenden, die aus einer fernen Vergangenheit wieder auftauchen, entsprechen. Der Faden einer gewissen Kontinuität verbindet diese Männer und diese Frauen, ob es einem gefällt oder nicht, mit Joffe, der sich 1927 den Tod gegeben hat, mit Rakowski, der 1988 rehabilitiert wurde, mit Trotzki, der nach Lew Sedow ermordet wurde, mit ihren in Workuta und anderswo erschossenen Genossen und Genossinnen. Das ist ein Band von Kontinuität, von dem wir beim derzeitigen Stand unserer Kenntnisse nur sagen können, daß »die Trotzkisten« nur ein dünner, letztlich vielleicht sogar entbehrlicher Faden sind, von dem aber Trotzki und seine Ideen einen wesentlichen Grundbestandteil ausmachen.

Es war bei bestem Willen nicht möglich, diese Biographie von Trotzki – nachdem oft betont worden ist, daß er kein Prophet war – abzuschließen, ohne die konkrete Form der Arbeitererhebungen, die Trotzki in seinem Konzept der »politischen Revolution« skizziert hatte, zu erwähnen.
Folgende Frage ist in diesem Buch zumindest auf indirekte Weise schon gestellt worden: Warum bewahrt Trotzki über ein halbes Jahrhundert nach seiner Ermordung und nachdem er seit Jahrzehnten, sei es wegen Kronstadt, wegen seines Glaubens an die Weltrevolution oder seiner Verbundenheit mit dem »überholten« Marxismus auf tausend und eine Art moralisch und politisch beerdigt worden ist, ein solches Ansehen? François Mauriac hat eine erste Teilantwort gegeben:

> »Er verabscheute an Stalin nicht die ‚beherrschende' Persönlichkeit, sondern was an dessen Person niedrig und grausam, gerade so und nicht anders war. Während der Schlacht um Kasan rügt Trotzki 1918 ‚den kleinmütigen historischen Fatalismus, der sich in allen konkreten und privaten Fragen passiv auf allgemeine Gesetze beruft und den Hauptantrieb außer acht läßt: Das lebende und handelnde Individuum'.
>
> Dieser lebendige und handelnde Trotzki kommt uns weniger unmenschlich vor als sein blutrünstiger Gegner. Aber das kommt vielleicht daher, daß wir ihn dank seiner Autobiographie als Kind gekannt haben und nun fortfahren, diesem Kind auf seinem Weg zu folgen, daß wir es sogar noch in dem unerbittlichen Mann wiedererkennen, der ohne Zögern die Sozialrevolutionäre niederschießen läßt, wenn es ihm nötig scheint.
>
> Trotzki ist dadurch mit den gewöhnlichen Sterblichen verbunden, daß er sich Fragen stellt, sich angesichts des vergossenen Blutes prüft, uns Gründe angibt für seine Unbarmherzigkeit (einige davon erscheinen stichhaltig). ‚Die Revolution ist die Revolution', schreibt er, ‚weil sie alle Widersprüche in ihrer Entwicklung auf eine Alternative bringt: Leben oder Tod.' (...)
>
> Allerdings lehnt Trotzki von vornherein unsere bürgerliche Entrüstung ab. In seinen Augen sind wir viel grausamer als irgendein Terrorist. ‚Diese Überlegungen', schreibt er, ‚stelle ich keineswegs an, um den revolutionären Terror zu rechtfertigen. Würde man das versuchen, so hieße es, daß man auf die Meinung der Ankläger Rücksicht nimmt. Aber wer sind sie denn? Diese Organisatoren und Ausnützer der großen Weltschlächterei? Die Neureichen, die zu Ehren des unbekannten Soldaten nach Tisch den Weihrauch ihrer Zigarren brennen lassen? Die Pazifisten, die den Krieg bekämpften, solange er nicht erklärt ist?' Man muß den ganzen Absatz lesen: Nicht ein Schuß, der nicht ins Schwarze trifft.
>
> Ein harter Mann, dieser Trotzki, der sich bewußt hart machte, und sich dabei im geheimen doch seine Menschlichkeit bewahrt: Je mehr ich darüber nachdenke, desto mehr will mir scheinen, daß der siegreiche Trotzki auf die sozialistischen Massen des liberalen Europas sehr großen Einfluß ausgeübt und alles an sich gezogen hätte, was der Stalinismus unweigerlich in die Opposition trieb. Stalin war im wahrsten Sinne des Wortes ‚abstoßend'. Aber dadurch blieb er auch der Stärkere, und eben die Züge, die uns an Trotzki geradezu brüderlich berühren, haben ihn geschwächt und ins Verderben gestürzt.«[5]

Trotz des Geschreis der »Liberalen« und der Schwärmerei vieler Leute von der schreibenden Zunft scheint es mir, daß heutzutage das Erscheinungsbild der Welt offenbar kaum anziehender geworden ist, als es um die Jahrhundertwende war, wo Trotzki mit sich über das Schicksal des gerade beginnenden XX. Jahrhunderts zu Rate ging. Trotz der Fehlschläge und der Ernüchterungen, trotz noch so vieler Enttäuschungen und bitterer Erinnerungen kann die Menschheit – und besonders ihre jungen Generationen – nicht darauf verzichten, zu träumen. Jungen und Mädchen von heute können den Wunsch, die Welt zu verändern, nicht aufgeben und finden dafür jeden Tag Gründe und Rechtfertigungen: Man muß nur sehen, wie sehr Chile, Südafrika oder Polen für sie das sind, was Spanien für meine Generation war: Verzweiflung und Hoffnung im Herzen.

Es ist wahr, daß die Fahne des Kommunismus vom Stalinismus schrecklich besudelt worden ist. Es stimmt, daß der Stern, den Victor Serge am östlichen Himmel aufgehen gesehen hatte, nicht mehr im gleichen Glanz strahlt wie 1917: Selbst die Unwissenden können die Schatten sehen, die u. a. Polen, Tschechoslowakei, Afghanistan heißen. Mit allen seinen Genossen war Trotzki in die harten Auseinandersetzungen des Bürgerkrieges und seine Folgen verwickelt, entsprechend seinem Mut und seinem Verantwortungsgefühl vielleicht mehr verwickelt als die übrigen; und dann ist aus Trotzki einer der ersten und der größte geworden, der *nein* gesagt hat. Seine große Gestalt, der Verband um seinen vom Killer zerschmetterten Schädel, die Schatten seiner Freunde und Genossen, die zu Tausenden mit durchlöcherter Stirn verschieden, wie es seine Lebensgefährtin geschrieben hat, die in den Gefängnissen zu Tode gefolterten kommunistischen Märtyrer der linken Opposition, die gemeinen und haßerfüllten Verleumdungen, von denen er sogar noch heute verfolgt wird, all das hebt Trotzki aus dieser gewaltigen Katastrophe, aus dem Zusammenbruch dieser Kathedrale der Hoffnung, die die Oktoberrevolution gewesen ist, heraus.

Zum Mißfallen der Anarchisten haben die gewaltige Verfolgung, die über Trotzki hereingebrochen ist, die Verleumdung und die große Treibjagd, der er zum Opfer gefallen ist, die Massenabschlachtung der Seinigen – zuerst der Frauen und Kinder –, ihre Strafpredigt vergessen lassen und ihre Anstrengungen, ihn zu isolieren, zunichte gemacht. Nicht einmal die Mittelmäßigkeit der akademischen Kommentatoren, jener Diener der vollendeten Tatsachen, kann verhindern, ihm, wenn auch ziemlich unfreiwillig, sein wirkliches Antlitz zurückzugeben und a contrario seinen Beitrag zum geistigen Kapital der Menschheit neu zu bewerten.

Für die kommenden Generationen in der Sowjetunion und anderswo kann jetzt schon als sicher gelten: Trotzkis Lebensweg, die Erhabenheit seines Denkens und seine moralischen Ansprüche für die Befreiung der Menschheit werden seine Fehler und Irrtümer bei weitem überragen. Man wird vergessen, daß Trotzki nicht immer zu dem Zeitpunkt, wo es nötig gewesen wäre, gekämpft hat und manchmal kämpfte, wo er besser zugewartet hätte, oder daß er oft den Kompromiß, der ihn kompromittierte, überschätzte. Man wird vergessen, daß Trotzki ein unerbittlicher Kriegsherr war – aber gibt es andere? – und daß er es nicht immer verstand, seine Nächsten die Liebe oder Freundschaft, die er ihnen entgegenbrachte, fühlen zu lassen. Doch man wird den bis zum Ende aufrechten Kämpfer, der mit erhobenem Haupte, den Blick auf die Zukunft gerichtet, in seiner Brust das schmerzende Röcheln angesichts der Massenabschlachtung von so vielen lieben Wesen aufsteigen fühlte und der versicherte, daß er keine »persönliche Tragödie« kenne, nicht vergessen.[6] Man wird den letzten Zeilen seines am 27. Februar 1940 in Coyoacán abgefaßten Testaments mit Hochachtung lauschen:

> »In den dreiundvierzig Jahren meines bewußten Lebens bin ich ein Revolutionär gewesen: Davon habe ich zweiundvierzig Jahre unter dem Banner des Marxismus gekämpft. Wenn ich alles nochmals zu tun hätte, würde ich natürlich versuchen, diesen oder jenen Fehler zu vermeiden, aber die wesentliche Bahn meines Lebens bliebe unverändert. Ich sterbe als proletarischer Revolutionär, als Marxist, als dialektischer Materialist und – folglich – als unversöhnlicher Atheist. Mein Glaube an die kommunistische Zukunft der Menschheit hat an Glut nichts eingebüßt, – in Wahrheit ist er heute zuversichtlicher als in den Tagen meiner Jugend.
>
> Natascha kam eben vom Hof ans Fenster und hat es weiter aufgemacht, damit die Luft freier in mein Zimmer strömen kann. Ich sehe den breiten Streifen Grün unter der Mauer, den klaren, blauen Himmel darüber und das Sonnenlicht überall. Das Leben ist schön. Mögen es die kommenden Generationen von allem Übel, aller Unterdrückung, aller Gewalt befreien und es in vollem Maße genießen.«[7]

Das war Trotzki zu Lebzeiten.

Trotzki zu Lebzeiten? Als der Journalist John Gunther Prinkipo, wo er Trotzki 1933 einen Besuch abstattete, verließ, versicherte er seinen amerikanischen Lesern, daß Trotzki, solange er am Leben sein würde, »eine treibende, weiterführende, schöpferische Kraft« bleiben würde. Er fügte hinzu: »Vielleicht ist er einer von den wenigen, die nie sterben.«[8]

Nachwort zur deutschen Ausgabe

Diese Biographie wurde vor fast neun Jahren zuerst auf französisch veröffentlicht, und während der Zeit der Übersetzung ist viel Wasser die Moskwa hinuntergeflossen. Eine Zeitlang konnte man glauben, eine Vielzahl von Werken würde das vorliegende unter sich begraben, weil sie durch die Öffnung der Archive in Moskau neue Enthüllungen liefern könnten.

Wir wissen jedoch, daß die Geschichtsschreibung nicht schneller voranschreitet als die konkrete Entwicklung der politischen und sozialen Bewegungen. Die Ära Boris Jelzin ist eine Ära politischer und gesellschaftlicher Reaktion; und die Arbeiten von General Wolkogonow* brachten eine gigantische Reaktion im Bereich der Geschichtsschreibung.

Es sollte hier nicht allzu schwierig sein, die wesentlichsten Beiträge von Autoren und Zeitzeugen, denen bisher so manche Schranken auferlegt waren, über die Person und die Rolle von Lew Dawidowitsch Trotzki zusammenzufassen; angemerkt sei, daß der Progress-Verlag in Moskau trotz eines für ihn günstigen Vertrages die vorliegende Arbeit schließlich doch nicht auf russisch herausgebracht hat.

Die wichtigsten neuen Beiträge stammen von Zeitzeugen, von Ja. I. Wratschew, dem Kampfgenossen von Trotzki bis 1928, von Nadeschda Joffe und Tatjana Smilga, den Töchtern jener Genossen, von Shenja Tschersonskaja, der Lebensgefährtin eines seiner Sekretäre, von dem Historiker Anton Antonow-Owssejenko, der dem Gulag entkam, sowie von den jüngeren Leuten Sascha Panzow, Alexander Poschtschekoldin und Alexej Gussew.

Vor allem von Tschersonskaja haben wir bisher unveröffentlichte Informationen über Trotzki und seine nächsten Mitarbeiter, über seine etwa dreißig Sekretäre und vor allem über die beiden »Zirkel«, in denen sie sich zusammenfanden, bekommen. Bisher wußte man nur ein paar Dinge vom ersten »Zirkel«, denn die stalinistische Repression nahm sich ihrer Mitglieder ausnehmend heftig an. Wratschew betont besonders die äußerste Aufmerksamkeit von Trotzki, die permanente Sorge in den ersten Jahren des sowjetischen Regimes, seiner Opposition ja keinen »fraktionellen« Anstrich zu geben. Er zitiert einen Fall, wo es während der Gewerkschaftsdebatte zwischen Trotzki und seiner Tendenz beinahe zum Bruch gekommen wäre. Der Konflikt wurde schließlich durch die guten Dienste von Galina Serebrjakowa, einer schönen Frau, für deren Argumente Trotzki immer recht empfänglich war, gelöst.

* Eine Liste der zitierten Literatur befindet sich im Anhang.

Eine sorgfältig gearbeitete Studie von Sascha Panzow über die Verhandlungen von Brest-Litowsk hat im Detail bestätigt, was Trotzki darüber und über die revolutionäre Diplomatie der Bolschewiki geschrieben hat. Shurawljow und Nenarokow bestätigten Trotzkis Behauptung, daß der Angriff gegen Georgien hinter seinem und Lenins Rücken von Stalin ins Werk gesetzt worden ist. Alexander Poschtschekoldin hat in einem kurzen, aber sehr dichten, bedeutenden Artikel den Hintergrund der Verstärkung und der Vereinheitlichung des Personals und der Unterwerfung der Mitglieder des General-Sekretariats als Instrument von Stalin durchleuchtet. Es handelt sich hier um die Vorgeschichte der Debatte von 1923, der sich Gussew gewidmet hat; er hat viele Details zur Diskussion über das Parteiregime zusammengetragen. Man kann heute somit nicht mehr fortfahren, über das Datum diskutieren, ab dem sich der Bürokratismus in der Partei herausgebildet hat.

Anton Antonow-Owssejenko hat Beweise und Zeugnisse gesammelt, daß die Urnen bei den Abstimmungen der Partei 1923 mit falschen Stimmzetteln gefüllt und die Opposition dadurch ihres Sieges, den sie bereits errungen hatte, beraubt worden ist. Er schreibt, daß Trotzki den von W. A. Antonow-Owssejenko, dem Vater des Historikers und Chef der politischen Verwaltung der Roten Armee, von N. I. Muralow, dem Garnisonskommandanten von Moskau, und von dem Tscheka-Mitglied Tsintadse gemachten Vorschlag, die Verantwortlichen für diese Fälschung, an ihrer Spitze Stalin, zu verhaften und die Abstimmung erneut durchzuführen, kategorisch abgelehnt hat.

Wir konnten von 1924 an die Wirklichkeit der Linksopposition in ihren Gruppen in den Fabrikzellen oder in der *rabfaki* verfolgen: Es handelte sich um viele junge Arbeiter und Arbeiter-Studenten, die von jungen Revolutionären von 1917, die sich gegen die französische Besatzung und die Militärdiktatur der Weißen in den Kampf gestürzt hatten, angeführt wurden. In Charkow gab es Ende 1927 doppelt soviele kommunistische *opposizionneri* (Aktivisten von der Opposition), als es vor dem Februar 1917 in jener Stadt Bolschewiken gegeben hatte. Wratschew beschrieb uns die Struktur dieser Gruppen, die nach dem Modell der Partei organisiert waren. Die lokalen Verantwortlichen organisierten sich in einer Art »Kartell« der vertretenen Oppositionsgruppen.

Wir haben auch Listen bekommen und Biographien von Kadern der Linken Opposition rekonstruiert. Wir können nun beweisen, daß sie aus jungen Arbeitern bestand, die von Bolschewiken aus der Revolutionszeit geführt und von Altbolschewiken angeleitet wurden. Wir konnten auch in Erfahrung bringen, daß es die Leute der GPU waren, die überall beauftragt wurden, sie anzugreifen, und die sich dabei als gewöhnliche Parteimitglieder ausgeben sollten. Denn schon 1927 operierte Stalin in der Partei, indem er den NKWD über die Köpfe der Parteichefs und der Offiziere hinweg manipulierte. Postyschews Haltung in der Ukraine angesichts der Angriffe gegen Rakowski war sehr bezeichnend: Dieser Mann erklärte Stalin, er und seine Leute würden sich an den physischen Gewaltakten nicht beteiligen, und jene Handlungen seien von Unbekannten ausgegangen. Es gibt keine Zweifel: Die Mörder befanden sich im eigenen Haus, es waren die Leute der GPU.

Wir haben auch von der geheimen Wanderung der Archive der linken Opposition und von der Rolle erfahren, die der junge Historiker Viktor Dalin dabei spielte, wir wissen von der langsamen, aber ununterbrochenen Verbindung zwischen Trotzki, sogar im Exil, und Rakowski bis nach Barnaul. Wir kennen nun die Rolle, die die jungen Genossinnen von Rakowski, Olga Iwanowna Smirnowa und Lipa Wolfson, dabei gespielt haben. Alexej Gussow, der die Geschichte der linken Opposition unter dem Blickwinkel eines »sapronowez« (Anhänger von Sapronow) untersuchte, hat uns von den Streiks und Aufständen in Georgien 1928 zugunsten der Linksopposition erzählt. Der verstorbene Professor Gefter hat uns exzellente Analysen geliefert, die eine neue Periodisierung ermöglichen, mit der Zäsur von 1932, die der deutsche Forscher Günter Reimann den »Moskauer Frühling« nannte.

Unsere Hypothesen über den Block der Oppositionsgruppen haben sich bestätigt, und viele neue Details sind hinzugekommen. Wir hatten, über die Prozeßakten der Komintern und den Mord an Pjatnizki und den anderen, von den Untersuchungskommissaren beschuldigten Genossen, bereits die internationalen Rückwirkungen erahnt, denn die Ankläger sprachen vom »Block Neumann-Lenski«. Wir haben auch vernehmen können, daß die deutschen Genossen, die für die Einheit kämpften und von den Stalinisten »Versöhnler« genannt wurden, politisch nicht allzu weit von Trotzki entfernt waren und ein Bündnis zwischen ihnen möglich war. Darin lag wohl der Grund, daß sie sterben mußten, bevor man sie zu den 80.000 Leichen von Kommunisten und Kommunistinnen in die Grube von Butowo warf.

Dank unserer Recherchen in den Archiven des NKWD konnten wir auch die letzten Jahre von Christian Rakowski in den Händen seiner Henker studieren und feststellen, daß er, für seine Ideen einstehend, im Kampfe starb. Trotzki hat es nie erfahren – es wäre für ihn wohl zu jenem Zeitpunkt seines Lebens die größte Freude gewesen. Die Opposition von »Lenski und Neumann«, wie Stalins Lakaien sagten, hat wirklich existiert, und wir sind uns ziemlich sicher, daß sie mit der von Bela Kun geführten Oppositionsgruppe in Verbindung stand, von der die unglückseligen Angeklagten im Prozeß der Komintern sprachen, die alle der Liquidierung geweiht waren – mit oder ohne formales Geständnis.

Es war natürlich Trotzki im Exil, der für alle antistalinistischen Kommunisten die Lichtgestalt für den Kampf um die Erneuerung des Kommunismus abgab. Mit ein bißchen Vorsprung vor dem tatsächlichen Geschehen nahm unser Buch die Rehabilitierung der in den Moskauer Prozessen Verurteilten zur Kenntnis und feierte sie. Damit wurden die monströsen Anklagen, die von Stalin und seiner Clique gegen Trotzki und seine Genossen vorgebracht worden waren, endgültig hinfällig. Es brauchte aber noch einige Jahre, bis die für die Zeit vor und während des spanischen Bürgerkriegs ausgebreiteten Tatsachen, die Ermordung von Andrés Nin, von Erwin Wolf, von Rudolf Klement und vielen anderen, endgültig bestätigt wurden.

Wir kennen heute aus sicherer Quelle die Rolle, die Lew Feldbin, der sich Alexander Orlow nannte, gespielt hat, außerdem die Tätigkeit des Desinformationsagenten des NKWD, Georges Soria, der als Journalist bei der *L'Humanité* gearbeitet hat und mit einer Obersten des NKWD verheiratet war. Von Sudoplatow wissen wir, daß die NKWD-Mitglieder Korotkow und Taubman Klement ermordet und zerstückelt haben und daß es fünf Folterer und Mörder von Nin gab, darunter Orlow, Gerö und ein geheimnisvoller Brasilianer.

Wir wissen nun auch – und Trotzki hatte nie einen Zweifel –, daß Jeschows Leute Lew Sedow ermordet haben, daß man ihnen aber unter Berija dieses »Verdienst« absprach und sie folterte, damit sie die durch Folter erpreßten Geständnisse erneut geständen. Wir haben auch Einzelheiten über die 80.000 Leichen des Massengrabes von Butowo, von denen bereits 20.000 als Kommunisten identifiziert wurden, wir kennen nun die Daten und Bedingungen der Erschießung von Altbolschewiken wie Smilga und Preobraschenski oder die des Selbstmords von Slepkow im Isolator von Werchneuralsk.

Wir verfügen über eine Beschreibung der öffentlichen Versammlungen, die Iwan Nikititsch Smirnow vom Fenster seiner Zelle aus im Isolator von Susdal in den ersten Monaten des Jahres 1936 im Namen der Bolschewiki-Leninisten abhielt. Auch genaue Beschreibungen des Hungerstreiks von Workuta, der von Sokrat Geworkian und Grigori Jakowin angeführt wurde, sowie vom Streik in Magadan sind zu uns gelangt, in dem die Namen des zweiten Zirkels der Oppositionellen auftauchen, die Krol, Maidenberg usw., die sich dadurch unsterblich gemacht haben.

Seit der französischen Erstausgabe dieses Buches haben sich also unsere Kenntnisse des Lebens von Trotzki und seiner Genossen beträchtlich erweitert. Die üblichen Beschimpfungen als »Agenten des Kapitals«, »Agenten Deutschlands«, »Hitlero-Trotzkisten« usw. haben jeden Hauch von Glaubwürdigkeit eingebüßt. Nun bemächtigen sich die fundamentalistischen antikommunistischen Kreuzzügler der Themen der angeblich »blutigen Utopie« und verdrängen völlig, daß die russische Revolution aus den Leiden des Weltkrieges geboren wurde. Man kann nicht gerade behaupten, daß Trotzkis Positionen heute, sogar in der Welt der Universitäten, besser verstanden würden.

Trotz der scharfsinnigen Analysen des großen russischen Historikers W. P. Danilow erzählen Journalisten, Ökonomen und Pseudo-Historiker beispielsweise weiterhin Eseleien von der angeblichen Gegnerschaft Trotzkis zur

NEP oder seiner Befürwortung der Zwangskollektivierung, was nur beweist, daß sie von ihm keine Zeile zu diesen Themen gelesen haben.

Es kann einen jedoch nur überraschen, zu sehen, wie Trotzki sich ängstlich bemühte, Lenins Ideen ja nicht zu verraten. Er wollte vielmehr als sein treuester Schüler erscheinen, in gewisser Weise sogar die Rolle des Konservators von Lenins Ideen zu spielen, und dies genau zu einem Zeitpunkt, als die Welt immer schneller immer weniger derjenigen glich, in der Lenin gelebt und die er analysiert und verändert hatte.

In diesem wichtigen Punkt ist es den Historikern und Politikern in Rußland und den meisten ihrer Partner im Westen aufgrund der Rechtswende der Gesellschaft und der Regierungen seit Gorbatschow gelungen, Trotzki als einen Lehrling von Bonaparte, einen rigiden Doktrinär, einen sektiererischen und trockenen Theoretiker, einen Anhänger der Militarisierung der Gesellschaft, kurz, als einen hartnäckigen und fürchterlichen Anhänger des »Kasernensozialismus« hinzustellen.

Was bleibt heute von Trotzki, da sich die Bürokraten mit der Mafia verbünden und sich bemühen, alle Wurzeln und Überreste jenes kuriosen »Sozialismus« zu beseitigen, und zwar gerade in dem Land, wo man sich erstmals anschickte, ihn in großem Umfang zu verwirklichen?

Die Bürokraten und Mafiosi an der Macht versuchen ein Bild zu vermitteln, wie es die amerikanischen Historiker des Kalten Krieges und der Weißen Garden vor ihnen schon lange getan haben: Der Begriff »Kasernensozialismus« spiegelt weniger ihren Haß als den Sinn für den Kampf zur Entwürdigung des Sozialismus wider, wobei sie sich natürlich auf seine stalinistischen Abarten stützen konnten.

Stellt Trotzki für solche Leute ein größeres Problem dar? Es scheint, daß er ihnen lange Zeit Angst eingejagt hat. Aber es ist nicht sicher, daß diese Situation fortdauert. Vielleicht hat er Drachen gesät, aber nur Flöhe geerntet. Die Zunahme von eher schwächer werdenden internationalen Organisationen, die sich »IV. Internationale« nennen, oder von Parteien, die sich als »trotzkistisch« bezeichnen, von denen viele eher Sekten als Parteien sind, für die Trotzki aber der entscheidende Bezugspunkt bleibt, illustriert diese These. Oft werden Revolutionäre zu Konservativen, für die bereits alles im »Übergangsprogramm«, das nach vielen Skizzen und Entwürfen 1938 erschien, enthalten ist. Als hätte sich auf dieser Erde in den sechzig Jahren nichts geändert, wird so das sozialistische Denken eingefroren, konserviert und in eine Reihe von Formeln gepreßt, die in ein kleines Rezeptbuch passen könnten. Jeder dieser konservativen nationalen Gurus ändert sie im übrigen je nach den momentanen Bedürfnissen.

Man darf also nicht in diese Richtung schauen, wenn man die Spuren von Trotzkis Denken finden möchte. In wichtigen Momenten erscheint es heute in besonderer Form in den Massenbewegungen: im Verständnis, das es heute im Hinblick auf die Rolle der Apparate der traditionellen Parteien und Gewerkschaften gibt, und in der Erfahrung, daß die Verteidigung der eroberten Errungenschaften aus ihnen Pole des konterrevolutionären Widerstandes machen kann; im Verständnis, daß die Arbeiterklasse sich nur in der kollektiven Aktion ihre Instrumente, auch ihre Parteien, wählen kann; daß es stets nur die Notwendigkeit ist, sich gegen reale oder imaginäre Angriffe zu verteidigen, die sie in Bewegung bringt und sie in die Defensive drängt, aus der nur unter dem Druck der Ereignisse eine Offensive entstehen kann; daß sich die Arbeiterklasse zur Verteidigung ihrer Errungenschaften erheben und an die Macht kommen muß, was die höchste Form der Verteidigung der Errungenschaften ist und bleibt – vor einem Jahrhundert genauso wie gestern und heute.

Natürlich kann man das Raster der *Verratenen Revolution* nicht mechanisch auf das Rußland von Boris Jelzin übertragen. Doch ist das Verständnis des Charakters der Bürokratie als Verwalterin der Armut und Agentin der Macht in den kapitalistischen Ländern ebenso unverzichtbar für eine konkrete Analyse der neuen Realität und der Klassenkämpfe, die sich entwickeln und zu der betäubenden Explosion führen können, die unter unseren Augen heranreift. Morgen wird man Trotzki wegen seiner Analysen zur nationalen Frage, zu den Forderungen der Frauen, zur Freiheit der Kunst, zur militärischen Strategie, zur Kultur, Ausbildung und Kindererziehung lesen oder wegen seines Kampfes gegen den Faschismus oder auch wegen seiner Analyse des Charakters des bonapartistischen Staates. Man sollte ihn nicht kopieren, sondern seine Methode anwenden, um zu versuchen, die neuen Formen von Ausbeutung und Unterdrückung seit seinem Tod zu analysieren und zu beseitigen. Man muß dabei wissen, daß wir in einer anderen Epoche leben und daß die gemachten Erfahrungen uns nicht hindern dürfen, einen neuen Blick zu entwickeln. Die Auseinandersetzung mit der Sprache der fertigen Formeln, auch der trotzkistischen, ist der beste Dienst, den man Trotzkis Ideen erweisen kann.

Mit diesem Ziel und in der Hoffnung, daß es einmal erreicht werden wird, habe ich diese Biographie geschrieben. Trotzki war kein Konservativer, sondern ein Eroberer, kein Orthodoxer, sondern ein Schöpfer, kurzum, ein Revolutionär, und er wird es bleiben. Ich hoffe, daß auch dieses Vorwort insoweit seinen Ideen treu bleibt.

Saint-Martin d'Hères (Isère), den 15. Mai 1997

Pierre Broué

Anmerkungen

Teil IV – Opposition im Exil

Kapitel 37
Asyl in der Türkei

1. Es gibt keine Arbeit, die sich insgesamt mit dem Aufenthalt Trotzkis in Prinkipo befaßt. Eine gute Beschreibung des Aufenthaltes findet man in dem Buch von Jean van Heijenoort, *Sept ans auprès de Trotsky*. De Principo à Coyoacan. Außerdem Isaac Deutscher, *Trotzki – Der verstoßene Prophet* (Band III); Pierre Naville, *Trotsky vivant* und G. Rosenthal, *Avocat de Trotsky*.

2. Trotzki, *Mein Leben*, S. 551f.

3. *Die Rote Fahne*, 31. Oktober 1931.

4. *The Legacy of Alexander Orlov*, Washington 1973.

5. Hoover-Archive, Fond Nikolajewski, N 228, B 17, Berichte von Tastevin und Roches.

6. Jean van Heijenoort, *Sept ans auprès de Trotsky*, Paris 1978, S. 26.

7. Ebd., S. 30.

8. Deutscher, *Trotzki*, Bd. III, S. 19.

9. Ebd.

10. Rosenfeld an Trotzki, Februar-März 1929, A. H., 4307 bis 4310.

11. Trotzki an Rosenfeld, April 1929, A. H., 9807.

12. Trotzki an Löbe, A.H., T 3193.

13. Artikel vom 22. März 1929, A. H., T 3193. (*Die Aktion*, 19. Jahrg. Heft 5-8, Sept. 1929).

14. Ebd., S. 163.

15. Zit. nach Deutscher, *Trotzki*, Bd. III, S. 32.

16. Trotzki an B. Webb, 2. Juni 1929, A. H., 10791.

17. Trotzki an Snowdon, 14. Juni 1929, A. H., 10424.

18. Trotzki an Landsbury, 14. Juni 1929, A. H., 8802.

19. Trotzki an Paton, 21. Juni 1929, A. H., 9464.

20. Trotzki an *Daily Express*, 11. Juni 1929, A. H., T 3205.

21. Colin Holmes, »Trotsky and Britain. The Closed File«, in: *Bulletin of Society for the Study of Labour History*, Bd. 39, S. 35.

22. Ebd., S. 36.

23. Trotzki an *Daily Herald*, 15. Juni 1929, A. H., T 3216.

24. Deutscher, *Trotzki*, Bd. III, S. 492, Anm. 23.

25. Holms, »Trotsky and Britain. The Closed File«, in: *Bulletin of Society for the Study of Labour History*, Bd. 39, S. 36.

26. Montagu an Trotzki, 26. Juli 1929, A. H., T 3381.

27. W. Churchill, Auszüge aus *Great Contemporaries*, S. 37, 51, 78, 88, in: *Cahiers Léon Trotsky*, Nr. 12, Dezember 1982.

28. entfällt.

29. Deutscher versichert (*Trotzki,* III, S. 31): »Er erwog erst gar nicht, sich an die Vereinigten Staaten zu wenden!«

30. Trotzki, *Mein Leben*, S. 564.

31. Jean van Heijenoort, *Sept ans auprès de Trotsky,* S. 20-22.

32. Sara Weber, »Souvenir sur Trotsky«, in: *Cahiers Léon Trotsky*, Nr. 5, Januar 1980, S. 40-44.

33. Ebd., S. 41.

34. Ebd.

35. G. Rosenthal, *Avocat de Trotsky*, Paris 1975, S. 75.

36. S. Weber, »Souvenir sur Trotsky«, in: *Cahiers Léon Trotsky*, Nr. 5, Januar 1980, S. 41.

37. Jean van Heijenoort, *Sept ans auprès de Trotsky,* S. 38.

38. Ebd., S. 38f.

39. Trotsky, *Œuvres* 1, S. 265.

40. Jean van Heijenoort, *Sept ans auprès de Trotsky,* S. 23.

41. Trotsky, *Œuvres* 1, S. 267f.

42. S. Weber, »Souvenir sur Trotsky«, in: *Cahiers Léon Trotsky*, Nr. 5, Januar 1980, S. 42.

43. Jean van Heijenoort, *Sept ans auprès de Trotsky,* S. 49.

44. Trotzki an Sedow, 19. April 1932, A. H. Fond Nikolajewski

45. »Alain Calvié présente la correspondance Trotsky-Glowna en 1932«, in: *Cahiers Léon Trotsky*, Nr. 22, Juni 1985, S. 75-109.

46. Jean van Heijenoort, *Sept ans auprès de Trotsky,* S. 29.

47. Ebd., S. 38f.

48. Eastman, *Love and Revolution*, S. 562.

49. Ebd., S. 562f.

50. Deutscher, *Trotzki,* Bd. III, S. 27f.

51. Trotsky, *Œuvres* 1, S. 270.

Kapitel 38
Alte und neue Freunde und Genossen

1. Für dieses Kapitel gibt es keine Hauptquelle. Es beruht auf veröffentlichten und unveröffentlichten Zeugenaussagen oder auf Funden in den Archiven Harvard und Stanford. Der Briefwechsel zwischen Trotzki und Sedow (in Harvard, Amsterdam und Hoover) enthält Angaben für den Zeitraum nach 1931.

2. Trotzki, *Mein Leben,* S. 552.

3. S. Kapitel 56.

4. Solnzew gelang es, Texte in der *Neuen Freien Presse* (Wien) und der *New Yorker Volkszeitung* unterzubringen.

5. Zeugenaussage von Harry Wicks.

6. P. Broué, »Un capitulard à Paris: l'affaire Kharine«, In: *Cahiers Léon Trotzky*, Nr. 7/8, S. 29-35.

7. »Nina Worowskaja«, März 1931, A. H., T 3368.

8. Über Alfred Rosmer und seine Frau gibt es das Buch von Christian Gras, *Alfred Rosmer et le Mouvement révolutionnaire international*, Paris 1971.

9. Zeugenaussage von Jiří Kopp.

10. wie 9.

11. Trotzki an Paz, 20. April 1929, A. H., T 3771.

12. Van Heijenoort, *Sept ans auprès de Trotsky*, S. 42.

13. Vgl. die Zeugenaussage von Pierre Naville in: *Trotsky vivant*, Paris 1979, und Gérard Rosenthal, *Avocat de Trotsky*.

14. Deutscher, *Trotzki*, Bd.III, S. 497, Anm. 76.

15. Rosenthal, *Avocat de Trotsky*.

16. Wang Fanxi, *Erinnerungen eines chinesischen Revolutionärs*, Frankfurt am Main 1983, S. 177f.

17. Trotsky, *Œuvres*, Bd. 11, S. 97.

18. Trotzki, »Brief in die UdSSR«, 1929, A.H., 15696.

19. *Bulletin communiste*, Nr. 32-33, 1929.

20. Vgl. Anm. 6.

21. Van Heijenoort, *Sept ans auprès de Trotsky*, S. 143.

22. Hans Schafranek, *Das kurze Leben des Kurt Landau*, Wien 1988.

23. Van Heijenoort, *Sept ans auprès de Trotsky*, S. 140.

Kapitel 39
Die Krise der russischen Opposition

1. Die wichtigsten Texte Trotzkis für diese Periode sind in *Challenge of The Left Opposition 1923-1929*, New York 1981, zusammengefaßt. Man hat begonnen, sie auf Französisch in den *Œuvres*, 2. Serie, Band I und II, zu veröffentlichen. Auf deutsch sind die wichtigsten enthalten in: Trotzki, *Schriften 3*, Bd. 3.3, Köln 2001.

2. Stalin, »Die Bucharingruppe und die rechte Abweichung in unserer Partei«, *Werke*, Band 11, S. 286.

3. Ebd., Bd. 12: »Über die rechte Abweichung in der KPdSU«, S. 3, 4, 44, 92.

4. Ebd., S. 4, 5.

5. Ebd., S. 25.

6. WKP (b), W Resoljuzijach, S. 614, 615, 619.

7. Rakowski: »Erklärungsentwurf«, März-April 1929, A. H., 17114, französisch in: *Cahiers Léon Trotsky*, Nr. 8/9, 1981, S. 55-61.

8. Radek, zit. in *Bjulleten Opposizii (BO)*, Nr. 6, Oktober 1929, S. 25, *Cahiers Léon Trotsky*, Nr. 7/8, 1981, S. 62.

9. Ebd.

10. *Prawda*, 9. Juni 1929.

11. Preobraschenski: »An alle Genossen in der Opposition«, 5. April 1929, A. H., 15264.

12. *Cahiers Léon Trotsky* Nr. 7/8, 1981, S. 63.

13. Ebd.

14. Ebd.

15. Ebd.

16. Trotzki, »Brief in die UdSSR«, 22. Mai 1929, A.H., T 3199., *Die Aktion* (XIX. Jhg.), Heft 5/8, Ende September 1929, S. 148.

17. Trotzki, »Radek und die Opposition«, A. H., 13200, Trotzki, in: *Schriften 3,* Bd. 3.3, S. 179.

18. Trotzki, »Wir halten stand!«, 14. Juni 1929, A. H., T 3207, in: Trotzki, *Schriften 3*, Bd. 3.3, S. 184.

19. *Prawda*, 13. Juli 1929, und *Cahiers Léon Trotsky*, Nr. 6, S. 76-77.

20. Trotzki, »Ein erbärmliches Dokument«, 27. Juli 1929, A. H., T 3218, in: Trotzki, *Schriften 3,* Bd. 3.3, S. 187-88.

21. Lew Kopelew: *Aufbewahren für alle Zeit!*, München 1979, S. 226, zuerst zit. in *Prawda*, 20. September 1928.

22. Solznew an Rakowski, *Cahiers Léon Trotsky*, Nr. 7/8, 1981, S. 65.

23. Ebd., S. 67.

24. Rakowski: »Brief an das Zentralkomitee«, 22.8. 1929, A. H., 17115, in: Trotzki, *Schriften 3,* Bd.3.3, S. 667.

25. Ebd.

26. Ebd.

27. Trotzki, »Brief in die UdSSR«, 24. August 1929, A. H., T 3224.

28. Trotzki, »Brief an die Unterzeichner der Erklärung«, 25. September 1929, A.H., T 3239, in: Trotzki, *Schriften 3,* Bd. 3.3, S. 207.

29 Trotzki, »Brief über die Erklärung«, 25. September 1929, A. H., T 3238, in: Trotzki, *Schriften 3,* Bd. 3.3, S. 203 (Vornote) u. 668.

30. Trotzki: »Die Psychologie der Kapitulation«, September 1929, A. H, T 3227.

31. Die Erklärung von I. N. Smirnow, ebenfalls unterzeichnet von Boguslawski und datiert vom 27. Oktober, wurde in der *Prawda* vom 3. November 1929 veröffentlicht.

32. Trotzki, »Sozialismus in einem Lande und ideologische Erschöpfung«, November 1929, A.H., T 3249.

33. Trotzki, »Jakow Bljumkin von den Stalinisten erschossen«, *BO* Nr. 9, Februar-März 1930, S. 9-11.

34. Orlow: »I Was Stalin's Agent«, S. 79.

35. Victor Serge, *Leo Trotzki*, S. 210f.

36. Victor Serge, *Destin d'une Révolution*, S. 116-117.

37. Die Mitteilung über die Verhaftung von Dukis und seine Kapitulation erschien in *Sozialistitscheskij Westnik* Nr. 14, 1929, wo er irrtümlich »Dukes« genannt wird.

Kapitel 40
Die Anfänge der internationalen Opposition

1. Die wichtigste Arbeit für dieses Kapitel ist die Dissertation von Damien Durand, *La Naissance de l'opposition de gauche internationale de l'exile de Trotsky à la premiere conférence (février 1929-avril 1930)*, 2 Bde., Grenoble 1984. In einer Kurzfassung ist sie in den *Cahiers Léon Trotsky* (Nr. 33 und 34, 1988) veröffentlicht worden und soll unter dem Titel *Opposants à Staline* herausgegeben werden. Wir verweisen hier auf die maschinengeschriebene Dissertation.

2. Ruth Fischer, *Stalin und der deutsche Kommunismus*, 2 Bde., Berlin 1991, Bd. 2, S. 268-269.

3. P. Broué, »La Gauche allemande et l'Opposition russe«, in: *Cahiers Léon Trotsky*, Nr. 22, September 1985, S. 4-25.

4. Solnzew an Trotzki, 8. November 1928, A.H., T 2870.

5. Rüdiger Zimmermann, *Der Leninbund. Linke Kommunisten in der Weimarer Republik*, Düsseldorf 1978.

6. D. Durand, *La Naissance de l'opposition de gauche internationale de l'exile de Trotsky à la première conférence (février 1929-avril 1930)*, S. 58-59.

7. P. Broué: »La Gauche«, S. 13-14 und »Rako«, in: *Cahiers Léon Trotsky*, Nr. 18, S. 10.

8. Durand, *La Naissance de l'opposition de gauche internationale de l'exile de Trotsky à la première conférence (février 1929-avril 1930).*

9. Ebd., S. 79.

10. Ebd.

11. Ebd.

12. Ebd., S. 12.

13. Ebd., S. 66.

15. Ebd., Nr. 53, S. 103.

16. Wang Fanxi, *Erinnerungen eines chinesischen Revolutionärs*, Frankfurt/M. 1983, S. 99-138.

17. Max Eastman, *Love and Revolution,* New York 1965, S. 510-512.

18. D. Durand, *La Naissance de l'opposition de gauche internationale de l'exile de Trotsky à la première conférence (février 1929-avril 1930).*, S. 81-84.

19. Trotzki, »Gruppierungen in der kommunistischen Opposition«, A. H., T 3188, Trotzki, *Schriften 3*, Bd. 3.3, S. 170-177.

20. Appell vom 10. Juni 1929, A.H., 16537; Durand, *La Naissance de l'opposition de gauche internationale de l'exile de Trotsky à la première conférence (février 1929-avril 1930),* S. 146-147.

21. Trotzki an den Leninbund, 15. Juni 1929, A.H., T 1910.

22. Trotzki, »Der sowjetisch-chinesische Konflikt und die Aufgaben der Opposition«, *Trotzki-Schriften*, B. 2.2, »Über China 1928-1940«, Hamburg 1990, S. 581-592.

23. H.P. (Heinz Pächter), *Die Fahne des Kommunismus*, Nr. 26, 19. Juli 1929.

24. *Contre le Courant*, Nr. 35, 28. Juli 1929.

25. Van Overstraeten (4. August 1929), ebd., Nr. 36-37, 21. September 1929.

26. Louzon: »L'héritage du tsar ou de lénine?«, in: *Révolution prolétarienne*, 1. August 1929.

27. Rosmer an Trotzki, A. H., T 4372 (Correspondence Trotsky/Rosmer), S. 34-37.

28. Rosmer an Trotzki, A. H, T 4374 (ebd., S. 40-44).

29. Frank an Landau, 14. August 1929, A. H., 11959.

30. D. Durand, *La Naissance de l'opposition de gauche internationale de l'exile de Trotsky à la première conférence (février 1929-avril 1930)*, I, S. 164.

31. Ebd., S. 158-208 (Souvarine an Trotzki).

32. P. Broué: »Un Capitalard à Paris: l'affaire Kharine«, *Cahiers Léon Trotsky,* Nr. 7/8, 1981, S. 29-34.

33. Paz an Trotzki, 25. Juni 1929, A. H, T 3781.

34. D. Durand, *La Naissance de l'opposition de gauche internationale de l'exile de Trotsky à la première conférence (février 1929-avril 1930),* S. 187-188.

35. Grylewicz und Jojo: *Die Fahne des Kommunismus*, Nr. 38, 18. Oktober 1929.

36. N.: »Über die Erklärung der Opposition«, *Die Fahne des Kommunismus,* ebd.

37. Brief an den Leninbund, A. H, 14168.

38. Trotzki an den Leninbund, 6. Februar 1930, A. H., T 3293.

39. D. Durand, *La Naissance de l'opposition de gauche internationale de l'exile de Trotsky à la première conférence (février 1929-avril 1930),* S. 365.

40. Ebd., S. 366-367.

41. Ebd., S. 369.

42. Ebd., S. 370-373.

43. P. Broué: »Le mouvement trotskyiste en Amérique latine jusqu'en 1940«, *Cahiers Léon Trotsky,* Nr. 15, 1983, S. 23.

44. D. Durand, *La Naissance de l'opposition de gauche internationale de l'exile de Trotsky à la première conférence (février 1929-avril 1930),* S. 376.

45. Ebd., S. 376-377.

46. Ebd., S. 378.

47. Wang Fanxi, , *Erinnerungen eines chinesischen Revolutionärs*, S. 169-177.

48. D. Durand: »Naissance de l'opposition de gauche chinoise«, *Cahiers Léon Trotsky,* Nr. 15, September 1983, S. 23.

49. Lee Feigon, *Chen Duxiu*, Princeton 1983.

50. D. Durand, *La Naissance de l'opposition de gauche internationale de l'exile de Trotsky à la première conférence (février 1929-avril 1930),* S. 436-466.

51. Ebd., S. 437-440.

52. Shachtman an die Leninbund-Minderheit, 21. März 1930, A. H., 15421.

53. D. Durand, *La Naissance de l'opposition de gauche internationale de l'exile de Trotsky à la première conférence (février 1929-avril 1930),* S. 456-457.

54. Markin (Sedow) an Leninbund, 24. Februar 1930, *Volkswille*, 1. März 1930.

55. Protokoll der Vereinigungskonferenz, 30. März 1930, A. H., 16207.

56. Ebd.

57. D. Durand, *La Naissance de l'opposition de gauche internationale de l'exile de Trotsky à*

la première conférence (février 1929-avril 1930), S. 481.

58. Ebd., S. 482-483.

59. Ebd., S. 486

60. Trotzki: »Ein neuer Schritt vorwärts«, *BO,* Nr. 11, März 1930, S. 1-3.

61. Trotzki an Shachtman, 16. April 1930, A. H., 10279.

62. D. Durand, *La Naissance de l'opposition de gauche internationale de l'exile de Trotsky à la première conférence (février 1929-avril 1930),* S. 501.

63. Ebd., S. 509.

64. »Erklärung«, 13. April 1930, A. H., 17118, französisch in: *Cahiers Léon Trotsky,* Nr. 6, 1980, S. 90-103.

65. Ebd., S. 96-97.

66. Ebd., S. 97.

67. B. M. Elzin an Sedow, 11. Juni 1930, A. H., S. 836.

68. D. Durand, *La Naissance de l'opposition de gauche internationale de l'exile de Trotsky à la première conférence (février 1929-avril 1930),* S. 158-208.(B. Souvarine an Trotzki).

69. Ebd., S. 169.

70. Ebd., S. 205.

71. Ebd., S. 208.

72. Ebd., S. 207.

73. Ebd., S. 204 (B. Souvarine).

Kapitel 41
Die schriftstellerische Arbeit

1. Dieses Kapitel stützt sich auf die beiden von Trotzki in Prinkipo verfaßten historischen Werke *Mein Leben* und *Die Geschichte der russischen Revolution.* Wichtig ist auch das Kapitel »Trotzki als Historiker« im dritten Band der Deutscher-Biographie. Daneben befassen wir uns mit Baruch Knei-Paz, *The Social and Political Thought of Leon Trotsky*, Oxford 1978, und Peter Beilharz, »Trotsky as Historian«, in: *Historical Workshop Journal*, Nr. 20, 1985, S. 36-55.

2. Edmund Wilson: »Trotsky«, *The New Republic,* 4. Januar 1933.

3. Trotzki, *1905*, S. 37.

4. Trotzki an Sokolowskaja, Mai 1928, A. H., T. 1494.

5. Trotzki, *Mein Leben*, S. X, XI.

6. Ebd., S. XI.

7. Trotzki an A. K. Kliatschko, 1. Juni 1929, A.H., 8675.

8. Deutscher, Trotzki, Bd. III, S. 215.

9. F. Mauriac, *Mémoires intérieurs*, S. 196.

10. E. Wilson: »Trotsky« (2. Teil), *The New Republik*, 11. Januar 1933, S. 237-238.

11. *Trotzki, Geschichte der russischen Revolution* – Februar, S. 9.

12. Ebd., S. 10, 11.

13. Ebd., S. 13, 14.

14. Ebd., S. 13.

15. Baruch Knei-Paz, *The Social and Political Thought of Leon Trotsky,* S. 500.

16. Ebd.

17. Trotzki, *Geschichte der russischen Revolution – Februar,* S. 17, 18.

18. Ebd., S. 58, 59.

19. Ebd., S. 59.

20. Ebd., S. 59.

21. Ebd., S. 60.

22. Ebd., S. 205-206.

23. Ebd., S. 206.

24. Ebd., S. 207, 208.

25. Ebd., S. 210.

26. Trotzki, *Geschichte der russischen Revolution – Oktober*, S. 60.

27. Baruch Knei-Paz, *The Social and Political Thought of Leon Trotsky,* S. 500-501.

28. Trotzki, *Geschichte der russischen Revolution – Oktober*, S. XII.

29. Ebd., S. XIII.

30. Ebd., S. XIII.

31. Deutscher, *Trotzki,* Bd III, S. 224-225.

32. Trotzki, *Geschichte der russischen Revolution – Februar,* S. 121.

33. Deutscher, *Trotzki,* Bd III, S. 225.

34. Knei-Paz, *The Social and Political Thought of Leon Trotsky,* S. 501.

35. Peter Beilharz, »Trotsky as Historian«, in: *Historical Workshop Journal*, Nr. 20, S. 36-55.

36. Ebd., S. 39.

37. Ebd., S. 40.

38. Ebd.

39. Ebd., S. 51.

40. Beilharz, »Trotsky as Historian«, in: *Historical Workshop Journal*, S. 39.

41. Trotzki, *Geschichte der russischen Revolution – Oktober*, S. 59.

42. Pfemfert an Trotzki, 8. April 1929, A. H, 3986.

43. Trotzki an Harry Schumann, 8. Mai 1929, A. H, 10081.

44. Schumann an Trotzki, 16. Mai 1929, A. H, 4748.

45. Trotzki an Schumann, 5. Juni 1929, A. H, 10084.

46. Einen vollständigen Bericht über die »Affäre Parijanin« findet man bei Gérard Rosenthal, *Avocat de Trotsky*, Kapitel 9 »Ein Schriftsteller-Prozeß«, S. 105-116.

47. Diese unvollendeten Untersuchungen befinden sich unter dem Titel »Diplomaty«, A. H, 3488 bis 3492.

48. Deutscher, *Trotzki,* Bd. III, S. 38.

49. Veröffentlicht in: *Contre le Courant*, 6. Mai 1929.

Kapitel 42
Ein gewisses Gift

1. Für die Periode, die bis zur Konferenz vom April 1930 reicht, sollte man sich außer auf das bereits angeführte Werk von D. Durand auf zwei andere Arbeiten über Deutschland beziehen: Wolfgang Alles: *Zur Politik der deutschen Trotzkisten ab 1930*, Frankfurt 1987 (2. Auflage 1994) und Maurice Stobnicer: *Le Mouvement trotskyiste allmand sous la république de Weimar*, Paris, Vincennes, 1980. Von mir mit der Hilfe von Gérard Roche bearbeitet, enthält das Werk *Léon Trotsky, Alfred et Marguerite Rosmer, Correspondence 1929*-1939, Paris 1982, wichtige Dokumente, vor allem für die »französische Krise«.

2. Korrespondenz Trotzki-Sedow 1931-1938, Veröffentlichung in Vorbereitung auf der Grundlage der Archive Harvard, Hoover und Amsterdam.

3. Durand, *La Naissance de l'opposition de gauche internationale de l'exile de Trotsky à la première conférence (février 1929-avril 1930)*, S. 313-315.

4. Ebd., S. 315-321.

5. Neumann an Trotzki, 21. September 1929, A. H., 3930.

6. Joko an Trotzki, September 1929, A. H., 2092.

7. Ebd., 18. Oktober 1929, A. H., 2093.

8. Frank an Landau, 13. August 1929, A. H., 11959.

9. Durand, *La Naissance de l'opposition de gauche internationale de l'exile de Trotsky à la première conférence (février 1929-avril 1930)*, S. 320.

10. Resolution vom 30. Dezember 1929, A. H., 14726.

11. Landau an Trotzki, 7. Januar 1930, A. H., 2561.

12. Well an Trotzki, 7. Januar 1930, A. H., 5238.

13. Durand, *La Naissance de l'opposition de gauche internationale de l'exile de Trotsky à la première conférence (février 1929-avril 1930)*, S. 444-449.

14. Shachtman an Trotzki, 3. April 1930, A. H., 5034.

15. Protokoll der Konferenz vom 30. März 1930, A. H., 16207.

16. Ebd.

17. Shachtman an Trotzki, 3. April 1930, A. H., 5034.

18. Ebd.

19. Eine gute Zusammenfassung dieser Krise findet sich bei Gérard Roche, »La Rupture de 1930 entre Trotsky et Rosmer – ‚Affaire Molinier' ou divergences politiques?«, *Cahiers Léon Trotsky*, Nr. 9, Januar 1982, S. 9-20.

20. Ebd., S. 9-10.

21. Ebd., S. 10-11.

22. Ebd., S. 12.

23. Van Heijenoort, *Sept ans auprès de Trotsky*, S. 13.

24. Roche, »La Rupture de 1930 entre Trotsky et Rosmer – ‚Affaire Molinier' ou divergences politiques?«, *Cahiers Léon Trotsky*, Nr. 9, S. 13.

25. Trotzki an Rosmer, 26. Juni 1930, A. H., 9867.

26. Roche, *»La Rupture de 1930 entre Trotsky et Rosmer – ‚Affaire Molinier' ou divergences*

politiques?«, *Cahiers Léon Trotsky*, Nr. 9, S. 13.

27. Ebd., S. 14.

28. Rosmer an Trotzki, 24. Juni 1930, A. H., 4412.

29. Ebd.

30. Trotzki an Rosmer, 26. Juni 1930, A. H., 9867.

31. Marguerite Rosmer an Trotzki, 27. Juni 1930, A. H., 4480.

32. Rosmer an Trotzki, 2. Juli 1930, A. H., 4415.

33. Naville an Trotzki, 20. Juli 1930, A. H., 3500.

34. P. Broué, Anmerkung zu der Korrespondenz Trotzki/Rosmer, S. 169, Anm. 1.

35. G. Roche, »La Rupture de 1930 entre Trotsky et Rosmer – ‚Affaire Molinier' ou divergences politiques?«, *Cahiers Léon Trotsky*, Nr. 9, S. 15-16.

36. M. Rosmer an Trotzki, 27. September 1930, A. H., 4482.

37. Molinier an Sedow, 9. Januar 1930, A. H., 12802.

38. Melew, Erklärung, 1. Juni 1931, A. H., 15030.

39. P. Broué, *Correspondence*, Anm. 2, S. 177.

40. Trotzki, »Mill, ein Agent Stalins«, *BO,* Nr. 31, Dezember 1932, S. 28.

41. J. Frank, »Der Bankrott des Trotzkismus«, *Die Rote Fahne* (Wien), 26. Januar 1931.

42. Fritz Keller: *Gegen den Strom*, Wien 1978, S. 108.

43. M. Stobnicer, *Le Mouvement trotskyiste allmand sous la république de Weimar*, S. 142.

44. Trotzki: »Probleme der deutschen Sektion«, 31. Januar 1931. *Internationales Bulletin der Kommunistischen Links-Opposition*, Nr. 5, März 1931.

45 Ebd.

46 Ebd.

47. Trotzki: »Die Krise der deutschen Links-Opposition« (17. Februar 1931), *Internationales Bulletin der Kommunistischen Links-Opposition*, Nr. 6, April 1931, S. 5.

48. Landau (nicht gezeichnet), »Zentristische Strömungen«, *Der Kommunist*, Februar 1931.

49. Melew, vgl. Anm. 38.

50. Korrespondenz Trotzki-Sedow.

51. Zeugenaussage von E. H. Ackerknecht.

52. *Mitteilungsblatt der R. L.*, 1. Januar 1933, in bezug auf den Artikel in der Zeitschrift *Permanente Revolution*, 2. Dezemberwoche 1932, bezüglich des Interviews des Ingenieurs Campbell.

53. Trotzki an das Internationale Sekretariat, 4. Januar 1931, A. H., 4979.

54. Ebd.

55. *Die Permanente Revolution*, 3. Januarwoche 1933, gefälschte, von R. Well hergestellte Nummer.

56. Die Haupttexte befinden sich in *Revolution und Bürgerkrieg in Spanien 1931-1939*, 2 Bde., Frankfurt 1975, 1976, 1986.

57. Lacroix an das Zentralkomitee der Spanischen KP, 15. Januar 1933, Archiv der Spanischen KP.

58. North, *Moscow and Chinese Communists*, Stanford 1953, S. 150.

59. Wang Fanxi, *Erinnerungen eines chinesischen Revolutionärs*, S. 186-188.

60. Feigon, *Chen Duxiu*, Princeton 1983, S. 216.

61. Kopenhagener Rede »Verteidigung der Russischen Revolution«, 27. November 1932, Trotzki, *Schriften 1*, Bd. 1.1, Hamburg 1988, S. 362-402.

62. Ebd., S. 370-371.

63. Ebd., S. 390.

64. Ebd., S. 391.

65. Ebd., S. 400.

66. Ebd., S. 401.

67. Rosenthal, *Avocat de Trotsky*, S. 137.

Kapitel 43
Drama und Familientragödie

1. Die Hauptquelle für diese Kapitel bildet die Korrespondenz Trotzki-Sedow, die im wesentlichen in den Archiven Harvard, Hoover und Amsterdam gesammelt ist. Hinzufügen muß man noch die Briefe von Sinaida Wolkowa und Alexandra Lwowna Sokolowskaja in den Harvard-Archiven.

2. Heijenoort, *Sept ans auprès de Trotsky*, S. 47.

3. Ebd., S. 43.

4. Ebd.

5. Deutscher, *Trotzki*, Bd. III, S. 146.

6. Ebd.

7. Van Heijenoort, *Sept ans auprès de Trotsky*, S. 44.

8. Sedow an Trotzki, 29. Oktober 1931, Korrespondenz Trotzki-Sedow.

9. Trotzki an Sedow, 21. November 1931, ebd.

10. Trotzki an Sedow, ebd.

11. Ebd.

12. Ebd.

13. Ebd.

14. Sedow an Trotzki, 29. Oktober 1931, ebd.

15. Trotzki an Sedow, 28. November 1931, ebd.

16. Sedow an Trotzki, 1. Dezember 1931, ebd.

17. Trotzki an Sedow, 27. November 1931, ebd.

18. Sedow an Trotzki, 1. Dezember 1931, ebd.

19. Trotzki an Sedow, 12. Januar 1932, ebd.

20. Sedow an Sedowa, 15. Januar 1932, ebd.

21. Sedow an Trotzki, 15. April, und Trotzki an Sedow, 15. Januar 1932, ebd.

22. Sedow an Sedowa, 21. Mai 1932, ebd.

23. Sedow an Sedowa, 16. November 1932, ebd.

24. Sedow an Sedowa, 16. November 1932, ebd.

25. Wolkowa an Trotzki, November 1932, A. H., 5770

26. Sedow an Sedowa, 24. Dezember 1932, Korrespondenz Trotzki-Sedow.

27. Sedow an Sedowa, 5. Januar 1933, ebd.

28. Van Heijenoort, *Sept ans auprès de Trotsky*, S. 59.

29. Trotzki an Sedow, 11. Januar 1933, Korrespondenz Trotzki-Sedow.

30. Ebd.

31. Ebd.

32. Trotzki an Sedow, 11. Januar 1933, Korrespondenz Trotzki-Sedow.

33. Ebd.

34. Ebd.

35. Ebd.

36. Ebd.

Kapitel 44
Neugruppierungen gegen Stalin in der UdSSR

1. Es sei hier auf P. Broué: »Trotzki und der Block der Oppositionen von 1932«, in: *Cahiers Léon Trotsky,* Nr. 5, 1980, S. 5-37, verwiesen. Mein Beitrag zu dieser Frage auf dem Washingtoner Kongreß sowjetischer Studien wird in Kürze in der Veröffentlichung wesentlicher Texte dieses Kongresses erscheinen.

2. Ch.. G. Rakowski: »Auf dem Kongreß und im Lande«, *Bjulleten Opposizii,* Nr. 25/26 November/Dezember 1931, S. 9-32. Französische Übersetzung (große Auszüge) in *Cahiers Léon Trotsky,* Nr. 18, Juni 1984, S. 86-123.

3. *BO* Nr. 11, 2. April 1930, S. 33

4. Ebd.

5. Brief aus der UdSSR, A. H., Fond Nikolajewski.

6. XYZ [G. Jakowin / E. B. Solnzew / G. Stopalow]: »Die Krise der Revolution«, *BO,* Nr. 25/26, November /Dezember 1931, in: *Cahiers Léon Trotsky,* Nr. 6, Dezember 1980, S. 154-171.

7. Ciliga hat in dem Buch, das sich nacheinander *Au Pays du Grand Mensonge* und *Au Pays du Mensonge triomphant* nannte, seine Artikel zusammengefaßt, die zuerst im *BO* Nr. 47, Januar 1936, S. 1-4, Nr. 48, Februar 1936, S. 11-12 und April 1936, Nr. 49, S. 7-12, erschienen waren.

8. Ardaschelja und Jakowin: »Lettre sur la vie de Werchne-Uralsk«, 11. Oktober 1930, A. H., 16927, in: *Cahiers Léon Trotsky*, Nr. 7/8, 1981, S. 184-193.

9. Erinnerungen von Fischkowski, in: Brossat und Klingberg, *Le Yiddishland révolutionnaire*, Paris 1983. Ich habe den ersten der Autoren danach gefragt, ob es möglich wäre, noch mehr zu erfahren, als in den paar diesem Gefängnis gewidmeten Zeilen in den Erinnerungen stünde; ich bin leider nicht mit einer Antwort beehrt worden.

10. Isabelle Longuet: *La Crise de l'Opposition russe*, Magisterarbeit, Paris o. J., S. 562.

11. N. N., Brief aus Moskau, Ende August 1930, *BO* Nr. 17-18, November 1919, S. 37-39, hier 39.

12. P. Broué: »Compléments sur les trotskyistes en U.R.S.S.«, in: *Cahiers Léon Trotsky,* Nr. 24, Dezember 1985, S. 63-72, hier 67.

13. Ebd., S. 68-69. Vgl. auch Victor Serge: »D'Orenbourg«, A. H., 17399, in: *Cahiers Léon Trotsky,* Nr. 7/8, 1981, S. 221-228, hier 227.

14. Frolow über Jan Sten, in: Roy Medvedew: *Let History Judge*, London 1972, S. 224-225.

15. Margarete Buber-Neumann: *La Révolution mondiale*, Paris 1971, S. 122.

16. R.W. Davies: »The Syrtsow-Lominadze Affair«, in: *Soviet Studies*, 1. Januar 1981, S. 29-50.

17. Ebd., S. 61.

18. Ebd., S. 44-66.

19. N. N. Brief aus Moskau, *BO* Nr. 19, März 1931, S. 17-19.

20. Davies, »The Syrtsow-Lominadze Affair«, S. 42.

21. Brief aus der UdSSR, *BO* Nr. 33, März 1933, S. 24.

22. A. Nin: »Die Lage der russischen Arbeiter«, in: *Der Kommunist* Nr. 12, Anfang November 1930.

23. Sedow an Trotzki, *passim*, Ende 1932. Das »Zentrum« der Smirnow-Gruppe war durch Verkleinerung neu gebildet worden.

24. Sedow an das Internationale Sekretariat (IS), *Archiv Rous* und *Archiv Shachtman* (Taminent Library), in: *Cahiers Léon Trotsky,* Nr. 24, S. 117-120.

25. Trotzki, Brief an die Sektionen, 16. Dezember 1932, A. H., T 3841, in: Trotzki, *Schriften 3,* Bd. 3.3, S. 322-346.

26. »Der Brief der achtzehn Bolschewiki«, in: *Sozialistitscheskij Westnik*, Nr. 17-18, September 1932, S. 21, ist die erste Information über diese Gruppe. Der Bericht Sedows vom 8. Oktober 1932 bestätigte die Existenz dieser Gruppe und berichtigte in mehreren Punkten die Version der menschewistischen Zeitung. Der postume Brief Bucharins an die zukünftigen Leiter der UdSSR erwähnt die Gruppe Rjutin. Siehe schließlich den Brief aus der UdSSR, in: *BO,* Nr. 31, November 1932, S. 23.

27. Zusammenfassung bei P. Broué: *Le Parti bolchevique*, S. 337-338, der von Ciliga, Victor Serge, Nikolajewski, Sedow gegebenen Informationen.

28. *Prawda*, 12. Oktober 1932.

29. *Prozeßbericht über die Strafsache des trotzkistisch-sinowjewistischen terroristischen Zentrums*, August 1936, Moskau 1936: Er enthält zum Beispiel sehr zahlreiche Anspielungen auf das Treffen Sedow-Smirnow.

30. Ebd., S. 72.

31. Ebd.

32. Ebd., S. 47-48 (Jewdokimow) für die Episode des Sondercoupés, S. 47-48 (Jewdokimow) und S. 66 (Kamenjew) für das Treffen von Iljinskoje.

33. Sedow an Trotzki, September 1932, A. H., 4782; Übersetzung in *Cahiers Léon Trotsky,* Nr. 5, Januar 1980, S. 36-37. Es handelt sich um Holzman, den Sedow als »Informanten« bezeichnet.

34. Brief von Gawen nach Moskau und Bericht Sedows an Trotzki über seine Unterhaltung mit Gawen, A. H., Fond Nikolajewski. Ebenfalls P. Broué: »Compléments sur les trotskystes en U.R.S.S.«, in: *Cahiers Léon Trotsky,* Nr. 24, Dezember 1985, S. 69.

35. Trotzki an Sedow, Oktober 1932, A. H., 13905 c und 1010, übersetzt in: *Cahiers Léon Trotsky*, Nr. 5, Januar-März 1980, S. 35.

36. Trotzki an Sedow, 30. Oktober 1932, A. H., Fond Nikolajewski.

37. Siehe vor allem die Briefe Trotzkis vom 9., 17. und 27. Oktober und vom 7. November, die an Sedow gerichtet sind, A. H., Fond Nikolajewski.

38. Trotzki an Sedow, 24. Oktober 1932, A. H., Fond Nikolajewski.

39. »Nachrichten aus Moskau (in letzter Minute)«, 6. Dezember 1932, *BO*, Nr. 32, Dezember 1932, S. 28.

40. Sedow an Trotzki, 10. Juni 1933, A. H., Fond Nikolajewski.

41. Trotzki, »Die Stalinisten ergreifen Maßnahmen«, 19. Oktober 1932, *BO* Nr. 31, November 1932. S. 28.

42. Trotzki an Sedow, September 1932, A. H., 4782.

43. Sedow an Trotzki, 16. Februar 1933, A. H..

44. Sedow an Trotzki, 22. Februar 1933, A. H., Fond Nikolajewski.

45. Sedow an Trotzki, 14. Januar und 12. Februar 1933, A. H., Fond Nikolajewski.

46. Trotzki an Sedow, 20. Oktober 1932, A. H., Fond Nikolajewski.

47. *The Case of Leon Trotsky*, S. 147. Nach der Erklärung Trotzkis zitiert sein Anwalt eine Zeugenaussage der Dänin Karin Bœggild, die im *Sozialdemokraten* erschienen und im *Dagbladet* vom 20. August 1936 zitiert wurde, die diesen Zwischenfall und den »ergreifenden« Charakter der Intervention Trotzkis erwähnt.

48. S. die Interventionen Preobraschenskis (S. 236-239), Kamenjews (S. 236-239) und Sinowjews (S. 492-497) im Rechenschaftsbericht des XVII. Kongresses.

49. Aussage von Safarow im Prozeß Sinowjews und Kamenjews, in: *L'Humanité*, 17. Januar 1935.

50. Sedow an das IS, vgl. Anm. 15.

Kapitel 45
Kassandra vor Hitler

1. In Trotzki, *Schriften über Deutschland*, Bd. 1 und 2, Frankfurt 1971, befinden sich alle zitierten Artikel. Diese beiden Bände sollen – in erweiterter Fassung – als Bd. 5.1. und 5.2. in die Ausgabe der *Trotzki-Schriften* aufgenommen werden.

2. Trotzki, *Schriften über Deutschland*, I, »Ein Sieg Hitlers bedeutet: Krieg gegen die UdSSR«, S. 308-309.

3. Manuilski, *Corr. Int*. Nr. 92, 24. September 1929, S. 1267.

4. Trotzki, *Schriften über Deutschland*, I, »Was nun? Schicksalsfragen des deutschen Proletariats«, S. 211.

5. Ebd., S. 211-212.

6. Ebd., S. 223.

7. Ebd., S. 224.

8. Ebd., »Die Wendung der Komintern und die Lage in Deutschland«, S. 88.

9. Ebd., »Gegen den Nationalkommunismus. Lehren des ‚Roten' Volksentscheids«, S. 113-137.

10. Ebd., »Soll der Faschismus wirklich siegen? Deutschland – der Schlüssel zur internationalen Lage«, S. 145-163.

11. Ebd., S. 155.

12. Ebd., S. 156, 157, 158.

13. Ebd., S. 158.

14. Ebd., S. 160.

15. Ebd., S. 161.

16. Ebd., »Ein Sieg Hitlers bedeutet: Krieg gegen die UdSSR«, S. 315.

17. Ebd., »Soll der Faschismus wirklich siegen? Deutschland – der Schlüssel zur internationalen Lage«, S. 162, 163.

18. Ebd., »Wie wird der Nationalsozialismus geschlagen?«, S. 175.

19. Ebd., »Was nun? Schicksalsfragen des deutschen Proletariats«, S. 182.

20. Ebd., S. 183.

21. Ebd., S. 193, 194.

22. Ebd., S. 196, 197.

23. Ebd., S. 198.

24. Ebd., »Wie wird der Nationalsozialismus geschlagen?«, S. 172.

25. Ebd., »Was nun? Schicksalsfragen des deutschen Proletariats«, S. 210.

26. Ebd., »Der einzige Weg«, S. 405.

27. Ebd., S. 349-350.

28. Ebd., »Was nun? Schicksalsfragen des deutschen Proletariats«, S. 269.

29. Ebd., »Der einzige Weg«, S. 405.

30. Ebd., S. 406.

31. Ebd., S. 408.

32. Ebd., S. 408.

33. Sedow an Trotzki, 3. Februar 1933, A. H, Fond Nikolajewski.

34. Trotzki, *Schriften über Deutschland*, »Vor der Entscheidung«, S. 442-443.

35. Nachwort zu »Vor der Entscheidung« vom 6.2.1933. Zit. in: Deutscher, *Trotzki,* Bd. III, S. 194.

Kapitel 46
Der 4. August des Stalinismus

1. Es gibt keine Arbeiten über die in diesem Kapitel behandelte Frage. Die in Vorbereitung befindliche Dissertation von Gilles Vergnon soll diese Lücke ausfüllen.

2. Sedow an Trotzki, 7. Februar 1933, A. H., Fond Nikolajewski.

3. *Prawda*, 3. März 1933.

4. Van Heijenoort, *Sept ans auprès de Trotsky,* S. 63.

5. Trotzki an Sedow, 12. März 1933, *Œuvres* 1, S. 55.

6. Ebd., S. 57.

7. Ebd.

8. Trotzki, *Schriften über Deutschland*, Bd. II, »Die Tragödie des deutschen Proletariats«, S. 483.

9. Ebd., S. 493-494.

10. Heijenoort, *Sept ans auprès de Trotsky*, S. 68-70.

11. Trotzki an das Politbüro, 15. März 1933, A. H., T 3521 a, *Œuvres* 1, S. 59-61.

12. Trotzki: »Eine Erklärung«, 10. Mai 1933, A. H., T 3522 b.

13. *Oeuvres* 1, S. 60.

14. »Il faut un accord honnete dans le parti«, *Œuvres* 1, S. 77-82, hier S. 81.

15. Ebd.

16. M. Body: »Pages d'histoire et de sang«, in: *Le Réfractaire* Nr. 37, März 1978.

17. R. Fischer: »Trotzki in Paris«, *Archive Ruth Fischer*, Harvard, in: *Cahiers Léon Trotsky*, Nr. 22, Juni 1985, S. 65-74, hier S. 58.

18. Trotzki: »Sinowjew und Kamenjew kapitulieren ein weiteres Mal«, A. H., T 3551.

19. Trotzki, *Schriften über Deutschland*, Bd. II: »KPD oder neue Partei (zweiter Brief)«, S. 515.

20. Ebd., S. 515, 516.

21. Ebd., S. 516.

22. Gilles Vergnon: »Les Bases du Tournant de Trotsky vers la IVe«, *Cahiers Léon Trotsky*, Nr. 29, Juni 1985, S. 30.

23. Ebd., S. 32.

24. Trotzki: »Die linkssozialistischen Organisationen und unsere Aufgaben«, A. H., T 3559; in: Trotzki, *Schriften 3*, Bd. 3.3., S. 396-404.

25. Ebd., S. 210.

26. Ebd., S. 211.

27. Ebd., S. 214.

28. *Rundschau* Nr. 9, 12. April 1933, S. 229.

29. Vgl. Jacques Rupnik, *Histoire du Parti Communiste tchécoslovaque*, Paris 1981, das Unterkapitel über die »Affaire Guttmann«, S. 95-104, und vor allem der Artikel von Z. Hradilak: »Jozef Guttmann Konflikt rozumu a svedomi«, *Dejin socialismu* Nr. 4, 1968, S. 483-509.

30. Bauer: Brief an das IS, 16. Juli 1933, in: *La Vérité*, 28. August 1933.

31. Die folgenden Angaben befinden sich in den *Archives du quai d'Orsay*, Z 895, Karton 608, Dossier 6, UdSSR, Angaben über politische Persönlichkeiten, hier Note vom 5. August 1932.

32. Ebd., Note vom 9. September 1932.

33. Ebd., Innenministerium ans Außenministerium, 16. Mai 1933.

34. Ebd., Manuskript einer Note, nicht datiert.

35. Ebd., Noten vom 16. Juni und 1. Juli 1933.

36. Ruth Fischer, Unveröffentlichte Erinnerungen, Houghton Library Harvard, vgl. Anm. 17, (hier S. 58-59).

Kapitel 47
Eine neue Internationale

1. Man muß die Dokumente der Epoche lesen, um sich mit den in diesem Kapitel behandelten Problemen bekanntzumachen, das sich auf keine Zusammenfassung stützen kann.

2. Trotzki, *Schriften über Deutschland,* Bd. II: »Man muß von neuem kommunistische Parteien und eine Internationale aufbauen«, S. 603-612.

3. Ebd., S. 605.

4. Ebd., S. 605-606.

5. Ebd., S. 609.

6. Ebd., S. 609-610.

7. Ebd., S. 611-612.

8. Trotzki, *Schriften über Deutschland,* Bd. II: »Man kann nicht länger mit Stalin, Manuilski, Losowski und Co. in ein und derselben ‚Internationale' bleiben«, S. 615-623.

9. Ebd., S. 617, 618.

10. Ebd., S. 618.

11. Ebd., S. 619.

12. Ebd., S. 623.

13. Trotzki: »Über die Gründung der IV. Internationale« in: *Der Todeskampf des Kapitalismus und die Aufgaben der IV. Internationale*, Essen (1975), S. 111.

Kapitel 48
Alles neu beginnen

1. Für dieses zusammenfassende Kapitel kann man kein besonderes Werk angeben.

2. Trotzki, *Schriften über Deutschland,* Bd. II: »Porträt des Nationalsozialismus«, S. 571-580.

3. Der Artikel erschien in der *Neuen Weltbühne*, 11. Juli 1933. Die dortige Zusammenfassung hält jeden Vergleich mit den besten Reportagen aus.

4. Trotzki, *Schriften über Deutschland,* Bd. II, S. 572.

5. Ebd., S. 572f.

6. Ebd., S. 573.

7. Ebd., S. 574.

8. Ebd., S. 575.

9. Ebd., S. 576.

10. Ebd.

11. Ebd., S. 577.

12. Ebd.

13. Ebd., S. 577f.

14. Ebd., S. 578.

15. Ebd., S. 579.

16. Ebd., S. 580.

17. Michael Kater: *The Nazi Party, A Social Profile of Members and Leaders 1919-1945*, Cambridge, Massachusetts 1983; Eichard F. Hamilton: *Who voted for Hitler?*, Princeton 1982; Henry Ashby Turner Jr.: *Die Großunternehmen und der Aufstieg Hitlers*, Berlin 1985.

18. P. Aycoberry: *La Question nazie. Les interprétations du national-socialisme 1922-1975*, Paris 1979, S. 37.

19. Ebd.

20. P. Broué: »Trotsky et le Block des Oppositions«, in: *Cahiers Léon Trotsky*, Nr. 5, Januar-März 1980, S. 5-37.

21. J. Arch Getty: *Origins of the Great Purges. The Soviet Communist Party Reconsidered*, Cambridge, Massachusetts 1985, S. 119 und 245, Anm. 24.

22. B. Souvarine in: Freymond (Hrsg.), *Contribution à l'Histoire du Comintern*, Genf 1965, S. 208.

23. I. Deutscher, *Trotzki*, Bd. III, S. 248.

24. Van Heijenoort, *Sept ans auprès de Trotsky*, S. 68.

25. Trotzki an Sedowa, 3. September 1933, Korrespondenz, S. 25-26.

26. Ebd., S. 26.

27. Ebd., 19. September 1933, S. 56.

28. Louis Saufrignon, Zeugenaussage, 6. April 1937, A. H., D 69.

Teil V
Die Vierte Internationale

Kapitel 49
Freier Aufenthalt in Frankreich

1. Es gibt keine zusammenfassende Darstellung dieser Lebensperiode von Trotzki. Den Rahmen liefert der Bericht van Heijenoorts.

2. Van Heijenoort, *Sept ans auprès de Trotsky*, S. 77-78.

3. Ebd., S. 79.

4. Ebd., S. 82-83.

5. *L'Humanité*, 25. Juli 1933.

6. Zeugenaussage von Nelz.

7. G. Roche, »Malraux et Trotsky«, in: *Cahiers Léon Trotsky*, Nr. 31, 1987, S. 103-115.

8. Trotzki an N. Sedowa, 19. September 1933, A. H., Korrespondenz, S. 56.

9. Sedow an Trotzki, 21. August 1933, A. H., Fond Nikolajewski.

10. Trotzki, »Der Klassencharakter des Sowjetstaats. Die IV. Internationale und die UdSSR«, in: Trotzki, *Schriften 1*, Bd. 1.1, S. 456-499.

11. Ebd., S. 480-81.

12. Ebd., S. 481.

13. Ebd., S. 482.

14. Ebd., S. 483.

15. Ebd., S. 485.

16. Ebd., S. 486.

17. Ebd., S. 499.

18. Trotzki, *Tagebuch im Exil*, Köln-Berlin 1960, 29. April 1935, S. 127, 128.

19. Van Heijenoort, *Sept ans auprès de Trotsky*, S. 90.

20. Ebd., S. 91.

21. Trotzki, »Erklärung« 21. Februar 1934, in: *Œuvres* 3, S. 237-238.

22.Ebd., S. 238.

23. Trotzki an Sedow, 19. März 1934, A. H., Fond Nikolajewski.

24 Trotzki, »Was bedeutet Rakowskis Kapitulation?«, 31. März 1934, *Unser Wort* Nr. 28, 2. Aprilwoche 1934, S. 2; in: Trotzki, *Schriften 3*, Bd. 3.3, S. 547.

25. Van Heijenoort, *Sept ans auprès de Trotsky*, S. 50.

26. Trotzki, *Tagebuch im Exil*, 25. März 1935, S. 72.

27. Bericht des Staatsanwalts von Melun, 15. April 1934, Archives nationales.

28. Ebd.

29. Trotzki, *Tagebuch im Exil*, S. 63, 66.

30. *Le Matin*, 17. April 1934.

31. Van Heijenoort, *Sept ans auprès de Trotsky*, S. 101.

Kapitel 50
Erster Durchbruch mit den »Vier«

1. Die wichtigste Arbeit über dieses Thema ist das Buch von Willy Buschak, *Das Londoner Büro. Europäischer Linkssozialismus in der Zwischenkriegszeit.* Amsterdam, 1986. Siehe auch die vorangegangene, nicht veröffentlichte Abhandlung von Michel Dreyfus, *Bureau de Londres ou Quatrième Internationale? Socialistes de gauche et trotskyistes en Europe (1933-1940)*, Paris X, 1978. Siehe auch einen Bericht von Fritz Sternberg, »Entretins avec Trotsky«, in: *Le Contrat social*, Juli/August 1964, VIII, Nr. 4, S. 203-210. Siehe ebenfalls, in Übersetzung aus dem Holländischen, Jacques de Kadt, »Bei Trotzki: Streit und Enttäuschung«, in: *Le Contrat social*, März/April 1967, XI, Nr. 2, S. 83-90, und »Bei Simone Weil: Bruch mit Trotzki«, ebd., Mai/Juni 1967, XI, Nr. 3, S. 139-145.

2. R. Dowse, *Left in the Center. The International Labour Party, 1893-1940*, London, 1966.

3. Hanno Drechsler, *Die Sozialistische Arbeiterpartei Deutschlands*, Meisenheim/Glan, 1965.

4. Ebd., S. 160.

5. Ebd., S. 190f.

6. Max Perthus, *Henk Sneevliet*, Nimwegen 1976, S. 348-349.

7. Drechsler, *Die Sozialistische Arbeiterpartei Deutschlands,* S. 319; siehe auch M. Dreyfus und W. Buschak, *op. cit.*

8. Max Perthus, *Henk Sneevliet, revolutionair-socialist in Europe en Azie*, Nimwegen, 1976.

9. »Notes sur les conversations entre Trotsky et Walcher«, Arbeterrörelsen Arkiv, Stock-

holm; *Œuvres* 2, S. 93-110.

10. K. H. Tjaden, *Struktur und Funktion der ‚KPD-Opposition' (KPO)*, Meisenheim/Glan, 1964, Neuauflage Hannover 1983.

11. »Notes sur les conversations entre Trotsky et Walcher«, 2, S. 95.

12. Ebd., S. 98-100.

13. Ebd., S. 96-97.

14. Ebd., S. 100-101.

15. Ebd., S. 101-103.

16. Ebd., S. 105.

17. Trotzki an Walcher, 21. August 1933, A. H., D 214, *Œuvres* 2, S. 117.

18. »Déclaration des Quatre«, ebd., S. 130-135.

19. Ebd., S. 132.

20. Ebd., S. 133.

21. Ebd., S. 134.

22. Walcher an Trotzki, 24. September 1933, A. H. 5784. S.a. Paton, *Left Turn*, S. 411-412.

23. G. Gurow: »Linkssozialistische Konferenz - ein Kern für eine neue Internationale«, 1. September 1933. Vgl. *Œuvres* 2, S. 158f.

24. Walcher an Trotzki, 23. August 1933.

25. Trotzki an Walcher, 26. August 1933, A. H. D 275. *Œuvres* 2, S. 137-138.

26. Artikel, gez. G. Gurow, 18. September 1933, ebd., S. 210.

27. Bericht vom Plenum vom 18. und 19. November 1933, Bibliothek für Sozialgeschichte New York; *Œuvres* 3, S. 132-149.

28. Ebd., S. 63-64.

29. Ebd., S. 66.

30. Ebd., S. 67.

31. Trotzki an das IS, 6. Oktober 1933; *Œuvres* 2, S. 280-282.

32. Bericht der Vorkonferenz der Vier, 30. Dezember 1933, Archive Sneevliet, IISG Amsterdam; *Œuvres* 3, S. 132-149.

33. Ebd., S. 138.

34. Ebd., S. 138-140.

35. Ebd., S. 140-141.

36. Ebd., S. 142.

37. Ebd., S. 143.

38. Ebd., S. 144.

39. Ebd., S. 145.

40. Ebd.

41. Ebd., S. 146.

42. Trotzki, »Für die Vierte Internationale!«, in: *Unser Wort* (18), Mitte Januar 1934, S. 2; in: Trotzki, Schriften 3, Bd. 3.3, S. 484.

43. »Die SAP, die LKI und die Vierte Internationale«, Brief Trotzkis vom 11. Januar 1934,

in: *Bulletin der Liga der Kommunisten-Internationalisten*, Nr. 1, 1934, S. 12; A. H., T 3641; *Œuvres* 3, S. 184f.

44. Trotzki, »Der Zentrismus und die Vierte Internationale«, 22. Februar 1934, A. H., T 3649, in: Trotzki, *Schriften über Deutschland*, II, S. 676.

45. Trotzki, »Ein zentristisches Attentat auf den Marxismus«, 15. März 1934, in: *Unser Wort* (26), 4. Märzwoche 1934, S. 1f.

46. Trotzki, »,De Fakkel' über den Zentrismus«, 23. März 1934, in: *Unser Wort* (27), 1. Aprilwoche 1934, S. 2; A. H., T 3662.

47. Ebd.

48. Ebd.

49. Ebd.

50. Trotzki an Held, 29 März 1934, *Œuvres* 2, S. 298-302.

51. Ebd., S. 300.

52. Trotzki an Swabeck, 29. März 1934, Bibliothek für Sozialgeschichte, New York, Œuvres 2, S. 296-297.

53. P. Broué, »Les Lèninistes du PSOE«, *Cahiers Léon Trotsky,* Nr. 20, Dezember 1984, S. 42-67.

54. P. Broué, »Quand Carillo était gauchiste: Les Jeunesses socialistes d'Espagne de 1934 à 1937«, *Cahiers Léon Trotsky,* Dezember 1983, S. 17-53.

Kapitel 51
Der Ausgewiesene ohne Visum

1. Das Hauptdokument, nachdem sich Trotzki in Domène eingerichtet hatte, war sein *Tagebuch im Exil,* Köln-Berlin 1960. Die Harvard-Archive geben nichts her. Dagegen sind die Dokumente von Sedow, in Hoover, nützlicher.

2. Wir haben zwei Dinge in detaillierter Weise kombiniert: die von Van Heijenoort (Van), *Sept ans auprès de Trotsky,* S. 102 ff. gemachten Angaben und die in einem Umschlag befindlichen Bescheinigungen, Notizen, Quittungen usw., die von Van bearbeitet und in den Archiven des Harvard-Institutes deponiert sind. Ich habe diese Arbeit zusammen mit Van, ein Jahr vor seinem Tode, unternommen.

3. Zeugnis von Jean Aulas.

4. Van Heijenoort, *Sept ans auprès de Trotsky*, S. 104.

5. Ebd., S. 105.

6. Ebd., S. 108.

7. Zeugnis von France Serret.

8. Van Heijenoort, *Sept ans auprès de Trotsky*, S. 106-107.

9. Ebd., S. 108.

10. Ebd., S. 102-103.

11. Ebd., S. 104.

12. Ebd.

13. Ebd., S. 109.

14. Trotzki, *Tagebuch im Exil*, S. 31.

15. Trotzki an Serge, 30. Juli 1936: A. H. 10273; Victor Serge / Léon Trotsky: *La lutte contre le Stalinisme*, Paris 1977, S. 116, 117.

16. Trotzki, *Tagebuch im Exil*, S. 46.

17. Trotzki an Sedow, 15. Februar 1935, A. H., Fond Nikolajewski.

18. A. Malraux, *Trotsky*, erneut abgedruckt in: , Nr. 12, S. 79-88, hier: S. 88.

19. Trotzki an das IS, 16. Juni 1934, *Œuvres* 4, S. 101.

20. Ebd., S. 102.

21. Trotzki: »Die Ligue communiste vor einer entscheidenden Wende«, 16./20. Juni 1934, A. H., V 112, *Œuvres* 4, S. 105-110; dt in: Trotzki, *Schriften 3,* Bd. 3.3, S. 589-597.

22. Ebd., S. 109.

23. Trotzki: »Die Entwicklung der SFIO«, *Unser Wort* (47), 5. Augustwoche 1934, S. 4.

24. Trotzki an die belgische Sektion, 19.11. 1934, gezeichnet Vidal, *Œuvres* 4, S. 247.

25. »Für die Vierte Internationale!« (Offener Brief), Juli 1935, A. H., T 3673, Bulletin der Liga der Kommunisten-Internationalisten (Bolschewiki-Leninisten), S. 10-16, *Unser Wort* (60), August 1935, S. 1-2.

26. Ebd., S. 15.

27. Zeugnis von Raoul Faure.

28. P. Saccoman, *Le Front populaire à Grenoble*, Diplomarbeit, Grenoble 1967.

29. Trotzki an Sedow, 23. Januar 1934, A. H. 10118.

30. Trotzki, »In der Sache Sinowjew, Kamenew und Genossen« in: *Die ‚Terroristen'-Prozesse in der UdSSR*, Prag 1936, S. 25.

31. Joubert, »L'affaire Kirov commence en 1934«, *Cahiers Léon Trotsky,* Nr. 20, Dezember 1984, S. 79-93.

32. Trotzki, »Alles gelangt allmählich an seinen Platz (Brief an amerikanische Freunde)«, 26.1. 1935, ebd., S. 27-30.

33. »Für die Vierte Internationale« (Offener Brief), Juli 1935, A. H., T 3673, Bulletin der Liga der Kommunisten-Internationalisten (Bolschewiki-Leninisten), S. 10-16, *Unser Wort* (60), August 1935, S. 12.

34. Ebd., S. 15.

35. Trotzki, *Tagebuch im Exil*, S. 85.

36. Ebd.

37. Ebd., S. 90.

38. Ebd., S. 91.

39. Ebd., S. 92.

40. Ebd., S. 99-100.

41. Ebd., S. 110-111.

42. Ebd., S. 115.

43. Ebd., S. 141.

44. Ebd., S. 143.

45. Ebd., S. 167.

46. Ebd., S. 167-173.

47. Ebd., S. 176.

48. Ebd.

49. Ebd., S. 143.

Kapitel 52
Asyl im »sozialistischen« Norwegen

1. Außer den schon oft zitierten Erinnerungen von Van und Rosenthal muß hier vor allen Dingen das Buch von Yngvar Ustvedt: *Verdensrevolusjonen pa Hønefoss. En beretning om Leo Trotskijs opphold i Norge*, Oslo 1974, erwähnt werden.

2. Rosenthal, *Avocat de Trotsky*, S. 151-152.

3. Ebd., S. 153.

4. Trotzki, *Tagebuch im Exil*, S. 142.

5. Van Heijenoort, *Sept ans auprès de Trotsky*, S. 117.

6. Trotzki, *Tagebuch im Exil*, S. 180-181.

7. Ebd., S. 182.

8. Trygve Lie, Bericht an den Storting (18. Februar 1937), *Riksarkivet*, Oslo, Stortingsmitteilung 19/137) in: *Trotzki in den Augen von Zeitgenossen*, Hamburg 1979, S. 149.

9. Trotzki, *Tagebuch im Exil*, S. 182.

10. Trygve Lie, *Oslo-Moskva-London*, zitiert in *Œuvres* 5, S. 330.

11. Lie, in: *Trotzki in den Augen von Zeitgenossen*, S. 149.

12. Trotzki, *Tagebuch im Exil*, S. 185.

13. V. Serge, *Leo Trotzki*, S. 243.

14. Ebd., S. 246.

15. Ebd., S. 243.

16. Van Heijenoort, *Sept ans auprès de Trotsky*, S. 121.

17. Ebd.

18. Lie, in: *Trotzki in den Augen von Zeitgenossen*, S. 150.

19. Ebd.

20. Leo Trotzki, *Stalins Verbrechen*, Zürich 1937, S. 17.

21. Deutscher: »Unterhaltungen mit Trygve Lie«, *Marxism, Wars and Revolutions*, London 1984, S. 163-175.

22. Lie, in: *Trotzki in den Augen von Zeitgenossen*, S. 151.

23. Fred Zeller: »Le vieux m'a dit«, *Trois points, c'est tout*, Paris 1976, S. 92-130.

24. Franklin Knudsen, *I was Quislings Secretary*, S. 54.

25. Ustvedt, *Verdensrevolusjonen pa Hønefoss. En beretning om Leo Trotskijs opphold i Norge*, S. 51 und Zeugenaussage von N. K. Dahl.

26. Trotzki an Sedow, 27. Dezember 1935, A. H. 10135, Œuvres 7, S. 239-240.

27. Ebd., S. 240.

28. Trotzki an Van Heijenoort, 12. Juni 1936, A. H. 10695; *Œuvres* 10, S. 93.

29. »Die Französische Revolution hat begonnen«, in: Trotzki, *Wohin geht Frankreich?* Antwerpen 1936, S. 89-92.

30. Ebd., S. 91.

31. Ebd., S. 90.

32. » Der neue revolutionäre Aufschwung und die Aufgaben der IV. Internationale« in:*Unser Wort* (78), IX. 26, S. 2.

33. Ebd.

34. V. Serge: »Les déportés d'Orenbourg«, 26. Mai, A. H., 17399; *Cahiers Léon Trotsky*, Nr. 7/8, S. 221-228.

35. Trotzki, »Die Sowjetsektion der Vierten Internationale«, *Unser Wort* (69) III. 36, S. 1.

36. Ebd., S. 2.

37. Serge an Trotzki, 10. August 1936, Serge/Trotsky, *La lutte contre le stalinisme,* Paris 1977, S. 131.

38. Trotzki an Eastman, 17. Februar 1936, A. H. 10350; *Œuvres* 8, S. 210-211.

39. Trotzki an Lieber, 2. April 1936, A. H. 8916; *Œuvres* 9, S. 142.

40. Trotzki, *Arbeiterstaat, Thermidor und Bonapartismus*, Paris (1936) S. 39; in: Trotzki, *Schriften 1,* Bd. 1.1, S. 581-609.

41. Ebd., S. 4-5.

42. Ebd., S: 15-16.

43. Trotzki, »Verratene Revolution« in: Trotzki, *Schriften 1,* Bd. 1.2, S. 694-695.

44. Ebd., S. 747.

45. Ebd.

46. Ebd., S. 789.

47. Ebd., S. 793-794.

48. Ebd., S. 836.

49. Ebd., S. 957-958.

50. Ebd., S. 987.

51. Ebd., S. 988.

Kapitel 53
Der Abstieg zur Hölle

1. Über den Moskauer Prozeß, siehe P. Broué: *Les Procès de Moscou*, Paris 1962, und Nicolas Werth: *Les Procès de Moscou*, Paris 1987. Unentbehrlich ist das Werk von Robert Conquest: *Am Anfang starb Genosse Kirow*, Säuberungen unter Stalin, Düsseldorf 1970.

2. Orlov, *Secret History of Stalin's Crimes*; New York 1959, S. 59-60.

3. Ebd., S. 112-118.

4. Ebd., S. 126-128.

5. *Carnets* von I. Reiss, in V. Serge u. a.: *L' Assassinat d'Ignace Reiss*, Paris 1937, S. 20-21.

6. Duné, *Sozialistitscheski Wernik* Nr. 45, 20. März 1948.

7. Orlov, *Secret History of Stalin's Crimes,* S. 137.

8. Trotzki, *Stalins Verbrechen*, S. 22.

9. A. Waksberg: »Der schlagende Beweis«, *Literaturnaja Gazeta*, 27. Januar 1988.

10. Ebd.

11. Ebd.

12. Ebd.

13. Ebd.

14. Ebd.

15. Sedow an Trotzki, 21. August 1936, A. H. 4868.

16. Trotzki an Sedow, 26. August 1936, A. H., Fond Nikolajewski.

17. Sedow an Trotzki, 29. August 1936, A. H., .Fond Nikolajewski.

18. Sedow an Trotzki, 21. August 1936, A. H., 4868.

19. P. Broué: »Trotsky et le Bloc des Oppositions de 1932«, in: *Cahiers Léon Trotsky*, Nr. 5, 1980, S. 5-37.

20. *Prozeßbericht über die Strafsache gegen Sinowjew, Kamenew u.a.*, Moskau 1936, S. 100.

21. Ebd., S. 101.

22. Ebd., S. 103.

23. Ebd., S. 112.

24. Ebd., S. 121-122.

25. Ebd., S. 167.

26. Ebd., S. 185.

27. *Stalins Verbrechen*, S. 24-25.

28. Bericht von Orlov, in Lequenne: »Les demi-aveux de Zborowski«, *Cahiers Léon Trotsky*, Nr. 13, S. 25-43.

29. Diese Urteile sind besonders scharf in den Artikeln, die auf dem Schiff zwischen Norwegen und Mexiko geschrieben wurden.

30. Trotzki, *Stalins Verbrechen*, S. 24-25.

31. Archive des französischen Außenministeriums, Brief von M. Ristelhueber an den Minister vom 4. September 1936, UdSSR Z. 896, Karton 608, Dossier 6, »Fall Trotzki«.

32. Trygve Lie, in Deutscher: *Marxism, Wars and Revolutions*, S. 176.

33. Kopie dieser Note, Archiv des französischen Außenministeriums, in dem Brief vom 4. September 1936, S. 2.

34. Note von Herrn Payart, 31. August 1936, ebd.

35. Trotzki an R. Sveen, 19. August 1936, A. H. 10554, französische Übersetzung in *Œuvres* 11, S. 75-78.

36. Lie, in: *In den Augen von Zeitgenossen*, S. 152.

37. Ebd., S. 152-153.

38. Ebd., S. 154.

39. Trotzki, *Stalins Verbrechen*, S. 25-26.

40. Ebd., S. 26-27.

41. Lie, *in: In den Augen von Zeitgenossen*, S. 154.

42. Deutscher, *Trotzki, Bd*. III, S. 319-320.

43. Lie in Deutscher: *Marxism, Wars and Revolutions*, S. 173.

44. Trotzki, *Stalins Verbrechen*; S. 27.

45. Van Heijenoort, *Sept ans auprès de Trotsky*, S. 133.

46. Lie, in: *In den Augen von Zeitgenossen*, S. 152.

47. Text ebd.

48. G. Rosenthal, *Avocat de Trotsky*, S. 159.

49. Ebd., S. 159.

50. *Stalins Verbrechen*, S. 33-34.

51. Zitiert in Ustvedt, *Verdensrevolusjonen pa Hønefoss. En beretning om Leo Trotskijs opphold i Norge*, S. 188.

52. Insbesondere Schwarz »Peredowiki i rabotchie massi«, *Sozialistitscheskii Westnik* Nr. 21, 10. Oktober 1936.

53. Rosenthal, *Avocat de Trotsky*, S. 170.

54. Ebd.

55. Trotzki »Schande«, 18. Dezember 1936, A. H., T 3967, *Œuvres* 11, S. 331.

56. Ebd., S. 335.

57. »Hinter geschlossenen Türen«, 11. Dezember 1936, in: Trotzki, *Stalins Verbrechen*, S. 74.

58. Ebd., S. 50.

59. Franklin Knudsen: *I was Quisling's Secretary*, London 1967, S. 58.

60. Lie, in: Deutscher, *Marxism, Wars and Revolutions*, S. 173.

Kapitel 54
Wiederaufleben in Mexiko

1. Die wichtigste Arbeit ist die Dissertation von Olivia Gall: *Trotsky et la vie politique dans le Mexique de Cárdenas*, 2 Bde., Grenoble 1986, eine spanische Buchausgabe erschien 1991 in Mexiko. Man kann auch auf die Veröffentlichungen der Arbeiten des Kolloquiums vom Mai 1987 in Mexiko über Trotzki als »Enthüller« hoffen.

2. Abern an Trotzki, 30. März 1930, A. H. 60.

3. *La Prensa*, 20. April 1956, französische Übersetzung in *Cahiers Léon Trotsky*, September 1982, S. 63-73.

4. Ebd., S. 64.

5. O. Gall, Bd. I, *Trotsky et la vie politique dans le Mexique de Cárdenas*, S. 144-146.

6. O. Fernández, *Cahiers Léon Trotsky*, Nr. 11, 1982, S. 68.

7. O. Gall, *Trotsky et la vie politique dans le Mexique de Cárdenas*, Bd. I, S. 23-25.

8. Sedow an SWP, 27. November 1936, A. H., Fond Nikolajewski.

9. Shachtman an Sedow, 23. November 1936, A. H., Fond Nikolajewski..

10. Van Heijenoort, *Sept ans auprès de Trotsky*, S. 155.

11. Trotzki an Meyer, 17. Dezember 1936, *Riksarchiv*, Oslo.

12 Trotzki an S. Rosendahl, 17. Dezember 1936, *Riksarchiv*.

13. Trotzki, Tagebuchseiten, 28. Dezember 1936, *Œuvres* 12, S. 25.

14. Trotzki, *Stalins Verbrechen*, »In Mexiko«, S. 124-125.

15. V. Serge, *Leo Trotzki*, S. 262.

16. O. Gall, *Trotsky et la vie politique dans le Mexique de Cárdenas*, S. 135.

17. Van Heijenoort, *Sept ans auprès de Trotsky*, S. 165.

18. Zeugenaussage von van Heijenoort.

19. Ebd.

20. Van Heijenoort, *Sept ans auprès de Trotsky*, S. 166.

21. Zeugenaussage von Frau Ella G. Wolfe.

22. Léon et Natalia Trotsky: *Correspondance 1933-1938*, Paris 1980, S. 118f.

23. Van Heijenoort, *Sept ans auprès de Trotsky*, S. 165.

24. H. Herrera, *Frida*, New York 1983, S. 212.

25. Ebd., S. 81.

26. B. D. Wolfe, *La fabulosa Vida de Diego Rivera*, Mexiko 1972, S. 257-264.

27. Ebd., S. 191.

28. Trotzki an Rivera, 9. Juni 1933, A. H. 9790.

29. V. Serge, *Leo Trotzki*, S. 313-314.

30. Trotzki an das IS, 12. Juni 1938, Deutscher, *Trotzki*, Bd. III, S. 411.

31. Van Heijenoort, *Sept ans auprès de Trotsky*, S. 197.

32. Zeugenaussage von van Heijenoort zur Verteidigung der Dissertation von Olivia Gall.

33. O. Gall, *Trotsky et la vie politique dans le Mexique de Cárdenas*, I, S. 146.

34. Ebd., I, S. 269.

35. Ebd., I, S. 146-147.

36. »Octavio Fernandez se souvient«, *Cahiers Léon Trotsky*, Nr. 26, Juni 1986, S. 61-80.

37. O. Gall, *Trotsky et la vie politique dans le Mexique de Cárdenas*, I, S. 121.

38. Zeugenaussage von Van und Octavio Fernandez.

39. O. Gall, *Trotsky et la vie politique dans le Mexique de Cárdenas*, I, S. 147 & II, S. 462-477.

40. Ebd., S. 147-148.

41. Ebd., S. 148.

42. Ebd.

43. Korrespondenz mit Cárdenas 1935-1938, Archive Múgica.

44. Zeugenaussage von Charlie Curtiss.

45. Wir besitzen die Zeugenaussage einer aufmerksamen Beobachterin, in: Alice Rühle-Gerstel, *Kein Gedicht für Trotzki, Tagebuchaufzeichnungen aus Mexico*, Frankfurt/M. 1979.

46. O. Gall, *Trotsky et la vie politique dans le Mexique de Cárdenas*, II, S. 353-357.

47. Ebd., I, die Seiten 208-243 bringen eine Zusammenfassung zahlreicher kürzlich erschienener Arbeiten, die sich mit Lombardo Toledano befassen.

48. V. Lombardo Toledano: »Das Asyl in Mexiko«, *Futuro*, Januar 1937.

49. V. Lombardo Toledano: »Trotzki in Mexiko«, *Futuro*, September 1938.

50. P. Broué: *L'assassinat de Trotsky*, Brüssel 1980, S. 71.

51. S. Kapitel 12 (»Trotzki analysiert Mexiko«) der Abhandlung von Olivia Gall, S. 426-451.

52. O. Fernandez: »Was die mexikanische Revolution ist und wohin sie geht.«, *Clave* Nr. 3/4, November/Dezember 1939.

53. Zitiert von O. Gall, *Trotsky et la vie politique dans le Mexique de Cárdenas*, II, S. 428.

54. Trotzki, »Die Gewerkschaften in der Epoche des totalitären Monopolkapitals«, in: *Solidarität* Nr. 10, Oktober 1946, S. 10.

55. »L'industrie nationalisée et la gestion ouvrière«, Juni 1938, *Œuvres* 18, S. 118.

56. Trotzki: »Lettre ouverte au sénateur Allen«, 2. Dezember 1938, A. H., T 4477; *Œuvres* 19, S. 212.

57. Zitiert von O. Gall, *Trotsky et la vie politique dans le Mexique de Cárdenas*, S. 437.

58. Ebd., Zitat auf S. 438.

59. Ebd.

60. Trotzki, »Stalin et le Mexique«, in: *Œuvres* 17, S. 269-270.

Kapitel 55
Der Revolutionär und der Philosoph

1. Die wichtigsten Werke sind das Protokoll der Sitzung von Coyoacán der Untersuchungskommission, *The Case of Leon Trotsky*, New York 1937, und ihr Bericht: *Not guilty*, New York 1938.

2. Dewey and Eastman, zitiert von Alan Wald, »Die Dewey-Kommission vierzig Jahre danach«, französische Übersetzung in: *Cahiers Léon Trotsky*, Nr. 3, Juli-September 1979, S. 43.

3. T. R. Poole, *Counter Trails. Leon Trotsky on Soviet Purge Trials*, Dissertation an der Universität in Massachusetts 1974, Bd. I, S. 218.

4. Ebd., S. 302-303.

5. Sidney Hook, zitiert von Wald, »Die Dewey-Kommission vierzig Jahre danach«, S. 47.

6. *Prozeßbericht über die Strafsache des sowjetfeindlichen trotzkistischen Zentrums*, Moskau 1937.

7. Ebd., »Geständnisse« von Muralow, S. 237-256.

8. Ebd., S. 23-26, 29, 31-32, 40 usw.

9. Ebd., »Geständnisse« von Pjatakow, S. 64ff.

10. Ebd., »Geständnis« von Radek, S. 128.

11. Der Artikel von Radek in der *Iswestija*, 5. August 1936, mit dem Titel »Die Kriegstreiber bereiten die Intervention gegen die spanische Revolution« vor, ist de facto eine Kritik der stalinistischen Politik.

12. *Prozeßbericht über die Strafsache des sowjetfeindlichen trotzkistischen Zentrums*, »Geständnisse« von Pjatakow, S. 76.

13. Ebd., »Geständnisse« von Radek, S. 594.

14. Trotzki an S. LaFollette, 15. März 1937, A. H. 8741, *Œuvres* 3, S. 88.

15. Trotzki, »Rede über den Moskauer Prozeß«, 9. Februar 1937, *in:* Trotzki, *Schriften 1,*

Bd. 1.2, S. 1019.

16. Trotzki an Solow (26. Februar 1937), A. H. 10477, übt eine detaillierte Kritik an dem Konzept der Zusammensetzung der Untersuchungskommission (A. H. 15848) von diesem Gesichtspunkt aus: Französische Übersetzung in: *Œuvres* 12, S. 371-373. Siehe ebenfalls Trotzki an Novack, 9. März 1937, A. H. 9428, und sein Brief an die amerikanischen Trotzkisten, 17. März 1937, A. H. 7306, aus dem der oben angeführte Satz stammt.

17. Trotzki an Nelz, 1. Februar 1937, A. H. 8513, *Œuvres* 12, S. 333-334.

18. P. Broué, »L'histoire et la vie« (Charles Beard et l'enquete sur les procès de Moscou), *Cahiers Léon Trotsky*, Nr. 19. September 1984, S. 68-77.

19. Wald, »Die Dewey-Kommission vierzig Jahre danach«, S. 47-52.

20. Ebd., S. 53.

21. Ebd., S. 50.

22. *The Case of Leon Trotsky*, S. 1-2.

23. Ebd., S. 5.

24. Wald, *»Die Dewey-Kommission vierzig Jahre danach«*, S. 55.

25. Zitiert ebd.

26. *The Case of Leon Trotsky*, S. 412.

27. Ebd., S. 415-416.

28. Ebd., S. 417-418. Beals schreibt in der *Saturday Evening Post*, 12. Juni 1937 einen Artikel, der in Mexiko in der Zeitschrift der CTM und in Lomardo Toledanos, *Futuro* erscheint.

29. *The Case of Leon Trotsky*, S. 436-437.

30. G. Roche: »Défense et contre-enquete en France«, *Cahiers Léon Trotsky*, Nr. 3, Juli-September 1979, S. 61-98.

31. Poole, *Counter Trails. Leon Trotsky on Soviet Purge Trials*, S. 506.

32. G. Roche: *Partisan Review*, »revue partisane«, *Cahiers Léon Trotsky*, Nr. 19, September 1984, S. 17-40.

33. Edmund Wilson: »Stalin, Trotsky and Willi Schlamm«, in: *Nation*, 11. Dezember 1937.

34. B. D. Wolfe: »Defense of Trotsky«, *The New Republic*, 24. November 1937.

35. *Prozeßbericht über die Strafsache des antisowjetischen »Blocks der Rechten und Trotzkisten«*, Moskau 1938. Krestinskis Abstreitungen befinden sich auf S. 52-53.

36. Während seiner ganzen Befragung kann man diese Versuche von Bucharin finden, vor allem auf S. 431, 436, 442, 467, 513 usw.

37. Ebd. in der Zeugenaussage von Bulanow, S. 605-606, und vor allem bei der von Jagoda, S. 621-622.

38. *The Case of Leon Trotsky*, S. 584-585.

39. James T. Farrell: »Dewey au Mexique«, französische Übersetzung *Cahiers Léon Trotsky*, Nr. 19, September 1984, S. 78-100, hier S. 93.

40. Trotzki an Frankel, 26. Januar 1938, A. H. 8157; *Œuvres* 16, S. 116-117.

41. Zitiert von Farrell, »Dewey au Mexique«, S. 95.

42. Ebd.

43. Deutscher, *Trotzki*, Bd. III, S. 404. Demgegenüber hat George Novack: »Liberal Mora-

lity«, *Their Morals und Ours*, New York 1973, S. 74-94, völlig die versteckte Polemik begriffen.

44. J. Dewey: »Means and End«, in: *The New International*, Juni 1938, S. 177.

45. Ebd.

46. Zitiert von Farrell, »Dewey au Mexique«, S. 97.

Kapitel 56
Die große Treibjagd

1. Es gibt kein zuverlässiges Gesamtwerk für dieses Kapitel. Die »große Treibjagd« auf die Revolutionäre in Spanien ist Gegenstand einer kommenden Arbeit.

2. P. Broué: »La main d'oeuvre blanche de Stalin« *Cahiers Léon Trotsky,* Nr. 24, Dezember 1985, S. 73-84.

3. Michel Lequenne: »Les demi-aveux de Zborowski« *Cahiers Léon Trotsky,* Nr. 13, März 1983, S. 25-43, und Gérard Rosenthal, *Avocat de Trotsky*, S. 271-273. S. gleichfalls die parlamentarische Untersuchung in den USA und der Rechenschaftsbericht der Aussagen von Sborowski und Lola Dallin in *Scope of Soviet Activity in The United States* Nr. 4 und 5, Sitzungen vom 29. Februar und vom 2. März 1956, Washington 1956.

4. *Scope of Soviet Activity in The United States* Nr. 4, S. 82-83; Lequenne, »Les demi-aveux de Zborowski«, S. 29.

5. Ebd., S. 30.

6. Ebd.

7. Ebd.

8. Ebd., S. 30-31.

9. Ebd., S. 32.

10. Zeugenaussage von Raymond Molinier.

11. Zahlreiche Angaben über alle diese Personen in den Untersuchungsakten über die Ermordung von Reiss, A. H. 17299, 148 Seiten, und in einer englischen Zusammenfassung des Dossiers in den Archiven des Hoover-Instituts.

12. Trotsky, *Œuvres* 16, S. 190.

13. Notiz, Polizeipräfektur, 27. und 28. Januar 1937, *Archive der Polizeipräfektur*.

14. Trotsky, *Œuvres* 16, S. 90.

15. Über Reiss, s. den Bericht seiner Witwe, Elsa Porezki, *Les Nôtres*, Paris 1969.

16. Der Text wurde nachgedruckt in *L'Assassinat d'Ignace Reiss*, Paris 1938, S. 32-36.

17. Cyril Henkin: *L'Espionnage soviétique*, Paris 1981, S. 50.

18. Alain Brossat: *Agents de Staline*, Paris 1988, vor allem die Kapitel, in denen Rodsewitsch und Vera Trail im Verlauf der Untersuchung über den Mord von Reiss befragt worden sind.

19. »Der Sieg Stalins über die Partei« ist die Überschrift von Kapitel 22 des Buches von L. Schapiro: *The Communist Party in The Soviet Union*.

20. Merle Fainsod, *Smolensk under Soviet Rule*, Cambridge, Ma., 1958.

21. Ebd., S. 322.

22. Ebd., S. 422.

23. Ebd., S. 234.

24. Ebd., S. 235.

25. Ebd., S. 237.

26. J. Hernandez: *La Grande Trahison*, Paris 1953, S. 103-107.

27. P. Broué: »La dernière Mission de Wolf«, in: *Cahiers Léon Trotsky,* Nr. 10, Juni 1982, S. 75-84.

28. P. Broué: »Procès manqué à Prague: ‚L'affaire Grylewicz'« *Cahiers Léon Trotsky,* Nr. 3, Juli-September 1979, S. 141-150.

29. P. Broué: »Procès d'Américains à Moscou ou Procès de Moscou à New York: L'affaire Robinson-Rubens«, ebd., S. 151-200.

30. Ebd., S. 160-164.

31. M. F. Kahn et J. M. Krivine: »La mort de Sedow« *Cahiers Léon Trotsky,* Nr. 13, März 1983, S. 25-43.

32. Van Heijenoort, *Sept ans auprès de Trotsky*, , S. 176-177.

33. Trotsky: *Leon Sedow, Son, Friend, Fighter*, New York 1938, S. 27, auch in: *Unser Wort*, (93-94), März 1939.

34. Trotsky, A. & M. Rosmer, *Correspondance*, S. 258-263.

35. Rosenthal, *Avocat de Trotsky*, S. 305-308.

36. R. Revol: »Procès de Moscou en Espagne« *Cahiers Léon Trotsky,* Nr. 3, S. 130-132.

37. Ebd., S. 121-130.

38. Rosenthal, *Avocat de Trotsky*, S. 275-280.

39. P. Broué: »Quelques collaborateurs de Trotsky« *Cahiers Léon Trotsky,* Nr. 1, Januar 1979, S. 73-76.

40. Der Mann, der von der Polizei gesucht werden sollte, nach verschiedenen Polizeiquellen mit Namen Kauffmann, soll nach den Robrieux-Archiven Toman geheißen haben: eine von Philipp Robrieux mündlich gemachte Angabe.

41. Jean P. Joubert: »Quand *l'Humanité* couvrait les traces des tueurs« *Cahiers Léon Trotsky,* Nr. 3, S. 203-206.

42. Orlow an Trotzki, 27. Dezember 1937, A. H. 6137.

43. »Trotzki an seine Genossen in den USA«, 1. Januar 1939, A. H. 8105; *Œuvres* 20, S. 29-30.

44. Trotzki an Pagenel, 24. August 1938, A. H. 4412, *Writings 1937-1938*, S. 424-425.

45. P. Broué: »Les trotskystes en URSS, 1929-1938«, in: *Cahiers Léon Trotsky,* Nr. 6, 1980, S. 5-65, hier: S. 58.

46. Zitiert von Maria Joffe, *One Long Night*, 1978, S. 40-41.

47. Ebd., S. 41-42.

48. Ebd., S. 34.

49. Ebd., S. 188.

50. Ebd., S. 190.

51. Serge an Trotzki, 27. Mai 1936, A. H. 5013; zitiert von P. Broué: »Les trotskystes en Union soviétique (1929-1938)«, *Cahiers Léon Trotsky,* Nr. 6, 1980, S. 56.

Kapitel 57
Das Gegenmodell Spanien

1. Die Hauptquelle für den Spanienkrieg in der Biographie Trotzkis ist offensichtlich das Buch *La révolution espagnole 1930-1940*, Paris 1975. Dieser Band, 788 Seiten stark, enthält alle Texte Trotzkis über Spanien, die vor der Öffnung der »geschlossenen Abteilung« seiner Archive 1980 bekannt waren. Auf deutsch sind die meisten Arbeiten in dem Sammelband *Revolution und Bürgerkrieg in Spanien 1931-1939*, 2 Bde., Frankfurt am Main 1975 und 1976, erschienen.

2. M. Blanco Rodriguez: »Le livre que Trotsky n'a pas écrit sur L'Espagne«, *Cahiers Léon Trotsky,* Nr. 10, Juni 1982, S. 115-117.

3. Trotzki: »Die Revolution in Spanien«, 24. Januar 1931, in: Leo Trotzki: *Revolution und Bürgerkrieg in Spanien 1931-1939*, Bd. 1, S. 57-78, hier S. 77-78.

4. P. Broué: »Quand Carrillo était gauchiste; les Jeunesses socialistes d'Espagne de 1934 à 1936«, in: *Cahiers Léon Trotsky,* Nr. 16, Dezember 1983, S. 48-53.

5. Trotzki: »Die spanische Lehre«, 30. Juli 1936, *Revolution und Bürgerkrieg in Spanien 1931-1939,* Bd. 2, S. 227-232, hier S. 231-232.

6. Trotzki: »Brief an Jean Rous«, 16. August 1936, *Revolution und Bürgerkrieg in Spanien 1931-1939,* Bd. 2, S. 232-234, hier S. 233.

7. Ebd., S. 233.

8. Trotzki: »La Sainte Alliance contre L'Espagne socialiste«, 24. August 1936.

9. »Antworten auf Fragen von Vertretern der Havas-Agentur«, 19. Februar 1937, *Revolution und Bürgerkrieg in Spanien 1931-1939,* Bd. 2, S. 235-236.

10. Ebd., S. 235.

11. Ebd., S. 236.

12. Ebd.

13. Ebd.

14. Ebd.

15. Trotzki: »Ist in Spanien ein Sieg möglich?«, 23. April 1937, *Revolution und Bürgerkrieg in Spanien 1931-1939,* S. 248-255, hier S. 254.

16. Ebd., S. 255.

17. Ebd.

18. Trotzki: »Der Aufstand in Barcelona (Einige vorläufige Bemerkungen)«, 12. Mai 1937, *Revolution und Bürgerkrieg in Spanien 1931-1939,* S. 258.

19. Trotzki: »Der Anfang vom Ende« August 1937, in: Trotzki, *Schriften 1,* Bd. 1.2., S. 1099-1100.

20. Trotzki: »Antworten auf einige Fragen, die spanische Lage betreffend«, 14. September 1937, *Revolution und Bürgerkrieg in Spanien 1931-1939,* S. 271-278.

21. Ebd., S. 278.

22. Trotzki: »Il est temps de passer à une contre-offensive mondiale contre le stalinisme«, 2. November 1937, A. H., T 4227; *La révolution espagnole 1930-1940,* S. 462-472, hier S. 469.

23. Ebd., S. 469.

24. Trotzki: »Die spanische Lehre: eine letzte Warnung«, 17. Dezember 1937, *Revolution*

und Bürgerkrieg in Spanien 1931-1939, S. 295-312.

25. Ebd., S. 296.

26. Ebd., S. 299.

27. Ebd., S. 302.

28. Ebd., S. 304.

29. Ebd., S. 305.

30. Ebd., S. 307-309.

31. Ebd., S. 311.

32. G. Soria: »Le trotskysme au service d'Hitler«, *L'Humanité*, 20. Juni 1937, und »Le POUM-organisation de terrorisme et d'espionage au service de Franco«, *L'Humanité*, 25. Oktober 1937.

33. Trotzki: »Die spanische Lehre: eine letzte Warnung«, *Revolution und Bürgerkrieg in Spanien 1931-1939*, S. 312.

34. Ebd.

35. *La Batalla*, 24. Dezember 1936. Laut Genossen der POUM wurde Farré in Frankreich während der Besetzung durch ein Kommando auf Befehl der KP getötet.

Kapitel 58
Der Revolutionär, der Maler und der Dichter

1. Siehe B. D. Wolfe: *La fabulosa Vida de Diego Rivera*, Mexiko 1972, und Arturo Schwarz: *Breton, Trotsky et l'Anarchie*, Paris 1977, ebenso die Abhandlung von Marlene Jadar: *Cultural Politics in the 1930s. Partisan Review. The Surrealists and Leon Trotsky*, Alberta 1983.

2. B. D. Wolfe, *La fabulosa Vida de Diego Rivera*, S. 197.

3. Trotzki: »Kunst und Revolution«, 17. Juni 1938, Brief an die *Partisan Review*, in: Trotzki, *Literaturtheorie und Literaturkritik*, München 1973, S. 182.

4. Ebd., S. 182-183.

5. B. D. Wolfe, *La fabulosa Vida de Diego Rivera*, S. 263-267.

6. Trotzki, *Literaturtheorie und Literaturkritik*, S. 183.

7. Ebd.

8. G. Roche: »Le Rencontre de l'Aigle et du Lion«, *Cahiers Léon Trotsky*, Nr. 25, März 1986, S. 23-46.

9. Ebd., S. 23.

10. Van Heijenoort, *Sept ans auprès de Trotsky*, S. 179.

11. G. Roche: »Le Rencontre de l'Aigle et du Lion«, S. 31.

12. Van Heijenoort, *Sept ans auprès de Trotsky*, S. 179.

13. Roche, »Le Rencontre de l'Aigle et du Lion«, S. 26.

14. Ebd., S. 24.

15. Ebd.

16. Ebd.

17. Ebd., S. 26.

18. Van Heijenoort, *Sept ans auprès de Trotsky*, S. 180.

19. Ebd., S. 180-181.

20. Ebd., S. 184.

21. Ebd., S. 187.

22. Roche, »Le Rencontre de l'Aigle et du Lion«, S. 35.

23. »Für eine freie revolutionäre Kunst«, 25. Juli 1938, in: Trotzki, *Literaturtheorie und Literaturkritik*, S. 154-160.

24. Ebd., S. 154.

25. Ebd., S. 155.

26. Ebd., S. 157.

27. Ebd., S. 158.

28. Ebd.

29. Ebd., S. 159.

30. Ebd., S. 159-160.

31. Ebd., S. 160.

32. Roche, , »Le Rencontre de l'Aigle et du Lion«, S. 42.

33. Van Heijenoort, *Sept ans auprès de Trotsky*, S. 195.

34. Ebd., S. 198.

35. Ebd., S. 196.

36. Ebd., S. 196-197.

37. O. Gall, Bd. I, S. 385-386.

38. Zitiert von Trotzki: »Bilanz des Bruchs mit Diego Rivera«, 27. Mai 1938, A. H. 8186; *Œuvres* 20, S. 304-305.

39. O. Gall, *Trotsky et la vie politique dans le Mexique de Cárdenas*, I, S. 387, Anm. 1.

40. Van Heijenoort, *Sept ans auprès de Trotsky*, S. 199-200.

41. Rivera an Ferrel und Rivera an das IS, 7. Januar 1939, Curtiss-Archive.

42. »La démission de Rivera«, 17. Januar 1939, Curtiss-Archive, in: *Œuvres* 20, S. 59, und »Ce qu'il faut répondre«, 17. Januar 1939, Curtiss-Archive, in: Œuvres 20, S. 60-61.

43. O. Gall, *Trotsky et la vie politique dans le Mexique de Cárdenas*, I, S. 395.

44. Rivera an B. D. Wolfe (Auszüge), 19. März 1939, Curtiss-Archive.

45. O. Gall, *Trotsky et la vie politique dans le Mexique de Cárdenas*, I, S. 395.

46. Rivera an das Panamerikanische Büro, 10. März 1939, Curtiss-Archive: Trotzki: »Bilanz des Bruchs mit Diego Rivera«, S. 308.

47.Ebd.

48. *New York Times*, 14. April 1939; französische Übersetzung in: *Cahiers Léon Trotsky*, Nr. 26, Juni 1986, S. 86.

49. Ebd., S. 87.

50. Charles O. Cornell: »With Trotsky in Mexico«, *Fourth International*, August 1944, S. 246-249.

51. Ebd., S. 248-249.

52. Ebd., S. 248.

53. Ebd., S. 246-247.

Kapitel 59
Die IV. Internationale und der Krieg

1. Zu dieser Frage hat D. Guérin, leider mit ärgerlichen Kürzungen, die wichtigsten Texte mit dem Titel: *Sur la Deuxième Guerre mondiale*, Paris 1974, veröffentlicht. Die Texte der Auseinandersetzung von 1939-1940 sind unter dem Titel: *Verteidigung des Marxismus*, Berlin 1973, veröffentlicht worden. Siehe ebenfalls Jean J. Joubert: »Le défaitisme révolutionaire«, *Cahiers Léon Trotsky*, Nr. 23, September 1985, S. 6-22, sowie P. Broué: »Trotsky et les trotskystes face à la Deuxième Guerre mondiale«, ebd., S. 35-60.

2. Trotzki, *Die IV. Internationale und der Krieg*, 1. Mai 1934, Brüssel 1934, S. 40; Trotzki, *Schriften 3*, Bd. 3.3, S. 549-588.

3. Ebd., S. 3.

4. Ebd., S. 7.

5. Ebd., S. 25.

6. Trotzki, *Tagebuch im Exil*, S. 72.

7. Ebd., S. 73-74.

8. Trotzki an V. Serge, 3. Juni 1936, Serge / Trotsky, *La lutte contre le stalinisme*, S. 82.

9. P. Broué: »Trockij et la IVe Internationale«, in: *Il Pensiero*, *op.cit.*, S. 517-518.

10. »Der neue revolutionäre Aufschwung und die Aufgaben der 4. Internationale«, 3. Juli 1936, *Unser Wort* (78), Anfang September 1936, S. 2.

11. Einladungsrundschreiben, *Cahiers Léon Trotsky*, Nr. 1, Januar 1979, S. 9.

12. G. Breitman, *The Rocky Road of the Fourth International*, New York 1973, S. 22.

13. »Diskussion über China« (zwischen Trotzki und Frank Glass, alias Li Furen), 11. August 1937, in: Trotzki, *Schriften 2*, Bd. 2.2., S. 844, sowie ebd., »Japan und China«, 10. Juli 1937, S. 830.

14. *The Case of Leon Trotsky*, S. 190.

15. Trotzki: »Nach München wird Stalin ein Abkommen mit Hitler schließen«, 22. September 1938, A. H. 4424; *Œuvres* 18, S. 313-314.

16. Trotzki, »Eine ganz frische Lehre (zur Frage nach dem Charakter des kommenden Krieges)«, 10. Oktober 1938, *Unser Wort* (93-94), Mitte März 1939.

17. Ebd.

18. Trotzki: »Der deutsch-sowjetische Pakt«, 4. September 1939, A. H. T 4614; *Œuvres* 21, S. 380-392, hier S. 391.

19. Trotsky, *Œuvres* 22, S. 27, Anm. 1.

20. Ebd.

21. Trotzki: »Die UdSSR im Kriege«, 25. September 1939, *Unser Wort* (99) Januar 1940, S. 2-4.

22. Ebd.

23. Ebd.

24. Ebd.

25. Ebd.

26. Trotzki: »Noch einmal zum Charakter der UdSSR«, 18. Oktober 1939, Trotzki, *Schriften 1*, Bd. 1.2., S. 1298-1299.

27. Trotzki: »Bonapartismus, Faschismus und Krieg«, Bruchstücke eines unvollendeten Textes, August 1940, *Œuvres* 24, S. 366-376, hier S. 369.

28. Ebd., S. 370.

29. Ebd., S. 371-372.

30. »Manifest der IV. Internationale: Imperialistischer Krieg und proletarische Revolution«, 26. Mai 1940, *Unser Wort* (101), Dezember 1940, S. 1-8; neu in: Trotzki, *Das Übergangsprogramm*, Essen 1997, S. 211-259.

31. Ebd., S. 8.

32. »Bonapartismus, Faschismus und Krieg«, Œuvres 24, S. 371.

33. P. Broué: »Trotsky et les trotskystes«, *Cahiers Léon Trotsky*, Nr. 23, S. 38.

34. Trotzki: »Wir ändern unseren Kurs nicht«, 30. Juni 1940, *Unser Wort* (101), Dezember 1940, S. 8.

35. Ebd.

36. Ebd.

37. Ebd.

Kapitel 60
Das Halali

1 Zur Ermordung Trotzkis gibt es eine sehr reichliche Literatur. Führen wir die wichtigsten Schriften einfach auf: Gorkin und General Sanchez Salazar: *Ainsi fut assassiné Trotsky*, Paris 1948; Isaac Don Levine: *L'homme qui a tué Trotsky*, Paris 1960. Mein Buch: *L'assassinat de Trotsky*, Brüssel 1980, hat als erstes die Trotzki-Archive in Harvard, die zugänglichen Archive in Mexiko und die Presse dieses Landes benutzt.

2. Serge, *Leo Trotzki*, S. 310.

3. Ebd.

4. Ebd., S. 311.

5. Ebd., S. 279.

6. Ebd., S. 315.

7. Trotzki, *Mein Leben*, S. 567.

8. Trotzki, *Tagebuch im Exil*, S. 51.

9. Brief von C. G. Quinn an den Generalkonsul der Vereinigten Staaten, zitiert in P. Broué, *L'assassinat de Trotsky.*, Brüssel 1980.

10. Broué, *L'assassinat de Trotsky*, S. 26-27.

11. Zeugenaussage von Van Heijenoort.

12. *Socialist Appeal*, 16. April 1938.

13. Bericht von Edgar Hoover, 1. Oktober 1940, *FBI-Archiv*, zitiert in: *Newsline*, 30. September 1978.

14. Patrick Von zur Mühlen, *Spanien war ihre Hoffnung*, Bonn 1983, S. 146-155.

15. *Lutte Ouvrière*, 17. Mai, und *Socialist Appeal*, 3. April 1938.

16. Bericht von J. v. Heijenoort, o. D., A. H. 17304.

17. Ebd.

18. Trotzki an die SWP, 4. September 1938, A. H. T 4418; *Œuvres* 18, S. 273-275.

19. Goldman, Presseerklärung, 8. September 1938, A. H. 16882.

20. Über den Telefonanruf von Matthews, vgl. Broué: *L'assassinat de Trotsky*, S. 79-80.

21. Bericht von J. Hansen, 14. Dezember 1939, A. H. 18906.

22. Brief an die SWP, 13. Oktober 1939, A. H. 8109; *Œuvres* 22, S. 94-96.

23. O. Crydt Abelenda: »La Signification du Trotskysme«, *Futoro*, Mai 1940, zitiert in Broué, *L'assassinat de Trotsky*, S. 144-152.

24. Trotsky, *Œuvres* 24, S. 325.

25. Campa, *Mi Testimonio*, »El Caso Trotsky«, S. 159-166.

26. Serge *Leo Trotzki*, S. 317.

27. Trotsky, »L'Attentat du 14 Mai«, 8. Juni 1940; *Œuvres* 24, S. 100-101.

28. *El Popular*, 29. Mai 1940.

29. Ebd.

30. P. Broué, *L'assassinat de Trotsky*, S. 95-97.

31. *Excelsior*, 31. Mai 1940.

32. Luis Lombardo Toledano: »Trotsky insulte la police mexicaine«, in: *El Popular*, 2. Juni 1940.

33. E. Ramirez Y Ramirez, *Novedades*, 3. Juni 1940.

34. D. Alfaro Siqueiros: »Erklärung«, in: *El Popular*, 3. Juni 1940.

35. *El Popular*, 3. Juni 1940.

36. *Excelsior*, 6. Juni 1940.

37. Broué, *L'assassinat de Trotsky*, S. 100-105.

38. Trotzki: »Die Komintern und die GPU«, 17. August 1940, A. H. T 4927, *Œuvres* 24, S. 311-313.

39. Broué, *L'assassinat de Trotsky*, S. 115.

40. Ebd., S. 114.

41. Ebd., S. 114-115.

42. Ebd., S. 117.

43. Ebd., S. 116-117.

44. Ebd., S. 117-118.

45. Ebd., S. 119-120.

46. Ebd., S. 120.

47. Ebd., S. 10.

48. Hansen: »Mit Trotzki bis ans Ende«, in: *Unser Wort* (102) April 1941.

49. *Prawda*, 24. August 1940.

50. P. Broué, *L'assassinat de Trotsky*, S. 142.

51. F. Zamora: »Die Ermordung gibt Aufschluß«, in: *El Universal*, 24. August 1940.

Schlußwort

1. *Libération*, 12./13. September 1987; *New York Times*, 16. September 1987.

2. Merle Fainsod, *Smolensk under Soviet Rule,* Cambridge, Ma. 1958.

3. »Quand un vieux révolutionnaire engueule les bureaucrates de la *Prawda*«, *Cahiers Léon Trotsky,* Nr. 24, Dezember 1985, S. 121-124.

4. Trotzki, »Verratene Revolution«, in: Trotzki, *Schriften 1,* Bd. 1.2, S. 987-989.

5. Francois Mauriac, *Bild meines Ichs*, Wien-München-Basel 1959, S. 175-179.

6. Trotzki, *Mein Leben*, S. 567.

7. »Trotzkis Testament«, in: Trotzki, *Denkzettel*, Frankfurt/M. 1981, S. 418.

8. John Gunther: »Trotsky at Elba«, in: *Harper's Magazine,* Nr. 166, April 1933, S. 597.

Anhang

Chronologie

1879 *7. November*: Geburt von Lew Dawidowitsch Bronstein.

1885 L. D. Bronstein besucht kurzzeitig eine jüdische Schule.

1888 L. D. geht nach Odessa, um dort bei der verwandten Familie Spenzer zu wohnen, und tritt in die Vorbereitungsklasse der St. Paul-Realschule ein.

1890 L. D. wird wegen einer kollektiven Protestaktion von der Schule relegiert, dann aber wieder zugelassen.

1896 L. D. geht nach Nikolajew, um die Höhere Schule zu beenden, und trifft dort erstmals auf sozialistische Ideen.

1897 Gründung des Südrussischen Arbeiterbundes, der von L. D. und den befreundeten Sokolowskis geführt wird.

1898 *28. Januar*: L. D. Bronstein und seine Freunde werden verhaftet.
Februar: Sie werden ins Gefängnis von Cherson überführt.
1. März: Geheimer Gründungskongreß der SDAPR in Minsk.
März: Verlegung ins Odessaer Gefängnis.

1899 Nach einer langen Entwicklung erklärt L. D. im Gefängnis, daß er Marxist geworden sei. Er wird zu vier Jahren Verbannung verurteilt.

1900 Im Gefängnis heiratet er Alexandra Lwowna Sokolowskaja. Er wird nach Sibirien, zunächst nach Irkutsk, dann Ustj-Kut überführt.

1901 *27. März*: Geburt von Sinaida. Beginn der Mitarbeit von L. D., unter dem Namen Antid Oto, an einer literarischen Zeitschrift in Irkutsk. Begibt sich nach Wercholensk, dort Kontakte mit der Sibirischen Sozialdemokratischen Union.

1902 *Sommer*: Geburt von Nina. L. D. flieht und kontaktiert in Samara die Organisation der *Iskra*. In Wien trifft er Victor Adler, in Zürich P. B. Akselrod.
Oktober: In London Kontakt mit Lenin und Beginn der Mitarbeit von L. D. an der *Iskra*. Er nennt sich nun »Trotzki«.

?: Trifft in Paris Natalja Iwanowna Sedowa.

1903 *März*: Plechanow spricht sich gegen Lenins Vorschlag aus, Trotzki in die Redaktion der *Iskra* aufzunehmen.
30. Juli-23. August: Zweiter Kongreß der SDAPR zuerst in Brüssel, dann in London. Trotzki unterstützt zunächst Lenin, schlägt sich dann aber auf die Seite der Minderheit, der »Menschewiki«, gegen die von Lenin geführten »Bolschewiki«.
September: Trotzki verfaßt den »Bericht der sibirischen Delegation«

und wird in die Leitung der menschewistischen Organisation berufen. Er arbeitet wieder an der *Iskra* mit, die dank Plechanow den Bolschewiki abgenommen wurde.

1904 *April*: Auf ein Ultimatum von Plechanow hin beendet Trotzki seine Mitarbeit an der *Iskra*.
August: In »Unsere politischen Aufgaben« greift Trotzki Lenin heftig an.
September: Trotzki besucht Parvus (Helphand) in München.
Oktober: Trotzki verläßt die Menschewiki, nimmt aber seine Arbeit an der *Iskra* wieder auf.
November/Dezember: Trotzki arbeitet an einer Broschüre, die später den Titel »Vor dem 9. Januar« tragen wird.

1905 *22. Januar*: »Blutsonntag« in St. Petersburg. Trotzki begrüßt den Beginn der Revolution.
Februar: Trotzki ist heimlich nach Rußland zurückgekehrt und befindet sich in Kiew.
März-April: Trotzki hält sich insgeheim in St. Petersburg auf, bis am 1. Mai Natalja Iwanowna verhaftet wird.
Sommer/Herbst: Trotzki in Finnland.
26. Oktober: Im Verlaufe von Streiks entsteht der Sowjet (Arbeiterrat) von St. Petersburg.
28. Oktober: Trotzki spricht vor dem Sowjet, desgleichen Janowsky.
30. Oktober: Trotzki wird in die Exekutive des Sowjet gewählt. Es erscheint das »Oktobermanifest«; der Zar verspricht, demokratische Reformen zuzugestehen.
November: Trotzki ist der Ideengeber, die Feder und der Redner des Sowjet. Mit Parvus gründet er die *Russkaja Gazeta* und arbeitet auch an der menschewistischen Zeitung *Natschalo* mit, die seine Politik unterstützt.
5. Dezember: Trotzki ist Vorsitzender des Sowjet und beteiligt sich an der Gruppe, die den bewaffneten Aufstand vorbereitet.
16. Dezember: Trotzki wird mit den anderen Führern des Sowjet verhaftet.

1906 Trotzki wird aus der Peter-und-Pauls-Festung ins Kresty-Gefängnis überstellt.
24. Februar: Geburt des Sohnes Lew Sedow.
2. Oktober: Der Prozeß gegen Mitglieder des Sowjet wird eröffnet.
17. Oktober: Plädoyer von Trotzki.
18. November: Trotzki zu lebenslanger Verbannung verurteilt.

1907 *10. Januar*: Die Überstellung an den Polarkreis beginnt.
25. Februar: Trotzki flieht und beginnt seine Rückkehr auf einem

Renntierschlitten.
März: Trifft in St. Petersburg ein und gelangt dann nach Finnland, wo er Lenin und Martow trifft; Weiterreise nach London.
13. Mai-1. Juni: 5. Kongreß der SDAPR. Trotzki tritt für die Wiedervereinigung von Bolschewiki und Menschewiki ein, kritisiert jedoch an den erstgenannten heftig die Politik der »Expropriation«.
Juni/Juli: Hält sich in Deutschland auf, erholt sich in Sachsen.
18.-24. August: Internationaler Sozialistenkongreß in Stuttgart.
Oktober: Trotzki ist in Berlin unerwünscht und geht mit seiner Familie nach Wien. Beginn der Zusammenarbeit mit der *Kiewskaja Mysl*.

1908 *?:* Geburt des zweiten Sohnes Sergej Sedow.
Schriftstellerische Arbeit für die *Kiewskaja Mysl, Die neue Zeit, Der Kampf* usw.
Oktober: Veröffentlichung der sog. »Wiener« *Prawda*.

1909 *Juni*: Artikel über »Unsere Differenzen« in Rosa Luxemburgs *Przeglad Socjaldemokratyczny*.

1910 *15. Januar-5. Februar*: Plenum der Parteiführung im Café Harcourt in Paris. Es siegt die Position der »Vereinigung«, wie sie von Trotzki vertreten wird. Seine *Prawda* wird subventioniert, und Kamenjew tritt als Vertreter der Bolschewiki der Redaktion bei.
August: Bruch mit den Bolschewiki, die Trotzki als Spalter anprangert; Kamenjew verläßt die *Prawda*.

1911 *10.-16. September*: Jenaer Parteitag der deutschen Sozialdemokratie. Auf Bitten von Bebel, des Vorsitzenden der SPD, verzichtet Trotzki auf eine Rede, denn aus Rußland war die Nachricht gekommen, der Minister Stolypin ist ermordet worden.

1912 *18.-30. Januar*: Prager Konferenz: Bolschewiki (um Lenin) und Menschewiki (um Plechanow); beide behaupten, die rechtmäßigen Vertreter der Partei zu sein.
Februar: Trotzki kritisiert die Spalterei von Lenin.
5. Mai: In Petersburg veröffentlichen die Bolschewiki ihr eigenes Organ unter dem Namen *Prawda*; Trotzki ist ungehalten darüber und spricht von Plagiat.
25. August-9. September: Wiener Konferenz des »Augustblocks« unter Vorsitz von Trotzki. Sie stellen das Ziel auf, eine »Massenpartei« gegen die Bolschewiki aufzubauen.
September: Trotzki ist Kriegskorrespondent auf dem Balkan für die *Kiewskaja Mysl*.

1913 *1. April*: Brief von Trotzki an Tschcheidse, in dem er Lenins »Methoden« heftigst anprangert.

1914 *22. Februar*: In Petersburg erscheint die *Borba*, ein von Trotzki inspiriertes Organ von Meschrajonka, der Zwischenbezirksorganisation der Hauptstadt.
16./17. Juli: Trotzki hält sich wegen der vom Internationalen Sozialistischen Büro organisierten Konferenz für die Wiedervereinigung der russischen Partei in Brüssel auf.
3. August: Er und seine Familie verlassen Wien und nehmen in Zürich Quartier.
September: Trotzki schreibt *Der Krieg und die Internationale*.
19. November: Trotzki befindet sich als Korrespondent der *Kiewskaja Mysl* in Paris. Er beginnt seine Mitarbeit an der von Martow geleiteten Zeitschrift *Golos*.

1915 *14. Februar*: Trotzki kritisiert Parvus als »Sozialpatrioten«.
28. Februar: Nach dem Verbot der *Golos* erscheint in Paris die *Nasche Slowo*.
April: Trifft sich in Paris mit der Gruppe von *La Vie ouvrière*.
5.-8. September: Internationale Sozialistische Konferenz von Zimmerwald. Trotzki redigiert das *Manifest*.

1916 *19. April:* Martow verläßt *Nasche Slowo,* dessen anerkannter Leiter Trotzki ist.
24.-30. April: Internationale Sozialistische Konferenz von Kienthal. Trotzki kann nicht teilnehmen, weil ihn die französischen Behörden nicht ausreisen lassen.
15. September: Verbot von *Nasche Slowo.*
16. September: Trotzki sucht um Genehmigung nach, das französische Territorium verlassen zu dürfen.
30. September: Trotzki wird von der Polizei an die spanische Grenze geleitet.
9. November: Trotzki wird in Madrid verhaftet und ausgewiesen. Man gewährt ihm Aufschub; lieber als nach Kuba möchte er in die Vereinigten Staaten.
25. Dezember: Natalja und ihre beiden Söhne treffen Trotzki in Barcelona und nehmen ein Schiff nach New York.

1917 *13. Januar*: Die Trotzkis treffen in New York ein.
14. Januar: Beginn der Zusammenarbeit mit *Nowy Mir*, mit Bucharin und anderen. Wichtige Rolle im linken Flügel der Sozialistischen Partei der USA.
12. März: »Februarrevolution« in St. Petersburg.
27. März: Trotzki und seine Familie schiffen sich in New York ein, um wieder nach Rußland zurückzukehren.
3.- 29. April: Trotzki und seine Familie werden in Kanada interniert.

17. April: Lenin in Petrograd.
17. Mai: Trotzki trifft in Petrograd ein.
18. Mai: Trotzki begrüßt im Sowjet die russische Revolution als »Prolog der Weltrevolution«.
23. Mai: Unterredung mit Lenin. Trotzki stellt seinen Eintritt in die bolschewistische Partei zurück.
Juni: Trotzki und die Meschrajonka veröffentlichen *Wperiod*. Trotzki wird zu einem der populärsten Redner der Revolution in Petrograd.
16.-18. Juli: Bewaffnete Demonstrationen in Petrograd; Beginn der Repression gegen die Bolschewiki; Lenin muß in den Untergrund gehen.
23. Juli: In einem »Offenen Brief« erklärt sich Trotzki mit Lenin solidarisch.
5. August: Trotzki wird verhaftet und im Kresty-Gefängnis eingesperrt.
12.-16. August: Der VI. Parteikongreß der Bolschewiki nimmt Trotzki in die Partei auf und wählt ihn ins Zentralkomitee. Die Partei hat ihre Mitgliedschaft auf über 200.000 verzehnfacht.
14.-19. September: Konterrevolutionärer Putsch von General Kornilow. Trotzki ruft die Matrosen auf, an der Seite von Kerenski und der provisorischen Regierung gegen Kornilow zu kämpfen.
17. September: Nach seiner Freilassung nimmt Trotzki erstmals an einer Sitzung des Zentralkomitees der Bolschewiki teil.
22. September: Die Bolschewiki gewinnen im Petrograder Sowjet die Mehrheit.
6. Oktober: Trotzki wird zum Vorsitzenden des Petrograder Sowjet gewählt. Er fordert die Regierung zum Rücktritt auf.
20. Oktober: Das revolutionäre Militärkomitee von Petrograd wird vom Sowjet gegründet.
23. Oktober: Das ZK der Bolschewistischen Partei entscheidet sich für den Aufstand.
26. Oktober: Das revolutionäre Militärkomitee organisiert die Kontrolle der Hauptstadt.
29. Oktober: Die Truppen der Garnison von Petrograd erklären, daß sie der Regierung nicht mehr gehorchen.
3. November: Die Truppen der Garnison von Petrograd erkennen die Autorität des revolutionären Militärkomitees an.
6. November: Nach dem Verbot der *Prawda* ruft Trotzki zur »Verteidigung der Revolution« durch den bedrohten Sowjet von Petrograd auf.
7. November: Im Namen des revolutionären Militärkomitees erklärt Trotzki, daß die provisorische Regierung zu bestehen aufgehört habe.

Menschewiki und Sozialrevolutionäre verlassen den Sowjetkongreß. Das Winterpalais wird von den Bolschewiki erobert.
8. November: Trotzki lehnt das ihm angebotene Kommissariat des Innern ab und übernimmt das Volkskommissariat für Auswärtige Angelegenheiten.
9./10. November: Trotzki organisiert die Verteidigung von Petrograd gegen die Kosaken, die Kerenski unterstützen.
11.-17. November: Debatten um den Vorschlag einer »sozialistischen Koalitionsregierung«, aus der die Partner Lenin und Trotzki ausschließen wollen.
20. November: Die Mittelmächte bieten einen Waffenstillstand an. Trotzki ruft die Alliierten dazu auf, den Krieg zu beenden.
25. November: Bei den Wahlen zur Konstituante erhalten die sozialistischen Parteien 62 Prozent, die Bolschewiki 25 Prozent.
11. Dezember: Trotzki rechtfertigt das Verbot der Partei der Kadetten.
15. Dezember. In Brest-Litowsk wird ein Waffenstillstand unterzeichnet.
20. Dezember: Zum Kampf gegen die Konterrevolution wird die Tscheka geschaffen.
22. Dezember: Beginn der Friedensverhandlungen von Brest-Litowsk.

1918 *9. Januar*: Trotzki in Brest-Litowsk.
18. Januar: Ultimatum von General Hoffmann: Die Friedensverhandlungen werden unterbrochen.
19 Januar: Die Konstituierende Versammlung wird von der bolschewistischen Regierung aufgelöst.
20. Januar: Trotzki kehrt nach Petrograd zurück. Beginn der Diskussionen, drei Tendenzen spalten die Führung: Lenin ist für die Annahme der deutschen Bedingungen, Bucharin für den »revolutionären Krieg«, und Trotzkis Formel heißt: »Weder Krieg noch Frieden«.
22. Januar: Das ZK der bolschewistischen Partei stimmt Trotzki Vorschlägen zu.
30. Januar: Die Verhandlungen in Brest-Litowsk werden wieder aufgenommen.
10. Februar: Trotzki verkündet: »Für uns ist der Krieg zu Ende«.
18. Februar: Die deutschen Angriffe rollen erneut.
27. Februar: Dekret über die Gründung der Roten Armee.
4. März: Das Zentralkomitee billigt Lenins Vorschlag über die Unterzeichnung des Friedensvertrages, was durch das Zusammengehen von Lenin und Trotzki möglich geworden ist.
6.-8. März: Der VII. Parteikongreß stimmt dem Vertrag zu.
13. März: Trotzki wird Volkskommissar für das Kriegswesen und Vorsitzender des Obersten Kriegsrates.

6. Juli: Aufstand der linken Sozialrevolutionäre in Moskau, das seit dem 12. März Hauptstadt ist.
8. August: Abreise von Trotzki und seines Zuges nach Swijaschsk an der Wolga.
September: Konflikt zwischen Trotzki und dem von Stalin unterstützen Kommandanten der Südfront, Woroschilow.
10. September: Die roten Truppen von Swijaschsk nehmen Kasan wieder ein.

1919 *10. Januar*: Der Konflikt mit Woroschilow, der in die Ukraine beordert wurde, verschärft sich. Lenin sucht einen Kompromiß.
2.-7. März: Gründungskongreß der Kommunistischen Internationale (Komintern); das Manifest wird von Trotzki verfaßt.
18.-23 März: Während des VIII. Parteikongresses befindet sich Trotzki an der Front. Seine Militärpolitik – die Verwendung von Karriereoffizieren und die rigorose Disziplin – sieht sich heftigen Kritiken ausgesetzt.
3. Juli: Reorganisierung des revolutionären Kriegsrates, was zum Rücktritt Trotzkis führt – den er aber wieder zurücknimmt.
15. Juli: Gegen Lenin verteidigt Trotzki die Notwendigkeit, Petrograd gegen die Offensive der Weißen um jeden Preis zu halten.
16. Juli: In Petrograd organisiert Trotzki die Verteidigung und schweißt die Verteidiger zusammen.
22. Juli: Beginn der Gegenangriffe der Roten Armee vor Petrograd.
25. Juli: Trotzki, sein Zug und Stalin erhalten den Orden der Roten Fahne.

1920 *12. Januar*: Vor kommunistischen Gewerkschaftsführern verteidigt Trotzki sein Konzept einer »Militarisierung der Arbeit«.
Februar: Aufbau von »Arbeitsarmeen«
März: Trotzki übernimmt auch das Kommissariat für Transportwesen.
29. März-5. April: Mit Unterstützung Lenins verteidigt Trotzki auf dem IX. Parteitag die »Militarisierung der Gewerkschaften«, was von den »Dezisten« (demokratische Zentralisten) bekämpft wird.
Juli: Konflikt an der Partei- und Staatsspitze zwischen denen, die meinen, ein Vormarsch der Roten Armee könnte zur Revolution in Polen führen (Lenin), und denjenigen, die gegenteiliger Ansicht sind (Trotzki).
August: Die Rote Armee scheitert vor Warschau.
17. August: Trotzki organisiert die Zusammenlegung der verschiedenen Organe für die Militarisierung der Transportgewerkschaften; diese werden der Leitung der *Zektran* unterstellt.
12. Oktober: Ende des Krieges mit Polen.

8./9. November: Im Politbüro stellt Lenin seine neue Position gegen die Militarisierung der Gewerkschaften vor. Mit 8 zu 7 Stimmen gewinnt er gegen Trotzki.
Dezember: Der Bürgerkrieg geht zu Ende, die Diskussion um die Gewerkschaften beginnt.

1921 *Januar/Februar*: Gewerkschaftsdiskussion: Sinowjew und Stalin sind mit Lenin gegen Trotzki; sie verlangen eine Politik, die es der Arbeiterklasse ermöglicht, sich gegen den Staat und dessen »bürokratische Deformationen«, wie Lenin sagt, zu wehren.
21. Februar: Die Rote Armee marschiert in Georgien ein.
23. Februar: Beginn von Streiks in Petrograd.
28. Februar: Aufstand von Kronstadt.
1. März: Manifest der Aufständischen von Kronstadt.
8.-16. März: Der X. Parteikongreß beschließt ein Fraktionsverbot. Die Politik der NEP wird angenommen. Zahlreiche Delegierte melden sich freiwillig für den Angriff gegen Kronstadt.
8. März: Der erste Angriff auf Kronstadt mißlingt.
17./18. März: Angriff und Einnahme von Kronstadt; massive Verluste der Angreifer und harte Repressalien gegen die Meuterer nach der Einnahme von Kronstadt.
1. April: Gründung der staatlichen Planungskommission (Gosplan).
3. Mai: Brief von Trotzki an Lenin, in dem er die Konzeptionen des Gosplan kritisiert. Seine Vorschläge werden abgelehnt.
22. Juni-12. Juli: Trotzki stellt den Bericht über die neuen Aufgaben der Kommunistischen Internationale auf ihrem III. Kongreß vor.

1922 *27. März-2. April*: Auf dem XI. Parteikongreß unterstützt Trotzki Lenins Vorschläge gegen die Kritiken von Seiten der Arbeiteropposition. Stalin wird Generalsekretär der Partei.
4. November-5. Dezember: IV. Kongreß der Komintern; Trotzki ist einer der wichtigsten Berichterstatter.
November: Lenin schlägt Trotzki einen »Block gegen den Bürokratismus im allgemeinen und das Organisationsbüro im besonderen« vor.
13. Dezember: Lenin verlangt von Trotzki, mit ihm zusammen das Außenhandelsmonopol zu verteidigen.
25. Dezember: Lenins Testament verweist auf Trotzki und Stalin und stellt sie auf dieselbe Ebene. Er gibt Ratschläge, um zu verhindern, daß die Konflikte zwischen den beiden zu einer Parteispaltung führen.

1923 *4. Januar:* Lenin ergänzt sein Testament durch ein Postskriptum, in dem er die Abberufung von Stalin von seinem Posten als Generalsekretär empfiehlt.
5. März: Lenin bricht alle persönlichen Beziehungen zu Stalin ab und

bittet Trotzki, an seiner Stelle das georgische Dossier auf dem Parteikongreß vorzutragen.
6. März: Trotzki schließt mit Kamenjew einen Kompromiß. Er wird Stalin nicht angreifen.
17.-25. April: Vor dem von Stalin hinsichtlich der Auswahl der Delegierten sorgfältig vorbereiteten XII. Kongreß tritt Trotzki für die Industrialisierung ein.
August: Eine Streikwelle erschüttert Sowjetrußland.
23. August: Trotzki schlägt dem Politbüro vor, in Deutschland den Aufstand vorzubereiten.
September: Vorbereitungen für den Aufstand in Deutschland, dessen Datum auf den 7. November festgelegt wurde.
8. Oktober: Brief von Trotzki, in dem er im Politbüro das »Parteiregime« und die »Bürokratisierung des Parteiapparates« verurteilt.
15. Oktober: »Erklärung der 46« an das Politbüro, die im Sinne Trotzkis argumentieren.
21. Oktober: Nach der Konferenz von Chemnitz kampfloser Rückzug in Deutschland: Der Aufstand wird überall abgeblasen, außer aufgrund eines Irrtums in Hamburg.
7. November: Beginn der offiziellen Diskussion über einen »Neuen Kurs« in der Partei.
5. Dezember: Veröffentlichung der einstimmigen Resolution des Politbüros über den »Neuen Kurs«.
11. Dezember: In einem »Offenen Brief« veröffentlicht Trotzki seine Sicht des neuen Kurses.
15. Dezember: In der *Prawda* eröffnet Stalin einen große Kampagne gegen Trotzki.

1924 *16. Januar*: Trotzki fährt zu einer Erholungskur in den Kaukasus.
16.-18. Januar: Die 13. Parteikonferenz verurteilt die Thesen der Opposition und stellt sie als »kleinbürgerlich« hin.
21. Januar: Lenin stirbt.
26. Januar: Beerdigung Lenins und Rede Stalins in Form einer Litanei; Trotzki war wurde fehl-informiert und konnte nicht kommen.
23.-31. Mai: XIII. Parteitag. Eine kleine Versammlung von Führern akzeptiert, daß Lenins Testament der Partei nicht bekannt gegeben werden soll. Stalin wird wieder Generalsekretär. Trotzki bewahrt Schweigen.
17. Juni-8. Juli: V. Kongreß der Komintern und Beginn der weltweiten Offensive gegen den »Trotzkismus«.
Oktober: Die »Lehren des Oktober« erscheinen als Trotzkis Vorwort zu seinen Schriften über das Jahr 1917. Es beginnt eine Kampagne der Diskreditierung und Verleumdung gegen ihn. Seine Verteidigungs-

schrift »Unsere Meinungsverschiedenheiten« wird nicht veröffentlicht. Stalin beschreibt den »neuen« und den »alten Trotzkismus« als »Feinde des Leninismus« und entwickelt seine Idee vom »Sozialismus in einem einzigen Land«.

1925 *15. Januar*: Trotzki tritt als Volkskommissar für das Kriegswesen zurück.

Mai: Trotzki übernimmt den Vorsitz der Kommission für Konzessionen und verschiedener technischer Verwaltungen.

1. September: Auf Verlangen des Politbüros verurteilt Trotzki die Veröffentlichung von Lenins Testament durch seinen Freund Max Eastman, den er in Moskau informiert hatte.

Oktober: Beginn des Konfliktes zwischen Sinowjew und Kamenjew einerseits, die vom Parteiapparat in Leningrad unterstützt werden, und Stalin und Bucharin andererseits. Die »Neue Opposition« kritisiert die Politik der Zugeständnisse an die reichen Bauern und die Theorie vom »Sozialismus in einem einzigen Land«.

18.-31. Dezember: XIV. Parteitag, auf dem die Neue Opposition unter den unbeteiligten Augen von Trotzki, dessen Genossen im übrigen über die einzuschlagende Haltung uneins waren, vernichtend geschlagen wird.

1926 *Januar*: Meinungsaustausch mit Bucharin, der ein Bündnis von Trotzki mit Sinowjew und Kamenjew verhindern möchte.

Januar/Februar: Säuberungen im Apparat von Leningrad.

6.-9. April: Erster Auftritt der »Vereinigten Opposition« von Trotzki, Sinowjew und Kamenjew.

Juli: »Erklärung der Dreizehn« gegen die »bürokratische Degeneration des Arbeiterstaates«.

14.-23. Juli: Sitzung des Zentralkomitees, das die »illegalen« und »spalterischen« Methoden der Opposition verurteilt und besonders Sinowjew sanktioniert; er wird aus dem Politbüro ausgeschlossen.

16. Oktober: Die Vereinigte Opposition gibt zu, eine fraktionelle Tätigkeit entwickelt zu haben und verpflichtet sich, in Zukunft darauf zu verzichten.

23.-26. Oktober: Heftige Konflikte im Zentralkomitee. Trotzki und Kamenjew werden aus dem Politbüro entfernt.

1927 *22 März*: Trotzki kritisiert die Politik der Führung gegenüber China und die Unterordnung der chinesischen KP unter die nationalistische Guomindang.

12. April: General Tschiang Kai-schek, der Armeechef der Guomindang, läßt die Kommunisten und Arbeiterkader von Schanghai massakrieren.

24. April: Bruch der englisch-russischen Beziehungen.
9. Juni: Demonstration von Oppositionellen gegen die Verbannung von Smilga.
29. Juni-9. Juli: Trotzki klagt die Fehler der Führung an, die dabei ist, zu zerbrechen. Trotzki und Sinowjew werden aufgrund der Auseinandersetzungen zwischen Stalin und Ordschonikidse nicht aus der Partei ausgeschlossen.
August: Abfassung der Plattform der Opposition.
8. September: Die Veröffentlichung der Plattform wird verboten.
13. September: Provokation der GPU, die sogenannte »Affäre um einen Offizier von Wrangel«: Jener Offizier handelte im Auftrag der GPU, als er der Opposition seine Dienste anbot.
21.-23. Oktober: Das Zentralkomitee schließt Sinowjew und Trotzki aus seinen Reihen aus.
7. November: Demonstration der Opposition in Moskau.
15. November: Trotzki und Sinowjew werden wegen der »konterrevolutionären Demonstration« aus der Partei ausgeschlossen.
16. November A. A. Joffe bringt sich aus Protest um.
19. November: Rede von Trotzki am Grab von Joffe.
2.-19. Dezember: Der XV. Parteikongreß verlangt von der Opposition, sie solle ihren Ideen abschwören, um in der Partei bleiben zu können, und »Reueerklärungen« abgeben.
10. Dezember: Sinowjew, Kamenjew und ihre Genossen kapitulieren. Die Opposition fällt auseinander, und Tausende werden aus der Partei ausgeschlossen.

1928 *6. Januar*: Das Politbüro beschließt im geheimen die »Notmaßnahmen« zur Beschlagnahmung von Weizen.
12. Januar: Die GPU informiert Trotzki über seine Verbannung nach Alma-Ata.
17. Januar: Trotzki wird von der Polizei abgeholt und im Zug nach Alma-Ata verschickt.
25. Januar: Trotzki kommt mit seiner Frau und seinem älteren Sohn in Alma-Ata an. Seine Sekretäre, die unabhängig von ihm dorthin gereist waren, werden verhaftet und abgeführt.
27. Januar: Sinowjew und Kamenjew prangern die »spalterische Haltung« von Trotzki an.
13. Februar: Stalin erhält die Zustimmung des ZK zu seinen »Notmaßnahmen«.
15. Februar: Die »Notmaßnahmen« werden veröffentlicht. Pjatakow kapituliert.
6.-11. April: Im Zentralkomitee setzt die Rechte eine Abschwächung der »Notmaßnahmen« für den Weizen durch.

9. Mai: Zirkularbrief von Trotzki, in dem er seine deportierten Genossen auffordert, über eine mögliche Unterstützung für die »Notmaßnahmen« zu diskutieren.
30. Mai: Stalin spricht sich für die »Kollektivisierung« und die »Industrialisierung« aus.
9. Juni: Die zweite Tochter von Trotzki, Nina, stirbt an Tuberkulose.
29. Juni: Ankündigung der Wiederaufnahme von Sinowjew, Kamenjew und anderen in die Partei.
4.-12. Juli: Konflikt im ZK zwischen Stalin und der Rechten, die durchsetzt, daß die »Notmaßnahmen« verschoben werden.
11. Juli: Geheime Aussprache zwischen Bucharin und Kamenjew. Bucharin sagt, er werde von Stalin terrorisiert, und sucht Unterstützung.
17. Juli-1. September: Der VI. Kongreß der Komintern markiert den Beginn der »dritten Periode«. Trotzki hatte eine Erklärung der Opposition und seine »Kritik des Programmentwurfs« an den Kongreß gerichtet. Der US-Amerikaner Cannon erfährt davon und kann das Papier außer Landes schaffen.
September: Beginn der Postblockade der in der UdSSR Zwangsverschickten.
27. Oktober: Cannon und Shachtman werden aus der KPUSA ausgeschlossen.
15. November: Die erste Nummer von *The Militant* erscheint in den Vereinigten Staaten.
16. Dezember: Die GPU droht Trotzki mit Repressalien, wenn er seine politischen Tätigkeiten fortsetzt.

1929 *20. Januar*: Die GPU informiert Trotzki, daß er aufgrund des Artikels 58/10 wegen »Vorbereitung des bewaffneten Kampfes gegen die Sowjetmacht« aus der UdSSR ausgewiesen wird.
22. Januar: Abreise von Alma-Ata.
23. Januar: Mehrere hundert Oppositionelle werden verhaftet.
23. Januar-8. Februar: Trotzkis Zug wird auf offenem Gelände angehalten, um Instruktionen abzuwarten.
9. Februar: Verschärfter Konflikt im Politbüro: Bucharin droht mit seinem Rücktritt.
10. Februar: Trotzkis Zug trifft in Odessa ein.
12. Februar: Trotzki überquert mit Frau und Sohn auf der *Iljitsch* das Schwarze Meer und trifft in Konstantinopel ein. Monatelang versuchen die Trotzkis vergeblich, ein Visum eines europäischen Landes zu bekommen.
5. März: Die Trotzkis verlassen das sowjetische Konsulat und kommen in einem Hotel unter.

April: Die Trotzkis lassen sich auf der Insel Prinkipo nieder.
16.-23. April: Das Zentralkomitee verurteilt die »Rechtsabweichung«.
23.-29. April: Die XVI. Parteikonferenz beschließt, denn Beginn des Fünfjahresplanes auf den 1. Oktober 1928 zurückzudatieren.
3. Juli: Molotow ersetzt Bucharin an der Spitze der Komintern.
13. Juli: Kapitulation von Radek, Preobraschenski und Smilga. Panik in den Reihen der Deportierten. In Berlin wird die erste Nummer das *Bjulleten Opposizii* veröffentlicht.
13. September: Die erste Nummer von *La Vérité* erscheint.
25. September: Trotzki billigt die Erklärung von Rakowski vom 22. August dieses Jahres.
4. Oktober: Rakowski wendet sich gegen die »radikale Kollektivierung«.
3. November: Kapitulation von I. N. Smirnow und Boguslawski, denen Hunderte von Deportierten folgen.
10.-17. November: Bucharin, Tomski und Rykow leisten vor dem ZK ihre Selbstkritik: Bucharin wird aus dem Politbüro ausgeschlossen.
27. Dezember: Stalin spricht sich für die »Liquidierung der Kulaken als Klasse« aus.

1930 *28. Februar*: Gründung der belgischen Linken Opposition.
2. März: Stalin kritisiert die Exzesse bei der Kollektivierung, den »Abgrund des Erfolgs«.
30. März: Gründung der deutschen Vereinigten Linksopposition (VLO).
6. April: Internationale Konferenz der Linken Opposition in Paris.
12. April: Neue Erklärung von Rakowski.
5. Mai: Drei Führer der italienischen KP entscheiden sich für Trotzki (Tresso, Leonetti, Ravazzoli).
Juni: Beginn der Krise der französischen Sektion der Linksopposition.
30. Juni: Gründung der Opposition in Argentinien.
26. Juni-13. Juli: XVI. Parteikongreß: Tomski wird aus dem Politbüro ausgeschlossen.
15. November: »Offener Brief« von Chen Duxiu.
3. Dezember: Die österreichische Linksopposition bricht mit der Internationalen Opposition.
Dezember: In der russischen Partei wird eine »Linksgruppe« ausgemacht, der Syrzow und die früheren Führer J. C. Sten, Lominadse, Tschaplin und Schazkin angehören sollen.

1931 *8. Januar*: Trotzkis Tochter Sinaida und ihr Sohn Sjewa kommen in Prinkipo an.
18. Februar: Lew Sedow reist aus Prinkipo ab.

25. Februar: Sedow trifft in Berlin ein.
1. März: Brand in Trotzkis Villa.
1. April: Die Trotzkis richten sich in Kadiköy ein.
Mai: Vereinigung der Oppositionsgruppen in China.
Mai: In Berlin treffen sich Sedow und ein Bote von I. N. Smirnow.
31. Mai: Spaltung der deutschen Sektion der Linksopposition, des Leninbundes.
9. August: Kommunisten und Nazis engagieren sich gemeinsam beim Plebiszit in Preußen, das von den einen die »rote«, von den anderen die »braune Volksabstimmung« genannt wird.
Oktober: Die griechische Organisation der »Archiomarxisten« schließt sich der Internationalen Linksopposition an.
26. Oktober: Sinaida trifft in Berlin ein.

1932 *Januar*: Die Trotzkis gehen erneut nach Prinkipo (Buyük-Ada).
20. Februar: Trotzki wird die sowjetische Staatsbürgerschaft aberkannt.
April: Spaltung der Ligue Communiste in Frankreich; die Gauche Communiste entsteht.
Juni: In der UdSSR bildet sich der Block der Oppositionsgruppen.
August: Die Plattform von Rjutin und Slepkow wird in Umlauf gebracht.
September: Sedow informiert Trotzki von der Bildung des Blocks, von dem er von Holzman, dem Abgesandten Smirnows, erfahren hatte.
September: Trotzki korrespondiert und Sedow trifft sich mit Gawen.
19. Oktober: Trotzki kommentiert den erneuten Parteiausschluß von Sinowjew und Kamenjew, die sanktioniert werden, weil sie die Rjutin-Slepkow-Plattform gelesen und das nicht sofort gemeldet hatten.
14. November: Trotzki reist nach Kopenhagen.
23. November: Er kommt in Kopenhagen an.
25. November: Vortrag über die Oktoberrevolution vor sozialistischen Studenten.
27. November: Abreise aus Dänemark.
6./7. Dezember: Trotzki reist mit Sedow durch Frankreich.
12. Dezember: Trotzki kommt wieder in Prinkipo an.

1933 *Januar*: In der UdSSR werden viele der früheren »Kapitulanten« verhaftet, darunter I. N. Smirnow.
4. Januar: Trotzki bittet die deutschen Genossen, Roman Well auszuschließen, weil es sich bei ihm um einen stalinistischen Agenten handelt.
5. Januar: Sinaida bringt sich in Berlin um.
6. Januar: Die chilenische KP schließt sich der Linksopposition an.

30. Januar: Hitler wird Reichskanzler.
4.-8. Februar: Vorkonferenz der Internationalen Linksopposition. Bestätigung der Linie der »Reform« und der »Erneuerung« der Komintern und der Kommunistischen Parteien.
27. Februar: Reichstagsbrand und Beginn der systematischen Zerstörung der Organisationen der Arbeiterbewegung in Deutschland.
8. März: Victor Serge wird verhaftet und deportiert.
12. März: Trotzki spricht sich für eine »neue kommunistische Partei« in Deutschland aus.
5. April: Das Präsidium der Komintern billigt die Politik der KPD, die dazu beigetragen hat, Hitler an die Macht zu bringen.
14. Juli: Die NSDAP wird Einheitspartei in Deutschland.
15. Juli: Trotzki spricht sich für die Gründung der IV. Internationale aus.
17. Juli: Trotzki reist nach Frankreich ab.
24. Juli: Er trifft in Marseille ein.
26. Juli: Er läßt sich in Saint-Palais nieder.
August: Unterredung mit Führern linkssozialistischer Organisationen (Walcher, Sneevliet, de Kadt, Paton usw.; Besuch von André Malraux am 7. August).
16.-27. August: Pariser Konferenz der unabhängigen sozialistischen Parteien.
»Erklärung der Vier« (ILO – Bolschewiki-Leninisten, SAP, OSP, RSP) für die IV. Internationale.
14. September: Gründung der Partido Bolchevique-Leninista de Cuba.
10.-31. Oktober: Trotzki und Natalja machen in Bagnères-de-Bigorre Urlaub.
1. November: Sie lassen sich in Barbizon nieder.
30. Dezember: Konferenz der vier Parteien (ILO – Bolschewiki-Leninisten, SAP, OSP, RSP)in Paris.

1934 *Januar/Februar*: Heimliche Beteiligung von Trotzki am politischen Leben in Frankreich.
26. Januar-10. Februar: Kongreß der »Sieger von Moskau«.
6. Februar: Aufstand der rechtsradikalen Ligen in Paris.
9. Februar: Kapitulation von Sosnowski.
12. Februar: Einheitsdemonstration der Arbeitenden in Paris. Beginn der Pressekampagne der Nazis, die behaupten, Trotzki stünde hinter den Unruhen in Frankreich.
23. Februar: Kapitulation von Rakowski.
14. April: Der Staatsanwalt der Republik aus Melun »entdeckt«, daß sich Trotzki in Barbizon niedergelassen hat.
16. April: Juristisch wird Trotzki aus Frankreich ausgewiesen, darf

aber physisch bleiben, weil er kein Visum für ein anderes Land bekommt. Über zwei Monate lang irrt Trotzki durch Frankreich.
Juni: Von Saint-Pierre de Chartreuse aus schlägt Trotzki seinen Genossen den Eintritt in die SFIO vor; das sollte später »Entrismus« oder »französische Wende« genannt werden.
10. Juli: Trotzki läßt sich in Domène nieder.
September: Krise der Opposition wegen der Frage des »Entrismus«.
1./2. Dezember: Die Vereinigung der AWP und der CLA schafft die Workers Party of the United States (WPUS).
1. Dezember: Ermordung von Kirow und Ausnahmemaßnahmen.
4. Dezember: Als Reaktion auf den Mord werden 66 Menschen erschossen.
16. Dezember: Wegen des Mordes an Kirow werden Sinowjew, Kamenjew und andere verhaftet.
25. Dezember: Gründung der Schweizer Sektion der Linksopposition, der MAS (Marxistische Aktion der Schweiz).
28. Dezember: Nikolajew und seine »Komplizen« werden wegen des Mordes an Kirow zum Tode verurteilt.
29. Dezember: Erschießung von 19 »Mördern von Kirow«, darunter auch Nikolajew.

1935 *15.-18. Januar*: Prozeß gegen Sinowjew, der zu zehn Jahren, und gegen Kamenjew, der zu fünf Jahren Haft wegen »moralischer Verantwortung« für die Ermordung von Kirow verurteilt wird.
23. Januar: Verurteilung von Führern der GPU in Leningrad.
1. Februar: N. I. Jeschow wird Sekretär des ZK und Mitglied der Kontrollkommission. Es beginnt eine Verhaftungswelle.
2./3. März: Die beiden niederländischen Parteien RSP und OSP vereinigen sich zur RSAP.
10. März: Die belgische Sektion entscheidet sich für den Eintritt in die belgische Arbeiterpartei.
8. April: In der UdSSR kann die Todesstrafe nun auch auf Kinder unter 16 Jahre angewandt werden.
15. Mai: Nach Unterzeichnung des französisch-sowjetischen Nichtangriffspaktes erklärt Pierre Laval, daß Stalin der Politik der Landesverteidigung zustimme.
25. Mai: Auflösung der Gesellschaft der Altbolschewiken.
7. Juni: Enukidse wird aus dem ZK ausgeschlossen.
9. Juni: Im Strafrecht wird die Sippenhaft eingeführt.
10. Juni: Trotzki verläßt Domène.
14. Juni: Trotzki verläßt Paris.
18. Juni: Trotzki in Oslo.
23. Juni: Trotzki wohnt in Wexhall bei der Familie Knudsen.

25. Juli-20. August: Der VII. Kongreß der Komintern beschließt die Verallgemeinerung der Volksfrontpolitik.
27. Juli: Erneute Verurteilung von Kamenjew hinter verschlossenen Türen.
31. Juli: Ausschluß der Führer des Bündnisses der Sozialistischen Jugend der Seine.
19. September-20. Oktober: Trotzki im Krankenhaus.
18. November: Spaltung der RSAP.
6. Dezember: Die Veröffentlichung von *La Commune* bedeutet den Bruch mit Raymond Molinier.
20.-22. Dezember: Skiausflug der Trotzkis; wegen eines Schlechtwettereinbruchs beinahe tragisches Ende.

1936 *16. Februar*: Wahlsieg der Frente Popular in Spanien.
21.-24. Februar: Gründungskongreß der CTM – des Gewerkschaftsdachverbandes – in Mexiko.
1. März: Der Kongreß der WPUS beschließt den Eintritt in die Sozialistische Partei der USA.
7. März: Remilitarisierung des Rheinlandes.
7. März: Gründung der PCI mit R. Molinier und P. Frank.
30. März: In Chile kommt es zur Bildung der Frente Popular.
1. April: Zusammenschluß der Sozialistischen und Kommunistischen Jugend in Spanien; die JSU entsteht.
26. April: Der erste Wahlgang in Frankreich bringt gute Ergebnisse für die SFIO und die PCF.
3. Mai: Wahlsieg der Volksfront in Frankreich.
26. Mai: Beginn der »Junistreiks« von 1936.
31. Mai: Kongreß für den Zusammenschluß der Groupe bolchévik-léniniste und der Jeunesses socialistes révolutionnaires: Die POI (Internationalistische Arbeiterpartei) entsteht.
4. Juni: Die Regierung Léon Blum wird gebildet.
7. Juni: Unterzeichnung des Abkommens von Matignon.
21. Juni: Erste Geständnisse von I. N. Smirnow, der aber alle ihm zur Last gelegten terroristischen Handlungen bestreitet.
6. Juli: Neue Verfassung der UdSSR.
14. Juli: Streik der Ölarbeiter in Mexiko.
18.-20. Juli: Erhebung der Militärs unter Sanjurjo und Franco in Spanien. Beginn des Bürgerkrieges.
29.-31. Juli: »Genfer Konferenz« in Paris und Gründung der Bewegung für die IV. Internationale.
5. August: Die Trotzkis fahren in Urlaub.
5./6. August: Angriff von Nazis auf das Haus in Wexhall.
19.-24. August: Erster Moskauer Prozeß: Sechzehn Männer, darunter

Sinowjew, Kamenjew und I. N. Smirnow, die »gestanden« haben, werden erschossen.
29. August: Trotzkis Sekretäre werden aus Norwegen ausgewiesen.
2. September: Trotzki und seine Frau werden in Norwegen interniert.
4. September: Regierung der Volksfront unter dem Sozialisten Largo Caballero im »republikanischen« Spanien.
22. September: Radek wird verhaftet.
26. September: Andrés Nin wird Justizminister in Katalonien.
N. I. Jeschow ersetzt Jagoda an der Spitze der GPU.
3. Oktober: In Belgien entsteht die PSR (Revolutionär-Sozialistische Partei).
22. Oktober: In New York wird das Amerikanische Komitee zur Verteidigung von Leo Trotzki (ACDLT) gegründet.
27. Oktober: Die trotzkistischen Deportierten in Workuta beginnen einen Hungerstreik, der vier Monate währt.
7. November: Einbruch in Räume des IISG in Paris, in dem Manuskripte von Trotzki deponiert waren.
15. November: Streik der Ölarbeiter in Mexiko.
7. Dezember: Der mexikanische Präsident Cárdenas kündigt die Ausstellung eines Visums für Trotzki an.
19. Dezember: Trotzki und seine Frau schiffen sich auf dem Öldampfer *Ruth* nach Mexiko ein.

1937 *9. Januar*: Die Trotzkis kommen in Tampico an.
11. Januar: Trotzki trifft mit seiner Frau in Coyoacán ein, wo sie das »blaue Haus« des Malers Diego Rivera beziehen.
21. Januar: Sedow trifft nicht zu einem Treffen in Mulhouse ein, wo ihn die Killer der GPU schon erwarten.
23.-30. Januar: Zweiter Moskauer Prozeß gegen Pjatakow, Radek, Muralow usw.
19. Februar: Trotzkis früherer Sekretär J. Frankel trifft bei ihm ein.
1. März: Die Dewey-Untersuchungskommission über die Moskauer Prozesse wird geschaffen.
10.-17. April: Ein Unterausschuß der Untersuchungskommission trifft in Coyoacán ein und befragt Trotzki.
21. April: Geheimkonferenz der Komintern über den Kampf gegen den Trotzkismus.
3.-6. Mai: Arbeiteraufstand von Barcelona.
15. Mai: Rücktritt von Largo Caballero.
17. Mai: Regierungsantritt von Negrín, den man als Geisel der UdSSR ansehen darf.
12. Juni: Prozeß gegen die wichtigsten Armeeführer der UdSSR, sie werden erschossen.

16. Juni: In Spanien werden die Führer der POUM verhaftet.
24. Juni: Präsident Cárdenas läßt die Eisenbahn verstaatlichen.
26.-30. Juni: Der Amerikaner Browder diktiert der mexikanischen KP ihre Politik der »Einheit um jeden Preis« mit Lombardo Toledano und den Führern der CTM, die eine Kampagne gegen Trotzki führen.
3./4. Juli: Die holländische RSAP bricht mit der IV. Internationale.
7. Juli: Brief des Geheimagenten Ignaz Reiss an das ZK der KPdSU, worin er seinen Bruch mit dem Stalinismus und seinen Anschluß an die IV. Internationale erklärt.
7.-26. Juli: Die Trotzkis halten sich in San Miguel Regla auf.
31. Juli: Am Tag vor seiner Abreise wird E. Wolf in Barcelona verhaftet.
19. August: In China wird Chen Duxiu freigelassen.
4. September: In der Schweiz wird die Leiche von Ignaz Reiss entdeckt.
13. September: E. Wolf verschwindet.
18. September: Joe Hansen trifft in Coyoacán ein.
20. September: Frankel reist ab.
7. November: Die argentinischen Trotzkisten vereinigen sich.
13. Dezember: Urteil der Dewey-Kommission: Trotzki und Lew Sedow in allen Punkten unschuldig.
31. Dezember: Eröffnung des Kongresses der Socialist Workers Party, die von aus der SP ausgeschlossenen US-amerikanischen Anhängern Trotzkis gebildet wird.

1938 *13. Februar*: Zusammenschluß der tschechoslowakischen Gruppen.
16. Februar: Tod von Lew Sedow in Paris.
29. Februar: Der Kongreß der mexikanischen Gewerkschaftszentrale CTM stimmt einstimmig für eine Resolution gegen Trotzki und den Trotzkismus.
2.-13. März: Dritter Moskauer Prozeß. Bucharin, Rykow und Jagoda werden erschossen; Rakowski zu Gefängnis verurteilt.
11. März: Anschluß Österreichs an das Deutsche Reich.
18. März: In Mexiko enteignet die Regierung Cárdenas die ausländischen Ölgesellschaften.
23. März: Riesige Demonstration zur Unterstützung von Cárdenas gegen die Drohungen der ausländischen Mächte, die sich durch die Verstaatlichungen geschädigt glauben.
30 März: Gründung der Partei der Mexikanischen Revolution (PRM), der offiziellen Staatspartei; die CTM wird Mitglied.
Ende März-Anfang Mai: Die trotzkistischen Gefangenen von Workuta werden mit Maschinengewehren umgebracht.
16. Mai: General Cedillo meutert gegen Cárdenas.

10. Juli: Trotzki, Rivera und Breton treffen sich in Pátzcuaro.
14. Juli: R. Klement, der internationale Sekretär, verschwindet.
3. September: Die »Konferenz von Lausanne« in Périgny gründet die IV. Internationale.
22. September: Generalstreik in Prag gegen die Regierung, die vor Hitlerdeutschland kapituliert.
29. September: Münchner Konferenz und Abkommen.
7. Oktober: Trotzki sagt den Hitler-Stalin-Pakt voraus.
11.-31. Oktober: Prozeß gegen die überlebenden Mitglieder der Führung der POUM (A. Nin war bereits ermordet.)
20. Dezember: In der UdSSR wird das Arbeitsbuch obligatorisch.

1939 *7. Januar*: Diego Rivera verläßt die IV. Internationale.
25. Januar: Francos Truppen marschieren in Barcelona ein.
26. Januar: Antisemitische Demonstration gegen Trotzki in Mexiko.
9./10. und 23./26. Februar: Zahlreiche Altbolschewiken werden in Moskau erschossen.
März: Trotzki verläßt das »blaue Haus« in der Avenida de Londres im Streit mit Riviera und zieht in ein in der Nähe gelegenes Haus in der Avenida de Viena.
10.-21. März: XVIII. Kongreß der KPdSU.
22. März: Marguerite Rosmer findet Sjewa, der in einem Internat bei Nonnen versteckt war.
28. März: Die Truppen Francos marschieren in Madrid ein.
8. August: Sjewa trifft mit den Rosmers in Coyoacán ein.
22. August: Hitler-Stalin-Pakt.
1. September: Die deutsche Wehrmacht fällt in Polen ein.
2. September: Kriegserklärung.
3. September: Burnham verlangt, daß in der SWP eine Debatte über die »Natur der UdSSR« eröffnet werde.
17. September: Die Rote Armee fällt in Polen ein.
28. September: Neuer Pakt zwischen Deutschland und der Sowjetunion.
12. Oktober: Ramón Mercader kommt nach Mexiko. Die Dies-Kommission bittet Trotzki um sein Zeugnis.
26.-28. Oktober: Die Nationalversammlung der Westukraine verlangt die Angliederung an die Sowjetunion.
28.-30. Oktober: Die Nationalversammlung von Weißrußland verlangt den Anschluß an die UdSSR.
30. November: Die Rote Armee greift Finnland an.
12. Dezember: Martin Dies zieht auf Druck der Regierung seine Einladung an Trotzki zurück.

13. Dezember: Text der Minderheit in der SWP erscheint: »Der Krieg und der bürokratische Konservatismus«.

1940 *25. Januar*: Eine Kommission zur Säuberung der PCM gebildet.
27. Januar: Trotzki verfaßt sein Testament. Laborde und Campa werden aus der PCM ausgeschlossen.
1. Februar: Burnham schreibt gegen Trotzki »Wissenschaft und Stil«.
12. März: Friedensschluß zwischen Finnland und der UdSSR.
5.-9. April: Auf dem Kongreß der SWP trägt die Mehrheit um Cannon gegen die »Minderheit« um Shachtman und Burnham den Sieg davon.
16. April: Die Mehrheit der SWP suspendiert die Führer der Minderheit.
17. April: Die Minderheit der SWP gründet die Workers Party und reißt die Partei-Zeitschrift an sich.
1. Mai: Im Verlaufe einer offiziellen Demonstration der CTM werden Parolen gegen Trotzki gezeigt.
10. Mai: Deutscher Feldzug im Westen.
19. Mai: Beginn der Notkonferenz: erste Sitzung in New York.
21. Mai: Burnham tritt aus der Workers Party aus.
24. Mai: Ein Anschlag auf Trotzkis Haus mißlingt.
26. Mai: Auf der zweiten Sitzung der Notkonferenz in New York wird das Antikriegsmanifest angenommen.
28. Mai: Erster Besuch von Ramón Mercader im Haus der Trotzkis.
22. Juni: Waffenstillstand zwischen Deutschland und Frankreich.
25. Juni: Die Leiche eines US-amerikanischen Wächters von Trotzki, der am 24. Mai verschwunden war, wird entdeckt.
3.-6. August: »Freiwillige« Annexion der baltischen Republiken durch die Sowjetunion.
20. August: Ramón Mercader schlägt Trotzki in seinem Büro einen Eispickel in den Kopf.
21. August: Trotzki stirbt.

Literaturverzeichnis

I. Bibliographien

1. Der Trotzki-Schriften

Sinclair, Louis, *Leon Trotsky. A Bibliography*, 2 Bde., Aldershot 1989.

2. Der Sekundärliteratur

Lubitz, Wolfgang, *Trotsky. Bibliography*. Bibliographie selbständiger Schriften über L. D. Trockij und den Trotzkismus, 3. Auflage, 2 Bde., München 1999.

II. Chronologie

Abosch, Heinz, *Trotzki-Chronik*. Daten zu Leben und Werk, München 1973.

III. Bildbände

King, David/Broué, Pierre, *Trotsky*, Paris 1979.

Wyndham, Francis/King, David, *Trotsky. A Documentary*, London 1972.

Dugrand, Alain / Broué, Pierre / Oliveira, M.-J., *Trotsky. Mexico 1937-1940*, Paris 1988.

IV. Biographien

Carmichael, Joel, *Trotsky. An Appreciation of his Life*, London 1972. (dt: Frankfurt-Berlin-Wien 1974.)

Deutscher, Isaac, *The Prophet Armed (1879-1921)*, London 1954.

Deutscher, Isaac, *The Prophet Unarmed (1921-1929)*, London 1959.

Deutscher, Isaac, *The Prophet Outcast (1929-1940)*, London 1963. (Die deutschen Ausgaben: *Der bewaffnete Prophet*; *Der unbewaffnete Prophet*; *Der verstoßene Prophet* erschienen erstmals Stuttgart 1962/1963.)

Serge, Victor, *Vie et Mort de Léon Trotsky*, Paris 1952 und 1963. Dieses Buch enthält lange Auszüge aus den Erinnerungen von Natalja I. Sedowa. (Deutsch: *Leo Trotzki. Leben und Tod*, Wien-München-Zürich 1978).

V. Erinnerungen von Zeitgenossen

Bojanow, Boris, *Avec Stalin dans le Kremlin*, Paris 1930.

Churchill, Winston Spencer, »Leon Trotsky, alias Bronstein«, in: *Great Contemporaries*, London 1937, S. 197-206.

Farrell, James T., »A Memoir of Leon Trotsky«, franz. in: *Cahiers Léon Trotsky*, Nr. 12, 1982, S. 97-103.

Fernández Vilchis, Octavio, »Comment fut obtenu le droit dasile pour Trotsky au Mexique«, franz. in: *Cahiers Léon Trotsky*, Nr. 11, S. 63-73.

Fischer, Ruth, *Stalin und der deutsche Kommunismus*, 2 Bde., Berlin 1991

Heijenoort, Jean van, *Sept ans auprès de Trotsky*. De Prinkipo à Coyoacán, Paris 1978.

Lunatscharski, A. W., »Lew Dawidowitsch Trotzki«, in: *Revoljucionnye siluety*, Moskau 1923, franz. in: *Cahiers Léon Trotsky*, Nr. 12, S. 45-49.

Malraux, André, »Trotsky«, in: *Marianne*, 1934, neu abgedruckt in: *Cahiers Léon Trotsky*, Nr. 12, 1982, S. 79-87.

Martinet, Marcel, »Quelques souvenirs«, in: *Les Humbles* und: *Cahiers Léon Trotsky*, Nr. 12, S. 3-12.

Naville, Pierre, *Trotsky vivant*, Paris 1962.

Roretski, Elisabeth K., *Les Nôtres. Vie et mort dun agent soviétique*, Paris 1969.

Rosenthal, Gérard, *Avocat de Trotsky*, Paris 1975.

Rosmer, Alfred, *L'Expulsion de L. Trotsky*, Paris 1917.

Rosmer, Alfred, »Trotsky à Paris pendant la Première Guerre Mondiale«, in: *La Révolution prolétarienne* und: *Cahiers Léon Trotsky*, Nr. 12, 1982, S. 15-35.

Rosmer, Alfred, *Moscou aux temps de Lénine*, Paris 1952; (dt.: *Moskau zu Lenins Zeiten*, Frankfurt am Main 1989).

Rühle-Gerstel, Alice, *Kein Gedicht für Trotzki*: Tagebuchaufzeichnungen aus Mexiko, Frankfurt am Main 1979.

Leo Trotzki 1879-1940 – In den Augen von Zeitgenossen, Hamburg 1979.

Weber, Sara, »Souvenirs de Trotsky«, in: *Modern Occasions*, franz. in: Cahiers Léon Trotsky, Nr. 5, 1980, S. 39-52.

Serge, *Erinnerungen eines Revolutionärs*, Frankfurt 1967 (erneut: Hamburg 1991).

Ziw, G. A., Trockij: charakteristika (po licnym wospominanijam), New York 1921.

VI. Schriften von Zeitgenossen

Akselrod, P. B., et al., *Pisma P.B. Akselroda i Ju.I. Martowa*, Berlin 1924.

Bucharin, Nikolai I., »A bas le fractionisme«, in: *Le Parti Bolchévik reste bolchévik*, Paris 1924, S. 89-142.

Bucharin, Nikolai I., »Comment il ne faut pas écrire l'histoire d'Octobre: A propos de l'ouvrage de Trotsky 1917«, in: *Cahiers du bolchévisme*, Nr. 1, Januar 1924, S. 12-33.

Bucharin, Nikolai I., »Der Fraktionskampf der Genossen Trotzki und Sinowjew nach dem Augustplenum des ZK und der ZKK der KPdSU«, in: *Inprekorr* Nr. 109, September 1927, S. 2372-2375.

Bucharin, Nikolai I., »Die Opposition in der KPdSU und in der Komintern, in: *Inprekorr* Nr. 118, August 1928, S. 369-390.

Bucharin, Nikolai I., »Le Parti et le bloc d'Opposition«, in: *La Correspondence internationale* Nr. 92, 1926, S. 1021-1032.

Bucharin, Nikolai I., »Sur la théorie de la révolution permanente«, in: *Cahiers du Bolchévisme*, Nr. 14, Januar 1924, S. 886-900.

Ciliga, Ante, *Au pays du Grand Mensonge*, Paris 1937.

Jaroslawskij, Em., *L.D. Trockij o partii w 1904 g: Nasi politiceskii zadaci s kommentarijami Istparta i wstupitelnoj Em. Jaroslawskogo,* Moskau 1928.

Jaroslawskij,, *Der Kampf gegen den Opportunismus vom XV. zum XVI. Parteitag der KPdSU (b),* Moskau 1930.

Jaroslawskij,, *Protiw opposizii: sbornik statej*, Moskau 1928.

Krupskaja, Nadjeschda, *Memories of Lenin*, London 1942. (dt.: *Erinnerungen an Lenin*, Berlin/DDR 1959).

Lenin, Wladimir I., *Werke*, 40 Bände, Berlin/DDR 1955ff.

Preobraschenski, Eugen A., *Nowaja Ekonomija*, Moskau 1927 (dt: *Die neue Ökonomik*, Berlin (West) 1971).

Radek, Karl, »Leo Trotzki – der Organisator des Sieges«, in: *Die Rote Armee*, Hamburg 1923, S. 46-54.

Reed, John, *Ten Days that Shock the World*, New York 1918; deutsch: *Zehn Tage, die die Welt erschütterten,* Berlin 1927 und 1957.

Raskolnikow, F. F., *Kronstadt i Piter w 1917 g*, Moskau 1925.

Rosmer, Alfred, *Le Mouvement ouvrier pendant la Première Guerre mondiale*, Paris, Bd. I 1936, Bd. II 1959.

Sadoul, Jacques, *Notes sur la Révolution bolchévique*, Paris 1919.

Sa Leninism (Sammlung), Leningrad 1925.

Sedow, Leo, *Rotbuch über den Moskauer Prozeß*, Amsterdam 1937 (erneut: Frankfurt 1989).

Sinowjew, G. E., *Sotschinenija*, Bd. I-XVI, Moskau 1924-1929.

Sosnowski, L. S., *Taten und Menschen*, Wien 1924.

Suchanow, N. N., *Sapiski o Rewoljuzii*, I-VII, Moskau 1922 (gekürzte engl. Fassung: *The Russian Revolution 1917*, 2 Bde., London 1955.

Stalin, *Werke*, Bd. 1-13, Moskau 1946-1951, dt. Berlin/DDR 1951-1955.

VII. Studien und Essays

Alles, Wolfgang, *Zur Politik und Geschichte der deutschen Trotzkisten ab 1930*, Köln 1994[2]

Antonow-Oveseyenko, (Owssejenko) Anton, *The Time of Stalin. Portrait of a Tyranny*, New York 1980. (dt.: *Stalin.* Porträt einer Tyrannei, München 1983).

Anweiler, Oskar, *Die Rätebewegung in Rußland 1905-1921*, Leiden 1958.

Avrich, Paul, *Kronstadt 1921*, Princeton 1970. (franz.: *La Tragédie de Cronstadt*, Paris 1970.)

Brahm, Heinz, *Trotzkijs Kampf um die Nachfolge Lenins*: Die ideologische Auseinandersetzung 1923-1926, Köln 1964.

Broué, Pierre, *Le Parti bolchévique*. Histoire du P.C. de l'U.R.S.S., Paris 1963.

Broué, Pierre, *L'Assassinat de Trotsky*, Brüssel 1980.

Broué, Pierre, *Léon Sedow, fils de Trotsky, victime de Staline*, Paris 1993.

Carr, Edward H., *The Bolshevik Revolution*, 3. Bd., *Interregnum* und 4. Bd., *Socialism in One Country*, Cambridge 1950-1959.

Conquest, Robert, *The Great Terror*, London 1968. (franz.: *La grande terreur*, Paris 1968; dt.: *Am Anfang starb Genosse Kirow*. Säuberungen unter Stalin, Düsseldorf 1970.).

Conquest, Robert, *Inside Stalins Secret Police*. NKVD politics 1936-1939, London 1985.

Daniels, Robert V., *Das Gewissen der Revolution*. Kommunistische Opposition in Sowjetrußland, Köln 1962 und Berlin (West) 1978.

Day, Richard B., *L. D. Trotsky and The Economics of Soviet Isolation*, Cambridge 1973.

Deutscher, Isaac, Stalin, London 1949; dt.: *Stalin.* Eine politische Biographie, 2 Bde., Berlin (West) 1979.

Drechsler, Hanno, *Die Sozialistische Arbeiterpartei Deutschlands* (SAPD). Ein Beitrag zur Geschichte der deutschen Arbeiterbewegung am Ende der Weimarer Republik, Meisenheim 1965 (erneut: Hannover 1983).

Durand, Damien, *Opposants à Staline*. L' Opposition de gauche internationale et Trotsky (1929-1930), Grenoble 1988.

Eastman, Max, *Since Lenin died*, New York 1925; (franz.: *Depuis la mort de Lénine*, Paris 1925).

Eastman, Max, *Leon Trotsky: the Portrait of a Youth*, New York 1925.

Fainsod, Merle, *Smolensk under Soviet Rule*, Cambridge 1958.

Ferro, Marc, *La Révolution de 1917,* 2 Bde., Paris 1967-1969.

Gall, Olivia, *Trotsky et la vie politique dans le Mexique de Cárdenas*, (Diss.), 2 Bde., Grenoble 1986; (spanische Buchausgabe: México D. F. 1991).

Gall, Olivia, »Trotsky et Múgica« in: *Cahiers Léon Trotsky*, Nr. 26, 1986, S. 16-23.

Getty, John A., *Origins of the Great Purges*. The Soviet Communist Party Reconsidered (1933-1938), Cambridge, Ma., 1985.

Getzler, Israel, *Martov. A Political Biography of a Russian Social-democrat*, Melbourne 1967.

Gorkin, Julian, *L'Assassinat de Trotsky*, Paris 1970.

Haupt, Georges und Marie, Jean-Jacques, *Les Bolchéviks par eux-mêmes*, Paris 1969.

Heyman, Neil M., *Trotsky as a Military Thinker* (Diss.) Stanford 1972.

Iwanow, W. M., *Borba partii protiw antilenininskich tezenij i grupp w period stroitelsiwa sozialisma (1921-1929* g), Leningrad 1973.

Joffe, Maria, *One Long Night*, London 1978

Knei-Paz, Baruch, *The Socialist and Political Thought of Leon Trotsky*, Oxford 1978.

Lewin, Moshe, *La Paysannerie et le pouvoir soviétique (1928-1930),* Den Haag 1966.

Lewin, Moshe, *Lenins letzter Kampf*, Hamburg 1970.

Medvedev, Roy, *Let History Judge*. The Origins and Consequences of Stalinism, New York 1971. (dt.: *Die Wahrheit ist unsere Stärke*. Geschichte und Folgen des Stalinismus, Frankfurt am Main 1973.)

Mehringer, Hartmut, *Permanente Revolution und Russische Revolution*. Die Entwicklung der Theorie der permanenten Revolution im Rahmen der marxistischen Revolutionskonzeptionen 1848-1907, Frankfurt am Main 1978.

Myers, Constance A., *The Prophets Army*. Trotskyists in America (1928-1941), Westport, Con. 1977.

Nedava, Joseph, *Trotsky and the Jews*, Philadelphia 1971.

Nicolaevsky, Boris I., *Power and the Soviet Elite*, »The Letter of an Old Bolshevik and Other Essays«, Ann Arbor 1965. (dt.: *Brief eines alten Bolschewiken,* Frankfurt/M. 1990).

Nisonger, Thomas E., *The Leningrad Opposition 1925-26 in the Communist Party of the Soviet Union* (Diss.) New York 1976.

Poole, Thomas R., *»Counter-Trial«. Leon Trotsky on the Soviet Purge Trial*, (Diss.), 2 Bde. Boston 1974.

Rappoport, Vitaly & Alexeev, Yuri, *High Treason*. Essays on the History of the Red Army 1918-1938, Durham 1985.

Reiman, Michal, *Die Geburt des Stalinismus*. Die UdSSR am Vorabend der »zweiten Revolution«, Frankfurt am Main 1979.

Reissner, Larissa, *Oktober*. Ausgewählte Schriften, Königstein/Ts. 1979.

Roche, Gérard, »La Rencontre de l'Aigle et du Lion« (Trotsky et Breton), in: *Cahiers Léon Trotsky*, Nr. 25, 1986, S. 23-46.

Roche, Gérard, »Malraux et Trotsky: La rencontre de la Légende et de l'Histoire«, in: *Cahiers Léon Trotsky*, Nr. 31, S. 103-115.

Rodney, Don Karl, *The »Generation of October«:* The Politics of Twentieth Century Socialist Revolution in the View of Leon Trotsky (Diss.) Bloomington 1965.

Rowney, William, »Broken Journey: Trotsky in Canada 1917«, in: *Queens Quarterly*, Nr. 74, 1967, S. 649-665.

Sánchez Salazar, Leandro A., *Ainsi fut assassiné Trotsky*, Paris 1984.

Schafranek, Hans, *Das kurze Leben des Kurt Landau*, Wien 1988.

Schapiro, Leonard, *The Communist Party of the Soviet Union*, London 1960. (dt.: *Die Geschichte der Kommunistischen Partei der Sowjetunion*, Frankfurt am Main 1962.)

Schüle, Annegret, *Trotzkismus in Deutschland bis 1933*, Köln 1989.

Souvarine, Boris, *Stalin. Aperçu historique du bolchévisme*, Paris 1935. (dt.: *Stalin*. Anmerkungen zur Geschichte des Bolschewismus, München 1980.)

Titow, A. G., *Borba kommunistiszeskoj Partii s antileninskimi gruppami i tezenisjami w posleoktjabr period 1917-1934* gg, Moskau 1974.

Tosstorff, Reiner, *Die POUM während des spanischen Bürgerkriegs* (1936-1939), (Diss.) Frankfurt am Main 1987.

Ustvedt, Ingvar, *Verdensrevolusjonen po Hønefoss.* En beretning om Leo Trotskij opphold i Norge, Oslo 1974.

Wasetzki, N. A., *Woprosy ideologizeskog borby protiw trotzkisma* (na prim. Franziii 30-70e gody) (Diss.) Moskau 1979.

Venkataramani. M.S., »Leon Trotskys Adventure in American Radical Politics 1935-1937«, in: *International Review of Social History*, Nr. 1, 1964, S. 1-46.

Wheeler-Bennett, John W., *Brest-Litovsk*. The Forgotten Peace March 1918, London 1939.

Wilson, Edmund, »The Young Eagle«, in: *To the Finland Station*, New York 1940, S. 405-429; (dt. in: *Der Weg nach Petersburg*, München 1963, S. 343-364)

Wilson, Edmund, »Trotsky«, in: *The New Republic*, 4. und 11. Januar 1933.

Zimmermann, Rüdiger, *Der Leninbund*. Linke Kommunisten in der Weimarer Republik, Düsseldorf 1978.

VIII. Werke von Trotzki

Agonija kapitalisma i sadaci tschetwertogo Internazionale, Paris 1938; dt.: *Der Todeskampf des Kapitalismus und die Aufgaben der IV. Internationale*. Das Übergangsprogramm, Frankfurt am Main 1974.

Balkan Wars 1912-1913, New York 1980; dt.: *Die Balkankriege 1912-13*, Essen 1996.

Challenge of the Left Opposition 1924-25, New York 1975; 1926-27, New York 1980, 1928-29, New York 1980. dt.: *Die Linke Opposition in der Sowjetunion 1923-1928*, 5 Bde., hrsg. von Ulf Wolter, Berlin (West) 1976/77.

In Defense of Marxism, New York 1942; dt.: *Verteidigung des Marxismus*, Berlin (West) 1973.

Diary of Exile, Cambridge, Ma. 1958; dt.: *Tagebuch im Exil*, Köln-Berlin 1960, 1962; Neuausgabe München 1979.

De la Révolution, Paris 1963, darin enthalten: *Der Neue Kurs* (1923), *Die wirkliche Lage in Rußland (1928), Die permanente Revolution* (1929), *Verratene Revolution* (1936).

Ecrits (1928-1940), 3 Bde., Paris 1955-1959.

Isch Moral i nasa, Paris 1938; dt.: *Ihre Moral und unsere*, Berlin 1967; Essen, o. J.

L' Internationale communiste après Lénine, Paris 1930; dt.: *Die III. Internationale nach Lenin*, Essen 1993.

Istorija russkoj revoljuzii, Berlin 1931-1933; dt.: *Geschichte der russischen Revolution. Februarrevolution*, Berlin 1931; *Oktoberrevolution*, Berlin 1932/33 und Frankfurt/M. 1973.

Itogi i Perspektiwy, Moskau 1919; dt.: *Ergebnisse und Perspektiven*, Frankfurt am Main 1967.

K Sozialismu ili k kapitalismu?, Moskau 1925; dt.: *Sozialismus oder Kapitalismus?* Eine Betrachtung der Sowjetwirtschaft und ihrer Entwicklungstendenzen, Berlin 1925.

Kak woorusalas rewoljuzija (Wie sich die Revolution bewaffnet hat), 3 Bde, Moskau 1923-25, engl.: *How the Revolution was armed*, 5 Bde., London 1979-1981.

Literatura i Rewoljuzija, Moskau 1923; dt.: *Literatur und Revolution*, Berlin 1968 und Essen 1994

Mesdu imperialismom i rewoljuzije, Berlin 1922 (Zwischen Imperialismus und Revolution).

Moja Shisn, Berlin 1930, dt.: *Mein Leben*. Versuch einer Autobiographie, Berlin 1930 (mehrere Neuauflagen, zuletzt Berlin 1990).

Nasi politizeskija sadazi, Genf 1904; dt.: »Unsere politischen Aufgaben«, in: *Schriften zur revolutionären Organisation*, Reinbek bei Hamburg 1970.

Nowij Kurs, Moskau 1924; dt.: *Der Neue Kurs*, Berlin 1924 und 1972.

Otzet sibirskoj delegazii, Genf 1903. (Bericht der sibirischen Delegation).

Permanentskaja rewoljuzija, Berlin 1930; dt.: *Die permanente Revolution*, Berlin 1930; Nachdrucke Frankfurt am Main 1965, 1968 und 1971.

Pjat let kominterna, Moskau 1924; engl.: *The First Five Years of the Communist International*, 2 Bde., New York 1945.

Portraits. Political and Personal, New York 1977.

Problems of Everyday Life, New York 1977; dt.: *Fragen des Alltagslebens*. Die Epoche der »Kulturarbeit« und ihre Aufgaben, Hamburg 1923, zuletzt Essen 2001.

Problems of the Chinese Revolution, New York 1932; dt.: *China*. Die erwürgte Revolution, 2 Bde., Berlin 1972 und 1975.

Revolution und Bürgerkrieg in Spanien, 2 Bde., Frankfurt am Main 1975 und 1976.

Verratene Revolution. Was ist die Sowjetunion und wohin treibt sie?, Antwerpen-Zürich-Prag 1936; neue Ausgabe in: *Schriften 1*, Bd. 1.2, Hamburg 1988, S. 687-1011.

Schriften über Deutschand 1929-1940, hrsg. von H. Dahmer, 2 Bde., Frankfurt am Main 1971.

Schriften 1: Sowjetgesellschaft und stalinistische Diktatur , 2 Teilbände, Hamburg 1988.

Schriften 2: Über China, 2 Teilbände, Hamburg 1990.

Schriften 3: Linke Opposition und IV. Internationale, 2 Teilbände (3.1 und 3.2), Hamburg 1997, 1 Teilband (3.3), Köln 2001.

Stalin: An Appraisal of the Man and his Influence, New York 1941; dt.: *Stalin*. Eine Biographie, Köln-Berlin 1952; 1953; Neuausgabe Reinbek 1971.

Bolchévisme et Stalinisme, Paris 1937.

Sur la Deuxième Guerre mondiale, Paris 1974.

Terrorism i kommunism, Petrograd 1920; dt.: *Terrorismus und Kommunismus*. Anti-Kautsky, Hamburg 1920.

Tysschasa - dewschatsot pschatij god, Moskau 1922; dt.: *Die russische Revolution 1905*, Berlin 1923 und 1972.

Tysschasa dewschatsot pschatij god; uroki Oktjabrja, Leningrad 1924; dt.: *1917. Die Lehren der Revolution*, Berlin 1925 und 1967.

Über Lenin. Material für einen Biographen, Berlin 1924; Neuausgabe Essen 1996.

Woprosy byta, Moskau 1923 (s. Fragen des Alltagslebens).

Writings of Leon Trotsky 1929-1940, 15 Bde., New York 1975-1980.

Werkausgabe (*Sotschinenija*), Moskau/Leningrad 1925-1927 (nicht allc Bände erschienen)
Bd. II (Unsere erste Revolution), 2 Teilbände.
Bd. III (1917), 2 Teilbände.
Bd. IV (Politische Chronik, 1907-1914).
Bd. VI (Der Balkan und der Balkankrieg); dt: Essen 1996.
Bd. VIII (Politische Portraits).
Bd. IX (Europa im Krieg); dt.: Essen 1997.
Bd. XII (Grundfragen der proletarischen Revolution).
Bd. XV (Der wirtschaftliche Aufbau der Sowjetrepublik).
Bd. XVII (Die Sowjetrepublik und die kapitalistische Welt), 2 Teilbände.
Bd. XX (Die Kultur der Übergangsepoche).
Reprint: Cleveland, Ohio 1963.

IX. Gedruckte Quellen

Protokolle der Parteikongresse und der Kongresse der Sowjets. Auf englisch liegen vor: *1903. Second Congress of the Russian Social-democratic Labour Party*, London 1978.

Keep, John L. H., *The Debate on Soviet Power. Minutes of the All Russian Central Executive Committee of Soviets* (Oktober 1917-Januar 1918), Oxford 1979.

Gankin & Fischer, *The Bolsheviks and the World War*, Stanford 1940.

Bunyan & Fisher, *The Bolshevik Revolution 1917-1918*, Oxford 1934.

Mirnje Peregowory w Brest-Litowske, Moskau 1920.

The Trotskys Papers 1917-1922, 2 Bde., Den Haag 1964 und 1971. (Dabei handelt es sich um Trotzkis Archive über den Bürgerkrieg, das zweisprachig, auf russisch und englisch, vorliegt.)

X. Archive

Internationales Institut für Sozialgeschichte, Amsterdam.

Houghton Library, Harvard College, Cambridge, Ma.: Die Sammlung von Trotzkis Archiven, die unter dem Namen »Trotsky Papers« bekannt ist. Seit 1980 voll zugänglich.

Fond Nikolajewski, Hoover Institution, Stanford University: Hier befinden sich die Sammlung von Sedow, sowie zahlreiche Briefe, Dokumente und Manuskripte von Trotzki.

Literaturverzeichnis zum Nachwort der deutschen Ausgabe

Antonow-Owssejenko, Anton, *Stalin.* Porträt einer Tyrannei, München u. Zürich, 1983.

Broué, Pierre, *Rakovsky* ou la révolution dans tous les pays, Paris 1996.

Broué, Pierre, »Lipa A. Wolfson: Homme de confiance de Rakovsky«, in: *Cahiers Léon Trotsky,* Grenoble, Nr. 52, Januar 1994, S. 37-42.

Broué, Pierre, »Party Opposition to Stalin (1920-1932) and the First Moscow Trial«, in: John W. Strong (Hrsg.), *Essays on Revolutionary Culture and Stalinism.* Selected Papers from the Third World Congress for Soviet and East European Studies, Columbus, Ohio, 1990, S. 98-111.

Broué, Pierre, »Le retour. Tournant de l'histoire en URSS«, in: *Cahiers Léon Trotsky,* Nr. 44, Dezember 1990, S. 5-52.

Broué, Pierre, »Trotsky et le bloc des oppositions de 1932«, in: *Cahiers Léon Trotsky,* Nr. 5, 1. Quartal 1980, S. 5-37.

Danilov, Victor, »We are Starting to Learn about Trotsky«, in: *History Workshop.* A Journal of Socialist and Feminist Historians, Eynsham, Nr. 29, Frühjahr 1990, S. 136-146.

Gefter, Michail, »Stalin ist erst gestern gestorben« (Gespräch, aufgenommen von Gleb Pawlowski, Moskau, Mai 1987), in: Juri Afanassjew (Hrsg.), *Es gibt keine Alternative zu Perestroika:* Glasnost, Demokratie, Sozialismus, Nördlingen 1988, S. 379-412.

Goussev, Aleksei, »La crise de la révolution russe«, in: *Cahiers Léon Trotsky,* Nr. 54, Dezember 1994, S. 5-39.

Goussev, Alekséi Viktorovitch, »L'Opposition communiste de gauche en URSS à la fin des années 20«, in: *Cahiers Léon Trotsky,* Nr. 59, August 1997, S. 5-35.

Histoire et politique en U.R.S.S., *Cahiers Léon Trotsky,* Nr. 34, Juni 1988.

Joffe, Nadeschda, *Rückblende.* Mein Leben, Mein Schicksal, Meine Epoche. Die Memoiren von Nadeschda Joffe, Essen 1997.

La nouvelle histoire de l'URSS, *Cahiers Léon Trotsky,* Nr. 58, September 1996.

L'Opposition de gauche en URSS, *Cahiers Léon Trotsky,* Nr. 53, April 1994.

Pantsov, A. V., »Lev Davidovitch Trotsky«, in: *Cahiers Léon Trotsky,* Nr. 48, Juli 1992, S. 23-52.

Pantsov, A. V., »La nouvelle école de la falsification. Sur un courant de la trotskologie soviétique contemporaine«, in: *Cahiers Léon Trotsky,* Nr. 44, Dezember 1990, S. 93-105.

Podchtchékoldine, M. A., »‚Cours nouveau': prologue de la tragédie«, in: *Cahiers Léon Trotsky,* Nr. 41, März 1990, S. 91-97.

Podchtchékoldine, M. A., »Sur la voie du 'pouvoir exorbitant' ou les débuts du stalinisme«, in: *Cahiers Léon Trotsky,* Nr. 44, Dezember 1990, S. 107-111.

Rakovsky sous un jour nouveau, *Cahiers Léon Trotsky,* Nr. 52, Januar 1994.

Reimann, Günter, *Berlin-Moskau 1932.* Das Jahr der Entscheidung, Hamburg 1993.

Shurawljow, W. W. / Nenarokow, A. P., »Die georgische Angelegenheit« (Gespräch mit A. Iljin), in: *Sowjetwissenschaft. Gesellschaftswissenschaftliche Beiträge,* Berlin, 42. Jg., Heft 1, Januar/Februar 1989, S. 66-75.

Smilga, Tatiana, »Ivar Smilga, mon père«, in: *Cahiers Léon Trotsky,* Nr. 48, Juni 1992, S. 5-22.

Sudoplatow, Pawel Anatoljewitsch, *Handlanger der Macht.* Enthüllungen eines KGB-Generals, Düsseldorf 1994.

Wolkogonow, Dimitri, *Lenin.* Utopie und Terror, Düsseldorf 1994.

Wolkogonow, Dmitri, *Triumph und Tragödie.* Politisches Porträt des J. W. Stalin, 2 Bde., Berlin 1990.

Wolkogonow, Dimitri, *Trotzki.* Das Janusgesicht der Revolution, Düsseldorf 1992.

Zarew, Oleg / Costello, John, *Der Superagent.* Der Mann, der Stalin erpreßte, Wien 1993.

Neuere Literatur über Trotzki

Hier soll eine Auswahl aus der seit 1988 erschienenen Literatur *über* Leo Trotzki gegeben werden. Sie ergänzt die Literaturverzeichnisse zu der 1988 erschienenen französischen Ausgabe dieses Werks sowie zum Nachwort des Verfassers zur deutschen Ausgabe. Die Zusammenstellung besorgte Wilfried Dubois.

Abosch, Heinz, *Trotzki zur Einführung*, Hamburg 1990.

Aschmoneit, Artur, *Trotzki, ZK, RMK.* Das Revolutionäre Militärkomitee in der Oktoberrevolution. Die Legenden um Leo Trotzki, Düsseldorf 1991.

Behrend, Manfred, *Leo Trotzki (1879-1940).* Verdienste und Fehler eines großen Revolutionärs, Berlin 1999.

Bergmann, Theodor / Schäfer, Gert (Hrsg.), *Leo Trotzki – Kritiker und Verteidiger der Sowjetgesellschaft.* Beiträge zum internationalen Trotzki-Symposium, Wuppertal 26.-29. März 1990, Mainz 1993.

Binner, Rolf, »Alte und neue Trockij-Editionen«, in: *Jahrbücher für Geschichte Osteuropas,* Wiesbaden, Neue Folge, Bd. 37, 1989, Heft 3, S. 393-414.

Brotherstone, Terry / Dukes, Paul (Hrsg.), *The Trotsky Reappraisal,* Edinburgh 1992.

Broué, Pierre, *Histoire de l'Internationale Communiste,* 1919-1943, Paris 1997.

Broué, Pierre, *Léon Sedov,* fils de Trotsky, victime de Staline, Paris 1993.

Broué, Pierre, »Zur Geschichte der Linken Opposition (1923-1928)«, in: Leo Trotzki, *Linke Opposition und IV. Internationale,* 1923-1926, hrsg. von Helmut Dahmer u. a., Hamburg 1997, (Schriften, Bd. 3.1), S. 9-22.

Cliff, Tony, *Trotsky,* 4 Bde., London, Chicago, Melbourne 1989-1994.

Coggiola, Osvaldo (Hrsg.), *Trotsky hoje,* São Paulo 1994.

Culture and Revolution in the Thought of Leon Trotsky, London 1999.

Hedeler, Wladislaw, *Stalin – Trotzki – Bucharin.* Studien zum Stalinismus und Alternativen im historischen Prozeß, Mainz 1994.

Jürg, Ulrich, *Leo Trotzki als junger Revolutionär,* Mainz 1995.

Kutos, Paul, *Russische Revolutionäre in Wien 1900-1917.* Eine Fallstudie zur Geschichte der politischen Emigration, Wien: Passagen Verlag, 1993.

Lauscher, Horst, »Trotzki und der sechste Kongreß der Kommunistischen Internationale«, in: *Centenaire Jules Humbert-Droz.* Colloque sur l'Internationale communiste, La Chaux-de-Fonds, 25-28 septembre 1991. Actes, La Chaux-de-Fonds 1992, S. 319-343.

Lauscher, Horst, »Trotzkis Beitrag zu einer Theorie des Faschismus«, in: Helga Grebing / Klaus Kinner (Hrsg.), *Arbeiterbewegung und Faschismus.* Faschismus-Interpretationen in der europäischen Arbeiterbewegung, Essen: Klartext, 1990, (Veröffentlichungen des Instituts zur Erforschung der europäischen Arbeiterbewegung der Ruhr-Universität Bochum, Schriftenreihe A: Darstellungen, Bd. 2), S. 329-345.

Mandel, Ernest, *Trotzki als Alternative,* Berlin 1992.

Mansfeld, Alfred, »Trockij in Wien«, in: *Archiv 1992.* Jahrbuch des Vereins für Geschichte der Arbeiterbewegung, Wien, 8. Jg., 1992, S. 83-95.

Marie, Jean-Jacques, *Trotsky,* Paris 1998.

Massari, Roberto, *Lev Trotsky* e la ragione rivoluzionaria, Roma 1990.

Moneta, Jakob, *Leo Trotzki.* Unbewaffneter, bewaffneter, ermordeter Prophet, hrsg. von der Grundsatzkommission der PDS, Berlin 1997.

Nelson, Harold Walter, *Leon Trotsky and the Art of Insurrection,* 1905-1917, London u. Totowa, New Jersey 1988.

Pantsov, Alexander, *The Bolsheviks and the Chinese Revolution, 1919-1927,* Richmond, Surrey 2000.

Pantsov, Alexander / Benton, Gregor, »Did Trotsky Oppose Entering the Guomindang ‚From the First'?«, in: *Republican China,* Jamaica, New York, Bd. XIX, Nr. 2, April 1994, S. 52-66.

Placke, Gerd, *Historische und soziale Analyse der Revolution bei Leo Trotzki.* Ein Beitrag zur Theorie der permanenten Revolution und ihrer Entwicklung in den Jahren 1923-1933, Frankfurt/M. usw. 1994.

Ranc, Julijana, *Trotzki und die Literaten.* Literaturkritik eines Außenseiters, Stuttgart 1997.

Spence, Richard, »Interrupted Journey: British Intelligence and the Arrest of Leon Trotskii, April 1917«, in: *Revolutionary Russia.* Journal of the Study Group on the Russian Revolution, London, Bd. 13, Nr. 1, Juni 2000, S. 1-28.

Thatcher, Ian D., »Bor'ba, A Workers' Journal in St. Petersburg on the Eve of World War One«, in: *The English Historical Review,* Harlow, Essex, Bd. 113, Nr. 450, Februar 1998, S. 99-116.

Thatcher, Ian D., »First Russian Biographies of Trotsky. A Review Article«, in: *Europe-Asia Studies.* Formerly Soviet Studies, Abingdon, Oxfordshire,

Bd. 46, Nr. 8, 1994, S. 1417-1423.

Thatcher, Ian D., *Leon Trotsky and World War One,* August 1914-February 1917, Basingstoke, Hampshire, u. London 2000.

Thatcher, Ian D., »Recent Soviet Writings on Leon Trotsky«, in: *Coexistence.* A Review of East-West and Development Issues, Dordrecht, Boston, London, Bd. 27, Nr. 3, September 1990, S. 141-167.

Thatcher, Ian D., »Soviet Writings on Leon Trotsky: An Update«, in: *Coexistence.* A Review of East-West and Development Issues, Dordrecht, Boston, London, Bd. 29, Nr. 1, März 1992, S. 73-96

Thatcher, Ian D., »Trotsky and *Bor'ba*«, in: *The Historical Journal,* Cambridge, Bd. 37, Nr. 1, März 1994, S. 113-125.

Thatcher, Ian D., »Trotsky Studies – After the Crash: A Brief Note«, in: *Europe-Asia Studies.* Formerly Soviet Studies, Abingdon, Oxfordshire, Bd. 48, Nr. 3, Mai 1996, S. 481-485.

Ticktin, Hillel / Cox, Michael (Hrsg.), *The Ideas of Leon Trotsky,* London 1995.

Traverso, Enzo, »Leo Trotzki. Der stumme Prophet«, in: Theodor Bergmann / Mario Keßler (Hrsg.), *Ketzer im Kommunismus.* 23 biographische Essays, 2. Ausg., Hamburg 2000.

Traverso, Enzo, »Trotzki und Benjamin. Anmerkungen zu einer Wahlverwandtschaft«, in: *Das Argument.* Zeitschrift für Philosophie und Sozialwissenschaften, Hamburg, 39. Jg., Heft 5, Nr. 222, 1997, S. 697-704.

Varga, Jenö, »Unveröffentlichtes Manuskript« (1963/64 auf deutsch verfaßt), in: Gerhard Duda, *Jenö Varga* und die Geschichte des Instituts für Weltwirtschaft und Weltpolitik in Moskau, 1921-1970. Zu den Möglichkeiten und Grenzen wissenschaftlicher Auslandsanalyse in der Sowjetunion, Berlin 1994, S. 359-447.

Wald, Alan M., »Leon Trotsky's Contributions to Marxist Cultural Theory and Literary Criticism«, in: ders., *Writing from the Left.* New Essays on Radical Culture and Politics, London u. New York1994.

Watlin, Alexander, »Trotzki und die Komintern (1923-1927)« , in: ders., *Die Komintern 1919-1929.* Historische Studien, Mainz 1993, S. 83-102.

Wörsdörfer, Rolf, »Trotzki und die nationale Frage auf dem Balkan (1908-1914)«, in: *Archiv für die Geschichte des Widerstandes und der Arbeit,* Bochum, Nr. 11, 1991, S. 115-140.

Zwerenz, Gerhard, »Das Trotzki-Tabu«, in: Eckart Spoo / Rainer Butenschön (Hrsg.): *Der Mensch & der Plan.* Eine Jahrhundertbilanz des Kommunismus, Hamburg 2000, S. 160-164.

Verzeichnis der wichtigsten Abkürzungen

AFL	American Federation of Labor
ASR	Action socialiste révolutionnaire
AWP	American Workers Party
BL	Bolschewiki-Leninisten
CGT	Confédération générale du travail
CIO	Congress for Industrial Organization
CLA	Communist League of America
CNT	Confederación Nacional del Trabajo
CROM	Confederación Regional de Obreros Mexicanos
CTM	Confederación de los Trabajadores de México
DNA	Det Norske Arbeiderparti
EK	Exekutivkomitee (oder Exekutivkommission)
EKKI	Exekutivkomitee der Kommunistischen Internationale
FIARI	Fédération internationale de l'art révolutionnaire indépendant
GBL	Groupe bolchevik-léniniste
GPU	Gossudarstwennoje Polititscheskoje Uprawlennije – Staatliche Politische Verwaltung
IKD	Internationale Kommunisten Deutschlands
ILO	Internationale Linke Opposition (Bolschewiki-Leninisten)
IKL	Internationale Kommunistische Liga
ILP	Independent Labour Party
IS	Internationales Sekretariat
IWW	International Workers of the World
JSR	Jeunesses socialistes révolutionnaires
KI oder Komintern	Kommunistische Internationale
KP	Kommunistische Partei
KJ	Kommunistische Jugend
KPD	Kommunistische Partei Deutschlands
KPO	Kommunistische Partei (Opposition)

KPÖ	Kommunistische Partei Österreichs
LCI	Ligue communiste internationaliste
NC	National Committee
NKWD	Narodni Kommissariat Wnutrennich Djel – Volkskommissariat für Innere Angelegenheiten
NOI	Nuova Opposizione italiana
OSP	Onafhankelijke Socialistische Partij
PCdI	Partito Communista d'Italia
PCF	Parti Communiste Français
PCI	Parti communiste internationaliste
POB	Parti ouvrier belge
POI	Parti ouvrier internationaliste
POUM	Partido Obrero de Unificación Marxista
Profintern	Krasni Internazional Professionalnich Sojusow, russische Kurzform für RGI
PSOE	Partido Socialista Obrero Español
PSOP	Parti socialiste ouvrier et paysan
PSR	Parti socialiste révolutionnaire
RGI	Rote Gewerkschaftsinternationale
RMK	Revolutionäres Militärkomitee
RSAP	Revolutionair-Socialistische Arbeiders Partij
RSFSR	Rossiskaja Sowjetskaja Federatiwnaja Sozialistischeskaja Respublika – Russische Sozialistische Föderative Sowjetrepublik
RSP	Revolutionair Socialistische Partij
SA	Sturm-Abteilung
SAP	Sozialistische Arbeiterpartei
SDAPR	Sozialdemokratische Arbeiterpartei Rußlands
SDKPiL	Socjaldemokracji Królestwa Polskiego i Litwy – Sozialdemokratie des Königreichs Polen und Litauen
SFIO	Section française de l'Internationale ouvrière
SPD	Sozialdemokratische Partei Deutschlands
SS	Schutz-Staffel
SWP	Socialist Workers Party

TASS	Telegrafnoje Agenstwo Sowjetskogo Sojusa – Telegrafische Agentur der Sowjetunion
TUC	Trade Union Council
UGT	Unión General de los Trabajadores
UdSSR	Union der Sozialistischen Sowjetrepubliken
USPD	Unabhängige Sozialdemokratische Partei Deutschlands
WPUS	Workers Party of the United States
YPSL	Young People's Socialist League
ZK	Zentralkomitee
ZKK	Zentrale Kontrollkommission

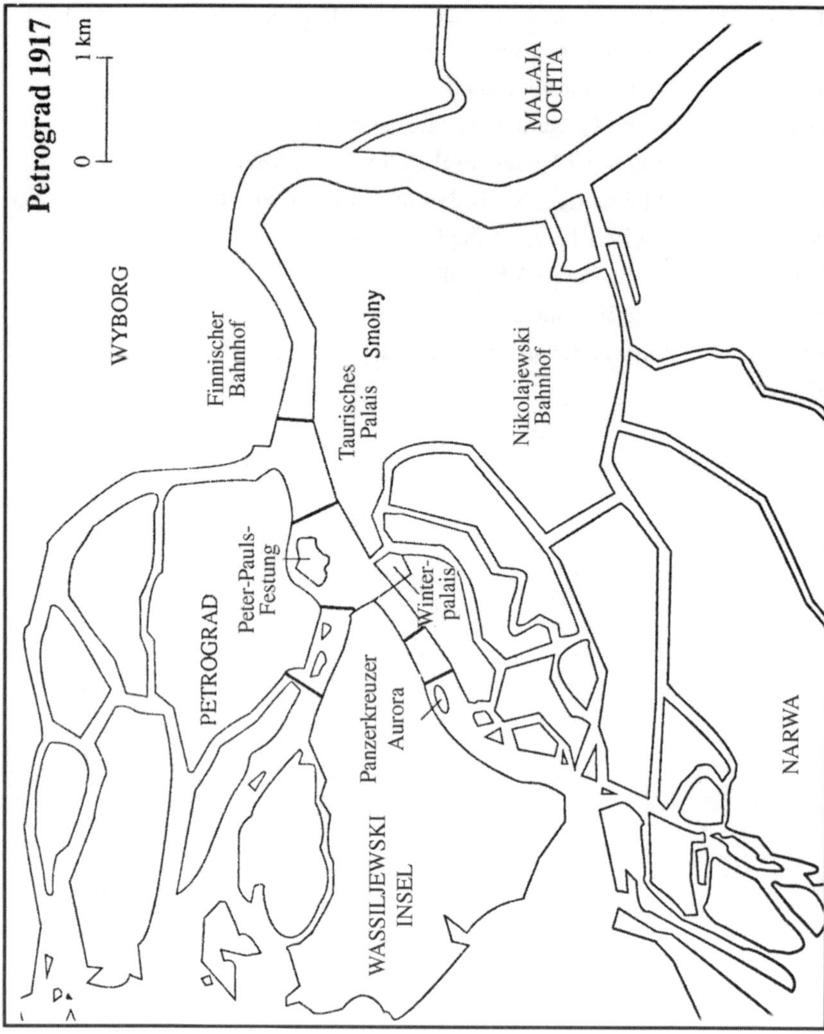
Petrograd 1917
0
1 km
WYBORG
Finnischer Bahnhof
Taurisches Palais
Smolny
MALAJA OCHTA
Nikolajewski Bahnhof
PETROGRAD
Peter-Pauls-Festung
Winter-palais
Panzerkreuzer Aurora
WASSILJEWSKI INSEL
NARWA

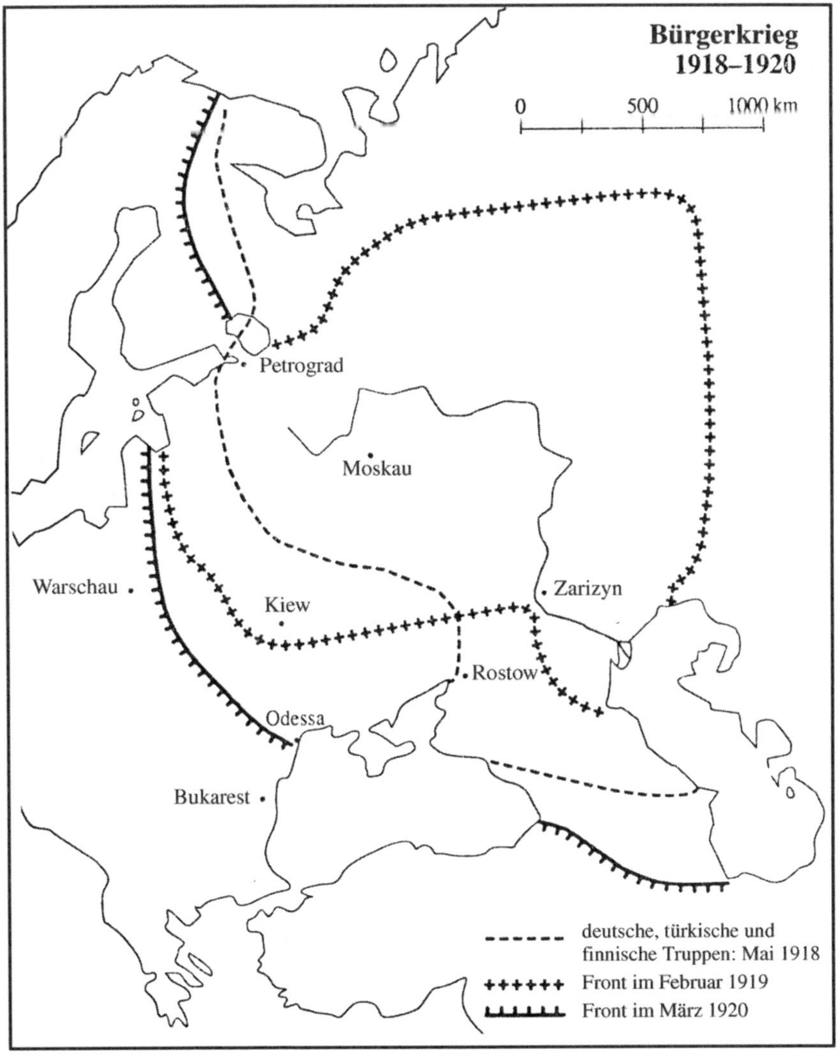

Bürgerkrieg
1918–1920
0
500
1000 km
Petrograd
Moskau
Warschau
Kiew
Zarizyn
Rostow
Odessa
Bukarest
deutsche, türkische und finnische Truppen: Mai 1918
Front im Februar 1919
Front im März 1920

Personenregister

Feng Yuxiang (1880-1948), chinesischer General, genannt »der christliche General«; besucht Moskau 1926-1927, führt eine »unabhängige« Politik durch: 568

Fernández, Vilchis, Octavio (geb. 1914), Lehrer, organisiert einen Streik am Lehrerseminar 1932; tritt der mexikanischen KP bei und verläßt sie im gleichen Jahr, kämpft von da an in der Linken Opposition, danach in der Liga Comunista. Er steht mit Trotzki in Verbindung und hilft ihm, *Clave* herauszubringen. 1947 wird er aus der IV. Internationale ausgeschlossen: 12, 1010, 1011, 1017, 1022, 1082, 1083, 1108

Feroci, s. Leonetti.

Ferrel, José (1908-1950), sehr geschätzter Übersetzer französischer und englischer Werke der Literatur. Mitarbeiter am *Clave*, Sekretär der mexikanischen FIARI: 1018, 1019, 1084

Feuchtwanger, Lion (1884-1958), deutscher Romanschriftsteller und Dramatiker, erregte durch sein Verbürgen für die Moskauer Prozesse Aufsehen: 1066

Field, B. J. (Ps. Max Gould) (1900-1977), Volkswirtschaftler, KP-Mitglied, danach der CLA, von der er zweimal ausgeschlossen wird; er beginnt, mit Trotzki in einer Periode, in der er ausgeschlossen war, zu arbeiten: 757

Field, Esther (Ps. Gould) (1893-1974), Frau von B. J. Field (s. B. J. Field): 757

Finerty, John F. (1885-1967), Rechtsanwalt, auf das Eisenbahnrecht spezialisiert, verteidigt den Iren E. de Valera, legt die letzte Berufung für Sacco und Vancetti ein, verteidigt danach Tom Mooney. Nach dem Kriege verteidigt er die Rosenbergs. 1937 ist er Rechtsbeistand für die Dewey-Kommission: 1029

Fischeljow M. S., in der SDAPR, 1906 verhaftet, lebenslängliche Deportation, wandert in die USA aus, wo er *Novy Mir* druckt. 1917 zurückgekehrt organisiert er den Druckerverband und kämpft im Untergrund mit den Menschewiki. 1919 Bolschewik, sympathisiert er mit der Linken Opposition und druckt die Plattform. 1927 ausgeschlossen: 583, 585

Fischer, Louis (1896-1970), Lehrer am Gymnasium, danach Journalist an der *Evening Post* und der *Nation*; Korrespondent in Moskau von 1923-1936: 1066

Fischer, Ruth (1895-1961), geb. Eisler, (Ps. Dubois), Mitbegründerin der KPÖ, geht nach Deutschland, wo sie die Linke, dann die KPD selbst führt, zusammen mit Arkadi Maslow; Verbindung mit Sinowjew, versucht, die Opposition in Deutschland zu organisieren. 1926 ausgeschlossen, trifft sie Trotzki und stimmt zu, 1933 in das IS einzutreten: 402, 531, 542, 550, 551, 552, 636, 781, 819, 888, 897, 933, 960, 962, 980

Flerowski, I. P. (1888-1959), 1918 Hauptkommissar der Baltischen Flotte: 204

Foch, Ferdinand (1851-1929), Marschall von Frankreich, 1918 und 1919 sehr besorgt darum, dem Bolschewismus Hindernisse in den Weg zu legen, nachdem er Oberbefehlsaber der verbündeten Streitkräfte gewesen war: 341

Fossa, Mateo (1896-1973), Tischler, dann Schneider, einer der ersten Anhänger in Argentinien der SP Internacional, aus der die argentinische KP hervorging. In den 30er Jahren Auseinandersetzungen mit der KP, sieht sich am Besuch des internationalen Gewerkschaftskongresses von Mexiko gehindert, nimmt mit Trotzki Kontakt auf und gehört ab 1938 der IV. Internationale an: 1019

Foster, W. Z. (1881-1961), Sohn eines Iren, 1901 Mitglied der amerikanischen SP, Revolutionär, Anhänger der Eroberung der AFL »von innen«. Berühmt durch seine beiden Kampagnen für die gewerkschaftliche Organisierung der Chicagoer Schlachthäuser und der Stahlwerke. Später in der KP Führer einer Tendenz mit Cannon: 625, 1109

Autorenregister

Benutzerhinweis: Autoren, die zugleich handelnde Personen in dieser Biographie sind, befinden sich im – kommentierten – Personenregister, wie z. B. Victor Serge.

Trotzki Schriften bei ISP

Leo Trotzki
Schriften 1, Band 1.1
Sowjetgesellschaft und stalinistische Diktatur 1929-1936
678 Seiten, 25,00 Euro
3-89 900-904-5

Leo Trotzki
Schriften 1, Band 1.2
Sowjetgesellschaft und stalinistische Diktatur 1936-1940
738 Seiten, 25,00 Euro
3-89 900-905-3

Leo Trotzki
Schriften 2, Band 2.1
Über China 1924-1928
548 Seiten, 25,00 Euro
3-89 900-906-1

Leo Trotzki
Schriften 2, Band 2.2
Über China 1928-1940
560 Seiten, 25,00 Euro
3-89 900-907-X

Neuer ISP Verlag GmbH
Marienstr. 15
D-76137 Karlsruhe
Tel 0721 / 3 11 83
e-mail: Neuer.ISP.Verlag@t-online.de

Bad Berleburg
Köln
Fulda
Siegen
Werra
Rhein
Bad Marienburg
Montabaur
DEUTSCHLAND
Idstein
Großer Feldberg
Frankfurt
Main
Mosel
Ober-Ramstadt
Nürnberg
Heidelberg/Ziegelhausen
Bretten
Pforzheim
Stuttgart
Rhein
FRANK-
REICH
Hornisgrinde
Dorrau
Neckar
Hausach
München
Inn
Donau
Feldberg
Schluchsee
Bodensee
Konstanz
Lech
Kreuzlingen
Zürich